An Introductory Sanskrit Reader

An Introductory Sanskrit Reader

Improving Reading Fluency

By

Antonia M. Ruppel

BRILL

LEIDEN | BOSTON

Library of Congress Cataloging-in-Publication Data

Names: Ruppel, Antonia, author.
Title: An introductory Sanskrit reader : improving reading fluency / by Antonia M. Ruppel.
Description: Leiden ; Boston : Brill, [2022] | Includes index. | In English and Sanskrit. | Summary: "This Reader aims to help students start reading original Sanskrit literature. When we study ancient languages, there often is quite a gap between introductory, grammar-based classes and independent reading of original texts. This Reader bridges that gap by offering complete grammar and vocabulary notes for 40 entertaining, thought-provoking or simply beautiful passages from Sanskrit narrative and epic, as well as over 130 subhāṣitas (epigrams). These readings are complemented by review sections on syntax, word formation and compounding, a 900-word study vocabulary, complete transliterations and literal translations of all readings, as well as supplementary online resources. The Reader can be used for self-study and in a classroom, both to accompany introductory Sanskrit courses and to succeed them"– Provided by publisher.
Identifiers: LCCN 2021040841 | ISBN 9789004468665 (hardback)
Subjects: LCSH: Sanskrit language–Readers. | Sanskrit language–Grammar. | Sanskrit language–Textbooks for foreign speakers–English.
Classification: LCC PK669 .R87 2021 | DDC 491/.286421–dc23
LC record available at https://lccn.loc.gov/2021040841

Typeface for the Latin, Greek, and Cyrillic scripts: "Brill". See and download: brill.com/brill-typeface.

ISBN 978-90-04-46866-5 (hardback)

This book is printed on acid-free paper and produced in a sustainable manner.

And this one is dedicated to my teachers.
I learned how to teach
by watching you teach
with knowledge, enthusiasm, and kindness.
Thank you.

Contents

Acknowledgements IX
Read Me! A Brief Introduction You Won't Want to Miss X
How to Do More With Words: Building Up Your Sanskrit Vocabulary XII
Beginning to Read Sanskrit: Some Practical Tips for English Speakers XVII
Abbreviations XXI

The Readings

1 *Hitopadeśa*, or Supportive Advice 3
- a The Dog, the Donkey and the Thief (2.2) 3
- b The Lion, Mouse and Cat (2.3) 6
- c The Clever Woman and the Bell (2.4) 8
- d The Clever Woman with Two Lovers (2.6) 9
- e The Lion and the Old Hare (2.8) 12
- f The Elephant, the Hares and the Moon (3.3) 14
- g The Blue Jackal (3.7) 17
- h The Sage and the Mouse (4.5) 20
- i The Old Crane and the Crab (4.6) 21
- j The Brahmin and the Pots (4.7) 24
- k The Two Demons (4.8) 26
- l The Brahmin and the Three Crooks (4.9) 28

2 *Vikramacarita*, or Vikrama's Deeds 30
- a I Volunteer as Tribute! (Story 8) 30
- b Eight Jewels from Eight Goddesses (Story 21) 32
- c King Vikrama in His Element (Story 22) 33
- d Don't Believe Everything You See (Story 30) 35

3 *Rāmāyaṇa*, or Rāma's Journey 38
- a The Beauty of the Night (1. 33.14–18) 40
- b A Perfect Leader (2.1.15–28) 41
- c A Land Without Leadership (2.61.8–23) 45
- d Jābāli the Materialist on the Meaning of Life (2.100.1–17) 48
- e Sītā Cautions Rāma on the Handling of Weapons (3.8.1–12, 20–29) 51
- f Rāma Asks Nature If It Has Seen Sītā (3.58.1–22, 31–34) 55
- g The Ascetic Śabarī (3.70.4–27) 60
- h The Hermitage of the Seven Sages (4.13.12–27) 64
- i Tārā Counsels Her Husband Vālin (4.15.7–23) 67
- j Tārā Laments Her Husband Vālin (4. 20.12–17) 70
- k The Rainy Season (4.27.2–46) 71
- l Svayaṃprabhā's Cave (4.49.12–52.13) 83
- m Hanumān Learns about His Immaculate Conception (4.65.8–28) 96
- n How Should I Address Sītā? (5.28.3–44) 100

4 *Kathāsaritsāgara*, or Ocean of Rivers of Stories 109
- a Śiva Explains the Significance of Skulls (1.2.10–15) 109
- b Brahmadatta and the Golden Swans (1.3.27–34) 111

c Pāṇini (1.4.20–25) 112
d Hand with Five Fingers, Hand with Two Fingers (1.5.8–12) 113
e Why the Fish Laughed (1.5.14–26) 114
f King Śibi Sacrifices Himself (1.7.88–97) 116
g How the Bṛhatkathā Came to Earth (1.8.1–38) 118
h Ahalyā: Bilingual and Clever (3.3.137–148) 124
i Buddhist Merchant, Hindu Son (6.1.10–54) 127
j The Brahmin and the Outcaste (6.1.123–132) 136
k The Seven Princesses: King Kaliṅgadatta Is Told a Story within a Story within a Story (6.2.9–45) 138
l Tapodatta Tries to Replace Study with Penance (7.6.13–23) 145
m Should You Turn a Mouse into a Girl? (10.6.125–135) 147
n Once You've Tasted the Good Stuff … (10.6.178–185) 149
o Guard the Door! (10.6.209–211) 150

5 Sanudasa's Story (18.4–94) *Bṛhatkathāślokasaṃgraha*, or Verse Summary of Long Story 152

6 *Subhāṣitas*, or Epigrams 169

Appendix 1: Roman Transliteration of All Texts 201
Appendix 2: Literal Translations of All Texts 241
Appendix 3: Study Vocabulary 280

Acknowledgements

At the end of his *Āryāsaptaśatī*, Govardhana writes

उदयनबलभद्राभ्याम्	*udayanabalabhadrābhyām*
सप्तशती शिष्यसोदराभ्यां मे	*saptaśatī śiṣyasodarābhyāṃ me*
द्यौरिव रविचन्द्राभ्याम्	*dyauriva ravicandrābhyām*
प्रकाशिता निर्मलीकृत्य	*prakāśitā nirmalīkṛtya*

> By Udayana and Balabhadra, my student and my brother, the Saptaśatī, like the sky by the moon and sun, has been purified and made visible.

The 12th-century Bengali poet likely was not the first to depend on the help of others for checking, editing and publishing his work; and he certainly was not the last. My work cannot compare to Govardhana's, but like him, I am indebted to the generosity and support of others.

First of all, as always, come my students. I read various parts of this Reader with them, and their questions (and signs of puzzlement or hesitation) showed me where more or clearer annotation was needed, and also where I had made mistakes. Then there are the many members of the Indology List who replied to my queries about other Sanskrit Readers, and my friends on Facebook who replied to my questions – concerning anything from English phrasings or plant names to technical issues – often within minutes of me posting at odd hours of the night. In addition to Marc Guilarte, Martin Kümmel, Christiane Weissbach and Alex Woolf, I am especially grateful to Kim Adams for helping me with matters of alphabetization across scripts, and to James Helgeson for the musical notation on p. 39. Amelia Baldwin was my Zoom buddy when lockdown and work kept us at our computers much of the day. Richard and Figaro Rawles always provided moral support. Bethany Murray made the drawing on p. x, and Chelsea Howe designed the cover based on a photo of the blackboard in our Sanskrit classroom in 2006. Elisa Perotti at Brill was patient, professional and extremely helpful throughout our work together and, together with Arianne Moerland at TAT Zetwerk, made the editing and typesetting process as efficient as it could be.

I would also like to express my sincerest gratitude to all those who were so generous with their time and attention and read and commented on various parts of the manuscript: Tim Boomer, Mary and John Brockington, Paul Dundas, Jens-Uwe Hartmann, Jowita Kramer, Bihani Sarkar, Roland Steiner, McComas Taylor, Herman Tull, Aleksandar Uskokov, and Lidia Wojtczak.

All remaining mistakes are entirely mine.

Find the story of the Lion, Mouse and Cat on p. 6

A Brief Introduction You Won't Want to Miss

This Reader is based on a few simple thoughts.

It is here to help you start reading original Sanskrit texts. The best way to become a fluent reader is to read a lot; and you are most likely to read a lot if reading is not just manageable, but actually enjoyable. What I have always found least enjoyable about my early reading attempts in any language was how much I had to look up – vocabulary, verb or noun forms, syntactic rules, usage: you name it. And so this Reader is designed to give you all the information you are likely to have to look up, on the same page as the actual text.

This Reader is intended for anyone **who has completed or is close to completing an introductory Sanskrit course**. This should mean that you have been introduced to all major noun and verb paradigms and the rules of sandhi, you have a certain basic vocabulary, and also some limited experience translating short Sanskrit texts. Yet at the same time, you likely do not recognize every single one of those forms and sandhi variants off the top of your head, and many frequent Sanskrit words are still unknown to you.

On the same page as each Sanskrit text, given sentence by sentence, you will thus find (a) a section with the **Vocabulary** you may not know and (b) a section with **Grammar Notes** explaining possible formal difficulties (such as rare word forms or syntax, difficult compounds, possibly confusing sandhi). On brill.com/sanskrit, you can furthermore download a pack of complete vocab lists for each individual reading. Thus, while you are still looking up many things, you have everything you need right in front of you and do not need to thumb back and forth among several reference books, lists or websites.

The more often you look up a word, the more likely you are to recognize it the moment you first see it. Nevertheless, you are currently at a point where you will greatly benefit from also **actively memorizing further vocabulary**. There are various ways of doing that; one is to use the **Study Vocabulary** list at the back of this book (p. 280). It is *not* a reference list as it does not contain every word in every text in this book. Instead, it is a list of around 1,000 basic Sanskrit words particularly frequent in narrative and epic literature. For every 45 minutes you spend translating texts, spend 10–15 minutes memorizing vocabulary, and you will soon notice your reading speed increase. Do not be discouraged by the amount of vocabulary you may not know yet; instead, look at the growing number of words you *do* know. (This list is also available online – go to Brainscape.com and search for 'Ruppel Sanskrit'. You need to open a (free) account; enter brainscape.com/p/16X72-LH-49PH8 in your browser to access all sets free of charge.)

Also, do take a look at the **'How To Do More With Words'** section on p. XII. If you know a Sanskrit verbal root, you are likely to also recognize at least a dozen words derived from it. This guide gives you a quick summary of the main pre- and suffixes that Sanskrit uses to make one word from another, and it gives you a brief overlook of nominal and verbal compounding.

This is followed by **Beginning to Read Sanskrit**, practical bits of advice about things beginning Sanskrit readers of have trouble with. You do not need to go through this before you start reading (you can always just find a passage you like the look of and delve right in!); but do remember it is there, and look at it at some point. You will likely find it useful.

After the main part of the Reader, containing the Sanskrit texts, you will find all texts (a) transliterated and (b) translated. There is nothing wrong with reading Sanskrit in transliteration: for the longest time, it was written in the same script an author would have used for their local language. Being able to read Sanskrit in both devanāgarī and Roman transliteration means you can access basically all Sanskrit texts currently available in print. There also is nothing wrong with using translations: work with the Sanskrit text first, making sense of it as best you can. Then, if you want to, consult the translation after a few sentences or ślokas to check your understanding and to fill any gaps. This may not be as 'rigorous' as the 'philological' method of using only a dictionary and reference grammar; but you will be able to read a lot more a lot faster, and will thus likely make the same progress (and perhaps even more).

The texts included in this Reader were chosen for two reasons: their grammar is fairly straightforward, and I hope that you find them interesting, entertaining or otherwise appealing to read. They are given in a fairly traditional reading order, with earlier passages perhaps being easier to read as they are shorter; but if anything particularly appeals to you, no matter where in the book it is, just go and read it. Everything is easier when you're already interested in it. (That of course applies to more than just foreign-language text passages.)

One last word on 'reading': whenever we learn an ancient language, our likely main goal is to be able to read texts in it the way we would read texts in our own language: that is, in linear fashion, starting at the beginning of a sentence and finishing at the end. Yet especially when we are new to this process, and when most of the texts we encounter are carefully crafted, artful literature, we often find ourselves going back and forth in a sentence, searching for the main verb, the subject, trying to figure out what a stray word is doing, and so on. To me, this is what translating (as opposed to 'reading') is. This is what you will find yourself doing at the early stages of the process. It is helpful and often necessary. Jump back and forth as much and as long as you need to really understand how a sentence works. That is much better than to remain linear (because, as you may have been told, the 'hunt the verb' approach is so 19th-century!) and only get the general gist of a sentence or verse. (That said, if the linear approach works for you from the start, do of course go for it.) The main point is to keep at it and not be discouraged if you find something tricky. (This is Sanskrit after all: we all know that feeling). Read a little bit on a regular basis, and you will soon notice the progress you make.

And with that, enjoy! Sanskrit is a beautiful language.

For any questions, and to let me know about issues with the book or the online resources, please email cambridge.sanskrit@gmail.com.

How to Do More With Words: Building Up Your Sanskrit Vocabulary

In order to understand a language, you need to study two things: its **vocabulary**, and its **grammar**. This section will discuss strategies for the former.

The main difficulty in learning a language's vocabulary is that vocabulary is far less systematic than grammar: once you know how to decline one *a*-stem noun, you can decline them all; but just because you know the word for *tree* does not automatically mean you know the word for *branch*, or *leaf*, or *forest*.

Thus to some extent, the main thing to do is **memorize** the individual words (tree, forest, leaf, branch, bark, chlorophyll, and so on). The Study Vocabulary on pp. 280–290 helps you do that.

But while Sanskrit has an enormous vocabulary, large parts of it are generated in rather systematic ways: numerous words are formed ('derived') from verbal roots or also nominal stems by means of easily recognizable patterns; and individual words are combined into compound nouns with great frequency. Hence we are going to look at these two things: **derivation** and **compounding**.

Derivation involves processes such as forming the words *entertainer*, *entertainment* or *entertaining* on the basis of the word *entertain*: if you know the function of the derivative suffixes -er, -ment and -ing, you can use them to form nouns and adjectives from any number of verbs; and as a native speaker, you also know that not all suffixes are used on all verbal bases (thus you get e.g. a *teacher*, but no *teachment*).

Compounding also involves combining several elements into one word; but unlike in derivation, the elements used here can also be used on their own: all the elements in *swordfight*, *bookseller*, *treehouse* etc are independent words (sword, fight, book etc.); the same cannot be said of the *-er*, *-ment* or *-ing* we added to 'entertain' above.

Derivation

Sanskrit derives nouns and adjectives from verbal roots or other nominal stems.

a *Derivation from Verbal Roots*

A verbal root can appear in three grades (zero grade, guṇa or vṛddhi – if you don't know these terms, find them in a grammar or textbook). Most derivation happens by means of suffixes, i.e. elements added *after* the verbal root. Some of the most frequent suffixes are given below.

-a-, ***-ana-***: added to roots in guṇa, creates nouns and adjectives with a variety of meanings:
- √*likh* 'write': *lekha-* (m.) 'letter'
- mostly at the ends of compounds: *-gama-* 'going', *-kara-* 'doing', *-bhara-* 'carrying', etc
- √*vac* 'speak': *vacana-* (n.) 'word, speech'
- √*gam* 'go': *gamana-* (adj) 'going', *āgamana-* (n.) 'arrival'

-tra-: added to roots in guṇa, creates instrument nouns that mostly are neuter:
- √*tan* 'stretch, extend': *tantra-* (n.) lit. 'stretching instrument': 'loom'
- √*nī* 'lead': *netra-* (n.) lit. 'instrument for leading you': 'eye'
- √*man* 'think': *mantra-* (m.!) lit. 'thinking instrument': 'speech, sacred text, prayer'

-ti-: added to zero-grade roots, creates feminine abstract nouns:
√*man* 'think': *mati-* (f.) 'mind, thought'
√*gam* 'go': *gati-* (f.) 'gait; path'
√*dṛś* 'see': *dṛṣṭi-* (f.) 'sight, seeing, spectacle'

-in-: added to verbal roots in guṇa or vṛddhi, creates adjectives that mean 'regularly doing x':
√*gam* 'go': *gāmin-* (adj) 'going somewhere' (said e.g. of a road, or someone who often takes a route)
√*kṛ* 'do': *kārin-* (adj) 'doing, producing'

b *From Nominal Stems*

Some derivation uses nominal bases. Adjectives can be derived from nouns, and vice versa; abstract nouns can be derived from specific ones.

-tva-, -tā-: form abstract nouns:
puruṣa- (m.) 'man': *puruṣa-tva-* (n.) 'manhood, manliness'
puruṣa-tā- (f.) 'manhood, manliness'
a-buddha- (adj) 'foolish': *a-buddha-tva-* (n.) 'foolishness'

-ī-: forms female equivalents to nouns denoting males, sometimes with other stem changes:
deva- (m.) 'god': *devī-* (f.) 'goddess'
nara- (m.) 'man': *nārī-* (f.) 'woman'
rājan- (m.) 'king': *rājñī-* (f.) 'queen'

-mant-/-vant-, -vin-: added to nouns, create adjectives meaning 'having/linked to (that noun)':
dhī- (f.) 'thought': *dhīmant-* (adj) 'wise, intelligent'
buddhi- (f.) 'intelligence': *buddhimant-* (adj) 'intelligent'
ātman- (m.) 'soul, self': *ātmavant-* (adj) lit. 'having a soul': 'prudent, self-possessed etc'
tejas- 'splendor': *tejasvin-* (adj) 'brilliant, splendid'

-in-: added to nouns, creates nouns and adjectives meaning 'having (that noun)'; if added to *a*-stems, stem-final *-a-* is dropped:
pakṣa- (m.) 'wing': *pakṣin-* (adj) 'winged', (m.) 'bird'
hasta- 'hand': *hastin-* lit. 'having hands', thus (adj) 'dexterous, practical' or (m.) 'elephant' (the one with a very noticeable hand, namely its trunk)
daṇḍa- (m.) 'stick': *daṇḍin-* (m.) lit. 'having a stick': 'guard, policeman'

-ta-, -ka-/-kā-: added with no or little change in meaning (perhaps to make words longer/more substantial, or to turn them into (more easily declinable) *a*/*ā*-stems), or to create the meaning 'a mere x':
bhūmi- (f.) 'the earth': *bhūmikā-* (f.) 'the earth'
alpa- (adj) 'small': *alpaka-* (adj) 'small'
śarīra- (n.) 'body': *śarīraka-* (n.) 'mere (physical) body; wretched body'

vṛddhi: the first vowel of a word is put into its vṛddhi form to create the meaning 'belonging to (the basic word)'; sometimes, the end of the word is changed, too:
Bharata- (m.) Bharata (mythical forefather of India): *Bhārata-* descendant of Bharata; Indian

videha- (a people): *vaideha-* (m.), *vaidehī-* (f.)	a man or woman belonging to the Videha; a pre-eminent Videha man or woman: Videha prince/princess

senā- (f.) 'army': *sainika-* (m.) 'soldier'
pura- (n.) 'city': *paura-* (m.) 'citizen'
mitra- (n.) 'friend': *maitra-*, *maitreya-* (adj) 'friendly', *maitrī-* (f.) 'friendship'

Nominal Prefixes

These are not quite as varied as the suffixes, but the most frequent ones are given below.

sa- 'together with, having': prefixed to nouns, it create bahuvrīhi compounds (i. e. adjectives)

sa-śaraḥ cāpaḥ: lit. 'with-arrowed bow': 'bow and arrow(s)'
nṛpaḥ sa-dāraḥ gacchati: lit. 'the king goes with-wifed': 'the king goes together with his wife, the king and his wife go'
nṛpaḥ sa-dāram gacchati: same as above, with *sa-dāram* used adverbially

a-/an- 'without, lacking': can be prefixed to any nominal form (noun, adjective, participle, even absolutives) and either negate that form or create a bahuvrīhi:

hiṃsā- (f.) 'injury, harm': *a-hiṃsā-* (f.) 'harmlessness, non-injury'
kṛta- (adj) 'done': *a-kṛta-* (adj) 'not done, unfinished'
buddhvā 'having understood': *a-buddhvā* 'not having understood, without understanding'
buddhi- (f.) 'intelligence': *a-buddhi-* (adj) lit. 'whose intelligence is not/is lacking': 'foolish'

ati- 'excessively, very': prefixed to adjectives X to mean 'very/excessively X' or to nouns Y to create bahuvrīhi 'whose Y is excessive, who is very Y':

sundara- (adj) 'beautiful, handsome': *ati-sundara-* 'very beautiful/handsome'
bala- (n.) 'strength, force': *ati-bala-* (BV adj) lit. 'whose strength is great': 'very strong'

su- 'good, well' or 'very' and ***dus-*** (sandhied *duḥ-*, *duṣ-*, *dur-*) 'bad, badly' or 'little': typically prefixed to adjectives X to mean 'good or very X'/ 'bad X' or to nouns Y to create bahuvrīhi 'whose Y is good/bad':

bhadra- (adj) 'fortunate': *su-bhadra-* (adj) 'very fortunate'
hṛd- (n.) 'heart': *su-hṛd-* lit. 'whose heart is good': (m.) 'friend'
manas- (n.) 'mind, heart': *su-manas-* (adj) 'whose mind/heart is good: benevolent etc.'
bala- (n.) 'strength': *dur-bala-* (adj) lit. 'whose strength is bad/little': 'weak'

N3: ***su-*** and ***dus-*** with verbal adjectives: 'easy/difficult to x' or 'easy/difficult to be x-ed'

√*labh* 'take, find':	*su-labha-* (adj) 'easy to obtain/be obtained'
	dur-labha- (adj) 'difficult to obtain/be obtained'
√gam 'go':	*su-gama-* (adj) 'easy to traverse'; 'easy to be gone to': 'accessible, intelligible'
	dur-gama- (adj) 'difficult to traverse/be traversed'

Nominal Compounding

Stems: - all members of a compound except for the last one appear in their stem form - pronoun stems often end in a dental: ***tat**-puruṣa-* '**his** man/servant' ***mat**-para-* 'having **me** as your priority' - exceptionally, there may be inflection within compounds: ***param**-tapa-* 'burning the enemy'	**tatpuruṣa**/dependent determinative (the first element tells us more about the second, and is dependent on it) 'sons of kings/a king': 'princes' ↑	**Avyayībhāva**/Adverbial Compounds (often with an indeclinable first member) are used adverbially (thus ACC SG) *sa-putram gacchati* lit. 'he goes **with-sonned**' 'he goes **together with his son**'
dvandva/copulative (all elements are parallel & should be joined with 'and' or commas in English) 'king(s) and son(s)'	← rāja-putrāḥ → king (STEM)-son(NOM.PL)	**bahuvrīhi**/exocentric (adjectives A-B meaning 'whose B is A, by whom B is A-d') '(people) whose sons are kings'
Longer compounds Sanskrit is known for using multi-member compounds; the building-blocks for these are the compounds listed here [[*lobha-kopa*]-*upahata-*] '[destroyed by [greed and anger]]' (dvandva within tatpuruṣa)	↓ **karmadhāraya**/ descriptive determinative (the first element tells us more about the second, and describes it like an adjective) 'sons who are kings': royal sons'	**Āmreḍita**/Iterative (an inflected form is repeated, creating an iterative meaning; written as two words!) *yuge yuge* 'from age to age, in every age' (*yuga-* 'age' in LOC)

Nominal Compounds in Sanskrit

Sanskrit has several types of compound nouns. These differ from each other in the relationships between their members. If the meaning of a compound is not immediately apparent, determine it by going through the four main possibilities listed here.

Verbal Compounding: Verbs and Preverbs

- Sanskrit has a variety of preverbs, which can be added in front of verbs on their own or in groups of up to three
  - a) they have a basic meaning that can **affect the verb in predictable ways**, especially if the verb itself has a fairly general meaning and/or indicates motion: e.g. √*gam* 'go': *ā-*√*gam* 'come'; *upa-*√*gam* 'go towards; attack'; *vi-*√*gam* 'go apart, separate'
  - b) often, preverbs **express nuances difficult to render into English**: e.g. √*muc* 'free', with *ava-/ud-/niḥ-/pari-/pra-*√*muc* all usually also best translated as 'free'
  - c) and sometimes, they effect **unpredictable idiomatic meanings**: e.g. *ava-*√*gam* 'understand'
- **be prepared** for all three of the above possibilities
- if neither of the first two possibilities make sense, **look up** the compound verb in the dictionary, remembering that **many dictionaries list verbs under the verbal root**, not under the preverb – this makes the ability to at least recognize all preverbs important

List of Sanskrit Preverbs

ati-	'across, over, beyond'	***ud-***	'up, out'
adhi-	'above, over, on, on to'	***upa-***	'to, toward'
anu-	'after, along, toward'	***ni-***	'down, into'
antar-	'between, among, within'	***nis-***	'out' (sandhi forms: *niḥ-*, *nir-*, *niṣ-*)
apa-	'away, off'	***pari-***	'around'
api-	'onto, close to'	***pra-***	'forward'
abhi-	'to, against'	***prati-***	'towards; against; back'
ava-	'down, off'	***vi-***	'apart, away, out'
ā-	'to, hither'	***sam-***	'along, with, together'

Beginning to Read Sanskrit: Some Practical Tips for English Speakers

When we start reading texts in a new language, our ultimate goal is to read them the way we would read texts in our native language(s): starting at the beginning of a sentence, parsing and interpreting as we go along, and by the time we get to the end, we have understood the sentence we have just read.

In other words: we aim to read rather than translate. But usually, it takes a little while to get to that point. So below is a mix of two kinds of advice on how to get there more easily. Some points hold for translation from any language; others specifically address features that make Sanskrit tricky to understand for speakers of English.

Most generally, whenever you don't understand a sentence, do these three things:

1) Don't panic. (Easier said than done, I know!)
2) Don't randomly guess.
3) Proceed methodically: construct your way through the sentence.

Regarding 3), the following steps may be helpful:

Find the Main Verb

- In a prose text, this usually stands towards the end of the sentence.
- Remember that Sanskrit sentences do not require a finite verb: participles, especially *ta*-participles, may be used instead. On translating into English, render this as a finite verb:

  naraḥ gataḥ. (lit. 'man gone') 'The man *went*.'
- There may be no verb at all: remember that Sanskrit does not need to use the copula 'be'. English does require it, thus you need to add it in your translation.

  nārī sukhinī. (lit. 'woman happy') 'The woman *is* happy.'
- For a variety of reasons, Sanskrit uses passive verb form where English would idiomatically use the active. This is especially the case with *ta*-participles and 3rd-person passive imperatives (which are perceived as more polite than direct commands in the 2nd person). **Thus, never shy back from translating a passive Sanskrit verb as an active in English:**

  tayā kṛtam. (lit. 'it (was) done by her') 'She did it.'
  dṛśyatām (lit. 'let it be seen!') 'Look!' or 'Please look!'
  ucyatām (lit. 'let it be spoken') 'Speak!' or 'Please speak!'
  etc.

Complement the Verb

- Try to see what information you may need to complete the statement made by the verb.
- First, **look for the subject**, which will be in the same number (singular/dual/plural) as the verb. Remember **it may be implicit** in the verb: *khādati* 'he/she/it eats'.
- Given the meaning of the verb, **look for any other required complements**: *look*: at what/whom? where?; *show*: what? to whom? *talk*: about what? with whom? *defend*: whom/what? from what? with what? *give*: what? to whom?, and so on.

There May Be More than One Verb

- There may well be more than one verb form. English uses many more finite verbs than Sanskrit does, so consider translating verb forms freely rather than literally. For example:

Idiomatic Sanskrit	Idiomatic English
gṛham gatvā upāviśat lit. 'Having gone home, she sat down.'	She went home and sat down.
gṛham gatvā upaviśa lit. Having gone home, sit down!'	Go home and sit down!

Especially: Combination of Gerunds/Absolutives and *ta*-participles

In an English sentence such as *Having come home, he was greeted by his cat*, 'having come home' can only refer to **the subject** of the sentence, the nominative 'he': *He came home and was greeted by his cat.*

In Sanskrit, on the other hand, the gerund/absolutive goes with/refers to **the agent**. In an active sentence, the agent is the subject; in a passive sentence, the agent is expressed by an instrumental phrase:

> **Alice** kills Bob. (Alice = agent = nominative subject of an active sentence)
> Bob is killed **by Alice**. (Alice = agent = instrumental agent in a passive sentence)

Thus in Sanskrit, you may get a sentence such as the following

> *paśubhiḥ militvā siṁhaḥ vijñaptaḥ* 'By the animals, having gathered, the lion was informed.'

where it is the animals who do *both* the gathering *and* the informing. Again, passives are best translated as actives, giving us

> 'The animals gathered and informed the lion.'

This *will* confuse you the first few times you encounter it. This is normal; this is because Sanskrit is different from English in this respect; this is *not* a sign that you are not up to the task of learning Sanskrit.

It's All Linked: Nouns, Adjectives, Participles, and Adverbs

All of the above share close links.

The standard Sanskrit way of forming an **adverb** from an adjective is to take its NomAcc Ntr Sg:

> *naraḥ sukham gacchati* 'the man walks happily'

All adverbs are annotated as 'ind' (= indeclinable) in this Reader; but when you see (or memorize) them, remember that you are often getting to know an adjective at the same time.

Participles, especially ***ta*-participles**, are regularly used as adjectives.

*kanyām **hṛṣṭām** paśyāmi* 'I see the excited girl'

Nevertheless, when you encounter an adjective ending in *-ta-*, see whether you can figure out which verb/verbal root it belongs to (as e.g. in this case *hṛṣṭa-* from √*hṛṣ* 'be excited, happy').

Adjectives regularly are used on their own (rather than with a substantive), and **may** then **function as substantives** themselves:

dhīmān pitā svalpāyāi bālāyai rasavat annam adadāt The wise father gave tasty food to the small girl.	*dhīmān svalpayā rasavat adadāt* 'The wise (masc.) gave juicy (ntr.) to small (fem.).' The wise **man/boy** gave **something** tasty to the small **girl/woman.**

If you remember the links between the various nominal forms (adjective ~ adverb, participle ~ adjective, adjective ~ substantive), encountering a specific form in one text will mean recognizing a related form more easily in another.

A Few Unrelated, but Important Points

- Especially in narrative Sanskrit, you may find present-tense verbs used where English requires a past tense. Feel free to translate these verbs as past tense (e.g. *asti* 'there *was*').
- Remember that Sanskrit does not mark the beginning of direct speech, and only sometimes uses *iti* to marks its end.
- The Sanskrit expression **'of A is B'** can rarely be translated literally into English:
  tasya putraḥ asti lit. 'of him (there) is a son' = 'he has a son'
  tasya bhayam asti lit. 'of him (there) is fear' = 'he feels fear, he is afraid'
- Similarly, the Sanskrit idiom **'to go to x-ness'** needs to be rendered as 'to become x':
  viṣādam gacchati lit. 'he goes towards despondence': 'he becomes despondent, gives up'
  ghoṣam upayānti 'they go towards noise': 'they become noisy, make noise'

For Reference: How to Use the Annotations

Beginning to read actual texts in an ancient literary language is always difficult. The annotations on the following pages are intended to make this undertaking a little easier for you. To clarify a few that might be confusing:

- what is in this Reader called the **'absolutive'/Abs** (i.e. forms such as *kṛtvā* 'having done') is in some other books referred to as the 'gerund'
- what is here called the **'potential'/Pot** (i.e. forms such as *gacchet* 'he should/could/might go') is elsewhere referred to as the subjunctive or the optative
- **'ifc'** 'at the end of a compound' (literally short for the Latin '**i**n **f**ine **c**ompositi') means that a form has the given meaning or function only when used as the second/final

member of a compound, or that it may only appear at the end of a compound altogether

- **'ind'** 'indeclinable': for simplicity's sake, the various kinds of indeclinable words (adverbs, particles, conjunctions, etc) are all listed under this label
- **'split up'**: Sometimes help in splitting up words is given in the Grammar Notes. In that case, all external sandhi also has been undone to further help you recognize the words in question.
- The **present-tense form** of a verb is given in the Vocabulary only if relevant for the text (and thus not if the verb appears in the text e.g. in the future or perfect, for which only the root is needed and the present-tense stem is irrelevant).
- When ***ta*-participles** are used as the main verb/predicate of a sentence, the Vocabulary section lists the verbal root they are derived from; yet when they are used adjectivally, and especially when they appear in a meaning that cannot be predicted on the basis of the verbal root, they are listed as (adj): thus, in *kanyā hṛṣṭā* 'the girl was excited', the vocab list √*hṛṣ* 'be excited'; but a form such as *saṃdṛṣṭa-* 'prescribed' would be listed as *saṃdṛṣṭa-* (adj) directly rather than in reference to the verb *sam-*√*dṛś* 'be observed, visible'.
- Most Sanskrit words have many **different meanings.** The Vocabulary usually lists only the meaning relevant in a given sentence. If a word occurs repeatedly throughout the Reader, either the relevant range of meanings is given, or the meaning is listed as 'here '…''.

Abbreviations

Abl	ablative case
Abs	absolutive/gerund
Acc	accusative case
Act	active voice
adj	adjective
Aor	aorist tense
BV	bahuvrīhi compound
Caus	causative
comp	comparative (of an adj)
cpd	compound
Dat	dative case
denom	denominal (verb)
Du	dual number
encl	enclitic
excl	exclamation
f.	feminine gender
Fut	future tense
Gdve	gerundive
Gen	genitive case
ifc	at the end of a compound
Impf	imperfect tense
Impv	imperative mood
ind	indeclinable
Inj	injunctive mood
Ins	instrumental case
irreg	irregular
KDh	karmadhāraya compound
Loc	locative case
Loc Abs	locative absolute
m.	masculine gender
Mid	middle voice
n.	neuter gender
Nom	nominative case
Pass	passive voice
PastAP	past active participle
Periph	periphrastic
Perf	perfect tense
PerfAP	perfect active participle
Pl	plural number
postp	postposed
Pot	potential mood
pref	prefix
Pres	present tense
PresAP	present active participle
pron	pronoun
pron adj	pronominal adjective
Ptc	participle
refl	reflexive
rel	relative
Sg	singular number
TP	tatpuruṣa compound
Voc	vocative case

The Readings

CHAPTER 1

Hitopadeśa, or Supportive Advice

For a long time, the Hitopadeśa has been among the first texts, or *the* first text, from which a Sanskrit student would read in the original. It is easy to see why: contained in an overarching narrative and written in straightforward language we find brief, self-contained stories that are manageable for a beginner to read. And more importantly, they are *fun* to read: aimed at (or at least claiming to be aimed at!) young people to teach them morals and statecraft, these fables are engaging, timeless, and often arrive at unexpected conclusions.

The Hitopadeśa (*hita-upadeśa-*, which literally translates to 'supportive pointers') probably is around 1,000 years old, and is based on a similar collection of stories, the Pañcatantra, whose origins probably go back more than 2,000 years. The main narrative text is written in prose, but contains many sayings that appear in verse, usually in śloka meter. The fables slotted into the overarching frame are introduced by one character quoting a śloka that gives the moral of the upcoming tale, and another character saying, more or less, 'What do you mean by that?'. The tale is then told, with the narrator concluding *ataḥ aham bravīmi* 'hence I say:' and then repeating the moral that they had mentioned to begin with.

The following stories are more or less of the same degree of difficulty, so to begin just pick one whose title sounds interesting to you. And remember, Sanskrit sentences often use a participle as their main verb; in prose, the main verb usually comes towards the end of the sentence; and absolutives and *ta*-participles often have the same (instrumental-case) agent (see p. xviii)

a The Dog, the Donkey and the Thief (2.2)

अस्ति वाराणस्यां कर्पूरपटको नाम रजकः । १ । स चैकदाभिनववयस्कया वध्वा सह चिरं केलिं कृत्वा निर्भरमालिङ्ग्य प्रसुप्तः । २ । तदनन्तरं तद्गृहद्रव्याणि हर्तुं चौरः प्रविष्टः । ३ । तस्य प्राङ्गणे गर्दभो बद्धस्तिष्ठति कुक्कुरश्चोपविष्टो ऽस्ति । ४ ।

---

(1) **vārāṇasī-** (f.) Vārāṇasī/Benares (a city) **karpūra-paṭaka-** (m.) 'Camphor-Cloth' (a man) **rajaka-** (m.) 'washerman'. (2) **abhinava-vayaska-** (adj) 'very young/new' **vadhū-** (f.) 'bride, wife' **keli-** (m./f.) 'play, sport, lovemaking' **nirbharam** (ind) 'excessively, very much, firmly' **ā-√liṅg** 'embrace' **pra-√svap** 'fall asleep, sleep'. (3) **tad-anantaram** (ind) 'very soon after' **dravya-** (n.) 'thing, object' **√hṛ** 'take, seize' **caura-** (m.) 'thief' **pra-√viś** 'enter, come in'. (4) **prāṅgaṇa-** (n.) 'courtyard' **gardabha-** (m.) 'donkey' **baddha-** (adj) 'bound, tethered' **kukkura-** (m.) 'dog'.

---

(2) Split up **ca ekadā abhinava-vayaskayā** read **āliṅgya** **prasupta-** *ta*-PTC of pra-√svap. (3) **tad-gṛha-dravya-** TP within a TP, **tad-** (stem form, used in CPDS) here 'his/the washerman's' **hartum** INF 'in order to …'. (4) Split up **kukkuraḥ ca upaviṣṭaḥ** ('seated') **asti.**

अथ गर्दभः श्वानमाह। सखे भवतस्तावदयं व्यापारः। ५। तत्किमिति त्वमुच्चैः शब्दं कृत्वा स्वामिनं न जागरयसि। ६। कुक्कुरो ब्रूते। भद्र मम नियोगस्य चर्चा त्वया न कर्तव्या। ७। त्वमेव किं न जानासि यथा तस्याहर्निशं गृहरक्षां करोमि। ८। यतो ऽयं चिरान्निर्वृतो ममोपयोगं न जानाति। ९। तेनाधुनापि ममाहारदाने मन्दादरः। १०। यतो विना विधुरदर्शनं स्वामिन उपजीविषु मन्दादरा भवन्ति। ११। गर्दभो ब्रूते। शृणु रे बर्बर। १२।

याचते कार्यकाले यः स किंभृत्यः स किंसुहृत्। १३।

कुक्कुरो ब्रूते। शृणु तावत्

भृत्यान्संभावयेद्यस्तु कार्यकाले स किंप्रभुः। १४।

---

(5) **śvan-** (m.) 'dog' **sakhi-** (m.) 'friend' **bhavat-** (m.) 'you, Sir' (respectful address) **tāvat** (ind) here 'indeed, truly' **vyāpāra-** (m.) 'action, task, duty'. (6) **tvam** (pron) 'you' **uccaiḥ** (ind) 'loudly' **śabda-** (m.) 'noise, sound' **svāmin-** (m.) 'master; teacher' **√jāgṛ** (I jāgarati) 'be awake, watchful'. (7) **√brū** (II bravīti, MID brūte) 'speak, say' **niyoga-** (m.) 'task, duty' **carcā-** (f.) 'deliberation; involvement in' (+ GEN). (8) **√jñā** (IX jānāti) 'know' **ahar-niśam** (ind) 'day and night' **rakṣā-** (f.) 'guarding, watch'. (9) **yataḥ** (ind) 'because' **cirāt** (ind) 'for a long time' **nirvṛta-** (adj) 'happy, satisfied' **upayoga-** (m.) 'use, help, usefulness'. (10) **āhāra-** (m.) 'food' **dāna-** (n.) 'giving; gift' **mandādara-** (adj) 'careless about' (+ LOC). (11) **vinā** (ind) 'without' (here + ACC) **vidhura-** (n.) 'adversity, need' **upajīvin-** (m.) 'dependent, servant'. (12) **√śru** (V śṛṇoti) 'listen, hear' **re** (ind) indicates angry address: 'hey! yo! (US) oy! (UK)' **barbara-** (m.) 'idiot, fool; low-born'. (13) **√yāc** (I yācate) 'beg, make demands **kārya-kāla-** (m.) 'time for action, time of need' **bhṛtya-** (m.) 'servant' **su-hṛd-** (m.) 'friend'. (14) **sam-√bhū** 'be together'; CAUS saṃbhāvayati 'respect' **prabhu-** (m.) 'master'.

---

(5) **śvānam** ACC SG **āha** 'he said' **sakhe** VOC SG split up **bhavataḥ tāvat ayam** **bhavataḥ** GEN SG of bhavat- **tāvat** here 'indeed' supply 'is'. (6) **tat kim iti** 'then why?' the **śabda-** here is barking **jāgarayasi** CAUS. (7) **bhadra** (VOC) 'my good (friend)' **carcā tvayā na kartavyā** lit. 'involvement should not be made by you': 'don't interfere'. (8) **kim** here indicates yes/no question **jānāsi yathā** 'you know that …'. (9) **yataḥ** supply a correlative tataḥ after **nirvṛtaḥ**. (10) **tena** 'through this; thus' split up **mama āhāra-dāne**. (11) **vidhura-darśanam** 'the sight of need, perceiving need' **svāmina** sandhied svāminaḥ (NOM PL). (12) **re** indicates angry address: **re barbara** 'you idiot!'. (13) Structure **yaḥ … sa** 'who … he' **kim-** here 'bad'. (14) **tāvat** here 'so, now' structure **yaḥ … sa** **kārya-kāle** here '*only* in time of need'.

यतः

आश्रितानां भृतौ स्वामिसेवायां धर्मसेवने।
पुत्रस्योत्पादने चैव न सन्ति प्रतिहस्तकाः ॥ १५॥

ततो गर्दभः सकोपमाह । १६ । अरे दुष्टमते पापीयांस्त्वं यद्विपत्तौ स्वामिकार्योपेक्षां करोषि । १७ । भवतु तावत् । १८ । यथा स्वामी जागरिष्यति तन्मया कर्तव्यम् । १९ ।

यतः

पृष्ठतः सेवयेदर्कं जठरेण हुताशनम्।
स्वामिनं सर्वभावेन परलोकममायया ॥ २० ॥

इत्युक्त्वोच्चैश्चीत्कारशब्दं कृतवान् । २१ । ततः स रजकस्तेन चीत्कारेण प्रबुद्धो निद्राभङ्गकोपादुत्थाय गर्दभं लगुडेन ताडयामास । २२ ।

---

(15) **yataḥ** (ind) 'for, because' **āśrita-** (m.) 'relative, dependent' **bhṛti-** (f.) 'support, maintenance' **sevā-** (f.) 'service' **dharma-** (m.) here 'religious duty' **sevana-** (m.) 'service, devotion' **utpādana-** (n.) 'producing, begetting' **prati-hastaka-** (m.) 'substitute, proxy'. (16) **sa-kopam** (ind) lit. 'with-angered': 'angrily' **√ah** 'say, speak'. (17) **are** (ind) 'oh! ugh! you!' **duṣṭa-** (adj) 'corrupt, wicked' **mati-** (f.) 'mind, thought' **vipatti-** (f.) 'misfortune, disaster' **kārya-** (n.) 'duty, task, mission' **upekṣā-** (f.) 'negligence'. (19) **√jāgṛ** (I jāgarati) 'be awake, watchful'. (20) **pṛṣṭhataḥ** (ind) 'with /behind one's back' **√sev** (I sevate, X sevayati) 'serve; cherish, enjoy' **arka-** (m.) 'sun' **jaṭhara-** (n.) 'stomach, belly' **huta-aśana-** (m.) lit. 'oblation-eater': 'fire' **sarva-bhāva-** (m.) 'whole being/heart' **para-loka-** (m.) 'the next world' **a-māyā-** (f.) lit. 'non-deceit': 'honesty'. (21) **cīt-kāra-** (m.) 'cries, noise'; here 'braying' **śabda-** (m.) 'sound, noise'. (22) **pra-√budh-** 'wake up, awake' **nidrā-** (f.) 'sleep' **bhaṅga-** (m.) 'break, disturbance, interruption' **kopa-** (m.) 'anger' **ud-√sthā** 'stand up, get up' **laguḍa-** (m.) 'stick, staff' **√taḍ** (X tāḍayati) 'beat, strike'.

---

(15) Structure: 'in (LOCS), there are no …' **santi** 3PL of √as. (16) Split up **sa-kopam āha** (3SG PERF of √ah). (17) **duṣṭa-mate** BV in VOC SG **pāpīyāṃs** (sandhied pāpīyān) NOM SG MASC of the COMP of pāpa- 'bad, evil', here elative 'very/truly bad' **yat** here 'that' split up **svāmi-kārya-upekṣām** **upekṣām √kṛ** lit. 'do negligence': 'neglect'. (18) **bhavatu tāvat** 'so be it; well then'. (19) Structure: **yathā** … **tat** 'so that … thus' **mayā kartavyam** (GDVE of √kṛ) lit. 'it must be acted by me': 'I must act'. (20) **√sev** (here X sevayati) means both 'serve' and 'cherish, enjoy' **sevayet** governs all four ACCS **jaṭhareṇa** lit. 'with one's belly': 'facing (something)' **a-māyayā** lit. 'with non-deceit': 'without deceit'. (21) Split up **iti uktvā uccaiḥ** **kṛtavān** NOM SG MASC PASTAP of √kṛ, here the main verb: 'he made'. (22) **prabuddha-** *ta*-PTC of pra-√budh split up **nidrā-bhaṅga-kopāt utthāya** (ABS of ud-√sthā) **tāḍayām āsa** PERIPH PERF of √taḍ.

अतो ऽहं ब्रवीमि

पराधिकारचर्चां यः कुर्यात्स्वामिहितेच्छया।
स विषीदति चीत्काराद्गर्दभस्ताडितो यथा॥ २३॥

b The Lion Mouse and Cat (2.3)

अस्त्युत्तरापथे ऽर्बुदशिखरनाम्नि पर्वते महाविक्रमो नाम सिंहः। १। तस्य पर्वतकन्दरे ऽधिशयानस्य केसराग्रं कश्चिन्मूषिकः प्रत्यहं छिनत्ति। २। ततः केसराग्रं लूनं दृष्ट्वा कुपितो विवरान्तर्गतं मूषिकमलभमानो ऽचिन्तयत्। ३।

क्षुद्रशत्रुर्भवेद्यस्तु विक्रमान्नैव लभ्यते।
तमाहन्तुं पुरस्कार्यः सदृशस्तस्य सैनिकः॥ ४॥

---

(23) **√brū** (II bravīti) 'say, speak' **para-** (pron adj) here '(an)other' **adhīkāra-** (m.) 'authority, responsibility' **carcā-** (f.) here 'meddling' **hita-** (n.) 'benefit, well-being' **icchā-** (f.) 'desire' **vi-√sad** (irreg viṣīdati) 'be dejected, despair' **tāḍita-** (adj) 'hit, beaten'. (1) **uttarā-patha-** (m.) 'the northern country' **arbuda-śikhara-** (m.) 'Round-Peak' (name of a mountain) **mahā-vikrama-** (m.) 'Great-Courage' (name of a lion). (2) **kandara-** (n.) 'cave' **adhiśayāna-** (adj) 'sleeping' **kesara-agra-** (n.) 'mane-tips, tips/ends of hair' **mūṣika-** (m.) 'mouse' **prati-aham** (ind) 'daily, day after day' **√chid** (VII chinatti) 'cut', here: 'gnaw, nibble'. (3) **lūna-** (adj) 'cut off, clipped' **vivara-antargata-** (adj) 'gone hiding in a crack'. (4) **kṣudra-** (adj) 'lowly, insignificant' **puras-√kṛ** 'put in front, appoint' **sadṛśa-** (adj) 'resembling, like' (+ GEN) **sainika-** (m.) 'soldier, fighter'.

---

(23) Split up **kuryāt** (3SG POT of √kṛ) **svāmi-hita-icchayā** and **cītkārāt** (lit. 'from …': 'because of …') **gardabhaḥ tāḍitaḥ**. (1) **arbuda-śikhara-nāmni** BV, LOC SG agreeing with **parvate**. (2) Split up **kaścit** ('some, a', NOM SG MASC) **mūṣikaḥ**. (3) **a-labhamāna-** (PRES MID PTC) lit. 'non-taking': 'unable to take/catch'. (4) Split up **kṣudra-śatruḥ bhavet yaḥ tu vikramāt na eva** translate **yaḥ** first in l. 1 **vikramāt** (ind) 'by force' **āhantum** INF 'in order to …' **puras-kāryaḥ** (GDVE) '(is) to be appointed, must be appointed'.

इत्यालोच्य तेन ग्रामं गत्वा विश्वासं कृत्वा दधिकर्णनामा बिडालो यत्नेनानीय मांसाहारं दत्त्वा स्वकन्दरे स्थापितः । ५ । अनन्तरं तद्भयान्मूषिको ऽपि बिलान्न निःसरति । ६ । तेनासौ सिंहो ऽक्षतकेसरः सुखं स्वपिति । ७ । मूषिकशब्दं यदा यदा शृणोति तदा तदा मांसाहारदानेन तं बिडालं संवर्धयति । ८ । अथैकदा स मूषिकः क्षुधा पीडितो बहिः संचरन्बिडालेन प्राप्तो व्यापादितश्च । ९ । अनन्तरं स सिंहो यदा कदाचिदपि तस्य मूषिकस्य शब्दं विवरान्न शुश्राव तदोपयोगाभावाद्बिडालस्याप्याहारदाने मन्दादरो बभूव । १० । ततो ऽसावाहारविरहाद्दुर्बलो दधिकर्णो ऽवसन्नो बभूव । ११ । अतो ऽहं ब्रवीमि

निरपेक्षो न कर्तव्यो भृत्यैः स्वामी कदाचन ।
निरपेक्षं प्रभुं कृत्वा भृत्यः स्याद्दधिकर्णवत् ॥ १२ ॥

---

(5) **ā-√loc** 'think, reflect' **viśvāsam √kṛ** 'win someone's confidence' **dadhi-karṇa-** (m.) 'Curd-Ear' (a cat) **biḍāla-** (m.) 'cat' **yatnena** (ind) 'with effort, strenuously' **māṃsa-** (n.) 'meat' **āhāra-** (m.) 'food' **√sthā** 'stand', CAUS 'place, put'. **(6) bila-** (n.) 'cave, hole' **niḥ-√sṛ** 'go/come out'. **(7) asau/adas-** (pron) 'he, she, it; this; that' **a-kṣata-** (adj) 'unbroken, intact' **kesara-** (m.) 'hair, mane' **sukham** (ind) 'happily'. **(8) śabda-** (m.) 'sound, noise'. **(9) kṣudh-** (f.) 'hunger' **pīḍita-** (adj) 'afflicted, troubled' **bahiḥ** (ind) 'out, forth' **sam-√car** (I saṃcarati) 'move' **vi-ā-√pad** (X vyāpādayati) 'kill'. **(10) vivara-** (m.) 'hole, cave' **upayoga-** (m.) 'employment, use' **a-bhāva-** (m.) lit. 'non-being': 'absence' **mandādara-** (adj) 'careless about' (+ LOC). **(11) viraha-** (m.) 'absence, lack' **dur-bala-** (adj) 'weak' **avasanna-** (adj) 'dead'. **(12) nirapekṣa-** (adj) 'independent' **bhṛtya-** (m.) 'servant' **svāmin-** (m.) 'master; teacher' **prabhu-** (m.) 'master' **-vat** (ind, ifc) 'like'.

---

(5) Structure **tena** 'by him' is the agent of all verb forms (see p. xviii); **biḍālaḥ** is the subject of **sthāpitaḥ** (CAUS *ta*-PTC of √sthā), which serves as main verb; as so often, it may be best to translate all verbs as active, and thus make the lion the subject and the cat the object **dadhi-karṇa-nāmā** BV (NOM SG MASC) split up **yatnena ānīya** **ānīya** ABS 'brought (home/with him)'. (6) **tad-bhāyāt** 'from fear of it (i.e. the cat)' split up **bilāt na.** (7) **tena** lit. 'through this': 'thus' **asau** NOM SG MASC 'this' **akṣata-kesara-** BV. (8) Split up **māṃsa-āhāra-dānena** **saṃvardhayati** CAUS of **sam-√vṛdh:** 'rear, feed'. (9) **saṃcaran** NOM SG MASC PRESAP. (10) The structure is **yadā** … **tadā** 'when … then' split up **vivarāt na** the **na** goes with **kadācit** 'not at any time, never' **śuśrāva** PERF of √śru split up **tadā upayoga-abhāvāt biḍālasya api āhāra-dāne.** (11) Split up **asau āhāra-virahāt durbalaḥ.** (12) **na kartavyaḥ** (GDVE) 'must not be made'.

c The Clever Woman and the Bell (2.4)

अस्ति श्रीपर्वतमध्ये ब्रह्मपुराख्यं नगरम् । १ । तच्छिखरप्रदेशे घण्टाकर्णो नाम राक्षसः प्रतिवसतीति जनप्रवादः श्रूयते । २ । एकदा घण्टामादाय पलायमानः कश्चिच्चौरो व्याघ्रेण व्यापादितः । ३ । तत्पाणिपतिता घण्टा वानरैः प्राप्ता । ४ । ते च वानरास्तां घण्टामनुक्षणं वादयन्ति । ५ । ततो नगरजनैः स मनुष्यः खादितो दृष्टः प्रतिक्षणं घण्टारवश्च श्रूयते । ६ । अनन्तरं घण्टाकर्णः कुपितो मनुष्यान्खादति घण्टां च वादयतीत्युक्त्वा सर्वे जना नगरात्पलायिताः । ७ । ततः करालया नाम कुट्टन्या विमृश्यानवसरो ऽयं घण्टावादस्तत्किं मर्कटा घण्टां वादयन्तीति स्वयं विज्ञाय राजा विज्ञापितः । ८ । देव यदि कियद्धनोपक्षयः क्रियते तदाहमेनं घण्टाकर्णं साधयामि । ९ । ततो राज्ञा तस्यै धनं दत्तम् । १० । कुट्टन्या मण्डलं कृत्वा तत्र गणेशादिपूजागौरवं दर्शयित्वा स्वयं वानरप्रियफलान्यादाय वनं प्रविश्य

---

(1) **śrī-parvata-** (m.) 'Fortune Mountain' **brahma-pura-** (n.) 'Brahma City' **ākhyā-** (f.) 'name', (ifc) 'called'. (2) **śikhara-** (m./n.) 'peak, summit' **pradeśa-** (m.) 'region, area' **ghaṇṭā-karṇa-** (m.) 'Bell-Ear' (name of a demon) **rākṣasa-** (m.) 'rākṣasa, demon' **prati-√vas** (I prativasati) 'dwell, live' **pravāda-** (m.) 'report, rumor'. (3) **ghaṇṭā-** (f.) 'bell' **ā-√dā** (III ādadāti) 'take' **√palāy** (I palāyate) 'flee, run away' **caura-** (m.) 'thief' **vi-ā-√pad** (X vyāpādayati) 'kill'. (4) **pāṇi-** (m.) 'hand' **√pat** (I patati) 'fall, fly' **vānara-** (m.) 'monkey'. (5) **anukṣaṇam** (ind) 'perpetually, constantly'. (6) **pratikṣaṇam** (ind) 'constantly, all the time' **rava-** (m.) 'sound, noise'. (8) **karālā-** (f.) 'Terrible' (name of a woman) **kuṭṭanī-** (f.) 'procuress, (female) matchmaker' **vi-√mṛś** (VI vimṛśati) 'touch; touch mentally: reflect, think' **an-avasara-** (adj) 'unseasonable, unusual, odd' **vāda-** (m.) 'speech; sound' **markaṭa-** (m.) 'monkey' **svayam** (ind) 'on one's own' **vi-√jñā** (IX vijānāti) 'think, recognize'; CAUS **vijñāpayati** 'inform'. (9) **kiyat-** (pron adj) 'somewhat, a little' **dhana-** (n.) 'wealth, money' **upakṣaya-** (m.) 'decrease; spending' **√sādh** (IV sādhyati) 'succeed, reach one's goal'; CAUS sādhayati here: 'take care of'.

---

(1) **brahmapura-ākhya-** BV **-madhye** lit. 'in the middle/center': here 'on'. (2) Split up **tat-śikhara-pradeśe** **iti** here marks end of indirect statement: translate as 'that' **jana-pravādaḥ** 'rumor *among* …' translate **śrūyate** (lit. 'is heard') as 'there is'. (3) **ādāya** lit. 'having taken (ABS of ā-√dā) here simply 'with'. (4) Split up **tat-pāṇi-patitā** **tat-** here 'his' (the thief's). (5) **te** NOM PL MASC 'these' **vādayanti** CAUS of √vad (lit. 'cause to speak'), here 'cause to make a sound; ring'. (6) **sa manuṣyaḥ** here refers to the thief split up **ghaṇṭā-ravaḥ ca.** (7) **ghaṇṭākarṇaḥ** begins a direct statement split up **vādayati iti uktvā.** (8) The INS **karālayā** (nāma) **kuṭṭanyā** is the agent of **vimṛśya, vijñāya** and **vijñāpitaḥ** (see p. xviii): 'by K., having … and having …, the **rājā** was **vijñāpitaḥ**' **avasaraḥ … vādayanti** is what she realizes supply 'is' with **avasaraḥ** **tatkim** introduces a yes/no question. (9) Structure **yadi … tadā** supply 'by you' with **kriyate** 'is made' split up **tadā aham enam.** (10) **tasyai** DAT SG FEM of saḥ/tad-.

फलान्याकीर्णानि । ११ । ततो घण्टां परित्यज्य वानराः फलासक्ता बभूवुः । १२ । कुट्टनी च घण्टां गृहीत्वा नगरमागता सर्वजनपूज्याभवत् । १३ । अतो ऽहं ब्रवीमि

शब्दमात्रान्न भेतव्यमज्ञात्वा शब्दकारणम् ।
शब्दहेतुं परिज्ञाय कुट्टनी गौरवं गता ॥ १४ ॥

d The Clever Woman with Two Lovers (2.6)

अस्ति द्वारवत्यां पुर्यां कस्यचिद्गोपस्य वधूर्बन्धकी । १ । सा ग्रामस्य दण्डनायकेन तत्पुत्रेण च समं रमते । २ । तथा चोक्तम्

नाग्निस्तृप्यति काष्ठानां नापगानां महोदधिः ।
नान्तकः सर्वभूतानां न पुंसां वामलोचना ॥ ३ ॥

---

(11) **maṇḍala-** (n.) 'circle' **gaṇeśa-** (m.) Gaṇeśa (a god, the 'remover of obstacles') **-ādi-** (ifc) 'etc, and others' **pūjā-** (f.) 'reverence, worship' **gaurava-** (n.) 'heaviness; respectability' **pra-√viś** 'enter' **ā-√kṝ** (VI ākirati) 'scatter, spread'. (12) **āsakta-** (adj) 'attached to; intent on'. (13) **√pūj** (X pūjayati) 'to honor, worship'. (14) **śabda-** (m.) 'sound, noise' **mātra-** (adj, ifc) 'only, mere' **√bhī** (III bibheti) 'fear, be afraid of' (+ ABL) **kāraṇa-** (n.) 'cause' **hetu-** (m.) 'cause, motive' **pari-√jñā** 'recognize, discern'. (1) **dvāra-vat-** (adj, -ī) 'having (many) gates' **purī-** (f.) 'city' **go-pa-** (m.) 'cowherd' **vadhū-** (f.) 'wife' **bandhakī-** (f.) 'harlot, courtesan'. (2) **grāma-** (m.) 'village, community' **daṇḍa-nāyaka-** (m.) 'guard, policeman' **samam** (ind) 'in the same way, at the same time' **√ram** (I ramate) 'enjoy oneself, have relations with' (+ INS). (3) **√tṛp** (IV tṛpyati) 'be satisfied with, have enough' (+ GEN or INS) **kāṣṭha-** (n.) 'log, wood' **āpa-gā-** (f.) 'river, stream' **mahā-udadhi-** (m.) 'great ocean' **antaka-** (m.) 'death' **puṃs-** (m.) 'man' **vāma-locana-** (adj) 'fair-eyed'.

---

(11) The agent of all verb forms is **kuṭṭanyā** (see p. xviii) split up **gaṇeśa-ādi-pūjā-gauravaṃ** **gaurava-** lit. 'heaviness': here 'a great spectacle' split up **vānara-priya-phalāni** ('fruit dear to monkeys') **ādāya** (ABS of ā-√dā) **ākīrṇa-** *na*-PTC of ā-√kṝ. (12) **babhūvuḥ** (3PL PERF of √bhū) 'they became'. (13) Split up **sarva-jana-pūjyā** (GDVE 'honorable, having to be honored') **abhavat**. (14) **bhetavyam** impersonal GDVE of √bhī, lit. 'it must be feared': 'one must fear' translate **a-jñātvā** as 'if one does not recognize' **gauravam gatā** lit. 'gone to respectability': 'having become respectable'. (1) **dvāravatī purī** lit. 'many-gated city': Dvārakā, a mythical city. (2) **tat-** (stem form of saḥ/tad- used in CPDS) 'his', referring to the guard. (3) Split up **ca uktam** and **na agniḥ tṛpyati** translate **na tṛpyati** 'is never satisfied with' with all four subjects translate **vāma-locanā** substantivized.

अन्यच्च

न दानेन न मानेन नार्जवेन न सेवया।
न शस्त्रेण न शास्त्रेण सर्वथा विषमाः स्त्रियः ॥ ४ ॥

यतः

गुणाश्रयं कीर्तियुतं च कान्तं
पतिं रतिज्ञं सधनं युवानम्।
विहाय शीघ्रं वनिता व्रजन्ति
नरं परं शीलगुणादिहीनम्॥ ५ ॥

अपरं च

न तादृशीं प्रीतिमुपैति नारी
विचित्रशय्यां शयितापि कामम्।

---

(4) **dāna**- (n.) 'gift, generosity' **māna**- (m.) 'respect' **ārjava**- (n.) 'sincerity, honesty' **sevā**- (f.) 'service, reverence' **śastra**- (n.) 'weapon' **śāstra**- (n.) 'instruction; knowledge' **sarvathā** (ind) 'in every way' **viṣama**- (adj) 'difficult, disagreeable' **strī**- (f.) 'woman'. (5) **yataḥ** (ind) 'for, because' **guṇa**- (m.) 'quality, virtue' **āśraya**- (n.) 'seat', (ifc) 'having lots of, closely connected to' **kīrti**- (f.) 'fame' **yuta**- (adj) 'combined with, connected to, having' **kānta**- (adj) 'loved; lovely, pleasant' **pati**- (m.) 'lord, husband' **rati**- (f.) 'pleasure' **-jña**- (adj, ifc) 'knowing, skilled at' **sa-dhana**- (adj) 'wealthy' **yuvāna**- (adj) 'young' **vi-√hā** 'leave behind, abandon' **śīghram** (ind) 'quickly' **vanitā**- (f.) 'woman, female of the species' **√vraj** (I vrajati) 'go to, proceed' **para**- (pron adj) 'another' **śīla**- (m.) 'form, beauty' **-ādi**- (ifc) 'etc, and others' **-hīna**- (adj, ifc) 'lacking, without'.

---

(4) **anyat** 'furthermore' supply 'one can please women' with **na … śastreṇa** **striyaḥ** Nom Pl of strī-. (5) **vanitā** sandhied vanitāḥ **√vraj** + Acc 'go to …' split up **śīla-guṇa-ādi-hīnam.**

यथा हि दूर्वादिविकीर्णभूमौ
प्रयाति सौख्यं परकान्तसंगात्॥ ६॥

अथ कदाचित्सा दण्डनायकपुत्रेण सह रममाणा तिष्ठति। ७। अथ दण्डनायको ऽपि रन्तुं तत्रागतः। ८। तमायान्तं दृष्ट्वा तत्पुत्रं कुशूले निक्षिप्य दण्डनायकेन सह तथैव क्रीडति। ९। अनन्तरं तस्या भर्ता गोपो गोष्ठात्समागतः। १०। तमालोक्य गोप्योक्तम्। दण्डनायक त्वं लगुडं गृहीत्वा कोपं दर्शयन्सत्वरं गच्छ। ११। तथा तेनानुष्ठिते गोपेन गृहमागत्य भार्या पृष्टा। केन कार्येण दण्डनायकः समागतो ऽत्र। १२। सा ब्रूते। अयं केनापि कारणेन पुत्रस्योपरि क्रुद्धः। १३। स च मार्गमाणो ऽप्यत्रागत्य प्रविष्टो मया कुशूले निक्षिप्य रक्षितः। १४।

---

(6) aparam (ind) 'also, furthermore' **tādṛśa-** (adj, f. *-ī*) 'such, of such a kind' **prīti-** (f.) 'pleasure' **upa-√i** (II upaiti) 'come to, reach' **nārī-** (f.) 'woman' **vicitra-** (adj) 'many-colored, fancy' **śayyā-** (f.) 'bed, couch' **śayita-** (adj) 'lying down on' (+ Acc) **kāmam** (ind) 'as one pleases, if one wants to' **dūrvā-** (f.) 'rough grass' **vikīrṇa-** (adj) 'scattered, covered with' **bhūmi-** (f.) 'earth, ground' **pra-√yā** (II prayāti) 'go towards' **saukhya-** (n.) 'happiness' **para-** (pron adj) here '(an)other' **kānta-** (f.) 'beloved, lover' **saṃga-** (m.) 'touch, contact'. **(9) ā-√yā** (II āyāti) 'come' **kuśūla-** (m.) 'granary, store-room' **ni-√kṣip** (VI nikṣipati) 'throw down' **√krīḍ** (I krīḍati) 'play, enjoy oneself'. **(10) anantaram** (ind) 'right away' **bhartṛ-** (m.) 'husband' **go-pa-** (m.) 'cowherd' **go-ṣṭha-** (m.) 'cowshed' **sam-ā-√gam** 'return'. **(11) ā-√lok** (I ālokate) 'see' **go-pī-** (f.) 'female cowherd, cowherd's wife' **laguḍa-** (m.) 'stick, club' **√grah** 'take, seize' **kopa-** (m.) 'anger' **satvaram** (ind) 'quickly'. **(12) bhāryā-** (f.) 'wife' **√prach** 'ask' **kārya-** (n.) 'duty, task, mission'. **(13) kāraṇa-** (n.) 'cause, reason' **upari** (ind) 'over, on account of' (+ Gen) **kruddha-** (adj) 'angry'. **(14) √mārg** (I mārgati/-te) 'search for' **pra-√viś** (VI praviśati) 'enter' **kuśūla-** (m.) 'granary, store-room' **√rakṣ** (I rakṣati) 'protect'.

---

(6) prītim upaiti, saukhyam prayāti both 'go to x-ness': = 'become x' (see p. xix) structure **tādṛśīm … yathā** 'such … as, as … as' split up **dūrvā-ādi-vikīrṇa-bhūmau** **bhūmau** Loc Sg. **(7) rāmamāṇā tiṣṭhati** lit. 'she stands enjoying herself': 'she enjoys herself'. **(8) rantum** Inf of √ram. **(9) tathā eva** 'in the very same way'. **(10) tasyā** sandhied tasyāḥ. **(11) gṛhītvā** Abs of √grah **darśayan** (Nom Sg Masc PresAP) lit. 'showing': here 'feigning' probably the most idiomatic translation is to render all three verbs as imperatives. **(12) tathā tena anuṣṭhite** lit. 'it having thus been done by him' (Loc Abs) **gopena** is agent of **āgatya** and **pṛṣṭā** (*ta*-Ptc of √prach) (see p. xviii) **kena kāryeṇa** lit. 'through what duty/business': 'for what reason, why?'. **(13) kena api kāraṇena** 'for some reason'. **(14) sa** here: the son **mārgamāṇaḥ** here 'seeking (help)' **mayā** begins a new clause and is the agent of both **nikṣipya** and **rakṣitaḥ** (see p. xviii).

तत्पित्रा चान्विष्यता गृहे न दृष्टः। १५। अतो ऽयं दण्डनायकः कुपित एव गच्छति। १६। ततः सा तत्पुत्रं कुशूलादवतार्य दर्शितवती। १७।

तथा चोक्तम्

आहारो द्विगुणः स्त्रीणां बुद्धिस्तासां चतुर्गुणा।
षड्गुणो व्यवसायश्च कामश्चाष्टगुणः स्मृतः॥ १८॥

अतो ऽहं ब्रवीमि

उत्पन्नेष्वपि कार्येषु मतिर्यस्य न हीयते।
स निस्तरति दुर्गाणि गोपी जारद्वयं यथा॥ १९॥

e The Lion and the Old Hare (2.8)

अस्ति मन्दरनाम्नि पर्वते दुर्दान्तो नाम सिंहः। १। स च सर्वदा पशूनां वधं कुर्वन्नास्ते। २। ततः सर्वैः पशुभिर्मिलित्वा स सिंहो विज्ञप्तः। ३। मृगेन्द्र किमर्थमेकदा बहुपशुघातः क्रियते। ४।

---

(15) **pitṛ-** (f.) 'father' **anu-√iṣ** 'look/search for'. (16) **kupita-** (adj) 'angry'. (17) **ava-√tṝ** (I avatarati) 'descend, exit from'. (18) **āhāra-** (m.) 'food' **dvi-/catur-/ṣaḍ-/aṣṭa-guṇa-** (adj) 'two/four/six/eight times as much' **strī-** (f.) 'woman' **buddhi-** (f.) 'intelligence, cleverness' **vyavasāya-** (m.) 'determination, resolve' **kāma-** (m.) 'lust, desire'. (19) **mati-** (f.) 'mind, intelligence; wits' **√hā** (III jahāti) 'remove, lay aside, give up' **niḥ-√tṝ** (I nistarati) 'overcome, go beyond' **durga-** (n.) 'difficulty' **jāra-** (m.) 'lover' **dvaya-** (n.) 'pair, couple'. (1) **mandara-** (m.) Mandara (a mountain) **nāman-** (n.) 'name', (ifc) 'named, called' **dur-dānta-** (m.) 'Untamable' (a lion). (2) **sarvadā** (ind) 'always' **paśu-** (m.) 'cattle, (domesticated) animal' **vadha-** (m.) 'killing, murder' **√ās** (II āste) 'sit, be in a place'. (3) **√mil** (I milati) 'meet, get together' **vi-√jñā** 'know, understand'. (4) **mṛga-** (m.) 'deer, forest animal' **indra-** (m.) 'Indra; leader' **kim artham** (ind) 'for what purpose? why?' **ghāta-** (m.) 'killing, murder'.

---

(15) **tat-** stem form in CPDS: 'his' (the son's) **pitrā** INS of pitṛ- **anviṣyat-** PRESAP of anu-√iṣ. (16) **kupitaḥ** functions as an adverb: 'angrily' **gacchati** here 'goes (away)'. (17) **avatārya** CAUS ABS of ava-√tṝ **darśitavat-** PASTAP, used as main verb: 'showed'. (18) Lit. 'food is of women' here 'women eat' 'x times as much': implied 'as men' **smṛtaḥ** agrees with all NOM nouns 'is remembered/known to be'. (19) **utpanneṣu kāryeṣu** LOC ABS 'when things happen (unexpectedly)' **hīyate** 3SG PASS of √hā **yathā** supply niḥ-√tṝ. (1) **mandara-nāmni** BV agreeing with **parvate**. (2) **kurvann** (sandhied kurvan) **āste** lit. 'sits doing': 'is continuously doing/committing'. (3) **paśubhiḥ** is the agent of both verb forms (see p. xviii) **vijñapta-** CAUS *ta*-PTC of vi-√jñā. (4) **ekadā** (ind) here 'all at once' split up **bahu-paśu-ghātaḥ** **kriyate** 3SG PASS of √kṛ, implied agent: 'by you'.

यदि प्रसादो भवति तदा वयमेव भवदाहारार्थं प्रत्यहमेकैकं पशुमुपढौकयामः । ५ । ततः सिंहेनोक्तम् । यद्येतदभिमतं भवतां तर्हि भवतु तत् । ६ । ततः प्रभृत्येकैकं पशुमुपकल्पितं भक्षयन्नास्ते । ७ । अथ कदाचिद्वृद्धशशकस्य कस्यचिद्वारः समायातः । ८ । सो ऽचिन्तयत्

त्रासहेतोर्विनीतिस्तु क्रियते जीविताशया ।
पञ्चत्वं चेद्गमिष्यामि किं सिंहानुनयेन मे ॥ ९ ॥

तन्मन्दं मन्दं गच्छामि । १० । ततः सिंहो ऽपि क्षुधा पीडितः कोपात्तमुवाच । कुतस्त्वं विलम्बादागतो ऽसि । ११ । शशको ऽब्रवीत् । देव नाहमपराधी । १२ । आगच्छन्पथि सिंहान्तरेण बलाद्धृतः । १३ । तस्याग्रे पुनरागमनाय शपथं कृत्वा स्वामिनं निवेदयितुमत्रागतो ऽस्मि । १४ । सिंहः सकोपमाह । सत्वरं गत्वा दुरात्मानं दर्शय । १५ । क्व स दुरात्मा तिष्ठति

---

(5) **prasāda-** (m.) 'pleasure' **bhavat-** (m.) 'you, Sir' (respectful address, takes 3rd-person verb) **āhāra-** (m.) 'food, feeding' **-artham** (ind, ifc) 'for the sake/purpose of' **pratyaham** (ind) 'daily, every day' **ekaikam** (ind) 'one by one' **upa-√ḍhauk** (X upaḍhaukayati) 'fetch, bring'. (6) **abhi-√man** 'think of, desire'. (7) **tataḥ prabhṛti** (ind) 'from then on' **upa-√kḷp** 'be ready'; CAUS 'prepare, offer'. (8) **vṛddha-** (adj) 'old' **śaśaka-** (m.) 'hare' **vāra-** (m.) 'time/turn for' **sam-ā-√yā** 'come, approach'. (9) **trāsa-** (m.) 'fear, terror' **hetu-** (m.) 'source, cause' **vinīti-** (f.) 'good behavior, reverence towards' (+ GEN) **jīvita-** (n.) 'life, survival' **āśā-** (f.) 'hope' **pañca-tva-** (n.) lit. 'fiveness' (dissolution of the body into the five elements that make up the world): 'death' **cet** (ind) 'if' **anunaya-** (m.) 'courtesy, respect'. (10) **mandam mandam** (ind) 'very slowly'. (11) **kṣudh-** (f.) 'hunger' **pīḍita-** (adj) 'troubled, afflicted' **kopa-** (m.) 'anger' **kutaḥ** (ind) 'why?' **vilambāt** (ind) 'with delay, late'. (12) **deva-** (m.) 'god, deity; lord, master', in VOC 'your highness, my lord' **aparādhin-** (adj) 'criminal, guilty, at fault'. (13) **path-** (m.) 'way, path' **siṃha-** (m.) 'lion' **antara-** (adj, ifc) '(an)other' **balāt** (ind) 'forcefully' **√dhṛ** 'hold'. (14) **agra-** (n.) 'front, tip' **punar-āgamana-** (n.) 'return(ing)' **śapatha-** (m.) 'vow, promise' **ni-√vid** CAUS nivedayati 'tell, inform'. (15) **sa-kopam** (ind) 'with-angered': 'angrily' **√ah** 'say' **satvaram** (ind) 'quickly' **dur-ātman-** (adj) 'evil-natured, evil'.

---

(5) Structure **yadi … tadā** **yadi prasādaḥ bhavati** lit. 'if it is (your) pleasure': 'if you wish' split up **bhavat-āhāra-artham** **bhavat-** stem form. (6) Structure **yadi … tarhi** split up **yadi etat abhimatam** (*ta*-PTC of abhi-√man) **bhavatām** GEN of agent: 'by you' **bhavatu** 3SG IMPV of √bhū. (7) **upakalpita-** CAUS *ta*-PTC of upa-√kḷp **bhakṣayan āste** lit. 'sits eating', see (2). (8) **samāyāta-** *ta*-PTC, functioning as main verb. (9) Split up **trāsa-hetoḥ** (GEN SG) **vinītiḥ tu** **vinītiḥ … kriyate** (3SG PASS of √kṛ) 'respect is shown' **pañcatvam** begins new sentence **kim me** + INS lit. 'what with …': 'what use is … for me?'. (10) **tat** here 'thus'. (11) **āgataḥ asi** 'you have come'. (12) Split up **na aham** **aparādhī** NOM SG MASC. (13) **āgacchan** NOM SG MASC PRESAP of ā-√gam **dhṛtaḥ** '(I was) held up'. (14) **tasya agre** 'in front of him' **punar āgamanāya śapathaḥ** 'a promise to come back/return' **svāmin-** here refers to the lion split up **nivedayitum atra āgataḥ**. (15) Translate both verb forms as imperatives **darśaya** IMPV 'show (to me)'.

। १६ । ततः शशकस्तं गृहीत्वा गभीरकूपं दर्शयितुं गतः । १७ । अत्रागत्य स्वयमेव पश्यतु स्वामीत्युक्त्वा तस्मिन्कूपजले तस्य सिंहस्यैव प्रतिबिम्बं दर्शितवान् । १८ । ततो ऽसौ क्रोधाध्मातो दर्पात्तस्योपर्यात्मानं निक्षिप्य पञ्चत्वं गतः । १९ । अतो ऽहं ब्रवीमि ।

बुद्धिर्यस्य बलं तस्य निर्बुद्धेस्तु कुतो बलम् ।
पश्य सिंहो मदोन्मत्तः शशकेन निपातितः । २० ।

f The Elephant, the Hares and the Moon (3.3)

कदाचिद्वर्षास्वपि वृष्टेरभावात्तृषार्तो गजयूथो यूथपतिमाह । १ । नाथ को ऽभ्युपायो ऽस्माकं जीवनाय । २ । अस्त्यत्र क्षुद्रजन्तूनामपि निमज्जनस्थानम् । ३ । वयं च निमज्जनाभावादन्धा इव । ४ । क्व यामः । ५ । किं कुर्मः । ६ । ततो हस्तिराजो नातिदूरं गत्वा निर्मलं ह्रदं दर्शितवान् । ७ । ततो दिनेषु गच्छत्सु तत्तीरावस्थिता गजपादाहतिभिश्चूर्णिताः

---

(17) **√grah** 'take' **gabhīra-** (adj) 'deep' **kūpa-** (m.) 'well'. (18) **svayam** (ind) 'for oneself, on one's own' **jala-** (n.) 'water' **pratibimba-** (n.) 'reflection'. (19) **asau/adas-** (pron) 'he/she/it; this, that' **krodha-** (m.) 'anger' **ādhmāta-** (adj) 'puffed up, inflated' **darpa-** (m.) 'ignorance' **upari** (ind) 'above, (up)on' (+ GEN) **ātman-** (m.) 'the soul, self'; (refl pron) 'oneself' **ni-√kṣip** 'throw down'. (12) **nirbuddheḥ** (GEN SG) begins a new sentence **nipātita-** CAUS *ta*-PTC of ni-√pat. (20) **buddhi-** (f.) 'intelligence, understanding' **nir-buddhi-** (adj) lit.: 'without *buddhi*': 'foolish' **kutaḥ** (ind) 'wherefrom?' **mada-** (m.) 'passion, arrogance' **unmatta-** (adj) 'intoxicated; furious' **śaśaka-** (m.) 'hare' **ni-√pat** 'fall down'. (1) **varṣā-** (f., pl.) 'rainy season, monsoon' **vṛṣṭi-** (f.) 'rain' **tṛṣā-** (f.) 'thirst' **ārta-** (adj) 'afflicted, suffering' **yūtha-** (m.) 'herd, flock, group'. (2) **nātha-** (m.) 'lord, protector' **abhi-upāya-** (m.) 'means, approach'. (3) **kṣudra-** (adj) 'little, small' **jantu-** (m.) 'creature, living being' **nimajjana-** (n.) 'bathing, swimming' **sthāna-** (n.) 'place, space'. (5) **√yā** (II yāti) 'go'. (7) **hastin-** (m.) 'elephant' (stem form: hasti-) **ati-dūram** (ind) 'very far' **nirmala-** (adj) 'spotless, clean' **hrada-** (m.) 'lake'.

---

(16) **dur-ātmā** NOM SG. (17) **gṛhītvā** ABS of √grah **darśayitum** CAUS INF of √dṛś. (18) **svayam … svāmī** direct speech by the hare **paśyatu** 3SG/polite IMPV split up **svāmī** (NOM SG) **iti uktvā** **tasmin** LOC SG MASC of saḥ/tad- **darśitavān** NOM SG MASC CAUS PASTAP 'he showed …' (supply 'to the lion'). (19) **asau** NOM SG MASC 'he' split up **darpāt tasya upari ātmānam** **tasya** refers to the pratibimbam **ātmānam** here 'himself'. (1) Split up **kadā-cit varṣāsu api vṛṣṭeḥ abhāvāt tṛṣā-ārtaḥ** **āha** 3SG PERF of √ah: 'said, addressed'. (2) **asmākam** GEN PL of aham. (4) Split up **nimajjana-abhāvāt andhā** **andhā iva** lit. 'as though blind': 'almost blind'. (6) **kurmaḥ** 1PL PRES of √kṛ. (7) **rājā** NOM SG of rājan- **darśitavān** NOM SG MASC of the CAUS PASTAP of √dṛś, here main verb: 'he showed (them)'.

क्षुद्रशशकाः । ८ । अनन्तरं शिलीमुखो नाम शशकश्चिन्तयामास । ९ । अनेन गजयूथेन पिपासाकुलितेन प्रत्यहमत्रागन्तव्यम् । १० । ततो विनष्टमस्मत्कुलम् । ११ । ततो विजयो नाम वृद्धशशको ऽवदत् । १२ । मा विषीदत । १३ । मयात्र प्रतीकारः कर्तव्यः । १४ । ततो ऽसौ प्रतिज्ञाय चलितः । १५ । गच्छता च तेनालोचितम् । १६ । कथं मया गजयूथसमीपे स्थित्वा वक्तव्यम् । १७ । यतः

स्पृशन्नपि गजो हन्ति जिघ्रन्नपि भुजंगमः ।
हसन्नपि नृपो हन्ति मानयन्नपि दुर्जनः ॥ १८ ॥

अतो ऽहं पर्वतशिखरमारुह्य यूथनाथं संवादयामि । १९ । तथानुष्ठिते यूथनाथ उवाच । २० । कस्त्वम् । २१ । कुतः समायातः । २२ । स ब्रुते । शशको ऽहम् । २३ । भगवता चन्द्रेण भवदन्तिकं प्रेषितः । २४ । यूथपतिराह । २५ । कार्यमुच्यताम् । २६ । विजयो ब्रूते ।

---

(8) **avasthita-** (adj) 'placed, living (in a spot)' **āhati-** (f.) 'a blow, hit' **√cūrn** (X cūrṇayati) 'crush, reduce to a powder' **śaśaka-** (m.) 'hare'. (9) **śilī-mukha-** (m.) 'Arrow-Mouth' (a hare). (10) **pipāsā-** (f.) lit. 'desire to drink': 'thirst' **ākulita-** (adj) 'confused, bewildered' **prati-aham** (ind) 'every day, daily'. (11) **vinaṣṭa-** (adj) 'destroyed' **kula-** (n.) 'family'. (12) **vijaya-** (m.) 'Victory' (a hare). (13) **vi-√sad** (irreg viṣīdati) 'sit down despondently; despair'. (14) **pratīkāra-** (m.) 'solution, remedy'. (15) **prati-√jñā** 'promise' **√cal** 'move, go'. (16) **ā-√loc** 'consider, reflect'. (17) **yūtha-** (m.) 'herd'. (18) **√spṛś** (VI spṛśati) 'touch' **√ghrā** (irreg jighrati) 'smell, detect by smell' **bhujaṃ-gama-** (m.) lit. 'winding-goer': 'snake' **√has** (I hasati) 'laugh' **√man** (IV manyate) 'think'; CAUS mānayati 'respect, honor'. (19) **parvata-** (m.) 'hill, mountain' **śikhara-** (m./n.) 'peak, summit' **ā-√ruh** (I ārohati) 'climb' **sam-√vad** (here X saṃvādayati) 'talk to, address'. (20) **anuṣṭhita-** (adj) 'completed, carried out'. (22) **kutaḥ** (ind) 'wherefrom?' **sam-ā-√yā** (II samāyāti) 'come, come together'. (24) **bhagavat-** (adj) 'bountiful, blessed', (m.) 'the lord' **bhavat-** (m.) 'you, Sir' (respectful address) **-antika-** (n.) 'vicinity' **pra-√iṣ** (IV preṣyati) 'call forth, invite to' (+ ACC). (26) **kārya-** (n.) 'duty, task, mission'.

---

(8) **dineṣu gacchatsu** LOC ABS 'as the days went by' split up **tat-tīra-avasthitāḥ gaja-pāda-āhatibhiḥ cūrṇitāḥ** **tat-** 'its (the lake's)'. (9) **cintayām āsa** 3SG PERIPH PERF of √cint. (10) **āgantavyam** impersonal GDVE of ā-√gam, lit. 'it is having to be come by ...': '... will necessarily/certainly come'. (11) **tataḥ** here 'from this, thus' **asmat-** stem form of vayam used in CPDS. (14) **pratīkāraḥ kartavyaḥ** (GDVE of √kṛ) here simply future 'a solution will be done/found'. (15) **asau** NOM SG MASC 'he, this one'. (17) Split up **gaja-yūtha-samīpe**. (18) Translate the four PRESAPs + **api** as 'just by x-ing' translate **hanti** (3SG!) with all four subjects **jighran** NOM SG MASC PRESAP of √ghrā. (20) **tathā anuṣṭhite** LOC ABS 'with this carried out' **uvāca** 3SG PERF of √vac. (22) The implied subject of **samāyātaḥ** is 'you'. (23) **brūte** 3SG MID of √brū. (24) The implied subject of **preṣitaḥ** is 'I'. (26) **ucyatām** 3SG PASS IMPV of √vac; translate active: 'speak! say!'.

उद्यतेष्वपि शस्त्रेषु दूतो वदति नान्यथा ।
सदैवावध्यभावेन यथार्थस्य हि वाचकः ॥ २७ ॥

तदहं तदाज्ञया ब्रवीमि शृणु । २८ । यदेते चन्द्रसरोरक्षकाः शशकास्त्वया निःसारितास्तदनुचितं कृतम् । २९ । ते शशकाश्चिरमस्माकं रक्षिताः । ३० । अत एव मे शशाङ्क इति प्रसिद्धिः । ३१ । एवमुक्तवति दूते यूथपतिर्भयादिदमाह । ३२ । इदमज्ञानतः कृतम् । ३३ । पुनर्न गमिष्यामि । ३४ । दूत उवाच । यद्येवं तदत्र सरसि कोपात्कम्पमानं भगवन्तं शशाङ्कं प्रणम्य प्रसाद्य गच्छ । ३५ । ततस्तेन रात्रौ यूथपतिं नीत्वा तत्र जले चञ्चलं चन्द्रबिम्बं दर्शयित्वा स यूथपतिः प्रणामं कारितः । ३६ । उक्तं च तेन देव अज्ञानादनेनापराधः कृतः । ३७ ।

---

(27) **vijaya-** (m.) 'Victory' (the hare) **udyata-** (adj) 'raised, held up' **śastra-** (n.) 'weapon' **dūta-** (m.) 'messenger' **anyathā** (ind) 'otherwise, in another way' **a-vadhya-** (adj) 'inviolable, not to be killed' **bhāva-** (m.) 'being' **artha-** (m.) here: 'truth' **vācaka-** (m.) 'speaker; one who speaks'. (28) **ājñā-** (f.) 'command'. (29) **eṣaḥ/etad-** (pron) 'he/she/it; this' **saras-** (n.) 'lake' **rakṣaka-** (m.) 'guardian' **niḥ-√sṛ** (I niḥsarati) 'go out, leave' **anucita-** (adj) lit. 'unspoken': 'unspeakable, wrong'. (30) **ciram** (ind) 'for a long time' **√rakṣ** (I rakṣati) 'protect'. (31) **ataḥ** (ind) 'hence, thus' **śaśa-** (m.) 'hare' **aṅka-** (m.) 'mark, brand' **prasiddhi-** (f.) 'celebrity, fame'. (32) **bhaya-** (n.) 'fear'. (33) **ajñānataḥ** (ind) 'unknowingly, unintentionally'. (35) **kopa-** (m.) 'anger' **√kamp** (I kampate) 'to shake, tremble' **pra-√nam** 'bow' **śaśa-aṅka-** (m.) lit. 'hare-marked': 'the moon' **pra-√sad** 'settle down, become tranquil'; CAUS 'make calm; propitiate'. (36) **rātri-** (f.) 'night' **jala-** (n.) 'water' **cañcala-** (adj) 'shaking, inconstant' **bimba-** (n.) 'disk, orb' or 'reflection' **praṇāma-** (m.) 'bow, salutation'. (37) **deva-** (m.) 'god, deity; lord, master', in VOC 'your highness, my lord' **a-jñāna-** (n.) 'ignorance' **aparādha-** (m.) 'offence, fault'.

---

(27) Feel free to greatly re-arrange the elements of this sentence to make it work in English. Translate **udyateṣu śastreṣu** as LOC ABS or as 'among …' **anyathā** supply '(other) than the truth' **yathā** here 'because' split up **sadā eva avadhya-bhāvena** **avadhya-bhāvena** 'through/on account of being inviolable'. (28) **tad-ājñayā** 'by his (the moon's) command'. (29) Structure **yat … tat** **yat** here '(the fact) that' **ete** NOM PL MASC of eṣaḥ **-saro-** sandhied saras- split up **niḥsāritāḥ tat anucitam** **niḥsārita-** CAUS *ta*-PTC of niḥ-√sṛ **kṛta-** (n.) here 'act, deed'. (30) **asmākam** GEN of Agent: 'by us'. (31) **śaśa-aṅkaḥ** 'hare-marked' (in many Asian countries, there is a hare rather than a man in the moon) **me prasiddhiḥ?** lit. 'my fame (is)': 'I am known as'. (32) **uktavati dūte** LOC ABS **uktavat-** PASTAP of √vac split up **yūtha-patiḥ bhayāt idam āha** **āha** 'he said'. (35) **yadi evam tat** 'if (this is) so, then' translate **praṇamya prasādya ca gaccha** as three imperatives **pra-√nam** + ACC 'bow to' **prasādya** ABS of the CAUS of pra-√sad: 'having paid respects to'. (36) Translate **rātrau … darśayitvā** like a relative clause describing tena: 'by him who had shown …' **rātrau** LOC SG of rātri-: 'at night' **kārita-** CAUS *ta*-PTC of √kṛ. (37) **tena** here: the hare **deva** addressing the moon split up **ajñānāt anena aparādhaḥ**.

ततः क्षम्यताम् । ३८ । नैवं वारान्तरं विधास्यते । ३९ । इत्युक्त्वा प्रस्थापितः । ४० । अतो वयं ब्रूमः

व्यपदेशे ऽपि सिद्धिः स्यादतिशक्ते नराधिपे ।
शशिनो व्यपदेशेन शशकाः सुखमासते ॥ ४१ ॥

g The Blue Jackal (3.7)

अस्त्यरण्ये कश्चिच्छृगालः स्वेच्छया नगरोपान्ते भ्राम्यन्नीलीभाण्डे निपतितः । १ । पश्चात्तत उत्थातुमसमर्थः प्रातरात्मानं मृतवत्संदर्श्य स्थितः । २ । अथ नीलीभाण्डस्वामिना मृत इति ज्ञात्वा तस्मात्समुत्थाप्य दूरे नीत्वापसारितः । ३ । तस्मात्पलायितः । ४ । ततो ऽसौ वनं गत्वा स्वकीयमात्मानं नीलवर्णमवलोक्याचिन्तयत् । ५ । अहमिदानीमुत्तमवर्णः । ६ । तदाहं स्वकीयोत्कर्षं किं न साधयामि । ७ । इत्यालोच्य शृगालानाहूय तेनोक्तम् । ८ ।

---

(38) **√kṣam** 'put up with; forgive'. (39) **vāra-antaram** (ind) 'again, another time' **vi-√dhā** (III vidadhāti) 'perform, do, behave'. (40) **pra-√sthā** 'stand before; get up, move away', Caus 'send away'. (41) **vayam** (pron) 'we' **vyapadeśa-** (m.) 'name, title' **siddhi-** (f.) 'success, accomplishment' **ati-śakta-** (adj) 'very powerful' **nara-adhipa-** (m.) 'king, overlord' **śaśin-** (m.) lit. 'hare-having': 'moon' **sukham** (ind) 'happily' **√ās** (II āste) 'sit; exist, live'. (1) **śṛgāla-** (m.) 'jackal' **sva-icchayā** (ind) 'at leisure' **upānta-** (n.) 'edge, outskirts' **√bhram** (IV bhrāmyati) 'wander' **nīlī-bhāṇḍa-** (n.) 'indigo vat', vat of indigo dye. (2) **paścāt** (ind) 'afterwards, after that' **a-samartha-** (adj) 'unable' (+ Inf) **ātman-** (m.) 'the soul, self'; (refl pron) 'oneself' **mṛta-vat** (ind) 'as though dead'. (3) **svāmin-** (m.) 'master; teacher' **sam-ud-√sthā** 'rise up' **apa-√sṛ** 'go away, retreat'. (4) **√palāy** (I palāyati) 'flee, escape'. (5) **svakīya-** (adj) 'one's own' **nīla-** (adj) 'black; dark blue/indigo' **varṇa-** (m.) 'color' **ava-√lok** 'look at, see'. (6) **uttama-** (pron adj) 'highest, best; excellent'. (7) **utkarṣa-** (m.) 'elevation, rise; excellence' **√sādh** (here X sādhayati) 'go/aim for'. (8) **ā-√hve** 'to call together'.

---

(38) **tataḥ** here 'because of that, thus' **kṣamyatām** 3Sg Pass Impv 'may he be forgiven': translate as active. (40) **prasthāpita-** Caus *ta*-Ptc of pra-√sthā (subject: the elephant). (41) **syāt** here 'can/may be' **atiśakte narādhipe** Loc Abs '(even) when …' **āsate** 3Pl(!) Mid of √ās **śaśinaḥ vyapadeśena** lit. 'through the name of 'hare-having' (= moon)': 'because the moon is called 'hare-having''. (1) Split up **kaḥ cit śṛgālaḥ** **bhrāmyan** Nom Sg Masc PresAP of √bhram **ni-√pat** + Loc 'fall into'. (2) **tataḥ** here 'from it' **utthātum** Inf of ud-√sthā **prātar** here '*until* the morning' **ātmānam mṛtavat saṃdarṣya** (Caus Abs of sam-√dṛś) 'making himself appear (to be) dead' **sthitaḥ** here 'he stayed'. (3) **nīlī-bhāṇḍa-svāminā** is the agent of all verb forms (see p. xviii) **mṛtaḥ iti jñātvā** 'recognized as dead' **tasmāt** here 'from it' **sam-ud-thāpya** Caus Abs of sam-ud-√sthā split up **nītvā apasāritaḥ** (Caus *ta*-Ptc 'discarded'). (5) **nīla-varṇam** here a Bv. (7) **tat kim** here 'so why?'. (8) The agent of all verb forms is **tena** (see p. xviii) **āhūya** Abs of ā-√hve.

अहं भगवत्या वनदेवतया स्वहस्तेनारण्यराज्ये सर्वौषधिरसेनाभिषिक्तः । ९ ।
तदद्यारभ्यास्मदाज्ञयास्मिन्नरण्ये व्यवहारः कार्यः । १० । शृगालाश्च तं विशिष्टवर्णमवलोक्य
साष्टाङ्गपातं प्रणम्योचुर्यथाज्ञापयति देव इति । ११ । अनेनैव क्रमेण सर्वेष्वरण्यवासिष्वाधिपत्यं
तस्य बभूव । १२ । ततस्तेन स्वज्ञातिभिरावृतेनाधिक्यं साधितम् । १३ । ततस्तेन
व्याघ्रसिंहादीनुत्तमपरिजनान्प्राप्य सदसि शृगालानवलोक्य लज्जमानेनावज्ञया स्वज्ञातयः सर्वे
दूरीकृताः । १४ । ततो विषण्णान्शृगालानवलोक्य केनचिद्वृद्धशृगालेनैतत्प्रतिज्ञातं । १५ । मा
विषीदत । १६ । यदनेनानभिज्ञेन नीतिविदो मर्मज्ञा वयं स्वसमीपात्परिभूतास्तद्यथायं नश्यति
तथा विधेयम् । १७ । यतो ऽमी व्याघ्रादयो वर्णमात्रविप्रलब्धाः शृगालमज्ञात्वा राजानमिमं

---

(9) **bhagavat-** (adj, f. -tī) 'bountiful; venerable' **devatā-** (f.) 'deity' **rājya-** (n.) 'kingdom, royal rule' **oṣadhi-** (f.) 'herb, (medicinal) plant' **rasa-** (m.) 'essence': here 'sap, liquid, juice' **abhi-√sic** 'consecrate, appoint'. (10) **ārabhya** (ind) 'beginning with, as of' **vayam/asmad-** (pron) 'we, us' **ājñā-** (f.) 'command, order' **vyavahāra-** (m.) 'action, conduct'. (11) **viśiṣṭa-** (adj) 'distinguished, peculiar' **ava-√lok** 'look at, see' **pra-√nam** (I praṇamati) 'to bow reverentially' **deva-** (m.) 'god, deity; lord, master', in Voc 'your highness, my lord'. (12) **araṇya-vāsin-** (m.) 'forest dweller'. (13) **sva-jñāti-** (m.) 'relative' **āvṛta-** (adj) 'accompanied, surrounded' **ādhikya-** (n.) here 'complete power' **√sādh** (here X sādhayati) 'go for, reach, obtain'. (14) **-ādi-** (ifc) 'etc, and others' **uttama-** (pron adj) 'highest, best; excellent' **parijana-** (m.) 'entourage, retinue; followers' **sadas-** (n.) 'seat; court, assembly' **√lajj** (VI lajjate) 'be ashamed' **avajñā-** (f.) 'contempt, disrespect' **sva-jñāti-** (m.) 'relative' **dūrī-√kṛ-** 'remove, send far away'. (15) **viṣaṇṇa-** (adj) 'dejected, sad' **vṛddha-** (adj) 'old' **prati-√jñā** (IX pratijānāti) 'promise'. (16) **mā** (ind) (here + Impv) 'don't!' **vi-√sad** (I viṣīdati) 'despair, be sad'. (17) **an-abhi-√jña-** (adj) 'ignorant' **nīti-vid-** (adj) 'knowing proper conduct' **marma-jña-** (adj) 'knowing faults/weaknesses' **samīpa-** (n.) 'nearness, vicinity' **pari-√bhū** 'remove'.

---

(9) Determine the functions of the various Ins nouns (agent? means/ instrument?) split up **sva-hastena araṇya-rājye sarva-oṣadhi-rasena** **abhiṣikta-** + Loc 'appointed to, anointed as'. (10) **tat** here 'thus' split up **adya ārabhya asmad-ājñayā asmin** **asmad-** stem form of vayam used in Cpds (the jackal refers to himself in the plural) **kārya-** here Gdve of √kṛ. (11) Split up **sa-aṣṭa-aṅga-pātam** (ind) 'in eight-limbed fall/prostration' (so as to touch the ground with hands, chest, forehead, knees and feet) split up **praṇamya ūcuḥ** ('they said', 3Pl Perf of √vac) **yathā ājñāpayati devaḥ** ('his lordship'). (12) **tena eva krameṇa** 'in that very manner' **ādhipatyam** + Loc 'lordship/rule over' **tasya babhūva** lit. 'was his': 'he had'. (13) Split up **sva-jñātibhiḥ āvṛtena ādhikyam.** (14) **tena** is the agent of all verb forms (see. p. xviii) split up **vyāghra-siṃhā-ādīn** **sadasi** Loc Sg of sadas-. (15) Split up **kenacit vṛddha-śṛgālena etat pratijñātam.** (17) Structure **yat … tat** 'because … thus' **marma-jñāḥ** 'knowing *his* weakness' split up **sva-samīpāt paribhūtāḥ tat yathā ayam** **yathā … tathā** 'in which way … that' **vidheyam** impersonal Gdve of vi-√dhā: 'it must be arranged'.

मन्यन्ते । १८ । तद्यथायं परिचितो भवति तथा कुरुत । १९ । तत्र चैवमनुष्ठेयं । २० । यत्सर्वे संध्यासमये तत्संनिधाने महारावमेकदैव करिष्यथ ततस्तं शब्दमाकर्ण्य जातिस्वभावात्तेनापि शब्दः कर्तव्यः । २१ । यतः

यः स्वभावो हि यस्यास्ति स नित्यं दुरतिक्रमः ।
श्वा यदि क्रियते राजा तत्किं नाश्नात्युपानहम् ॥ २२ ॥

ततः शब्दादभिज्ञाय स व्याघ्रेण हन्तव्यः । २३ । ततस्तथानुष्ठिते सति तद्वृत्तम् । २४ । तथा चोक्तम्

छिद्रं मर्म च वीर्यं च सर्वं वेत्ति निजो रिपुः ।
दहत्यन्तर्गतश्चैव शुष्कं वृक्षमिवानलः ॥ २५ ॥

---

(19) **paricita-** (adj) 'known, recognized'. (20) **anu-√sthā** 'carry out, perform'. (21) **śabdha-** (m.) 'noise, sound' **saṃdhyā-** (f.) here 'sunrise' **samaya-** (m.) 'meeting' **saṃnidhāna-** (n.) 'vicinity' **rāva-** (m.) 'howl, cry' **ā-√karṇ** 'listen, hear'. (22) **dur-ati-krama-** (adj) 'difficult to go beyond/overcome' **śvan-** (m.) 'dog' **kim** here indicates yes/no question **√aś** (IX aśnāti) 'bit, gnaw' **upānaha-** (m.) 'shoe'. (23) **abhi-√jñā** 'recognize, perceive'. (24) **√vṛt-** 'turn, set in motion'. (25) **chidra-** (n.) 'defect, fault' **marman-** (n.) 'weakness, vulnerable spot' **vīrya-** (n.) 'strength' **nija-** (adj) 'native, related, compatriot' **ripu-** (m.) 'enemy' **√dah** (I dahati) 'burn' **antar-√gam** 'enter' **śuṣka-** (adj) 'dry' **anala-** (m.) 'fire'.

---

(18) **yataḥ** … **ajñātvā** 'because they have not recognized' **amī** NOM PL MASC of asau/adas-: 'these' **vyāghra-ādayaḥ** 'the tigers etc' **varṇa-mātra-vipralabdhāḥ** 'deceived by just (his) color'. (19) **tat** here 'therefore' **tathā** … **yathā** 'in such a way … that' **kuruta** 2PL IMPV of √kṛ. (20) **tatra** here 'in this situation' **anuṣṭheya-** GDVE of anu-√sthā. (21) Structure **yat** … **tataḥ** 'when … then' **tat-** here 'his' (the jackal's) **ekadā eva** 'all at once' **śabda-** the jackal's howling **jāti-sva-bhāva-** (m.) 'own/innate nature of a species' **kartavya-** (GDVE) 'is having to be made, is necessarily made'. (22) **yasya** here 'someone's' 2nd line: **yadi** … **tat** 'if … then' **śvā** is NOM SG **kriyate** 3SG PASS of √kṛ. (23) **vyāghreṇa** is the agent of both verb forms (see p. xviii) **hantavya-** GDVE. (24) Split up **tataḥ tathā anuṣṭhite** **anuṣṭhite sati** LOC ABS 'with the right thing having been accomplished'. (25) Split up **ca uktam** **vetti** is 3SG PRES of √vid 'to know' **antargata-** lit. 'having entered': 'from within'.

अतो ऽहं ब्रवीमि

> आत्मपक्षं परित्यज्य परपक्षेषु यो रतः ।
> स परैर्हन्यते मूढो नीलवर्णशृगालवत् ॥ २६ ॥

h The Sage and the Mouse (4.5)

अस्ति गौतमस्य महर्षेस्तपोवने महातपा नाम मुनिः । १ । तत्र तेन आश्रमसंनिधाने मूषिकशावकः काकमुखाद्भ्रष्टो दृष्टः । २ । ततः स्वभावदयात्मना तेन मुनिना नीवारकणैः संवर्धितः । ३ । ततो बिडालस्तं मूषिकं खादितुमुपधावति । ४ । तमवलोक्य मूषिकस्तस्य मुनेः क्रोडे प्रविवेश । ५ । ततो मुनिनोक्तं । मूषिक त्वं मार्जारो भव । ६ । ततः स बिडालः कुक्कुरं दृष्ट्वा पलायते । ७ । ततो मुनिनोक्तं कुक्कुराद्बिभेषि । त्वमेव कुक्कुरो भव । ८ । स कुक्कुरो व्याघ्राद्बिभेति । ९ । ततस्तेन मुनिना कुक्कुरो व्याघ्रः कृतः । १० । अथ व्याघ्रमपि तं मूषिकनिर्विशेषं पश्यति स मुनिः । ११ । अथ तं मुनिं दृष्ट्वा व्याघ्रं च सर्वे वदन्ति । १२ । अनेन मुनिना मूषिको व्याघ्रतां नीतः । १३ । एतच्छ्रुत्वा स व्याघ्रः सव्यथो ऽचिन्तयत् । १४ ।

---

(26) **ataḥ** (ind) 'hence' **pakṣa-** (m.) 'wing; faction, camp' **√ram** 'delight in, be attached to' (+ Loc) **muḍha-** (m.) 'fool' **-vat** (ind, ifc) 'like'. (1) **gautama-** (m.) Gautama (a sage) **tapo-vana-** (n.) 'forest hermitage' **mahā-tapas-** (m.) 'Great Ascetic' (name of a sage). (2) **saṃnidhāna-** (n.) 'vicinity' **mūṣika-** (m.) 'mouse' **śāvaka-** (m.) 'young (of an animal), baby' **kāka-** (m.) 'crow' **√bhraṃś** 'fall, drop'. (3) **dayā-** (f.) 'compassion' **nīvāra-** (m.) '(wild) rice' **kaṇa-** (m.) 'grain, corn, flake' **sam-√vṛdh** 'grow', Caus 'make grow, raise, feed'. (4) **biḍāla-** (m.) 'cat' **upa-√dhāv** (I upadhāvati) 'run after, chase'. (5) **kroḍa-** (m./n.) 'chest, bosom, lap'. (6) **mārjāra-** (m.) 'cat'. (7) **√palāy** (I palāyate) 'flee; escape'. (8) **√bhī** (III bibheti) 'be afraid of' (+ Abl). (12) **nirviśeṣa-** (adj, ifc) '-like'. (13) **vyāghra-tā-** (f.) 'tiger-ness'. (14) **sa-vyatha-** lit. 'with angered': 'angry, angrily'.

---

(26) **ātma-** vs. **para-** 'one's own' vs. 'the other's/the enemy's' **rata-** *ta*-Ptc of √ram **hanyate** 3Sg Pass of √han. (1) **maharṣeḥ** Gen Sg of mahā-ṛṣi- 'great seer' **mahā-tapāḥ** Nom Sg Masc *s*-stem noun (bv). (2) **mukha-** lit. 'mouth': here 'beak' **bhraṣṭa-** *ta*-Ptc of √bhraṃś. (3) **sva-bhāva-dayā-ātman-** lit. 'naturally-compassion-selved': 'compassionate by nature' **saṃvardhita-** Caus *ta*-Ptc of sam-√vṛdh. (4) **upa-dhāvati** + Inf 'chases in order to …'. (5) **praviveśa** 3Sg Perf Act of pra-√viś 'enter, go into' (+ Loc). (6 and 8) Split up **muninā uktam**. (10) **sa** Nom Sg Masc of saḥ/tad-. (11) **paśyati** here 'looks at … as …, considers …'. (12) **sarve** Nom Pl Masc. (13) Find an idiomatic translation of **vyāghratām nītaḥ**. (14) Split up **etat śrutvā**.

यावदनेन मुनिना जीवितव्यं तावदिदं मे स्वरूपाख्यानमकीर्तिकरं न पलायिष्यते । १५ । इत्यालोच्य मुनिं हन्तुं गतः । १६ । ततो मुनिना तज्ज्ञात्वा पुनर्मूषिको भवेत्युक्त्वा मूषिक एव कृतः । १७ । अतो ऽहं ब्रवीमि

नीचः श्लाघ्यपदं प्राप्य स्वामिनं हन्तुमिच्छति ।
मूषिको व्याघ्रतां प्राप्य मुनिं हन्तुं गतो यथा ॥ १८ ॥

i The Old Crane and the Crab (4.6)

अस्ति मालवविषये पद्मगर्भाभिधानं सरः । १ । तत्रैको वृद्धो बकः सामर्थ्यहीन उद्विग्नमिवात्मानं दर्शयित्वा स्थितः । २ । स च केनचित्कुलीरेण दृष्टः पृष्टश्च । ३ । किमिति भवानत्राहारत्यागेन तिष्ठति । ४ । बकेनोक्तम् । भद्र शृणु । ५ । मत्स्या मम जीवनहेतवः । ६ । ते चावश्यं कैवर्तैरागत्य व्यापादयितव्या इति वार्त्ता नगरोपान्ते मया

---

(15) **a-kīrti-kara-** (adj) lit. 'dis-grace-making': 'disgraceful, shameful'. (16) **ā-√loc** 'consider, reflect on'. (17) **nīca-** (adj) 'simple, inferior' **ślāghya-pada-** (n.) 'respectable position'. (18) **svāmin-** (m.) 'master; teacher'. (1) **mālava-** (m.) Mālava (country) **viṣaya-** (m.) 'country, region' **padma-garbha** (m.) 'lotus flower' **abhi-dhāna-** (n.) 'name', (ifc) 'called' **saras-** (n.) 'lake'. (2) **vṛddha-** (adj) 'old' **baka-** (m.) 'heron' **sāmarthya-** (n.) 'power, strength' **-hīna-** (adj, ifc) 'lacking, without' **udvigna-** (adj) 'frightened, troubled'. (3) **kulīra-** (m.) 'crab' **√prach** 'ask'. (4) **kim iti** (ind) 'why?' **bhavat-** (m.) 'you, Sir' (respectful address, takes 3rd-person verb) **āhāra-** (m.) 'food' **tyāga-** (m.) 'abandonment'. (5) **bhadra-** (adj) 'good, kind'. (6) **matsya-** (m.) 'fish' **hetu-** (m.) 'cause/means of'.

---

(15) Sentence structure: **yāvat … tāvat** **jīvitavyam** + Ins lit. 'it is to be lived by …': 'he lives' **sva-rūpa-ākhyānam** lit. 'own-form-story': 'the story of my own/original appearance' **palāyiṣyate** here 'will get/go away'. (16) **gataḥ** + Inf 'went in order to …'. (17) **muninā** is the agent of all verb forms in this sentence (see p. xviii) split up **tat jñātvā** and **bhava iti uktvā**. (1) **padmagarbha-abhidhānam** is a bv. (2) Split up **udvignam iva** ('as though, as if') **ātmānam** (here refl pron: 'himself') **darśayitvā** (Caus Abs of √dṛś): 'showing himself as though (= pretending to be) frightened'. (3) **pṛṣṭa-** *ta*-Ptc of √prach. (4) Split up **bhavān atra āhāra-tyāgena** ('by food-abandonment': 'having given up food') **bhavān** Nom Sg Masc of bhavat-. (5) **bhadra** (Voc) 'my dear!'. (6) **-hetavaḥ** Nom Pl Masc, agreeing with **matsyāḥ**.

श्रुता । ७ । अतो वर्तनाभावादेवास्मन्मरणमुपस्थितमिति ज्ञात्वाहारे ऽप्यनादरः कृतः । ८ । ततः सर्वैर्मत्स्यैरालोचितम् । ९ । इह समये तावदुपकारक एवायं लक्ष्यते ऽस्माकम् । १० । तदयमेव यथाकर्तव्यं पृच्छ्यताम् । ११ । तथा चोक्तम्

उपकर्त्रारिणा संधिर्न मित्रेणापकारिणा ।
उपकारापकारौ हि लक्ष्यं लक्षणमेतयोः ॥ १२ ॥

मत्स्या ऊचुः । भो बक को ऽत्र रक्षनोपायः । १३ । बको ब्रूते । अस्ति रक्षणोपायो जलाशयान्तराश्रयणम् । १४ । तत्राहमेकैकशो युष्मान्नयामि । १५ । मत्स्या आहुः । एवमस्तु । १६ । ततो ऽसौ बकस्तान्मत्स्यानेकैकशो नीत्वा खादति । १७ । अनन्तरं कुलीरस्तमुवाच । १८ । भो बक मामपि तत्र नय । १९ । ततो बको ऽप्यपूर्वकुलीरमांसार्थी सादरं तं

---

(7) **avaśyam** (ind) 'inevitably, certainly' **kaivarta**- (m.) 'fisherman' **vārt(t)ā**- (f.) 'news, message' **nagara**- (n.) 'city, town' **upānta**- (n.) 'edge, border'. **(8) vartana**- (n.) 'livelihood, subsistence' **abhāva**- (m.) 'absence' **upa-√sthā** 'impend, be imminent' **an-ādara**- (m.) 'neglect, indifference towards' (+ LOC). **(9) ā-√loc** 'consider, reflect on'. **(10) samaya**- (m.) '(point in) time' **upakāraka**- (adj) 'helpful, beneficial' (to: + GEN) **√lakṣ** (I lakṣate) 'perceive, observe'. **(11) √prach** (VI pṛcchati) 'ask'. **(12) upakartṛ**- (adj) 'helpful' **ari**- (m.) 'enemy' **saṃdhi**- (f.) 'combination; alliance' **apakārin**- (adj) 'ill-doing, offending' **upakāra**- (m.) 'help, assistance' **apakāra**- (m.) 'injury, harm' **lakṣya**- (adj) 'recognizable' **lakṣaṇa**- (n.) 'sign, indication'. **(13) √vac** (II vakti) 'say, speak' **bho** (ind) indicates address: 'hey!' **rakṣaṇa**- (n.) 'help, salvation' **upāya**- (m.) 'means, way'. **(14) āśaya**- (m.) 'resting-place, sanctuary' **antara**- (adj, ifc) '(an)other' **āśrayaṇa**- (n.) 'refuge'. **(15) ekaikaśaḥ** (ind) 'one by one, individually'. **(16) √ah** 'say, speak'. **(17) asau/adas**- (pron) 'he/she/it; this, that'. **(18) kulīra**- (m.) 'crab'.

---

(7) **te** is NOM PL MASC, referring back to the matsyāḥ split up **ca avaśyam kaivartaiḥ** is the agent of both verbs (see p. xviii) **vyāpādayitavyāḥ** (GDVE) 'will necessarily be killed'. (8) The agent of both **jñātvā** and **kṛtaḥ** is the speaker (the old heron) (see p. xviii) split up **vartana-abhāvāt eva asmad-maraṇam** **asmad**- stem form of vayam used in CPDS: 'our (death)'. (10) **iha samaye tāvat** 'just at this time, now' **lakṣyate** 'appears to be' **asmākam** GEN PL of aham. (11) **tat** here 'thus' **yathā-kartavyam** 'how/what must be done' **pṛcchyatām** 3SG PASS IMPV of √prach. (12) Split up **ca uktam** in l. 1 supply 'there should be' **etayoḥ** refers back to 'friend and foe' from the preceding line. (13) **ūcuḥ** 3PL PERF of √vac. (14) **jala-āśaya-antara-āśrayaṇam** 'refuge in another water sanctuary'. (15) Split up **tatra aham ekaikaśaḥ** **yuṣmān** (pron) ACC PL of tvam 'you'. (16) **āhuḥ** 3PL PERF of √ah split up **evam astu** (3SG IMPV of √as). (17) Split up **bakaḥ tān matsyān ekaikaśaḥ**. (18) Split up **kulīraḥ tam** ('to him') **uvāca**.

नीत्वा स्थले धृतवान्। २०। कुलीरोऽपि मत्स्यकण्टकाकीर्णं तं स्थलमालोक्याचिन्तयत्। हा हतोऽस्मि मन्दभाग्यः। २१। भवत्विदानीं समयोचितं व्यवहरामि। २२। यतः

तावद्भयात्तु भेतव्यं यावद्भयमनागतम्।
आगतं तु भयं वीक्ष्य प्रहरतव्यमभीतवत्॥ २३॥

अपरं च

अभियुक्तो यदा पश्येन्न किंचिद्धितमात्मनः।
युध्यमानस्तदा प्राज्ञो म्रियते रिपुणा सह॥ २४॥

अन्यच्च

यत्रायुद्धे ध्रुवो नाशो युद्धे जीवितसंशयः
तं कालमेकं युद्धस्य प्रवदन्ति मनीषिणः॥ २५॥

---

(20) **a-pūrva-** (adj) 'unprecedented' **māṃsa-** (n.) 'flesh' **arthin-** (adj, ifc) 'having … as purpose' **sa-ādaram** (ind) 'carefully' **sthala-** (n.) 'surface, ground'. (21) **kaṇṭaka-** (m.) '(fish)bone' **ākīrṇa-** (adj) 'strewn, covered' **ā-√lok** 'see' **hā** (ind) 'oh no!' **manda-bhāgya-** (adj) 'unfortunate, unlucky'. (22) **idānīm** (ind) 'now' **samaya-ucitam** (ind) 'as suits the situation' **vi-ava-√hṛ** (I vyavaharati) 'act, proceed'. (23) **yataḥ** (ind) 'for, because' **bhaya-** (n.) 'fear', here 'source of fear' **√bhī** (III bibheti) 'fear, be afraid of' (+ ABL) **(an)āgata-** (adj) '(not) having come/arrived' **vi-√īkṣ** 'see, spot, discern' **a-bhīta-vat** (ind) 'fearlessly'. (24) **apara-** (adj) 'further, additional' **abhiyukta-** (adj) here: 'attacked' **hita-** (adj) 'beneficial, favorable' **ātman-** (m.) 'the soul, self'; (refl pron) 'oneself' **prājña-** (adj) 'wise, intelligent' **√mṛ** (VI mriyate) 'die' **ripu-** (m.) 'enemy'. (25) **a-yuddha-** (n.) 'non-fight(ing)' **dhruva-** (adj) 'certain' **nāśa-** (m.) 'destruction' **saṃśaya-** (m.) 'uncertainty' **kāla-** (m.) 'time' **pra-√vad** (I pravadati) 'say, proclaim' **manīṣin-** (adj) 'wise'.

---

(20) Split up **apūrva-kulīra-māṃsa-arthī** (NOM SG MASC) 'with unprecedented (i.e. never before eaten) crab meat as his purpose' **dhṛtavān** NOM SG MASC PRESAP of √dhṛ, here: 'put'. (21) **hata-** lit. 'killed': 'doomed'. (22) **bhavatu** 3SG IMPV of √bhū 'well then; so be it'. (23) Split up **tāvat bhayāt tu** and **yāvat bhayam anāgatam** **bhayāt bhetavyam** 'one must be afraid of a source of fear' **praharatavya-** GDVE of pra-√hṛ 'strike, attack'. (24) Structure **yadā … tadā** **prājñaḥ** 'the wise (man)' is the subject split up **paśyet na kiṃcit hitam ātmanaḥ** **hitam ātmanaḥ** 'good/beneficial for himself'. (25) Split up **anyat ca** and **yatra ayuddhe** contrast **ayuddhe** (lit. 'in non-fighting': 'by not fighting') and **yuddhe** **saṃśaya-** here 'hope' **eka-** here 'sole, only'.

इत्यालोच्य स कुलीरस्तस्य ग्रीवां चिच्छेद । २६ । स बकः पञ्चत्वं गतः । २७ । अतो ऽहं ब्रवीमि

भक्षयित्वा बहून्मत्स्यानुत्तमाधममध्यमान् ।
अतिलौल्याद्बकः पश्चान्मृतः कर्कटकग्रहात् ॥ २८ ॥

j The Brahmin and the Pots (4.7)

अस्ति देवीकोटनाम्नि नगरे देवशर्मा नाम ब्राह्मणः । १ । तेन महाविषुवत्संक्रान्त्यां सक्तुपूर्णशराव एकः प्राप्तः । २ । ततस्तमादायासौ कुम्भकारस्य भाण्डपूर्णमण्डपिकैकदेशे रौद्रेणाकुलितः सुप्तः । ३ । ततः सक्तुरक्षार्थं हस्ते दण्डमेकमादायाचिन्तयत् । ४ । यद्यहं सक्तुशरावं विक्रीय दश कपर्दकान्प्राप्स्यामि तदात्रैव तैः कपर्दकैर्घटशरावादिकमुपक्रीय विक्रीयानेकधा वृद्धैस्तैर्धनैः पुनः पुनः पूगवस्त्रादिकमुपक्रीय विक्रीय लक्षसंख्यानि धनानि कृत्वा विवाहचतुष्टयं

---

(26) **ā-√loc** 'think, consider' **grīvā-** (f.) 'neck' **√chid** 'cut, destroy, break'. **(27) pañca-tva-** (n.) lit. 'fiveness (dissolution of the body into the five elements that make up the world)': 'death'. **(28) bhakṣ** (x bhakṣayati) 'eat, consume' **uttama-** (pron adj) 'highest, best; excellent' **adhama-** (adj) 'lowest' **madhyama-** (adj) 'middle' **ati-laulya-** (n.) 'excessive greed' **paścāt** (ind) '(right) after' (+ Abl) **karkaṭaka-** (m.) 'crab' **graha-** (m.) '(the act of) taking, seizing'. **(1) devī-koṭa-** (n.) 'The Goddess' (Durga's) Fort' (name of a city) **deva-śarman-** (m.) Devaśarmā ('whose refuge is the gods': a man). **(2) saktu-** (m.) 'barley flour' **pūrṇa-** (adj) 'full of, filled with' **śarāva-** (m.) 'vessel, pot' **pra-√āp** 'get, acquire'. **(3) ā-√dā** 'take' **asau/adas-** (pron) 'he/she/it; this one' **kumbha-kāra-** (m.) lit. 'pot-maker': 'potter' **bhāṇḍa-** (n.) 'pot, vessel' **maṇḍapikā-** (f.) 'shed' **eka-deśa-** (m.) lit. 'one spot/part (of)': 'corner, nook' **raudra-** (n.) 'warmth, heat' **ākulita-** (adj) 'bewildered, overwhelmed' **√svap** 'sleep'. **(4) rakṣā-** (f.) 'protection' **-artham** (ind, ifc) 'for the sake/purpose of'.

---

(26) **ciccheda** 3Sg Perf Act of √chid. (28) Split up **bahūn matsyān uttama-adhama-madhyamān** (lit. 'top-bottom-middle': 'of all kinds') split up **paścāt mṛtaḥ** **mṛtaḥ** here the main verb. (1) **devikoṭa-nāmni** Loc Sg bv agreeing with **nagare**. (2) **mahā-viṣuvat-saṃkrānti-** (f.) 'the day of the vernal equinox'. (3) Split up **ādāya asau** **asau** Nom Sg Masc 'he' split up **bhāṇḍa-pūrṇa-maṇḍapikā-eka-deśe** **supta-** (*ta*-Ptc of √svap) here 'went to sleep'. (4) Split up **ādāya acintayat.**

करिष्यामि । ५ । अनन्तरं तासु सपत्नीषु रूपयौवनवती या तस्यामधिकानुरागं करिष्यामि । ६ । अनन्तरं संजातेर्ष्यास्तत्सपत्न्यो यदा द्वन्द्वं करिष्यन्ति तदा कोपाकुलो ऽहं ता इत्थं लगुडेन ताडयिष्यामि । ७ । इत्यभिधाय लगुडः क्षिप्तः । ८ । तेन सक्तुशरावश्चूर्णितो भाण्डानि च बहूनि भग्नानि । ९ । ततस्तेन शब्देनागतेन कुम्भकारेण तथाविधानि भाण्डान्यवलोक्य ब्राह्मणस्तिरस्कृतो मण्डपिकागर्भाद्बहिष्कृतश्च । १० । अतो ऽहं ब्रवीमि

अनागतवतीं चिन्तां कृत्वा यस्तु प्रहृष्यति ।
स तिरस्कारमाप्नोति भग्नभाण्डो द्विजो यथा ॥ ११ ॥

---

(5) **vi-√krī** 'sell' **daśa** (ind) 'ten' **kapardaka-** (m.) 'cowrie shell' (often used as currency) **ghaṭa-** (m.) 'jar, jug, pitcher' **-ādika-** (adj, ifc) 'etc., and so on' **upa-√krī** 'buy' **an-eka-dhā** (ind) 'in various ways, repeatedly' **pūga-** (n.) 'betel nut' **vastra-** (n.) 'clothes, clothing' **vivāha-** (m.) 'marriage' **catuṣṭaya-** (n.) 'quartet, set of four'. **(6) sa-patnī-** (f.) 'co-wife' **yauvana-** (n.) 'youth' **adhika-** (adj) 'superior, especial' **anurāga-** (m.) 'affection, love'. (7) **saṃjāta-** (adj) 'grown, arisen' **īrṣyā-** (f.) 'envy' **dvandva-** (n.) here 'fight' **kopa-** (m.) 'anger' **ākula-** (adj) 'full/filled with' **ittham** (ind) 'thus, in this way' **laguḍa-** (m.) 'stick' **√taḍ** (x tāḍayati) 'beat, strike'. **(8) abhi-√dhā** 'utter, say'. (9) **saktu-** (m.) 'barley flour' **śarāva-** (m.) 'vessel, pot' **cūrṇita-** (adj) 'pulverized, broken into many pieces' **√bhañj** 'break'. (10) **tathā-vidha-** (adj) 'such; in such a state' **tiras-√kṛ** 'abuse, curse at' **maṇḍapikā-** (f.) 'shed' **garbha-** (m.) 'middle, inside' **bahis-√kṛ** 'expel'. (11) **ataḥ** 'hence' **pra-√hṛṣ** 'be happy, rejoice' **tiras-kāra-** (m.) 'abuse' **√āp** (v āpnoti) 'reach, get' **dvi-ja-** (m.) lit. 'twice-born': 'brahmin'.

---

(5) This is a tricky sentence – keep a cool head, identify the verb forms and see which words go with which. Structure **yadi … tadā** translate the various ABS as finite verbs split up **tadā atra eva** **atra** here 'at this point' split up **ghaṭa-śarāva-ādikam upakrīya lakṣa-saṃkhyāni dhanāni** 'wealth worth 100,000s'. (6) Structure **yā … tasyām** translate LOC **tāsu sapatnīṣu** as 'among …' **x-vat-** 'possessing x' **rūpa-yauvana-** is a dvandva **anurāgam √kṛ** + LOC 'bestow affection onto'. (7) Structure **yadā … tadā** **saṃjāta-īrṣyāḥ** is a BV ***tat*-sa-patnyaḥ** '*her* co-wives' ('her': the most beautiful one from (6)) **dvandvam √kṛ** 'start a fight' **tā** sandhied **tāḥ**. (9) Split up **saktu-śāravaḥ cūrṇitaḥ** bhagna- *ta*-PTC of √bhañj. (10) **kumbha-kāreṇa** is the agent of all verbs (see p. xviii) **tena śabdena** lit. 'through this noise': 'from/because of this noise'. (11) **an-āgatavatīm** (FEM PASTAP of ā-√gam) **cintām √kṛ** 'think of something that has not (yet) come/that is in the future' split up **yaḥ tu** **bhagna-bhāṇḍaḥ** BV.

k The Two Demons (4.8)

पुरा दैत्यौ सहोदरौ सुन्दोपसुन्दनामानौ महता कायक्लेशेन त्रैलोक्यराज्यकामनया चिराच्चन्द्रशेखरमाराधितवन्तौ । १ । ततस्तयोर्भगवान्परितुष्टो वरं वरयतमित्युवाच । २ । अनन्तरं तयोः समधिष्ठितया सरस्वत्या तावन्यद्वक्तुकामावन्यदभिहितवन्तौ । ३ । यद्यावयोर्भगवान्परितुष्टस्तदा स्वप्रियां पार्वतीं परमेश्वरो ददातु । ४ । अथ भगवता क्रुद्धेन वरदानस्यावश्यकतया विचारमूढयोः पार्वती प्रदत्ता । ५ । ततस्तस्या रूपलावण्यलुब्धाभ्यां जगद्घातिभ्यां मनसोत्सुकाभ्यां पापतिमिराभ्यां ममेत्यन्योन्यकलहाभ्यां प्रमाणपुरुषः कश्चित्पृच्छ्यतामिति मतौ कृतायां स एव भट्टारको वृद्धद्विजरूपः समागत्य

---

(1) **purā** (ind) 'long ago' **daitya-** (m.) 'demon' **sahodara-** (m.) 'brother' **Sunda-** (m.) Sunda, **Upasunda-** (m.) Upasunda (two demons) **nāman-** (n.) 'name', (ifc) 'named, called' **kāya-kleśa-** (m.) lit. 'bodily suffering': 'toil, labor' **trai-lokya-** (n.) 'the three worlds' (heavens, airspace and earth, or heavens, earth and underworld), so: 'the entire world', 'heaven and earth' **rājya-** (n.) 'kingdom, royal power' **kāmanā-** (f.) 'wish, desire' **candra-śekhara-** (m.) 'the moon-crested one': Śiva **ā-√rādh** (x ārādhayati) 'propitiate, strive for a favor/boon from' (+ Acc). (2) **bhagavat-** (adj) 'bountiful', (m.) 'the bountiful one': Śiva **parituṣṭa-** (adj) 'pleased, delighted with' (+ Loc) **vara-** (m.) 'wish, favor, boon' **√vṛ** (here x varayati) 'choose, ask for'. (3) **samadhiṣṭhitā-** (adj) 'governing, possessing' **sarasvatī-** (f.) Sarasvatī (goddess of speech) **vaktu-** stem form of vaktum 'say' **abhi-√dhā** 'say, tell'. (4) **pārvatī-** (f.) Pārvatī (Śiva's consort) **parama-** (adj) 'highest, supreme' **īśvara-** (m.) 'lord, god'. (5) **kruddha-** (adj) 'angry' **dāna-** (n.) 'gift, (the act of) giving' **avaśyakatā-** (f.) 'necessity, inevitability' **vicāra-** (m.) 'judgement, thinking' **mūḍha-** (adj) 'foolish' **pra-√dā** 'give away, offer' (to: + Gen).

---

(1) Split up **cirāt candra-śekharam** **ārādhitavantau** PastAP of ā-√rādh, functioning as main verb. (2) Split up **tataḥ tayoḥ bhagavān parituṣṭaḥ** **bhagavān** Nom Sg Masc of bhagavat- **varayatam** 2Du Impv of √vṛ. (3) **tayoḥ samadiṣṭhitayā Sarasvatyā** 'through/because of Sarasvatī possessing them' split up **tau anyad-vaktu-kāmau** ('desirous of saying something other (than what they said)') **anyad-abhihitavantau** 'saying something other (than what they wanted)': 'they asked for something other than what they wanted'. (4) Structure **yadi … tadā** **āvayoḥ** Gen/Loc Du of aham **sva-priya-** 'dear to him' **dadātu** 3Sg Impv 'may he give' (implied: 'to us'). (5) Split up **varadānasya avaśyakatayā** **vicāra-muḍha-** tp 'foolish in (one's) judgment' **pradatta-** *ta*-Ptc of pra-√dā.

तत्रोपस्थितः । ६ । अनन्तरमावाभ्यामियं स्वबललब्धा । कस्येयमावयोर्भवतीति ब्राह्मणमपृच्छताम् । ७ । ब्राह्मणो ब्रूते ।

ज्ञानश्रेष्ठो द्विजः पूज्यः क्षत्रियो बलवानपि ।
धनधान्याधिको वैश्यः शूद्रस्तु द्विजसेवया ॥ ८ ॥

तद्युवां क्षत्रधर्मानुगौ । ९ । युद्ध एव युवयोर्नियमः । १० । इत्यभिहिते सति साधूक्तमनेनेति कृत्वान्योन्यतुल्यवीर्यौ समकालमन्योन्यघातेन विनाशमुपगतौ । ११ । अतो ऽहं ब्रवीमि

---

(6) **lāvaṇya-** (n.) 'loveliness, charm' **lubdha-** (adj) 'desirous of' **ghātin-** (adj) 'killing; killer' **utsuka-** (adj) 'desirous, eager' **timira-** (n.) 'darkness' **anyonya-** (adj) 'reciprocal, one another' **kalaha-** (n.) 'quarrel, fight' **pramāṇa-puruṣa-** (m.) 'arbitrator, judge' **√prach** (VI pṛcchati) 'ask' **mati-** (f.) 'mind, thought' **vṛddha-** (adj) 'old' **dvi-ja-** (m.) lit. 'twice-born'; either 'brahmin' (a member of the highest caste) or 'one of the three 'reborn' castes' (brahmin, warrior, merchant). **(7)** **anantaram** (ind) 'right away' **√labh** (I labhate) 'take'. **(8)** **śreṣṭha-** (adj) 'best' **pūjya-** (adj) '(to be) respected' **bala-vat-** (adj) 'strong' **dhana-** (n.) 'wealth, money' **dhānya-** (n.) 'grain' **adhika-** (adj) 'abundant, plenty' **vaiśya-** (m.) 'vaiśya, merchant' (a member of the third caste) **śūdra-** (m.) 'śūdra, servant' (a member of the lowest caste) **sevā-** (f.) 'service, servitude'. **(9)** **kṣatra-** (m.) = kṣatriya- **anuga-** (adj) 'going after, pursuing'. **(10)** **niyama-** (m.) 'necessity' (for: + LOC). **(11)** **sādhu-** (adj) 'good, excellent' **anyonya-** (adj) 'one another, reciprocal' **tulya-** (adj) 'equal, alike' **vīrya-** (n.) 'strength, valor' **sama-kālam** (ind) 'at the same time' **ghāta-** (m.) 'killing' **vināśa-** (m.) 'destruction, death' **upa-√gam** 'go towards'.

---

(6) This is a complicated sentence – take your time. **tasyā** is sandhied tasyāḥ, depending on the dvandva **rūpa-lāvaṇya-** **-lubdhābhyām** and the other INS DU forms (referring to the two demons) are the agents for all verb forms in this sentence (see p. xviii) split up **manasā utsukābhyām** 'anxious in their minds' **pāpa-timira-** is a dvandva: '(being/embodying) evil and darkness' split up **mama iti anyonya-kalahābhyām** **mama iti** and **pramāṇa-... iti** are quotes **pṛcchyatām** 3SG PASS IMPV of √prach 'let ... be asked/ approached' **matau kṛtāyām** LOC ABS 'with the decision having been made' **bhaṭṭārakaḥ** 'great lord' here refers to Śiva **vṛddha-dvija-rūpaḥ** BV 'whose form was (= who had taken on the form of) an old brahmin' **upasthitaḥ** here 'was appointed'. **(7)** **avābhyām** 'by us two' begins direct speech **sva-** 'one's own', here thus: 'our own' split up **kasya iyam āvayoḥ bhavati iti** **√bhū** + GEN lit. 'be of someone': 'belong to someone'. **(8)** Each half-line is an independent statement about one of the four castes read **pūjyaḥ** with each **balavān** NOM SG MASC of balavat- **-adhika-** here 'having a lot of' **dvija-sevayā**: dvi-ja- here refers to all three 'twice-born' castes. **(9)** **tat** here 'thus' **yuvām** NOM DU of tvam supply '(you) should be'. **(10)** **yuvayoḥ** GEN-LOC DU of tvam 'you' **yuddha** sandhied yuddhe. **(11)** **abhihite sati** LOC ABS 'with this having been said' **sādhu uktam anena** (iti) is direct speech **sādhu** here (ind) 'well' **ukta-** *ta*-PTC of √vac **iti kṛtvā** 'having agreed '...'' **anyonya-tulya-vīryau** BV **vināśam √gam** lit. 'go towards destruction': 'be destroyed/killed' (see p. xix) **upagata-** *ta*-PTC of upa-√gam.

संधिमिच्छेत्समेनापि संदिग्धो विजयो युधि ।
सुन्दोपसुन्दौ अन्योन्यं नष्टौ तुल्यबलौ न किम् ॥ १२ ॥

l The Brahmin and the Three Crooks (4.9)

अस्ति गौतमस्य वने प्रस्तुतयज्ञः कश्चिद्ब्राह्मणः । १ । स च यज्ञार्थं ग्रामान्तराच्छागमुपक्रीय स्कन्धे नीत्वा गच्छन्धूर्तत्रयेणावलोकितः । २ । ततस्ते धूर्ता यद्येष छागः केनाप्युपायेन लभ्यते तदा मतिप्रकर्षो भवतीति समालोच्य वृक्षत्रयतले क्रोशान्तरेण तस्य ब्राह्मणस्यागमनं प्रतीक्ष्य पथि स्थिताः । ३ । तत्रैकेन धूर्तेन गच्छन्स ब्राह्मणो ऽभिहितः । ४ । भो ब्राह्मण । किमिति कुक्कुरः स्कन्धेनोह्यते । ५ । विप्रेणोक्तं नायं श्वा किं तु यज्ञच्छागः । ६ । अथानन्तरस्थेनान्येन धूर्तेन तथैवोक्तम् । ७ । तदाकर्ण्य ब्राह्मणश्छागं भूमौ निधाय मुहुर्निरीक्ष्य पुनः स्कन्धे कृत्वा

---

(12) **saṃdhi-** (f.) 'contact; agreement, peace' **sama-** (adj) 'same, equal' **saṃdigdha-** (adj) 'dubious, uncertain' **vijaya-** (m.) 'victory' **yudh-** (f.) 'fight, battle' **√naś** 'be destroyed, die'. (1) **gautama-** (m.) 'Gautama' (a sage) **prastuta-** (adj) 'begun, undertaken' **yajña-** (m.) 'worship, sacrifice'. (2) **-artham** (ind, ifc) 'for the sake/purpose of' **grāma-** (m.) 'village' **antara-** (adj, ifc) '(an)other' **chāga-** (m.) 'goat' **upa-√krī** 'buy' **skandha-** (m.) 'shoulder' **dhūrta-** (m.) 'crook, thief' **traya-** (n.) 'trio, group of three' **ava-√lok** 'see, notice'. (3) **upāya-** (m.) 'way, means' **√labh** (I labhate) 'take, seize' **mati-** (f.) 'mind, intelligence' **prakarṣa-** (m.) 'excellence, pre-eminence' **sam-ā-√loc** 'consider, plan' **tala-** (m./n.) 'surface, surface at foot of/under something' **āgamana-** (n.) 'the coming, arrival' **prati-√īkṣ** 'await, expect' **panthan-/path-** (m.) 'path, way'. (4) **abhi-√dhā** 'tell, speak to, address'. (5) **bhoḥ** (ind) 'hey, hello!' **kim iti** (ind) 'why?' **kukkura-** (m.) 'dog' **√vah** 'travel (intrans.); carry (trans.)'. (6) **vipra-** (m.) 'learned man' **śvan-** (m.) 'dog' **kiṃ tu** (ind) 'but'. (7) **anantara-stha-** (adj) 'standing nearby'.

---

(12) Split up **saṃdhim icchet samena api** **icchet** impersonal Pot 'one should desire' **samdigdhaḥ** and **sundopasundau** each begin a new sentence **anyonyam** (ind) 'reciprocally' here 'at the hand of one another' **naṣṭau** is the main verb **tulya-balau** BV **na kim** 'didn't they?'. (1) **prastuta-yajñaḥ** BV: 'by whom …'. (2) Split up **grāma-antarāt chāgam** **nītvā** here 'having put' split up **gacchan dhūrta-trayeṇa avalokitaḥ**. (3) **yadi … bhavati** is direct speech split up **kena api upāyena** translate **mati-prakarṣaḥ bhavati** here as '(that) is (a sign of) mental excellence' **krośa-antareṇa** 'within calling [krośa-] distance from each other'. (4) **abhihita-** *ta*-Ptc of abhi-√dhā. (5) **bho** sandhied bhoḥ **skandhena** here 'on …' **uhyate** 3Sg Pass of √vah. (6) **śvā** Nom Sg of śvan- **-cchāgaḥ** sandhied -chāgaḥ. (7) Split up **atha anantara-sthena anyena** **tathā eva** lit. 'thus indeed': 'in the same way, the same'.

दोलायमानमतिश्चलितः । ८ । (…) ततस्तृतीयधूर्तवचनं श्रुत्वा स्वमतिभ्रमं निश्चित्य छागं त्यक्त्वा ब्राह्मणः स्नात्वा गृहं ययौ । ९ । छागश्च तैर्धूर्तैर्नीत्वा भक्षितः । १० । अतो ऽहं ब्रवीमि

आत्मौपम्येन यो वेत्ति दुर्जनं सत्यवादिनम् ।
स तथा वञ्च्यते धूर्तैर्ब्राह्मणश्छागतो यथा ॥ ११ ॥

---

(8) ā-√karṇ 'hear, listen' **bhūmi-** (f.) 'earth, ground' **ni-√dhā** 'put down' **muhuḥ** (ind) 'for a moment' **niḥ-√īkṣ** 'look, discern' **√dul** (X dolayati/-te) 'waver, move to and fro' **mati-** (f.) 'mind' **√cal** 'move, go'. (9) **tṛtīya-** (adj) 'third' **√snā** 'bathe' **√yā** 'go, walk (away)'. (10) **√bhakṣ** 'eat'. (11) **ataḥ** (ind) 'hence' **aupamya-** (n.) 'comparison, analogy' **√vid** (II vetti) 'know' **dur-jana-** (m.) 'bad person' **satya-vādin-** (adj) 'truth-speaking' **√vañc** (I vañcati) 'go astray, err' **chāga-taḥ** (ind) lit. 'goat-ly': 'in the matter of the goat'.

---

(8) **skandhe √kṛ** 'put on …' **dolāyamāna-mati-** BV. (9) **-vacanam:** it is implied that he said the same thing **sva-mati-bhramam niścitya** 'having decided that his own mind was erring/wrong' **snātvā** he has to bathe because dogs are considered unclean **yayau** 3SG PERF of √yā. (10) **√nī** here 'take'. (11) **ātma-aupamyena** 'in analogy/comparison with oneself' **yo vetti** here '(he) who thinks that …' **vañcyate** PASS CAUS split up **taiḥ dhūrtaiḥ brāhmaṇaḥ chāgataḥ**.

Vikramacarita, or Vikrama's Deeds

King Vikrama was a legendary figure in Indian stories. Known for his extraordinary valor and generosity, no one was felt worthy of taking his place after his death, and thus his throne, made of moon-stone and bestowed upon him by none other than Indra himself, was buried. A long time later it is found by another king, who at some point wants to sit on it. Yet every time he approaches it, one of the 32 magic statuettes surrounding the throne asks him to listen to a story about King Vikrama, which invariably ends with the words 'may he (implied: only he) who has such valor(/generosity/other good qualities) sit on this throne'.

What follows are four of these stories, told to King Bhoja long after King Vikrama's death. They appear early on in this Reader as they mostly consist of short sentences. They include some linguistic features you may not be used to: *jāta-* 'having become' (lit. the *ta*-PTC of √jan 'become, come to be, be') often is used to mean 'became' or simply 'is'/'was'; and generally you will often find participles functioning as main verbs. As so often, passive expressions ('X (was) done by Y') are best rendered into English as an active 'Y did X'. These stories are written in prose, and main verbs thus usually stand towards the end of a sentence. Sentences often are introduced by *atha* or *tāvat*, which both mean 'then' and both often are best left untranslated.

a I Volunteer as Tribute! (Story 8)

अष्टम्या पुत्तलिकयोक्तम् । राजन्नाकर्णय । १ । कदाचित्समये मन्त्रिवचनाद्राजा पृथिवीं पर्यटन्नस्तमिते भानावरण्यमध्य एकस्य वृक्षस्य तले स्थितः । २ । तावत्तस्मिन्वृक्षे चिरंजीवी नाम खगो ऽस्ति । तस्य सुहृदः पर्यटितुं गताः । ३ ।

---

(1) **aṣṭama-** (adj, f. -ī) 'eighth' **puttalikā-** (f.) 'statuette' **rājan-** (m.) 'king' **ā-√karṇ** (x ākarṇayati) 'listen'. (2) **kadācit** (ind) 'once, at some point' **samaye** (ind) 'at the appointed/a suitable time' **mantrin-** (m.) 'minister' **vacana-** (n.) 'word; advice' **pṛthivī-** (f.) 'earth' **pari-√aṭ** (I paryaṭati) 'roam, wander, travel' **astam-ita-** (adj) 'having come to an end, set' **bhānu-** (m.) 'brightness; the sun' **araṇya-** (n.) 'forest' **eka-** (pron adj) 'one, a' **vṛkṣa-** (m.) 'tree' **tala-** (m.) 'flat surface; surface at foot of a tree, mountain etc'. (3) **tāvat** (ind) (throughout the Vikramacarita) 'there, then' **ciraṃ-jīvin-** (m.) Ciraṃjīvī ('Long-Lived', a bird) **kha-ga-** (m.) lit. 'sky-walker': 'bird' **su-hṛd-** (m.) lit. 'good-hearted': 'friend' **pari-√aṭ** 'roam, wander, travel'.

---

(1) Split up **rājan** (VOC) **ākarṇaya**. (2) **mantri-** stem form of mantrin- **rājā** NOM SG split up **paryaṭan** [**astamite bhānau** (LOC ABS)] **araṇya-madhye** **sthitaḥ** functions as main verb: 'he stood'. (3) **asti** translate narrative present-tense forms as past **paryaṭitum gata-** lit. 'gone to wander': 'gone away'.

रात्रौ मिलिताः सन्तो गोष्ठीं कुर्वन्ति केन किं कृतं श्रुतं दृष्टमिति परस्परेण । ४ । तावत्पक्षिणोक्तम् । अद्याहर्निशं मम खेदो जातः । किम् । ममैकपुत्र एव पूर्वजन्मसुहृदस्ति समुद्रमध्ये । ५ । तत्रैको राक्षसः । तस्य भक्षणाय राजा प्रतिदिनमेकं मनुष्यं दत्ते । एवं पाली कृतास्ति । तर्हि प्रभाते ऽस्मत्सुहृदः पाली । तेनास्माकं चिन्ता । ६ । ईदृशं पक्षिवाक्यं श्रुत्वा राजा प्रभाते पादुकाबलेन तस्मिन्स्थाने गतः । तावत्तत्रैका शिलास्ति । तत्रोपरि नर उपविशति । ततो राक्षसस्तं खादयति । ७ । तस्यां शिलायां राजोपविष्टः । तावदागत्य राक्षसो ऽप्यपूर्वपुरुषं दृष्ट्वोचे । त्वं कः । किमर्थमात्मानं क्षपयसि । तर्ह्यहं प्रसन्नो ऽस्मि । वरं वृणु । ८ ।

---

(4) **rātri-** (f.) 'night' **√mil** 'meet, encounter' **go-ṣṭhī-** (f.) lit. 'cow-stand/-shed, place where cows stay': 'assembly; conversation' **paras-pareṇa** (ind) 'with one another/each other'. (5) **pakṣin-** (m.) lit. 'winged one': 'bird' **adya** (ind) 'today; these days' **ahar-niśam** (ind) 'day and night, continuously' **kheda-** (m.) 'depression; pain, sorrow' **√jan** 'become, come to be, be' **kim** here (ind) 'why?' **eka-** (pron adj) 'one' **putra-** (m.) 'son' **pūrva-** (pron adj) 'prior, earlier' **janman-** (n.) 'birth, incarnation' **samudra-** (n.) lit. 'the assembled water': 'ocean' **madhya-** (n.) 'middle'. (6) **rākṣasa-** (m.) 'rākṣasa, demon' **bhakṣaṇa-** (n.) 'eating, food' **prati-dinam** (ind) 'daily, every day' **manuṣya-** (m.) 'man, human being' **√dā** (III dadāti, datte) 'give' **pālī-** (f.) 'queue, line; border, front' **prabhāta-** (n.) 'morning, early light' **cintā-** (f.) 'thought, worry'. (7) **īdṛśa-** (adj) 'such, of this kind' **pakṣin-** (m.) 'bird' **vākya-** (n.) 'word, words' **prabhāta-** (n.) 'morning, early light' **pādukā-** (f.) 'shoe, sandal' **bala-** (n.) 'power, strength' **sthāna-** (n.) 'standing; place' **śilā-** (f.) 'rock' **upari** (ind) 'above, on top of' **upa-√viś** (VI upaviśati) 'sit, sit down' **√khād** (I khādati) 'eat, devour'. (8) **kim-artham** (ind) 'for what purpose, why?' **ātman-** (m.) 'the soul, self'; (refl pron) 'oneself' **√kṣap** (X kṣapayati) 'throw, cast' **prasanna-** (adj) 'pleased' **vara-** (n.) 'wish, boon, favor' **√vṛ** (V vṛṇoti) 'choose'.

---

(4) **rātrau** LOC SG **militāḥ santaḥ** (NOM PL MASC PRESAP of √as) lit. 'being met': 'having met' **kurvanti** 3PL of √kṛ **kena … dṛṣṭam** is what they said/talked about. (5) **adya** here 'these days' **jātaḥ** (*ta*-PTC of √jan) here and later: 'is' **mama … asti** lit. 'of me is' = 'I have' (see p. xix) **eka-putraḥ** BV **pūrva-janma-suhṛt** 'friend from a previous birth/life'. (6) **datte** 3SG MID of √dā 'give' **asmad-** (pron) stem form of vayam (the bird refers to himself in the plural) **tarhi prabhāte** 'tomorrow morning' translate the second **pālī** as 'first place in the queue' **tena** here 'thus' **asmākam** GEN PL of aham. (7) **pādukā-balena** his magical sandals allowed him to fly through the air **tasmin sthāne** so-called 'pregnant' LOC: 'to that place' **tatra upari** 'on top of that' **khādayati** here = khādati. (8) **a-pūrva-puruṣam dṛṣṭvā** 'having seen a man (he had) not (seen) before' **ūce** 3SG PERF MID of √vac **kṣapayasi** implied 'as a sacrifice'.

राज्ञोक्तम्। यदि प्रसन्नो ऽसि तर्ह्यद्यप्रभृति मनुष्याहारस्त्याज्यः। तेन तथैव मानितम्। ९। ततो राजा पुरं गतः। पुत्रिकयोक्तम्। यस्येदृशं सत्त्वं भवति तेनात्रोपवेष्टव्यम्। १०।

b Eight Jewels from Eight Goddesses (Story 21)

पुनः पुत्रिकयोक्तम्। राजन्नाकर्णय। एकदैको देशान्तरी राजानमागतः। राजन्मया कौतुकं दृष्टम्। १। योगिनीपुरं नाम नगरम्। तत्र कात्यायनीप्रासादो ऽस्ति। तत्राहमध्यवसम्। अथार्धरात्रे सरोमध्यादष्टदिव्यनायका निर्गताः। २। देवतायाः षोडशोपचारैः पूजां कृत्वा नृत्यन्ति गायन्ति च। पश्चादुदकं प्रविशन्ति। ईदृशं मया दृष्टम्। ३। तदाकर्ण्य राजा तस्मिन्स्थाने देवतायतनं प्राप्तः। तावदर्धरात्रे देवतापूजानृत्यगीतादिकं कृत्वाष्टौ नायकाः पुनरपि जलं प्रविष्टाः। ४। राजाप्यनुप्रविष्टः। तत्रैकं दिव्यभवनं दृष्टम्। तत्र राज्ञः संमुखमागत्य ताभिरातिथ्यं कृतम्। ५।

---

(9) **prabhṛti** (ind, ifc) 'from … on, starting …' **āhāra-** (m.) 'food; eating' **√tyaj** 'abandon, leave behind' **√man** (Caus mānayati) 'respect'. (10) **pura-** (n.) 'city' **putrikā-** (f.) 'statuette' **īdṛśa-** (adj) 'such' **sattva-** (n.) here '(true) nature, character' **upa-√viś** 'sit down'. (1) **putrikā-** (f.) 'statuette' **ā-√karṇ** (x ākarṇayati) 'listen' **deśa-antarin** (adj) 'from another country' **kautuka-** (n.) 'curiosity; curious/odd thing'. (2) **yoginī-** (f.) 'yoginī, female being endowed with magical power' **pura-** (n.) 'city' **kātyāyanī-** (f.) Kātyāyanī (a form of the goddess Durgā) **prāsāda-** (m.) 'temple, shrine' **adhi-√vas** (I adhivasati) 'dwell, reside' **atha** (ind) 'then' **ardha-rātra-** (m.) lit. 'half-night': 'midnight' **saras-** (n.) 'lake' **madhya-** (n.) 'middle' **aṣṭa-** (num) 'eight' **divya-** (adj) 'divine' **nāyakā/nāyikā-** (f.) 'lady, woman', one of Durgā's eight powers in human form **niḥ-√gam** 'go/come out'. (3) **devatā-** (f.) 'deity' **ṣoḍaśan-** (num adj) '16' **upacāra-** (m.) 'service, ritual; offering' **pūjā-** (f.) 'worship' **√nṛt** (IV nṛtyati) 'dance' **√gai** (I gāyati) 'sing' **paścāt** (ind) 'after, afterwards' **udaka-** (n.) 'water' **pra-√viś** (I praviśati) 'enter' **īdṛśa-** (adj) 'such, of such a kind'. (4) **sthāna-** (n.) 'place' **āyatana-** (n.) 'altar, shrine' **pra-√āp** 'reach' **tāvat** (ind) 'then' **ardha-rātra-** (m.) lit. 'half-night': 'midnight' **nṛtya-** (n.) 'dancing' **gīta-** (n.) 'singing, song' **-ādika-** (adj, ifc) 'etc, and so on' **aṣṭa-** (num) 'eight' **pra-√viś** 'enter'. (5) **anu-pra-√viś** 'enter after someone, to follow' **divya-** (adj) 'divine' **bhavana-** (n.) 'house, dwelling, mansion' **saṃmukha-** (adj) 'facing, turned towards' **ātithya-** (n.) 'hospitality, hospitable reception'.

---

(9) **prasannaḥ asi** 'you are pleased' **tyājya-** Gdve 'to be abandoned'. (10) **puram** here 'to *his own* city' **gataḥ** *ta*-Ptc of √gam, here the main verb structure **yasya … tena** **yasya bhavati** 'of whom is': 'who has' (see p. xix) **atra** 'here', implying 'this throne' **upaveṣṭavyam** impersonal Gdve of upa-√viś, lit. 'it should be sat down'. (1) Split up **ekadā ekaḥ** **ekaḥ** 'some(one)' **deśa-antarī** Nom Sg **āgataḥ** main verb. (2) **saro-** sandhied saras- **aṣṭa-divya-nāyakāḥ** KDh. (3) **ṣoḍaśa-** stem form used in Cpds. (4) **ardha-rātre aṣṭau** Nom Pl. (5) **saṃmukham √gam** 'go to face/meet someone' (+ Gen) **prasanna-** + Dat 'pleased with' **-siddhayaḥ** Nom Pl.

राजन् । तत्रत्यं राज्यं कुरु । राज्ञोक्तम् । मम राज्यमस्ति । ताभिरुक्तम् । राजन् । वयं तुभ्यं प्रसन्नाः । ६ । राज्ञोक्तम् । का यूयम् । ताभिरुक्तम् । वयमष्टमहासिद्धयः । इत्युक्त्वाष्टौ रत्नानि तस्मै दत्तानि । ७ । जयदेतदस्मद्रूपं जानीहि । यदिच्छसि तां सिद्धिं प्राप्स्यसि । इत्युक्तो राजा पुनरपि निर्गतः । ८ । तावन्मार्ग एकेन विप्रेण स्वस्तिः कृता । राजन्नाहारमात्रं किमपि देहि । तावद्राज्ञाष्टौ रत्नानि दत्तानि । पुत्रिकयोक्तम् । राजन्नीदृशमौदार्यं यस्य भवति तेनात्रोपवेष्टव्यम् । ९ ।

c King Vikrama in His Element (Story 22)

पुनः पुत्रिकयोक्तम् । राजन्नाकर्णय । एकदा राजा देशचरित्रं द्रष्टुं गतः । १ । तावदेकाकिना मार्गे गच्छता गङ्गातीरे दीनवदनो विप्रो दृष्टः । राज्ञोक्तम् । भो आर्य किमिति म्लानवदनः । २ ।

---

(6) **tatratya-** (adj) 'of/belonging to that place' **rājya-** (n.) 'kingdom, royal power' **prasanna-** (adj) 'pleased'. (7) **aṣṭa-** (num) 'eight' **mahā-siddhi-** (f.) lit. 'great perfection': 'supernatural power' **ratna-** (n.) 'jewel'. (8) **√ji** (I jayati) 'win, be victorious' **rūpa-** (n.) 'form, shape' **√jñā** (IX jānāti) 'know' **siddhi-** (f.) 'success, power' **pra-√āp** 'acquire' **niḥ-√gam** 'go out, leave'. (9) **mārga-** (m.) 'road' **eka-** (pron adj) 'one, a' **vipra-** (adj) 'wise'; (m.) 'wise man, brahmin' **svasti-** (f.) here: 'benediction, blessing' **āhāra-** (m.) 'food' **-mātram** (ind, ifc) 'only, merely' **√dā** (III dadāti) 'give' **putrikā-** (f.) 'statuette' **īdṛśa-** (adj) 'such' **audārya-** (n.) 'generosity'. (1) **putrikā-** (f.) 'statuette' **ā-√karṇ** (X ākarṇayati) 'listen, hear' **ekadā** (ind) 'once, at one time' **deśa-** (m.) 'land, region' **caritra-** (n.) 'habit, custom, life'. (2) **tāvat** (ind) 'then' **ekākin-** (adj) 'alone, solitary' **mārga-** (m.) 'road' **gaṅgā-** (f.) the Ganges **tīra-** (n.) 'bank, shore' **dīna-** (adj) 'depressed, miserable' **vadana-** (n.) 'face, mouth' **vipra-** (adj) 'wise'; (m.) 'wise man, brahmin' **bhoḥ** (ind) 'hey! o!' **ārya** (VOC) 'lord! sir!' **kim iti** (ind) 'why?' **mlāna-** (adj) 'dejected, sad'.

---

(6) **rājyam √kṛ** 'assume rulership, rule over' **mama rājyam asti** see p. xix (implied 'already, elsewhere') **tubhyam prasannāḥ** here 'pleased with/by you'. (7) **yūyam** NOM/VOC PL of tvam. (8) Split up **jayat** (NOMACC SG NTR PRESAP of √ji) **etat asmad**(stem form of vayam in CPDS)**-rūpam** **jānīhi** (2SG IMPV of √jñā) + 2 ACCS 'know … to be …' structure **yat … tām** **uktaḥ** 'addressed' **mārga** is sandhied mārge. (9) Split up **rājan āhāra-mātram kim-api** ('some mere food') **dehi** 2SG IMPV of √dā structure **yasya … tena**. (1) **rājā** = Vikrama **deśa-caritram** presumably the customs of various countries **draṣṭum** INF of √dṛś. (2) **gacchatā** INS SG PRESAP of √gam **bho** sandhi form of bhoḥ before vowels with **kim iti** 'why?' supply 'asi' **kim kathayāmi** here 'what *can* I say'.

द्विजेनोक्तम् । राजन्किं कथयामि । मम कष्टं वृथा गतम् । फलं नाभूत् । परस्मिन्पर्वते कामाक्षी देवतास्ति । विवरमस्ति । तत्र रसकुण्डमस्ति । तत्रानुष्ठाने कृते रससिद्धिर्भवति । ३ । किंतु मया द्वादशवर्षाण्यनुष्ठानं कृतम् । तथापि सिद्धिर्नास्ति । तेन कारणेन सचिन्तोऽस्मि । ४ । तावद्राज्ञोक्तम् । चलत तत्स्थानं दर्शयत । तत उभावप्यस्तसमये तत्स्थानं प्राप्तौ विश्रान्तौ च । देवतया स्वप्नं दर्शितम् । राजन् । अत्र यदि नरो बलिर्दीयते तदा विवरद्वारमुद्घाट्यते । रससिद्धिर्भवति । ५ । तदाकर्ण्य विवरद्वारमागत्य राज्ञोक्तम् । अत्रत्या देवता मम शरीरेण प्रीयताम् । ततः शिरश्छेत्तुमारब्धम् । ६ । तवात्प्रत्यक्षया देव्या भणितम् । प्रसन्ना वरं ददामि । राज्ञोक्तम् । अस्य विप्रस्य रससिद्धिर्भवतु । ७ । देव्या प्रतिज्ञातम् । द्वारमुद्घाटितम् । विप्र विवरद्वारमुद्घाटितम् । तव सिद्धिर्भविता । ८ ।

---

(3) **dvi-ja-** (m.) lit. 'twice-born': 'brahmin' **√kath** (x kathayati) 'tell' **kaṣṭa-** (n.) 'exertion, toil, hard work' **vṛthā** (ind) 'in vain, uselessly' **phala-** (n.) 'fruit, reward, result' **para-** (pron adj) here: 'far, far away' **parvata-** (m.) 'mountain' **kāmākṣī-** (f.) Kāmākṣī (a goddess) **devatā-** (f.) 'deity' **vivara-** (n.) 'cave, hollow' **rasa-** (m.) here: 'mercury, quicksilver' **kuṇḍa-** (n.) 'bowl' **anuṣṭhāna-** (n.) '(religious) practice' **rasa-siddhi-** (f.) lit. 'perfection attained by means of quicksilver': 'skill in alchemy'. (4) **kiṃtu** (ind) 'but' **dvā-daśan-** (num) 'twelve' **varṣa-** here (n.) 'year' **kāraṇa-** (n.) 'cause, reason' **sa-cinta-** (adj) 'worried, downcast'. (5) **√cal** (I calati) 'go, move' **sthāna-** (n.) 'place' **tataḥ** (ind) 'then' **ubha-** (adj) 'both' **api** (ind) 'also, even' **asta-** (m.) '(sun)set' **-samaya-** (m., ifc) 'moment, occasion, time' **sthāna-** (n.) 'place' **pra-√āp** 'reach, acquire' **vi-√śram** 'rest, stop' **devatā-** (f.) 'deity' **svapna-** (n.) 'dream' **bali-** (m.) 'tribute, gift; sacrifice' **tadā** (ind) 'then' **vivara-** (n.) 'cave, hollow' **dvāra-** (n.) 'door' **ud-√ghaṭ** (x udghāṭayati) 'open, unlock'. (6) **atratya-** (adj) 'of this place' **devatā-** (f.) 'deity' **śarīra-** (n.) 'body' **√pṛ** 'further, promote; honor' **śiras-** (n.) 'head' **√chid** 'cut, divide' **ā-√rabh** 'undertake, begin'. (7) **prati-akṣa-** (adj) 'visible before one's eyes, manifest' **devī-** (f.) 'goddess' **√bhaṇ** (I bhaṇati) 'speak, say' **prasanna-** (adj) 'pleased' **vara-** (n.) 'wish, boon, favor' **√dā** (III dadāti) 'give' **vipra-** (adj) 'wise'; (m.) 'wise man, brahmin'. (8) **prati-√jñā** 'agree' **ud-√ghaṭ** (x udghāṭayati) 'open, unlock' **vipra-** (adj) 'wise'; (m.) 'wise man, brahmin' **vivara-** (n.) 'cave, hollow' **dvāra-** (n.) 'door' **siddhi-** (f.) 'proficiency, success'.

---

(3) **vṛthā √gam** 'become useless, be in vain' split up **na abhūt** (AOR of √bhū) **parasmin** LOC SG of para- **anuṣṭhāne kṛte** LOC ABS. (4) **dvadaśa-** form of dvadaśan- in CPDS **tathā api** 'even thus'. (5) **calata, darśayata** (CAUS of √dṛś): Vikrama addresses/commands the brahmin in the PL **vi-śrānta-** *ta*-PTC of vi-√śram **darśita-** CAUS *ta*-PTC of √dṛś **baliḥ** 'as tribute', in apposition to **naraḥ** **dīyate** 3SG PASS of √dā 'give'. (6) **priyatām** 3SG PASS IMPV of √pṛ (here 'honor'), see p. xvii **chettum** INF of √chid **ārabdham** 'it was begun (by him)': 'he began'. (7) **asya … bhavatu** see p. xix (8) **bhavitā** PERIPH FUT of √bhū: 'it/there will be' see Story 8 for final sentence.

ततस्तस्य सिद्धिर्जाता। स सुखी जातः। राजा निजनगरं गतः। पुत्रिकयोक्तम्। राजन्नीदृशमौदार्यं यस्य भवति तेनात्रोपवेष्टव्यम्। ९।

d Don't Believe Everything You See (Story 30)

पुनः पुत्रिकयोक्तम्। राजन्नाकर्णय। एकदा राज्ञः समीप एको लाघवी समायातः। देव ममैको ऽवसरो देयः। राज्ञा तथेत्युक्तम्। १। सो ऽप्यात्मा साधनमायामानयामीति निष्क्रान्तः। तावदन्यः को ऽपि खड्गचर्मधरः स्त्रिया सहितः कीर्तिमन्नामा राज्ञः समीपमागत्य निजकुलानुरूपं नमस्कृत्योक्तवान्। २। देव विक्रम देवदैत्यानां युद्धं प्रारब्धमस्ति। देवैस्त्वामाकारयितुं प्रेषितो ऽस्मि। तर्हि देवानां साहाय्याय यास्यामि। ३।

---

(9) **√jan** 'become, come to be, be' **sukhin-** (adj) 'happy' **nija-** (adj) 'native, one's own' **īdṛśa-** (adj) 'such' **audārya-** (n.) 'generosity'. (1) **putrikā-** (f.) 'statuette' **ā-√karṇ** (X ākarṇayati) 'listen' **samīpa-** (n.) 'vicinity' **eka-** (pron adj) 'one, a' **lāghavin-** (m.) 'juggler', here 'conjurer, magician' **sam-ā-√yā** 'come' **deva-** (m.) 'god, deity; lord, master', in Voc 'your highness, my lord' **avasara-** (m.) 'occasion, opportunity' **√dā** 'give' (to: + Gen). (2) **ātman-** (m.) 'self, soul'; (refl/emph pron) 'oneself' **sādhana-māyā-** (f.) 'gear for a magic trick' **ā-√nī** (I ānayati) 'bring' **niḥ-√kram** 'leave, depart' **tāvat** (ind) 'then' **anya-** (pron adj) '(an)other' **khaḍga-** (m.) 'sword, scimitar' **carman-** (n.) 'shield' **dhara-** (adj) 'carrying' **strī-** (f.) 'woman' **sa-hita-** (adj) 'accompanied by, together with' (+ Ins) **kīrti-mat-** (m.) Kīrtimān (a man's name, lit. 'having fame/glory') **nāman-** (n.) 'name', (ifc) 'named, called' **samīpa-** (n.) 'vicinity' **ā-√gam** 'come' **nija-** (adj) 'native, one's own' **kula-** (n.) 'family' **anurūpa-** (adj) lit. 'following the form': 'befitting, proper' **namas-√kṛ** 'greet, bow to' **√vac** 'say, speak'. (3) **deva-** (m.) 'god, deity; lord, master', in Voc 'your highness, my lord' **vikrama-** (m.) here: (King) Vikrama **daitya-** (m.) 'demon' **yuddha-** (n.) 'fight, battle' **pra-ā-√rabh** 'begin, set in' **ā-√kṛ** 'bring near', (Caus ākārayati) 'call near, invite' **pra-√iṣ** 'impel, send' **tarhi** (ind) 'so' **sāhāyya-** (n.) 'help, support' **√yā** 'go'.

---

(9) **jāta-** *ta*-Ptc of √jan, here the main verb: 'became, was' (+ Gen: see p. xix) **sukhī** Nom Sg Masc of sukhin- structure **yasya … tena**. (1) **samīpa** sandhied samīpe **avasara-** here: 'occasion *to prove himself/show his skill*' **deya-** Gdve of √dā **tathā** 'so be it!'. (2) **ātmā** begins direct speech translate **iti** 'having said/saying: '…'' **niṣkrānta-** *ta*-Ptc of niḥ-√kram **kīrtiman-nāmā** bv **nija-kula-anurūpam** adverb **uktavān** Nom Sg Masc PresAP of √vac, here the main verb. (3) **prārabdham** (*ta*-Ptc of pra-ā-√rabh) **asti** 'has begun' **tvām** Acc Sg of tvam **sāhāyyāya** Dat of Purpose: 'for help, in order to help'.

तर्हि त्वं पवित्रो राजा । यावदहमायामि तावन्मम स्त्री त्वयात्मसमीपे रक्षणीया । अहं शीघ्रमायामीत्युत्प्लुत्य गगनं गतः । ४ । सर्वजनैर्निर्गच्छन्दृष्टो ऽदृष्टो जातः । ततो गगने हाहाकाराः श्रूयन्ते । अयमयं गृहीष्व गृहीष्व जहि जहि । तावत्क्षणादेकात्प्रहारजर्जरो देह एकः सभापुरः पतितः । ५ । तावत्तया स्त्रिया भणितम् । देव मम भर्ता देवकार्ये मृतः । अहं तमनु वह्निप्रवेशं करोमि । इति मरणं रचितवती । ६ । ततो राज्ञा पुण्यं कारितम् । तयाग्निप्रवेशः कृतः । सर्वे विस्मयं कुर्वन्ति । तावद्रत्नखचिताभरणो दिव्याम्बरपरिधानो ऽभ्येत्य को ऽपि पुमान्राजानं नमस्कृत्य प्रोक्तवान् । ७ । देव देवदैत्ययुद्धं जातम् । देवैर्जितम् । वस्त्रभूषणानि दत्त्वाहं प्रेषितः । त्वत्प्रसादेन विजयीजातो ऽस्मि । मम भार्या देया । स्वस्थानं गमिष्यामि । ८ ।

---

(4) **pavitra-** (adj) 'purifying, sinless, pure' **yāvat … tāvat** (ind) 'as long as/until … that long' **ā-√yā** (II āyāti) 'come; return' **strī-** (f.) 'woman; wife' **√rakṣ** 'guard' **śīghram** (ind) 'quickly' **ā-√yā** (II āyāti) 'come, return' **ut-√plu** 'swim/jump/fly up' **gagana-** (n.) 'sky' **sarva-** (pron adj) 'all, every' **jana-** (m.) 'person', Pl 'people' **niḥ-√gam** (irreg nirgacchati) 'go out'. (5) **hāhā-kāra-** (m.) 'shout, cry' **√śru** 'listen, hear' **√grah** 'seize, take' **√han** 'strike, hit; kill' **kṣaṇa-** (n.) 'moment' **eka-** (pron adj) 'one' **prahāra-** (m.) 'strike, hit' **jarjara-** (adj) 'torn, injured, hurt' **deha-** (m.) 'body' **sabhā-** (f.) 'assembly' **puraḥ** (ind) 'in front of, before' **√pat** 'fall'. (6) **strī-** (f.) 'woman, wife' **√bhaṇ** 'say, speak' **deva-** (m.) 'god, deity; lord, master', in Voc 'your highness, my lord' **bhartṛ-** (m.) 'husband' **kārya-** (n.) 'duty, task, mission' **√mṛ** 'die' **anu** (ind) 'after, following' (+ Acc) (postp!) **vahni-** (m.) 'fire' **praveśa-** (m.) 'entering, entrance' **maraṇa-** (n.) 'death' **√rac** 'prepare, make'. (7) **puṇya-** here (n.) 'appropriate ceremony' **agni-** (m.) 'fire' **sarva-** (pron adj) 'all, every' **vismaya-** (m.) 'surprise, amazement' **ratna-** (n.) 'jewel, gemstone' **khacita-** (adj) 'set, inlaid, studded' **ābharaṇa-** (n.) 'ornament, jewelry' **divya-** (adj) 'divine, magical, beautiful' **ambara-** (n.) 'clothing, clothes; fabric' **paridhāna-** (n.) 'garment, clothing' **abhi-ā-√i** 'come, arrive' **puṃs-** (m.) 'man' **namas-√kṛ** 'greet, bow to' **pra-√vac** 'address'. (8) **daitya-** (m.) 'demon' **yuddha-** (n.) 'fight' **√jan** 'become, come to be, be' **√ji** 'win, defeat' **vastra-** (n.) 'clothes, clothing' **bhūṣaṇa-** (n.) 'jewelry, ornament' **pra-√iṣ** 'impel, send' **prasāda-** (m.) 'kindness, graciousness' **vijayin-** (adj) 'victorious, triumphant' **bhāryā-** (f.) 'wife' **sva-sthāna-** (n.) 'one's own place': 'home'.

---

(4) **ātma-samīpe** lit. 'in the vicinity of you yourself': 'near you' **rakṣaṇīya-** Gdve of √rakṣ split up **śīghram āyāmi** (translate as Fut) **iti utplutya.** (5) **nirgacchan** Nom Sg Masc PresAP **dṛṣṭaḥ adṛṣṭaḥ jātaḥ** 'he was seen becoming unseen/invisible' **śrūyante** 3Pl Pass of √śru **ayam ayam** 'him! and him!' **gṛhīṣva** 2Sg Mid Impv of √grah **jahi** 2Sg Act Impv of √han **kṣaṇāt ekāt** 'in just one moment; the very next moment'. (6) **tam anu** 'after/following him' **-praveśam √kṛ** lit. 'do an entrance': 'enter' **racitavatī** Nom Sg Fem PastAP of √rac. (7) **kārita-** Caus *ta*-Ptc of √kṛ: 'prepared' **kurvanti** 3Pl of √kṛ **ratna-khacita-ābharaṇaḥ** bv **divya-ambara-paridhāna-** bv 'who was clad/dressed in …' **pumān** Nom Sg of puṃs- **proktavān** Nom Sg PastAP of pra-√vac, here the main verb. (8) **dattvā** Abs of √dā the implied agent of both **dattvā** and **preṣitaḥ** is **devaiḥ** **tvat-** stem from of tvam 'you' **vijayī-jātaḥ asmi** 'I have become/been victorious' **deya-** Gdve of √dā, implied 'to me'.

तावद्राजा तूष्णीं बभूव। राज्ञोक्तम्। त्वं रणे जर्जरीभूतः पतितो ऽभूः। त्वद्भार्ययाग्निप्रवेशः कृतः। ९। तावत्तेन हास्यं कृतम्। राजन्। त्वं चतुरः। किमीदृशं वदसि। भर्तरि जीवत्यग्निप्रवेशं कथं करोति। १०। परिवारेणोक्तम्। वीर। इदमीदृशमेव जातम्। ततश्चिन्ताग्रस्तं राजानं दृष्ट्वा लाघवी नमस्कृतवान्। स्त्री समायता। देव। मया तव लाघवं दर्शितम्। अथ संतुष्टेन राज्ञा तस्मै प्रदानं दत्तम्। ११। (...) पुत्रिकयोक्तम्। राजन्नीदृशमौदार्यं यस्य भवति तेनात्रोपवेष्टव्यम्। १२।

---

(9) **tūṣṇīm √bhū** 'become/fall silent' **raṇa-** (n.) 'battle' **jarjarī-bhūta-** (adj) 'torn to pieces' **√pat** 'fall' **bhāryā-** (f.) 'wife' **agni-** (m.) 'fire' **praveśa-** (m.) 'entrance, entering'. (10) **hāsya-** (n.) 'laughter, laugh' **catura-** (adj) 'clever, skilled; charming, amusing' **īdṛśa-** (adj) 'such, of this kind' **√vad** (1 vadati) 'say, speak' **bhartṛ-** (m.) 'husband' **√jīv** 'live, be alive' **agni-** (m.) 'fire' **praveśa-** (m.) 'entering, entrance' **katham** (ind) 'how?'. (11) **parivāra-** (n.) 'surroundings; (a king's) retinue' **vīra-** (m.) 'hero, man' **īdṛśa-** (adj) 'such, of this kind' **tataḥ** (ind) 'then' **cintā-** (f.) 'worry, care' **grasta-** (adj) 'swallowed, seized' **lāghavin-** (m.) 'conjurer, magician' **namas-√kṛ** 'greet, bow to' **strī-** (f.) 'woman' **sam-ā√yam** 'come, approach' **lāghava-** (n.) 'lightness; joke, trick' **saṃtuṣṭa-** (adj) 'pleased' **pradāna-** (n.) 'gift'. (12) **audārya-** (n.) 'generosity'.

---

(9) **patitaḥ abhūḥ** (2Sg Aor of √bhū) 'you fell' split up **tvad**(stem form of tvam)-**bhāryayā agni-praveśaḥ**. (10) **bhartari jīvati** Loc Abs 'while (her) husband is alive' **katham karoti** here 'how could she ...?'. (11) **jāta-** *ta*-Ptc of √jan **namaskṛtavān** Nom Sg Masc PastAP **samāyatā** *ta*-Ptc of sam-ā-√yam, here the main verb **darśita-** Caus *ta*-Ptc of √dṛś **datta-** *ta*-Ptc of √dā. (A description of elaborate gifts follows.) (12) See Story 8 for final sentence.

CHAPTER 3

Rāmāyaṇa, or Rāma's Journey

The Rāmāyaṇa is one of the two Sanskrit 'epics', by which we mean a long text telling one connected overall story in metrical form. (The other epic is the Mahābhārata.) Literally translating to 'Rāma's Going (travel, course etc)', it describes the journey of prince Rāma, who is exiled by his father, together with his loyal wife Sītā and brother Lakṣmaṇa. When Sītā is abducted by a rākṣasa (a term commonly translated as 'demon') named Rāvaṇa to his citadel on the island of Laṅkā, Rāma makes an alliance with the monkey Sugrīva. For Rāma's help in overthrowing and killing his brother Vālin and thus becoming king of the monkeys himself, Sugrīva then sends troops of monkeys in all directions to search for Sītā. The monkeys sent south learn that Sītā has been abducted to Laṅkā. One among them, Hanumān, is the son of the wind-god and thus able to jump fantastically far. He takes on giant form, jumps across the sea to Laṅkā and, after searching the island for her for some time, finally finds her. He reports back to Rāma who, with the help of more monkeys, builds a bridge across the ocean, defeats Rāvaṇa and frees Sītā

This story, at least in parts, is extremely well-known across South and South-East Asia. In addition to the version we are reading excerpts from here (ascribed to the (most likely fictitious) sage Vālmīki and hence called the Vālmīkirāmāyaṇa), there are versions in other Indian languages, such as Awadhi (a form of Hindi), Tamil and Telugu, and languages outside India, such as Thai and Khmer.

The roots of the story go back to before the description of the Sanskrit language by the grammarian Pāṇini (5th or 4th century BC) became perceived as prescriptive (which we can tell because some elements do no follow the rules laid out by him). The story as we have it had reached both its final shape and considerable popularity by around the 3rd century AD (and as such is included in the Mahābhārata in greatly abbreviated form).

In a small number of passages in the first and last books of the story (which likely are later additions), Rāma is considered an avatar (i. e. an incarnation) of the god Viṣṇu, and he remains worshipped as such to this day. This has far-reaching consequences: the Babri mosque, built in 1527 in what is claimed to be Rāma's birthplace, was violently torn down in 1992; in the riots resulting from this, over 2,000 people died. The kings of Thailand have styled themselves as Rama (or with names referring to Rāma) for centuries. In 2016, a lawyer in India tried to sue Rāma for his treatment of Sītā; but this was dismissed by the court as it was not a 'practical case'. Beyond these (and many other) very public signs of the continued role of Rāma, the popularity of the stories about him among the general population of South and South-East Asia generally is much greater than, say, that of the stories of Odysseus in the West.

Yet often what people know of Rāma and the Rāmāyaṇa has been made black and white. Rāma is a perfect king, perfect man (even more, he is divine); Sītā is the perfect obedient wife and Lakṣmaṇa the perfect sidekick; while Rāvaṇa, Sītā's abductor, is the perfect villain. Yet when you read the Vālmīkirāmāyaṇa, you will see that Rāvaṇa is a good protector of his subjects and patron of the arts, that Rāma greatly struggles (and eventually fails) to combine his roles of husband and king, and that intelligent and wise women often are not the obedient followers they are supposed to be, but clearly on a level with the men they interact with.

The main story summarized above is interspersed with poetic descriptions of nature, the background stories e.g. of minor characters, and the occasional philosophical excursus. It is well worth getting to know the Rāmāyaṇa as a whole – whether by reading it in its entirety (the latest complete translation in English is seven-volume *The Rāmāyaṇa of Vālmīki: An Epic of Ancient India* published by Princeton University Press) or by enjoying summarized accounts such as *The Ramayana as told by Aubrey Menen* (1954), or Nina Paley's 2009 movie *Sita Sings the Blues*, which the creator has made freely available online. John Brockington's *The Sanskrit Epics* (Brill 1998), together with *Epic Threads* (Greg Bailey and Mary Brockington (eds), OUP 2000), remains the best introduction to the study of Sanskrit Epic to this day.

Language

The Rāmāyaṇa is the first metrical text included in this Reader. It is composed in the most frequently used Sanskrit meter, the śloka. The śloka consists of two lines of sixteen syllables each, with each line divided into two halves of eight syllables. While the syllable number is fixed, the number of possible sequences of light syllables (ending in a short vowel, followed by just one consonant) and heavy syllables (ending in anything else) is considerable. Macdonell (*A Sanskrit Grammar for Students, p. 233*) gives the following overview:

The *Śloka* hemistich			1st Pāda		2nd Pāda	
			I.	II.	III.	IV.
पथ्या (Pathyā)	1.		⏓ ⏓ ⏓ ⏓ |	⏑ – – ⏓ ||	⏓ ⏓ ⏓ ⏓ |	⏑ – ⏑ ⏓ ||
विपुला (Vipulā)	2.	a.	⏓ – ⏑ – |	⏑ ⏑ ⏑ ⏓ ||		
		b.	⏓ ⏑ – – |			
	3.		⏓ – ⏑ – |	– ⏑ ⏑ ⏓ ||		
	4.		⏓ – ⏑ – |	–, – – ⏓ ||		

(⏑ indicates s light syllable, – a heavy syllable, and ⏓ that either light or heavy are permitted.)

Even more than other ancient texts, the Epics were listened to rather than read. So as you make your way through the passages that follow, read them out aloud, and make sure that you give long syllables more weight in the rhythm of your pronunciation. A common tune for reciting śloka lines is given below; it can be used at any pitch that your voice is comfortable with.

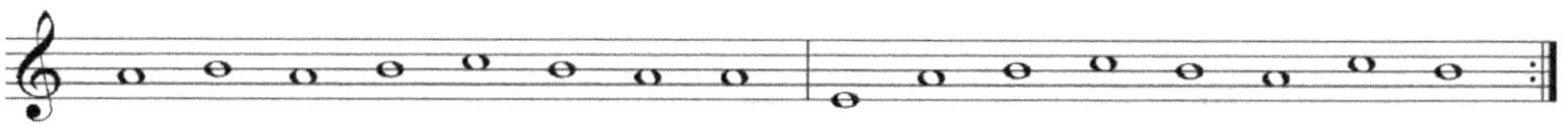

The language of the Sanskrit epics is straightforward for the most part, but you will also find early examples of the poetic elements and word play that later become the hallmarks of kāvya, the intricate style of court poets.

Some elements of Epic Sanskrit, as the language is commonly referred to, may also be due to the fact that these are metrical texts with an oral tradition: at the end of a śloka line, you may find words that possibly were chosen for their metrical shape, such as vocatives that have the right number of syllables to complete the line. People often are not referred to by their name, but by a descriptive epithet whose literal meaning may or may not be relevant to a given passage. (Rāma, for example, can be Rāghava ('descendant of Raghu'), Raghunandana ('delight of Raghu'), Dāśarathi ('son of Daśaratha'), Kākutstha ('descendant of Kakutstha'), puruṣa-ṛṣabha- ('bull among men, very strong man'), and various other things.) There are a number of stock descriptions for women (typically, they are broad-hipped, thin-waisted, large-eyed and similar things), and here again there is discussion about the extent to which such epithets were read and understood literally. The same applies to many other reasonably common concepts, such as trees, birds, fire etc: whether a tree is referred to simply as a *vṛkṣa-* 'tree' or e.g. as a *pāda-pa-* lit. 'foot-drinker', i. e. one that takes in liquid through its roots, may simply depend on how many syllables are needed to complete a line.

And a final note: a term you will come across quite frequently in the following passages is *dharma-*. This is derived from the verbal root √dhṛ 'to hold' and can literally be understood as 'support', as what holds things together. It is used as a semi-technical term for our duties in life (by means of which we play our part in holding the world in its proper state and in keeping things as they should be) and also for the inherent structure we uphold by means of our personal dharma. As such, it may need to be translated as 'righteousness', 'proper behavior', 'law', 'religion', 'customs', 'morals' and in various other ways. You will in each instance have to decide which translation is appropriate; especially in its 'technical' sense, the term often is rendered into English simply as 'dharma'.

a The Beauty of the Night (1. 33.14–18)

Together with their teacher, the sage Viśvāmitra, Rāma and Lakṣmaṇa are travelling to Mithilā to present themselves to Sītā, who is to get married. One evening, Viśvāmitra tells them about the history of his family and of the region they are currently crossing, and ends with the following words.

गतो ऽर्धरात्रः काकुत्स्थ कथाः कथयतो मम ।
निद्रामभ्येहि भद्रं ते मा भूद्विघ्नो ऽध्वनीह नः ॥ १४ ॥
निष्पन्दास्तरवः सर्वे निलीना मृगपक्षिणः ।
नैशेन तमसा व्याप्ता दिशश्च रघुनन्दन ॥ १५ ॥

---

(14) ardha-rātra- (m.) lit. 'half-night': 'midnight' **kākutstha-** (m.) 'descendant of Kakutstha (a legendary king)': Rāma **nidrā-** (f.) 'sleep' **abhi-ā-√i** 'go to, approach' (+ Acc) **bhadra-** (adj) 'good' **vighna-** (m.) 'obstacle, hindrance' **adhvan-** (m.) 'road; journey'. **(15) niṣpanda-** (adj) 'motionless, still' **taru-** (m.) 'tree' **nilīna-** (adj) 'nestled, resting' **mṛga-** (m.) 'deer, forest animal' **pakṣin-** (m.) 'bird' **naiśa-** (adj) 'nocturnal, night-time' **tamas-** (n.) 'darkness' **vi-√āp** 'spread, permeate' **diś-** (f.) 'direction (of the compass), region (of the world)' **raghu-nandana-** (m.) 'delight/descendant of the Raghus': Rāma.

---

(14) kathayataḥ mama Gen Abs 'while I …' **abhyehi** 2Sg Act Impv of abhi-ā-√i **bhadram te** polite address, lit. '(may) good (be) to you': 'bless you! be well' **mā bhūt** (unaugmented Aor) 'so that (there) won't be …' split up **adhvani iha** **naḥ** AccDat-Gen Pl of aham. **(15) taravaḥ** Nom Pl **mṛga-pakṣiṇaḥ** dvandva **diśaḥ** lit. 'the regions': 'the world'.

शनैर्वियुज्यते संध्या नभो नेत्रैरिवावृतम् ।
नक्षत्रतारागहनं ज्योतिर्भिरवभासते ॥ १६ ॥
उत्तिष्ठति च शीतांशुः शशी लोकतमोनुदः ।
ह्लादयन्प्राणिनां लोके मनांसि प्रभया विभो ॥ १७ ॥
नैशानि सर्वभूतानि प्रचरन्ति ततस्ततः ।
यक्षराक्षससंघाश्च रौद्राश्च पिशिताशनाः ॥ १८ ॥

b A Perfect Leader (2.1.15–28)

Rāma and Sītā have been married for twelve years. Rāma's father, the aging king Daśaratha, considers the many qualities that make Rāma an ideal leader. This kind of detailed list may be unusual in modern narrative genres, but is a common feature of Sanskrit epic.

स हि नित्यं प्रशान्तात्मा मृदुपूर्वं च भाषते ।
उच्यमानो ऽपि परुषं नोत्तरं प्रतिपद्यते ॥ १५ ॥

---

(16) śanaiḥ (ind) 'quietly, softly; slowly, gradually' **vi-√yuj** 'separate, divide' **saṃdhyā-** (f.) 'combination, junction'; here: 'point of contact of day and night: twilight' **nabhas-** (n.) 'sky' **netra-** (n.) 'eye' **ā-√vṛ** 'cover' **nakṣatra-** (n.) 'heavenly body: star, planet' **tārā-** (f.) 'star' **gahana-** (adj) 'thick, dense' **jyotis-** (n.) 'light' **ava-√bhās** (1 avabhāsate) 'gleam, be resplendent'. **(17) ud-√sthā** (irreg uttiṣṭhati) 'go up, rise' **śīta-** (adj) 'cold, cool' **aṃśu-** (m.) 'ray, beam' **śaśin-** (m.) 'moon' **loka-** (m.) 'world' **tamas-** (n.) 'darkness' **nuda-** (adj) 'dispelling, removing' **√hlād** (1 hlādate) 'be glad, happy' **prāṇin-** (m.) 'embodied soul; living creature' **manas-** (n.) 'mind, heart' **prabhā-** (f.) 'splendor, radiance' **vibhū-** (m.) 'lord, ruler'. **(18) naiśa-** (adj) 'nocturnal, night-time' **pra-√car** (1 pracarati) 'go, move about' **yakṣa-** (m.) yakṣa (a kind of spirit) **rākṣasa-** (m.) 'rākṣasa, demon' **saṃgha-** (m.) 'multitude, crowd' **raudra-** (adj) 'fierce, wild' **piśita-** (n.) 'flesh, meat' **aśana-** (n.) 'food'. **(15) nityam** (ind) 'always' **praśānta-** (adj) 'peaceful, calm' **mṛdu-pūrvam** (ind) lit. 'gently at first': 'softly, quietly' **√bhāṣ** (1 bhāṣate) 'speak' **paruṣa-** (adj) 'rough, harsh'.

---

(16) viyujyate PASS, here 'gives way, disappears' **nabhaḥ** begins a new clause **nakṣatra-tārā-gahanam** agrees with **nabhaḥ**. **(17) śīta-aṃśuḥ** BV **śaśī** NOM SG of śaśin- 'moon' (lit. 'having a hare' (śaśa-): many South and East Asian cultures see a hare rather than a man in the moon) **hlādayan** NOM SG MASC CAUS PRESAP **vibho** VOC SG. **(18) tataḥ tataḥ** 'here and there, hither and thither' **piśita-aśanāḥ** BV. **(15) sa** = Rāma **praśānta-ātmā** BV NOM SG MASC **ucyamānaḥ** PRES PASS PTC of √vac **uttaram pratipadyate** 'talks back, replies in kind'.

कथंचिदुपकारेण कृतेनैकेन तुष्यति ।
न स्मरत्यपकाराणां शतमप्यात्मवत्तया ॥ १६ ॥
शीलवृद्धैर्ज्ञानवृद्धैर्वयोवृद्धैश्च सज्जनैः ।
कथयन्नास्त वै नित्यमस्त्रयोग्यान्तरेष्वपि ॥ १७ ॥
कल्याणाभिजनः साधुरदीनः सत्यवागृजुः ।
वृद्धैरभिविनीतश्च द्विजैर्धर्मार्थदर्शिभिः ॥ १८ ॥
धर्मार्थकामतत्त्वज्ञः स्मृतिमान्प्रतिभानवान् ।
लौकिके समयाचारे कृतकल्पो विशारदः ॥ १९ ॥

---

(16) **upakāra-** (m.) 'help, service, favor' **eka-** (pron adj) 'one; single, alone' **√tuṣ** (IV tuṣyati) 'be pleased by, delight in' (+ INS) **apakāra-** (m.) 'offence, injury' **śata-** (n.) '100' **ātma-vat-tā-** (f.) 'self-possession, self-discipline'. (17) **śīla-** (n./m.) 'integrity, virtue' **jñāna-** (n.) 'knowledge, wisdom' **vayas-** (n.) 'strength, power, might' **sat-** (adj) 'true, good, wise' **√kath** (X kathayati) 'tell, talk' (to/with: + INS) **√ās** (II āste) 'sit' **vai** (ind) 'indeed, truly' **astra-** (n.) 'weapon' **yogya-** (m.) 'exercise, practice'. (18) **kalyāṇa-** (adj) 'noble, illustrious' **abhijana-** (m.) 'ancestry, descent' **sādhu-** (adj) 'good' **a-dīna-** (adj) 'not down/depressed; noble' **satya-** (adj) 'true' **vāc-** (f.) 'voice, speech' **ṛju-** (adj) 'straight; sincere, honest' **abhi-vi-√nī** 'educate, instruct' **dvi-ja-** (m.) 'twice-born, brahmin' **dharma-** (m.) 'morality, righteousness; (religious/caste-based) duty; dharma' **artha-** (m.) here: 'politics, leadership' **darśin-** (adj, ifc) 'seeing ...; versed in ...'. (19) **dharma-** (m.) here 'virtue' **artha-** (m.) here 'wealth' **kāma-** (m.) 'desire, longing' **tattva-** (n.) 'truth' **-jña-** (adj, ifc) 'knowing' **smṛti-mat-** (adj) 'having smṛti-: (a) memory; b) a class of religious texts': 'having a good memory, being mindful; versed in tradition' **pratibhāna-vat-** (adj) 'endowed with presence of mind, quick-witted' **laukika-** (adj) 'worldly, social' **samaya-ācāra-** (m.) '(established) practice' **viśārada-** (adj) 'skilled, proficient in' (+ LOC).

---

(16) **kathaṃcit** here 'in any way, of any kind' **na smarati** 'does not remember' here 'ignores, forgets' **apakārāṇām śatam** lit. '100 of ...'. (17) **...-vṛddha-** here 'grown in ..., having a lot of ...' **√ās** + PRESAP lit. 'sit doing': 'always/regularly do' **āsta** 3SG MID IMPF of √ās **antara-** here (n.) 'interval, break'. (18) **vṛddha-** here 'old'. (19) **dharma-artha-kāma-tattva-jña-** 'knowing the truth of/facts (*tattva-*) about virtue (*dharma*), wealth (*artha*), pleasure (*kāma*)', three of the traditional four *puruṣa-arthas* ('human goals') **smṛtimān, pratibhānavān** NOM SG MASC note the ambiguity/wordplay in **smṛtimat-** **kṛta-kalpa-** BV, here 'experienced' (in: + LOC).

शास्त्रज्ञश्च कृतज्ञश्च पुरुषान्तरकोविदः ।
यः प्रग्रहानुग्रहयोर्यथान्यायं विचक्षणः ॥ २० ॥
आयकर्मण्युपायज्ञः संदृष्टव्ययकर्मवित् ।
श्रैष्ठ्यं शास्त्रसमूहेषु प्राप्तो व्यामिश्रकेष्वपि ॥ २१ ॥
अर्थधर्मौ च संगृह्य सुखतन्त्रो न चालसः ।
वैहारिकाणां शिल्पानां विज्ञातार्थविभागवित् ॥ २२ ॥
आरोहे विनये चैव युक्तो वारणवाजिनाम् ।
धनुर्वेदविदां श्रेष्ठो लोके ऽतिरथसंमतः ॥ २३ ॥

---

(20) **śāstra-** (n.) 'learning; teaching, doctrine; textbook' **kovida-** (adj) 'knowledgeable' **pragraha-** (m.) lit. '(with)holding': 'unwillingness to help' **anugraha-** (m.) 'offering': 'kindness, showing favor' **yathā-nyāyam** (ind) 'according to proper conduct' **vicakṣaṇa-** (adj) 'experienced, versed in' (+ Loc). **(21)** **āya-karman-** (n.) 'raising revenue, making profit' **upa-aya-** (m.) 'approach': 'means for, skill in' (+ Loc) **saṃdṛṣṭa-** (adj) 'prescribed' **vy-aya-karman-** (n.) 'making of out-goings': 'method of regulating expenditure/payments' **śraiṣṭhya-** (n.) 'excellence' (in: + Loc) **samūha-** (m.) 'collection, sum, totality' **vyāmiśraka-** (adj) 'complex'. **(22)** **artha-dharmau** here 'statecraft and moral duty' **sam-√grah** 'take, seize' **alasa-** (adj) 'inactive' **vaihārika-** (adj) 'entertaining, serving for distraction' **śilpa-** (n.) 'skill, craft, art' **vijñātṛ-** (m.) 'knower, expert' **vibhāga-** (m.) 'part, portion'. **(23)** **āroha-** (m.) 'a rider; riding' **vinaya-** (m.) 'leading, training' **yukta-** (adj) 'skilled, proficient' (at: + Loc) **vāraṇa-** (adj) 'warding off, invincible'; (m.) 'elephant' **vājin-** (adj) 'having speed'; (m.) 'horse' **dhanur-veda-** (m.) lit. 'bow knowledge': 'archery' **śreṣṭha-** (adj) 'best, excellent, foremost' **loka-** (m.) 'world' **ati-** (pref) 'very, exceedingly' **ratha-** (m.) 'chariot' **sam-√man** 'esteem, honor, respect'.

---

(20) In **śāstra-jñaḥ kṛta-jñaḥ**, kṛta- is used to complement śāstra-; consider how to best translate it, e. g. 'knowledgeable in theory and practice, in the sciences and their application' (note also more wordplay: **kṛta-jña-** usually means 'grateful'; so here implied 'learned, but also practical and humane'?) **puruṣa-antara-** lit. 'the inside of men': 'human nature/character' **pragraha-anugrahayoḥ** dvandva, Loc Du. **(21)** Split up **āyakarmaṇi** (Loc Sg) **upāya-jñaḥ** **prāptaḥ** here the active(!) main verb: 'he has reached'. **(22)** **artha-dharmau** here 'statecraft and moral duty' **saṃgṛhya** (Abs) 'having seized' here in sense of 'only after he had seized/satisfied' **sukha-tantraḥ** bv 'enjoying pleasure' **na** begins a new clause **vijñātā-** Nom Sg of vijñātṛ- **artha-vibhāga-** either 'the (various) parts of statecraft' or 'distribution of money'. **(23)** **vāraṇa-vājinām** dvandva **ati-ratha-saṃmataḥ** 'very (ati-) respected in chariot (ratha-) matters/as a chariot racer'.

अभियाता प्रहर्ता च सेनानयविशारदः ।
अप्रधृष्यश्च संग्रामे क्रुद्धैरपि सुरासुरैः ॥ २४ ॥
अनसूयो जितक्रोधो न दृप्तो न च मत्सरी ।
न चावमन्ता भूतानां न च कालवशानुगः ॥ २५ ॥
एवं श्रेष्ठैर्गुणैर्युक्तः प्रजानां पार्थिवात्मजः ।
संमतस्त्रिषु लोकेषु वसुधायाः क्षमागुणैः ।
बुद्ध्या बृहस्पतेस्तुल्यो वीर्येणापि शचीपतेः ॥ २६ ॥
तथा सर्वप्रजाकान्तैः प्रीतिसंजननैः पितुः ।
गुणैर्विरुरुचे रामो दीप्तः सूर्य इवांशुभिः ॥ २७ ॥

---

(24) **abhiyātṛ-** (m.) 'attacker, assailant' **prahartṛ-** (m.) 'fighter, warrior' **senā-** (f.) 'army' **naya-** (m.) 'leading, leadership' **viśārada-** (adj) 'skilled, proficient' **pra-√dhṛṣ** 'hurt; overpower, conquer' **saṃgrāma-** (m.) lit. 'assembly (of people)': 'war, conflict' **kruddha-** (adj) 'angry' **sura-** (m.) 'god, deity' **asura-** (m.) 'asura, demon'. (25) **an-asūya-** (adj) 'not spiteful' **√ji** 'conquer, defeat' **krodha-** (m.) 'anger' **dṛpta-** (adj) 'mad, proud' **matsarin-** (adj) 'jealous, wicked' **avamantṛ-** (m.) 'despiser, one who despises' **bhūta-** (n.) '(living) being, creature' **kāla-** (m.) 'time' **vaśa-** (m.) 'wish, will' **anu-ga-** (adj) 'following, obeying'. (26) **śreṣṭha-** (adj) 'best, excellent' **yukta-** (adj) 'linked to, equipped with' **prajā-** (f.) 'offspring; subject' **pārthiva-** (m.) 'earth-lord, ruler' **ātma-ja-** (m.) lit. 'self-born': 'child, offspring' **sam-√man** 'esteem, honor, respect' **tri-** (num) 'three' **vasu-dhā-** (f.) lit. 'wealth-provider': 'the earth' **kṣamā-** (f.) 'patience, indulgence' **buddhi-** (f.) 'wisdom, understanding, intelligence' **bṛhaspati-** (m.) Bṛhaspati (a deity seen as esp. wise) **tulya-** (adj) 'equal to' (+ GEN) **vīrya-** (n.) 'strength, valor' **śacī-pati-** (m.) 'lord/husband of Śacī (Indra's wife)': Indra. (27) **kānta-** (adj) 'beloved' **prīti-** (f.) 'pleasure, delight' **saṃjanana-** (adj) 'creating, effecting' **pitṛ-** (m.) 'father' **vi-√ruc** 'please, delight' (+ GEN) **dīpta-** (adj) 'shining, blazing' **sūrya-** (m.) 'sun' **aṃśu-** (m.) 'ray, beam'.

---

(24) **abhiyātā, prahartā** NOM SG MASC (contrasting attack and defense?) **a-pradhṛṣyaḥ** NEG GDVE 'unconquerable'. (25) **jita-krodhaḥ** BV **avamantā** NOM SG **kāla-vaśa-anuga-** 'obeying the will of time'. (26) **prajānām … saṃmataḥ** 'respected by (his) subjects' read **tulya-** three times: 'equal through/in (INS) … to (GEN) …' **kṣamā-guṇaiḥ** TP 'through the virtue(s) of patience'. (27) **pituḥ** GEN SG **viruruce** 3SG PERF MID of vi-√ruc all INS refer to/agree with **guṇaiḥ**.

तमेवंवृत्तसंपन्नमप्रधृष्यपराक्रमम् ।
लोकपालोपमं नाथमकामयत मेदिनी ॥ २८ ॥

c A Land without Leadership (2.61.8–23)

King Daśaratha has died and all of Ayodhyā is in mourning. The royal priest Vasiṣṭha voices his fears, describing in detail what a 'kingless nation' (arājakaḥ janapadaḥ) would be like. He does so by depicting, in greatly detailed scenes, the life in a well-governed, ideal country in which all duties and obligations are kept and thus many freedoms can be enjoyed – and then telling us that, in a kingless nation, we can *not* have this. (In fact, the *na* telling us about the latter stands as the very first word of most ślokas.) This strategy of literary 'having one's cake and eating it' is strikingly efficient.

नाराजके जनपदे विद्युन्माली महास्वनः ।
अभिवर्षति पर्जन्यो महीं दिव्येन वारिणा ॥ ८ ॥
नाराजके जनपदे बीजमुष्टिः प्रकीर्यते ।
नाराजके पितुः पुत्रो भार्या वा वर्तते वशे ॥ ९ ॥
अराजके धनं नास्ति नास्ति भार्याप्यराजके ।
इदमत्याहितं चान्यत्कुतः सत्यमराजके ॥ १० ॥

---

(28) **evam-vṛtta-** (adj) 'of such a kind, thus, so' **sampanna-** (adj) 'equipped with, having' **pra-√dhṛṣ** 'hurt; overpower, conquer' **parākrama-** (m.) lit. 'far-striding': 'courage, valor, strength' **loka-pāla-** (m.) 'world protector': 'god' **upamā-** (f.) 'standard of comparison', (ifc) 'like' **nātha-** (m.) 'master, leader' **√kām** (X here MID kāmayate) 'desire' **medinī-** (f.) lit. 'the vigorous/fertile one': 'the earth'. (8) **a-rājaka-** (adj) 'kingless, without a king' **jana-pada-** (m.) 'nation, people; country' **vidyut-** (f.) 'lightning' **mālin-** (adj) 'garlanded, wreathed' **svana-** (m.) 'sound, noise' **abhi-√vṛṣ** (I abhivarṣati) 'rain upon' (+ ACC) **parjanya-** (m.) 'cloud' **mahī-** (f.) 'the great one': 'the earth' **divya-** (adj) 'heavenly, divine' **vāri-** (n.) 'water'. (9) **bīja-** (n.) 'grain' **muṣṭi-** (m./f.) 'a handful' **pra-√kṝ** 'scatter' **bhāryā-** (f.) 'wife' **√vṛt** (I vartate) here 'behave towards, obey' (+ LOC) **vaśa-** (m.) 'wish, will'. (10) **dhana-** (n.) 'wealth' **ati-āhita-** (n.) 'great danger' **kutaḥ** (ind) 'wherefrom?' **satya-** (n.) 'truth'; here 'honesty'.

---

(28) Split up **evaṃvṛtta-saṃpannam** ('equipped with such (qualities)') **a-pradhṛṣya** (NEG GDVE 'unconquerable')-**parākramam** (BV) **nātham** attributive '(desired him) as her master'. (8) Split up **na arājake** the NOM SG MASC forms all modify **parjanyaḥ**. (9) **prakīryate** 3SG PASS of pra-√kṝ **pituḥ** (GEN SG) depends on **vaśe** **vartate** goes with both putraḥ and bhāryā. (10) **bhāryā** here in the sense of 'legitimate wife; marriage' **idam** refers to what follows **anyat** NOM SG NTR, here 'another, further' **kutaḥ** begins a new clause.

नाराजके जनपदे कारयन्ति सभां नराः ।
उद्यानानि च रम्याणि हृष्टाः पुण्यगृहाणि च ॥ ११ ॥
नाराजके जनपदे यज्ञशीला द्विजातयः ।
सत्राण्यन्वासते दान्ता ब्राह्मणाः संशितव्रताः ॥ १२ ॥
नाराजके जनपदे प्रभूतनटनर्तकाः ।
उत्सवाश्च समाजाश्च वर्धन्ते राष्ट्रवर्धनाः ॥ १३ ॥
नाराजके जनपदे सिद्धार्था व्यवहारिणः ।
कथाभिरनुरज्यन्ते कथाशीलाः कथाप्रियैः ॥ १४ ॥
नाराजके जनपदे वाहनैः शीघ्रगामिभिः ।
नरा निर्यान्त्यरण्यानि नारीभिः सह कामिनः ॥ १५ ॥
नाराजके जनपदे धनवन्तः सुरक्षिताः ।
शेरते विवृतद्वाराः कृषिगोरक्षजीविनः ॥ १६ ॥

---

(11) **sabhā-** (f.) 'assembly; assembly hall' **udyāna-** (n.) 'garden' **ramya-** (adj) 'pleasant, delightful' **hṛṣṭa-** (adj) 'glad, happy' **puṇya-gṛha-** (n.) 'alms-house; sanctuary'. (12) **yajña-** (n.) 'worship, sacrifice' **śīla-** (n./m.) 'custom, habit' **dvi-jāti-** (m.) lit. 'two-birthed': 'brahmin' **satra-** (= sattra-) (n.) lit. 'session': 'great (soma) sacrifice' **anu-√ās** (II anvāste) 'sit around sth.; organize' (+ ACC) **dānta-** (adj) 'mild, patient' **saṃśita-** (adj) 'sharpened; firm' **vrata-** (n.) '(religious) vow, observance'. (13) **prabhūta-** (adj) 'abundant, numerous' **naṭa-** (m.) 'actor' **nartaka-** (m.) 'dancer' **utsava-** (m.) 'festival' **samāja-** (m.) 'gathering, party' **√vṛdh** (I vardhate) 'grow, flourish' **rāṣṭra-** (n.) 'realm, dominion' **vardhana-** (adj) 'growing; causing to grow'. (14) **siddha-** (adj) 'having accomplished; perfected' **artha-** (m.) here 'purpose, goal' **vyavahārin-** (adj) 'relating to a legal process', here (m.) 'litigant' **anu-√ra(ñ)j** (I anurajati) 'enjoy' **śīla-** (n./m., ifc) 'custom, habit'. (15) **vāhana-** (n.) lit. 'drawing'; here: 'draft animal: horse' **śīghra-** (adj) 'swift, fast' **gāmin-** (adj) 'going' **niḥ-√yā** (II niryāti) 'go through, cross' **araṇya-** (n.) 'forest' **kāmin-** (adj) 'loving, amorous, in love'. (16) **dhana-vat-** (adj) 'having wealth, rich' **su-rakṣita-** (adj) 'well-guarded' **√śī** (II śete) 'lie (in bed etc.)' **vi-vṛta-** (adj) 'uncovered, open' **dvāra-** (m.) 'door' **kṛṣi-** (f.) 'ploughing, agriculture' **go-rakṣa-** (m.) 'cow-herd; cow-herding' **jīvin-** (adj) 'living'.

---

(11) **kārayanti** CAUS of √kṛ: 'cause to be made, have … made' **hṛṣṭāḥ** agrees with **narāḥ**. (12) **yajña-śīlāḥ** BV **anvāsate** 3PL (!). (13) **prabhūta-naṭa-nartakāḥ** dvandva within a BV. (14) **siddha-arthāḥ** BV supply 'are, exist' **kathābhiḥ** ('through/because of stories') begins a new clause **kathā-śīla-** BV 'whose custom is stories': 'professional story-teller' **kathā-priya-** BV lit. 'whose pleasure is stories': 'story-lover'. (15) Split up **niryānti** (niḥ-√yā) **araṇyāni**. (16) **dhanavantaḥ** NOM PL **śerate** 3PL (!) of √śī **jīvin-** here 'making a living'.

नाराजके जनपदे वणिजो दूरगामिनः ।
गच्छन्ति क्षेममध्वानं बहुपुण्यसमाचिताः ॥ १७ ॥
नाराजके जनपदे चरत्येकचरो वशी ।
भावयन्नात्मनात्मानं यत्रसायंगृहो मुनिः ॥ १८ ॥
नाराजके जनपदे योगक्षेमं प्रवर्तते ।
न चाप्यराजके सेना शत्रून्विषहते युधि ॥ १९ ॥
यथा ह्यनुदका नद्यो यथा वाप्यतृणं वनम् ।
अगोपाला यथा गावस्तथा राष्ट्रमराजकम् ॥ २० ॥
नाराजके जनपदे स्वकं भवति कस्यचित् ।
मत्स्या इव नरा नित्यं भक्षयन्ति परस्परम् ॥ २१ ॥
ये हि संभिन्नमर्यादा नास्तिकाश्छिन्नसंशयाः ।
ते ऽपि भावाय कल्पन्ते राजदण्डनिपीडिताः ॥ २२ ॥

---

(17) vaṇij- (m.) 'merchant' **dūra-** (adj) 'far' **kṣema-** (adj) 'giving rest; safe' **adhvan-** (m.) 'road, way' **puṇya-** (n.) 'good deed; goods, wares' **samācita-** (adj) 'heaped/covered with'. **(18) √car** (I carati) 'walk, move about' **eka-cara-** (adj) 'wandering alone' **vaśin-** (adj) 'having (self-) control' **ātman-** (m.) 'self, soul', (refl pron) 'oneself' **yatra** (ind) 'where' **sāyam** (ind) 'in the evening, at close of day'. **(19) yoga-kṣema-** (here n.) 'security, secure possession (of what has been acquired)' **pra-√vṛt** (I pravartate) 'come to be, arise; exist' **śatru-** (m.) 'enemy' **vi-√sah** (I viṣahate) 'subdue, overpower' **yudh-** (f.) 'battle'. **(20) an-udaka-** (adj) 'waterless' **a-tṛṇa-** (adj) 'grassless' **a-go-pāla-** (adj) 'cow-herd-less' **gau-/go-** (m./f.) 'cattle; cow' **rāṣṭra-** (n.) 'kingdom, realm'. **(21) svaka-** (adj) 'one's own' **matsya-** (m.) 'fish' **√bhakṣ** (X bhakṣayati) 'eat' **paras-param** (ind) 'mutually, one another'. **(22) saṃbhinna-** (adj) 'entirely shattered/broken' **maryādā-** (f.) 'boundary, limit' **nāstika-** (m.) 'atheist' (who says a god *na asti*) **chinna-** (adj) 'cut off, removed' **saṃśaya-** (m.) 'doubt' **bhāva-** (m.) 'being', here: 'proper being, proper behavior' **√klp** (I kalpate) here: 'obey, acquiesce to' (+ DAT) **daṇḍa-** (m.) 'stick, punishment' **nipīḍita-** (adj) 'squeezed; controlled'.

---

(17) kṣemam could be both an adverb and an accusative adjective describing **adhvānam** **√gam + adhvānam** 'walk on a path'. **(18) bhāvayann** sandhied bhāvayan, NOM SG CAUS PRESAP of √bhū (in CAUS: 'think about, contemplate') **yatra-sāyam-gṛhaḥ** BV 'whose home (is) where(ver) (he is in) the evening'. (Perhaps because no one is there to give them alms; or because it generally is not safe.) **(20) gāvaḥ** NOM PL. **(21) svākam** here nominalized 'one's own thing(s), private property' bigger fish eating smaller ones is a common trope. **(22)** Structure **ye ... nāstikāḥ ... te** (NOM PL MASC) **saṃbhinna-maryādāḥ, chinna-saṃśayāḥ** BV.

अहो तम इवेदं स्यान्न प्रज्ञायेत किंचन ।
राजा चेन्न भवेल्लोके विभजन्साध्वसाधुनी ॥ २३ ॥

d Jābāli the Materialist on the Meaning of Life (2.100.1–17)

Daśaratha's death is mourned by his family and his subjects. Rāma and his brothers have been consoling each other when Jābāli approaches them.

आश्वासयन्तं भरतं जाबालिर्ब्राह्मणोत्तमः ।
उवाच रामं धर्मज्ञं धर्मापेतमिदं वचः ॥ १ ॥
साधु राघव मा भूत्ते बुद्धिरेवं निरर्थका ।
प्राकृतस्य नरस्येव आर्यबुद्धेस्तपस्विनः ॥ २ ॥
कः कस्य पुरुषो बन्धुः किमाप्यं कस्य केनचित् ।
यदेको जायते जन्तुरेक एव विनश्यति ॥ ३ ॥
तस्मान्माता पिता चेति राम सज्जेत यो नरः ।
उन्मत्त इव स ज्ञेयो नास्ति कश्चिद्धि कस्यचित् ॥ ४ ॥

---

(23) **aho** (ind) 'oh! ah!' **tamas-** (n.) 'darkness' **pra-√jñā** 'discern, recognize' **cet** (ind) 'if' **vi-√bhaj** (I vibhajati) 'divide, separate'. (1) **ā-√śvas** (I āśvasati) 'breathe'; CAUS 'encourage' **bharata-** (m.) Bharata (Rāma's brother) **jābāli-** (m.) Jābāli (a brahmin) **uttama-** (pron adj) 'highest, best; excellent' **apeta-** (adj) 'divergent from' (apa-√i) **vacas-** (n.) 'word, statement'. (2) **sādhu** (ind) 'well then' **rāghava-** (m.) 'descendant of Raghu': Rāma **mā** (ind) 'don't! may … not …!' **buddhi-** (f.) 'wisdom, understanding, intelligence' **nir-arthaka-** (adj) 'pointless, nonsensical' **prākṛta-** (adj) 'simple, common' **ārya-** (adj) 'noble' **tapasvin-** (adj) 'wretched, distressed'. (3) **bandhu-** (m.) 'relation, relative' **√jan** (IV jāyate) 'be born, arise; give birth' **jantu-** (m.) 'creature, living being' **vi-√naś** (IV vinaśyati) 'be destroyed; perish, die'. (4) **tasmāt** (ind) 'thus' **√sajj** (I sajjate) 'cling to, be/feel attached to' (+ LOC) **unmatta-** (adj) 'frantic, mad'.

---

(23) Split up **syāt na** **prajñāyeta** impersonal subject 'one …' split up **bhavet loke** and **sādhu-asādhunī** (dvandva in NOM DU NTR). (1) **āśvāsayantam** CAUS PRESAP of ā-√śvas, agrees with **Rāmam** in l. 2 **uvāca** + 2 ACCS 'say sth. to sb.' **dharma-apetam** agrees with **vacaḥ**. (2) **mā bhūt te** 'may there not be of you': 'don't have …' **buddhi-** here 'thinking, ideas', **te** and all GENS in l. 2 depend on it split up **narasya iva** note: no sandhi of **iva** and **ārya-buddheḥ** at the pāda/half-verse boundary **ārya-buddheḥ tapasvinaḥ** are both GEN SG agreeing with **te.** (3) **kasya** here 'of anyone' **kim āpyam** (GDVE) **kasya cit** lit. 'what can be achieved of someone by anyone': 'what advantage does anyone get from anyone' **yat** here 'as, because' **eka-** here 'alone'. (4) **mātā pitā ca iti** 'the thought 'this is my …'' **sajjeta** 3SG POT MID **jñeyaḥ** GDVE of √jñā: 'should be considered, seen as' **nāsti** begins a new sentence split up **kaścit hi.**

यथा ग्रामान्तरं गच्छन्नरः कश्चित्क्वचिद्वसेत् ।
उत्सृज्य च तमावासं प्रतिष्ठेतापरे ऽहनि ॥ ५ ॥
एवमेव मनुष्याणां पिता माता गृहं वसु ।
आवासमात्रं काकुत्स्थ सज्जन्ते नात्र सज्जनाः ॥ ६ ॥
पित्र्यं राज्यं समुत्सृज्य स नार्हसि नरोत्तम ।
आस्थातुं कापथं दुःखं विषमं बहुकण्टकम् ॥ ७ ॥
समृद्धायामयोध्यायामात्मानमभिषेचय ।
एकवेणीधरा हि त्वां नगरी संप्रतीक्षते ॥ ८ ॥
राजभोगाननुभवन्महार्हान्पार्थिवात्मज ।
विहर त्वमयोध्यायां यथा शक्रस्त्रिविष्टपे ॥ ९ ॥
न ते कश्चिद्दशरथस्त्वं च तस्य न कश्चन ।
अन्यो राजा त्वमन्यश्च तस्मात्कुरु यदुच्यते ॥ १० ॥

---

(5) **√vas** (1 vasati) 'live, dwell' **ud-√sṛj** 'leave' **āvāsa-** (m.) 'abode, resting-/stopping-place' **pra-√sthā** (irreg pratiṣṭhati) 'go/travel on' **apara-** (adj) 'following, next' **ahar-/ahan-** (n.) 'day'. (6) **vasu-** (n.) 'wealth, possessions' **-mātram** (ind, ifc) 'merely, only' **kākutstha-** (m.) 'descendant of Kakutstha (a legendary king)': Rāma **sat-jana-** (m.) 'true/wise person'. (7) **pitrya-** (adj) 'paternal, of one's father' **rājya-** (n.) 'kingdom; royal power' **sam-ud-√sṛj** 'abandon, give up' **√arh** (1 arhati) 'should, ought to' **ā-√sthā** 'resort to, embark on' (+ ACC) **kā-patha-** (m.) 'bad road' **viṣama-** (adj) 'adverse, dangerous' **kaṇṭaka-** (m.) anything pointy: 'needle, thorn'. (8) **samṛddha-** (adj) 'prosperous, flourishing' **ayodhyā-** (f.) Ayodhyā (Rāma's home city) **abhi-√sic** (CAUS abhiṣecayati) 'consecrate, anoint' **veṇī-** (f.) 'braid' **dhara-** (adj) 'carrying, wearing' **sam-prati-√īkṣ** (1 saṃpratīkṣate) 'look forward to; expect'. (9) **bhoga-** (m.) 'pleasure, enjoyment' **anu-√bhū** (1 anubhavati) 'enjoy' **mahā-arha-** (adj) 'greatly worthy, very valuable' **ātma-ja-** (m.) 'son' **vi-√hṛ** here 'spend/pass (time), enjoy oneself' **śakra-** (m.) Śakra (Indra) **triviṣṭapa-** (n.) Tri(v/p)iṣṭapa (Indra's heaven). (10) **daśaratha-** (m.) Daśaratha (Rāma's father, king of Ayodhyā).

---

(5) Structure **yathā** ... **evam** (in 6) **grāma-antaram** '(from one village) to another village' **gacchan** NOM SG MASC PRESAP split up **pratiṣṭheta** (3SG POT MID) **apare ahani.** (6) **sajjante** begins a new clause, **atra** depends on it: 'are not attached to these things'. (7) **sa** here = sa tvam 'you' translate **samutsṛjya** ... **na arhasi āsthātum** 'you should not ... and ...'. (8) **ātmānam** here refl pron 'yourself' **abhiṣecaya** 2SG CAUS IMPV l. 2 begins new sentence wearing a single braid is what wives separated from their husbands do; note that the grammatically feminine word for city, nāgarī, is here used. (9) **anubhavan** NOM SG MASC PRESAP. (10) Translate **te, tasya** 'to you, to him' supply 'is' twice **anyaḥ** ... **anyaḥ** 'one ... another' **kuru** 2SG IMPV of √kṛ **yat ucyate** (supply mayā) translate active: 'what I have told (you)'.

गतः स नृपतिस्तत्र गन्तव्यं यत्र तेन वै ।
प्रवृत्तिरेषा मर्त्यानां त्वं तु मिथ्या विहन्यसे ॥ ११ ॥
अर्थधर्मपरा ये ये तांस्ताञ्शोचामि नेतरान् ।
ते हि दुःखमिह प्राप्य विनाशं प्रेत्य भेजिरे ॥ १२ ॥
अष्टका पितृदैवत्यमित्ययं प्रसृतो जनः ।
अन्नस्योपद्रवं पश्य मृतो हि किमशिष्यति ॥ १३ ॥
यदि भुक्तमिहान्येन देहमन्यस्य गच्छति ।
दद्यात्प्रवसतः श्राद्धं न तत्पथ्यशनं भवेत् ॥ १४ ॥
दानसंवनना ह्येते ग्रन्था मेधाविभिः कृताः ।
यजस्व देहि दीक्षस्व तपस्तप्यस्व संत्यज ॥ १५ ॥

---

(11) **nṛpati-** (m.) 'king' **pravṛtti-** (f.) 'conduct; fate' **martya-** (adj) 'mortal' **mithyā** (ind) 'wrongly, improperly' **vi-√han** 'strike, shatter'. **(12)** **√śuc** (I śocati) 'mourn' **itara-** (adj) '(an)other' **vināśa-** (m.) 'annihilation, utter destruction' **pretya** (ind) 'having died, after death' **√bhaj** (I bhajati) 'allot, apportion', MID 'obtain, have allotted to one'. **(13)** **aṣṭakā-** (f.) 'the eighth (day after the full moon)' **pitṛ-daivatya-** (n.) 'sacrifice to the ancestors' **pra-√sṛ** 'move forwards, busy oneself' **upadrava-** (m.) here 'loss, waste' **√aś** (IX aśnāti) 'eat'. **(14)** **pra-√vas** (I pravasati) 'go abroad, travel' **śrāddha-** (n.) 'śrāddha, funerary gift' (dedication of rice balls and water to recently deceased relatives and ancestors) **path-** (m.) 'path, way, journey' **aśana-** (n.) 'eating; food'. **(15)** **saṃvanana-** (ifc) 'making well-disposed to' **grantha-** (m.) 'treatise, book' **medhā-vin-** (m.) 'wise man, pundit' **√yaj** (I yajate) 'worship' **√dīkṣ** (I dīkṣate) 'consecrate, sacrifice' **tapas-** (n.) 'suffering; religious austerities/asceticism, penance' **√tap** (IV tapyate) 'be hot; suffer; practice religious austerities' **sam-√tyaj** (I saṃtyajati) 'renounce, abandon'.

---

(11) **vihanyase** PASS of vi-√han in sense of 'be emotionally destroyed, frustrated'. **(12)** The exact meaning of **artha-dharma-parāḥ** is unclear: 'for whom righteousness (*dharma*) is higher (*para*) than gain (*artha*)' is an unusual analysis of this kind of compound, but fits the intended sense **ye ye … tān tān …**: 'who(ever) … only them' split up **na itarān** 'and not anyone else' **iha** 'in this world/life' **bhejire** 3PL PERF MID of √bhaj. **(13)** Translate '(it is the) **aṣṭakā**, (it is the day for the) **pitṛ-daivatyam**' **iti** 'thinking/with the thought that …'. **(14)** Structure: **yadi … tat** **anya-… anya-** 'one … another' **deham gacchati** lit. 'goes to the body' in sense of 'goes to the stomach of …/is eaten by' **dadyāt** POT of √dā **pravasataḥ** GEN SG PRESAP of pra-√vas: lit. 'of a traveler', here 'intended for a traveler' **na** begins new sentence **na tat pathi aśanam bhavet** 'then there would be no (need for) food on his journey'. **(15)** **dāna-saṃvānanāḥ** 'securing/to secure (themselves) donations' l. 2 is what **ete granthāḥ** are saying **yajasva** 2SG MID IMPV **dehi** 2SG ACT IMPV of √dā.

स नास्ति परमित्येव कुरु बुद्धिं महामते ।
प्रत्यक्षं यत्तदातिष्ठ परोक्षं पृष्ठतः कुरु ॥ १६ ॥
सतां बुद्धिं पुरस्कृत्य सर्वलोकनिदर्शिनीम् ।
राज्यं त्वं प्रतिगृह्णीष्व भरतेन प्रसादितः ॥ १७ ॥

e Sītā Cautions Rāma on the Handling of Weapons (3.8.1–12, 20–29)

Rāma, Sītā and Lakṣmaṇa have gone to live in exile in the forest. They are approached by sages living in that forest who are being attacked by demonic rākṣasas. The sages ask for their help, and Rāma and Lakṣmaṇa get ready to go and kill them. Sītā helps them arm themselves, but also offers a word of advice.

सुतीक्ष्णेनाभ्यनुज्ञातं प्रस्थितं रघुनन्दनम् ।
वैदेही स्निग्धया वाचा भर्तारमिदमब्रवीत् ॥ १ ॥
अयं धर्मः सुसूक्ष्मेण विधिना प्राप्यते महान् ।
निवृत्तेन च शक्यो ऽयं व्यसनात्कामजादिह ॥ २ ॥

---

(16) **mati-** (f.) 'mind, thinking' **pratyakṣa-** (adj) 'visible' **ā-√sthā** (irreg) 'stand by; have regard for' **parokṣa-** (adj) 'invisible' **pṛṣṭhataḥ √kṛ** 'neglect, ignore'. **(17)** **sat-** (adj) 'true, good, wise' **puras-√kṛ** 'put first, give precedence to' **nidarśin-** (adj) 'familiar with, familiar to' **rājya-** (n.) 'kingdom; royal power' **prati-√grah** (IX pratigṛhṇīte) 'take, receive, accept' **pra-√sad** 'be pleased, glad'. **(1)** **sutīkṣṇa-** (m.) Sutīkṣṇa (an ascetic in whose hermitage they had been staying) **abhyanujñāta-** (adj) 'permitted, allowed' **prasthita-** (adj) 'departed, set out' **raghu-nandana-** (m.) 'delight/descendant of Raghu': Rāma **vaidehī-** (f.) Sītā (princess of the Videha people) **snigdha-** (adj) 'smooth, silky, kind' **vāc-** (f.) 'voice' **bhartṛ-** (m.) 'lord, husband'. **(2)** **su-sūkṣma-** (adj) 'very delicate, subtle' **vidhi-** (m.) 'rule; manner, way' **nivṛtta-** (n.) 'turning away' (from: + ABL) **śakya-** (adj) 'possible, able' **vyasana-** (n.) '(evil) passion, crime' **kāma-ja-** (adj) 'desire-born'.

---

(16) **sa** = sa tvam 'you' **param** here (n.) 'a further world, a world beyond' **iti buddhim kuru** (2SG IMPV of kṛ) lit. 'make a judgement': 'realize that ...!' **mahā-mate** BV in VOC SG. **(17)** **pratigṛhṇīṣva** 2SG MID IMPV **bharatena prasādita-** (Caus *ta*-PTC of pra-√sad) 'appeased by/having made up with Bharata'. **(1)** All ACCS in l. 1 agree with **bhartāram** in l. 2 **√brū** + 2 ACCS 'say sth. to sb.'. **(2)** **mahān** NOM SG MASC read **śakyaḥ** as 'can (be acquired)' **iha** 'in this world/life'.

त्रीण्येव व्यसनान्यत्र कामजानि भवन्त्युत ।
मिथ्यावाक्यं परमकं तस्माद्गुरुतरावुभौ ।
परदाराभिगमनं विना वैरं च रौद्रता ॥ ३ ॥
मिथ्यावाक्यं न ते भूतं न भविष्यति राघव ।
कुतोऽभिलषणं स्त्रीणां परेषां धर्मनाशनम् ॥ ४ ॥
तच्च सर्वं महाबाहो शक्यं वोढुं जितेन्द्रियैः ।
तव वश्येन्द्रियत्वं च जानामि शुभदर्शन ॥ ५ ॥
तृतीयं यदिदं रौद्रं परप्राणाभिहिंसनम् ।
निर्वैरं क्रियते मोहात्तच्च ते समुपस्थितम् ॥ ६ ॥
प्रतिज्ञातस्त्वया वीर दण्डकारण्यवासिनाम् ।
ऋषीणां रक्षणार्थाय वधः संयति रक्षसाम् ॥ ७ ॥

---

(3) **tri-** (num) 'three' **uta** (ind) 'certainly, indeed' **mithyā-vākya-** (n.) lit. 'speaking wrongly': 'lying, lies' **paramaka-** (adj) 'greatest; extreme' **para-dāra-** (m.) 'another man's wife/wives' **abhigamana-** (m.) lit. 'approaching': 'approach with sexual intention, have relations with' **vinā** (ind) 'without' (+ Ins or Acc) **vaira-** (n.) 'hostility, provocation' **raudratā-** (f.) 'savagery, savage violence'. (4) **rāghava-** (m.) 'descendant of Raghu': Rāma **kutaḥ** (ind) 'wherefrom?' **abhilaṣaṇa-** (n.) 'craving after, desiring' **strī-** (f.) 'woman' **para-** (pron adj) 'other' **nāśana-** (adj) 'destroying'. (5) **bāhu-** (m.) 'arm' **vaśya-** (adj) 'subdued, controlled' **indriya-** (n.) 'sense, sense organ' **śubha-** (adj) 'beautiful' **darśana-** (n.) 'view, sight, appearance'. (6) **tṛtīya-** (adj) 'third' **raudra-** (adj) 'violent, fierce' **para-** (adj) 'other, another' **prāṇa-** (m.) 'vital breath; life' **abhihiṃsana-** (n.) 'harming, hurting' **nir-vaira-** (adj) 'without enmity, unprovoked' **moha-** (m.) 'confusion, folly' **sam-upa-√sthā** 'approach; lean on'. (7) **prati-√jñā** 'promise' **vīra-** (adj) 'heroic', (m.) 'hero' **daṇḍaka-** (m.) Daṇḍaka (name of the forest they are in) **araṇya-** (n.) 'forest' **vāsin-** (adj) 'living, dwelling' **rakṣaṇa-** (n,) 'protection' **-arthāya** (ind, ifc) 'for the sake/purpose of' **vadha-** (m.) 'murder, killing' **saṃyat-** (f.) 'combat, fight' **rakṣas-** (n.) 'rākṣasa, demon'.

---

(3) **paramaka-** here elative: 'rather bad' **tasmāt gurutarau ubhau** 'the other two (are) weightier/worse than this'. (4) **na te bhūtam** lit. '(x) has not been of you': 'you have not (x-ed)' (see p. xix) **pareṣām** Gen Pl Masc. (5) **mahā-bāho** Voc Sg **śakyam voḍhum** (Inf of √vah) 'can be carried (= borne, managed)' **jita-indriya-** bv 'whose senses are controlled' **vaśya-indriya-tva-** 'controlled-sense-ness': 'the quality of having one's senses under control' **tava jānāmi** lit. 'I know (there is …) of you': 'I know you have' **śubha-darśana-** bv. (6) **yat** 'which (is)' **tat ca** begins new clause **te samupasthitam** lit. 'is approached by you': 'is relevant to/concerns you'. (7) Structure **pratijñātaḥ tvayā … vadhaḥ** lit. 'the killing was promised by you': 'you promised to kill …'.

एतन्निमित्तं च वनं दण्डका इति विश्रुतम् ।
प्रस्थितस्त्वं सह भ्रात्रा धृतबाणशरासनः ॥ ८ ॥
ततस्त्वां प्रस्थितं दृष्ट्वा मम चिन्ताकुलं मनः ।
त्वद्वृत्तं चिन्तयन्त्या वै भवेन्निःश्रेयसं हितम् ॥ ९ ॥
न हि मे रोचते वीर गमनं दण्डकान्प्रति ।
कारणं तत्र वक्ष्यामि वदन्त्याः श्रूयतां मम ॥ १० ॥
त्वं हि बाणधनुष्पाणिर्भ्रात्रा सह वनं गतः ।
दृष्ट्वा वनचरान्सर्वान्कच्चित्कुर्याः शरव्ययम् ॥ ११ ॥
क्षत्रियाणामिह धनुर्हुताशस्येन्धनानि च ।
समीपतः स्थितं तेजोबलमुच्छ्रयते भृशम् ॥ १२ ॥ (...)

---

(8) **etad-nimittam** (ind) 'for this reason' **viśruta-** (adj) 'known (as)' **pra-√sthā** 'set out towards, go to' **bhrātṛ-** (m.) 'brother' **√dhṛ** 'hold' **bāṇa-** (m.) 'arrow' **śara-āsana-** (n.) lit. 'arrow-thrower': 'bow'. (9) **cintā-** (f.) 'worry' **ākula-** (adj) 'filled with, full of' **vṛtta-** (n.) 'conduct, behavior' **√cint** (X cintayati) 'think, worry' **vai** (ind) 'indeed, truly' **niḥ-śreyasa-** (adj) 'without a better': 'best, excellent' **hita-** (n.) 'benefit, well-being'. (10) **√ruc** (I rocate) 'appear; please, seem good to' (+ DAT) **gamana-** (n.) '(the act of) going' **kāraṇa-** (n.) 'cause, reason' **√śru** 'listen' (to: + GEN). (11) **bāṇa-** (m.) 'arrow' **dhanus-** (n.) 'bow' **pāṇi-** (m.) 'hand' **vana-cara-** (m.) 'forest-dweller' **kaccit** (ind) 'maybe; I fear/hope/suppose'. (12) **huta-āśa-** (m.) lit. 'sacrifice eater': 'fire' **indhana-** (n.) 'kindling' **samīpataḥ** (ind) 'near, (too) close' **sthita-** (adj) 'standing' **tejas-** (n.) 'brilliance, brightness, blaze' **bala-** (n.) 'strength' **ud-√śri** (I ucchrayate) 'raise, increase' **bhṛśam** (ind) 'violently, excessively'.

---

(8) **daṇḍakāḥ** here and (10) in PL: 'the Daṇḍaka region, its inhabitants' **iti** 'called' **prasthitaḥ** (*ta*-PTC of pra-√sthā) **tvam** 'you have set out towards' **dhṛta-bāṇa-śarāsanaḥ** BV, agreeing with **tvam**: 'by whom …'. (9) Supply 'is' in l. 1 **tvad-vṛttam** begins new clause (**tvad-** stem form of tvam) translate **cintayantyāḥ** (GEN SG FEM PRESAP) 'to (me) thinking (about you)' **bhavet** here 'would *normally* be'. (10) **kāraṇam tatra** 'reason for it' **vadantyāḥ** (GEN SG FEM PRESAP) begins new sentence, agrees with **mama** **śrūyatām** 3SG PASS IMPV, see p. XVII. (11) **-pāṇiḥ** BV: 'one *in* whose hands are …' **dṛṣṭvā** begins new sentence **sarvān** here 'any, any whatsoever' **kuryāḥ** 2SG POT of √kṛ **śara-vyayam √kṛ** lit. 'make an expanse of arrows': 'shoot arrows'. (12) **iha** 'in this world' translate **indhanāni** as SG read a colon or dash after l. 1 **sthitam** grammatically agrees with **dhanus** but in sense refers to both dhanus and **indhanāni**.

स्नेहाच्च बहुमानाच्च स्मारये त्वां न शिक्षये ।
न कथंचन सा कार्या गृहीतधनुषा त्वया ॥ २० ॥
बुद्धिर्वैरं विना हन्तुं राक्षसान्दण्डकाश्रितान् ।
अपराधं विना हन्तुं लोकान्वीर न कामये ॥ २१ ॥
क्षत्रियाणां तु वीराणां वनेषु नियतात्मनाम् ।
धनुषा कार्यमेतावदार्तानामभिरक्षणम् ॥ २२ ॥
क्व च शस्त्रं क्व च वनं क्व च क्षात्रं तपः क्व च ।
व्याविद्धमिदमस्माभिर्देशधर्मस्तु पूज्यताम् ॥ २३ ॥
तदार्यकलुषा बुद्धिर्जायते शस्त्रसेवनात् ।
पुनर्गत्वा त्वयोध्यायां क्षत्रधर्मं चरिष्यसि ॥ २४ ॥
अक्षया तु भवेत्प्रीतिः श्वश्रूश्वशुरयोर्मम ।
यदि राज्यं हि संन्यस्य भवेस्त्वं निरतो मुनिः ॥ २५ ॥

---

(20) **sneha-** (m.) 'love' **bahu-māna-** (m.) 'great respect, high esteem' **√smṛ** (I smarati) 'remember'; CAUS 'remind' **√śikṣ** (I śikṣati) 'learn'; CAUS 'teach, instruct'. (21) **vaira-** (n.) 'hostility, provocation' **āśrita-** (adj) 'inhabiting, dwelling in' **aparādha-** (m.) 'offence, transgression' **√kām** (X kāmayati/-te) 'desire, wish'. (22) **niyata-** (adj) 'restrained, held back' **dhanus-** (n.) 'bow' **etāvat** (ind) 'insofar as, only' **ārta-** (adj) 'oppressed, suffering' **abhirakṣaṇa-** (n.) 'guarding, protection'. (23) **śastra-** (n.) 'weapon' **kṣātra-** (m.) 'warrior-dom, state/life of a warrior' **tapas-** (n.) 'suffering; religious austerities/asceticism, penance' **vyāviddha-** (adj) 'distorted, displaced, at odds' **deśa-dharma-** (m.) 'law/customs of the land' **√pūj** 'honor, respect'. (24) **ārya-** (adj) 'noble, proper' **kaluṣa-** (adj, ifc) 'unbecoming, unfit for' **√jan** (IV jāyate) 'be born, arise; give birth' **sevana-** (n.) 'service of, devotion to, fondness for'. (25) **a-kṣaya-** (adj) 'unwithering, unending' **prīti-** (f.) 'joy, pleasure' **śvaśrū-** (f.) 'mother-in-law' **śvaśura-** (m.) 'father-in-law' **rājya-** (n.) 'kingdom; royal power' **sam-√nyas** 'lay down, give up' **nirata-** (adj) 'satisfied, contented'.

---

(20) **smāraye, śikṣaye** 1SG MID CAUS (20.2) and (21.1) form a sentence **na … sā kāryā … buddhiḥ** (in 21) 'that judgement/decision must not be made' (kārya- GDVE of √kṛ) **gṛhīta**(*ta*-PTC of √grah)**-dhanuṣā** BV 'by whom …'. (21) Continues (20) **aparādham vinā** 'without an offence (from them)' **lokāḥ** in PL: 'inhabitants (of the world/a place)'. (22) The GENS in l. 1 are the agents of **kāryam** (GDVE of √kṛ): 'must be made by …' split up **kāryam etāvat ārtānām abhirakṣaṇam.** (23) Repeated **kva ca** lit. 'and where' contrasts the nouns and marks them as incompatible: 'what a gulf there is between … and …!' **vyāviddham idam** (supply 'is') comments on l. 1 **asmābhiḥ** begins a new clause **pūjyatām** 3SG PASS IMPV, see p. XVII. (24) **tat** here 'thus' **ayodhyāyām** 'pregnant' LOC: 'to Ayodhyā' **-dharmam √car** 'carry out/follow the duty/customs of …' (also in 28). (25) **yadi … bhaveḥ** 'if you became'.

धर्मादर्थः प्रभवति धर्मात्प्रभवते सुखम् ।
धर्मेण लभते सर्वं धर्मसारमिदं जगत् ॥ २६ ॥
आत्मानं नियमैस्तैस्तैः कर्षयित्वा प्रयत्नतः ।
प्राप्यते निपुणैर्धर्मो न सुखाल्लभ्यते सुखम् ॥ २७ ॥
नित्यं शुचिमतिः सौम्य चर धर्मं तपोवने ।
सर्वं हि विदितं तुभ्यं त्रैलोक्यमपि तत्त्वतः ॥ २८ ॥
स्त्रीचापलादेतदुदाहृतं मे धर्मं च वक्तुं तव कः समर्थः ।
विचार्य बुद्ध्या तु सहानुजेन यद्रोचते तत्कुरु माचिरेण ॥ २९ ॥

f Rāma Asks Nature If It Has Seen Sītā (3.58.1–22, 31–34)

Rāma, Sītā and Lakṣmaṇa have settled in the forest. Their attack on the rākṣasas has drawn the attention of Rāvaṇa, king of the rākṣasas, who tricks Rāma and Lakṣmaṇa into leaving their forest dwelling so that he can then abduct Sītā. The brothers return to their home, where Rāma's worst fears are confirmed.

---

(26) **dharma-** (m.) here 'righteousness' **artha-** (m.) here 'material wealth' **pra-√bhū** (I prabhavati/-te) 'arise, come to be' **sāra-** (m.) 'essence, marrow'. (27) **niyama-** (m.) 'restriction, act of penance' **√kṛṣ** (here X karṣayati) 'torment, torture' **prayatnataḥ** (ind) 'with great effort' **nipuṇa-** (adj) 'clever, skillful'. (28) **nityam** (ind) 'always' **śuci-** (adj) 'clear, pure' **mati-** (f.) 'mind' **saumya-** (adj) 'gentle, mild' **tapo-vana-** (n.) 'grove of tapas; the ascetics' grove' **√vid** 'know' **trailokya-** (n.) lit. 'the threefold world': 'the entire world' **tattvataḥ** (ind) 'truly'. (29) **strī-** (f.) 'woman' **cāpala-** (n.) 'fickleness, unsteadiness' **ud-ā-√hṛ** 'declare, announce' **samartha-** (adj) 'able, permitted' **vi-√car** 'move about'; CAUS 'move (thoughts)': 'think, ponder' **buddhi-** (f.) 'wisdom, understanding, intelligence' **anu-ja-** (m.) lit. 'towards/additional-born': 'younger brother' **√ruc** (I rocate) 'appear, seem good' **mā-cireṇa** (ind) 'soon, without delay'.

---

(26) The subject of **labhate** is impersonal: 'one' **dharma-sāra-** (BV 'righteousness-essenced': 'which has righteousness as its essence') begins a new sentence. (27) **nipuṇaiḥ** is the agent of both **karṣayitvā** and **prāpyate** (see p. XVIII), implied '*only* by' **ātmānam** here refl pron 'themselves' **taiḥ taiḥ** 'by whatever' **na** begins a new clause **sukhāl** sandhied sukhāt, here (ind) 'easily', but note the play on words. (28) **śuci-matiḥ** BV **viditam tubhyam** (DAT SG of tvam) '(it is) known to you'. (29) **dharmam** begins new clause **dharmam √vac** 'teach about/explain dharma' (to: + GEN) **vicārya** CAUS ABS of vi-√car.

भृशमाव्रजमानस्य तस्याधोवामलोचनम् ।
प्रास्फुरच्चास्खलद्रामो वेपथुश्चास्य जायते ॥ १ ॥
उपालक्ष्य निमित्तानि सो ऽशुभानि मुहुर्मुहुः ।
अपि क्षेमं तु सीताया इति वै व्याजहार ह ॥ २ ॥
त्वरमाणो जगामाथ सीतादर्शनलालसः ।
शून्यमावसथं दृष्ट्वा बभूवोद्विग्नमानसः ॥ ३ ॥
उद्भ्रमन्निव वेगेन विक्षिपन्रघुनन्दनः ।
तत्र तत्रोटजस्थानमभिवीक्ष्य समन्ततः ॥ ४ ॥
ददर्श पर्णशालां च रहितां सीतया तदा ।
श्रिया विरहितां ध्वस्तां हेमन्ते पद्मिनीमिव ॥ ५ ॥

---

(1) **bhṛśam** (ind) 'strongly, vehemently' **ā-√vraj** (I āvrajate) 'come near/home' **adhaḥ** (ind) 'beneath, under' **vāma-** (adj) here 'left' (i.e. vs. right) **locana-** (n.) 'eye' **pra-√sphur** (VI prasphurati) 'become tremulous, twitch' **√skhal** (I skhalati) 'stumble, trip' **vepathu-** (m.) 'shaking, shivering' **√jan** (IV jāyate) 'be born, arise; give birth'. (2) **upa-ā-√lakṣ** 'notice' **nimitta-** (m.) 'omen' **a-śubha-** (adj) 'unpleasant, bad' **muhuḥ muhuḥ** (ind) 'again and again, one after another' **kṣema-** (m./n.) 'tranquillity, well-being' **vai** (ind) emphatic particle **vi-ā-√hṛ** 'say, utter' **ha** (ind) emphatic particle. (3) **√tvar** (I tvarate) 'hurry, move with speed' **lālasa-** (adj) 'eagerly longing' **śūnya-** (adj) 'empty, deserted' **āvasatha-** (m.) 'dwelling, hut' **udvigna-** (adj) 'anxious, frightened' **mānasa-** (n.) 'mind'. (4) **ud-√bhram** (I udbhramati) 'wake up, startle awake' **vegena** (ind) 'swiftly, suddenly' **vi-√kṣip** (VI vikṣipati) 'throw about, scatter' **raghu-nandana-** (m.) 'delight/descendant of the Raghu': Rāma **uṭa-ja-** (adj) lit. 'leaf-born': 'made of leaves' **sthāna-** (n.) 'place, dwelling, house' **abhi-vi-√īkṣ** 'look at, examine' **samantataḥ** (ind) 'on all sides, all around'. (5) **parṇa-śālā-** (f.) 'leaf hut' **(vi)rahita-** (adj) 'abandoned, left' **śrī-** (f.) Śrī (goddess of plenty and of beauty) **dhvasta-** (adj) 'destroyed, ravaged' **hemanta-** (m.) 'winter' **padminī-** (f.) 'lotus pond'.

---

(1) Split up **tasya adho-vāma-locanam** ('lower (part of the) left eye') split up **prāsphurat** (impersonal: 'it twitched') **ca askhalat rāmaḥ** twitching of any body part, but especially the eye, is an omen: for women, the right eye twitching is a bad omen; for men, the left eye. (2) **api** at beg. of sentence indicates yes/no question **vyājahāra** 3Sg Perf of vi-ā-√hṛ. (3) **tvaramāṇa-** Pres Mid Ptc split up **jagāma** (Perf of √gam) **atha** **babhūva** 3Sg Perf of √bhū **udvigna-mānasaḥ** bv. (4) **udbhramann** sandhied udbhraman, Nom Sg Masc PresAP **tatra tatra** 'here and there, hither and thither' **vikṣipan** Nom Sg Masc PresAP, here 'throwing *himself* around/into action' l.2 begins a sentence that continues in (5). (5) Śrī is thought to dwell on a lotus, hence she is absent in winter when there are no lotuses on the pond.

रुदन्तमिव वृक्षैश्च म्लानपुष्पमृगद्विजम् ।
श्रिया विहीनं विध्वस्तं संत्यक्तवनदैवतम् ॥ ६ ॥
विप्रकीर्णाजिनकुशं विप्रविद्धबृसीकटम् ।
दृष्ट्वा शून्योटजस्थानं विललाप पुनः पुनः ॥ ७ ॥
हृता मृता वा नष्टा वा भक्षिता वा भविष्यति ।
निलीनाप्यथ वा भीरुरथ वा वनमाश्रिता ॥ ८ ॥
गता विचेतुं पुष्पाणि फलान्यपि च वा पुनः ।
अथ वा पद्मिनीं याता जलार्थं वा नदीं गता ॥ ९ ॥
यत्नान्मृगयमाणस्तु नाससाद वने प्रियाम् ।
शोकरक्तेक्षणः शोकादुन्मत्त इव लक्ष्यते ॥ १० ॥
वृक्षाद्वृक्षं प्रधावन्स गिरींश्चापि नदान्नदीम् ।
बभूव विलपन्रामः शोकपङ्कार्णवप्लुतः ॥ ११ ॥

---

(6) **√rud** (VI rudati) 'cry, weep, howl' **vṛkṣa-** (m.) 'tree' **mlāna-** (adj) 'withered; vanished, gone' **puṣpa-** (n.) 'flower' **mṛga-** (m.) 'deer, forest animal' **dvi-ja-** (m.) lit. 'twice-born': here: 'bird' **vihīna-** (adj) 'left, abandoned' **vidhvasta-** (adj) 'fallen to pieces, dispersed' **daivata-** (n.) 'deity'. (7) **viprakīrṇa-** (adj) 'scattered' **ajina-** (n.) 'antelope/animal skin' (used by religious practitioners as clothing, to sit on etc.) **kuśa-** (m.) 'kuśa grass' (used in religious ceremonies) **vipraviddha-** (adj) 'violently struck, shaken, dispersed' **bṛsī-** (f.) 'grass mat/cushion' (that ascetics sit on) **kaṭa-** (m.) 'straw mat/screen' **śūnya-** (adj) 'empty, deserted' **vi-√lap** 'lament'. (8) **√bhakṣ** 'eat, devour' **nilīna-** (adj) here 'hiding, hidden' **bhīru-** (adj) 'fearful, afraid' **ā-√śri** 'seek refuge in, withdraw to' (+ ACC). (9) **vi-√ci** 'investigate, search; find' **atha vā** (ind) 'or' **√yā** 'go' **-artham** (ind, ifc) 'for the sake/purpose of'. (10) **yatnāt** (ind) 'with (great) effort' **√mṛg** (X mṛgayate) 'hunt, chase, seek' **ā-√sad** (irreg āsīdati) 'sit down near; find, reach' **śoka-** (m.) 'grief' **rakta-** (adj) 'reddened, red' **īkṣaṇa-** (n.) 'eye; sight' **unmatta-** (adj) 'frantic, mad' **√lakṣ** 'perceive, observe'. (11) **pra-√dhāv** (I pradhāvati) 'run/rush forth' **giri-** (m.) 'mountain' **nada-** (m.) 'river' **vi-√lap** (I vilapati) 'moan, wail' **paṅka-** (m.) 'mud, dirt' **arṇava-** (m.) 'wave, flood; ocean' **pluta-** (adj) 'submerged/swimming (in)'.

---

(6) The ACCs all agree with **-sthānam** in (7), all governed by **dṛṣṭvā** **vṛkṣaiḥ** 'through/with (the sound of) the trees' **mlāna-puṣpa-mṛga-dvijam** and the following long compounds in (6) and (7) are all BVs. (8) The implied subject of **bhaviṣyati** is Sītā; translate 'she likely is'. (9) **api ca vā punar** 'or also maybe' **jala-artham** BV lit. 'water-purposed': 'in order to fetch water'. (10) Split up **yatnāt mṛgayamāṇaḥ** (PRES MID PTC) split up **na āsasāda** (PERF of ā-√sad) PASS **lakṣyate** lit. 'is perceived': 'seems, looks like'. (11) **pradhāvan** NOM SG MASC PRESAP split up **nadāt nadīm** 'from river to river' **babhūva śoka-paṅka-arṇava-plutaḥ** lit. 'he became grief-mud-sea-drowned': 'he drowned in grief (that was like) a sea of mud'.

अस्ति कच्चित्त्वया दृष्टा सा कदम्बप्रिया प्रिया ।
कदम्ब यदि जानीषे शंस सीतां शुभाननाम् ॥ १२ ॥
स्निग्धपल्लवसंकाशां पीतकौशेयवासिनीम् ।
शंसस्व यदि वा दृष्टा बिल्व बिल्वोपमस्तनी ॥ १३ ॥
अथ वार्जुन शंस त्वं प्रियां तामर्जुनप्रियाम् ।
जनकस्य सुता भीरुर्यदि जीवति वा न वा ॥ १४ ॥
ककुभः ककुभोरूं तां व्यक्तं जानाति मैथिलीम् ।
लतापल्लवपुष्पाढ्यो भाति ह्येष वनस्पतिः ॥ १५ ॥
भ्रमरैरुपगीतश्च यथा द्रुमवरो ह्ययम् ।
एष व्यक्तं विजानाति तिलकस्तिलकप्रियाम् ॥ १६ ॥

---

(12) kadamba- (m.) kadamba (a fragrant tree) **√śaṃs** (I śaṃsati, -te) 'praise; talk/tell about, report' **śubha-** (adj) 'bright, beautiful' **ānana-** (n.) 'face'. **(13) snigdha-** (adj) 'lovely, smooth' **pallava-** (m./n.) 'sprout, shoot; petal' **saṃkāśa-** (m.) 'appearance, look'; (ifc) 'looking like' **pīta-** (adj) 'yellow' **kauśeya-** (n.) 'silk' **vāsin-** (adj) 'dressed in, wearing' **bilva-** (m.) bilva (a fruit tree) **bilva-** (n.) 'bilva fruit' **upamā-** (f.) 'standard of comparison', (ifc) 'like' **stana-** (m.) 'breast'. **(14) arjuna-** (m.) arjuna (a tree with beautiful blossoms) **janaka-** (m.) Janaka (Sītā's father) **sutā-** (f.) 'daughter, female offspring' **bhīru-** (adj) 'fearful, timid' **√jīv** (I jīvati) 'live, be alive'. **(15) kakubha-** (m.) kakubha (presumably a tree with smooth bark) **ūru-** (m.) 'thigh' **vyaktam** (ind) 'apparently, clearly' **maithilī-** (f.) Sītā (from Mithilā, capital of Videha) **latā-** (f.) 'vine, bindweed' **pallava-** (m./n.) 'sprout, shoot; petal' **āḍhya-** (adj) 'rich, abounding in' **√bhā** (bhāti) 'shine, be resplendent' **vanas-pati-** (m.) lit. 'lord of the forest': 'tree'. **(16) bhramara-** (m.) 'bee, large black bee' **upagīta-** (adj) 'sung, celebrated' **druma-** (m.) 'tree' **vara-** (adj) 'choice, good; best' **vyaktam** (ind) 'apparently, clearly' **vi-√jñā** (IX vijānāti) 'know, understand' **tilaka-** (m.) tilaka (a tree).

---

(12) Begins direct speech **asti kaccit** 'is it possible/could it be that …?' **kadamba-priyā priyā** 'my dear to whom kadambas are dear' **yadi** begins a new sentence **yadi jānīṣe** (2SG MID PRES of √jñā) 'if you know (what happened to her)'. **(13) śaṃsasva** 2SG MID IMPV of √śaṃs **dṛṣṭā** agrees with **bilva-upama-stanī** BV 'she whose breasts are like bilva fruit'. **(14)** On **arjuna-priyām**, see (12). **(15)** Split up **kakubha-ūrūm** (BV). **(16) yathā** here 'because' on **tilaka-priyām**, see (12) and (14) a woman's fragrance is said to be sweet, so presumably the bees are an indication that Sītā had once been there (and thus attracted them).

अशोकशोकापनुद शोकोपहतचेतसं ।
त्वन्नामानं कुरु क्षिप्रं प्रियासंदर्शनेन माम् ॥ १७ ॥
यदि ताल त्वया दृष्टा पक्वतालफलस्तनी ।
कथयस्व वरारोहां कारुण्यं यदि ते मयि ॥ १८ ॥
यदि दृष्टा त्वया सीता जम्बु जाम्बूनदप्रभा ।
प्रियां यदि विजानीषे निःशङ्कं कथयस्व मे ॥ १९ ॥
अथ वा मृगशावाक्षीं मृग जानासि मैथिलीम् ।
मृगविप्रेक्षणी कान्ता मृगीभिः सहिता भवेत् ॥ २० ॥
गज सा गजनासोरूर्यदि दृष्टा त्वया भवेत् ।
तां मन्ये विदितां तुभ्यमाख्याहि वरवारण ॥ २१ ॥
शार्दूल यदि सा दृष्टा प्रिया चन्द्रनिभानना ।
मैथिली मम विस्रब्धः कथयस्व न ते भयम् ॥ २२ ॥ (...)
हा लक्ष्मण महाबाहो पश्यसि त्वं प्रियां क्वचित् ॥ ३१ ॥

---

(17) **aśoka-** (m.) aśoka (a tree, lit. 'griefless') **śoka-** (m.) 'grief' **apanuda-** (adj) 'dispelling' **upahata-** (adj) 'overwhelmed, wrecked' **cetas-** (n.) 'mind' **kṣipram** (ind) 'quickly, soon' **saṃdarśana-** (n.) 'appearance, sight, manifestation'. (18) **tāla-** (m.) palmyra tree **pakva-** (adj) 'cooked; ripe, mature' **stana-** (m.) 'breast' **āroha-** (m.) 'a woman's waist, curves' **kāruṇya-** (n.) 'compassion, kindness' (towards: + Loc). (19) **jambū-** (f.) jambū (the black plum tree) **jāmbū-nada-** (n.) 'gold from the Jambū river; any gold' **prabhā-** (f.) 'splendor, radiance' **niḥśaṅkam** (ind) 'fearlessly; simply, just'. (20) **śāva-** (m.) 'the young of a species' **akṣa-** (n., ifc; f. -ī) 'eye' **viprekṣaṇa-** (n.) '(the act of) looking around' **kānta-** (adj) 'beloved' **mṛgī-** (f.) 'doe' **sa-hita-** (adj) 'combined, together' (with: + Ins). (21) **nāsā-** (f.) 'nose' **ūru-** (m.) 'thigh' **√man** (IV manyate) 'think' **ā-√khyā** (II ākhyāti) 'tell, report' **vara-** (adj) 'choice, excellent' **vāraṇa-** (m.) 'the one resisting/able to resist': 'elephant'. (22) **śārdūla-** (m.) 'tiger' **candra-** (m.) 'moon' **nibha-** (adj) 'resembling, like' **ānana-** (n.) 'face, mouth' **visrabdha-** (= viśrabdha) (adj) 'confident' **bhaya-** (n.) 'fear; danger, threat'. (31) **hā** (ind) 'ah! oh!' **lakṣmaṇa-** (m.) Lakṣmaṇa (Rāma's brother) **kvacit** (ind) 'some-/anywhere'.

---

(17) All Accs agree with **mām** **śoka-upahata-cetasam** BV **tvat-nāmānam kuru mām** lit. 'make me you-named': 'make me like what your name suggests, i.e. griefless'. (18) **pakva-tāla-phala-stanī** BV **kathayasva** 2Sg Mid Impv of √kath **vara-ārohām** BV supply 'is' with **kāruṇyam yadi te mayi.** (19) **vijānīṣe** 2Sg Mid of vi-√jñā. (20) **mṛga-viprekṣaṇa-** BV 'whose backwards glances are (like) a deer's' **bhavet** 'could/might be'. (21) **gaja-nāsā-ūrūḥ** BV 'whose thighs are like an elephant's nose (= trunk)' **manye** 1Sg Mid of √man **viditām** (*ta*-Ptc of √vid) **tubhyam** 'known/familiar to you' **ākhyāhi** 2Sg Impv of ā-√khyā. (...) (31) **mahā-bāho** (Voc) lit. 'o great-armed one!': 'o great warrior!'.

हा प्रिये क्व गता भद्रे हा सीतेति पुनः पुनः ।

इत्येवं विलपन्रामः परिधावन्वनाद्वनम् ॥ ३२ ॥

क्वचिदुद्भ्रमते वेगात्क्वचिद्विभ्रमते बलात् ।

क्वचिन्मत्त इवाभाति कान्तान्वेषणतत्परः ॥ ३३ ॥

स वनानि नदीः शैलान्गिरिप्रस्रवणानि च ।

काननानि च वेगेन भ्रमत्यपरिसंस्थितः ॥ ३४ ॥

g The Ascetic Śabarī (3.70.4–27)

Rāma and Lakṣmaṇa have been advised to enter an alliance with the monkey Sugrīva, whose monkey troops might help them look for Sītā. On their way to find him, they reach the shores of Lake Pampā.

तौ पुष्करिण्याः पम्पायास्तीरमासाद्य पश्चिमम् ।

अपश्यतां ततस्तत्र शबर्या रम्यमाश्रमम् ॥ ४ ॥

तौ तमाश्रममासाद्य द्रुमैर्बहुभिरावृतम् ।

सुरम्यमभिवीक्षन्तौ शबरीमभ्युपेयतुः ॥ ५ ॥

---

(32) **bhadra-** (adj) 'good, excellent, beautiful' **vi-√lap** (I vilapati) 'moan, wail'. (33) **(ud-/vi-)√bhram** (I (ud-/vi)bhramate/-ti) 'wander, roam about' **vegāt** (ind) 'swiftly, speedily' **balāt** (ind) 'forcibly; without being able to help it' **matta-** (adj) 'mad, intoxicated, in rut' **ā-√bhā** (II ābhāti) 'shine; become apparent, appear' **kāntā-** (f.) '(female) beloved, love' **anveṣaṇa-** (n.) 'search(ing)' **tat-para-** (adj) 'devoted to, having as one's highest priority'. (34) **śaila-** (m.) 'hill, crag' **giri-** (m.) 'mountain' **prasravaṇa-** (n.) 'cascade, waterfall; spring' **kānana-** (n.) 'forest, wood' **vegena** (ind) 'swiftly' **√bhram** (I bhramate/-ti) 'wander, roam about' **a-parisaṃsthita-** (adj) 'unsteady, restless'. (4) **puṣkarin-** (adj, f. -nī) 'abounding in lotuses' **pampā-** (f.) Pampā (a lake in the Daṇḍaka forest) **tīra-** (n.) 'shore, bank' **ā-√sad** (irreg āsīdati) 'sit down near'; CAUS 'set down; find, reach' **paścima-** (adj) 'western' **śabarī-** (f.) a female ascetic of the Śabara tribe: 'the Śabarī' **ramya-** (adj) 'pleasant' **āśrama-** (m.) 'ashram, hermitage'. (5) **druma-** (m.) 'tree' **āvṛta-** (adj) 'covered, surrounded' **su-ramya-** (adj) 'very pleasant' **abhi-vi-√īkṣ** 'examine, look about' **abhi-upa-√i** (II abhyupaiti) 'approach, arrive at'.

---

(32) **bhadre** VOC SG FEM translate **iti** in l. 1 as 'so he spoke' **iti evam** 'thus' **vilapan, paridhāvan** NOM SG MASC PRESAP the sentence continues in (33). (33) **anveṣaṇa-tat-paraḥ** BV 'whose highest was searching, to whom searching was the most important'. (4) **āsādya** CAUS ABS of ā-√sad **apaśyatām** 2DU IMPF. (5) **abhi-upa-īyatuḥ** 3DU PERF.

तौ तु दृष्ट्वा तदा सिद्धा समुत्थाय कृताञ्जलिः ।
पादौ जग्राह रामस्य लक्ष्मणस्य च धीमतः ॥ ६ ॥
तामुवाच ततो रामः श्रमणीं संशितव्रताम् ।
कच्चित्ते निर्जिता विघ्नाः कच्चित्ते वर्धते तपः ॥ ७ ॥
कच्चित्ते नियतः कोप आहारश्च तपोधने ।
कच्चित्ते नियमाः प्राप्ताः कच्चित्ते मनसः सुखम् ।
कच्चित्ते गुरुशुश्रूषा सफला चारुभाषिणि ॥ ८ ॥
रामेण तापसी पृष्टा सा सिद्धा सिद्धसंमता ।
शशंस शबरी वृद्धा रामाय प्रत्युपस्थिता ॥ ९ ॥
चित्रकूटं त्वयि प्राप्ते विमानैरतुलप्रभैः ।
इतस्ते दिवमारूढा यानहं पर्यचारिषम् ॥ १० ॥
तैश्चाहमुक्ता धर्मज्ञैर्महाभागैर्महर्षिभिः ।
आगमिष्यति ते रामः सुपुण्यमिममाश्रमम् ॥ ११ ॥

---

(6) siddha- (adj) 'perfected; holy' **sam-ud-√sthā** 'rise up, get up' **kṛta-añjali-** (BV adj) lit. 'by whom the añjali is made': 'with hands cupped in reverence' **pāda-** (m.) 'foot' **√grah** 'grasp, take' **dhīmat-** (adj) 'wise, intelligent'. **(7) śramaṇī-** (f.) 'female ascetic, devotee' **saṃśita-** (adj) 'resolved, firm' **vrata-** (n.) 'vow, religious observance' **kaccit** (ind) 'maybe; I fear/hope/suppose' **nirjita-** (adj) 'conquered, overcome' **vighna-** (m.) 'obstacle, difficulty' **√vṛdh** (I vardhate) 'grow' **tapas-** (n.) 'suffering; religious austerities/asceticism, penance'. **(8) niyata-** (adj) 'controlled, restrained' **kopa-** (m.) 'anger' **āhāra-** (m.) 'food, eating' **niyama-** (m.) '(self-)control; act of penance' **manas-** (n.) 'mind' **sukha-** (n.) 'happiness, well-being' **guru-** (m.) 'teacher' **śuśrūṣā-** (f.) 'obedience' **sa-phala-** (adj) 'fruitful, successful' **cāru-** (adj) 'pleasing, dear, lovely' **bhāṣin-** (adj) 'speaking'. **(9) tāpasī-** (f.) 'female ascetic' **siddha-** (adj) 'perfected; holy' **saṃmata-** (adj) 'respected, regarded' **√śaṃs** here 'say' (to: + DAT) **vṛddha-** (adj) 'old, aged' **prati-upa-√sthā** 'stand opposite/near, face' (+ DAT). **(10) citrakūṭa-** (m.) Citrakūṭa (a mountain) **vimāna-** (m.) 'flying chariot; palace' **atula-** (adj) 'unequalled' **prabhā-** (f.) 'splendor' **itaḥ** (ind) 'from here' **diva-** (n.) 'heaven, sky' **ā-√ruh** 'ascend' **pari-√car** 'attend upon, serve'. **(11) bhāga-** (m.) 'fortune, portion, share' **su-puṇya-** (adj) 'of great merit, excellent'.

---

(6) samutthāya ABS of sam-ud-√sthā **dhīmataḥ** is GEN SG, but should be read with both **rāmasya** and **lakṣmaṇasya**. **(7) saṃśita-vratām** BV split up **kaccit te** (of/to/by you). **(8) tapo-dhane** (BV, lit. 'whose wealth is austerities': 'ascetic') VOC SG FEM. **(9) siddha-saṃmatā** TP 'respected by perfected beings'. **(10)** Structure **te … yān tvayi prāpte** LOC ABS 'when you reached' **ārūḍha-** *ta*-PTC of ā-√ruh, serves as main verb in main clause **paryacāriṣam** 1SG AOR of pari-√car. **(11)** l. 2 (and (12)) are direct speech.

स ते प्रतिग्रहीतव्यः सौमित्रिसहितो ऽतिथिः ।
तं च दृष्ट्वा वरांल्लोकानक्षयांस्त्वं गमिष्यसि ॥ १२ ॥
मया तु विविधं वन्यं संचितं पुरुषर्षभ ।
तवार्थे पुरुषव्याघ्र पम्पायास्तीरसंभवम् ॥ १३ ॥
एवमुक्तः स धर्मात्मा शबर्या शबरीमिदम् ।
राघवः प्राह विज्ञाने तां नित्यमबहिष्कृताम् ॥ १४ ॥
दनोः सकाशात्तत्त्वेन प्रभावं मे महात्मनाम् ।
श्रुतं प्रत्यक्षमिच्छामि संद्रष्टुं यदि मन्यसे ॥ १५ ॥
एतत्तु वचनं श्रुत्वा रामवक्राद्विनिःसृतम् ।
शबरी दर्शयामास तावुभौ तद्वनं महत् ॥ १६ ॥
पश्य मेघघनप्रख्यं मृगपक्षिसमाकुलम् ।
मतङ्गवनमित्येव विश्रुतं रघुनन्दन ॥ १७ ॥

---

(12) **prati-√grah** 'receive, welcome' **saumitri-** (m.) 'son of Sumitrā': Lakṣmaṇa **sahita-** (adj) 'accompanied (by)' **atithi-** (m.) 'guest' **akṣaya-** (adj) 'imperishable, eternal'. (13) **vividha-** (adj) 'various, different' **vanya-** (n.) 'forest-grown food' **sam-√ci** 'pile up, collect' **ṛṣabha-** (m.) 'bull' **arthe** (ind) 'for the sake/purpose of' **vyāghra-** (m.) 'tiger' **pampā-** (f.) Pampā (a lake) **tīra-** (n.) 'shore, bank' **saṃbhava-** (m.) 'birth, origin, arising'. (14) **rāghava-** (m.) 'descendant of Raghu': Rāma **pra-√ah** 'address, speak' **vijñāna-** (n.) 'intelligence, understanding' **nityam** (ind) 'always' **bahiḥ-√kṛ** 'exclude, keep out' (from: + Loc). (15) **danu-** (m.) Danu (a gandharva turned rākṣasa, killed by Rāma and thus returned to his gandharva existence) **sakāśāt** (ind) 'in the presence of; from' **tattvena** (ind) 'in truth, truly' **prabhāva-** (m.) 'power' mahā-ātman- (adj) 'great-minded, noble' **pratyakṣam** (ind) 'clearly, with one's own eyes'. (16) **vaktra-** (n.) 'mouth' **vi-niḥ-√sṛ** 'go forth from, issue' **ubha-** (adj) 'both'. (17) **megha-** (m.) 'cloud' **ghana-** (m.) 'mass, collection' **prakhyā-** (f.) 'appearance', (ifc) 'resembling, like' **mṛga-** (m.) 'deer, forest animal' **pakṣin-** (m.) 'bird' **samākula-** (adj) 'filled with, abounding in' **mataṅga-** (m.) Mataṅga (name of a sage) **viśruta-** (adj) 'known, famous'.

---

(12) **pratigrahītavya-** Gdve of prati-grah **atithiḥ** '*as* a guest' split up **varān lokān akṣayān tvam.** (13) **tīra-saṃbhavam** bv. (14) **prāha** 3Sg Perf of pra-√ah **vijñāne … a-bahiṣkṛtām** 'not kept away from knowledge'. (15) **śrutam** functions as main verb, **me** 'by me' **yadi manyase** 'if you think it right, if you agree'. (16) **darśayām āsa** 3Sg Caus Perf of √dṛś. (17) **pakṣi-** stem form of paksin-.

इह ते भावितात्मानो गुरवो मे महाद्युते ।
जुहवाञ्चक्रिरे तीर्थं मन्त्रवन्मन्त्रपूजितम् ॥ १८ ॥
इयं प्रत्यक्स्थली वेदी यत्र ते मे सुसत्कृताः ।
पुष्पोपहारं कुर्वन्ति श्रमादुद्वेपिभिः करैः ॥ १९ ॥
तेषां तपःप्रभावेन पश्याद्यापि रघूत्तम ।
द्योतयन्ति दिशः सर्वाः श्रिया वेद्यो ऽतुलप्रभाः ॥ २० ॥
अशक्नुवद्भिस्तैर्गन्तुमुपवासश्रमालसैः ।
चिन्तिते ऽभ्यागतान्पश्य समेतान्सप्त सागरान् ॥ २१ ॥
कृताभिषेकैस्तैर्न्यस्ता वल्कलाः पादपेष्विह ।
अद्यापि न विशुष्यन्ति प्रदेशे रघुनन्दन ॥ २२ ॥

---

(18) **bhāvita-** (adj) 'cultivated, purified; honored' **dyuti-** (f.) 'splendor, majesty' **√hu** 'pour, sacrifice' (to: + Acc) **mantravat-** (adj) 'accompanied by hymns' **mantra-** (n.) 'prayer, hymn' **√pūj** 'honor, worship'. **(19)** **pratyañc-** (adj) 'westwards' **sthala-** (n.) 'land, slope' **vedī-** (f.) 'altar' **yatra** (ind) 'where' **su-satkṛta-** (adj) 'well/greatly honored' **puṣpa-** (n.) 'flower' **upahāra-** (m.) 'offering, oblation' **śrama-** (m.) 'weariness, exhaustion' **udvepin-** (adj) 'trembling' **kara-** (m.) 'hand'. **(20)** **prabhāva-** (m.) 'power' **raghu-uttama-** (m.) 'best of the Raghus/descendants of Raghu': Rāma **√dyut** (I dyotate) 'shine, be brilliant' **diś-** (f.) 'direction (of the compass), region (of the world)' **śrī-** (f.) 'light, radiance, beauty' **vedī-** (f.) 'altar' **atula-** (adj) 'unequalled' **prabhā-** (f.) 'splendor, brilliance'. **(21)** **√śak** (V śaknoti) 'be strong, be able to' **upavāsa-** (m.) 'fasting' **śrama-** (m.) 'exertion, toil' **ālasa-** (adj) 'idle; weary' **cintita-** (n.) 'thought' **sam-ā-√i** 'come together' **sapta-** (num) 'seven' **sāgara-** (m.) 'ocean'. **(22)** **abhiṣeka-** (m.) 'ritual bath' **nyasta-** (adj) 'stretched out' **valkala-** (m.) 'tree bark, bark clothing' **pāda-pa-** (m.) lit. 'foot(= root)-drinker': 'tree' **vi-śuṣ** (IV viśuṣyati) 'become dry, dry' **pradeśa-** (m.) 'place, area'.

---

(18) **bhāvita-ātman-** BV lit. 'whose selves are purified': 'purified beings' **guravaḥ** Nom Pl **mahā-dyute** BV, Voc Sg Masc **juhavām cakrire** (3Pl Caus Perf Mid of √hu, -m with irregular sandhi) **tīrtham** 'venerated the shrine' split up **mantravat** (adverbial) **mantrapūjitam**. **(19)** **pratyak**(stem form of pratyañc-)**-sthalī** BV 'westward-sloping' **me** 'by me' **kurvanti** 3Pl of √kṛ. **(20)** Split up **paśya adya api** **paśya … dyotayanti** 'see (how) they shine' **diśaḥ sarvāḥ** lit. 'all directions': 'the entire world'. **(21)** All Ins in l. 1 depend on **abhyāgata-** (l. 2) lit. 'having been approached': here in sense of 'having been invited' **a-śaknuvadbhiḥ** negated Ins Pl PresAP of √śak **gantum** implied: 'to the oceans' **cintite** lit. 'in thought': 'through the power of their thought' **abhyāgatān … sametān** 'come together as guests/having been invited'. **(22)** **kṛta-abhiṣeka-** BV 'by whom a bath had been made, who had taken a bath' **pādapeṣu** 'among …' translate **pradeśe** as Pl 'in places; in part'.

कृत्स्नं वनमिदं दृष्टं श्रोतव्यं च श्रुतं त्वया ।
तदिच्छाम्यभ्यनुज्ञाता त्यक्तुमेतत्कलेवरम् ॥ २३ ॥
तेषामिच्छाम्यहं गन्तुं समीपं भावितात्मनाम् ।
मुनीनामाश्रमो येषामहं च परिचारिणी ॥ २४ ॥
धर्मिष्ठं तु वचः श्रुत्वा राघवः सहलक्ष्मणः ।
अनुजानामि गच्छेति प्रहृष्टवदनो ऽब्रवीत् ॥ २५ ॥
अनुज्ञाता तु रामेण हुत्वात्मानं हुताशने ।
ज्वलत्पावकसंकाशा स्वर्गमेव जगाम सा ॥ २६ ॥
यत्र ते सुकृतात्मानो विहरन्ति महर्षयः ।
तत्पुण्यं शबरी स्थानं जगामात्मसमाधिना ॥ २७ ॥

h The Hermitage of the Seven Sages (4.13.12–27)

Rāma and Lakṣmaṇa have entered a pact with Sugrīva: the monkey will help them find Sītā if they help him depose his brother Vālin. On their way towards Kiṣkindhā, Vālin's stronghold, they come across a dense grove of trees. Rāma asks Sugrīva to tell him more about it.

तेषां तु गच्छतां तत्र त्वरितं रघुनन्दनः ।
द्रुमषण्डं वनं दृष्ट्वा रामः सुग्रीवमब्रवीत् ॥ १२ ॥

---

(23) kṛtsna- (adj) 'all, entire' **(abhi-)anu-√jñā** 'allow, permit' **kalevara-** (n.) 'body'. **(24) samīpa-** (n.) 'vicinity, closeness' **bhāvita-** (adj) 'cultivated, purified; honored' **paricārin-** (adj, f. -ṇī) 'servant'. **(25) dharmiṣṭha-** (adj) 'most/very virtuous' **vacas-** (n.) 'word, statement' **prahṛṣṭa-** (adj) 'delighted' **vadana-** (n.) here 'face'. **(26) √hu** 'sacrifice' **huta-aśana-** (m.) lit. 'sacrifice eating': 'fire' **√jval** (I jvalati) 'blaze, glow' **pāvaka-** (m.) 'fire' **saṃkāśa-** (m.) 'appearance, look'; (ifc) 'looking like' **svarga-** (m.) 'heaven'. **(27) yatra** (ind) 'where' **vi-√hṛ** (I viharati) here 'spend/pass time, live' **maha-ṛṣi-** (m.) 'great seer' **puṇya-** (adj) 'meritorious, virtuous, auspicious' **sthāna-** (n.) 'place' **samādhi-** (m.) 'concentration, focus'. **(12) tvaritam** (ind) 'quickly, swiftly' **druma-** (m.) 'wood, tree' **ṣaṇḍa-** (m./n.) 'thicket' **sugrīva-** (m.) Sugrīva (Rāma's monkey ally).

---

(23) l. 2 begins new clause **tat** here 'thus'. **(24)** Structure **teṣām samīpam … āśramaḥ yeṣām** 'to the vicinity of (= to) those … whose hermitage …'. **(25)** Split up **gaccha iti.** **(26) jvalat-** stem form of the PRESAP of √jval. **(27)** Structure **yatra … tat** 'where … to that' **sukṛta-ātman-** BV lit. 'whose self is well-made': 'accomplished, successful' split up **jagāma** (3SG PERF of √gam) **ātma-samādhinā** 'through her own meditation/focus'. **(12) teṣām gacchatām** GEN ABS 'as they were going' **druma-ṣaṇḍam** BV 'dense with trees'.

एष मेघ इवाकाशे वृक्षषण्डः प्रकाशते ।
मेघसंघातविपुलः पर्यन्तकदलीवृतः ॥ १३ ॥
किमेतज्ज्ञातुमिच्छामि सखे कौतूहलं मम ।
कौतूहलापनयनं कर्तुमिच्छाम्यहं त्वया ॥ १४ ॥
तस्य तद्वचनं श्रुत्वा राघवस्य महात्मनः ।
गच्छन्नेवाचचक्षे ऽथ सुग्रीवस्तन्महद्वनम् ॥ १५ ॥
एतद्राघव विस्तीर्णमाश्रमं श्रमनाशनम् ।
उद्यानवनसंपन्नं स्वादुमूलफलोदकम् ॥ १६ ॥
अत्र सप्तजना नाम मुनयः संशितव्रताः ।
सप्तैवासन्नधःशीर्षा नियतं जलशायिनः ॥ १७ ॥
सप्तरात्रकृताहारा वायुना वनवासिनः ।
दिवं वर्षशतैर्याताः सप्तभिः सकलेवराः ॥ १८ ॥

---

(13) **megha-** (m.) 'cloud' **ākāśa-** (m.) 'sky' **pra-√kāś** (I prakāśate) 'be visible, appear' **saṃghāta-** (m.) 'mass, multitude' **vipula-** (adj) 'extensive, large' **paryanta-** (m.) 'edge, border' **kadalī-** (f.) 'plantain tree' **vṛta-** (adj) 'surrounded, covered'. (14) **sakhi-** (m.) 'friend' **kautūhala-** (n.) 'interest, curiosity' **apanayana-** (n.) 'taking away, removal'. (15) **rāghava-** (m.) 'descendant of Raghu': Rāma **ā-√cakṣ** 'tell, inform'. (16) **vistīrṇa-** (adj) 'spread out, large, vast' **āśrama-** (n.) 'ashram, hermitage' **śrama-** (m.) 'fatigue, weariness' **nāśana-** (adj) 'destroying, removing' **udyāna-** (n.) 'garden' **sampanna-** (adj) 'endowed with, rich in' **svādu-** (adj) 'sweet' **mūla-** (n.) 'root' **udaka-** (n.) 'water'. (17) **sapta-** (num adj) 'seven' **saṃśita-** (adj) 'sharp, ready' **vrata-** (m.) 'vow' **adhaḥ** (ind) 'under, below' **śīrṣa-** (n.) 'head' **niyatam** (ind) 'always' **śāyin-** (adj) 'resting, sleeping'. (18) **āhāra-** (m.) 'food' **vāyu-** (m.) 'wind, breeze, air' **vāsin-** (adj) 'living, dwelling' **diva-** (n.) 'heaven, sky' **varṣa-** (m.) here 'year' **śata-** (n.) 'hundred' **√yā** 'go' **sa-** (pref) '(together) with' **kalevara-** (n.) 'body'.

---

(13) **megha-saṃghāta-vipulaḥ** 'enormous with/through its masses of clouds' **paryanta-kadalī-vṛtam** lit. 'surrounded by edge-plantains': 'with plantain trees at its edges/on all sides'. (14) **kim etat?** is what he **jñātum icchati** **sakhe** VOC SG **kautūhalam** begins new clause **kartum icchāmi** here 'I want … to be made'. (15) **gacchann** sandhied gacchan NOM SG PRESAP **ācacakṣe** 3SG PERF MID of ā-√cakṣ. (16) Supply 'is' **svādu-[mūla-phala-udakam]** dvandva within a BV. (17) **munayaḥ** NOM PL **saṃśita-vratāḥ** BV **āsann** sandhied āsan (3PL IMPF of √as) **adhaḥ-śīrṣa-** 'upside down'. (18) **sapta-rātra-kṛta-āhārāḥ** (BV) **vāyunā** 'food made every seven nights by means of wind/air': 'eating/surviving only on breathing once a week' **varṣaśataiḥ saptabhiḥ** 'after 700 years' **sa-kalevara-** 'bodily, with one's body'.

तेषामेवं प्रभावेन द्रुमप्राकारसंवृतम् ।
आश्रमं सुदुराधर्षमपि सेन्द्रैः सुरासुरैः ॥ १९ ॥
पक्षिणो वर्जयन्त्येतत्तथान्ये वनचारिणः ।
विशन्ति मोहाद्ये ऽप्यत्र निवर्तन्ते न ते पुनः ॥ २० ॥
विभूषणरवाश्चात्र श्रूयन्ते सकलाक्षराः ।
तूर्यगीतस्वनाश्चापि गन्धो दिव्यश्च राघव ॥ २१ ॥
त्रेताग्नयो ऽपि दीप्यन्ते धूमो ह्येष प्रदृश्यते ।
वेष्टयन्निव वृक्षाग्रान्कपोताङ्गारुणो घनः ॥ २२ ॥
कुरु प्रणामं धर्मात्मंस्तान्समुद्दिश्य राघव ।
लक्ष्मणेन सह भ्रात्रा प्रयतः संयताञ्जलिः ॥ २३ ॥

---

(19) **prabhāva-** (m.) 'power' **druma-** (m.) 'tree' **prākāra-** (m.) 'wall, enclosure' **saṃvṛta-** (adj) 'surrounded' **su-** (pref) 'good; very' **duḥ-** (pref) 'bad, badly, difficultly' **ādharṣa-** (adj, ifc) 'attackable, assailable' **indra-** (m.) Indra (the god); metaphorical: 'leader, king; best' **sura-** (m.) 'god, deity' **asura-** (m.) 'asura, demon'. (20) **pakṣin-** (m.) 'winged one': 'bird' **√vṛj** (I varjati/-te) 'turn'; (Caus varjayati) 'avoid' **-cārin-** (adj, ifc) 'moving; dwelling, living' **√viś** (VI viśati) 'enter' **moha-** (m.) 'confusion, delusion' **ni-√vṛt** (I nivartate) 'turn back, return'. (21) **vibhūṣaṇa-** (n.) 'ornament, decoration' **rava-** (m.) 'noise, sound' **sa-** (pref) '(together) with' **kala-** (adj) 'soft, melodious' **akṣara-** (m.) 'syllable; sound' **tūrya-** (n.) tūrya (musical instrument) **gīta-** (n.) 'song' **svana-** (m.) 'sound, noise' **gandha-** (m.) 'fragrance, scent' **divya-** (adj) 'heavenly, divine'. (22) **tretā-** (f.) 'triad, triplet' **√dīp** (IV dīpyate) 'shine, blaze' **dhūma-** (m.) 'smoke' **pra-√dṛś** = √dṛś **√veṣṭ** (I veṣṭate) 'wind/twist around'; Caus veṣṭayati 'envelop, shroud' **agra-** (m.) 'top, end, tip' **kapota-** (m.) 'dove, pigeon' **aṅga-** (n.) 'limb' **aruṇa-** (adj) 'brown, tawny, ruddy' **ghana-** (adj) 'massive, thick, solid'. (23) **praṇāma-** (m.) 'bow, reverence, salutation' **samuddiśya** here (ind) 'regarding, towards' **lakṣmaṇa-** (m.) Lakṣmaṇa (Rāma's brother) **bhrātṛ-** (m.) 'brother' **prayata-** (adj) 'restrained, controlled, intent' **sam-√yam** 'hold together, hold' **añjali-** (m.) 'hollowed/cupped hands' (gesture of reverence/greeting).

---

(19) **su-dur-ādharṣam** 'very difficult to (be) attack(ed)' **sendraiḥ** = sa-indraiḥ. (20) Structure **ye** … **te** … 'which … they' **tathā** here 'and also'. (21) **vibhūṣaṇa-ravāḥ** 'the sounds/jingling of ornaments': presumably of apsarases (heavenly nymph-like spirits) dancing there **sa-kala-akṣarāḥ** BV agreeing with -svanāḥ (l. 2). (22) **tretā-agnayaḥ** 'the three (sacred) fires' required for ritual sacrifice **veṣṭayann** sandhied veṣṭayan, Nom Sg Masc Caus PresAP **kapota-aṅga-aruṇaḥ** 'as grayish-brown as a pigeon's limbs/body' **ghanaḥ** refers to **dhūmaḥ**. (23) **kuru** 2Sg Impv of √kṛ split up **dharma-ātman** (BV, Voc Sg) **tān samuddiśya** **saṃyata-añjali-** BV lit. 'with the añjali held up': 'with hands cupped in greeting'.

प्रणमन्ति हि ये तेषामृषीणां भावितात्मनाम् ।
न तेषामशुभं किंचिच्छरीरे राम दृश्यते ॥ २४ ॥
ततो रामः सह भ्रात्रा लक्ष्मणेन कृताञ्जलिः ।
समुद्दिश्य महात्मानस्तानृषीनभ्यवादयत् ॥ २५ ॥
अभिवाद्य च धर्मात्मा रामो भ्राता च लक्ष्मणः ।
सुग्रीवो वानराश्चैव जग्मुः संहृष्टमानसाः ॥ २६ ॥
ते गत्वा दूरमध्वानं तस्मात्सप्तजनाश्रमात् ।
ददृशुस्तां दुराधर्षां किष्किन्धां वालिपालिताम् ॥ २७ ॥

i Tārā Counsels Her Husband Vālin (4.15.7–23)

Rāma, Lakṣmaṇa and Sugrīva have reached Kiṣkindhā. Challenged by Sugrīva's roar, Vālin wants to rush out to fight his brother. His wife Tārā wisely advises caution.

साधु क्रोधमिमं वीर नदीवेगमिवागतम् ।
शयनादुत्थितः काल्यं त्यज भुक्तामिव स्रजम् ॥ ७ ॥
सहसा तव निष्क्रामो मम तावन्न रोचते ।
श्रूयतामभिधास्यामि यन्निमित्तं निवार्यसे ॥ ८ ॥

---

(24) **pra-√nam** (I praṇamati) 'bow in reverence, honor' (+ GEN) **bhāvita-** (adj) 'cultivated, purified; honored' **a-śubha-** (adj, n.) 'bad (thing)' **śarīra-** (n.) 'body'. (25) **abhi-√vad** (X abhivādayati) 'greet respectfully'. (26) **vānara-** (m.) 'monkey' **saṃhṛṣṭa-** (adj) 'pleased, delighted' **mānasa-** (n., ifc) 'mind, heart'. (27) **dūram** (ind) 'far' **adhvan-** (m.) 'road, way, path' **kiṣkindhā-** (f.) Kiṣkindhā (a city) **vālin-** (m.) Vālin (Sugrīva's brother) **√pāl** 'protect'. (7) **sādhu-** (adj) 'good' **krodha-** (m.) 'anger' **vīra-** (m.) 'man; hero' **nadī-** (f.) 'river' **vega-** (m.) 'stream, flood' **śayana-** (n.) 'rest, sleep; bed' **ud-√sthā** 'get up, rise up' **kālyam** (ind) 'at daybreak' **bhukta-** (adj) 'used, used up' **sraj-** (f.) 'garland'. (8) **sahasā** (ind) 'suddenly, quickly' **niṣkrāma-** (m.) 'going out, leaving' **tāvat** (ind) here 'indeed, truly' **√ruc** (I rocate) 'appear; please, seem good to' (+ DAT or GEN) **abhi-√dhā** 'explain, tell' **nimitta-** (n.) 'cause, reason' **ni-√vṛ** (X nivārayati) 'hold back'.

---

(24) Structure ye … teṣām split up **kiṃcit śarīre**. (26) **bhrātā** NOM SG **jagmuḥ** 3PL PERF of √gam. (27) **dūram adhvānam √gam** 'go a long way, travel far'. (7) **sādhu** lit. 'good': 'please; come now' **tyaja** (l. 2) governs the ACCS in l. 1+2 split up **nadī-vegam iva āgatam** **utthita-** *ta*-PTC of ud-√sthā. (8) **mama na rocate** 'does not please me' **śrūyatām** 3SG PASS IMPV, see p. XVII **yan-nimittam** (ind) 'for which reason, why' **nivāryase** PASS.

पूर्वमापतितः क्रोधात्स त्वामाह्वयते युधि ।
निष्पत्य च निरस्तस्ते हन्यमानो दिशो गतः ॥ ९ ॥
त्वया तस्य निरस्तस्य पीडितस्य विशेषतः ।
इहैत्य पुनराह्वानं शङ्कां जनयतीव मे ॥ १० ॥
दर्पश्च व्यवसायश्च यादृशस्तस्य नर्दतः ।
निनादस्य च संरम्भो नैतदल्पं हि कारणम् ॥ ११ ॥
नासहायमहं मन्ये सुग्रीवं तमिहागतम् ।
अवष्टब्धसहायश्च यमाश्रित्यैष गर्जति ॥ १२ ॥
प्रकृत्या निपुणश्चैव बुद्धिमांश्चैव वानरः ।
अपरीक्षितवीर्येण सुग्रीवः सह नैष्यति ॥ १३ ॥
पूर्वमेव मया वीर श्रुतं कथयतो वचः ।
अङ्गदस्य कुमारस्य वक्ष्यामि त्वा हितं वचः ॥ १४ ॥

---

(9) **pūrvam** (ind) 'before, prior, last time' **ā-pat** 'fly/rush towards' **ā-√hve** (I āhvayati/-te) 'invite, call' (to: + Loc) **yudh-** (f.) 'battle' **niḥ-√pat** 'rush out' **niḥ-√as** 'destroy; defeat' **diś-** (f.) 'direction (of the compass), region (of the world)'. (10) **√pīḍ** 'hurt, harm' **viśeṣataḥ** (ind) 'especially' **ā-√i** 'come, approach' **āhvāna-** (n.) 'invitation, summons (esp. to battle)' **śaṅkā-** (f.) 'fear, apprehension' **√jan** (IV jāyate) 'be born, arise; give birth'. (11) **darpa-** (m.) 'pride, arrogance' **vyavasāya-** (m.) 'resolve, purpose' **yādṛśa-** (adj) 'such, of this kind' **√nard** (I nardati) 'bellow, roar' **nināda-** (m.) 'sound, shouting' **saṃrambha-** (m.) 'agitation; zeal; arrogance' **alpa-** (adj) 'small' **kāraṇa-** (n.) 'reason'. (12) **a-sahāya-** (adj) 'without companion(s), friendless' **sugrīva-** (m.) Sugrīva (Rāma's monkey ally) **avaṣṭabdha-** (adj) 'firm, solid' **sahāya-** (m.) 'companion, follower' **ā-√śri** 'rely on' **√garj** (I garjati) 'roar, growl'. (13) **prakṛti-** (f.) 'nature' **nipuṇa-** (adj) 'clever, skilful' **buddhi-mat-** (adj) 'intelligent' **vānara-** (m.) 'monkey' **a-parīkṣita-** (adj) 'untested; inconsiderate' **vīrya-** (n.) 'strength, valor'. (14) **vīra-** (m.) 'man, hero' **vacas-** (n.) 'word, statement' **aṅgada-** (m.) Aṅgada (Vālin's son) **kumāra-** (m.) 'youth; prince' **hita-** (adj) 'beneficial, favorable'.

---

(9) The implied subject is Sugrīva, Vālin's brother and enemy **te** 'by you' **√han** here 'injure' **diśaḥ gataḥ** 'he ran away'. (10) The Gens in l. 1 depend on **punar āhvānam** 'renewed call to battle' in l. 2 split up **iha ā-itya** **janayati** Caus of √jan **me** 'of/in me'. (11) **nardataḥ** Gen Sg PresAP imagine a colon or dash before **na etat alpam hi kāraṇam** 'the reason for this is not insignificant'. (12) **manye** 'I think that …' **avaṣṭabdha-sahāyaḥ** BV 'who has a firm/reliable ally' **yam** refers to the ally split up **āśritya eṣa.** (13) Split up **buddhimān** (Nom Sg Masc) **ca eva** **a-parīkṣita-vīryeṇa saha** 'with someone of untested valor' split up **na aiṣyati** (Fut of ā-√i). (14) **kathayataḥ** Gen Sg PresAP of √kath **tvā** = tvām.

तव भ्रातुर्हि विख्यातः सहायो रणकर्कशः ।
रामः परबलामर्दी युगान्ताग्निरिवोत्थितः ॥ १५ ॥
निवासवृक्षः साधूनामापन्नानां परा गतिः ।
आर्तानां संश्रयश्चैव यशसश्चैकभाजनम् ॥ १६ ॥
ज्ञानविज्ञानसंपन्नो निदेशे निरतः पितुः ।
धातूनामिव शैलेन्द्रो गुणानामाकरो महान् ॥ १७ ॥
तत्क्षमं न विरोधस्ते सह तेन महात्मना ।
दुर्जयेनाप्रमेयेन रामेण रणकर्मसु ॥ १८ ॥
शूर वक्ष्यामि ते किंचिन्न चेच्छाम्यभ्यसूयितुम् ।
श्रूयतां क्रियतां चैव तव वक्ष्यामि यद्धितम् ॥ १९ ॥
यौवराज्येन सुग्रीवं तूर्णं साध्वभिषेचय ।
विग्रहं मा कृथा वीर भ्रात्रा राजन्बलीयसा ॥ २० ॥

---

(15) **bhrātṛ-** (m.) 'brother' **vikhyāta-** (adj) 'famous, celebrated' **raṇa-** (m.) 'battle; battle-lust' **karkaśa-** (adj) 'hard, firm, rough' **para-** here (m.) 'enemy' **bala-** (n.) 'strength, force; army' **āmardin-** (adj) 'crushing' **yuga-** (n.) '(world-)age' **anta-** (m.) 'end' **agni-** (m.) 'fire' **utthita-** (*ta*-PTC of ud-√sthā) here 'arisen, born'. (16) **nivāsa-** (m.) 'resting place, shelter' **vṛkṣa-** (m.) 'tree' **āpanna-** (adj) 'afflicted, unfortunate' **para-** here (adj) 'last, final' **gati-** (f.) 'gait; path, journey' **ārta-** (adj) 'suffering, oppressed' **saṃśraya-** (m.) 'refuge, shelter' **yaśas-** (n.) 'glory, fame' **eka-** (pron adj) 'one; single, alone' **bhājana-** (n.) 'recipient, repository'. (17) **jñāna-** (n.) 'knowledge, wisdom' **vijñāna-** (n.) 'learning, erudition' **sampanna-** (adj) 'equipped/endowed with' **nideśa-** (m.) 'command, order' **nirata-** (adj) 'devoted to, delighting in' (+ LOC) **pitṛ-** (m.) 'father' **dhātu-** (m.) 'root, root element (i.e. mineral); ore' **śaila-** (m.) 'mountain' **indra-** (m.) Indra (the god); metaphorical: 'leader, king; best' **guṇa-** (m.) 'quality; virtue' **ākara-** (m.) 'source, origin' **mahat-** (adj) 'great, big'. (18) **kṣama-** (adj) 'fit, appropriate' **virodha-** (m.) 'hostility, quarrel' **dur-jaya-** (adj) 'difficult to defeat' **a-prameya-** (adj) 'immeasurable' **karman-** (n.) 'action, matter'. (19) **abhi-√asūya** 'be indignant' **hita-** (adj) 'beneficial, favorable'. (20) **yauva-rājya-** (n.) 'the rank/rights of heir-apparent' **tūrṇam** (ind) 'quickly' **abhi-√sic** (CAUS abhiṣecayati) 'consecrate, anoint' **vigraha-** (m.) 'quarrel, strife' **mā** (ind) 'don't!' **rājan-** (m.) 'king' **balin-** (adj) 'strong'.

---

(15) 15 and 16 list Rāma's many exceptional qualities **yuga-anta-agni-** 'the fire at the end of the world'. (16) **yaśasaḥ** GEN SG. (17) l. 2 both GENs depend on **ākaraḥ mahān** (NOM SG). (18) **tat** here 'thus' **kṣamam … te** 'the right thing for you'. (19) Split up **cit na** (begins new clause) **ca icchāmi** **icchāmi** 'I want *you* to …' **śrūyatām, kriyatām** 3SG PASS IMPV, see p. XVII split up **yat hitam**. (20) **sādhu** (ind) 'well, properly' **mā kṛthāḥ** (unaugmented 2SG MID AOR) 'don't make/do' **rājan** VOC SG **balīyas-** COMP of balin-: 'stronger; very strong'.

अहं हि ते क्षमं मन्ये तव रामेण सौहृदम् ।
सुग्रीवेण च संप्रीतिं वैरमुत्सृज्य दूरतः ॥ २१ ॥
लालनीयो हि ते भ्राता यवीयानेष वानरः ।
तत्र वा सन्निहस्थो वा सर्वथा बन्धुरेव ते ॥ २२ ॥
यदि ते मत्प्रियं कार्यं यदि चावैषि मां हिताम् ।
याच्यमानः प्रयत्नेन साधु वाक्यं कुरुष्व मे ॥ २३ ॥

j Tārā Laments Her Husband Vālin (4. 20.12–17)

Tārā's wise words have fallen on deaf ears. Vālin rushed into battle and has been killed. Tārā finds him lying on the ground.

निःश्रेयसपरा मोहात्त्वया चाहं विगर्हिता ।
यैषाब्रुवं हितं वाक्यं वानरेन्द्रहितैषिणी ॥ १२ ॥
कालो निःसंशयो नूनं जीवितान्तकरस्तव ।
बलाद्येनावपन्नो ऽसि सुग्रीवस्यावशो वशम् ॥ १३ ॥

---

(21) **sauhṛda-** (n.) 'friendship' **saṃprīti-** (f.) 'affection, friendship' **vaira-** (n.) 'hostility, provocation' **ud-√sṛj** 'let go, put aside' **dūrataḥ** (ind) 'at a distance, far off'. **(22)** **√lal** in CAUS 'cause to be happy, cherish, foster' **yavīyas-** (adj) 'younger' **vānara-** (m.) 'monkey' **iha-stha-** (adj) '(being) here' **sarvathā** (ind) 'in every way; after all' **bandhu-** (m.) 'relative, relation'. **(23)** **ava-√i** (II avaiti) 'go down; regard, consider' **√yāc** (I yācate) 'ask, entreat' **prayatnena** (ind) 'persistently, earnestly' **vākya-** (n.) 'speech; command; advice'. **(12)** **niḥśreyasa-** (n.) 'happiness, ultimate bliss' **para-** (adj) here 'highest; main' **moha-** (m.) 'confusion, folly' **vi-√garh** 'blame, rebuke' **hita-** (n.) 'benefit, well-being' **vākya-** (n.) 'word, advice, command' **vānara-** (m.) 'monkey' **indra-** (m.) Indra (the god); metaphorical: 'leader, king; best' **eṣiṇ-** (adj) 'striving for, desiring'. **(13)** **kāla-** (m.) '(the right) time' **niḥsaṃśaya-** (adj) 'undoubted, certain' **nūnam** (ind) 'now; now then, therefore' **jīvita-** (n.) 'life' **anta-** (m.) 'end' **kara-** (adj) 'making'; (m.) 'maker' **balāt** (ind) 'forcibly, by force' **avapanna-** (adj) 'fallen down' **a-vaśa-** (adj) 'unwilling, powerless' **vaśa-** (m.) 'will, wish; power'.

---

(21) **te kṣamam manye** 'I consider (ACCS) right for you' **vairam** is the object of **utsṛjya.** **(22)** **lālanīya-** GDVE of the CAUS of √lal: 'having to be cherished, supported; worthy of support' **bhrātā yavīyān** NOM SG MASC (= Sugrīva) **sann** sandhied san, NOM SG MASC PRESAP of √as **tatra vā san iha-sthaḥ vā** 'being there or here (lit. 'here-standing')'. **(23)** **yadi te mat-priyam kāryam** (GDVE of √kṛ) lit. 'if by you sth. dear to me is to be done', here 'if you want to do …' split up **ca avaiṣi** (2SG of ava-√i) **hitām** here 'well disposed (towards you)' **yācyamāna-** PRES PASS PTC **kuruṣva** 2SG MID IMPV of √kṛ **vākyam √kṛ** 'follow (my) advice'. **(12)** **niḥśreyasa-para-** BV 'whose greatest (interest) is (your) happiness' split up **yā eṣā** ('I/me who') **abruvam** (1SG AOR of √brū). **(13)** Split up **balāt yena** (refers to **kālaḥ** (l. 1)) **avapannaḥ asi** ('have fallen into, have succumbed to' (+ ACC)) **sugrīvasya avaśaḥ.**

वैधव्यं शोकसंतापं कृपणं कृपणा सती ।
अदुःखोपचिता पूर्वं वर्तयिष्याम्यनाथवत् ॥ १४ ॥
लालितश्चाङ्गदो वीरः सुकुमारः सुखोचितः ।
वत्स्यते कामवस्थां मे पितृव्ये क्रोधमूर्छिते ॥ १५ ॥
कुरुष्व पितरं पुत्र सुदृष्टं धर्मवत्सलम् ।
दुर्लभं दर्शनं त्वस्य तव वत्स भविष्यति ॥ १६ ॥
समाश्वासय पुत्रं त्वं संदेशं संदिशस्व च ।
मूर्ध्नि चैनं समाघ्राय प्रवासं प्रस्थितो ह्यसि ॥ १७ ॥

k The Rainy Season (4.27.2–46)

With its intricate and poetic imagery, this mostly descriptive text poses different translation challenges than many of the other passages. The imagery that is obvious for anyone living on the subcontinent may need some setting up for readers from elsewhere: you have just made it through another summer. The sun's heat in the constant blue skies has been difficult to bear for all creatures, and nature is parched and colorless from the almost complete lack of water for months. Now, finally, the big, long-awaited rain clouds are in the sky, the much-needed water is finally back, temperatures are pleasantly cool, all of nature is in bloom, fruit is plentiful.

---

(14) vaidhavya- (n.) 'widowhood' **śoka-** (m.) 'grief' **saṃtāpa-** (m.) 'heat; sorrow, anguish' **kṛpaṇa-** (adj) 'wretched, unhappy' **satī-** (f.) 'true/loyal wife; widow' **a-duḥkha-** (n.) 'non-sadness: happiness' **upacita-** (adj) 'possessing, filled with' **pūrvam** (ind) 'once, previously' **√vṛt** 'be; live' **a-nātha-vat** (ind) lit. 'like one without a protector': 'helplessly'. **(15) lālita-** (adj) 'loved, cherished' **aṅgada-** (m.) Aṅgada (Vālin's son) **vīra-** (m.) 'hero' **su-kumāra-** (adj) 'very tender, delicate' **sukha-** (adj) 'happy', (n.) 'happiness' **ucita-** (adj) 'delighting in; used to' **√vas** 'live, dwell' **avasthā-** (f.) 'state, condition, life' **pitṛvya-** (m.) 'paternal uncle' **krodha-** (m.) 'anger' **mūrchita-** (adj) 'stirred up, agitated'. **(16) pitṛ-** (m.) 'father' **dharma-** (m.) 'morality, righteousness; (religious/caste-based) duty; dharma' **vatsala-** (adj) 'loving, devoted to' **dur-labha-** (adj) 'difficult to obtain' **darśana-** (n.) 'sight, view' **vatsa-** (m.) 'calf, offspring, child'; Voc 'my dear child'. **(17) sam-ā-√śvas** (I samāśvasati) 'breathe again'; Caus 'encourage' **saṃdeśa-** (m.) 'message, instruction' **saṃ-√diś** (saṃdiśati/-te) 'point out, assign' **mūrdhan-** (m.) 'head, forehead' **sam-ā-√ghrā** 'kiss' **pravāsa-** (m.) 'foreign residence, absence from home' (here = death) **pra-√sthā** 'set out, depart'.

---

(14) vaidhavyam is the Obj of **vartayiṣyāmi** (l. 2) 'live a life of …' **śoka-saṃtāpam** bv lit. 'whose (source of) sorrow is grief': 'grief-stricken'. **(15) vatsyate** (Fut of √vas) **kām avasthām** 'what (kind of) life will he live?' **pitṛvye krodha-mūrchite** Loc Abs. **(16) kuruṣva** 2Sg Mid Impv of √kṛ **su-dṛṣṭam √kṛ** 'take a good look at' **darśanam asya tava** lit. 'your sight of him': 'your ability to see him'. **(17)** Directed at Vālin again **saṃdiśasva** 2Sg Impv Mid **prasthitaḥ asi** 'you have set out'.

Travel being difficult, travellers and merchants would traditionally spend the rainy season at home. Lovers re-united during the rainy season are a traditional image of happiness in Sanskrit literature. Yet the rainy season has begun, and in spite of the support Sugrīva, Rāma has still not found Sītā, and must now interrupt his search for her. This passage is Rāma speaking, who sees the people on his mind mirrored in the nature that surrounds him.

Note the difficulties in appreciating descriptions of natural beauty from other parts of the world: while 'apple blossoms' or 'the color of cherries' are inherently meaningful for Western/English-language readers, 'the color of sandalwood' or 'jambu fruit' require explicit description/explanation, and thus fail to evoke similarly emotional reactions.

अयं स तदा वालिनं हत्वा सुग्रीवमभिषिच्य च ।

वसन्माल्यवतः पृष्ठे रामो लक्ष्मणमब्रवीत् ॥ १ ॥

अयं स कालः संप्राप्तः समयो ऽद्य जलागमः ।

संपश्य त्वं नभो मेघैः संवृतं गिरिसंनिभैः ॥ २ ॥

नवमासधृतं गर्भं भास्करस्य गभस्तिभिः ।

पीत्वा रसं समुद्राणां द्यौः प्रसूते रसायनम् ॥ ३ ॥

शक्यमम्बरमारुह्य मेघसोपानपङ्क्तिभिः ।

कुटजार्जुनमालाभिरलंकर्तुं दिवाकरम् ॥ ४ ॥

---

(1) **vālin-** (m.) Vālin (former king of the monkeys) **sugrīva-** (m.) Sugrīva (Rāma's ally, now king of the monkeys) **abhi-√sic** 'consecrate, anoint' **√vas** 'live, dwell' **mālyavat-** (m.) Mālyavān (a mountain) **pṛṣṭha-** (n.) 'top, tip, peak' **lakṣmaṇa-** (m.) Lakṣmaṇa (Rāma's brother). (2) **kāla-** (m.) '(the right) time' **sam-pra-√āp** 'reach' **samaya-** (m.) 'proper time, season' **jala-** (n.) 'water' **āgama-** (m.) 'arrival, coming' **nabhas-** (n.) 'sky' **megha-** (m.) 'cloud' **sam-√vṛ** 'cover' **giri-** (m.) 'mountain' **saṃnibha-** (adj) 'resembling, like'. (3) **navan-** (num, stem: nava-) 'nine' **māsa-** (m.) 'month' **√dhṛ** 'carry' **garbha-** (m.) 'embryo, child' **bhās-kara-** (m.) lit. 'light-maker': 'sun' **gabhasti-** (m.) 'ray of light, sunbeam' **√pā** 'drink' **rasa-** (m.) 'essence': here 'sap, liquid, juice' **samudra-** (n.) 'ocean' **dyau-** (m.) 'the sky' **pra-√sū** (I prasūte) 'procreate; give birth to (+ ACC)' **rasa-ayana-** (n.) 'the elixir of life'. (4) **śakya-** (adj) 'possible, able' **ambara-** (n.) 'sky, atmosphere' **ā-√ruh** 'climb, ascend' **megha-** (m.) 'cloud' **sopāna-paṅkti-** (f.) 'set of steps; stairway' **kuṭaja-** (m.) kuṭaja (a tree with beautiful blossoms) **arjuna-** (m.) arjuna (a tree with beautiful blossoms) **mālā-** (f.) 'wreath, garland' **alam-√kṛ** 'adorn, decorate' **divā-kara-** (m.) lit. 'day-maker': 'sun'.

---

(1) **vasan** NOM SG MASC PRESAP of √vas. (2) **kālaḥ ... samayaḥ ... jala-āgamaḥ** lit. 'the time, the season, the arrival of the waters (= rain)': 'the right time, the season when the waters come' **saṃpaśya** IMPV. (3) **nava-māsa-dhṛtam ... garbham** object of **prasūte** (together with **rasa-ayanam** in apposition to it) **pītvā** ABS of √pā. (4) **śakyam** '(it is) possible' (understood: because now there are clouds in the sky) **kuṭaja-arjuna-mālābhiḥ** 'with garlands of kuṭaja and arjuna (blossoms)' depends on **alaṃkartum**.

संध्यारागोत्थितैस्ताम्रैरन्तेष्वधिकपाण्डुरैः ।
स्निग्धैरभ्रपटच्छदैर्बद्धव्रणमिवाम्बरम् ॥ ५ ॥
मन्दमारुतनिःश्वासं संध्याचन्दनरञ्जितम् ।
आपाण्डुजलदं भाति कामातुरमिवाम्बरम् ॥ ६ ॥
एषा धर्मपरिक्लिष्टा नववारिपरिप्लुता ।
सीतेव शोकसंतप्ता मही बाष्पं विमुञ्चति ॥ ७ ॥
मेघोदरविनिर्मुक्ताः कह्लारसुखशीतलाः ।
शक्यमञ्जलिभिः पातुं वाताः केतकिगन्धिनः ॥ ८ ॥

---

(5) **saṃdhyā-** (f.) 'twilight; sunrise, sunset' **rāga-** (m.) here 'color; redness, red' **utthita-** (*ta*-PTC of ud-√sthā) here 'elevated, high' **tāmra-** (adj) 'dark red, copper colored' **anta-** (m.) 'end; border, edge' **adhika-** (adj) 'exceedingly, very' **pāṇḍura-** (adj) 'whitish, pale' **snigdha-** (adj) 'shining, resplendent' **abhra-** (n.) 'cloud' **paṭa-** (m.) 'cloth, blanket' **chada-** (m.) 'covering, dressing' **baddha-** (adj) 'bound, covered' **vraṇa-** (m.) 'wound' **ambara-** (n.) 'sky'. (6) **manda-** (adj) 'quiet, calm' **māruta-** (m.) 'wind' **niḥśvāsa-** (m.) 'breath' **saṃdhyā-** (f.) 'twilight; sunrise, sunset' **candana-** (m./n.) 'sandalwood' (red in color) **rañjita-** (adj) 'colored, dyed' **āpāṇḍu-** (adj) 'palish, pale' **jala-da-** (m.) 'water-giver': 'rain-cloud' **√bhā** (II bhāti) 'shine; appear, look like' **kāma-** (m.) 'desire, longing' **ātura-** (adj) 'suffering, pained'. (7) **dharma-** (m.) 'morality, righteousness; (religious/caste-based) duty; dharma' **parikliṣṭa-** (adj) 'greatly pained' **nava-** (adj) 'new' **vāri-** (n.) 'water' **paripluta-** (adj) 'bathed in, surrounded by' **sītā-** (f.) Sītā **śoka-** (m.) 'grief' **saṃtapta-** (adj) 'burnt, burning' **mahī-** (f.) lit. 'the great one': 'the earth' **bāṣpa-** (m.) 'tear, tears' **vi-√muc** (VI vimuñcati) 'release, set free, shed'. (8) **megha-** (m.) 'cloud' **udara-** (n.) 'belly' **vi-niḥ-√muc** 'release, set free, shed' **kahlāra-** (n.) 'white water-lily' **śītala-** (adj) 'cool, cold' **śakya-** (adj) 'possible, able' **añjali-** (m.) 'hollowed/cupped hands' (normally a gesture of reverence/greeting) **√pā** 'drink' **vāta-** (m.) 'wind, breeze' **ketaki-** (f.) ketaki (a tree) **gandhin-** (adj) 'smelling/having the scent of'.

---

(5) Basic structure: **baddha-vraṇam** (BV) **iva ambaram** 'the sky (is) as though it has wounds bound with …' (+ INS) **saṃdhyā-rāga-utthitaiḥ tāmraiḥ** 'coppery red arising from/reflecting the color of sunrise and sunset' **-cchadaiḥ** sandhied chadaiḥ after a short vowel. (6) **ambaram** (last word!) again is the subject **manda-māruta-niḥśvāsam, āpāṇḍu-jaladam** BVS. (7) Note how all the adjectives can be related to both **Sītā** and **mahī** in meaning and form. (8) Main structure **vātāḥ pātum śakyam** 'the breezes can/could be drunk' **kahlāra-sukha-śītalāḥ** 'as pleasant and cool as white lotus'.

एष फुल्लार्जुनः शैलः केतकैरधिवासितः ।
सुग्रीव इव शान्तारिर्धाराभिरभिषिच्यते ॥ ९ ॥
मेघकृष्णाजिनधरा धारायज्ञोपवीतिनः ।
मारुतापूरितगुहाः प्राधीता इव पर्वताः ॥ १० ॥
कशाभिरिव हैमीभिर्विद्युद्भिरिव ताडितम् ।
अन्तःस्तनितनिर्घोषं सवेदनमिवाम्बरम् ॥ ११ ॥
नीलमेघाश्रिता विद्युत्स्फुरन्ती प्रतिभाति मे ।
स्फुरन्ती रावणस्याङ्के वैदेहीव तपस्विनी ॥ १२ ॥

---

(9) **phulla-** (adj) 'open, wide, in bloom' **śaila-** (m.) 'mountain' **ketaka-** (m.) ketaka (= ketaki-) **adhivāsita-** (adj) 'perfumed, scented' **sugrīva-** (m.) Sugrīva (king of the monkeys, Rāma's ally) **śānta-** (adj) 'pacified, subdued' **ari-** (m.) 'enemy' **dhārā-** (f.) 'stream, shower' (of water, arrows, flowers etc) **abhi-√sic** 'sprinkle; anoint'. (10) **megha-** (m.) 'cloud' **kṛṣṇa-** (adj) 'black' **ajina-** (n.) 'antelope skin' **dhara-** (adj) 'possessing, bearing' **dhārā-** (f.) 'stream, shower' **yajña-upavītin-** (adj) 'wearing the sacred/brahmin's thread' **māruta-** (m.) 'wind' **āpūrita-** (adj) 'filled up, full' **guhā-** (f.) 'cave, cavern' **prādhīta-** (adj) 'very learned, well-read'; (m.) 'a brahmin' **parvata-** (m.) 'mountain'. (11) **kaśā-** (f.) 'whip' **haima-** (adj, f. -ī) 'golden' **vidyut-** (f.) 'lightning' **tāḍita-** (adj) 'struck, beaten' **antar** (ind) 'within, inside' **stanita-** (n.) 'thunder' **nirghoṣa-** (m., ifc) 'sound, noise' **sa-vedana-** (adj) 'painful, with pain'. (12) **nīla-** (adj) 'dark' **megha-** (m.) 'cloud' **āśrita-** (adj) 'attached/belonging to' **√sphur** 'tremble, quiver' **prati-√bhā** (II pratibhāti) 'appear, look like; shine' **rāvaṇa-** (m.) Rāvaṇa (Sītā's abductor) **aṅka-** (m.) 'curve: side, embrace' **vaidehī-** (f.) Sītā (princess of the Videha people) **tapasvin-** (adj) 'wretched, distressed'.

---

(9) **phulla-arjunaḥ, śānta-ariḥ** BV **Sugrīvaḥ** brother of the misguided monkey king Vālin; when Sugrīva defeats him, he is showered with garlands of flowers. (10) Compares mountains to brahmins (who wear black antelope skins and the sacred thread) **megha-kṛṣṇa-ajina-dharāḥ** 'wearing clouds for/instead of …' **dhārā-yajña-upavītinaḥ** 'wearing (mountain) streams as their sacred threads' **māruta-āpūrita-guhāḥ** 'their hollows (mountain cavern/mouth) filled with air (winds/breath, both of which make low sounds)'. There likely is some gentle humor in this comparison. (11) The iva in **vidyudbhiḥ iva** is best left untranslated supply 'is' with **antaḥ-stanita-nirghoṣam** (BV) to give 'it is one whose thunder sounds' = 'it makes sounds …'. (12) The subject is **vidyut sphurantī** Nom Sg Fem PresAP **tapas-vin-** usually means 'having/enduring religious austerities (= tapas)'; here it means 'undergoing suffering (= tapas)' because she has been captured.

इमास्ता मन्मथवतां हिताः प्रतिहता दिशः ।
अनुलिप्ता इव घनैर्नष्टग्रहनिशाकराः ॥ १३ ॥
क्वचिद्बाष्पाभिसंरुद्धान्वर्षागमसमुत्सुकान् ।
कुटजान्पश्य सौमित्रे पुष्पितान्गिरिसानुषु ।
मम शोकाभिभूतस्य कामसंदीपनान्स्थितान् ॥ १४ ॥
रजः प्रशान्तं सहिमो ऽद्य वायुर्निदाघदोषप्रसराः प्रशान्ताः ।
स्थिता हि यात्रा वसुधाधिपानां प्रवासिनो यान्ति नराः स्वदेशान् ॥ १५ ॥
संप्रस्थिता मानसवासलुब्धाः प्रियान्विताः संप्रति चक्रवाकाः ।
अभीक्ष्णवर्षोदकविक्षतेषु यानानि मार्गेषु न संपतन्ति ॥ १६ ॥

---

(13) **manmatha-vat-** (adj) 'having love; a lover' **hita-** (adj) 'favorable, friendly' (to: + GEN) **pratihata-** (adj) 'obstructed, obscured' **diś-** (f.) 'direction (of the compass), region (of the world)'; **diśaḥ** 'all the regions, the world' **anulipta-** (adj) 'smeared, anointed' **ghana-** (m.) here: 'cloud' **graha-** here: (m.) 'planet' **niśā-kara-** (m.) 'night-maker': 'moon'. (14) **kvacit** (ind) lit. 'somewhere': 'in places, in part' **bāṣpa-** (m.) 'steam, mist' **abhisaṃruddha-** (adj) 'concealed, hidden' **varṣa-** (m.) 'rain, the rains' **āgama-** (m.) 'coming, arrival' **samutsuka-** (adj) 'longing for, desiring' **kuṭaja-** (m.) kuṭaja (a tree) **saumitri-** (m.) Lakṣmaṇa (son of Sumitrā) **puṣpita-** (adj) 'flowery, covered in flowers' **giri-** (m.) 'mountain' **sānu-** (m./n.) 'ridge, summit' **śoka-** (m.) 'grief' **abhibhūta-** (adj) 'overcome, defeated' **kāma-** (m.) 'desire, longing' **saṃdīpana-** (adj) 'kindling, inflaming'. (15) **rajas-** (n.) here 'dust' **praśānta-** (adj) 'calmed, settled' **sa-hima-** (adj) lit. 'having snow': 'cool' **adya** (ind) 'now' **vāyu-** (m.) 'wind, breeze, air' **nidāgha-** (m.) 'heat, the hot season' **doṣa-** (m.) 'fault; deficiency, harm' **prasara-** (m.) 'advance, spread' **yātrā-** (f.) 'journey, expedition, (military) campaign' **vasu-dhā-** (f.) lit. 'wealth-giver': 'the earth' **adhipa-** (m.) 'lord, ruler, king' **pravāsin-** (adj) 'dwelling abroad' **√yā** (II yāti) 'go' **sva-** (pref) 'one's own' **deśa-** (m.) 'country'. (16) **sam-pra-√sthā** 'set out, start' **mānasa-** (n.) Mānasa (a lake, said to have first been created in Brahmā's mind/mānasa-) **vāsa-** (m.) 'living (in a place), residence' **lubdha-** (adj) 'desiring, desirous of' **priya-** (adj) 'dear, beloved'; (m.) 'lover' **anvita-** (adj) 'united with, possessing' **saṃprati** (ind) 'now' **cakravāka-** (m.) cakravāka (a bird whose mournful cry is said to reflect its longing for its mate) **abhīkṣṇa-** (adj) 'constant, perpetual' **varṣa-** (m.) 'rain, the rains' **udaka-** (n.) 'water' **vikṣata-** (adj) 'wounded, damaged' **yāna-** (n.) 'cart, waggon' **mārga-** (m.) 'road' **sam-√pat** (I saṃpatati) 'go/roam about'.

---

(13) **imāḥ tāḥ** 'those' **naṣṭa**(here 'vanished, disappeared')-**graha-niśākarāḥ** BV 'whose moon and stars/planets have disappeared', agreeing with **diśaḥ** the rainy season with limited mobility and the need for indoor activities is typically seen as good for lovers. (14) All ACC PLs agree with **kuṭajān** **saumitre** VOC SG. 15–32: stand in a variety of metres, all consisting of 4×11 syllables. (15) Each pāda expresses a new thought **sthitāḥ** here 'stationary, unmoving'. (16) **saṃprasthitā** *ta*-PTC of sam-pra-√sthā, here functions as main verb of the first pāda the implied subject is geese, who are said to be at home on Lake Mānasa.

क्वचित्प्रकाशं क्वचिदप्रकाशं नभः प्रकीर्णाम्बुधरं विभाति ।
क्वचित्क्वचित्पर्वतसंनिरुद्धं रूपं यथा शान्तमहार्णवस्य ॥ १७ ॥
व्यामिश्रितं सर्जकदम्बपुष्पैर्नवं जलं पर्वतधातुताम्रम् ।
मयूरकेकाभिरनुप्रयातं शैलापगाः शीघ्रतरं वहन्ति ॥ १८ ॥
रसाकुलं षट्पदसंनिकाशं प्रभुज्यते जम्बुफलं प्रकामम् ।
अनेकवर्णं पवनावधूतं भूमौ पतत्याम्रफलं विपक्वम् ॥ १९ ॥
विद्युत्पताकाः सबलाकमालाः शैलेन्द्रकूटाकृतिसंनिकाशाः ।
गर्जन्ति मेघाः समुदीर्णनादा मत्तगजेन्द्रा इव संयुगस्थाः ॥ २० ॥

---

(17) **(a)prakāśa-** (adj) '(in)visible' **nabhas-** (n.) 'sky' **prakīrṇa-** (adj) 'scattered, dispersed' **ambu-dhara-** (m.) lit. 'water-holder': 'cloud' **vi-√bhā** (II vibhāti) 'appear, look like; shine' **parvata-** (m.) 'mountain' **saṃniruddha-** (adj) 'hidden' **rūpa-** (n.) 'form, shape; beauty' **śānta-** (adj) 'quiet, calm' **mahā-arṇava-** (m.) 'the great sea': 'ocean'. (18) **vyāmiśrita-** (adj) 'mixed' (with: + INS) **sarja-** (m.) sarja (a tree) **kadamba-** (m.) kadamba (a fragrant tree) **puṣpa-** (n.) 'flower' **nava-** (adj) 'new, fresh' **jala-** (n.) 'water' **parvata-** (m.) 'mountain' **dhātu-** (m.) here: 'mineral, ore' **tāmra-** (adj) 'dark red, copper colored' **mayūra-** (m.) 'peacock' **kekā-** (f.) 'the cry of a peacock' **anuprayāta-** (adj) 'accompanied' (by: + INS) **śaila-** (m.) 'mountain' **āpagā-** (f.) 'river, stream' **√vah** (I vahati) 'go, travel, move'. (19) **rasa-** (m.) 'essence': here 'sap, liquid, juice' **ākula-** (adj) 'full/filled with' **ṣaṭ-pada-** (adj) 'six-footed', (m.) 'insect', esp. 'bee' **saṃnikāśa** (adj, ifc) 'having the appearance of, resembling, like' **pra-√bhuj** 'enjoy, eat' **jambu-** (f.) jambu (the black plum tree) **phala-** (n.) 'fruit' **prakāmam** (ind) 'as one likes, to one's heart's content' **aneka-** (adj) 'not one: many' **varṇa-** (m.) 'color, hue' **pavana-** (m.) lit. 'purifier': 'wind' **ava-√dhū** 'shake off/down' **bhūmi-** (f.) 'earth, ground' **āmra-** (m.) 'mango tree'; (n.) 'mango' **vipakva-** (adj) 'well-cooked; mature, ripe'. (20) **vidyut-** (f.) 'lightning' **patāka-** (m.) 'flag, banner' **sa-** (pref) '(together) with' **balāka-** (m.) 'crane' **mālā-** (f.) 'garland' **kūṭa-** (m./n.) 'summit, peak' **ākṛti-** (f.) 'shape, figure' **saṃnikāśa** (adj, ifc) 'having the appearance of, similar to, like' **√garj** (I garjati) 'growl, rumble, thunder' **megha-** (m.) 'cloud' **samudīrṇa-** (adj) 'agitated, excited' **nāda-** (m.) 'cry, roar, loud sound' **matta-** (adj) 'mad, intoxicated, in rut' **gaja-** (m.) 'elephant' **saṃyuga-** (n.) lit. 'conjunction': 'copulation; conflict' **-stha-** (adj, ifc) 'standing/being in'.

---

(17) **nabhaḥ** is the subject, the other NOM SG NTRS refer to it **prakīrṇa-ambudharam** BV **kvacit kvacit** 'here and there' **vibhāti … rūpam yathā** lit. 'looks like the shape of' (+ GEN): 'looks like'. (18) The ACCS in l. 1 are the object of **vahanti** (l. 2) 'move, carry' **śīghrataram** 'rather/quite fast, quick'. (19) **ṣaṭpada-saṃnikāśam** 'resembling bees': jambu fruit look like clusters of black bees **prabhujyate** 3SG PASS of pra-√bhuj 'is enjoyed, can be enjoyed'. (20) **sa-balāka-māla-** 'with cranes as garlands' **saṃyuga-sthāḥ** note the ambiguous imagery: elephants can be matta- in both battle and love.

मेघाभिकामी परिसंपतन्ती संमोदिता भाति बलाकपङ्क्तिः ।
वातावधूता वरपौण्डरीकी लम्बेव माला रचिताम्बरस्य ॥ २१ ॥
निद्रा शनैः केशवमभ्युपैति द्रुतं नदी सागरमभ्युपैति ।
हृष्टा बलाका घनमभ्युपैति कान्ता सकामा प्रियमभ्युपैति ॥ २२ ॥
जाता वनान्ताः शिखिसुप्रनृत्ता जाताः कदम्बाः सकदम्बशाखाः ।
जाता वृषा गोषु समानकामा जाता मही सस्यवनाभिरामा ॥ २३ ॥
वहन्ति वर्षन्ति नदन्ति भान्ति ध्यायन्ति नृत्यन्ति समाश्वसन्ति ।
नद्यो घना मत्तगजा वनान्ताः प्रियाविहीनाः शिखिनः प्लवंगाः ॥ २४ ॥

---

(21) **abhikāma-** (m.) 'desire, affection' **pari-sam-√pat** 'fly around together' **saṃmodita-** (adj) 'rejoicing, joyous' **√bhā** (II bhati) 'shine; appear, look like' **balāka-** (m.) 'crane' **paṅkti-** (f.) 'line, row' **vāta-** (m.) 'wind, breeze' **avadhūta-** (adj) 'swaying, shaken' **vara-** (adj) 'choice, fine, best' **pauṇḍarīka-** (adj, f. -ī) 'consisting/made of lotus flowers' **lamba-** (adj) 'hanging, dangling' **mālā-** (f.) 'garland' **√rac** 'construct, fashion' **ambara-** (n.) 'sky, atmosphere'. (22) **nidrā-** (f.) 'sleep' **śanaiḥ** (ind) 'quietly, softly; slowly, gradually' **keśava-** (m.) here: Viṣṇu **abhi-upa-√i** 'go near, approach' **drutam** (ind) 'rushingly, fast' **nadī-** (f.) 'river' **sāgara-** (m.) 'ocean' **hṛṣṭam** (ind) 'delightedly, happily' **balākā-** (f.) 'female crane' **ghana-** (m.) anything massive; here: 'cloud' **kānta-** (adj) 'beloved, loved' **sa-kāma** (adj) 'desirous, eager'. (23) **vana-anta-** (m.) 'forest-region': 'forest, woodland' **śikhin-** (m.) 'peacock' **su-pranṛtta-** (n.) 'beautiful dance' **kadamba-** (m.) kadamba (a fragrant tree) **śākhā-** (f.) 'branch, division'; here 'bud, blossom' **vṛṣa-** (m.) 'bull' **gau-/go-** (m./f.) 'cattle; cow' **samāna-** (adj) 'alike, similar, equal' **mahī-** (f.) 'the earth' **sasya-** (n.) 'grain, corn' **abhirāma-** (adj) 'pleasant, pleasing, delightful'. (24) **√vah** (I vahati) 'go, travel, move' **√vṛṣ** (I varṣati) 'rain' **√nad** (I nadati) 'sound, thunder', here: 'trumpet' **√bhā** (II bhāti) 'shine, gleam; look like' **√dhyai** (I dhyāyati) 'contemplate, brood' **√nṛt** (IV nṛtyati) 'dance' **sam-ā-√śvas** (I samāśvasati) 'breathe again, take courage, rejoice' **nadī-** (f.) 'river' **ghana-** (m.) anything massive; here: 'cloud' **matta-** (adj) 'mad, intoxicated, in rut' **priyā-vihīna-** (adj) 'deprived of their beloved/girlfriend' **śikhin-** (m.) 'peacock' **plavaṃ-ga-** (m.) lit. 'jump-goer': 'monkey'.

---

(21) **megha-abhikāmī** BV, FEM NOM SG cranes are said to be impregnated by clouds **parisampatantī** NOM SG FEM PRESAP of pari-sam-√pat split up **vāta-avadhūtā** **racitā ambarasya** here 'fashioned/made for the sky'. (22) **keśavam:** Viṣṇu is said to sleep during the rainy season. (23) **jātāḥ** (*ta*-PTC of √jan) lit. 'have become/grown/been born': 'now are full of' **śikhi-supranṛttāḥ** BV lit. '(have been ones) whose good dances are of peacocks': 'where peacocks are dancing beautifully' **samāna-kāma-** BV 'whose desire is alike, who are equally in love'. (24) A beautiful (if perhaps extreme) example of the poetic freedom offered by highly inflected languages and their accordingly flexible word order. The verbs stand in the same order as the subjects that go with them.

प्रहर्षिताः केतकपुष्पगन्धमाघ्राय हृष्टा वननिर्झरेषु ।
प्रपातशब्दाकुलिता गजेन्द्राः सार्धं मयूरैः समदा नदन्ति ॥ २५ ॥
धारानिपातैरभिहन्यमानाः कदम्बशाखासु विलम्बमानाः ।
क्षणार्जितं पुष्परसावगाढं शनैर्मदं षट्चरणास्त्यजन्ति ॥ २६ ॥
अङ्गारचूर्णोत्करसंनिकाशैः फलैः सुपर्याप्तरसैः समृद्धैः ।
जम्बूद्रुमाणां प्रविभान्ति शाखा निलीयमाना इव षट्पदौघैः ॥ २७ ॥
तडित्पताकाभिरलंकृतानामुदीर्णगम्भीरमहारवाणाम् ।
विभान्ति रूपाणि बलाहकानां रणोद्यतानामिव वारणानाम् ॥ २८ ॥

---

(25) **praharṣita-** (adj) 'greatly delighted, very happy' **ketaka-** (m.) ketaka (tree) **puṣpa-** (n.) 'flower' **gandha-** (m.) 'smell, fragrance' **ā-√ghrā** 'smell (sth.)' **hṛṣṭa-** (adj) 'delighted, happy' **nirjhara-** (m.) 'waterfall, cataract' **prapāta-** (m.) 'cascade, waterfall' **śabda-** (m.) 'sound' **ākulita-** (adj) 'captured, fascinated' **gaja-indra-** (m.) 'the Indra among elephants, the lead elephant' **sārdham** (ind) 'along/together with' (+ Ins) **mayūra-** (m.) 'peacock' **sa-mada-** (adj) 'intoxicated, passionate' **√nad** (I nadanti) 'call (out), make a sound'. **(26) dhārā-** (f.) 'rain, stream of water' **nipāta-** (m.) 'fall, falling' **abhi-√han** 'strike' **kadamba-** (m.) kadamba (a fragrant tree) **śākhā-** (f.) 'branch' **vi-√lamb** 'cling to, hang on' (+ Loc) **puṣpa-** (n.) 'flower' **rasa-** (m.) 'essence': here 'pollen' **avagāḍha-** (adj) 'immersed, bathed' **śanaiḥ** (ind) 'quietly, softly; slowly, gradually' **mada-** (m.) 'intoxication; excitement' **ṣaṭ-caraṇa-** (adj) 'six-footed'; (m.) 'bee' **√tyaj** (I tyajati) 'leave, abandon'. **(27) aṅgāra-** (m.) 'charcoal' **cūrṇa-** (m.) 'powder' **utkara-** (m.) 'heap, multitude' **saṃnikāśa-** (adj, ifc) 'having the appearance of, resembling, like' **phala-** (n.) 'fruit' **su-paryāpta-** (adj) 'well filled/equipped, plentiful' **rasa-** (m.) 'essence': here 'sap, liquid, juice' **samṛddha-** (adj) 'full-grown; accomplished, perfect' **jambū-** (f.) jambū (the black plum tree) **druma-** (m.) 'wood' **pra-vi-√bhā** (II pravibhāti) 'appear, look like; shine' **śākhā-** (f.) 'branch' **ni-√lī** 'settle down, land, alight on' **ṣaṭ-pada-** (m.) 'six-footed': (m.) 'bee' **ogha-** (m.) 'abundance: swarm, flock, flood'. **(28) taḍit-** (f.) 'lightning' **patākā-** (f.) 'flag, banner' **alaṃkṛta-** (adj) 'adorned, decorated' **udīrṇa-** (adj) 'excited, loud' **gambhīra-** (adj) 'deep' **rava-** (m.) 'roar, cry' **vi-√bhā** (II vibhāti) 'appear, look like; shine' **rūpa-** (n.) 'form, shape, beauty' **balāhaka-** (m.) 'rain/thunder cloud' **raṇa-** (m.) 'battle, battle-lust' **udyata-** (adj) 'ready, prepared' **vāraṇa-** (m.) 'elephant' (lit. 'one who wards off').

---

(25) āghrāya Abs of ā-√ghrā note the ambiguous typeface: **nirjhareṣu** (-r- plus -e- look similar to -i-). **(26)** The subject is **ṣaṭ-caraṇāḥ** **abhihanyamāna-** Pres Pass Ptc of abhi-√han **vilambamāna-** Pres Mid Ptc of vi-√lamb **kṣaṇa-arjita-** (adj) 'acquired in a moment/quickly' **puṣpa-rasa-avagāḍham** 'immersed in flower pollen' agrees with **madam**; perhaps better translated as 'created by immersion in …'. **(27) nilīyamāna-** Pres Pass Ptc of ni-√lī: 'landed/alighted on'. **(28) udīrṇa-gambhīra-mahā-ravāṇām** bv 'whose great roars were loud and deep'.

मार्गानुगः शैलवनानुसारी संप्रस्थितो मेघरवं निशम्य ।
युद्धाभिकामः प्रतिनागशङ्की मत्तो गजेन्द्रः प्रतिसंनिवृत्तः ॥ २९ ॥
मुक्तासकाशं सलिलं पतद्वै सुनिर्मलं पत्रपुटेषु लग्नम् ।
हृष्टा विवर्णच्छदना विहंगाः सुरेन्द्रदत्तं तृषिताः पिबन्ति ॥ ३० ॥
नीलेषु नीला नववारिपूर्णा मेघेषु मेघाः प्रविभान्ति सक्ताः ।
दवाग्निदग्धेषु दवाग्निदग्धाः शैलेषु शैला इव बद्धमूलाः ॥ ३१ ॥
मत्ता गजेन्द्रा मुदिता गवेन्द्रा वनेषु विश्रान्ततरा मृगेन्द्राः ।
रम्या नगेन्द्रा निभृता नरेन्द्राः प्रक्रीडितो वारिधरैः सुरेन्द्रः ॥ ३२ ॥

---

(29) **mārga-** (m.) 'road, path' **anuga-** (adj) 'going after, following' **śaila-** (m.) 'mountain' **anusārin-** (adj) 'following, attendant on' **saṃprasthita-** (adj) 'embarked; roaming' **megha-** (m.) 'cloud' **rava-** (m.) 'roar, cry' **ni-√śam** here 'perceive, hear' **yuddha-** (n.) 'fight, battle' **abhikāma-** (adj) 'desirous of, eager for' **prati-nāga-** (m.) 'rival elephant' **śaṅkin-** (adj, ifc) 'fearful of, distrustful, suspecting' **matta-** (adj) 'mad, intoxicated, in rut' **prati-sam-ni-√vṛt** 'turn around'. (30) **muktā-** (f.) 'pearl' (lit. 'freed (i. e. from the seashell)') **sakāśa-** (adj, ifc) 'like, having the appearance of' **salila-** (n.) '(rain)water, rain' **vai** (ind) 'indeed, truly' **su-nirmala-** (adj) 'perfectly clear/pure' **pa(t)tra-puṭa-** (m./n.) 'leaf-cup' **lagna-** (adj) 'adhering/clinging to' (+ LOC) **hṛṣṭa-** (adj) 'delighted, happy' **vi-varṇa-** (adj) 'color-less, subdued' **chadana-** (n.) 'wing' **vihaṃ-ga-** (m.) lit. 'sky-goer': 'bird' **sura-** (m.) 'god, deity' **tṛṣita-** (adj) 'thirsty' **√pā** (irreg pibati) 'drink'. (31) **nīla-** (adj) 'black, dark' **nava-** (adj) 'new' **vāri-** (n.) 'water' **pūrṇa-** (adj) 'filled, full' **megha-** (m.) 'cloud' **pra-vi-√bhā** 'appear, look like; shine' **sakta-** (adj) 'clinging/affixed to' (+ LOC) **dava-** (m.) 'forest' **agni-** (m.) 'fire' **√dah** 'burn' **śaila-** (m.) 'mountain' **√bandh** 'bind, fasten' **mūla-** (n.) 'root, basis, fundament'. (32) **matta-** (adj) 'mad, intoxicated, in rut' **indra-** (m.) Indra (the god); metaphorical: 'leader, king; best' **mudita-** (adj) 'delighted, joyful' **gava-** (m./f.) 'cow, cattle' **viśrānta-** (adj) 'at rest, resting' **mṛga-** (m.) 'deer, forest animal' **ramya-** (adj) 'pleasant, beautiful' **nibhṛta-** (adj) 'settled, firm, at rest' **prakrīḍita-** (adj) 'playful, at play' (with: + INS) **vāri-dhara-** (m.) lit. 'water-holder': 'cloud' **sura-** (m.) 'god, deity'.

---

(29) **śaila-vana-anusārī** (NOM SG MASC) 'roaming in mountain(ous) forests'. (30) The core structure here is **salilam** … **vihaṃgāḥ** … **pibanti** 'birds drink water'; the other NOMs and ACCs agree with these two nouns **patat** NOM SG NTR PRESAP of √pat **-cchadanā** sandhied -chadanāḥ it is debated why the birds' wings are pale/colorless: perhaps from being saturated with water? **sura-indra-datta** (*ta*-PTC of √dā) 'given by the highest god' is a play on words, as the 'Indra among gods' here literally is Indra, the god of the sky (and thus the bestower of rain). (31) Read **saktāḥ** with both **meghāḥ** and **śailāḥ** **dagdha-, baddha-** *ta*-PTC of √dah, √bandh **baddha-mūlāḥ** BV 'whose roots/foundations are fastened' (presumably the clouds are so low and heavy they appear to reach the ground). (32) Supply 'are' with each nominal phrase **viśrāntatarāḥ** COMP of viśrānta-: 'truly resting'.

वृत्ता यात्रा नरेन्द्राणां सेना प्रतिनिवर्तते ।
वैराणि चैव मार्गाश्च सलिलेन समीकृताः ॥ ३३ ॥
मासि प्रौष्ठपदे ब्रह्म ब्राह्मणानां विवक्षताम् ।
अयमध्यायसमयः सामगानामुपस्थितः ॥ ३४ ॥
निवृत्तकर्मायतनो नूनं संचितसंचयः ।
आषाढीमभ्युपगतो भरतः कोशलाधिपः ॥ ३५ ॥
नूनमापूर्यमाणायाः सरय्वा वर्धते रयः ।
मां समीक्ष्य समायान्तमयोध्याया इव स्वनः ॥ ३६ ॥

---

(33) **vṛtta-** (adj) here 'finished, completed, stopped' **yātrā-** (f.) 'journey, expedition, (military) campaign' **senā-** (f.) 'army' **prati-ni-√vṛt** (I pratinivartate) 'turn back, return' **vaira-** (n.) 'hostility, provocation' **mārga-** (m.) 'road, path' **salila-** (n.) '(rain)water, rain' **samīkṛta-** (adj) 'blocked'. **(34)** **mās-** (m.) 'month' **prauṣṭhapada-** (m.) Prauṣṭhapada (a month, approx. August–September) **brahman-** (n.) here 'prayer, sacred text, scripture; the Vedas' **brāhmaṇa-** (m.) 'brahmin' **vivakṣat-** (adj) 'wanting to declaim (= study)' **adhyāya-** (m.) 'lesson, study' **samaya-** (m.) 'occasion, circumstances' **sāmaga-** (m.) Sāmaga (a Brahmin who recites the Sāmaveda). **(35)** **nivṛtta-** (adj) 'ceased; completed' **karma-** (m.) 'action' **āyatana-** (n.) 'home, house' **nūnam** (ind) 'now, indeed' **saṃcita-** (adj) 'collected, accumulated' **saṃcaya-** (m.) 'collection, store' **āṣāḍhī-** (f.) āṣāḍhī (the full-moon day in the month of Āṣādha (~June–July)) **abhy-upa-√gam** 'approach; reach' **bharata-** (m.) Bharata (Rāma's brother; Rāma was banished to the forest at the same time Bharata was made king) **kośala-** (m.) Kośala (the ancestral kingdom of Rāma's family) **adhipa-** (m.) 'overlord, ruler'. **(36)** **ā-√pṝ** 'fill' **sarayu-** (f.) Sarayu (a river in Ayodhyā) **√vṛdh** (I vardhate) 'grow, increase, swell' **raya-** (m.) 'stream, current' **sam-ā-√yā** 'come (back) from' **ayodhyā-** (f.) Ayodhyā (Rāma's home city) **svana-** (m.) 'sound, noise'.

---

(33) **vṛttā yātrā** sandhied vṛttāḥ yātrāḥ **samīkṛtāḥ** refers to both **vairāṇi** and **mārgāḥ** (but agrees with mārgāḥ, which is closer). **(34)** **upasthita-** *ta*-Ptc of upa-√sthā 'become near': 'has arrived/is at hand'. **(35)** **nivṛtta-karma-āyatanaḥ** bv, lit. 'whose house(hold) has ceased action': unclear whether work in or on the house has been finished for the rainy season **saṃcaya-** 'store' of whatever goods are needed to make it through the rainy season **āṣāḍhīm abhyupagataḥ** (*ta*-Ptc of abhi-upa-√gam) lit. 'has approached/assented to āṣāḍhī': interpreted to mean 'has made the āṣāḍhī vow' (= a vow at the beginning of the rainy season). **(36)** **āpūryamāṇa-** Pres Pass Ptc of ā-√pṝ **sarayvāḥ** Gen Sg **samāyāntam** Acc Sg Masc PresAP of sam-ā-√yā **svanaḥ** presumably the sound of cheers when Rāma comes back home?

इमाः स्फीतगुणा वर्षाः सुग्रीवः सुखमश्नुते ।
विजितारिः सदारश्च राज्ये महति च स्थितः ॥ ३७ ॥
अहं तु हृतदारश्च राज्याच्च महतश्च्युतः ।
नदीकूलमिव क्लिन्नमवसीदामि लक्ष्मण ॥ ३८ ॥
शोकश्च मम विस्तीर्णो वर्षाश्च भृशदुर्गमाः ।
रावणश्च महाञ्शत्रुरपारं प्रतिभाति मे ॥ ३९ ॥
अयात्रां चैव दृष्ट्वेमां मार्गांश्च भृशदुर्गमान् ।
प्रणते चैव सुग्रीवे न मया किंचिदीरितम् ॥ ४० ॥
अपि चातिपरिक्लिष्टं चिराद्दारैः समागतम् ।
आत्मकार्यगरीयस्त्वाद्वक्तुं नेच्छामि वानरम् ॥ ४१ ॥

---

(37) **sphīta-** (adj) 'much, abundant' **varṣa-** (m.) 'rain, the rains' **sugrīva-** (m.) Sugrīva (king of the monkeys, Rāma's ally) **sukha-** (n.) 'happiness' √**aś** (V aśnute) 'reach, get; enjoy' **vijita-** (adj) 'defeated' **ari-** (m.) 'enemy' **sa-dāra-** (adj) 'together with/accompanied by one's wife/wives' **rājya-** (n.) 'kingdom; royal power' **mahat-** (adj) 'great'. (38) **cyuta-** (adj) 'deprived of' (+ ABL) **nadī-kūla-** (n.) 'river bank' **klinna-** (adj) 'wet, wet through' **ava-√sad** (irreg avasīdati) of things: 'sink, slide down, slip'; of people: 'become disheartened, exhausted' **lakṣmaṇa-** (m.) Lakṣmaṇa (Rāma's brother). (39) **śoka-** (m.) 'grief' **vistīrṇa-** (adj) 'spread out, vast' **varṣa-** (m.) 'rain, the rains' **bhṛśa-** (adj, often at beg of CPD) 'strongly, very' **dur-gama-** (adj) here 'heavy-going; slow to pass' **rāvaṇa-** (m.) Rāvaṇa (Sītā's abductor) **śatru-** (m.) 'enemy' **apāra-** (adj) 'boundless' **prati-√bhā** (II pratibhāti) 'appear, look like; shine'. (40) **a-yātrā-** (f.) 'impassability' **mārga-** (m.) 'road, path' **bhṛśa-** (adj, often at beg of cpd) 'strongly, very' **dur-gama-** (adj) 'difficult to travel; impassable' **pra-√nam** 'bow' **sugrīva-** (m.) Sugrīva (king of the monkeys, Rāma's ally) √**īr** 'move; move one's voice, speak, ask'. (41) **ati-parikliṣṭa-** (adj) 'very exhausted/tired' **cirāt** (ind) 'for/after a long time; at last' **dāra-** (m., usually PL) 'wife' **samāgata-** (adj) 'come together, united' **ātman-** (m.) 'self, soul', (refl pron) 'oneself, one's own' **kārya-** (n.) 'duty, task, mission' **garīyas-tva-** (n.) 'weightiness, importance, magnitude' **vānara-** (m.) 'monkey'.

---

(37) **sphīta-guṇāḥ, vijita-ariḥ, sa-dāraḥ** are all BV **sugrīvaḥ** begins a new clause **sthitaḥ** 'is stood; is' is the main verb. (38) **hṛta-dāra-** BV 'whose wife is taken away, deprived of one's wife' **avasīdāmi** maybe 'slip' is a verb that can be used for both a person and a sodden river bank? (39) Each pāda begins a new statement **mahān** NOM SG MASC of mahat- **apāram pratibhāti me** 'it (all) seems endless to me'. (40) Split up **dṛṣṭvā imam mārgān ca** **praṇate** (*ta*-PTC of pra-√nam) **sugrīve** LOC ABS ('even though ...') **pra-√nam** here: bow as a sign of assenting to servitude/offering help √**īr** 'ask for'. (41) **ātma-kārya-garīyastvāt** 'from/given the weightiness/magnitude of my own undertaking' (i. e. trying to find Sītā) **vaktum** INF of √vac.

स्वयमेव हि विश्रम्य ज्ञात्वा कालमुपागतम् ।
उपकारं च सुग्रीवो वेत्स्यते नात्र संशयः ॥ ४२ ॥
तस्मात्कालप्रतीक्षो ऽहं स्थितो ऽस्मि शुभलक्षण ।
सुग्रीवस्य नदीनां च प्रसादमनुपालयन् ॥ ४३ ॥
उपकारेण वीरो हि प्रतिकारेण युज्यते ।
अकृतज्ञो ऽप्रतिकृतो हन्ति सत्त्ववतां मनः ॥ ४४ ॥
अथैवमुक्तः प्रणिधाय लक्ष्मणः कृताञ्जलिस्तत्प्रतिपूज्य भाषितम् ।
उवाच रामं स्वभिराम दर्शनं प्रदर्शयन्दर्शनमात्मनः शुभम् ॥ ४५ ॥
यथोक्तमेतत्तव सर्वमीप्सितं नरेन्द्र कर्ता नचिराद्धरीश्वरः ।
शरत्प्रतीक्षः क्षमतामिमं भवाञ्जलप्रपातं रिपुनिग्रहे धृतः ॥ ४६ ॥

---

(42) **svayam** (ind) 'oneself' **vi-√śram** 'rest' **√jñā** 'recognize, know' **kāla-** (m.) '(the right) time' **upa-ā-√gam** 'come, arrive' **upakāra-** (m.) 'help, assistance' **sugrīva-** (m.) Sugrīva (king of the monkeys, Rāma's ally) **saṃśaya-** (m.) 'doubt, uncertainty'. **(43)** **kāla-** (m.) '(the right) time' **pratīkṣa-** (adj) 'looking forward to, expecting' **śubha-** (adj) 'beautiful, handsome' **lakṣaṇa-** (n.) 'mark, attribute, quality' **prasāda-** (m.) 'kind behavior; favor' **anu-√pāl** (x anupālayati) here 'watch/wait for' (+ Acc). **(44)** **prati-kāra-** (m.) 'counter-favor, favor done in return' **a-kṛta-jña-** (adj) 'ungrateful' **√han** (II hanti) 'kill; strike, wound' **sattva-vat-** (adj) lit. 'endowed with truth/true essence': 'virtuous'. **(45)** **pra-ni-√dhā** lit. 'put in front' (i.e. your mind): 'consider, reflect' **prati-√pūj** 'honor/greet in return; honor, approve' **√bhāṣ** 'speak, say' **su-** (pref) 'very, well' **abhirāma-** (adj) 'pleasing; agreeable' **darśana-** (n.) 'sight, view' **pra-√dṛś** (Caus) 'show, display'. **(46)** **īpsita-** (adj) 'desired' **indra-** (m.) Indra (the god); metaphorical: 'leader, king; best' **na cirāt** (ind) 'before long; soon' **hari-** (m.) 'monkey' **īśvara-** (m.) 'master, lord' **śarad-** (f.) 'autumn' **pratīkṣa-** (adj) 'looking forward to, expecting' **√kṣam** 'endure' **bhavat-** (m.) 'you, Sir' (respectful address, takes 3rd-person verb) **prapāta-** (m.) 'fall, falling' **ripu-** (m.) 'enemy' **nigraha-** (m.) 'suppression, defeat' **dhṛta-** (adj) 'intent on' (+ Loc).

---

(42) **viśramya** Abs of vi-√śram **jñātvā kālam upāgatam** 'having realized that …' **upakāram … vetsyate** (3Sg Fut of √vid) 'will know his obligation/ way of helping' **na atra** ('here, in this matter') begins a new clause. **(43)** Translate **sthitaḥ asmi** just as 'I am' **śubha-lakṣaṇa** bv. **(44)** l. 1 'for by a favor a hero is bound with (= obliged to) a counter-favor' l. 2 begins a new sentence **a-prati-kṛtaḥ** 'who has not (*a-*) engaged in prati-√kṛ/offered a pratikāra-': 'who has not done a counter-favor'. **(45)** **tat … bhāṣitam** 'that which had been said' (by Rāma just now) note that **darśana-** is used with two different meanings in this sentence **darśanam ātmanaḥ** (here refl) lit. 'the view of himself': 'his own view'. **(46)** **tava … īpsitam** 'desired by you' **kartā** periph Fut of √kṛ 'he will do' split up **cirāt hari-īśvaraḥ** **kṣamatām** (3Sg Mid Impv) **bhavān** 'you must endure'.

l Svayaṃprabhā's Cave (4.49.12–52.13)

Troops of monkeys have been searching for Sītā in all four directions. The party led by the monkeys Hanumān and Aṅgada, Vālin's son, has been tirelessly traveling the south of India. Crossing an area with many caves, exhausted, hungry and thirsty, they come to a cave that they hope will contain water.

गिरिजालावृतान्देशान्मार्गित्वा दक्षिणां दिशम् ।
वयं सर्वे परिश्रान्ता न च पश्यामि मैथिलीम् ॥ ४९.१२ ॥
अस्माच्चापि बिलाद्धंसाः क्रौञ्चाश्च सह सारसैः ।
जलार्द्राश्चक्रवाकाश्च निष्पतन्ति स्म सर्वशः ॥ ४९.१३ ॥
नूनं सलिलवानत्र कूपो वा यदि वा ह्रदः ।
तथा चेमे बिलद्वारे स्निग्धास्तिष्ठन्ति पादपाः ॥ ४९.१४ ॥
इत्युक्तास्तद्बिलं सर्वे विविशुस्तिमिरावृतम् ।
अचन्द्रसूर्यं हरयो ददृशू रोमहर्षणम् ॥ ४९.१५ ॥
ततस्तस्मिन्बिले दुर्गे नानापादपसंकुले ।
अन्योन्यं संपरिष्वज्य जग्मुर्योजनमन्तरम् ॥ ४९.१६ ॥

(49.12) **giri-** (m.) 'mountain' **jāla-** (n.) 'net, web' **āvṛta-** (adj) 'covered' **√mārg** 'search through, search' **dakṣina-** (adj) 'south, southern' **diś-** (f.) 'direction (of the compass), region (of the world)' **pariśrānta-** (adj) 'tired out, fatigued' **maithilī-** (f.) Sītā (from Mithilā, capital of Videha). **(49.13)** **bila-** (n.) 'cave, hollow' **haṃsa-** (m.) 'goose; swan' **krauñca-** (m.) 'curlew' **sārasa-** (m.) 'crane' **jala-** (n.) 'water' **ārdra-** (adj) 'dripping, wet' **cakravāka-** (m.) Cakravāka bird **niṣ-√pat** 'fall or fly out/apart' **sarvaśaḥ** (ind) 'entirely, on all sides'. **(49.14)** **nūnam** (ind) 'now, then' **salila-vat-** (adj) 'with/having water' **kūpa-** (m.) 'hollow, cave; well' **hrada-** (m.) 'pool, lake' **dvāra-** (n.) 'door, entrance' **snigdha-** (adj) 'shining; lush' **pāda-pa-** (m.) lit. 'foot(= root)-drinker': 'tree'. **(49.15)** **timira-** (n.) 'darkness' **roma-harṣaṇa-** (adj) lit. 'hair-raising': 'frightening'. **(49.16)** **dur-ga-** (adj) 'difficult to access; impassable' **nānā(-)** (ind/at beg of CPD) 'variously, differently' **saṃkula-** (n.) 'throng, crowd, thicket' **sam-pari-√svañj** 'embrace, cling to' **yojana-** (n.) 'league, yojana' (measure of length, between 5–8 miles) **antaram** (ind) '(on the) inside'.

(49.12) **deśān** explains/stands in apposition to **diśam**. **(49.13)** Split up **bilāt haṃsāḥ**. **(49.14)** **salilavān** NOM SG MASC **yadi … tathā** here 'surely … just as' unsandhi **ca ime**. **(49.15)** **uktāḥ** 'addressed' l.2 begins a new clause **a-candra-sūrya-** (adj) 'without moon or sun' **harayaḥ** NOM PL of hari- **dadṛśū** sandhied dadṛśuḥ (3PL PERF of √dṛś). **(49.16)** **nānā-pādapa-saṃkule** BV 'which had … consisting of …' **jagmuḥ** 3PL PERF of √gam.

ते नष्टसंज्ञास्तृषिताः संभ्रान्ताः सलिलार्थिनः ।
परिपेतुर्बिले तस्मिन्कंचित्कालमतन्द्रिताः ॥ ४९.१७ ॥
ते कृशा दीनवदनाः परिश्रान्ताः प्लवंगमाः ।
आलोकं दद्दशुर्वीरा निराशा जीविते तदा ॥ ४९.१८ ॥
ततस्तं देशमागम्य सौम्यं वितिमिरं वनम् ।
दद्दशुः काञ्चनान्वृक्षान्दीप्तवैश्वानरप्रभान् ॥ ४९.१९ ॥
सालांस्तालांश्च पुंनागान्ककुभान्वञ्जुलान्धवान् ।
चम्पकान्नागवृक्षांश्च कर्णिकारांश्च पुष्पितान् ॥ ४९.२० ॥
तरुणादित्यसंकाशान्वैदूर्यमयवेदिकान् ।
नीलवैदूर्यवर्णाश्च पद्मिनीः पतगावृताः ॥ ४९.२१ ॥

(49.17) √**naś** 'perish, be destroyed' **saṃjñā-** (f.) 'consciousness, awareness' **tṛṣita-** (adj) 'thirsty' **saṃbhrānta-** (adj) 'confused, perplexed' **salila-** (m.) '(rain)water' **-arthin-** (adj, ifc) 'having … as purpose' **kāla-** (m.) '(the right) time' **a-tandrita-** (adj) 'tireless'. **(49.18) kṛśa-** (adj) 'thin, lean, emaciated' **dīna-** (adj) 'sad, timid' **vadana-** (n.) 'mouth, face' **pariśrānta-** (adj) 'tired out, fatigued' **plavaṃ-gama-** (m.) lit. 'jump-goer': 'monkey' **āloka-** (m.) 'light, luster' **vīra-** (adj) 'heroic' **nir-āśa-** (adj) 'hopeless, without hope' (concerning/for: + Loc) **jīvita-** (n.) 'life'. **(49.19) saumya-** (adj) 'gentle; pleasant, cool' **vi-timira-** (adj) 'without darkness' **kāñcana-** (n.) 'gold'; (adj) 'golden, made of gold' **dīpta-** (adj) 'shining, light, splendid' **vaiśvānara-** (m.) 'fire; bright light, sunlight' **prabhā-** (f.) 'light, radiance, splendor'. **(49.20) sāla-** (m.) sāla/śāla (a tree) Rāma had to pierce seven with one arrow to prove his strength **tāla-** (m.) palmyra tree **puṃnāga-** (m.) puṃnāga (a tree, similar to the nāga tree below) **kakubha-** (m.) kakubha (an evergreen, medicinal tree) **vañjula-** (m.) 'tree' **dhava-** (m.) dhava/Fire Flame Bush (tree/bush with bright red flowers) **campaka-** (m.) campaka/magnolia (tree) **nāga-** (m.) nāga (a tree with abundant flowers especially fragrant at night) **karṇikāra-** (m.) karṇikāra (a tree with bright but unscented flowers) **puṣpita-** (adj) 'flowering, in bloom'. **(49.21) taruṇa-** (adj) 'tender, new, young' **āditya-** (m.) 'the sun' **saṃkāśa-** (m.) 'appearance, look'; (ifc) 'looking like' **vaidūrya-maya-** (adj) 'made of emerald' **vedika-** (m.) 'seat, bench' **nīla-** (adj) 'dark, black, dark blue or green', (m.) 'sapphire' **varṇa-** (m.) 'color' **padminī-** (f.) 'lotus pond' **pata-ga-** (m.) lit. 'flight-goer': 'bird' **āvṛta-** (adj) 'surrounded, covered'.

(49.17) naṣṭa(*ta*-Ptc of √naś)**-saṃjñāḥ** bv **salila-arthin-** lit. 'water-purposed': 'concerned with/searching for water' **paripetuḥ** 3Pl Perf of pari-√pat, here 'stumble around' **kaṃcit kālam** adverbial 'for some time'. **(49.18) dadṛśuḥ** 3Pl Perf of √dṛś. **(49.19) vanam** is in apposition to/describes the **deśam** **dīpta-vaiśvānara-prabhān** bv. **(49.20)** The Accs in 20–22 all are objects of **dadṛśuḥ** in (19). Note the especial difficulty facing translators here: keep the Sanskrit names of trees, which mean nothing to most English speakers? Replace them with names of Western trees, which are more evocative but would be out of place geographically? Use descriptions (fragrant, brilliantly colored etc.) rather than tree names?

महद्भिः काञ्चनैर्वृक्षैर्वृतं बालार्कसंनिभैः ।
जातरूपमयैर्मत्स्यैर्महद्भिश्च सकच्छपैः ॥ ४९.२२ ॥
नलिनीस्तत्र ददृशुः प्रसन्नसलिलायुताः ।
काञ्चनानि विमानानि राजतानि तथैव च ॥ ४९.२३ ॥
तपनीयगवाक्षाणि मुक्ताजालावृतानि च ।
हैमराजतभौमानि वैदूर्यमणिमन्ति च ॥ ४९.२४ ॥
ददृशुस्तत्र हरयो गृहमुख्यानि सर्वशः ।
पुष्पितान्फलिनो वृक्षान्प्रवालमणिसंनिभान् ॥ ४९.२५ ॥
काञ्चनभ्रमरांश्चैव मधूनि च समन्ततः ।
मणिकाञ्चनचित्राणि शयनान्यासनानि च ॥ ४९.२६ ॥
महार्हाणि च यानानि ददृशुस्ते समन्ततः ।
हैमराजतकांस्यानां भाजनानां च संचयान् ॥ ४९.२७ ॥

(49.22) **vṛta-** (adj) 'covered' **bāla-arka-** (m.) 'the young/newly risen sun' **saṃnibha-** (adj) 'resembling, like' **jāta-rūpa-maya-** (adj) 'made of gold' **matsya-** (m.) 'fish' **kacchapa-** (m.) 'turtle, tortoise'. **(49.23)** **nalinī-** (f.) 'lotus' **prasanna-** (adj) 'clear, pure' **salila-** (n.) 'water' **āyuta-** (adj) 'mixed, mingling, combined' **vimāna-** (n.) 'flying chariot; palace' **rājata-** (adj) 'made of silver', (n.) 'silver'. **(49.24)** **tapanīya-** (n.) 'pure/purified gold' **gava-akṣa-** (m.) lit. 'bull's eye': 'round window' **muktā-** (f.) 'pearl' **jāla-** (n.) 'net, web' **āvṛta-** (adj) 'covered' **haima-** (adj) 'golden' **rājata-** (adj) 'made of silver', (n.) 'silver' **bhauma-** (n.) 'floor, ground, story' **vaidūrya-** (n.) 'cat's eye (the gemstone); emerald' **maṇi-** (m.) 'jewel, gem'. **(49.25)** **gṛha-** (m./n.) 'house' **mukhya-** (adj) 'chief, eminent, main' **puṣpita-** (adj) 'flowering, in bloom' **phalin-** (adj) 'bearing fruit, fruitful' **pravāla-** (m.) 'coral' **maṇi-** (m.) 'jewel, gem' **saṃnibha-** (adj) 'resembling, like'. **(49.26)** **bhramara-** (m.) 'bee, bumblebee' **madhu-** (n.) here 'honey, nectar, any sweet liquid' **samantataḥ** (ind) 'on all sides, entirely' **citra-** (adj) 'brilliant, shining, shimmering' **śayana-** (n.) 'bed, couch' **āsana-** (n.) 'seat'. **(49.27)** **mahā-arha-** (adj) 'greatly worthy, very valuable' **yāna-** (n.) 'carriage, chariot' **samantataḥ** (ind) 'on all sides, entirely' **haima-** (adj) 'golden' **rājata-** (adj) 'made of silver', (n.) 'silver' **kāṃsya-** (n.) 'copper, brass' **bhājana-** (n.) 'vessel, cup' **saṃcaya-** (m.) 'collection, heap, multitude'.

(49.22) **vṛtam** is what the manuscripts give us, but the commentaries interpret it as vṛtāḥ, agreeing with **padminīḥ** in (21): 'lotus ponds surrounded by …' **sa-kacchapa-** BV 'with-tortoised': '(together) with tortoises'. **(49.23)** **tathā eva** here 'also/likewise'. **(49.24)** **vaidūrya-maṇi-manti** NOMACC NTR PL of vaidūrya-maṇi-mat- 'having/decorated with emeralds and (other) jewels'. **(49.25)** **harayaḥ** NOM PL of hari- **gṛha-mukhya-** (n.) 'eminent/princely house, mansion' **pravāla-maṇi-** dvandva. **(49.26)** **madhūni** PL presumably to indicate several locations: honey pots? beehives?

अगरूणां च दिव्यानां चन्दनानां च संचयान्।
शुचीन्यभ्यवहार्याणि मूलानि च फलानि च ॥ ४९.२८ ॥
महार्हाणि च पानानि मधूनि रसवन्ति च।
दिव्यानामम्बराणां च महार्हाणां च संचयान्।
कम्बलानां च चित्राणामजिनानां च संचयान् ॥ ४९.२९ ॥
तत्र तत्र विचिन्वन्तो बिले तत्र महाप्रभाः।
ददृशुर्वानराः शूराः स्त्रियं कांचिददूरतः ॥ ४९.३० ॥
तां दृष्ट्वा भृशसंत्रस्ताश्चीरकृष्णाजिनाम्बराम्।
तापसीं नियताहारां ज्वलन्तीमिव तेजसा ॥ ४९.३१ ॥
ततो हनुमान्गिरिसंनिकाशः कृताञ्जलिस्तामभिवाद्य वृद्धाम्।
पप्रच्छ का त्वं भवनं बिलं च रत्नानि चेमानि वदस्व कस्य ॥ ४९.३२ ॥

(49.28) **agaru-** (n./m.) 'aloe' **divya-** (adj) 'heavenly, celestial' **candana-** (m./n.) 'sandal(wood)' **śuci-** (adj) 'clear, clean, pure' **abhyavahārya-** (adj) 'edible' **mūla-** (n.) 'root'. **(49.29)** **mahā-arha-** (adj) 'greatly worthy, very valuable' **pāna-** (n.) 'drink, draught' **madhu-** (adj) 'sweet' **rasa-vat-** (adj) 'flavorful' **divya-** (adj) 'heavenly, celestial' **ambara-** (n.) 'clothes, clothing' **kambala-** (n./m.) 'woollen blanket' **citra-** (adj) 'brilliant, shining, brightly colored' **ajina-** (n.) 'antelope skin' (used by religious students as clothing, to sit on etc.) **saṃcaya-** (m.) 'collection, heap, multitude'. **(49.30)** **vi-√ci** (V vicinoti) 'investigate, search; find' **prabhā-** (f.) 'light, radiance' **vānara-** (m.) 'monkey' **śūra-** (adj) 'heroic' **strī-** (f.) 'woman' **a-dūrataḥ** (ind) 'not far, near'. **(49.31)** **bhṛśa-** (adj) 'strong, mighty'; (pref) 'greatly' **saṃtrasta-** (adj) 'trembling, frightened' **cīra-** (n.) '(clothes made from) birch bark' **kṛṣṇa-** (adj) 'black' **ajina-** (n.) 'antelope skin' (used by religious students as clothing, to sit on etc.) **ambara-** (n.) 'clothes, clothing' **tāpasī-** (f.) 'female ascetic' **√jval** 'burn brightly, blaze, shine' **tejas-** (n.) 'brilliance, splendor'. **(49.32)** **hanumat-** (m.) Hanumān **giri-** (m.) 'mountain' **saṃnikāśa-** (adj, ifc) 'having the appearance of, resembling, like' **abhi-√vad** (I abhivadhati) 'greet, salute', CAUS the same **vṛddha-** (adj) 'grown; old' **√prach** 'ask' **bhavana-** (n.) 'house, home, dwelling' **ratna-** (n.) 'jewel'.

(49.30) **tatra tatra** 'here and there' **vicinvantaḥ** NOM PL PRESAP of vi-√ci **bile tatra** 'in that cave' **striyam** ACC SG of strī-. **(49.31)** Supply 'they were' with **bhṛśa-saṃtrastāḥ** [[**cīra-kṛṣṇa-ajina-]ambarām**] dvandva within BV **niyata-āhāra-** BV 'whose food is restricted': 'fasting' **jvalantī-** FEM PRESAP of √jval. **(49.32)** **hanumān** NOM SG **kṛta-añjali-** (BV adj) lit. 'by whom the añjali is made': 'with hands cupped in reverence' **abhivādya** CAUS ABS of abhi-√vad **papraccha** 3SG PERF of √prach **kā** begins direct speech split up **ca imāni** **vadasva** 2SG MID IMPV of √vad.

इत्युक्त्वा हनुमांस्तत्र पुनः कृष्णाजिनाम्बराम्।
अब्रवीत्तां महाभागां तापसीं धर्मचारिणीम्॥ ५०.१॥
इदं प्रविष्टाः सहसा बिलं तिमिरसंवृतम्।
क्षुत्पिपासापरिश्रान्ताः परिखिन्नाश्च सर्वशः॥ ५०.२॥
महद्धरण्या विवरं प्रविष्टाः स्म पिपासिताः।
इमांस्त्वेवंविधान्भावान्विविधानद्भुतोपमान्।
दृष्ट्वा वयं प्रव्यथिताः संभ्रान्ता नष्टचेतसः॥ ५०.३॥
कस्येमे काञ्चना वृक्षास्तरुणादित्यसंनिभाः।
शुचीन्यभ्यवहार्याणि मूलानि च फलानि च॥ ५०.४॥
काञ्चनानि विमानानि राजतानि गृहाणि च।
तपनीयगवाक्षाणि मणिजालावृतानि च॥ ५०.५॥

(50.1) **bhāga-** (m.) 'portion, share' **dharma-cārin-** (adj, f. -ṇī) 'virtuous, righteous'. **(50.2)** **sahasā** (ind) 'suddenly, unexpectedly' **timira-** (n.) 'darkness' **saṃvṛta-** (adj) 'covered' **kṣudh-** (f.) 'hunger' **pipāsā-** (f.) lit. 'desire to drink': 'thirst' **pariśrānta-** (adj) 'tired out, fatigued' **parikhinna-** (adj) 'afflicted, exhausted'. **(50.3)** **dharaṇī-** (f.) 'the earth, ground' **vivara-** (n.) 'opening, hole' **pipāsita-** (adj) 'thirsty' **evaṃ-vidha-** (adj) 'of such a kind, such' **bhāva-** (m.) here 'thing, condition' **vividha-** (adj) 'various, manifold' **adbhuta-** (n.) 'wonder, marvel, miracle' **upamā-** (f.) 'standard of comparison', (ifc) 'like' **pravyathita-** (adj) 'frightened, distressed' **saṃbhrānta-** (adj) 'agitated, confused'. **(50.4)** **taruṇa-** (adj) 'tender, new, young' **āditya-** (m.) 'the sun' **saṃnibha-** (adj) 'resembling, like' **śuci-** (adj) 'clear, pure' **abhyavahārya-** (adj) 'edible' **mūla-** (n.) 'root'. **(50.5)** **kāñcana-** (n.) 'gold'; (adj) 'golden, made of gold' **vimāna-** (n.) 'flying chariot; palace' **rājata-** (adj) 'made of silver', (n.) 'silver' **tapanīya-** (n.) 'pure/purified gold' **gava-akṣa-** (m.) lit. 'bull's eye': 'round window' **maṇi-** (m.) 'jewel, gem' **jāla-** (n.) 'net, web, anything woven' **āvṛta-** (adj) 'covered'.

(50.1) Split up **hanumān** (NOM SG) **tatra** **kṛṣṇa-ajina-ambarām** BV **mahā-bhāga-** BV 'very fortunate, eminent, illustrious'. **(50.2)** Begins direct speech translate **praviṣṭāḥ** '*we* entered'. **(50.3)** Unsandhi **mahat** (NOMACC SG NTR) **dharaṇyāḥ vivāram** lit. 'great hole of/from (= in) the ground': 'cavern' split up **imān tu evaṃvidhān bhāvān vividhān adbhuta-upamān** **naṣṭa-cetas-** BV lit. 'whose mind/thought is destroyed': 'stupefied'. **(50.4)** Split up **kasya ime** (NOM PL MASC of ayam/idam-). **(50.5)** Continues (4).

पुष्पिताः फलवन्तश्च पुण्याः सुरभिगन्धिनः ।
इमे जाम्बूनदमयाः पादपाः कस्य तेजसा ॥ ५०.६ ॥
काञ्चनानि च पद्मानि जातानि विमले जले ।
कथं मत्स्याश्च सौवर्णा चरन्ति सह कच्छपैः ॥ ५०.७ ॥
आत्मानमनुभावं च कस्य चैतत्तपोबलम् ।
अजानतां नः सर्वेषां सर्वमाख्यातुमर्हसि ॥ ५०.८ ॥
एवमुक्ता हनुमता तापसी धर्मचारिणी ।
प्रत्युवाच हनूमन्तं सर्वभूतहिते रता ॥ ५०.९ ॥
मयो नाम महातेजा मायावी दानवर्षभः ।
तेनेदं निर्मितं सर्वं मायया काञ्चनं वनम् ॥ ५०.१० ॥
पुरा दानवमुख्यानां विश्वकर्मा बभूव ह ।
येनेदं काञ्चनं दिव्यं निर्मितं भवनोत्तमम् ॥ ५०.११ ॥

(50.6) **puṣpita-** (adj) 'flowering, in bloom' **phala-vat-** (adj) 'bearing fruit, fruitful' **puṇya-** (adj) 'meritorious, virtuous, auspicious' **su-rabhi-** (adj) 'sweet-smelling' **gandhin-** (adj) 'fragrant' **jāmbūnada-maya-** (adj) 'made of river gold' **pāda-pa-** (m.) lit. 'foot(= root)-drinker': 'tree' **tejas-** (n.) 'brilliance, splendor'. **(50.7)** **padma-** (n.) 'lotus' **vimala-** (adj) 'spotless, clean, pure' **jala-** (n.) 'water' **matsya-** (m.) 'fish' **sauvarṇa-** (adj) 'made of gold, golden' **kacchapa-** (m.) 'turtle, tortoise'. **(50.8)** **anubhāva-** (m.) 'authority' **tapo-bala-** (n.) 'power of/acquired through austerities, ascetic power' **ā-√khyā** 'tell'. **(50.9)** **prati-√vac** 'reply' **bhūta-** (n.) '(living) being' **hita-** (n.) 'benefit, well-being' **rata-** (adj) 'delighting in' (+ Loc). **(50.10)** **maya-** (m.) Maya (a demon) **māyā-vin-** (adj) 'possessing magical powers' **dānava-** (m.) 'demon, Dānava' **ṛṣabha-** (m.) 'bull; leader' **niḥ-√mā** 'make, create' **māyā-** (f.) 'magic, illusion, trick'. **(50.11)** **purā** (ind) 'long ago' **mukhya-** (m.) 'leader, head' **ha** (ind) emphatic particle **divya-** (adj) 'heavenly, divine' **bhavana-** (n.) 'house, dwelling' **uttama-** (pron adj) 'highest, best; excellent'.

(50.6) Main structure: **kasya tejasā … jātāni** (*ta*-Ptc of √jan, in 7.1) 'by whose power did … come to be?'. **(50.7)** **l.2** begins new clause **sauvarṇā** needs to be sauvarṇāḥ (Nom Pl agreeing with matsyāḥ) and the reason behind the form sauvarṇā is unclear. **(50.8)** **ā-√khyā** 'tell sb. (here: Gen) about sth. (all Accs in this verse)' **ātmānam** here 'yourself' **kasya ca etat tapo-balam** 'and about whose ascetic power (has created all this)' **a-jānat-** negated PresAP of √jñā: 'not knowing, unaware'. **(50.10)** Supply 'there was' with l. 1 **mahā-tejāḥ** bv Nom Sg Masc split up **tena idam** **nirmita-** *ta*-Ptc of niḥ-√mā, serving as main verb (also in (11.2)). **(50.11)** **viśvakarman-** bv lit. 'whose deed/creation is everything': 'chief architect'.

स तु वर्षसहस्राणि तपस्तप्त्वा महावने ।
पितामहाद्वरं लेभे सर्वमौशनसं धनम् ॥ ५०.१२ ॥
विधाय सर्वं बलवान्सर्वकामेश्वरस्तदा ।
उवास सुखितः कालं कंचिदस्मिन्महावने ॥ ५०.१३ ॥
तमप्सरसि हेमायां सक्तं दानवपुंगवम् ।
विक्रम्यैवाशनिं गृह्य जघानेशः पुरंदरः ॥ ५०.१४ ॥
इदं च ब्रह्मणा दत्तं हेमायै वनमुत्तमम् ।
शाश्वतः कामभोगश्च गृहं चेदं हिरण्मयम् ॥ ५०.१५ ॥
दुहिता मेरुसावर्णेरहं तस्याः स्वयंप्रभा ।
इदं रक्षामि भवनं हेमाया वानरोत्तम ॥ ५०.१६ ॥

(50.12) **varṣa-** (m.) here 'year' **sahasra-** (n.) '1000' **tapas-** (n.) 'suffering; religious austerities/asceticism, penance' **pitā-maha-** (m.) 'grandfather' **vara-** (m.) 'boon, favor' **auśanasa-** (adj) 'belonging to Uśanas' **dhana-** (n.) 'wealth'. **(50.13)** **vi-√dhā** 'put in order, arrange, create' **bala-vat-** (adj) lit. 'having strength': 'strong' **kāma-** (m.) 'desire, longing' **īśvara-** (m.) 'lord, master' **√vas** 'live, dwell' **sukhita-** (adj) 'happy; lucky' **kāla-** (m.) '(the right) time'. **(50.14)** **apsaras-** (f.) 'apsaras, celestial spirit/nymph' **hemā-** (f.) Hemā **sakta-** (adj) 'linked/attached to' **dānava-** (m.) 'dānava, demon' **puṃ-gava-** (m.) lit. 'bull among men': 'hero' **vi-√kram** 'advance on, attack' **aśani-** (f.) 'flash, lightning bolt' **īśa-** (m.) 'lord' **puraṃ-dara-** (m.) 'destroyer of cities': Indra. **(50.15)** **brahman-** (m.) Brahmā (the god) **vana-** (n.) 'forest' **uttama-** (pron adj) 'highest, best; excellent' **śāśvata-** (adj) 'eternal, constant' **hiraṇmaya-** (adj) 'golden, made of gold'. **(50.16)** **duhitṛ-** (f.) 'daughter' **merusāvarṇi-** (m.) Merusāvarṇi **svayaṃprabhā-** (f.) Svayaṃprabhā **√rakṣ** 'protect, guard, save' **bhavana-** (n.) 'house, dwelling' **uttama-** (pron adj) 'highest, best; excellent'.

(50.12) **lebhe** 3SG PERF MID of √labh the **pitāmaha-** is the god Brahmā **varam** '*as* a boon' **auśanasam dhanam** 'wealth of Uśanas': it is unclear whether this refers to material wealth or special knowledge/creative abilities. **(50.13)** **vidhāya** ABS of vi-√dhā **bālavān** NOM SG MASC **sarva-kāma-īśvaraḥ** 'master of all he desires' **tadā** 'and then' **uvāsa** 3SG PERF of √vas. **(50.14)** **gṛhya** irreg ABS of √grah (regular gṛhītvā, though gṛhya not uncommon in the Epics) **jaghāna** 3SG PERF of √han. **(50.15)** Supply 'was' as the main verb **datta-** *ta*-PTC of √dā supply 'her' with **kāma-** and **gṛham** **kāma-bhoga-** (m.) '(source of) gratification of desires/fulfilment of wishes'. **(50.16)** **duhitā** NOM SG **vānara-uttama** VOC SG.

मम प्रियसखी हेमा नृत्तगीतविशारदा ।
तया दत्तवरा चास्मि रक्षामि भवनोत्तमम् ॥ ५०.१७ ॥
किं कार्यं कस्य वा हेतोः कान्ताराणि प्रपद्यथ ।
कथं चेदं वनं दुर्गं युष्माभिरुपलक्षितम् ॥ ५०.१८ ॥
इमान्यभ्यवहार्याणि मूलानि च फलानि च ।
भुक्त्वा पीत्वा च पानीयं सर्वं मे वक्तुमर्हथ ॥ ५०.१९ ॥
अथ तानब्रवीत्सर्वान्विश्रान्तान्हरियूथपान् ।
इदं वचनमेकाग्रा तापसी धर्मचारिणी ॥ ५१.१ ॥
वानरा यदि वः खेदः प्रनष्टः फलभक्षणात् ।
यदि चैतन्मया श्राव्यं श्रोतुमिच्छामि कथ्यताम् ॥ ५१.२ ॥
तस्यास्तद्वचनं श्रुत्वा हनुमान्मारुतात्मजः ।
आर्जवेन यथातत्त्वमाख्यातुमुपचक्रमे ॥ ५१.३ ॥

(50.17) **priya-** (adj) 'dear, one's own' **sakhī-** (f.) 'female friend, girlfriend' **nṛtta-** (n.) 'dance, dancing' **gīta-** (n.) 'song, singing' **viśārada-** (adj) 'skilled/experienced in' **√rakṣ** 'protect, guard, save' **bhavana-** (n.) 'house, dwelling'. (50.18) **kārya-** (n.) here 'need, necessity' (for: + INS) **kāntāra-** (n.) 'large wood, wilderness' **pra-√pad** (IV prapadyati) 'come upon, find' **dur-ga-** (adj) 'difficult to access; impassable' **upa-√lakṣ** 'notice, discover'. (50.19) **abhyavahārya-** (adj) 'edible' **mūla-** (n.) 'root' **phala-** (n.) 'fruit'. (51.1) **vi-śrānta-** (adj) 'rested, recovered, ceased' **hari-** (m.) 'monkey' **yūtha-pa-** (m.) 'leader of a herd' **vacana** (n.) 'word, statement' **eka-agra-** (adj) lit. 'single-pointed': 'focused'. (51.2) **kheda-** (m.) 'fatigue, affliction' **pra-√naś** 'disappear, vanish' **bhakṣaṇa-** (n.) 'consumption, enjoyment' **√kath** (X kathayati) 'tell'. (51.3) **māruta-** (m.) 'wind; the wind god' **ātma-ja-** (m.) 'child, son' **ārjava-** (n.) 'sincerity, frankness' **yathā-tattvam** (ind) 'according to the truth, truly' **ā-√khyā** 'tell, communicate' **upa-√kram** 'approach; begin'.

(50.17) **datta-vara-** BV 'to whom a boon had been granted'. (50.18) **kim kāryam** 'with what necessity, why?' **kasya hetoḥ** 'for what reason?'. (50.19) **bhuktvā** ABS of √bhuj 'enjoy, eat' **pītvā** ABS of √pā 'drink' **pānīya-** GDVE of √pā 'drink', here (n.) 'water'. (51.1) **abravīt** 'she said x (ACC) to y (ACC)'. (51.2) **yadi ca etat mayā śrāvyam** (GDVE of √śru) 'if this is to be heard by me, if I am allowed to hear it' **kathyatām** 3SG IMPV PASS of √kath, see p. XVII. (51.3) **upacakrame** 3SG PERF MID of upa-√kram.

राजा सर्वस्य लोकस्य महेन्द्रवरुणोपमः ।
रामो दाशरथिः श्रीमान्प्रविष्टो दण्डकावनम् ॥ ५१.४ ॥
लक्ष्मणेन सह भ्रात्रा वैदेह्या चापि भार्यया ।
तस्य भार्या जनस्थानाद्रावणेन हृता बलात् ॥ ५१.५ ॥
वीरस्तस्य सखा राज्ञः सुग्रीवो नाम वानरः ।
राजा वानरमुख्यानां येन प्रस्थापिता वयम् ॥ ५१.६ ॥
अगस्त्यचरितामाशां दक्षिणां यमरक्षिताम् ।
सहैभिर्वानरैर्मुख्यैरङ्गदप्रमुखैर्वयम् ॥ ५१.७ ॥
रावणं सहिताः सर्वे राक्षसं कामरूपिणम् ।
सीतया सह वैदेह्या मार्गध्वमिति चोदिताः ॥ ५१.८ ॥

(51.4) **indra-** (m.) Indra (the god); metaphorical: 'leader, king; best' **varuṇa-** (m.) Varuṇa (a deity) **upamā-** (f.) 'standard of comparison', (ifc) 'like' **dāśarathi-** (m.) lit. 'son of Daśaratha': Rāma **śrīmat-** (adj) 'venerable, honorable' **daṇḍakā-** (f.) = daṇḍaka- (m.) Daṇḍaka (a forest region). **(51.5)** **lakṣmaṇa-** (m.) Lakṣmaṇa **bhrātṛ-** (m.) 'brother' **vaidehī-** (f.) Sītā (princess of the Videha people) **janasthāna-** (m.) Janasthāna (place in Daṇḍaka) **rāvaṇa-** (m.) Rāvaṇa (Sītā's abductor) **balāt** (ind) 'forcibly, by force'. **(51.6)** **vīra-** (m.) 'hero' **sakhi-** (m.) 'friend' **sugrīva-** (m.) Sugrīva (king of the monkeys, Rāma's ally) **mukhya-** (m.) 'leader, guide'. **(51.7)** **agastya-** (m.) Agastya (a mythical sage) **āśā-** (f.) here 'region' (= diś-) **dakṣiṇa-** (adj) 'southern' **yama-** (m.) Yama (god of death) **rakṣita-** (adj) 'reserved, guarded' **mukhya-** (adj) 'eminent, chief' **aṅgada-** (m.) Aṅgada (a monkey) **pramukha-** (m.) 'leader'. **(51.8)** **sa-hita-** (adj) 'combined, joined' **rākṣasa-** (m.) 'rākṣasa, demon' **vaidehī-** (f.) Sītā (princess of the Videha people) **√mārg** 'seek for, search' **√cud** 'impel', urge on, CAUS the same.

(51.4) **mahā-indra-varuṇa-upamaḥ** 'who is like great Indra and Varuṇa' **śrīmān** NOM SG MASC **praviṣṭaḥ** here the main verb 'entered'. **(51.5)** **l.1** continues (4). **(51.6)** **sakhā** irreg NOM SG MASC of sakhi- **prasthāpitāḥ** NOM PL CAUS *ta*-PTC of pra-√sthā, CAUS 'to send out'. **(51.7)** The ACCS in l. 1 are the object/direction of prasthāpitāḥ in (6) **agastya-carita-** 'travelled/traversed by Agastya' split up **saha ebhiḥ** **aṅgada-pramukha-** BV 'with Aṅgada (a monkey) as leader'. **(51.8)** Consider translating the direct speech + **iti** as an indirect command: 'we were urged to …' **sarve** NOM PL MASC **kāma-rūpin-** BV lit. 'whose shape is (as they) desire': 'shape-shifter' **mārgadhvam** 2PL IMPV MID of √mārg **codita-** CAUS *ta*-PTC of √cud.

विचित्य तु वयं सर्वे समग्रां दक्षिणां दिशम् ।
बुभुक्षिताः परिश्रान्ता वृक्षमूलमुपाश्रिताः ॥ ५१.९ ॥
विवर्णवदनाः सर्वे सर्वे ध्यानपरायणाः ।
नाधिगच्छामहे पारं मग्नाश्चिन्तामहार्णवे ॥ ५१.१० ॥
चारयन्तस्ततश्चक्षुर्दृष्टवन्तो महद्बिलम् ।
लतापादपसंछन्नं तिमिरेण समावृतम् ॥ ५१.११ ॥
अस्माद्धंसा जलक्लिन्नाः पक्षैः सलिलरेणुभिः ।
कुरराः सारसाश्चैव निष्पतन्ति पतत्रिणः ।
साध्वत्र प्रविशामेति मया तूक्ताः प्लवंगमाः ॥ ५१.१२ ॥
तेषामपि हि सर्वेषामनुमानमुपागतम् ।
गच्छामः प्रविशामेति भर्तृकार्यत्वरान्विताः ॥ ५१.१३ ॥

(51.9) **vi-√ci** 'investigate, search; find' **samagra-** (adj) 'all, entire, whole' **dakṣiṇa-** (adj) 'south, southern' **diś-** (f.) 'direction (of the compass), region (of the world)' **bubhukṣita-** (adj) 'desiring to eat': 'hungry' **pariśrānta-** (adj) 'tired out, fatigued' **vṛkṣa-** (m.) 'tree' **mūla-** (n.) 'root' **upa-ā-√śri** 'lean on, rest against' (+ ACC). (51.10) **vi-varṇa-** (adj) 'colorless, pale' **vadana-** (n.) 'face, mouth' **dhyāna-** (n.) 'thought, reflection' **parāyaṇa-** (n.) 'principal aim/object, focus' **adhi-√gam** 'approach, reach, find' **pāra-** (n.) 'further bank, far shore, other side' **magna-** (adj) 'sunk, immersed' **arṇava-** (m.) 'wave, flood, sea'. (51.11) **√car** (1 carati) 'walk, go, move' **cakṣus-** (n.) 'eye' **latā-** (f.) 'vine, bindweed' **pāda-pa-** (m.) lit. 'foot(= root)-drinker': 'tree' **saṃchanna-** (adj) 'covered, concealed' **timira-** (n.) 'darkness' **samāvṛta-** (adj) 'covered'. (51.12) **jala-** (n.) 'water' **klinna-** (adj) 'wet, soaking' **pakṣa-** (m.) 'wing' **salila-** (n.) 'water' **reṇu-** (m.) 'droplet, particle' **kurara-** (m.) 'osprey' **sārasa-** (adj) 'belonging to a sea/lake', (m.) 'crane' **niḥ-√pat** 'fly out/up/apart' **patatrin-** (adj) 'winged, feathered' **sādhu-** (adj) 'good' **plavaṃgama-** (m.) lit. 'jump-goer': 'monkey'. (51.13) **anumāna-** (m.) 'permission; agreement' **upa-ā-√gam** 'approach, reach' **bhartṛ-** (m.) 'husband; master' **kārya-** (n.) 'duty, task, mission' **tvarā-** (f.) 'haste, speed' **anvita-** (adj) 'attached to'.

(51.9) **vicitya** ABS of vi-√ci. (51.10) **dhyāna-parāyaṇāḥ** 'lost in the thought that …', with l. 2 containing that thought **adhigacchāmahe** 1PL MID of adhi-√gam. (51.11) **cakṣus** (ACC SG) **cārayati** 'cast one's eye, look around' **cārayant-** CAUS PRESAP of √car **dṛṣṭavant-** PASTAP of √dṛś, here the main verb: '*we* saw'. (51.12) Split up **asmāt haṃsāḥ** **pakṣaiḥ salila-reṇubhiḥ** 'with wings flecked with water' **sārasa-** here 'crane', but note that the literal name indicates a likely water source were they are coming from **sādhu** here (ind) 'well then!' split up **praviśāma** (1PL IMPV) split up **tu uktāḥ**. (51.13) **upāgatam** main verb of l. 1: 'it was reached' (by: + GEN) **iti bhartṛ-kārya-tvarā-anvitāḥ** lit. 'attached to speed in their duty for their master': 'aiming to quickly do their master's bidding'.

ततो गाढं निपतिता गृह्य हस्तौ परस्परम् ।
इदं प्रविष्टाः सहसा बिलं तिमिरसंवृतम् ॥ ५१.१४ ॥
एतन्नः कार्यमेतेन कृत्येन वयमागताः ।
त्वां चैवोपगताः सर्वे परिद्यूना बुभुक्षिताः ॥ ५१.१५ ॥
आतिथ्यधर्मदत्तानि मूलानि च फलानि च ।
अस्माभिरुपभुक्तानि बुभुक्षापरिपीडितैः ॥ ५१.१६ ॥
यत्त्वया रक्षिताः सर्वे म्रियमाणा बुभुक्षया ।
ब्रूहि प्रत्युपकारार्थं किं ते कुर्वन्तु वानराः ॥ ५१.१७ ॥
एवमुक्ता तु सर्वज्ञा वानरैस्तैः स्वयंप्रभा ।
प्रत्युवाच ततः सर्वानिदं वानरयूथपान् ॥ ५१.१८ ॥
सर्वेषां परितुष्टास्मि वानराणां तरस्विनाम् ।
चरन्त्या मम धर्मेण न कार्यमिह केन चित् ॥ ५१.१९ ॥

(51.14) **gāḍham** (ind) 'tightly, firmly' **ni-√pat** 'fall/stumble down' **hasta-** (m.) 'hand' **parasparam** (ind) 'each other, one another' **sahasā** (ind) 'suddenly, quickly' **timira-** (n.) 'darkness' **saṃvṛta-** (adj) 'covered'. **(51.15)** **kārya-** (n.) 'duty, task, mission' **kṛtya-** (n.) 'purpose, end' **upa-√gam** 'approach, reach' **paridyūna-** (adj) 'sorrowful, desperate' **bubhukṣita-** (adj) lit. 'desiring to drink': 'thirsty'. **(51.16)** **ātithya-** (n.) 'hospitality' **dharma-** (m.) 'morality, righteousness; (religious/caste-based) duty; dharma' **mūla-** (n.) 'root' **upa-√bhuj** 'consume, enjoy' **bubhukṣā-** (f.) lit. 'desire to eat': 'hunger' **paripīḍita-** (adj) 'pressed, tormented'. **(51.17)** **√rakṣ** 'protect, guard, save' **√mṛ** (IV mriyate) 'die' **bubhukṣā-** (f.) lit. 'desire to eat': 'hunger' **prati-upakāra-** (m.) lit. 'counter-favor': 'doing a favor in return; gratitude' **-artham** (ind, ifc) 'for the sake/purpose of'. **(51.18)** **yūtha-pa-** (m.) 'leader of a herd/troop'. **(51.19)** **pari-√tuṣ** 'be pleased with' (+ GEN) **taras-vin-** (adj) 'swift, energetic' **dharma-** (m.) 'morality, righteousness; (religious/caste-based) duty; dharma' **kārya-** here (n.) 'need, necessity' (for: + INS).

(51.14) **gṛhya** irreg ABS of √grah (regular gṛhītvā) **praviṣṭāḥ** *ta*-PTC of pra-√viś, here the main verb. **(51.15)** Supply 'is' with **etat naḥ kāryam** **etena kṛtyena** ('with …') begins new clause **tvām** (ACC) 'to you' split up **ca eva upagatāḥ**. **(51.16)** **datta-** *ta*-PTC of √dā. **(51.17)** **yat** here 'because' **mriyamāṇa-** PRES MID PTC of √mṛ **brūhi** introduces direct speech (here without iti!); translate **brūhi** (2SG IMPV of √brū) … **kim** … **kurvantu** (IMPV 3PL of √kṛ) 'say what … can do'. **(51.19)** Translate **parituṣṭā asmi** 'I am delighted' (by/with: + GEN) **carantyāḥ** GEN SG FEM PRESAP of √car, here 'be engaged in (+ INS)' **na kāryam** lit. '(there is) no need of x (GEN) for y (INS)': 'x does not need y' **dharma-** here 'righteous action'.

एवमुक्तः शुभं वाक्यं तापस्या धर्मसंहितम् ।
उवाच हनुमान्वाक्यं तामनिन्दितचेष्टिताम् ॥ ५२.१ ॥
शरणं त्वां प्रपन्नाः स्मः सर्वे वै धर्मचारिणि ।
यः कृतः समयो ऽस्माकं सुग्रीवेण महात्मना ।
स तु कालो व्यतिक्रान्तो बिले च परिवर्तताम् ॥ ५२.२ ॥
सा त्वमस्माद्बिलाद्घोरादुत्तारयितुमर्हसि ॥ ५२.३ ॥
तस्मात्सुग्रीववचनादतिक्रान्तान्गतायुषः ।
त्रातुमर्हसि नः सर्वान्सुग्रीवभयशङ्कितान् ॥ ५२.४ ॥
महच्च कार्यमस्माभिः कर्तव्यं धर्मचारिणि ।
तच्चापि न कृतं कार्यमस्माभिरिह वासिभिः ॥ ५२.५ ॥
एवमुक्ता हनुमता तापसी वाक्यमब्रवीत् ।
जीवता दुष्करं मन्ये प्रविष्टेन निवर्तितुम् ॥ ५२.६ ॥

(52.1) **śubha-** (adj) here 'good, proper, suitable' **vākya-** (n.) 'word, statement' **tāpasī-** (f.) female ascetic' **dharma-** (m.) 'morality, righteousness; (religious/caste-based) duty; dharma' **saṃhita-** (adj) 'put together; conforming to' **a-nindita-** (adj) 'blameless' **ceṣṭita-** (n.) 'doing, action, behavior'. (52.2) **śaraṇa-** (n.) 'refuge, protection' **prapanna-** (adj) 'arrived at, come to' **vai** (ind) 'indeed' **samaya-** (m.) 'agreement' **mahā-ātman-** (adj) 'great-minded, noble' **kāla-** (m.) '(the right) time' **vi-ati-√kram** 'exceed, transgress' **pari-√vṛt** 'move, wander about'. (52.3) **ghora-** (adj) 'horrible **ud-√tṝ** 'come out of'. (52.4) **vacana-** (n.) 'word; command' **atikrānta-** (adj) 'having transgressed, strayed from' (+ Abl) **√trai** 'protect, save' **bhaya-** (n.) 'fear; danger, threat' **śaṅkita-** (adj) 'alarmed, worried'. (52.5) **kārya-** (n.) 'duty, task, mission' **vāsin-** (adj) 'dwelling, being (in a place)'. (52.6) **duṣkara-** (adj) 'hard to be borne, difficult, arduous' **√man** (iv manyate) 'think' **ni-√vṛt** 'return from, escape'.

(52.1) **śubham vākyam … dharma-saṃhitam** adverbial '(addressed) with these good, dharma-conforming words'. (52.2) **prapannāḥ smaḥ** (1Pl of √as) 'we have come to (Acc) for (Acc)' **dharma-cāriṇi** Voc Sg Fem **yaḥ (kālaḥ) kṛtaḥ samayaḥ asmākam** 'which time had been granted to us' (i. e. to search for Sītā) **parivartatām** 'by (us) wandering'. (52.3) **sā tvam** 'you' split up **asmāt bilāt ghorāt uttārayitum arhasi** translate **uttārayitum** (Caus Inf of ud-√tṝ) 'help (us) emerge'. (52.4) **gata-āyuṣaḥ** bv (Acc Pl) 'whose time has gone/elapsed, who is as good as dead' **trātum** Inf of √trai, governs all the Accs in (4). (52.5) **mahac** sandhied mahat **kartavya-** Gdve of √kṛ split up **tat ca api** **vāsibhiḥ** here '(by us) while/if we tarry here'. (52.6) **jīvatā** (Instr Sg PresAP) **duṣkaram manye** (1Sg of √man) **praviṣṭena nivartitum** 'I think it difficult for someone who has entered to turn back/get out living/alive'.

तपसस्तु प्रभावेन नियमोपार्जितेन च ।
सर्वानेव बिलादस्मादुद्धरिष्यामि वानरान् ॥ ५२.७ ॥
निमीलयत चक्षूंषि सर्वे वानरपुंगवाः ।
न हि निष्क्रमितुं शक्यमनिमीलितलोचनैः ॥ ५२.८ ॥
ततः संमीलिताः सर्वे सुकुमाराङ्गुलैः करैः ।
सहसा पिदधुर्दृष्टिं हृष्टा गमनकाङ्क्षिणः ॥ ५२.९ ॥
वानरास्तु महात्मानो हस्तरुद्धमुखास्तदा ।
निमेषान्तरमात्रेण बिलादुत्तारितास्तया ॥ ५२.१० ॥
ततस्तान्वानरान्सर्वांस्तापसी धर्मचारिणी ।
निःसृतान्विषमात्तस्मात्समाश्वास्येदमब्रवीत् ॥ ५२.११ ॥
एष विन्ध्यो गिरिः श्रीमान्नानाद्रुमलतायुतः ।
एष प्रस्रवणः शैलः सागरो ऽयं महोदधिः ॥ ५२.१२ ॥

(52.7) **prabhāva-** (m.) 'power' **niyama-** (m.) 'restriction; penance, piety' **upārjita-** (adj) 'procured, acquired, gained' **ud-√hṛ** 'bring out of; rescue' **vānara-** (m.) 'monkey'. **(52.8)** **ni-√mīl** (I nimīlati) 'fall asleep'; CAUS 'close (sb.'s eyes)' **cakṣus-** (n.) 'eye' **puṃ-gava-** (m.) lit. 'bull among men': 'hero' **niḥ-√kram** 'leave, go out' **śakya-** (adj) 'possible' **a-nimīlita-** (adj) 'not closed' **locana-** (n.) 'eye'. **(52.9)** **saṃ-mīlita-** (adj) 'having closed together' **su-kumāra-** (adj) 'tender, delicate' **aṅgula-** (m.) 'finger' **kara-** (m.) 'maker, doer': 'hand' **sahasā** (ind) 'suddenly, quickly' **api-√dhā** 'shut, cover' **dṛṣṭi-** (f.) 'sight, view' **hṛṣṭa-** (adj) 'delighted, excited' **gamana-** (n.) 'going' **kāṅkṣin-** (adj) 'desirous, longing for'. **(52.10)** **hasta-** (m.) 'hand' **ruddha-** (adj) 'obstructed, shut' **nimeṣa-antara** (n.) 'within a moment, in the twinkling of an eye' **mātra-** (ifc) 'just, only, simply'. **(52.11)** **niḥsṛta-** (adj) 'emerged, departed' **viṣama-** (n.) 'rough terrain/ground'. **(52.12)** **vindhya-** (m.) Vindhya (a mountain) **śrīmat** (adj) 'blessed' **nānā(-)** (ind, at beg. of CPD) 'variously, differently' **druma-** (m.) 'tree' **latā-** (f.) 'vine, bindweed' **āyuta-** (adj, ifc) 'combined with; having …' **prasravaṇa-** (m.) Prasravaṇa (a mountain) **śaila-** (m.) 'rock; hill, mountain' **sāgara-** (m.) 'ocean' **mahā-udadhi-** (m.) lit. 'great water vessel': 'ocean'.

(52.7) **tapasaḥ** GEN SG **uddhariṣyāmi** FUT of ud-√hṛ. **(52.8)** **nimīlayata** 2PL IMPV **cakṣūṃṣi** NOMACC PL of cakṣus- **śakya-** + INF 'it cannot be x-ed' (by: + INS) **animīlita-locanaiḥ** BV. **(52.9)** **sukumāra-aṅgulaiḥ** BV **pidadhuḥ** = apidadhuḥ (3PL PERF of api-√dhā). **(52.10)** **mahā-ātmānaḥ** NOM PL **hasta-ruddha-mukhāḥ** BV **uttāritāḥ** CAUS *ta*-PTC of ud-√tṝ. **(52.11)** Split up **samāśvāsya** (CAUS ABS of sam-ā-√śvas, in CAUS 'encourage') **idam abravīt**.

स्वस्ति वो ऽस्तु गमिष्यामि भवनं वानरर्षभाः ।
इत्युक्त्वा तद्बिलं श्रीमत्प्रविवेश स्वयंप्रभा ॥ ५२.१३ ॥

m Hanumān Learns about His Immaculate Conception (4.65.8–28)

The search party led by Hanumān and Aṅgada has learned that Sītā is on the island of Laṅkā. As the monkeys are trying to decide who would best be suited to jump across the ocean to find Sītā, the bear Jāmbavān suggests Hanumān, reminding him of the fact that he is the son of the wind god and thus able to jump particularly far.

अप्सराप्सरसां श्रेष्ठा विख्याता पुञ्जिकस्थला ।
अञ्जनेति परिख्याता पत्नी केसरिणो हरेः ॥ ८ ॥
अभिशापादभूत्तात वानरी कामरूपिणी ।
दुहिता वानरेन्द्रस्य कुञ्जरस्य महात्मनः ॥ ९ ॥
कपित्वे चारुसर्वाङ्गी कदाचित्कामरूपिणी ।
मानुषं विग्रहं कृत्वा यौवनोत्तमशालिनी ॥ १० ॥

(52.13) **svasti-** (f.) 'well-being, success' **bhavana-** (n.) 'house, dwelling' **ṛṣabha-** (m.) 'bull' **śrī-mat-** (adj) 'blessed'. **(8)** **apsaras-** (f.) 'apsaras; celestial spirit/nymph' **śreṣṭha-** (adj) 'best, excellent' **vikhyāta-** (adj) 'celebrated, famous' **puñjikasthalā-** (f.) Puñjikasthalā (an apsaras/nymph) **añjanā-** (f.) Añjanā (her name in her incarnation as a monkey) **parikhyāta-** (adj) 'called, named' **patnī-** (f.) 'wife' **kesarin-** (m.) Kesarin (husband of Hanumān's mother) **hari-** here: (m.) 'monkey'. **(9)** **abhiśāpa-** (m.) 'curse' **tāta** (Voc) 'my dear' **vānarī-** (f.) 'she-monkey' **duhitṛ-** (f.) 'daughter' **vānara-** (m.) 'monkey' **indra-** (m.) Indra (the god); metaphorical: 'leader, king; best' **kuñjara-** (m.) Kuñjara. **(10)** **kapi-tva-** (n.) 'monkey-ness' **cāru-** (adj) 'pleasing, dear, lovely' **aṅga-** (n.) 'limb' **mānuṣa-** (m.) 'man, human' **vigraha-** here: (m.) 'form, body, shape' **yauvana-** (n.) 'youth, young age' **uttama-** (pron adj) 'highest, best; excellent' **śālin-** (adj, ifc) 'possessing'.

(52.13) **vānara-ṛṣabhāḥ** Voc Pl **śrīmat** NomAcc Sg Ntr **praviveśa** 3Sg Perf of pra-√viś. **(8)** Split up **apsarāḥ** (Nom Sg) **apsarasām** (irregular sandhi!) **añjanā iti parikhyātā** 'was known as Añjanā' (i. e. in her incarnation as a monkey). **(9)** Split up **abhiśāpāt abhūt** (Aor of √bhū: 'became') **tāta** (here: 'o/my child') **kāma-rūpin-** Bv lit. 'whose shape is (as they) desire': 'shape-shifter' **duhitā** Nom Sg. **(10)** **kapitve** lit. 'in/despite (her) monkeyness': 'although she was a monkey' **cāru-sarva-aṅgī** Bv Nom Sg Fem **kadācit kāmarūpinī** 'could change her form whenever she wished' **yauvana-uttama-śālinī** 'possessing the best youthfulness': 'in the prime of her youth'.

अचरत्पर्वतस्याग्रे प्रावृडम्बुदसंनिभे ।
विचित्रमाल्याभरणा महार्हक्षौमवासिनी ॥ ११ ॥
तस्या वस्त्रं विशालाक्ष्याः पीतं रक्तदशं शुभम् ।
स्थितायाः पर्वतस्याग्रे मारुतो ऽपहरच्छनैः ॥ १२ ॥
स ददर्श ततस्तस्या वृत्तावूरू सुसंहतौ ।
स्तनौ च पीनौ सहितौ सुजातं चारु चाननम् ॥ १३ ॥
तां विशालायतश्रोणीं तनुमध्यां यशस्विनीम् ।
दृष्ट्वैव शुभसर्वाङ्गीं पवनः काममोहितः ॥ १४ ॥
स तां भुजाभ्यां पीनाभ्यां पर्यष्वजत मारुतः ।
मन्मथाविष्टसर्वाङ्गो गतात्मा तामनिन्दिताम् ॥ १५ ॥
सा तु तत्रैव संभ्रान्ता सुवृत्ता वाक्यमब्रवीत् ।
एकपत्नीव्रतमिदं को नाशयितुमिच्छति ॥ १६ ॥

---

(11) √**car** (1 carati) 'walk, go, move' **parvata-** (m.) 'mountain' **agra-** (n.) 'tip, top, peak' **prāvṛṣ-** (f.) 'the rainy season; rain' **ambu-da-** (m.) lit. 'water-giver': 'cloud' **saṃnibha-** (adj) 'resembling, like' **vicitra-** (adj) 'many-colored; brilliant' **mālya-** (n.) 'garland' **ābharaṇa-** (n.) 'ornament, decoration' **arha-** (adj) 'deserving, worth(y); costly' **kṣauma-** (n.) 'linen cloth, garment' **vāsin-** (adj, ifc) 'wearing, clothed in'. **(12) vastra-** (n.) 'clothes, clothing' **viśāla-** (adj) 'great, large' **akṣi-** (n.) 'eye' **pīta-** (adj) here 'yellow' **rakta-** (adj) 'dyed; red' **daśā-** (f.) 'fringe, border' **śubha-** (adj) 'beautiful' **sthita-** (adj) 'standing' **māruta-** (m.) 'wind; the wind god' **śanaiḥ** (ind) 'quietly, softly; slowly, gradually'. **(13) vṛtta-** (adj) 'round(ed), perfect' **ūru-** (m.) 'thigh' **su-saṃhata-** (adj) 'very firm' **stana-** (m.) 'breast' **pīna-** (adj) 'full, round, thick' **sa-hita-** (adj) 'united; pair of …' **su-jāta-** (adj) 'well-born, noble' **cāru-** (adj) 'pleasing, dear, lovely' **ānana-** (n.) 'mouth, face'. **(14) viśāla-** (adj) 'great, large' **āyata-** (adj) 'stretched, wide' **śroṇī-** (f.) 'hips; buttocks' **tanu-** (adj) 'thin, delicate' **madhya-** (n.) 'middle; waist' **yaśas-vin-** (adj) 'splendid, beautiful; illustrious' **pavana-** (m.) lit. 'purifier': 'wind, the wind god' **kāma-** (m.) 'desire, longing' **mohita-** (adj) 'bewildered, confused'. **(15) bhuja-** (m.) 'arm' **pari-√svaj** (1 pariṣvajate) 'embrace' **manmatha-** (m.) 'love' **ā-√viś** 'enter' **aṅga-** (n.) 'limb' **a-nindita-** (adj) 'blameless, virtuous'. **(16) saṃbhrānta-** (adj) 'perplexed, agitated' **su-vṛtta-** (adj) 'virtuous, good' **vrata-** (n.) 'vow, oath'.

---

(11) **prāvṛḍ-** sandhied prāvṛṣ- (stem form) the NOM SG FEM forms in l. 2 are BVs referring to Añjanā. **(12) tasyā** sandhied tasyāḥ **viśāla-akṣyāḥ** BV GEN SG FEM split up **apaharat** (unaugmented imperfect) **śanaiḥ**. **(13)** Split up **vṛttau ūrū** **cāru** ACC SG NTR split up **ca ānanam**. **(15)** Split up **manmatha-āviṣṭa-sarva-aṅgaḥ** (BV) **gata-ātmā** (BV) **tām** 'with his self/mind/heart gone/lost to her'. **(16) eka-patnī-** BV FEM of an implied eka-pati-, lit. 'whose husband is one, who has just one husband': 'loyal wife' **eka-patnī-vratam** 'vow/oath to be a loyal wife' **nāśayitum** CAUS INF of √naś.

अञ्जनाया वचः श्रुत्वा मारुतः प्रत्यभाषत ।
न त्वां हिंसामि सुश्रोणि मा भूत्ते सुभगे भयम् ॥ १७ ॥
मनसास्मि गतो यत्त्वां परिष्वज्य यशस्विनि ।
वीर्यवान्बुद्धिसम्पन्नः पुत्रस्तव भविष्यति ॥ १८ ॥
अभ्युत्थितं ततः सूर्यं बालो दृष्ट्वा महावने ।
फलं चेति जिघृक्षुस्त्वमुत्प्लुत्याभ्यपतो दिवम् ॥ १९ ॥
शतानि त्रीणि गत्वाथ योजनानां महाकपे ।
तेजसा तस्य निर्धूतो न विषादं ततो गतः ॥ २० ॥
तावदापततस्तूर्णमन्तरिक्षं महाकपे ।
क्षिप्तमिन्द्रेण ते वज्रं क्रोधाविष्टेन धीमता ॥ २१ ॥

---

(17) **vacas-** (n.) 'word, utterance' **prati-√bhāṣ** (1 pratibhāṣati) 'reply' **√hiṃs** (1 hiṃsati) 'injure, harm' **su-śroṇī-** (adj) 'having beautiful hips' **su-bhāga-** (adj) 'lovely, charming' **bhaya-** (n.) 'fear; danger, threat'. (18) **pari-√svaj** 'embrace' **yaśas-vin-** (adj) 'splendid, beautiful; illustrious' **vīrya-vat-** (adj) 'having valor, strength' **buddhi-** (f.) 'wisdom, understanding, intelligence' **saṃpanna-** (adj) 'endowed with, having'. (19) **abhi-ud-√sthā** 'stand up, rise' **sūrya-** (m.) 'sun' **bāla-** (m.) 'boy; child' **phala-** (n.) 'fruit' **jighṛkṣu-** (adj) 'wishing to take/seize' **tvam** (pron) 'you' **ud-√plu** 'jump up' **abhi-√pat** (1 abhipatati) 'fall, fly' (towards: + Acc) **diva-** (n.) 'sky'. (20) **śata-** (n.) hundred' **tri-** (adj) 'three' **yojana-** (n.) 'league, yojana' (measure of length, between 5–8 miles) **kapi-** (m.) 'monkey' **nirdhūta-** (adj) 'suffering, tormented' **viṣāda-** (m.) 'despondence, depression'. (21) **tāvat** (ind) here 'while, as' **ā-√pat** 'fall, fly' **tūrṇam** (ind) 'swiftly' **antarikṣa-** (n.) 'sky, air' **√kṣip** 'throw, hurl' **indra-** (m.) Indra (the god); metaphorical: 'leader, king; best' **vajra-** (n.) 'thunderbolt' **krodha-** (m.) 'anger' **ā-√viś** 'enter; overcome' **dhī-mat-** (adj) lit. 'having thought': 'wise'.

---

(17) Translate **hiṃsāmi** as a Fut **su-śroṇi, su-bhāge** both Voc Sg Fem **mā bhūt** (unaugmented Aor) 'let there not be …'. (18) **manasā asmi gataḥ yat tvām pariṣvajya** 'because (yat) I am gone (gataḥ asmi) to you (tvām) with my mind/heart (and) have embraced you' **yaśavini** Voc Sg Fem **vīryavān** Nom Sg Masc. (19) From here on, Hanumān is directly addressed **abhyutthita-** *ta*-Ptc of abhi-ud-√sthā **bālaḥ** 'as a boy/child' **phalam ca iti** 'and (thinking) '(it's) a fruit!'' split up **jighṛkṣuḥ tvam utplutya abhyapataḥ**. (20) **mahā-kape** Voc Sg, addressing Hanumān **tejas-** (n.) here 'glare, heat' **tasya** 'its', i.e. 'the sun's' **nirdhūtaḥ** here '(even though) tormented' **viṣādam √gam** lit. 'go towards despondence': 'become despondent, give up' (see p. xix) the subject of **gataḥ** still is tvam (19). (21) Basic structure: **kṣiptam indreṇa vajram** (l. 2) split up **tāvat āpatataḥ** **āpatataḥ** (Gen Sg PresAP of ā-√pat) **antarikṣam … te … krodha-** 'anger at (lit. 'of') you flying through the sky'.

ततः शैलाग्रशिखरे वामो हनुरभज्यत।
ततो हि नामधेयं ते हनुमानिति कीर्त्यते॥ २२॥
ततस्त्वां निहतं दृष्ट्वा वायुर्गन्धवहः स्वयम्।
त्रैलोक्ये भृशसंक्रुद्धो न ववौ वै प्रभञ्जनः॥ २३॥
संभ्रान्ताश्च सुराः सर्वे त्रैलोक्ये क्षुभिते सति।
प्रसादयन्ति संक्रुद्धं मारुतं भुवनेश्वराः॥ २४॥
प्रसादिते च पवने ब्रह्मा तुभ्यं वरं ददौ।
अशस्त्रवध्यतां तात समरे सत्यविक्रम॥ २५॥
वज्रस्य च निपातेन विरुजं त्वां समीक्ष्य च।
सहस्रनेत्रः प्रीतात्मा ददौ ते वरमुत्तमम्॥ २६॥

---

(22) **śaila-** (m.) 'rock; mountain' **agra-** (n.) 'tip, top, peak' **śikhara-** (m./n.) '(sharp) ridge, edge, spike' **vāma-** (adj) here 'left, left side' **hanu-** (here m.) 'jaw' **√bhañj** 'break, shatter' **nāma-dheya-** (n.) 'name, title' **hanu-mat-** (m.) Hanumān, lit. 'having a jaw' **√kīrt** (X kīrtayati) 'name, call'. (23) **ni-√han** 'strike, hurt' **vāyu-** (m.) 'wind; the god of wind' **gandha-** (m.) 'smell, scent, fragrance' **vaha-** (adj) 'bearing, conveying' **svayam** (ind) 'oneself' **trailokya-** (n.) 'the three worlds' (= 'the entire world') **bhṛśa-** (adj) 'strong, vehement' **saṃkruddha-** (adj) 'violent; enraged' (at: + LOC) **√vā** (II vāti) 'blow' (i.e. wind) **prabhañjana-** (m.) lit. 'the crusher': 'storm god'. (24) **saṃbhrānta-** (adj) 'confused, perplexed, agitated' **sura-** (m.) 'god' **kṣubhita-** (adj) 'shaken, disturbed' **pra-√sad** (irreg prasīdati) 'be calm, serene', CAUS 'make calm; entreat' **bhuvana-** (n.) 'world, earth' **īśvara-** (m.) 'lord, master'. (25) **prasādita-** (adj) 'calmed, quietened' **pavana-** (m.) lit. 'purifier': 'wind' **brahman-** (m.) Brahmā (the creator god) **vara-** (m.) 'boon, gift, reward' **śastra-** (n.) 'weapon' **vadhyatā-** (f.) 'violability' **tāta** (VOC) 'my dear' **samara-** (m.) 'hostile encounter, conflict, war' **satya-** (adj) 'true' **vikrama-** (m.) 'valor, courage'. (26) **nipāta-** (m.) 'fall, descent' **vi-ruja-** (adj) 'healthy, uninjured' **sam-√īkṣ** 'see, notice' **sahasra-** (n.) 'thousand' **netra-** (n.) 'eye' **uttama-** (pron adj) 'highest, best; excellent'.

---

(22) **abhajyata** 3SG IMPF PASS **tataḥ** here 'from/because of that' **hanu-mat-** lit. 'having a jaw', apparently in the sense of 'having a noteworthy/special jaw'. (23) **vavau** 3SG PERF of √vā **svayam** here (ind) 'himself'. (24) **trailokye kṣubhite sati** LOC ABS **sati** LOC SG PRESAP of √as **prasādayanti** CAUS. (25) **prasādite pavane** LOC ABS **varam √dā** 'grant a wish/boon' (**dadau** 3SG PERF of √dā) **a-śastra-vadhyatā-** lit. 'un-weapon-violability': 'impossibility of being wounded by weapons' **satya-vikrama** BV. (26) **sahasra-netraḥ** BV 'the thousand-eyed one' (= Śiva; see the first passage in Chapter 4) **prīta-ātman-** BV lit. 'pleased-selved': 'glad, pleased' the nature of the **uttamam varam** is given in 27.

स्वच्छन्दतश्च मरणं ते भूयादिति वै प्रभो।
स त्वं केसरिणः पुत्रः क्षेत्रजो भीमविक्रमः ॥ २७ ॥
मारुतस्यौरसः पुत्रस्तेजसा चापि तत्समः।
त्वं हि वायुसुतो वत्स प्लवने चापि तत्समः ॥ २८ ॥

n How Should I Address Sītā? (5.28.3–44)

Hanumān has successfully made the jump to Laṅkā. After a long search of the island, he finally has found Sītā, whom Rāvaṇa keeps captive under the close watch of several female rākṣasas. Sitting in a tree close by, Hanumān considers his options.

यां कपीनां सहस्राणि सुबहून्ययुतानि च।
दिक्षु सर्वासु मार्गन्ते सेयमासादिता मया ॥ ३ ॥
चारेण तु सुयुक्तेन शत्रोः शक्तिमवेक्षता।
गूढेन चरता तावदवेक्षितमिदं मया ॥ ४ ॥
राक्षसानां विशेषश्च पुरी चेयमवेक्षिता।
राक्षसाधिपतेरस्य प्रभावो रावणस्य च ॥ ५ ॥

---

(27) **svacchandataḥ** (ind) lit. 'of one's own will': 'when one wants it' **maraṇa-** (n.) 'death' **prabhu-** (m.) 'master, lord' **kesarin-** (m.) Kesarin (husband of Hanumān's mother) **kṣetra-ja-** (m.) lit. 'field-born': planned/permitted son of a wife with someone other than her husband (legitimate according to custom of the time) **bhīma-** (adj) 'frightful, formidable' **vikrama-** (m.) 'valor, courage'. (28) **aurasa-** (m.) 'own/legitimate son' **tejas-** (n.) 'brilliance, splendor' **tat-sama-** (adj) 'equal to him' **vāyu-** (m.) 'wind; the god of wind' **suta-** (m.) 'son' **vatsa-** (m.) 'calf; offspring, child'; Voc 'my dear child' **plavana-** (n.) 'flying, jumping'. (3) **kapi-** (m.) 'monkey' **sahasra-** (n.) '1000' **su-bahu-** (adj) 'very many/much' **ayuta-** (n.) '10,000, myriad' **diś-** (f.) 'direction (of the compass), region (of the world)' **√mārg** (1 mārgate) 'seek for, search' **ā-√sad** (irreg āsīdati) 'sit down near'; Caus 'set down; find, reach'. (4) **cāra-** (m.) 'spy' **su-yukta-** (adj) lit. 'well-joined; focused, attentive' **śatru-** (m.) 'enemy' **śakti-** (f.) 'power, strength' **ava-√īkṣ** 'see, observe, determine' **gūḍha-** (adj) 'covered, hidden' **√car** (1 carati) 'walk, go, move'. (5) **rākṣasa-** (m.) 'rākṣasa, demon' **viśeṣa-** (m.) 'characteristics, character' **purī-** (f.) 'fortress, citadel' **adhipati-** (m.) 'lord, king' **prabhāva-** (m.) 'might, power' **rāvaṇa-** (m.) Rāvaṇa (the lord of Laṅkā, Sītā's abductor).

---

(27) **bhūyāt** 3Sg precative of √bhū: translate like a Pot l. 2 begins new clause, supply '(you) are' **sa tvam** 'you'. (28) Continues (27). **tejasā, plavane** '(equal) in splendor … in jumping/flying' **tat-samaḥ** 'identical to him'. (3) Relative clause structure **yām … sā iyam** ('she') **āsāditā** Caus *ta*-Ptc of ā-√sad, serving as main verb. (4) **avekṣatā, caratā** Instr Sg PresAP all Ins agree with **mayā** **tāvat** here best untranslated **idam** here referring to what follows. (5) **avekṣitā** is to be read with all Nom Sgs, but agrees with **pūrī**, to which it is closest.

युक्तं तस्याप्रमेयस्य सर्वसत्त्वदयावतः ।
समाश्वासयितुं भार्यां पतिदर्शनकाङ्क्षिणीम् ॥ ६ ॥
अहमाश्वासयाम्येनां पूर्णचन्द्रनिभाननाम् ।
अदृष्टदुःखां दुःखस्य न ह्यन्तमधिगच्छतीम् ॥ ७ ॥
यदि ह्यहमिमां देवीं शोकोपहतचेतनाम् ।
अनाश्वास्य गमिष्यामि दोषवद्गमनं भवेत् ॥ ८ ॥
गते हि मयि तत्रेयं राजपुत्री यशस्विनी ।
परित्राणमविन्दन्ती जानकी जीवितं त्यजेत् ॥ ९ ॥
मया च स महाबाहुः पूर्णचन्द्रनिभाननः ।
समाश्वासयितुं न्याय्यः सीतादर्शनलालसः ॥ १० ॥
निशाचरीणां प्रत्यक्षमक्षमं चाभिभाषणम् ।
कथं नु खलु कर्तव्यमिदं कृच्छ्रगतो ह्यहम् ॥ ११ ॥

---

(6) a-prameya- (adj) 'immeasurable' **sattva-** (n.) 'living being' **dayā-vat-** (adj) 'having pity/sympathy' **sam-ā-√śvas** (I samāśvasati) 'breathe again'; CAUS 'encourage' **bhāryā-** (f.) 'wife' **pati-** (m.) 'lord, husband' **darśana-** (n.) 'sight, view' **kāṅkṣin-** (adj, f. -ī) 'desirous of, desiring'. **(7) ā-√śvas** (I āśvasati) 'breathe'; CAUS 'encourage' **pūrṇa-** (adj) 'full' **candra-** (m.) 'moon' **nibha-** (adj) 'resembling, like' **ānana-** (n.) 'face, mouth' **anta-** (m.) 'end' **adhi-√gam** (irreg adhigacchati) 'go to; meet, find'. **(8) śoka-** (m.) 'grief, anguish' **upa-√han** (II upahanti) 'strike; overwhelm' **cetana-** (m./n.) 'soul, mind' **doṣa-vat-** (adj) lit. 'having faults': 'wrong' **gamana-** (n.) 'going'. **(9) rāja-putrī-** (f.) 'princess' **yaśas-vin-** (adj) 'splendid, beautiful; illustrious' **paritrāṇa-** (n.) 'rescue, protection' **jānakī-** (f.) Sītā (the daughter of Janaka) **jīvita-** (n.) 'life'. **(10) bāhu-** (m.) 'arm' **nyāyya-** (adj) 'correct, fit, proper' (+ INF) **darśana-** (n.) 'sight, view' **lālasa-** (adj) 'desirous of, longing for'. **(11) niśā-cāra-** (adj, f. -ī) lit. '(at)night-moving': 'demon, rākṣasa' **pratyakṣa-** (adj) 'before the eyes of, visible to' (+ GEN) **akṣama-** (adj) 'unable, impossible' **abhibhāṣaṇa-** (n.) 'act of addressing/speaking to' **nu** (ind) 'now, surely, indeed' **khalu** (ind) 'indeed' **kṛcchra-gata-** (adj) lit. 'undergoing trouble': 'distressed'.

---

(6) yuktam + INF '(it is) fitting/proper' (implied: 'for me') **samāśvāsayitum** CAUS INF of sam-ā-√śvas, translate as FUT. **(7) āśvāsayāmi** 1SG CAUS of ā-√śvas **a-dṛṣṭa-duḥkhām** BV 'by whom suffering had not (before) been seen/experienced' **duḥkhasya** here 'of *her* suffering' **adhigacchatīm** ACC SG FEM PRESAP of adhi-√gam. **(8) upa-hata-** *ta*-PTC of upa-√han **an-āśvāsya** negated CAUS ABS of ā-√śvas. **(9) gate mayi** LOC ABS here 'if I were to go/leave' **tatra** = back to Rāma **avindantī** NOM SG FEM NEG PRESAP of √vid. **(10) nyāyya-** + INF lit. 'x (NOM) is proper to be (verb)-ed (INF) by z (INS)': 'z should (verb) x'. **(11) niśācarīṇām pratyakṣam** Sītā is constantly guarded by rākṣasīs.

अनेन रात्रिशेषेण यदि नाश्वास्यते मया ।
सर्वथा नास्ति संदेहः परित्यक्ष्यति जीवितम् ॥ १२ ॥
रामश्च यदि पृच्छेन्मां किं मां सीताब्रवीद्वचः ।
किमहं तं प्रतिब्रूयामसंभाष्य सुमध्यमाम् ॥ १३ ॥
सीतासंदेशरहितं मामितस्त्वरया गतम् ।
निर्दहेदपि काकुत्स्थः क्रुद्धस्तीव्रेण चक्षुषा ॥ १४ ॥
यदि चेद्योजयिष्यामि भर्तारं रामकारणात् ।
व्यर्थमागमनं तस्य ससैन्यस्य भविष्यति ॥ १५ ॥
अन्तरं त्वहमासाद्य राक्षसीनामिह स्थितः ।
शनैराश्वासयिष्यामि संतापबहुलामिमाम् ॥ १६ ॥
अहं ह्यतितनुश्चैव वानरश्च विशेषतः ।
वाचं चोदाहरिष्यामि मानुषीमिह संस्कृताम् ॥ १७ ॥

---

(12) **rātri-** (f.) 'night' **śeṣa-** (m./n.) 'remainder, rest of' **sarvathā** (ind) 'in every way' **saṃdeha-** (m.) 'doubt, uncertainty'. (13) **vacas-** (n.) 'speech, voice, word' **sumadhyama-** (adj) lit. 'well-middled': 'having a beautiful waist'. (14) **saṃdeśa-** (m.) 'message, command' **rahita-** (adj) 'free from, without' **itaḥ** (ind) 'from here, hence' **tvarā-** (f.) 'haste, speed' **niḥ-√dah** (I nirdahati) 'burn up, destroy' **kākutstha-** (m.) 'descendant of Kakutstha (a legendary king)': Rāma **kruddha-** (adj) 'angry' **tīvra-** (adj) 'strong, severe, intense' **cakṣus-** (n.) 'eye'. (15) **yadi cet** (ind) 'if, so' **bhartṛ-** (m.) 'master; husband' **kāraṇa-** (n.) 'cause, reason; behalf' **vyartha-** (adj) 'useless, in vain' **sa-sainya-** (adj) 'with/commanding an army'. (16) **ā-√sad** (irreg āsīdati) 'sit down near'; CAUS 'set down; find, reach' **rākṣasī-** (f.) 'female rākṣasa/demon' **śanaiḥ** (ind) 'quietly, softly; slowly, gradually' **saṃtāpa-** (m.) 'pain, distress' **bahula-** (adj) 'abundant; accompanied by, having'. (17) **ati-tanu-** (adj) 'very slight' **vānara-** (m.) 'monkey' **viśeṣataḥ** (ind) 'especially, also' **vāc-** (f.) 'speech, language' **ud-ā-√hṛ** 'tell, declare, speak' **mānuṣa-** (adj, f. -ī) 'human' **saṃskṛta-** (adj) 'completed, perfected; Sanskrit'.

---

(12) Translate **anena rātriśeṣeṇa** either as 'within …' or 'throughout …' **āśvāsyate** 3SG PASS CAUS of **ā-√śvas** **parityakṣyati** 3SG FUT of pari-√tyaj. (13) Split up **pṛcchet mām** **pratibrūyām** 1SG POT of prati-√brū **a-saṃbhāṣya** negated ABS of sam-√bhāṣ 'without addressing, if I have not addressed'. (14) Basic structure **kākutsthaḥ mām nirdahet** (3SG POT of niḥ-√dah) **sītā-saṃdeśa-rahitam** BV agreeing with mām **cakṣus-** here 'glance, look'. (15) **yadi cet** 'if (Sītā were to kill herself), then' **yojayiṣyāmi** FUT CAUS of √yuj: here 'engage with, serve' **bhartāram** here = Sugrīva, the monkey king, and thus Hanumān's master **vyartham** is to be read with both verbs. (16) **antaram … rākṣasīnām** 'a gap (in the watchfulness) of the rākṣasīs' **āsādya** CAUS ABS of ā-√sad, here 'waiting to find' **sthitaḥ** here the main verb 'I remain, stay' **āśvāsayiṣyāmi** CAUS FUT of ā-√śvas. (17) Split up **hi** (here: because) **ati-tanuḥ ca eva.**

यदि वाचं प्रदास्यामि द्विजातिरिव संस्कृताम्।
रावणं मन्यमाना मां सीता भीता भविष्यति॥ १८॥
अवश्यमेव वक्तव्यं मानुषं वाक्यमर्थवत्।
मया सान्त्वयितुं शक्या नान्यथेयमनिन्दिता॥ १९॥
सेयमालोक्य मे रूपं जानकी भाषितं तथा।
रक्षोभिस्त्रासिता पूर्वं भूयस्त्रासं गमिष्यति॥ २०॥
ततो जातपरित्रासा शब्दं कुर्यान्मनस्विनी।
जानमाना विशालाक्षी रावणं कामरूपिणम्॥ २१॥
सीतया च कृते शब्दे सहसा राक्षसीगणः।
नानाप्रहरणो घोरः समेयादन्तकोपमः॥ २२॥

---

(18) **pra-√dā** (III pradadāti) 'give, offer' **dvi-jāti-** (m.) lit. 'two-birthed': 'brahmin' **√man** (IV manyate) 'think' **bhīta-** (adj) 'frightened, terrified'. (19) **avaśyam** (ind) 'necessarily, certainly' **vākya-** (n.) 'word, speech' **artha-vat-** (adj) lit. 'having purpose': 'fitting, suitable' **√sāntv** (X sāntvayati) 'comfort, console, soothe' **śakya-** (adj) 'able, possible' (+ INF) **anyathā** (ind) 'otherwise, in a different manner' **ayam/idam-** (pron) 'he, she, it; this, that' **a-nindita-** (adj) 'blameless, irreproachable'. (20) **ā-√lok** (I ālokate) 'look at, perceive' **rūpa-** (n.) 'form, shape; beauty' **jānakī-** (f.) Sītā (daughter of Janaka) **√bhāṣ** (I bhāṣate) 'speak, address' **rakṣas-** (n.) 'rākṣasa, demon' **trāsita-** (adj) 'frightened, afraid' **pūrvam** (ind) 'before, formerly' **bhūyaḥ** (ind) 'again, once more' **trāsa-** (m.) 'fear, terror'. (21) **√jan** (IV jāyate) 'be born, arise; give birth' **paritrāsa-** (m.) 'fear, terror' **śabda-** (m.) 'sound, voice; word' **manas-vin-** (adj) 'intelligent, wise' **√jñā** (IX jānāti) 'know, recognize' **viśāla-** (adj) 'great, big' **akṣa-** (n., ifc for akṣi-) 'eye'. (22) **sahasā** (ind) 'suddenly, quickly' **rākṣasī-** (f.) 'female rākṣasa/demon' **gaṇa-** (m.) 'group' **nānā(-)** (ind/at beg of CPD) 'variously, differently' **praharaṇa-** (n.) 'weapon' **ghora-** (adj) 'horrible' **sam-ā-√i** (II samaiti) 'come together, arrive at, enter' **antaka-** (m.) 'death' **upamā-** (f.) 'standard of comparison', (ifc) 'like'.

---

(18) **manyamāna-** PRES MID PTC of √man, + 2 ACCS 'thinking that ... is ...'. (19) **vaktavya-** GDVE of √vac 'must be said/spoken' **śakya-** + INF 'can be x-ed' split up **na anyathā iyam** (NOM SG FEM of ayam/idam) **aninditā**. (20) Split up **sā iyam** 'she' **me rūpam** i. e. see that he is not a human **trāsam √gam** lit. 'go to fear': 'become afraid' (see p. XIX). (21) **jāta**(*ta*-PTC of √jan)-**paritrāsā** BV 'in whom fear has been born/arisen' **śabdam kuryāt** 'might make a noise', i. e. here 'might scream' **jānamāna-** PRES MID PTC of √jñā, here 'thinking that I am ...' **viśāla-akṣa-** BV **kāma-rūpin-** BV lit. 'whose shape is (as they) desire': 'shape-shifter'. (22) **kṛte śabde** LOC ABS **nānā-praharaṇaḥ** BV **sameyāt** 3SG POT of sam-ā-√i.

ततो मां संपरिक्षिप्य सर्वतो विकृताननाः ।
वधे च ग्रहणे चैव कुर्युर्यत्नं यथाबलम् ॥ २३ ॥
तं मां शाखाः प्रशाखाश्च स्कन्धांश्चोत्तमशाखिनाम् ।
दृष्ट्वा विपरिधावन्तं भवेयुर्भयशङ्किताः ॥ २४ ॥
मम रूपं च संप्रेक्ष्य वनं विचरतो महत् ।
राक्षस्यो भयवित्रस्ता भवेयुर्विकृताननाः ॥ २५ ॥
ततः कुर्युः समाह्वानं राक्षस्यो रक्षसामपि ।
राक्षसेन्द्रनियुक्तानां राक्षसेन्द्रनिवेशने ॥ २६ ॥
ते शूलशरनिस्त्रिंशविविधायुधपाणयः ।
आपतेयुर्विमर्दे ऽस्मिन्वेगेनोद्विग्नकारिणः ॥ २७ ॥

---

(23) **sam-pari-√kṣip** 'surround, crowd in' **sarvataḥ** (ind) 'from all sides, in every direction, everywhere' **vikṛta-** (adj) 'deformed, mutilated' **ānana-** (n.) 'face, mouth' **vadha-** (m.) 'murder, death' **grahaṇa-** (n.) 'capture, seizing' **yatna-** (n.) 'attempt' **yathābalam** (ind) 'with all one's power, as best one can'. (24) **śākhā-** (f.) 'branch' **praśākhā-** (f.) 'small branch, twig' **skandha-** (m.) 'shoulder; tree-trunk' **uttama-** (pron adj) 'highest, best; excellent' **śākhin-** (m.) 'having branches: tree' **vi-pari-√dhāv** (I viparidhāvati) 'run/leap about in' (+ ACC) **bhaya-** (n.) 'fear; danger, threat' **śaṅkita-** (adj) 'fearful, alarmed'. (25) **sam-pra-√īkṣ** (I saṃprekṣate) 'observe carefully' **vi-√car** (I vicarati) 'move around, traverse' (+ ACC) **vitrasta-** (adj) 'frightened, alarmed' **vikṛta-** (adj) 'deformed, mutilated' **ānana-** (n.) 'mouth, face'. (26) **samāhvāna-** (n.) 'summons, call, convocation' **indra-** (m.) Indra (the god); metaphorical: 'leader, king; best' **niyukta-** (adj) 'tied to; employed, appointed' **niveśana-** (n.) 'house, dwelling'. (27) **śūla-** (m.) 'lance, pike' **śara-** (m.) 'arrow' **nistriṃśa-** (m.) 'sword' **vividha-** (adj) 'various' **āyudha-** (n.) 'weapon' **pāṇi-** (m.) 'hand' **ā-√pat** (I āpatati) 'fly/rush towards' **vimarda-** (m.) 'conflict, battle' **vegena** (ind) 'swiftly, suddenly' **udvigna-** (adj) 'frightened; grieving for, sorrowful' **kārin-** (adj) 'making, effecting'.

---

(23) **kuryuḥ** 3PL POT of √kṛ **yatna-** + LOC 'attempt at'. (24) **tam mām** 'me' split up **skandhān ca uttama-śākhinām** **viparidhāvat-** PRESAP of vi-pari-√dhāv **bhaya-śaṅkita-** 'apprehensive with/from fear'. (25) **saṃprekṣya** ABS of **sam-pra-√īkṣ** **vicarataḥ** GEN SG PRESAP of vi-√car. (26) **rākṣasyaḥ** NOM PL. (27) Split up **śūla-śara-nistriṃśa-vividha-āyudha-pāṇayaḥ** BV NOM PL '(in) whose hands are ...; with ... in their hands' **udvigna-kārin-** lit. 'making frightened': 'frightening'.

संक्रुद्धस्तैस्तु परितो विधमन्नक्षसां बलम् ।
शक्नुयां न तु संप्राप्तुं परं पारं महोदधेः ॥ २८ ॥
मां वा गृह्णीयुराप्लुत्य बहवः शीघ्रकारिणः ।
स्यादियं चागृहीतार्था मम च ग्रहणं भवेत् ॥ २९ ॥
हिंसाभिरुचयो हिंस्युरिमां वा जनकात्मजाम् ।
विपन्नं स्यात्ततः कार्यं रामसुग्रीवयोरिदम् ॥ ३० ॥
उद्देशे नष्टमार्गे ऽस्मिन्राक्षसैः परिवारिते ।
सागरेण परिक्षिप्ते गुप्ते वसति जानकी ॥ ३१ ॥
विशस्ते वा गृहीते वा रक्षोभिर्मयि संयुगे ।
नान्यं पश्यामि रामस्य सहायं कार्यसाधने ॥ ३२ ॥

---

(28) **saṃkruddha-** (adj) 'greatly angered, enraged' **paritaḥ** (ind) 'all around' **vi-√dham** (I vidhamati) 'disperse, destroy' **√śak** (V śaknoti) 'be strong; be able to (+ INF)' **sam-pra-√āp** 'reach, get to' **para-** (pron adj) here 'other, far' **pāra-** (n.) 'further bank/shore' **mahā-udadhi-** (m.) 'great sea, ocean'. **(29) √grah** (IX gṛhṇāti) 'take, seize' **ā-√plu** (I āplavate) 'jump towards/here' **śīghra-kārin-** (adj) 'acting swiftly' **grahaṇa-** (n.) 'capture, seizing'. **(30) hiṃsā-** (f.) 'injury, harm, violence' **abhiruci-** (f.) 'delight' **√hiṃs** (I hiṃsati) 'injure, kill' **janaka-** (m.) Janaka (Sītā's father) **ātma-jā-** (f.) 'self-born': 'daughter' **vipanna-** (adj) 'gone wrong, failed' **kārya-** (n.) 'duty, task, mission' **sugrīva-** (m.) Sugrīva (king of the monkeys, Rāma's ally). **(31) uddeśa-** (m.) 'region, place' **mārga-** (m.) 'road' **pari-√vṛ** (simple and CAUS) 'surround, hem in' **sāgara-** (m.) 'ocean' **parikṣipta-** (adj) 'surrounded' **gupta-** (adj) 'hidden' **√vas** (I vasati) 'live, dwell' **jānakī-** (f.) 'Sītā' (daughter of Janaka). **(32) viśasta-** (adj) 'cut up; dissected' **saṃyuga-** (n.) 'conflict, battle' **sahāya-** (m.) 'companion, ally' **kārya-** (n.) 'duty, task, mission' **sādhana-** (n.) 'bringing about, accomplishing'.

---

(28) vidhaman (NOM SG PRESAP) **śaknuyām** (1SG POT) **na** 'by destroying/if I were to destroy … I might not be able to …'. (possibly because he might die in that battle) **mahā-udadheḥ** GEN SG. **(29) gṛhṇīyuḥ** 3PL POT of **√grah** **āplutya** ABS of ā-√plu **bahavaḥ** NOM PL of bahu- **syāt iyam ca a-gṛhīta-arthā** 'then she (Sītā) would be one whose concern wasn't taken up' (because Hanumān could not deliver Rāma's message to her). **(30) hiṃsā-abhiruci-** BV **hiṃsyuḥ** 3PL POT of √hiṃs. **(31) naṣṭa**(*ta*-PTC of √naś)**-mārga-** BV 'whose roads are/access is destroyed': 'inaccessible' **parivārita-** CAUS *ta*-PTC of pari-√vṛ. **(32) viśaste vā gṛhīte** (*ta*-PTC of √grah) **vā mayi** LOC ABS.

विमृशंश्च न पश्यामि यो हते मयि वानरः ।
शतयोजनविस्तीर्णं लङ्घयेत महोदधिम् ॥ ३३ ॥
कामं हन्तुं समर्थो ऽस्मि सहस्राण्यपि रक्षसाम् ।
न तु शक्ष्यामि संप्राप्तुं परं पारं महोदधेः ॥ ३४ ॥
असत्यानि च युद्धानि संशयो मे न रोचते ।
कश्च निःसंशयं कार्यं कुर्यात्प्राज्ञः ससंशयम् ॥ ३५ ॥
एष दोषो महान्हि स्यान्मम सीताभिभाषणे ।
प्राणत्यागश्च वैदेह्या भवेदनभिभाषणे ॥ ३६ ॥
भूताश्चार्था विनश्यन्ति देशकालविरोधिताः ।
विक्लवं दूतमासाद्य तमः सूर्योदये यथा ॥ ३७ ॥

---

(33) **vi-√mṛś** (VI vimṛśati) 'reflect, deliberate' **√han** (II hanti) 'strike, kill' **vānara-** (m.) 'monkey' **śata-** (n.) '100' **yojana-** (n.) 'league, yojana' (measure of length, between 5–8 miles) **vistīrṇa-** (adj) 'spread out, broad, wide' **√laṅgh** (I laṅghati, X laṅghayati, -te) 'leap over, go beyond' **mahā-udadhi-** (m.) 'great sea, ocean'. **(34) kāmam** (ind) 'as one pleases, if one wants to' **samartha-** (adj) 'capable of, able to' (+ INF) **sahasra-** (n.) '1000'. **(35) asatya-** (adj) 'untrue; uncertain' **yuddha-** (n.) 'fight' **saṃśaya-** (m.) 'uncertainty, hesitation, doubt' **√ruc** (I rocate) 'appear; please, seem good to' (+ DAT or GEN) **(niḥ-/saṃ-)saṃśaya-** (adj) 'without/with doubt' **prājña-** (adj) 'intelligent, wise' **sa-saṃśayam** (ind) 'doubtfully, with doubts'. **(36) doṣa-** (m.) 'fault; sin' **abhibhāṣaṇa-** (n.) 'addressing, speaking to' **prāṇa-** (m.) '(life's) breath, life' **tyāga-** (m.) 'leaving, abandoning' **vaidehī-** (f.) Sītā (princess of the Videha people) **an-abhibhāṣaṇa-** (n.) 'not addressing, speaking to'. **(37) artha-** (m.) here 'plan, purpose' **vi-√naś** (IV vinaśyati) 'perish, be destroyed' **deśa-** (m.) 'place, country' **kāla-** (m.) '(the right) time, moment' **virodhita-** (adj) 'impeded, impaired' **viklava-** (adj) 'alarmed, timid; ill-suited' **dūta-** (m.) 'messenger' **ā-√sad** (irreg āsīdati) 'sit down near'; CAUS 'approach, meet with, find' **tamas-** (n.) 'darkness' **sūrya-** (m.) 'sun' **udaya-** (m.) 'rise, going up'.

---

(33) **vimṛśan** NOM SG MASC PRESAP **hate mayi** LOC ABS (**hata-** *ta*-PTC of √han, **mayi** LOC SG of aham) **laṅghayeta** 3SG POT MID. **(34)** Cf. also 28 presumably he could not make the jump if he was injured or worn out from battle. **(35) saṃśayaḥ** begins new clause **niḥ-saṃśayam** is an adverb, **sa-saṃśayam** is an adjective agreeing with **kāryam**. **(36) eṣa doṣaḥ mahān** i. e. the uncertain outcome **anabhibhāṣaṇe** lit. 'in not addressing her': 'if I do not address her'. **(37)** The two negatives described here are both said to **vinaśyanti … tamaḥ sūrya-udaye yathā** **bhūta-** '(already) existing': 'firm' **deśa-kāla-virodhita-** 'whose time or place is wrong' translate **āsādya** (CAUS ABS of ā-√sad) '(and) approaching'.

अर्थानर्थान्तरे बुद्धिर्निश्चितापि न शोभते ।
घातयन्ति हि कार्याणि दूताः पण्डितमानिनः ॥ ३८ ॥
न विनश्येत्कथं कार्यं वैक्लव्यं न कथं भवेत् ।
लङ्घनं च समुद्रस्य कथं नु न वृथा भवेत् ॥ ३९ ॥
कथं नु खलु वाक्यं मे शृणुयान्नोद्विजेत च ।
इति संचिन्त्य हनुमांश्चकार मतिमान्मतिम् ॥ ४० ॥
राममक्लिष्टकर्माणं स्वबन्धुमनुकीर्तयन् ।
नैनामुद्वेजयिष्यामि तद्बन्धुगतमानसाम् ॥ ४१ ॥
इक्ष्वाकूणां वरिष्ठस्य रामस्य विदितात्मनः ।
शुभानि धर्मयुक्तानि वचनानि समर्पयन् ॥ ४२ ॥

---

(38) **niścita-** (adj) 'resolute, firm' **√śubh** (I śobhate) 'be beautiful; flourish' **√han** (II hanti) 'strike, kill' **dūta-** (m.) 'messenger' **paṇḍita-** (m.) 'pundit, learned man' **mānin-** (adj, ifc) 'thinking/assuming to be ...'. (39) **kārya-** (n.) 'duty, task, mission' **vaiklavya-** (n.) 'bewilderment, mental weakness' **laṅghana-** (n.) '(the act of) jumping/leaping' **samudra-** (n.) 'ocean' **nu** (ind) 'now, surely, indeed' **vṛthā** (ind) 'in vain'. (40) **vākya-** (n.) 'speech, saying, words' **ud-√vij** (I udvijate) 'shudder, tremble, be startled' **sam-√cint** (X saṃcintayati) 'think about, consider' **hanumat-** (m.) Hanumān **mati-mat-** (adj) 'mindful, intelligent' **mati-** (f.) 'mind, thought'. (41) **a-kliṣṭa-** (adj) 'untroubled, unwearied' **karman-** (n.) 'action' **sva-** (pref) 'one's own' **bandhu-** (m.) 'relative, relation' **anu-√kīrt** (X anukīrtayati) 'praise' **ud-√vij** (I udvijate) 'shudder, tremble, start' **mānasa-** (n.) 'mind'. (42) **ikṣvāku-** (m.) Ikṣvāku (ancestor of the kings of Ayodhyā) **vara-** (adj) 'choice, excellent' **vidita-** (adj) 'known, understood; agreed' **ātman-** (m.) 'self, soul', (refl pron) 'oneself' **śubha-** (adj) 'splendid, beautiful' **dharma-yukta-** (adj) 'in accordance with propriety, righteous' **vacana-** (n.) 'word, statement' **sam-√ṛ** 'bring together'; CAUS 'send off; utter'.

---

(38) **artha-anartha-antare** 'in respect to (what is) proper (and what) improper' **ghātayanti** 3PL CAUS of √han: 'cause to be killed/destroyed'. (39) **vi-√naś** here 'go wrong' **vaiklavyam na katham bhavet** lit. 'how can there not be(come) a weakness?': 'how can I not make/avoid making a mistake?'. (40) Split up **śṛṇuyāt** (3SG POT ACT of √śru) **na udvijeta** (3SG POT MID of ud-√vij), link both verbs with 'and' **hanumān, matimān** NOM SG **cakāra** 3SG PERF of √kṛ **matim √kṛ** 'make a plan, make up one's mind'. (41) **akliṣṭa-karmāṇam** BV ACC SG 'unwearied in his actions' **sva-bandhum** here: 'her husband' **anukīrtayan** NOM SG MASC PRESAP **udvejayiṣyāmi** 1SG CAUS FUT of ud-√vij **tad-bandhu-gata-mānasām** BV 'whose mind is gone to/focused on her husband'. (42) The Gens in l. 1 are dependent on the **vacanāni** in l. 2: 'words *about* ...' **variṣṭha-** superlative of vara-: 'choicest, most excellent' **vidita-ātmanaḥ** BV (GEN SG) lit. 'known-selved': 'well known, illustrious' **samarpayan** NOM SG CAUS PRESAP of sam-√ṛ.

श्रावयिष्यामि सर्वाणि मधुरां प्रब्रुवन्गिरम् ।
श्रद्धास्यति यथा हीयं तथा सर्वं समादधे ॥ ४३ ॥
इति स बहुविधं महानुभावो जगतिपतेः प्रमदामवेक्षमाणः ।
मधुरमवितथं जगाद वाक्यं द्रुमविटपान्तरमास्थितो हनुमान् ॥ ४४ ॥

---

(43) **√śru** (V śṛṇoti) 'listen, hear' **sarva-** (pron adj) 'all, every' **madhura-** (adj) 'sweet, pleasant, charming' **pra-√brū** (II prabravīti) 'proclaim, announce' **gir-** (f.) 'speech; words' **śrad-√dhā** (III śraddadhāti) 'have faith in, believe' **sam-ā-√dhā** (III samādadhāti) lit. 'put together': 'arrange; tell, describe'. **(44)** **bahu-vidham** (ind) 'manifold, in many ways' **anubhāva-** (m.) here 'good resolution, concern' **jagati-pati-** (m.) lit. 'lord on earth': 'ruler, king' **pramadā-** (f.) 'young woman, woman, wife' **ava-√īkṣ** (I avekṣate) 'observe, consider' **madhura-** (adj) 'sweet, pleasant, charming' **a-vitatha-** (adj) 'not untrue, true' **√gad** 'tell, speak' **druma-** (m.) 'tree' **viṭapa-** (m./n.) 'branch, twig' **antara-** (n.) 'interior, inside' **āsthita-** (adj) 'sitting/dwelling/being in' (+ ACC).

---

(43) **śrāvayiṣyāmi** CAUS FUT of √śru **prabruvan** NOM SG MASC PRESAP of pra-√brū (object: **madhurām … giram**) **tathā … yathā** 'in such a way … so that' split up **hi iyam** **samādadhe** 1SG MID of sam-ā-√dhā. **(44)** **mahā-anubhāvaḥ** BV **avekṣamāṇa-** PRES MID PTC of **ava-√īkṣ**.

CHAPTER 4

Kathāsaritsāgara, or Ocean of Rivers of Stories

Once upon a time, the story goes, the god Śiva told his wife Pārvatī a long and complex tale, which was was overheard by one of his attendants. For this act of eavesdropping, the attendant is punished to live in human form until he has passed the story on to another being punished by a god, who in turn will be free from his own curse if he passes the story on to yet another, who again needs to pass it on and make it popular on earth. Only a fraction (one seventh, to be precise) of that story is said to survive, and that is the Bṛhatkathā, or 'Long Story'. (The details of this are retold in passage (g) of this chapter.)

Of this mythical Bṛhatkathā, five (partial) retellings survive, three of which are in Sanskrit. This chapter introduces you to one of them: the Kathā-sarit-sāgara, or Ocean of Rivers of Stories, which was composed by the 11th-century Kashmiri court poet Somadeva. He places his stories – more than 350 of them – into an overarching framework, the adventures of Prince Naravāhanadatta, future king of the sorcerers.

Against this intricate backdrop of numerous levels of narrative framing, it nevertheless is these individual stories that hold the main appeal of the Bṛhatkathā retellings. Some stories are long, some very short, some have a moral, others don't, they entertain, they make you think, and they represent a vibrant combination of worldly and spiritual themes. Somadeva's Sanskrit is elegant and straightforward, but at times more ornate (and thus more difficult to read) than that of, for example, the Rāmāyaṇa. Yet while it might make sense to read some of those Chapter 3 passages first, the passages in this chapter are all of about the same difficulty – so simply pick one whose title intrigues you and start translating.

a Śiva Explains the Significance of Skulls (1.2.10–15)

पुरा कल्पक्षये वृत्ते जातं जलमयं जगत्।

मया ततो विभिद्योरुं रक्तबिन्दुर्निपातितः ॥ १० ॥

---

(10) **purā** (ind) 'long ago' **kalpa-** (m.) 'Kalpa' (a cosmic age, period of time: 4.32 billion years) **kṣaya-** (m.) 'destruction, end' **√vṛt** 'turn; take place, happen' **√jan** (*ta*-PTC jāta-) 'be born; create, give birth' **jala-maya-** (adj) 'made of water' **jagat-** (n.) 'world' **vi-√bhid** 'split, cut' **ūru-** (m.) 'thigh' **rakta-** (n.) 'blood' **bindu-** (m.) 'dot, drop' **ni-√pat** 'fall'.

---

(10) **kalpa-kṣaye vṛtte** LOC ABS 'when the destruction/end of a Kalpa (age) took place' **jātam** lit. 'was born': 'was born as, became' **nipātitaḥ** CAUS *ta*-PTC of ni-√pat.

जलान्तस्तदभूदण्डं तस्माद्द्वेधाकृतात्पुमान्।
निरगच्छत्ततः सृष्टा सर्गाय प्रकृतिर्मया ॥ ११ ॥
तौ च प्रजापतीनन्यान्सृष्टवन्तौ प्रजाश्च ते।
अतः पितामहः प्रोक्तः स पुमाञ्जगति प्रिये ॥ १२ ॥
एवं चराचरं सृष्ट्वा विश्वं दर्पमगादसौ।
पुरुषस्तेन मूर्धानमथैतस्याहमच्छिदम् ॥ १३ ॥
ततो ऽनुतापेन मया महाव्रतमगृह्यत।
अतः कपालपाणित्वं श्मशानप्रियता च मे ॥ १४ ॥
किं चैतन्मे कपालात्म जगद्देवि करे स्थितम्।
पूर्वोक्ताण्डकपाले द्वे रोदसी कीर्तिते यतः ॥ १५ ॥

---

(11) **aṇḍa-** (n.) 'egg' **dvedhā-kṛta-** (adj) 'split in two; split open' **puṃs-** (m.) here 'supreme spirit, universal soul' **niḥ-√gam** (irreg nirgacchati) 'come out, appear' **√sṛj** 'create, give rise to' **sarga-** (m.) 'creation' **prakṛti-** (f.) 'nature'. **(12)** **prajāpati-** (m.) 'lord of creation/of created beings' **prajā-** (f.) 'offspring, creature' **ataḥ** (ind) 'hence, thus' **pitā-maha-** (m.) 'grandfather, progenitor' (= the god Brahmā) **pra-√vac** 'call'. **(13)** **cara-acara-** (n.) lit. 'moving-(and)-unmoving': 'the world' **darpa-** (m.) 'pride, arrogance' **√gā** 'go' **asau/adas-** (pron) 'he, this' **mūrdhan-** (m.) 'head' **√chid** 'cut'. **(14)** **anutāpa-** (m.) 'repentance, regret' **vrata-** (n.) 'vow' **√grah** 'seize, take' **kapāla-pāṇi-tva-** (n.) lit. 'skull-handed-ness': 'the state of carrying a skull in my hand' **śmaśāna-** (n.) 'burial place' **priyatā-** (f.) 'dearness, predilection for'. **(15)** **devī-** (f.) 'goddess; (my)lady' **kara-** (m.) lit. 'doer': 'hand' **pūrva-ukta-** (adj) 'aforementioned' **kapāla-** (m./n.) 'skull' **dva-** (num) 'two' **rodasī-** (n., Du) 'the two worlds; heaven and earth' **kīrtita-** (adj) 'famous; known as' **yataḥ** (ind) 'because'.

---

(11) Split up **jala-antaḥ** ('inside the water', agreeing with binduḥ) **tat** (here 'then') **abhūt** (Aor of √bhū) **aṇḍam** **tasmāt** and **tataḥ** here 'from it/that' **pumān** Nom Sg of puṃs- **sṛṣṭa-** *ta*-Ptc of √sṛj **sargāya** Dat of Purpose. **(12)** **tau** = pumān and prakṛtiḥ **sṛṣṭavat-** PastAP of √sṛj, here used as main verb supply **sṛṣṭavantaḥ** with **prajāḥ ca te** 'and they (the Prajāpatis) gave rise to the creatures' **prokta-** *ta*-Ptc of pra-√vac **priye** Voc Sg Fem (Śiva is addressing these words to Pārvatī, his consort). **(13)** Split up **darpam agāt asau** **darpam √gā** lit. 'go to pride': 'become prideful, arrogant' (see p. xix) **agāt** Aor of √gā **asau puruṣaḥ** 'that (supreme) spirit' is Brahmā (whose head Śiva famously cuts off) **tena** begins new clause; here 'thus' split up **mūrdhānam** (Acc Sg) **atha etasya aham acchidam** (Aor of √chid). **(14)** **agṛhyata** 3Sg Impf Pass of √grah **me** '(there is) of me' = 'I have …' (see p. xix). **(15)** **kim ca** 'moreover' split up **ca etat me** **kāpāla-ātma** (Nom Sg Ntr) bv lit. 'skull-selved': 'having the nature/appearance of a skull' **devi** Voc Sg **me … kare** 'in my hand' **sthitam** lit. 'standing, stood', here (and also later!): 'is, lies' split up **pūrva-ukta-aṇḍa-kapāle** (Nom Du) **kapāla-** (n.) here 'shell (of an egg)' (in Du to refer to the two halves the egg had broken up into) supply 'are'.

b Brahmadatta and the Golden Swans (1.3.27–34)

वाराणस्यामभूत्पूर्वं ब्रह्मदत्ताभिधो नृपः ।
सो ऽपश्यद्धंसयुगलं प्रयान्तं गगने निशि ॥ २७ ॥
विस्फुरत्कनकच्छायं राजहंसशतैर्वृतम् ।
विद्युत्पुञ्जमिवाकाण्डसिताभ्रपरिवेष्टितम् ॥ २८ ॥
पुनस्तद्दर्शनोत्कण्ठा तथास्य ववृधे ततः ।
यथा नृपतिसौख्येषु न बबन्ध रतिं क्वचित् ॥ २९ ॥
मन्त्रिभिः सह संमन्त्र्य ततश्चाकारयत्सरः ।
स राजा स्वमते कान्तं प्राणिनां चाभयं ददौ ॥ ३० ॥
ततः कालेन तौ प्राप्तौ हंसौ राजा ददर्श सः ।
विश्वस्तौ चापि पप्रच्छ हैमे वपुषि कारणम् ॥ ३१ ॥

---

(27) vārāṇasī- (f.) Vārāṇasī/Benares (a city) **pūrvam** (ind) 'a long time ago' **brahma-datta-** (m.) Brahmadatta (a man) **abhidhā-** (f.) 'name', (ifc) 'called' **haṃsa-** (m.) 'goose; swan' **yugala-** (n.) 'pair, couple' **pra-√yā** (II prayāti) 'advance, progress' **gagana-** (n.) 'sky' **niś-** (f.) 'night'. **(28) vi-√sphur** (VI visphurati) 'shimmer, glitter' **kanaka-** (n.) 'gold' **chāyā-** (f.) 'color, complexion, hue' **rāja-haṃsa-** (m.) 'flamingo' **śata-** (n.) 'hundred' **√vṛ** (V vṛṇoti) 'cover, surround' **vidyut-** (f.) '(flash of) lightning' **puñja-** (ifc) plural marker **a-kāṇḍa-** (adj) 'unexpected' **sita-** (adj) 'white, pale, bright' **abhra-** (n.) 'cloud' **pariveṣṭita-** (adj) 'surrounded, ringed, beset'. **(29) darśana-** (n.) 'sight, view' **utkaṇṭhā-** (f.) 'longing for' **√vṛdh** 'grow' **nṛpati-** (m.) 'king' **saukhya-** (n.) 'happiness' **rati-** (f.) 'pleasure' **na ... kvacit** (ind) 'nowhere; not at all, in no way'. **(30) mantrin-** (m.) 'minister' **sam-√mantr** (X saṃmantrayati) 'consult, take council' **saras-** (n.) 'lake' **sva-mata-** (n.) 'one's own thought/design' **kānta-** (adj) 'lovely, delightful' **prāṇin-** (adj) 'having vital breath, alive', (m.) 'living being' **a-bhaya-** (n.) lit. 'non-fear': 'safety; safe place'. **(31) kālena** (ind) 'with time, in time' **vi-√śvas** 'be trusting, calm' **√prach** 'ask' **haima-** (adj) 'golden' **vapus-** (n.) 'beauty; form, body' **kāraṇa-** (n.) 'reason' (for: + GEN or LOC).

---

(27) General note: whether a **haṃsa-** is a goose, swan or in some cases another bird is the subject of much discussion. **abhūt** AOR of √bhū **brahmadatta-abhidhaḥ** BV split up **apaśyat haṃsayugalam. (28)** The accusatives refer to and agree with the **-yugalam** in (27) **visphurat-** stem (used in CPDS) of the PRESAP **cchāya-** sandhied chāya- split up **vidyut-puñjam iva. (29) tad-** stem form (used in CPDS): 'it/of it (the pair)' **asya** depends on **utkaṇṭhā**: 'his desire' **vavṛdhe** 3SG PERF MID **ratim √bandh** + LOC 'find delight in'. **(30) akārayat** 3SG CAUS IMPF of √kṛ **dadau** 3SG PERF of √dā 'give' (to: here + GEN). **(31) prāpta-** lit. 'reached', here: 'settled' (on the lake).

व्यक्तवाचौ ततस्तौ च हंसौ राजानमूचतुः ।
पुरा जन्मान्तरे काकावावां जातौ महीपते ॥ ३२ ॥
बल्यर्थं युध्यमानौ च पुण्ये शून्ये शिवालये ।
विनिपत्य विपन्नौ स्वस्तत्स्थानद्रोणिकान्तरे ॥ ३३ ॥
जातौ जातिस्मरावावां हंसौ हेममयौ ततः ।
तच्छ्रुत्वा तौ यथाकामं पश्यन्राजा तुतोष सः ॥ ३४ ॥

c Pāṇini (1.4.20–25)

अथ कालेन वर्षस्य शिष्यवर्गो महानभूत् ।
तत्रैकः पाणिनिर्नाम जडबुद्धितरो ऽभवत् ॥ २० ॥
स शुश्रूषापरिक्लिष्टः प्रेषितो वर्षभार्यया ।
अगच्छत्तपसे खिन्नो विद्याकामो हिमालयम् ॥ २१ ॥

---

(32) **vyakta-** (adj) 'distinct, clear' **vāc-** (f.) 'voice' **purā** (ind) 'long ago' **janman-** (n.) 'birth, incarnation' **antara-** (adj) here 'another' **mahī-pati-** (m.) lit. 'earth lord': 'king'. **(33)** **bali-** (m.) 'daily offering' (to a god, consisting of rice or grains) **-artham** (ind, ifc) 'for the purpose/sake of' **√yudh** (IV yudhyate) 'fight' **puṇya-** (adj) here 'holy, sacred' **śūnya-** (adj) 'empty' **śiva-** (m.) 'Śiva' (the god) **ālaya-** (m./n.) 'house, dwelling'; here: 'temple' **vi-ni-√pat** 'fall down' (into: + Loc) **vipanna-** (adj) 'perished, dead' **droṇikā-** (f.) 'tub, vessel, pot' **antara-** here (n.) 'interior, inside'. **(34)** **jāti-** (f.) 'birth', here 'prior birth' **smara-** (adj) 'remembering, knowing' **hema-maya-** (adj) 'made of gold' **yathā-kāmam** (ind) 'as one likes, as desired' **√tuṣ** 'rejoice, be delighted'. **(20)** **kālena** (ind) 'in the course of/in time' **varṣa-** (m.) Varṣa (a teacher) **śiṣya-** (m.) 'student' **varga-** (m.) 'group' **pāṇini-** (m.) Pāṇini (a man, later to be a famous grammarian) **jaḍa-** (adj) 'stupid, dull' **buddhi-** (f.) 'mind, intelligence'. **(21)** **śuśrūṣā-** (f.) 'obedience, service' **parikliṣṭa-** (adj) 'exhausted, troubled' **pra-√iṣ** 'send forth/away' **bhāryā-** (f.) 'wife' **tapas-** (n.) 'suffering; religious austerities/asceticism, penance' **khinna-** (adj) 'depressed, distressed' **vidyā-** (f.) 'knowledge' **kāma-** (m.) 'desire' **hima-ālaya-** (m.) lit. 'the abode of snow': the Himalayas.

---

(32) **vyakta-vāc-** BV **ūcatuḥ** 3Du Perf of √vac **janma-antara-** 'another birth/incarnation' split up **kākau āvām** (Nom Du of aham) **jāta-** *ta*-Ptc of √jan 'be born', here the main verb **mahī-pate** Voc Sg. **(33)** **vipannau svaḥ** (1Du of √as) 'we both perished' split up **tat-sthāna**('in that place')-**droṇikā-antare**. **(34)** Split up **jāti-smarau āvām** **paśyan** Nom Sg Masc PresAP of √dṛś. The story is told by a relative of Varṣa, the teacher. **(20)** **mahān** Nom Sg Masc **abhūt** Aor of √bhū **jaḍa-buddhi-tara-** 'rather/very dull-minded'. **(21)** **tapase** Dat of Purpose **vidyā-kāma-** BV 'whose desire was/desiring knowledge'.

तत्र तीव्रेण तपसा तोषितादिन्दुशेखरात् ।

सर्वविद्यामुखं तेन प्राप्तं व्याकरणं नवम् ॥ २२ ॥

ततश्चागत्य मामेव वादायाह्वयते स्म सः ।

प्रवृत्ते चावयोर्वादे प्रयाताः सप्त वासराः ॥ २३ ॥

अष्टमे ऽह्नि मया तस्मिञ्जिते तत्समनन्तरम् ।

नभःस्थेन महाघोरो हुंकारः शंभुना कृतः ॥ २४ ॥

तेन प्रणष्टमैन्द्रं तदस्मद्व्याकरणं भुवि ।

जिताः पाणिनिना सर्वे मूर्खीभूता वयं पुनः ॥ २५ ॥

d Hand with Five Fingers, Hand with Two Fingers (1.5.8–12)

कदाचिद्योगनन्दो ऽथ निर्गतो नगराद्बहिः ।

श्लिष्यत्पञ्चाङ्गुलिं हस्तं गङ्गामध्ये व्यलोकयत् ॥ ८ ॥

---

(22) **tīvra-** (adj) 'strong, intense' **√tuṣ** 'be pleased, rejoice' **vyākaraṇa-** (n.) 'grammar' **nava-** (adj) 'new'. **(23)** **vāda-** (m.) 'word'; here: 'discussion, dispute' **ā-√hve** (I āhvayate) 'call, summon' (to: + DAT) **sma** (ind) turns preceding verb into past tense **pravṛtta-** (adj) 'ongoing, continuing' **pra-√yā** 'go forth; pass' **sapta** (num) 'seven' **vāsara-** (m.) 'day'. **(24)** **aṣṭama-** (adj) 'eighth' **ahar-/ahan-** (n.) 'day' **tat-samanantaram** (ind) 'immediately thereafter' **nabhas-** (n.) 'sky, heaven' **-stha-** (adj, ifc) 'standing, being (in a place)' **mahā-ghora-** (adj) 'greatly/very horrible' **huṃ-kāra-** (m.) 'noise, sound' **śaṃbhu-** (adj) 'benevolent'; (m.) name of Śiva. **(25)** **pra-√naś** 'disappear; be destroyed' **aindra-** (adj) 'belonging to Indra; Indraic' **bhū-** (f.) 'earth' **√ji** 'defeat, conquer' **mūrkhī-√bhū** 'become a fool'. **(8)** **yogananda-** (m.) Yogananda (the name of king Nanda after he has died and his body has been entered (and thus revived) by someone else through the power of yoga) **niḥ-√gam** 'go out/away' **bahiḥ** (ind) 'outside' (+ ABL) **√śliṣ** (IV śliṣyati) 'adhere, cling to' **pañca-** (num) 'five' **aṅguli-** (f.) 'finger' **hasta-** (m.) 'hand' **gaṅgā-** (f.) 'Ganges' **madhya-** (n.) 'middle' **vi-√lok** (X vilokayati) 'see, observe'.

---

(22) **toṣita-** CAUS *ta*-PTC of √tuṣ **indu-śekhara-** (m.) lit. 'the moon-crested one': name of the god Śiva **-mukha-** here 'as head/at the head of: leading, most important, best' **tena** refers to Pāṇini. **(23)** Split up **tataḥ ca āgatya** **mām** (pron) ACC SG 'me' (the story is told by a student of Varṣa's) split up **vādāya** (DAT of Purpose) **āhvayate** and **ca āvayoḥ vāde** **pravṛtte … āvayoḥ vāde** 'as our dispute went on'. **(24)** **tasmin jite** LOC ABS 'when he was defeated'. **(25)** **tena** here 'thus, because of that' **aindram vyākaraṇam** 'Indra's Grammar' (one of the schools of grammar listed in Pāṇini's Aṣṭādhyāyī as having preceded him) **praṇaṣṭam** here the main verb **asmad-** (pron) stem form of vayam 'we' **bhuvi** LOC SG of bhū-. **(8)** **śliṣyat**('joined, displayed together', stem form of the PRESAP)-**pañcāṅgulim** BV.

किमेतदिति पप्रच्छ मामाहूय स तत्क्षणम् ।
अहं च द्वे निजाङ्गुल्यौ दिशि तस्यामदर्शयम् ॥ ९ ॥
तेन तस्मिंस्तिरोभूते हस्ते राजातिविस्मयात् ।
भूयो ऽपि तदपृच्छन्मां ततश्चाहं तमब्रवम् ॥ १० ॥
पञ्चभिर्मिलितैः किं यज्जगतीह न साध्यते ।
इत्युक्तवानसौ हस्तः स्वाङ्गुलीः पञ्च दर्शयन् ॥ ११ ॥
ततो ऽस्य राजन्नङ्गुल्यावेते द्वे दर्शिते मया ।
ऐकचित्ये द्वयोरेव किमसाध्यं भवेदिति ॥ १२ ॥

e **Why the Fish Laughed (1.5.14–26)**

एकदा योगनन्दश्च दृष्टवान्महिषीं निजाम् ।
वातायनाग्रात्पश्यन्तीं ब्राह्मणातिथिमुन्मुखम् ॥ १४ ॥
तन्मात्रादेव कुपितो राजा विप्रस्य तस्य सः ।
आदिशद्वधमीर्ष्या हि विवेकपरिपन्थिनी ॥ १५ ॥

---

(9) **kim** (pron) 'what?' **√prach** 'ask' **ā-√hve** 'call, summon' **tat-kṣaṇam** (ind) 'at that moment, right away' **dva-** (num adj) 'two' **nija-** (adj) 'native, innate, one's own' **diś-** (f.) 'direction'. (10) **tiro-√bhū** 'disappear' **ati-vismaya-** (m.) 'great surprise/astonishment' **bhūyaḥ** (ind) 'more; again'. (11) **√mil** 'meet, join' **jagat-** (n.) 'world' **√sādh** 'bring about, accomplish' **sva-** (pref) 'one's own'. (12) **aikacitya-** (n.) 'single-mindedness' **a-sādhya-** (adj) 'impossible'. (14) **yogananda-** (m.) Yogananda (see note on 1.5.8 above) **mahiṣī-** (f.) any woman of high rank, 'queen' **nija-** (adj) 'native; one's own' **vātāyana-** (n.) 'wind-passage': 'window' **agra-** (n.) 'tip, foremost part' **brāhmaṇa-** (m.) 'brahmin' **atithi-** (m.) 'guest' **un-mukha-** (adj) 'looking up' (15) **mātra-** (adj, ifc) 'just only, merely' **kupita-** (adj) 'angry' **vipra-** (m.) 'wise man, brahmin' **ā-√diś** (VI ādiśati) 'order' **vadha-** (m.) 'death, killing' **īrṣyā-** (f.) 'jealousy' **viveka-** (m.) 'clear thinking, right judgement' **paripanthin-** (adj) 'in the way of, hindering'.

---

(9) **mām** (pron) ACC SG 'me' (the narrator) **dve** NOMACC DU FEM **adarśayam** CAUS of √dṛś, here 'point'. (10) **tena** here 'through/because of that' split up **rājā** (NOM SG) **ati-vismayāt** split up **tat apṛcchat mām.** (11) **kim yat** 'what (is it) that' **jagati iha** 'here in the world; in this world' **sādhyate** PASS of √sādh **uktavān** NOM SG MASC PASTAP of √vac, here the main verb **pañca** agrees with **sva-aṅgulīḥ** **darśayan** 'by showing'. (12) Translate **asya … iti** as '(said) *to* it that …' **rājann** sandhied rājan (VOC SG) **aṅgulyau ete dve darśite** NOM DU FEM **bhavet** here 'could be'. (14) **ca** connects this with previous narrative **dṛṣṭavān** NOM SG MASC PASTAP, here the main verb **mahiṣīm nijām** 'his own queen', i. e. his wife **vātāyana-agrāt** lit. 'from the front/top of the window': here 'from a window high up'. (15) **īrṣyā** begins new sentence.

हन्तुं वध्यभुवं तस्मिन्नीयमाने द्विजे तदा ।
अहसद्गतजीवो ऽपि मत्स्यो विपणिमध्यगः ॥ १६ ॥
तदैव राजा तद्बुद्धा वधं तस्य न्यवारयत् ।
विप्रस्य मामपृच्छच्च मत्स्यहासस्य कारणम् ॥ १७ ॥
निरूप्य कथयाम्येतदित्युक्त्वा निर्गतं च माम् ।
चिन्तितोपस्थितैकान्ते सरस्वत्येवमब्रवीत् ॥ १८ ॥
अस्य तालतरोः पृष्ठे तिष्ठ रात्रावलक्षितः ।
अत्र श्रोष्यसि मत्स्यस्य हासहेतुमसंशयम् ॥ १९ ॥
तच्छ्रुत्वा निशि तत्राहं गत्वा तालोपरि स्थितः ।
अपश्यं राक्षसीं घोरां बालैः पुत्रैः सहागताम् ॥ २० ॥
सा भक्ष्यं याचमानांस्तानवादीत्प्रतिपाल्यताम् ।
प्रातर्वो विप्रमांसानि दास्याम्यद्य हतो न सः ॥ २१ ॥

---

(16) **vadhya-bhū-** (f.) 'execution ground' **√nī** 'lead' **dvi-ja-** (m.) lit. 'twice-born': 'brahmin' **√has** (1 hasati) 'laugh' **jīva-** (m., ifc) 'life, existence' **matsya-** (m.) 'fish' **vipaṇi-** (f.) 'market, fair' **madhya-ga-** (adj) 'going to/being in the middle'. **(17)** **√budh** 'realize; notice, perceive' **ni-√vṛ** (here x nivārayati) 'hold back, prevent' **hāsa-** (m.) 'laughter' **kāraṇa-** (n.) 'reason, cause'. **(18)** **ni-√rūp** 'consider, reflect' **√kath** (x kathayati) 'tell' **niḥ-√gam** 'go away' **upa-√sthā** 'come near, approach' **eka-ante** (ind) 'alone, privately' **sarasvatī-** (f.) Sarasvatī (goddess of learning). **(19)** **tāla-** (m.) 'palmyra, palm tree' **taru-** (m.) 'tree' **pṛṣṭha-** (n.) 'upper surface, top, height' **rātri-** (f.) 'night' **a-lakṣita-** (adj) 'unnoticed' **hāsa-** (m.) 'laughter' **hetu-** (m.) 'reason, cause' **a-saṃśayam** (ind) 'without doubt'. **(20)** **niś-** (f.) 'night' **upari** (ind) 'on top of' **rākṣasī-** (f.) 'female rākṣasa/demon' **ghora-** (adj) 'horrible, terrible' **bāla-** (adj) 'young'. **(21)** **bhakṣya-** (n.) 'food' **√yāc** (1 yācati) 'ask for, demand' **prati-√pāl** 'wait; observe' **prātar** (ind) 'early, in the morning' **māṃsa-** (n., sg and pl) 'flesh'.

---

(16) **nīyamāne** (Pres Pass Ptc of √nī) **dvije** Loc Abs **gata-jīva-** bv lit. 'whose life was gone': 'dead'. **(17)** l. 1. read **tat buddhvā** **mām** (pron) Acc Sg 'me' (the narrator). **(18)** Everything before **iti** is direct speech **cintitā upasthitā** 'who came near, having been thought about (by me)'. **(19)** **tāla-taroḥ** Gen Sg split up **rātrau alakṣitaḥ** **śroṣyasi** Fut of √śru. **(20)** Split up **tat śrutvā**. **(21)** Split up **yācamānān tān avādīt** **pratipālyatām** Accs are dependent on **avādīt** (Aor of √vad) **pratipālyatām** 3Sg Pass Impv 'let it be waited': 'wait!' (see p. xvii) **vaḥ** 'to you' (Pl) **dāsyāmi** Fut of √dā **hata-** *ta*-Ptc of √han.

कस्मात्स न हतो ऽद्येति पृष्टा तैरब्रवीत्पुनः ।
तं हि दृष्ट्वा मृतो ऽपीह मत्स्यो हसितवानिति ॥ २२ ॥
हसितं किमु तेनेति पृष्टा भूयः सुतैश्च सा ।
अवोचद्राक्षसी राज्ञः सर्वा राज्ञ्यो ऽपि विप्लुताः ॥ २३ ॥
सर्वत्रान्तःपुरे ह्यत्र स्त्रीरूपाः पुरुषाः स्थिताः ।
हन्यते ऽनपराधस्तु विप्र इत्यहसत्तिमिः ॥ २४ ॥
भूतानां पार्थिवात्यर्थनिर्विवेकत्वहासिनाम् ।
सर्वान्तश्चारिणां ह्येता भवन्त्येव च विक्रियाः ॥ २५ ॥
एतत्तस्या वचः श्रुत्वा ततो ऽपक्रान्तवाहनम् ।
प्राप्तश्च मत्स्यहासस्य हेतुं राज्ञे न्यवेदयम् ॥ २६ ॥

f King Śibi Sacrifices Himself (1.7.88–97)

तथा च पूर्वं राजाभूत्तपस्वी करुणापरः ।
दाता धीरः शिबिर्नाम सर्वसत्त्वाभयप्रदः ॥ ८८ ॥

---

(22) **kasmāt** (ind) 'why?' **punar √brū** 'reply' **√has** 'laugh'. **(23)** **kim** here (ind) 'why?' **u** (ind) emphatic particle **bhūyaḥ** (ind) 'again' **suta-** (m.) 'son, offspring' **vipluta-** (adj) 'confused, agitated; immoral'. **(24)** **antaḥ-pura-** (n.) 'female quarters, harem' **strī-** (f.) 'woman' **an-aparādha-** (adj) 'faultless, innocent' **timi-** (m.) 'fish'. **(25)** **bhūta-** (n.) here 'demon' **ati-artha-** (adj) 'excessive, beyond reason' **nir-viveka-tva-** (n.) 'lack of judgement; foolishness' **hāsin-** (adj) 'laughing' **sarva-antaś-cārin-** (m.) lit. 'moving inside all': 'possessing everyone/all sorts of beings' **vikriyā-** (f.) 'disguise, transformation'. **(26)** **vacas-** (n.) 'word, statement' **apakrānta-vāhana-** (n.) 'vehicle for going away' **pra-√āp** 'acquire, get' **hetu-** (m.) 'reason, cause' **ni-√vid** 'know, find out'. **(88)** **pūrvam** (ind) 'once, a long time ago' **tapasvin-** (adj) 'ascetic' **karuṇā-** (f.) 'pity, compassion' **-para-** (adj, ifc) 'having … as one's highest (priority)' **dātṛ-** (m.) 'giver, a generous person' **dhīra-** (adj) 'steadfast, resolute' **śibi-** (m.) Śibi (a king) **sattva-** (n.) here '(living) being' **a-bhaya-** (n.) lit. 'non-fear': 'safety; safe place' **prada-** (adj) 'giving, offering'.

---

(22) **pṛṣṭa-** *ta*-Ptc of √prach **hasitavān** Nom Sg Masc PastAP of √has. **(23)** Translate **hasitam tena** 'it was laughed by him' as 'he laughed' **pṛṣṭa-** *ta*-Ptc of √prach **avocat** Aor of √vac **rājñaḥ sarvāḥ rājñyaḥ api** 'all the queens/every single queen of the king'. **(24)** **strī-rūpāḥ** bv. **(25)** Split up **pārthiva-atyartha-nirvivekatva-hāsin-** 'laughing at the excessive lack-of-judgement of kings' ignore **ca** in your translation. **(26)** **prāpta-** here active 'having acquired' Caus of **ni-√vid** + Dat 'let someone know'. **(88)** Split up **rājā** (Nom Sg) **abhūt tapasvī** **dātā** Nom Sg of dātṛ- split up **sarva-sattva-abhaya-pradaḥ**.

तं वञ्चयितुमिन्द्रो ऽथ कृत्वा श्येनवपुः स्वयम् ।
मायाकपोतवपुषं धर्ममन्वपतद्द्रुतम् ॥ ८९ ॥
कपोतश्च भयाद्गत्वा शिबेरङ्कमशिश्रियत् ।
मनुष्यवाचा श्येनो ऽथ स तं राजानमब्रवीत् ॥ ९० ॥
राजन्भक्ष्यमिदं मुञ्च कपोतं क्षुधितस्य मे ।
अन्यथा मां मृतं विद्धि कस्ते धर्मस्ततो भवेत् ॥ ९१ ॥
ततः शिबिरुवाचैनमेष मे शरणागतः ।
अत्याज्यस्तद्ददाम्यन्यन्मांसमेतत्समं तव ॥ ९२ ॥
श्येनो जगाद यद्येवमात्ममांसं प्रयच्छ मे ।
तथेति तत्प्रहृष्टः सन्स राजा प्रत्यपद्यत ॥ ९३ ॥
यथा यथा च मांसं स्वमुत्कृत्यारोपयन्नृपः ।
तथा तथा तुलायां स कपोतो ऽभ्यधिको ऽभवत् ॥ ९४ ॥

---

(89) **√vañc** (I vañcati) 'wander, err, go astray' **indra-** (m.) Indra (the god) **śyena-** (m.) 'bird of prey' **vapus-** (n.) 'form, shape' **svayam** (ind) 'oneself' **māyā-** (f.) 'magic, illusion, trick' **kapota-** (m.) 'dove' **dharma-** (m.) here: the god Dharma, dharma personified **anu-√pat** (I anupatati) 'fly after, chase' **drutam** (ind) 'quick, fast'. (90) **aṅka-** (m.) 'curve; bosom, lap' **√śri** 'go to, take recourse to' **manuṣya-** (adj) 'human' **vāc-** (f.) 'voice'. (91) **bhakṣya-** (n.) 'food' **√muc** (VI muñcati) 'free, release' **kṣudhita-** (adj) 'hungry' **anyathā** (ind) 'otherwise' **√vid** (II vetti) 'know'. (92) **a-tyājya-** (adj) 'unabandonable' **māṃsa-** (n.) 'meat, flesh' **sama-** (adj) 'same, like'. (93) **√gad** 'say, tell' **pra-√yam** (irreg prayacchati) 'give' **prati-√pad** (IV pratipadyate) 'agree, assent'. (94) **ut-√kṛt** 'cut off, cut up' **ā-√ruh** 'ascend, go up'; Caus 'put up' **tulā-** (f.) 'weight, balance' **abhyadhika-** (adj) 'more'.

---

(89) **tam vañcayitum** (Caus Inf) 'in order to make him go astray' **māyā-kapota-vapuṣam** BV 'dove-shaped by/through magic' split up **dharmam anvapatat drutam.** (90) Split up **śibeḥ aṅkam aśiśriyat** (3Sg Aor of √śri). (91) Translate **kṣudhitasya me** as 'to …' **anyathā** and **kaḥ** each begin a new sentence **viddhi** 2Sg Impv 'know that …!' **kaḥ te dharmaḥ tataḥ bhavet** lit. 'what would your righteousness be then?': 'how would you then be righteous?'. (92) Split up **śibiḥ uvāca enam** ('him') **eṣa** (refers to the dove) **śaraṇa-ā-√gam** 'come/approach for refuge' split up **atyājyaḥ** (agreeing with eṣa) **tat** ('thus') **dadāmi** (begins new sentence) **anyat māṃsam etat-samam** ('equal to/same as it') **tava** 'to you'. (93) **yadi evam** 'if that is so' **ātma-māṃsam** 'your own flesh' **tathā iti** 'so (be it)!' **tat-prahṛṣṭa-** 'delighted by that' **san** Nom Sg Masc PresAP of √as: 'being'. (94) **yathā yathā … tathā tathā** 'by however much … by that much' split up **svam utkṛtya āropayat** (Caus of ā-√ruh) **nṛpaḥ** **tulāyām** **abhyadhika-** lit. 'more in weight': 'heavier'.

ततः शरीरं सकलं तुलां राजाध्यरोपयत् ।
साधु साधु समं त्वेतद्दिव्या वागुदभूत्ततः ॥ ९५ ॥
इन्द्रधर्मौ ततस्त्यक्त्वा रूपं श्येनकपोतयोः ।
तुष्टावक्षतदेहं तं राजानं चक्रतुः शिबिम् ॥ ९६ ॥
दत्त्वा चास्मै वरानन्यांस्तावन्तर्धानमीयतुः । (...) ॥ ९७ ॥

g How the Bṛhatkathā Came to Earth (1.8.1–38)

एवं गुणाढ्यवचसा साथ सप्तकथामयी ।
स्वभाषया कथा दिव्या कथिता काणभूतिना ॥ १ ॥
तथैव च गुणाढ्येन पैशाच्या भाषया तया ।
निबद्धा सप्तभिर्वर्षैर्ग्रन्थलक्षाणि सप्त सा ॥ २ ॥
मैतां विद्याधरा हार्षुरिति तामात्मशोणितैः ।
अटव्यां मष्यभावाच्च लिलेख स महाकविः ॥ ३ ॥

---

(95) **śarīra-** (n.) 'body' **sakala-** (adj) 'entire, whole' **adhi-√ruh** 'ascend, mount' **sādhu-** (adj) 'good' **sama-** (adj) 'same' **divya-** (adj) 'heavenly, divine' **vāc-** (f.) 'voice' **ud-√bhū** 'arise, come to be'. (96) **dharma-** (m.) here: the god Dharma, dharma personified **a-kṣata-** (adj) 'uninjured, whole' **deha-** (m.) 'body'. (97) **vara-** (m.) 'wish, choice, boon' **antardhāna-** (n.) 'disappearance, invisibility'. (1) **guṇāḍhya-** (m.) Guṇadhya (the author of the *Bṛhatkathā* or 'Long Story', of which the *Kathāsaritsāgara* is a part) **sapta-** (num) 'seven' **-maya-** (ifc, f. -ī) 'made of, consisting of' **sva-** (pref) 'one's own' **bhāṣā-** (f.) 'speech, language' **divya-** (adj) 'divine, heavenly' **√kath** 'tell' **kāṇabhūti-** (m.) Kāṇabhūti (a yakṣa (heavenly being) cursed to be a piśāca (demon) in his current life). (2) **paiśāca-** (adj, f. -ī) 'demonic, belonging to a piśāca' **ni-√bandh** 'fix compose, draw up' **varṣa-** (m.) here 'year' **grantha-** (m.) 'verse' **lakṣa-** (adj) '100,000'. (3) **vidyādhara-** (m.) 'vidyādhara' (being with supernatural powers) **ātma-** stem form of ātman- **śoṇita-** (n., sg or pl) 'blood' **aṭavi-** (f.) 'forest' **maṣi-** (m./f.) 'soot; ink' **a-bhāva-** (m.) 'absence, lack' **√likh** 'write' **mahā-kavi-** (m.) 'great poet'.

---

(95) **adhyaropayat** Caus of adhi-√ruh (+ 2 Accs: 'put ... on ...') **samam tu etat** 'it is the same' (as what the dove had given, and thus enough) **abhūt** Aor of √bhū. (96) **aksata-deham** BV. (97) Split up **varān anyān tau antardhānam īyatuḥ** **īyatuḥ** 3Du Perf of √i **antardhānam √i** 'disappear'. (1) **vacas-** here 'request' split up **sā atha.** (2) **nibaddha-** *ta*-Ptc of ni-√bandh **grantha-lakṣāṇi sapta** 'in 700,000 verses'. (3) Split up **mā etām** (= kathām) **hārṣuḥ** (3Pl unaugmented Aor of √hṛ) **iti** 'thinking 'don't let them take it'' **lilekha** 3Sg Perf of √likh.

तथा च श्रोतुमायातैः सिद्धविद्याधरादिभिः ।
निरन्तरमभूत्तत्र सवितानमिवाम्बरम् ॥ ४ ॥
गुणाढ्येन निबद्धां च तां दृष्ट्वैव महाकथाम् ।
जगाम मुक्तशापः सन्काणभूतिर्निजां गतिम् ॥ ५ ॥
पिशाचा ये ऽपि तत्रासन्नन्ये तत्सहचारिणः ।
ते ऽपि प्रापुर्दिवं सर्वे दिव्यामाकर्ण्य तां कथाम् ॥ ६ ॥
प्रतिष्ठां प्रापणीयैषा पृथिव्यां मे बृहत्कथा ।
अयमर्थो ऽपि मे देव्या शापान्तोक्तावुदीरितः ॥ ७ ॥
तत्कथं प्रापयाम्येनां कस्मै तावत्समर्पये ।
इति चाचिन्तयत्तत्र स गुणाढ्यो महाकविः ॥ ८ ॥
अथैको गुणदेवाख्यो नन्दिदेवाभिधः परः ।
तमूचतुरुपाध्यायं शिष्यावनुगतावुभौ ॥ ९ ॥

---

(4) **ā-√yā** 'come, arrive' **siddha-** (m.) 'siddha' (especially pure semi-divine being) **-ādi-** (ifc) 'etc, and others' **nir-antara-** (adj) 'uninterrupted, without gaps' **vitāna-** (n.) 'canopy, cover' **ambara-** (n.) 'sky'. (5) **√muc** 'release, remove' **śāpa-** (m.) 'curse' **nija-** (adj) 'native, innate, one's own' **gati-** (f.) 'path; condition, mode of being'. (6) **piśāca-** (m.) 'piśāca (demon)' **saha-cārin-** (m.) 'follower, companion' **pra-√āp** 'reach' **diva-** (n.) 'sky' **ā-√karṇ** 'listen, hear'. (7) **pratiṣṭhā-** (f.) 'permanence, permanent place' **bṛhat-kathā-** (f.) 'The Long Story' **anta-** (m.) 'end' **ukti-** (f.) 'speech, announcement' **ud-√īr** here 'announce, state'. (8) **katham** (ind) 'how?' **sam-√ṛ** 'bring about'; CAUS 'give, entrust'. (9) **guṇadeva-** (m.) Guṇadeva **ākhyā-** (f.) 'name', (ifc) 'called' **nandideva-** (m.) Nandideva **abhidhā-** (f.) 'name', (ifc) 'called' **upādhyāya-** (m.) 'teacher' **śiṣya-** (m.) 'student, disciple' **anu-√gam** 'go after, follow'.

---

(4) **abhūt** AOR of √bhū **sa-vitānam iva** 'as though canopied, covered by a canopy' (the magical beings come flying through the air). (5) **jagāma** (3SG PERF of √gam) … **nijām gatim** lit. 'went to his own state of being' (i.e. died and thus became a yakṣa again) **mukta-śāpa-** BV 'whose curse had been lifted', read with **san** (NOM SG MASC PRESAP of √as): 'being free from the curse'. (6) Structure **ye** … **te** … (NOM PL MASC) **āsann** sandhied āsan 'they were' **tat-** (stem form used in CPDS) 'his' (Kāṇabhūti's) **prāpuḥ** 3PL PERF of pra-√āp. (7) **prāpaṇīya-** here CAUS GDVE of pra-√āp 'must be caused to attain/get' **artha-** here 'purpose' **devī** referring to Pārvatī split up **śāpa-anta-uktau** 'in the announcement of the curse's end/when she announced how the curse would end'. (8) **tat** here 'then' **prāpayāmi** CAUS of pra-√āp 'cause to reach' (implied: 'reach permanence, fame') **tāvat** here 'so then' **samarpaye** 1SG CAUS MID of sam-√ṛ. (9) l. 1 supply 'there was' **ekaḥ** … **paraḥ** 'one … another' **ūcatuḥ** 3DU PERF of √vac.

तत्काव्यस्यार्पणस्थानमेकः श्रीसातवाहनः ।
रसिको हि वहेत्काव्यं पुष्पामोदमिवानिलः ॥ १० ॥
एवमस्त्विति तौ शिष्यावन्तिकं तस्य भूपतेः ।
प्राहिणोत्पुस्तकं दत्त्वा गुणाढ्यो गुणशालिनौ ॥ ११ ॥
स्वयं च गत्वा तत्रैव प्रतिष्ठानपुराद्बहिः ।
कृतसंकेत उद्याने तस्थौ देवीविनिर्मिते ॥ १२ ॥
तच्छिष्याभ्यां च गत्वा तत्सातवाहनभूपतेः ।
गुणाढ्यकृतिरेषेति दर्शितं काव्यपुस्तकम् ॥ १३ ॥
पिशाचभाषां तां श्रुत्वा तौ च दृष्ट्वा तदाकृती ।
विद्यामदेन सासूयं स राजैवमभाषत ॥ १४ ॥
प्रमाणं सप्तलक्षाणि पैशाचं नीरसं वचः ।
शोणितेनाक्षरन्यासो धिक्पिशाचकथामिमाम् ॥ १५ ॥
ततः पुस्तकमादाय गत्वा ताभ्यां यथागतम् ।
शिष्याभ्यां तद्गुणाढ्याय यथावृत्तमकथ्यत ॥ १६ ॥

---

(10) **kāvya-** (m.) 'poem, poetry' **arpaṇa-** (n.) 'consignment, entrusting, trust' **sthāna-** (n.) 'place' **śrī-sātavāhana-** (m.) 'the venerable Sātavāhana' **rasika-** (adj) 'tasteful, (artistically) refined' **āmoda-** (m.) 'fragrance, scent' **anila-** (m.) 'wind'. **(11)** **antikam** (ind) 'to/into the presence of' (+ GEN) **bhū-pati-** (m.) 'earth-lord, king' **pra-√hi** (V prahiṇoti) 'direct, send' **pustaka-** (n.) 'book' **śālin-** (adj, ifc) 'having, possessing'. **(12)** **svayam** (ind) 'oneself' **pratiṣṭhāna-** (n.) Pratiṣṭhāna (a city, capital of Kashmir) **pura-** (n.) 'city' **bahiḥ** (ind) 'outside, on/to the outskirts of' (+ ABL) **saṃketa-** (m.) 'agreement' **udyāna-** (n.) 'garden' **vinirmita-** (adj) 'created, fashioned'. **(13)** **kṛti-** (f.) 'creation, work'. **(14)** **ākṛti-** (f.) 'form, shape' **mada-** (m.) 'intoxication; arrogance' **sa-asūyam** (ind) 'disdainfully' **√bhāṣ** (1 bhāṣate) 'say, speak'. **(15)** **pramāṇa-** (n.) 'right measure, standard, authority' **nīrasa-** (adj) 'flavorless, tasteless' **a-kṣara-** lit. 'imperishable': (n.) 'letter, written character' **nyāsa-** (m.) 'putting down; writing' **dhik** (ind) 'damn! shame on!' (+ ACC). **(16)** **ā-√dā** 'take' **yathā-gatam** (ind) 'as-come, as they had come' **yathā-vṛttam** (ind) 'as-happened, what had happened'.

---

(10) Split up **tat-kāvyasya** ('of this poem') **arpaṇa-sthānam ekaḥ** (here 'alone, only') **√vah** here 'convey, diffuse'. **(12)** **kṛta-saṃkete udyāne** 'in the agreed-upon garden' **tasthau** 3SG PERF of √sthā, here 'he waited' **devī** here: Pārvatī. **(13)** Split up **tat-śiṣyābhyām, guṇāḍhya-kṛtiḥ eṣā iti** **darśita-** CAUS *ta*-PTC of √dṛś. **(14)** **tad-ākṛtī** (ACC DU MASC) 'having the shape of that (= of piśācas)' **vidyā-madena** lit. 'through knowledge-arrogance': 'through being intoxicated by his knowledge'. **(15)** **pramāṇam saptalakṣāṇi** '700,000 (verses may be) an authority/important measure (but)' **vacaḥ** here 'speech, language'. **(16)** **akathyata** 3SG IMPF PASS of √kath.

गुणाढ्यो ऽपि तदाकर्ण्य सद्यः खेदवशो ऽभवत्।
तत्त्वज्ञेन कृतावज्ञः को नामान्तर्न तप्यते ॥ १७ ॥
सशिष्यश्च ततो गत्वा नातिदूरं शिलोच्चयम्।
विविक्तरम्यभूभागमग्निकुण्डं व्यधात्पुरः ॥ १८ ॥
तत्राग्नौ पत्त्रमेकैकं शिष्याभ्यां साश्रु वीक्षितः।
वाचयित्वा स चिक्षेप श्रावयन्मृगपक्षिणः ॥ १९ ॥
नरवाहनदत्तस्य चरितं शिष्ययोः कृते।
ग्रन्थलक्षं कथामेकां वर्जयित्वा तदीप्सिताम् ॥ २० ॥
तस्मिंश्च तां कथां दिव्यां पठत्यपि दहत्यपि।
परित्यक्ततृणाहाराः शृण्वन्तः साश्रुलोचनाः ॥ २१ ॥
आसन्नभ्येत्य तत्रैव निश्चला बद्धमण्डलाः।
निखिलाः खलु सारङ्गवराहमहिषादयः ॥ २२ ॥

---

(17) **sadyaḥ** (ind) 'immediately, right away' **kheda-** (m.) 'sorrow, distress' **vaśa-** (m.) 'control, power', (ifc) 'on account of, controlled by' **tattva-jña-** (adj) 'knowing the truth/reality; expert' **avajñā-** (f.) 'disrespect, contempt' **nāma** (ind) here 'indeed' **antar** (ind) 'internally, (on the) inside' **√tap** PASS 'be burnt, suffer'. (18) **ati-dūra-** (adj) 'very far' **śila-uccaya-** (m.) 'rock accumulation': 'crag, hill, mountain' **vivikta-** (adj) 'isolated, solitary' **ramya-** (adj) 'pleasant' **bhū-bhāga-** (m.) 'spot, location' **kuṇḍa-** (n.) '(consecrated) hole, pit' **vi-√dhā** 'arrange, prepare' **puraḥ** (ind) 'in front of, facing' (+ ACC). (19) **pattra-** (n.) 'leaf; page' **eka-ekam** (ind) 'one by one' **aśru-** (n.) 'a tear' **vi-√īkṣ** 'look, observe' **√vac** (CAUS vācayati) 'recite' **√kṣip** 'throw' **mṛga-** (m.) 'deer, forest animal' **pakṣin-** (m.) 'bird'. (20) **carita-** (n.) 'sth. done': 'actions, adventures; tales' **kṛte** (ind) 'for the sake of' (+ GEN) **√vṛj** (CAUS varjayati) 'avoid, spare'. (21) **√paṭh** (I paṭhati) 'read, declaim' **√dah** (I dahati) 'burn' **pari-√tyaj** 'leave, leave behind, preserve' **tṛṇa-** (n.) 'grass' **āhāra-** (m.) 'food' **locana-** (n.) 'eye'. (22) **√as** (II asti) 'be' **abhi-ā-√i** 'come' **niścala-** (adj) 'motionless, still' **maṇḍala-** (n.) 'circle' **nikhila-** (adj) 'complete, all, whole' **khalu** (ind) 'indeed' **sāraṅga-** (m.) '(spotted) antelope, deer' **varāha-** (m.) 'boar, pig' **mahiṣa-** (m.) 'bull, buffalo' **-ādi-** (ifc) 'etc, and others'.

---

(17) **kṛta-avajña-** BV 'to whom disrespect is made': 'who has been disrespected' split up **nāma antar na.** (18) **sa-śiṣya-** BV 'with-student-ed': 'together with his students' **vyadhāt** 3SG AOR of vi-√dhā. (19) **sa-aśru** (ind) lit. 'with-teared': 'under tears, crying' **śrāvayan** NOM SG MASC CAUS PRESAP of √śru. (20) **tad-īpsitām** 'loved by them (the students)'. (21) **tasmin ... paṭhati ... dahati** LOC ABS (paṭhati, dahati LOC SG PRESAP) **śṛṇvantaḥ** NOM PL PRESAP of √śru. (22) **āsann** sandhied āsan **baddha-maṇḍala-** BV 'having made a circle'.

अत्रान्तरे च राजाभूदस्वस्थः सातवाहनः ।
दोषं चास्यावदन्वैद्याः शुष्कमांसोपभोगजम् ॥ २३ ॥
आक्षिप्तास्तन्निमित्तं च सूपकारा बभाषिरे ।
अस्माकमीदृशं मांसं ददते लुब्धका इति ॥ २४ ॥
पृष्टाश्च लुब्धका ऊचुर्नातिदूरे गिरावितः ।
पठित्वा पत्त्रमेकैकं को ऽप्यग्नौ क्षिपति द्विजः ॥ २५ ॥
तत्समेत्य निराहाराः शृण्वन्ति प्राणिनो ऽखिलाः ।
नान्यतो यान्ति तेनैषां शुष्कं मांसमिदं क्षुधा ॥ २६ ॥
इति व्याधवचः श्रुत्वा कृत्वा तानेव चाग्रतः ।
स्वयं स कौतुकाद्राजा गुणाढ्यस्यान्तिकं ययौ ॥ २७ ॥
ददर्श तं समाकीर्णं जटाभिर्वनवासतः ।
प्रशान्तशेषशापाग्निधूमिकाभिरिवाभितः ॥ २८ ॥

---

(23) **atra antare** (ind) 'in the meantime' **a-svastha-** (adj) 'unwell, ill' **doṣa-** (m.) here 'illness' **vaidya-** (m.) 'doctor, physician' **śuṣka-** (adj) 'dried up, dry', here 'innutritious' **māṃsa-** (n.) 'meat' **upabhoga-** (m.) 'enjoyment, consumption' **-ja-** (adj, ifc) 'arisen from, caused by'. (24) **ā-√kṣip** 'criticize, insult' **tat-nimittam** (ind) 'for that reason' **sūpa-kāra-** (m.) 'sauce-maker': 'cook' **√bhāṣ** (I bhāṣate) 'say, speak' **īdṛśa-** (adj) 'such, of this kind' **lubdhaka-** (m.) 'hunter'. (25) **giri-** (m.) 'mountain' **itaḥ** (ind) 'from here' **dvi-ja-** (m.) lit. 'twice-born': 'brahmin'. (26) **sam-ā-√i** 'come together, assemble' **nirāhāra-** (adj) 'without food' **prāṇin-** (m.) 'sentient/living being' **akhila-** (adj) 'all, complete' **anyataḥ** (ind) 'elsewhere' **√yā** (II yāti) 'go' **kṣudh-** (f.) 'hunger'. (27) **vyādha-** (m.) 'hunter' **agrataḥ √kṛ** 'put sb. in front/first' **svayam** (ind) 'oneself' **kautuka-** (n.) 'curiosity' **antikam** (ind) 'to/into the presence of' (+ GEN). (28) **samākīrṇa-** (adj) 'covered, surrounded' **jaṭā-** (f.) 'twisted locks of hair' (as worn by ascetics) **praśānta-** (adj) 'calm, tranquil' **śeṣa-** (m./n.) 'remainder' **dhūmikā-** (f.) 'smoke' **abhitaḥ** (ind) 'on all sides, all around'.

---

(23) Split up **ca asya avadan vaidyāḥ** **√vad** + 2 ACCs here 'say that … is …' **abhūt** AOR of √bhū. (24) **asmākam dadate** 'they are giving to us'. (25) **na atidūre girau itaḥ** 'on a mountain not far from here'. (26) **tat** here 'thus, so' **tena** 'through/because of this' **eṣām** GEN SG of eṣaḥ/etad-. (27) **yayau** 3SG PERF of √yā. (28) **vana-vāsataḥ** (ind) 'from living in the forest' split up [[[**praśānta-śeṣa-śāpa]-agni]-dhūmikābhiḥ]** **iva abhitaḥ** 'as though [with smoke [from the fire of the [extinguished rest of the curse]]] on all sides'.

अथैनं प्रत्यभिज्ञाय सबाष्पमृगमध्यगम् ।
नमस्कृत्य च पप्रच्छ तं वृत्तान्तं महीपतिः ॥ २९ ॥
सो ऽपि स्वं पुष्पदन्तस्य राज्ञे शापादिचेष्टितम् ।
ज्ञानी कथावतारं तमाचख्यौ भूतभाषया ॥ ३० ॥
ततो गणावतारं तं मत्वा पादानतो नृपः ।
ययाचे तां कथां तस्माद्दिव्यां हरमुखोद्गताम् ॥ ३१ ॥
अथोवाच स तं भूपं गुणाढ्यः सातवाहनम् ।
राजन्षड्ग्रन्थलक्षाणि मया दग्धानि षट्कथाः ॥ ३२ ॥
लक्षमेकमिदं त्वस्ति कथैका सैव गृह्यताम् ।
मच्छिष्यौ तव चात्रैतौ व्याख्यातारौ भविष्यतः ॥ ३३ ॥
इत्युक्त्वा नृपमामन्त्र्य त्यक्त्वा योगेन तां तनुम् ।
गुणाढ्यः शापनिर्मुक्तः प्राप दिव्यं निजं पदम् ॥ ३४ ॥

---

(29) **prati-abhi-√jñā** 'recognize' **sa-** (pref) '(together) with' **bāṣpa-** (m.) 'tear, tears' **madhya-ga-** (adj) 'being (lit.: 'going') in the middle' **namas-√kṛ** 'greet' **vṛtta-anta-** (m.) 'report, account' **mahī-pati-** (m.) 'earth lord, king'. **(30)** **sva-** (pron adj) 'one's own' **puṣpadanta-** (m.) Puṣpadanta (a gaṇa (heavenly being) cursed to be a mortal when he is discovered to have listened in on Śiva telling Pārvatī the Bṛhatkathā) **ceṣṭita-** (adj) 'set in motion' **jñānin-** (adj) 'learned, wise' **avatāra-** (m.) 'descent; incarnation of a god' **ā-√khyā** 'tell'. **(31)** **gaṇa-** (m.) 'gaṇa' (a heavenly being) **pāda-** (m.) 'foot' **ānata-** (adj) 'bent, bowed' **√yāc** 'ask' **hara-** (m.) 'Śiva' **mukha-** (n.) 'mouth, face' **udgata-** (adj) 'gone forth; originated'. **(32)** **bhū-pa-** (m.) 'earth-protector; king' **ṣaṣ-** (num, NOM ṣaṭ) 'six'. **(33)** **vyākhyātṛ-** (m.) 'explainer, teller'. **(34)** **ā-√mantr** here 'bid farewell, say goodbye to' **yoga-** (m.) 'yoga, yogic discipline' **tanu-** (f.) 'body' **nirmukta-** (adj) 'freed' **pada-** (n.) here 'place; home'.

---

(30) **svam puṣpadantasya … śāpa-ādi-ceṣṭitam** 'set in motion by the curse etc. of him and Puṣpadanta', agreeing with **-avatāram** **ācakhyau** 3SG PERF of ā-√khyā **bhūta-** (n.) here again 'demon'. **(31)** **matvā** ABS of √man + 2 ACCS 'learn/realize that … is …' **pāda-ānata-** 'having bowed at his feet' **yayāce** 3SG PERF MID of √yāc **tasmāt** here 'from him'. **(32)** **ṣaḍ-grantha-lakṣāṇi … ṣaṭ kathāḥ** '600,000 verses (making up) six stories' **dagdha-** *ta*-PTC of √dah. **(33)** **lakṣam ekam** '(consisting of) 100,00 (verses)' **gṛhyatām** 3SG IMPV PASS, see p. XVII. **(34)** **prāpa** 3SG PERF of pra-√āp.

अथ तां गुणाढ्यदत्तामादाय कथां बृहत्कथां नाम्ना ।
नृपतिरगान्निजनगरं नरवाहनदत्तचरितमयीम् ॥ ३५ ॥
गुणदेवनन्दिदेवौ तत्र च तौ तत्कथाकवेः शिष्यौ ।
क्षितिकनकवस्त्रवाहनभवनधनैः संविभेजे सः ॥ ३६ ॥
ताभ्यां सह च कथां तामाश्वास्य स सातवाहनस्तस्याः ।
तद्भाषयावतारं वक्तुं चक्रे कथापीठम् ॥ ३७ ॥
सा च चित्ररसनिर्भरा कथा विस्मृतामरकथा कुतूहलात् ।
तद्विधाय नगरे निरन्तरां ख्यातिमत्र भुवनत्रये गता ॥ ३८ ॥

h Ahalyā: Bilingual and Clever (3.3.137–148)

पुराभूद्गौतमो नाम त्रिकालज्ञो महामुनिः ।
अहल्येति च तस्यासीद्भार्या रूपजिताप्सराः ॥ १३७ ॥

---

(35) **ā-√dā** 'take, receive' **bṛhat-kathā-** (f.) 'The Long Story' **nāmnā** (ind) 'by name, called' **nṛ-pati-** (m.) 'king' **√gā** (III jigāti) 'go' **-maya-** (ifc, f. -ī) 'consisting of, containing'. **(36) kṣiti-** (f.) a place to dwell: 'house; land, settlement' **kanaka-** (n.) 'gold' **vastra-** (n.) 'clothing, clothes' **vāhana-** (n.) any means of transport: 'chariot, horse, elephant' **bhavana-** (n.) 'house' **dhana-** (n.) 'wealth' **sam-vi-√bhaj** 'furnish, present sb. (Acc) with (Ins)'. **(37) ā-√śvas** 'breathe freely, take breath', Caus 'make breathe, revive; encourage' **pīṭha-** (n.) 'throne'. **(38) citra-** (adj) 'manifold, various' **rasa-** (m.) 'essence': here 'taste, flavor; interest' **nirbhara-** (adj) 'full of, abounding in' **vi-√smṛ** 'forget' **a-mara-** (adj) 'immortal'; (m.) 'an immortal, god' **kutūhala-** (n.) 'curiosity, interest' **vi-√dhā** 'arrange, effect' **nir-antara-** (adj) 'uninterrupted, continuous' **khyāti-** (f.) 'fame, renown' **bhuvana-** (n.) 'world, existence' **traya-** (n.) 'trio, group of three'. **(137) purā** (ind) 'a long time ago' **gautama-** (m.) Gautama **tri-kāla-** (n.) 'the three times: past, present, future' **-jña-** (adj, ifc) 'knowing' **mahā-muni-** (m.) 'great seer' **ahalyā-** (f.) Ahalyā (a woman) **bhāryā-** (f.) 'wife' **rūpa-** (n.) 'form; beauty' **apsaras-** (f.) 'apsaras' (a heavenly nymph).

---

(35) **datta-** *ta*-Ptc of √dā **agān** sandhied agāt (Aor of √gā) **Naravāhanadatta** the hero of the main story of the Kathāsaritsāgara. **(36)** Split up **kṣiti-kanaka-vastra-vāhana-bhavana-dhanaiḥ** **saṃvibheje** 3Sg Perf Mid of √bhaj. **(37) āśvāsya** Caus Abs of ā-√śvas **tasyāḥ tad-bhāṣayā avatāram vaktum cakre** (Perf of √kṛ) **kathā-pīṭham** 'he made (a book called) 'Story Throne' in order to explain the origin of it (the story) in that (the piśāca) language'. **(38) vismṛtā** (begins new clause) **amara-kathā kutūhalāt** 'out of interest (in the Bṛhatkathā) the stories of the immortals were forgotten' **nirantarām khyātim gatā** 'it went to continuous fame': 'acquired continuous fame', see p. XIX **atra bhuvana-traye** 'here in the trio of worlds' (= 'the entire world', either underworld, earth and heaven, or earth, atmosphere and heaven). **(137) abhūt** Aor of √bhū **rūpa-jita-apsarāḥ** bv lit. 'by whom apsarases are defeated in beauty': 'more beautiful than apsarases' (Nom Sg Fem).

एकदा रूपलुब्धस्तामिन्द्रः प्रार्थितवान्रहः ।
प्रभूणां हि विभूत्यन्धा धावत्यविषये मतिः ॥ १३८ ॥
सानुमेने च तं मूढा वृषस्यन्ती शचीपतिम् ।
तच्च प्रभावतो बुद्ध्वा तत्रागाद्गौतमो मुनिः ॥ १३९ ॥
मार्जाररूपं चक्रे च भयादिन्द्रो ऽपि तत्क्षणम् ।
कः स्थितो ऽत्रेति सो ऽपृच्छदहल्यामथ गौतमः ॥ १४० ॥
एसो ठिओ खु मज्जारो इत्यपभ्रष्टवक्रया ।
गिरा सत्यानुरोधिन्या सा तं प्रत्यब्रवीत्पतिम् ॥ १४१ ॥
सत्यं त्वज्जार इत्युक्त्वा विहसन्स ततो मुनिः ।
सत्यानुरोधक्लृप्तान्तं शापं तस्यामपातयत् ॥ १४२ ॥

---

(138) ekadā (ind) 'once, at one time' **lubdha-** (adj) 'bewildered; enamored' **indra-** (m.) Indra (the god) **pra-√arth** (X prārthayate) 'desire, woo, tempt' **rahas** (ind) 'in secret' **prabhu-** (adj) 'mighty, powerful' **vibhūti-** (f.) '(great) power' **andha-** (adj) 'blind' **√dhāv** (I dhāvati) 'run' **a-viṣaya-** (m.) 'anything out of reach/improper' **mati-** (f.) 'mind, thought'. **(139) anu-√man** 'approve, yield to' **mūḍha-** (adj) 'foolish, stupid' **√vṛṣasya** (denom. vṛṣasyati) 'desire the male (*vṛṣa-*), be in heat' **śacī-** (f.) Śacī (Indra's wife) **pati-** (m.) 'master, husband' **√budh** 'realize, understand' **ā-√gā** 'come, approach'. **(140) mārjāra-** (m.) 'cat' **bhaya-** (n.) 'fear' **tat-kṣaṇam** (ind) 'at that moment' **√prach** (VI pṛcchati) 'ask'. **(141) apabhraṣṭa-** (adj) 'corrupted, bad' **vakra-** (adj) 'crooked' **gir-** (f.) 'speech, language' **satya-** (n.) 'truth, reality' **anurodhin-** (adj, f. -nī) 'compliant with, respecting' **prati-√brū** (II pratibravīti) 'reply'. **(142) satyam** (ind) 'truly' **jāra-** (m.) 'lover' **vi-√has** (I vihasati) 'laugh out loud' **anurodha-** (m.) 'compliance, respect' **kḷpta-** (adj) 'made, set' **anta-** (m.) 'end' **śāpa-** (m.) 'curse'.

---

(138) prārthitavān NOM SG MASC PASTAP of pra-√arth 'desire, woo' **√dhāv** + LOC 'run all the way to'. **(139) anumene** 3SG PERF MID of anu-√man 'assent' **vṛṣasyantī** NOM SG FEM PRESAP of √vṛṣasya **tat** here ACC SG NTR 'this' (= what was going on) **prabhāva-taḥ** (ind) 'through/by means of power' (here: Gautama's power as an ascetic) **āgāt** AOR of ā-√gā. **(140) cakre** 3SG PERF of √kṛ **sthitaḥ** '(is) standing' here simply 'is, exists'. **(141) eso ṭhio khu majjāro** is Prakrit, not Sanskrit (which women supposedly cannot or should not speak – and e.g. in drama, they only speak Prakrit), and could either be equivalent to Sanskrit *eṣa sthitaḥ khalu mārjāraḥ* 'this is just a cat' or *eṣa sthitaḥ khalu maj-jāraḥ* 'this is my lover' **apabhraṣṭa-vakrayā girā** 'in crooked *apabhraṣṭa* speech' (apabhraṃśa is the name of a Prakrit language of very low prestige among Sanskrit speakers). **(142) tvaj** sandhied tvat- split up **satya-anurodha-kḷpta-anta-** BV 'whose end was set because of her compliance with the truth' **apātayat** CAUS IMPF of √pat 'make befall'.

पापशीले शिलाभावं भूरिकालमवाप्नुहि ।
आ वनान्तरसंचारिराघवालोकनादिति ॥ १४३ ॥
वराङ्गलुब्धस्याङ्गे ते तत्सहस्रं भविष्यति ।
दिव्यस्त्रीं विश्वकर्मा यां निर्मास्यति तिलोत्तमाम् ॥ १४४ ॥
तां विलोक्य तदैवाक्ष्णां सहस्रं भविता च ते ।
इतीन्द्रमपि तत्कालं शपति स्म स गौतमः ॥ १४५ ॥
दत्तशापो यथाकामं तपसे स मुनिर्ययौ ।
अहल्यापि शिलाभावं दारुणं प्रत्यपद्यत ॥ १४६ ॥
इन्द्रो ऽप्यावृतसर्वाङ्गो वराङ्गैरभवत्ततः ।
अशीलं कस्य नाम स्यान्न खलीकारकारणम् ॥ १४७ ॥

---

(143) **pāpa-** (adj) 'bad, evil' **śīla-** (n.) 'habit, custom; moral' **śilā-** (f.) 'stone, rock' **bhāva-** (m.) 'being, nature' **bhūri-kālam** (ind) 'for a long time' **ava-√āp** (V avāpnoti) 'reach, attain' **ā** (ind) 'up to, until' **vana-** (n.) 'forest' **antara-** (n.) 'interior' **saṃcārin-** (adj) 'wandering, roaming' **rāghava-** (m.) lit. 'Raghu's son': Rāma **ālokana-** (n.) 'sight, seeing'. **(144)** **vara-aṅga-** (n.) lit. 'best body part': 'head; vulva' **lubdha-** (adj) 'bewildered; enamored' **sahasra-** (n.) 'thousand' **divya-** (adj) 'divine' **strī-** (f.) 'woman' **viśva-karman-** (m.) Viśvakarman (lit. 'All-Maker', the personified creative power of the gods) **niḥ-√mā** 'create, make' **tilottamā-** (f.) Tilottamā (an apsaras/nymph). **(145)** **vi-√lok** 'see, spot' **akṣan-** (n.) 'eye' **sahasra-** (n.) 'thousand' **tat-kālam** (ind) 'at that moment' **√śap** (I śapati) 'curse' **sma** (ind) makes preceding verb past tense. **(146)** **yathā-kāmam** (ind) 'as one likes, as desired' **tapas-** (n.) 'suffering; religious austerities/asceticism, penance' **√yā** 'go' **dāruṇa-** (adj) 'horrible, harsh' **prati-√pad** (IV pratipadyate) 'enter, reach'. **(147)** **ā-√vṛ** 'cover' **a-śīla-** (n.) 'lack of morals, depravity' **nāma** (ind) after a question word 'then; tell me' **khalī-kāra-** (m.) 'abuse, humiliation' **kāraṇa-** (n.) 'cause, reason'.

---

(143) **pāpa-śīle** BV VOC SG FEM **avāpnuhi** 2SG IMPV of ava-√āp 'get, attain' split up **ā vana-antara-saṃcāri-rāghava-ālokanāt** 'up to (ā) the seeing of Rāma wandering inside the forest'. **(144)** **vara-aṅga-lubdhasya aṅge te** 'on the body of you who is enamored with a vulva' **tat-sahasram** 'a thousand of them' l. 2 and the next line form a sentence (structure: **yām** … **tām**). **(145)** **tadā eva** 'at that very moment' **akṣṇām** GEN PL of akṣan- 'eye' **bhavitā** 3SG 'PERIPH' FUT 'it will be'. **(146)** **datta-śāpaḥ** BV (**datta-** *ta*-PTC of √dā) **tapase** DAT of Purpose 'to do tapas/perform austerity' **yayau** 3SG PERF of √yā. **(147)** **āvṛta-sarva-aṅgaḥ** … **abhavat** lit. 'he became (one whose) whole body was covered'.

एवं कुकर्म सर्वस्य फलत्यात्मनि सर्वदा ।
यो यद्वपति बीजं हि लभते सो ऽपि तत्फलम् ॥ १४८ ॥

i Buddhist Merchant, Hindu Son (6.1.10–54)

A practical note: verses 10–14 are a poetic description of the city in which this story takes place. They are beautiful, but challenging to translate. If you prefer, skip to verse 15, where the actual narrative starts. (But even better, do read 10–14 in the knowledge that, if you find them difficult, it is not because you have suddleny forgotten all your Sanskrit, but simply because they are tricky.)

आसीत्तक्षशिला नाम वितस्तापुलिने पुरी ॥ १० ॥
तदम्भसि बभौ यस्याः प्रतिमा सौधसंततेः ।
पातालनगरीवाधस्तच्छोभालोकनागता ॥ ११ ॥
तस्यां कलिङ्गदत्ताख्यो राजा परमसौगतः ।
अभूत्तारावरस्फीतजिनभक्ताखिलप्रजः ॥ १२ ॥

---

(148) **ku-karman-** (n.) 'bad deed/action' **√phal** (1 phalati) 'bear fruit' **ātman-** (m.) 'the soul, self'; (refl pron) 'oneself' **√vap** (1 vapati) 'strew, spread, sow' **bīja-** (n.) 'seed' **√labh** (1 labhate) 'take, find' **phala-** (n.) 'fruit, reward'. **(10)** **takṣaśilā-** (f.) Takṣaśilā (a famous and important city in ancient India) **vitastā-** (f.) Vitastā (one of the five rivers of the Punjab) **pulina-** (m.) '(river)bank' **purī-** (f.) 'city'. **(11)** **ambhas-** (n.) 'water' **√bhā** (bhāti) 'shine, gleam' **pratimā-** (f.) 'image, reflection' **saudha-** (n.) 'palace, mansion' **saṃtati-** (f.) 'expanse, line, row' **pātāla-nagarī-** (f.) 'the city/capital of Pātāla' (here: the underworld) **adhaḥ** (ind) 'below, down; in the lower region(s)' **śobhā-** (f.) 'splendor, brilliance' **ālokana-** (n.) 'sight, seeing'. **(12)** **kaliṅgadatta-** (m.) Kaliṅgadatta **ākhyā-** (f.) 'name', (ifc) 'called' **parama-** (pron adj) 'highest, eminent' **saugata-** (m.) 'Buddhist' **tārā-vara-** (m.) 'the chosen (bridegroom) of Tārā' (= the Buddha) **sphīta-** (adj) 'thriving, flourishing' **jina-** (m.) lit. 'victor': epithet of the Buddha **bhakta-** (adj) 'devoted, honoring' **akhila-** (adj) 'complete, whole' **prajā-** (f.) 'offspring; subject, citizen'.

---

(148) Structure **yaḥ** … **sa** and **yat bijam** … **tat-phalam** 'any seed … the fruit of that'. **(11)** Continues (10) **tad-** refers to the Vitastā **babhau** 3SG PERF of √bhā **yasyāḥ** refers back to **purī** in (10) split up **pātāla-nagarī iva adhaḥ tat-śobhā-ālokana-āgatā** 'like the capital of Pātāla come from below to look at its (Takṣaśilā's) splendor'. **(12)** Split up **tārā-vara-sphīta-jina-bhakta-akhila-prajaḥ** BV, agreeing with rājā: 'a king whose subjects were wholly devoted to the flourishing victor (= the Buddha), the bridegroom of Tārā (= the Buddha)'.

रराज सा पुरी यस्य चैत्यरत्नैर्निरन्तरैः ।
मत्तुल्या नाम नास्तीति मदशृङ्गैरिवोदितैः ॥ १३ ॥
प्रजानां न परं चक्रे यः पितेवानुपालनम् ।
यावद्गुरुरिव ज्ञानमपि स्वयमुपादिशत् ॥ १४ ॥
तथा च तस्यां को ऽप्यासीन्नगर्यां सौगतो वणिक् ।
धनी वितस्तादत्ताख्यो भिक्षुपूजैकतत्परः ॥ १५ ॥
रत्नदत्ताभिधानश्च तस्याभूत्तनयो युवा ।
स च तं पितरं शश्वत्पाप इत्यजुगुप्सत ॥ १६ ॥
पुत्र निन्दसि कस्मान्मामिति पित्रा च तेन सः ।
पृच्छ्यमानो वणिक्पुत्रः साभ्यसूयमभाषत ॥ १७ ॥

---

(13) **√rāj** 'be chief; be resplendent' **caitya-** (m./n.) 'caitya' (Buddhist temple) **ratna-** (n.) 'jewel' **nir-antara-** (adj) 'dense, crowded, packed' **tulya-** (adj) 'equal, same; rival(ling)' **nāma** (ind) here 'indeed' **mada-** (m.) 'excitement, pride, intoxication' **śṛṅga-** (n.) 'horn' **udita-** (adj) 'raised, tall, high'. (14) **prajā-** (f.) 'offspring; subject, citizen' **anupālana-** (n.) 'observation, protection' **guru-** (m.) '(spiritual) teacher' **jñāna-** (n.) 'knowledge, wisdom' **svayam** (ind) 'oneself' **upa-√diś** (VI upadiśati) 'show, teach'. (15) **vaṇij-** (m.) 'trader, merchant' **dhanin-** (adj) 'wealthy, rich' **vitastādatta-** (m.) Vitastādatta **ākhyā-** (f.) 'name', (ifc) 'called' **bhikṣu-** (m.) '(Buddhist) monk, mendicant' **pūjā-** (f.) 'respect, worship' **eka-** (pron adj) 'one, alone' **para-** (pron adj) here 'highest'. (16) **ratnadatta-** (m.) Ratnadatta **abhi-dhāna-** (n.) 'name', (ifc) 'called' **tanaya-** (m.) 'son' **yuvan-** (m.) 'young man, youth' **śaśvat** (ind) 'perpetually, incessantly' **pāpa-** (adj) 'evil' **√gup** 'he reproach, accuse'. (17) **√nind** (VI nindati) 'blame, reproach' **kasmāt** (ind) 'why?' **√prach** 'ask' **sa-abhyasūyam** (ind) 'with envy, maliciously' **√bhāṣ** (I bhāṣate) 'say, speak'.

---

(13) Translate **sā purī yasya** 'this city of his' (Kaliṅgadatta's) **caitya-ratna-** KDH 'caitya-gems' (its gems, which are the caityas) **mat-** stem form of aham **'mat-tulyā nāma** ('indeed') **na asti'** is what the city seems to think **mada-śṛṅgaiḥ iva uditaiḥ** 'as though with its pride-horns (= the towers of its temples and palaces) elevated'. (14) **na param** … **yāvat** 'not only … but also' translate **yaḥ** 'he' **cakre** 3SG PERF MID of √kṛ. (15) **eka-tat-para-** BV lit. 'whose highest was solely this, (namely) …': 'to whom … was most important'. (16) **yuvā** NOM SG MASC **'pāpaḥ!' iti** is what the son says **ajugupsata** 3SG IMPF MID DES of √gup. (17) **pṛcchyamāna-** PRES PASS PTC of √prach.

तात त्यक्तत्रयीधर्मस्त्वमधर्मं निषेवसे ।
यद्ब्राह्मणान्परित्यज्य श्रमणाञ्शश्वदर्चसि ॥ १८ ॥
स्नानादियन्त्रणाहीनाः स्वकालाशनलोलुपाः ।
अपास्तसशिखाशेषकेशकौपीनसुस्थिताः ॥ १९ ॥
विहारास्पदलाभाय सर्वे ऽप्यधमजातयः ।
यमाश्रयन्ति किं तेन सौगतेन नयेन ते ॥ २० ॥
तच्छ्रुत्वा स वणिक्प्राह न धर्मस्यैकरूपता ।
अन्यो लोकोत्तरः पुत्र धर्मो ऽन्यः सार्वलौकिकः ॥ २१ ॥

---

(18) **tāta-** (Voc) here 'dear father!' **√tyaj** 'leave behind, abandon' **trayī-dharma-** (m.) lit. 'the threefold dharma': 'the religion of the three Vedas' (= what in English is referred to as 'Hinduism') **a-dharma-** (m.) 'lack of dharma, lawlessness' **ni-√sev** (I niṣevate) 'practice, cultivate, follow' **brāhmaṇa-** (m.) 'brahmin' **pari-√tyaj** 'leave behind, abandon' **śramaṇa-** (m.) 'Buddhist (begging) monk/mendicant' **√arc** (I arcati) 'praise, respect'. (19) **snāna-** (n.) '(ritual) bath, bathing' **-ādi-** (ifc) 'etc, and others' **yantraṇā-** (f.) 'prescription, rule' **-hīna-** (adj, ifc) 'lacking, devoid of' **sva-kāla** (m.) lit. 'own time' **aśana-** (n.) 'eating, food' **lolupa-** (adj) 'desirous, eager' **apāsta-** (adj) 'thrown off, set aside' **śikhā-** (f.) 'hair tuft' (left in place when hair ritually shorn) **a-śeṣa-** (adj) 'without remainder, all, entire' **keśa-** (m.) 'hair, hairstyle' **kaupīna-** (n.) 'loincloth' **su-sthita-** (adj) 'comfortable, content'. (20) **vihāra-** (m.) '(Buddhist) monastery' **āspada-** (n.) 'seat, place' **lābha-** (m.) 'attaining, reaching' **adhama-** (adj) 'lowest, worst' **jāti-** (f.) 'rank, birth, caste' **ā-√śri** (I āśrayati) 'choose, prefer, attach oneself to' **kim** (+ Ins) lit. 'what with …': 'what use is, what do you want with' **saugata-** (adj) 'Buddhist' (relating to Sugata/the Buddha) **naya-** (m.) 'conduct, actions, behavior'. (21) **vaṇij-** (m.) 'trader, merchant' **pra-√ah** 'say, proclaim' **eka-rūpatā-** (f.) 'uniformity' **anya- … anya-** (pron adj) 'one … another' **loka-uttara-** (adj) 'beyond the world, transcendent' **sārvalaukika-** (adj) 'prevailing throughout/immanent to the world'.

---

(18) **tyakta-trayī-dharmaḥ** BV agreeing with **tvam** **yat** here 'because'. (19) Continues into 20.1 **sva-kāla-aśana-lolupa-** 'desirous of food in one's own time/whenever convenient' (rather than at prescribed times) **[apāsta-[[sa-śikhā-aśeṣa-keśa-kaupīna]-susthitāḥ]]]** '[comfortable [[with the hairtuft and all other hair (rules) and the loincloth] abandoned]]]'. (20) **-lābhāya** Dat of purpose: '(they act) *for the purpose of* reaching/attachment to' **sarve api** 'every single one' **adhama-jāti-** BV l. 2 begins a new sentence: **kim tena … yam …** 'what (do you want) with … which …?' (21) Split up **tat śrutvā** **prāha** 3Sg Perf of pra-√ah read **dharmaḥ** (here best = 'religion') with both **loka-uttara-** and **sārvalaukika-**.

ब्राह्मण्यमपि तत्प्राहुर्यद्रागादिविवर्जनम् ।
सत्यं दया च भूतेषु न मृषा जातिविग्रहः ॥ २२ ॥
किं च दर्शनमेतत्त्वं सर्वसत्त्वाभयप्रदम् ।
प्रायः पुरुषदोषेण न दूषयितुमर्हसि ॥ २३ ॥
उपकारस्य धर्मत्वे विवादो नास्ति कस्यचित् ।
भूतेष्वभयदानेन नान्या चोपकृतिर्मम ॥ २४ ॥
तदहिंसाप्रधाने ऽस्मिन्वत्स मोक्षप्रदायिनि ।
दर्शने ऽतिरतिश्चेन्मे तदधर्मो ममात्र कः ॥ २५ ॥
इति तेनोदितः पित्रा वणिक्पुत्रः प्रसह्य सः ।
न तथा प्रतिपेदे तन्निनिन्दाभ्यधिकं पुनः ॥ २६ ॥

---

(22) **brāhmaṇya-** (adj) 'brahminical, of brahmins' **rāga-** (m.) 'passion' **-ādi-** (ifc) 'etc, and others' **vivarjana-** (n.) '(the act of) avoiding, leaving, giving up' **satya-** (n.) 'truthfulness' **dayā-** (f.) 'sympathy, compassion' (with/towards: + Loc) **bhūta-** (n.) 'living being' **mṛṣā** (ind) 'wrongly, falsely, feigned' **vigraha-** (m.) 'division, splitting up'. **(23)** **kim ca** 'moreover, furthermore' **darśana-** (n.) 'sight, view; world-view, philosophy, religion' **sattva-** (m.) 'living being' **a-bhaya-** (n.) lit. 'non-fear': 'safety; safe place' **prada-** (adj, ifc) 'giving, providing' **prāyaḥ** (ind) 'for the most part, generally' **doṣa-** (m.) 'blame, fault, sin' **√dūṣaya** (dūṣayati) 'revile, object to, blame' **√arh** (I arhati) 'should, one ought'. **(24)** **upakāra-** (m.) 'help, assistance' **dharma-tva-** (n.) 'lawfulness, propriety' **vivāda-** (m.) 'quarrel, disagreement' (regarding: + Loc) **bhūta-** (n.) 'living being' **a-bhaya-** (n.) lit. 'non-fear': 'safety; safe place' **dāna-** (n.) 'gift' **upakṛti-** (f.) 'assistance, kindness'. **(25)** **a-hiṃsā-** (f.) 'non-violence' **pradhāna-** (n.) 'main thing/person, essence' **vatsa-** (m.) 'calf; child' (Voc: term of endearment: 'dear child; darling') **mokṣa-** (m.) 'liberation' **pradāyin-** (adj) 'granting, giving' **atirati-** (f.) 'great delight in, fondness for' (+ Loc) **cet** (ind) 'if' **a-dharma-** (m.) 'lack of dharma, lawlessness'. **(26)** **prasahya … na** (ind) 'by no means, not at all' **√nind** 'blame' **abhyadhikam** (ind) 'exceedingly, all the more'.

---

(22) **prāhuḥ** 3Pl Perf of pra-√ah: 'they/people say' (that also **yat** … (is/involves) **tat** …) **jāti-vigraha-** 'dividing (vigraha-) [people] according to their birth/caste (jāti-)'. **(23)** **puruṣa-doṣeṇa** 'on account of the fault(s) of (just one) man' (= the father). **(24)** l. 2 **(asti) mama** '(there is) of me' = 'I have, I offer' (see p. XIX) **na anya-** (here exceptionally + Ins) 'no other … than …'. **(25)** l. 1 **tat** here 'thus' main structure **cet … tat** 'if … then' **darśana-** here again '(world)-view, religion, philosophy' split up **atiratiḥ cet me**. **(26)** **udita-** *ta*-Ptc of √vad: 'addressed' **pratipede** 3Sg Perf Mid of prati-√pad (here 'agree, recognize') split up **tat** ('and') **nininda** 3Sg Perf Act.

ततः स तत्पिता खेदाद्गत्वा धर्मानुशासितुः ।
राज्ञः कलिङ्गदत्तस्य पुरतः सर्वमब्रवीत् ॥ २७ ॥
सो ऽपि राजा तमास्थाने युक्त्यानाय्य वणिक्सुतम् ।
मृषारचितकोपः सन्नेवं क्षत्तारमादिशत् ॥ २८ ॥
श्रुतं मया वणिक्पुत्रः पापो ऽयमतिदुष्कृती ।
निर्विचारं तदेषो ऽद्य हन्यतां देशदूषकः ॥ २९ ॥
इत्यूचिवांस्ततः पित्रा कृतविज्ञापनः किल ।
नृपतिर्धर्मचर्यार्थं द्वौ मासौ वधनिग्रहम् ॥ ३० ॥
संविधार्य तदन्ते च पुनरानयनाय सः ।
तस्यैव तत्पितुर्हस्ते न्यस्तवांस्तं वणिक्सुतम् ॥ ३१ ॥

---

(27) kheda- (m.) 'distress, disgust' **kaliṅgadatta-** (m.) Kaliṅgadatta (a king) **purataḥ** (ind) 'before, in front of, towards' (+ GEN). **(28) āsthāna-** (n.) 'place, site; assembly' **yukti-** (f.) 'trick, contrivance' **suta-** (m.) 'son' **mṛṣā** (ind) 'wrongly, falsely, feigned' **racita-** (adj) 'produced, created' **kopa-** (m.) 'anger' **kṣattṛ-** (m.) 'chamberlain' **ā-√diś** 'tell, order'. **(29) pāpa-** (adj) 'bad, evil' **ati-duṣkṛtin-** (adj) 'very wicked' **nir-vicāram** (ind) 'without reflection/hesitation' **adya** (ind) 'today' **deśa-** (m.) 'country, land' **dūṣaka-** (m.) 'offender, corrupter'; (adj) 'wicked, corrupting'. **(30) vijñāpana-** (n.) 'information; entreaty, request' **kila** (ind) 'indeed', emphasizes preceding word **nṛpati-** (m.) 'king' **dharma-caryā-** (f.) 'observance of the law, performance of duty' **-artham** (ind, ifc) 'for the purpose of' **dva-** (num) 'two' **māsa-** (m.) 'month' **vadha-** (m.) 'killing, murder' **nigraha-** (m.) 'boundary, limit'; here: 'delay'. **(31) sam-vi-√dhṛ** (X saṃvidhārayati) 'arrange, order' **anta-** (m.) 'end' **punar-ānayana-** (n.) 'leading back, returning' **ni-√as** 'lay/put down, entrust' (+ LOC) **hasta-** (m.) 'hand'.

---

(27) tat-pitā 'his father' (NOM SG) **anuśāsituḥ** GEN SG of anuśāsitṛ- (either 'instructor: teacher' or 'instructor according to the law: criminal judge'). **(28) ānāyya** CAUS ABS of ā-√nī 'having had him brought' (**āsthāne** 'into the assembly') **mṛṣā-racita-kopaḥ** (BV) **sann** (sandhied **san** NOM SG MASC PRESAP of √as) 'being one whose anger was falsely produced/fake'. **(29) atiduṣkṛtī** NOM SG MASC **tat** here 'thus' **hanyatām** 3SG PASS IMPV of √han, see p. XVII. **(30) ūcivāṃs** sandhied ūcivān (NOM SG MASC PERF ACT PTC of √vac) **kṛta-vijñāpanaḥ** BV (agreeing with **nṛpatiḥ**) 'of whom an entreaty had been made, who had been asked' l. 2 is the object of saṃvidhārya (in 31) **dharma-caryā-artham** 'so that (the son) might (learn to) observe the law'. **(31) saṃvidhārya** ABS of sam-vi-√dhṛ **tad-ante** 'at the end of that' (i. e. the two months) **punar-ānayanāya** (DAT SG) '(ordered) for him to be brought back' **pituḥ** GEN SG of pitṛ- **nyastavāṃs** sandhied nyastavān NOM SG PASTAP of ni-√as, functions as main verb here.

सो ऽपि पित्रा गृहं नीतो वणिक्पुत्रो भयाकुलः ।
किं मयापकृतं राज्ञो भवेदिति विचिन्तयन् ॥ ३२ ॥
अकारणं द्विमासान्ते मरणं भावि भावयन् ।
अनिद्रो ऽपचिताहारक्लान्तस्तस्थौ दिवानिशम् ॥ ३३ ॥
ततो मासद्वये याते राजाग्रे कृशपाण्डुरः ।
पुनः स्वपित्रा तेनासौ वणिक्सूनुरनीयत ॥ ३४ ॥
राजा तं च तथाभूतं वीक्ष्यापन्नमभाषत ।
किमीदृक्त्वं कृशीभूतः किं रुद्धं ते मयाशनम् ॥ ३५ ॥
तच्छ्रुत्वा स वणिक्पुत्रो राजानं तमभाषत ।
आत्मापि विस्मृतो भीत्या मम का त्वशने कथा ॥ ३६ ॥

---

(32) **bhaya-** (n.) 'fear' **ākula-** (adj) 'filled with, full of' **apa-√kṛ** 'do harm, offend'. **(33)** **a-kāraṇa-** (adj) 'causeless, without a reason' **maraṇa-** (n.) 'death' **a-nidra-** (adj) 'sleepless' **apacita-** (adj) 'reduced in bulk, little, less' **āhāra-** (m.) 'food' **klānta-** (adj) 'tired, exhausted' **diva-niśam** (ind) 'day and night'. **(34)** **dvaya-** (n.) 'a pair, two of' **√yā** 'go' **kṛśa-** (adj) 'lean, thin' **pāṇḍura-** (adj) 'white, pale' **sva-** (pron adj, pref) 'one's own' **asau/adas-** (pron) 'he/she/it; this, that' **sūnu-** (m.) 'son'. **(35)** **tathā-bhūta-** (adj) 'being such, being in such a state, like this' **āpanna-** (adj) 'afflicted, unfortunate' **īdṛś-** (adj) 'such, of such a kind' **kṛśī-√bhū** 'become lean/emaciated' **√rudh** 'obstruct, hinder' **aśana-** (n.) 'eating, food'. **(36)** **vi-√smṛ** 'forget' **bhīti-** (f.) 'fear' **kā kathā** (ind) 'not mention, even more so' (+ Loc).

---

(32) **apakṛtam √bhū** 'be done wrong' (towards: + Gen) **vicintayan** Nom Sg Masc PresAP of vi-√cint 'think, worry' sentence cont'd in (33). **(33)** Split up **dvi-māsa-ante** **bhāvi** NomAcc Sg Ntr of bhāvin- 'about to be, impending' **bhāvayan** Nom Sg Masc Caus PresAP of √bhū: 'thinking' **apacita-āhāra-klāntaḥ** tp 'tired from (eating) less food' **tasthau** 3Sg Perf of √sthā, translate here 'was'. **(34)** **māsa-dvaye yāte** Loc Abs **rāja-agre** 'in front of/before the king' **kṛśa-pāṇḍuraḥ** adjectival dvandva **pitrā** Ins Sg of pitṛ- **asau** Nom Sg Masc of asau/adas- **anīyata** 3Sg Impf Pass of √nī. **(35)** **vīkṣya** Abs of vi-√īkṣ each **kim** begins a new question (the first is best translated as 'why?', the second as indicating a yes/no question) **īdṛk** sandhied īdṛś (Nom Sg) **ruddha-** *ta*-Ptc of √rudh, here the main verb. **(36)** Split up **tat śrutvā** **ātmā api vismṛtaḥ bhītyā mama kā tu aśane kathā** 'I forgot even myself through my fear, and/but even more so my eating'.

युष्मदादिष्टनिधनश्रवणात्प्रभृति प्रभो।
मृत्युमायान्तमायान्तमन्वहं चिन्तयाम्यहम्॥ ३७॥
इत्युक्तवन्तं तं राजा स वणिक्पुत्रमब्रवीत्।
बोधितो ऽसि मया वत्स युक्त्या प्राणभयं स्वतः॥ ३८॥
ईदृगेव हि सर्वस्य जन्तोर्मृत्युभयं भवेत्।
तद्रक्षणोपकाराच्च धर्मः को ऽभ्यधिको वद॥ ३९॥
तदेतत्तव धर्माय मुमुक्षायै च दर्शितम्।
मृत्युभीतो हि यतते नरो मोक्षाय बुद्धिमान्॥ ४०॥
अतो न गर्हणीयो ऽयमेतद्धर्मा पिता त्वया।
इति राजवचः श्रुत्वा प्रह्वो ऽवादीद्वणिक्सुतः॥ ४१॥
धर्मोपदेशाद्देवेन कृती तावदहं कृतः।
मोक्षायेच्छा प्रजाता मे तमप्युपदिश प्रभो॥ ४२॥

---

(37) ā-√diś 'appoint, order' **nidhana-** (n.) 'end, death' **śravaṇa-** (n.) '(the act of) hearing' **prabhṛti** (ind) 'since' (+ ABL) **prabhu-** (m.) 'lord, master' **mṛtyu-** (m.) 'death' **ā-√yā** 'come' **anvaham** (ind) 'day after day'. **(38) √budh** 'awaken; understand' **vatsa-** (m.) 'calf; child' (term of endearment) **yukti-** (f.) 'trick, contrivance' **prāṇa-** (m.) 'life, life's breath' **sva-taḥ** (ind) 'of one's self, of one's own accord'. **(39) jantu-** (m.) 'living creature' **rakṣaṇa-** (n.) 'guarding, protecting' **upakāra-** (m.) 'help, benefit' **abhyadhika-** (adj) 'surpassing, higher, greater'. **(40) mumukṣā-** (f.) 'desire of liberation/salvation' **bhīta-** (adj) 'afraid' **√yat** (I yatate) 'seek/strive for' (+ DAT) **mokṣa-** (m.) 'liberation, salvation' **buddhi-mat-** (adj) 'wise'. **(41) ataḥ** (ind) 'hence, thus' **√garh** 'accuse, blame' **dharman-** (n.) (= dharma- (m.)) 'morality, righteousness; (religious/caste-based) duty; dharma' **prahva-** (adj) 'bent, bowing'. **(42) upadeśa-** (m.) 'advice, instruction' **deva-** (m.) 'god, deity; lord, master', in VOC 'your highness, my lord' **kṛtin-** (adj) 'learned' **icchā-** (f.) 'desire' (for: + DAT) **pra-√jan** 'arise, come to be' **upa-√diś** 'show, point out'.

---

(37) yuṣmad-ādiṣṭa-nidhana-śravaṇāt **yuṣmad-** stem form of yūyam 'you (pl)', here used as an honorific **āyantam āyantam** 'ever and ever approaching'. **(38) uktavantam** PASTAP of √vac **bodhita-** CAUS *ta*-PTC of √budh. **(39) īdṛg** sandhied īdṛś (NOM SG NTR) **jantoḥ** GEN SG of jantu- **bhavet** (POT) 'should be' **tad-rakṣaṇa-upakāra-** TP 'the benefit of protection from this (i. e. fear of death)' **vada** 2SG IMPV 'tell me!'. **(40) tat** here 'thus' **tava … darśitam** (CAUS *ta*-PTC of √dṛś) 'shown to you' **dharmāya mumukṣāyai ca** DAT of Purpose: 'for the purpose of/so that you might find … and …'. **(41) garhaṇīya-** GDVE of √garh **etad-dharmā** BV **avādīt** 3SG AOR of √vad. **(42) kṛtī** NOM SG MASC **tāvat** here 'by now, meanwhile' split up **mokṣāya icchā** **prajāta-** *ta*-PTC of pra-√jan, here the main verb **tam** (= mokṣam) begins a new sentence **upadiśa** 2SG IMPV of upa-√diś **prabho** VOC SG.

तच्छ्रुत्वा तं वणिक्पुत्रं प्राप्ते तत्र पुरोत्सवे ।
तैलपूर्णं करे पात्रं दत्त्वा राजा जगाद सः ॥ ४३ ॥
इदं पात्रं गृहीत्वा त्वमेहि भ्रान्त्वा पुरीमिमाम् ।
तैलबिन्दुनिपातश्च रक्षणीयस्त्वया सुत ॥ ४४ ॥
निपतिष्यति यद्येकस्तैलबिन्दुरितस्तव ।
सद्यो निपातयिष्यन्ति त्वामेते पुरुषास्ततः ॥ ४५ ॥
एवं किलोक्त्वा व्यसृजत्तं भ्रामाय वणिक्सुतम् ।
उत्खातखड्गान्पुरुषान्दत्त्वा पश्चात्स भूपतिः ॥ ४६ ॥
वणिक्पुत्रो ऽपि स भयाद्रक्षंस्तैललवच्युतिम् ।
पुरीं तामभितो भ्रान्त्वा कृच्छ्रादागान्नृपान्तिकम् ॥ ४७ ॥
नृपो ऽप्यगलितानीततैलं दृष्ट्वा तमभ्यधात् ।
कश्चित्पुरभ्रमे ऽप्यद्य दृष्टो ऽत्र भ्रमता त्वया ॥ ४८ ॥

---

(43) **pura-** (n.) 'city' **utsava-** (m.) 'festival, feast' **taila-** (n.) 'oil' **pūrṇa-** (adj) 'full, filled with' **kara-** here (m.) 'hand' **pātra-** (n.) 'vessel, dish' **√gad** 'say, tell'. (44) **bindu-** (m.) 'drop' **nipāta-** (m.) 'fall, falling down'. (45) **ni-√pat** 'fall down' **itaḥ** (ind) 'from here, from it' **sadyaḥ** (ind) 'immediately, right away'. (46) **vi-√sṛj** 'send forth, dismiss' **bhrāma-** (m.) 'wandering, walking about' **utkhāta-** (adj) 'drawn, unsheathed (said of a sword)' **khaḍga-** (m.) 'sword, scimitar' **paścāt** (ind) 'behind, after' **bhū-pati-** (m.) 'earth-lord, king'. (47) **lava-** (m.) 'minute fragment; single drop' **cyuti-** (f.) 'falling, dropping' **purī-** (f.) 'city, town' **abhitaḥ** (ind) 'to, towards' **kṛcchrāt-** (ind) '(only) with difficulty' **ā-√gā** 'come, approach' **nṛ-pa-** (m.) 'king' **-antikam** (ind) 'to'. (48) **a-galita-** (adj) 'not dropped, not fallen down' **taila-** (n.) 'oil' **abhi-√dhā** 'address' **pura-** (n.) 'city' **bhrama-** (m.) 'wandering, walking about'.

---

(43) **tam vaṇikputram** is the object of **jagāda** (PERF of √gad) 'he said to …' **prāpte pura-utsave** LOC ABS: 'with the city festival having arrived' **dattvā** ABS of √dā 'give' (sth. (ACC) to sb. (ACC)) **jagāda** 3SG PERF of √gad. (44) **gṛhītvā** ABS of √grah **ehi** (2SG IMPV of ā-√i 'come') … **bhrāntvā** (ABS of √bhram 'wander, walk around') lit. 'come back having walked around': 'walk around (+ ACC) and come back' **rakṣaṇīya-** GDVE of √rakṣ, here 'guard against sth.'. (45) NB the play on words in **nipatiṣyati** … **nipātayiṣyati** split up **yadi ekaḥ taila-binduḥ itaḥ tava** **nipātayiṣyanti** FUT CAUS of ni-√pat: lit. 'will cause to fall': 'will kill'. (46) **vyasṛjat** 3SG IMPF of vi-√sṛj **bhrāmāya** DAT of purpose **utkhāta-khaḍgān** BV **paścāt √dā** lit. 'give after': 'make/order to follow' **dattvā** ABS of √dā. (47) Split up **bhāyāt rakṣan** (NOM SG PRESAP of √rakṣ 'guard against' (+ ACC)) **āgān** sandhied āgāt (3SG AOR of ā-√gā). (48) Split up **a-galita-ānīta-tailam** **abhyadhāt** AOR of abhi-√dhā **bhramatā** INS SG PRESAP of √bhram.

तच्छ्रुत्वा स वणिक्पुत्रः प्रोवाच रचिताञ्जलिः ।
यत्सत्यं न मया देव दृष्टं किंचिन्न च श्रुतम् ॥ ४९ ॥
अहं ह्येकावधानेन तैललेशपरिच्युतम् ।
खड्गपातभयाद्रक्षंस्तदानीमभ्रमं पुरीम् ॥ ५० ॥
एवं वणिक्सुतेनोक्ते स राजा निजगाद तम् ।
दृश्यतैलैकचित्तेन न त्वया किंचिदीक्षितम् ॥ ५१ ॥
तत्तेनैवावधानेन परानुध्यानमाचर ।
एकाग्रो हि बहिर्वृत्तिनिवृत्तस्तत्त्वमीक्षते ॥ ५२ ॥
दृष्टतत्त्वश्च न पुनः कर्मजालेन बध्यते ।
एष मोक्षोपदेशस्ते संक्षेपात्कथितो मया ॥ ५३ ॥
इत्युक्त्वा प्रहितो राज्ञा पतित्वा तस्य पादयोः ।
कृतार्थः स वणिक्पुत्रो हृष्टः पितृगृहं ययौ ॥ ५४ ॥

---

(49) **√rac** 'make, form' **añjali-** (f.) 'greeting, salutation' (holding up hollowed hands placed together) **satyam** (ind) 'truly, in truth' **deva-** (m.) 'god, deity; lord, master', in Voc 'your highness, my lord'. **(50)** **eka-avadhāna-** (n.) 'single-mindedness, undivided attention' **leśa-** (m.) 'small portion, drop' **paricyuta-** (adj) 'fallen, descended' **khaḍga-** (m.) 'sword, scimitar' **pāta-** (m.) 'falling, coming down' **bhaya-** (n.) 'fear' **tadānīm** (ind) 'then' **purī-** (f.) 'city'. **(51)** **ni-√gad** 'say, address'. **(52)** **avadhāna-** (n.) 'attention' **para-** (pron adj) here 'ultimate, highest' **anudhyāna-** (n.) 'meditation, religious contemplation' **ā-√car** (1 ācarati) 'practice, apply' **hi** (ind) 'for, because' **bahiḥ** (ind) 'outside, external' **vṛtti-** (f.) 'course of action; event' **nivṛtta-** (adj) 'turned away'. **(53)** **jāla-** (n.) 'web, net', (ifc) plural marker, translate 'all' **√badh** 'to bind, tie' **mokṣa-** (m.) 'liberation, escape from rebirth' **upadeśa-** (m.) 'advice, instruction' **saṃkṣepāt** (ind) 'briefly, concisely' **√kath** 'tell'. **(54)** **prahita-** (adj) here 'sent away, dismissed' **pāda-** (m.) 'foot' **hṛṣṭa-** (adj) 'happy'.

---

(49) **provāca** 3Sg Perf of pra-√vac **racita-añjaliḥ** bv **yat satyam** lit. 'which (is) true': 'truly!'. **(50)** Split up **khaḍga-pāta-bhayāt rakṣan tadānīm abhramam** **rakṣan** (Nom Sg Masc PresAP) here 'guarding against' (+ Acc) **abhramam** + Acc 'wandered through'. **(51)** **evam … ukte** Loc Abs lit. 'it having been spoken thus' l. 2 begins direct speech **dṛśya-taila-eka-cittena** (bv, lit. 'whose only thought was the to-be-watched oil': 'who focused solely on watching the oil') agrees with **tvayā**. **(52)** Split up **tat** ('thus') **tena eva avadhānena** **para-anudhyānam** 'focus/meditation on the supreme' **eka-agra-** bv lit. 'single-pointed': 'with singular focus'. **(53)** **dṛṣṭa-tattva-** bv **kathitaḥ** *ta*-Ptc of √kath, here the main verb. **(54)** The agent of both **uktvā** and **prahitaḥ** is **rājñā** (see p. xviii) the agent of **patitvā** is **vaṇik-putraḥ** **kṛta-artha-** bv lit. 'whose purpose has been done/accomplished': 'satisfied, contented'.

j The Brahmin and the Outcaste (6.1.123–132)

गङ्गायां तुल्यकालौ द्वौ तपस्यनशने जनौ ।
एको विप्रो द्वितीयश्च चण्डालस्तस्थतुः पुरा ॥ १२३ ॥
तयोर्विप्रः क्षुधाक्रान्तो निषादान्वीक्ष्य तत्रगान् ।
मत्स्यानादाय भुञ्जानानेवं मूढो व्यचिन्तयत् ॥ १२४ ॥
अहो दास्याः सुता एते धन्या जगति धीवराः ।
ये यथाकाममश्नन्ति प्रत्यहं शफरामिषम् ॥ १२५ ॥
द्वितीयस्तु स चाण्डालो दृष्ट्वा तानेव धीवरान् ।
अचिन्तयद्धिगस्त्वेतान्क्रव्यादान्प्राणिघातिनः ॥ १२६ ॥
तत्किमेवं स्थितस्येह दृष्टैरेषां मुखैर्मम ।
इति संमील्य नेत्रे स तत्रासीत्स्वात्मनि स्थितः ॥ १२७ ॥

---

(123) gaṅgā- (f.) Ganges **tulya-** (adj) 'equal, same' **kāla-** (m.) 'time' **dvi-** (num) 'two' **tapas-** (n.) 'suffering; religious austerities/asceticism, penance' **aśana-** (n.) 'eating' **vipra-** (m.) lit. 'wise man': 'brahmin' **dvitīya-** (adj) 'second; other' **caṇḍāla-** (m.) 'outcaste, untouchable' **purā** (ind) 'long ago'. **(124) kṣudh-** (f.) 'hunger' **ākrānta-** (adj) 'overcome, overwhelmed' **niṣāda-** (m.) 'a niṣādan' (name of certain aboriginal tribes who are fishers, hunters etc) **vi-√īkṣ** 'see, spot' **tatra-ga-** (adj) 'going/coming there' **matsya-** (m.) 'fish' **ā-√dā** 'take, receive' **√bhuj** (VII bhunakti) 'enjoy, eat' **mūḍha-** (adj) 'foolish; stupefied' **vi-√cint** 'think, consider'. **(125) aho** (ind) 'oh! ah!' **dāsī-** (f.) 'maidservant, slave girl' **dhanya-** (adj) lit. 'fortunate': 'lucky; wealthy' **jagat-** (n.) 'world' **dhīvara-** (m.) 'fisherman' **yathā-kāmam** (ind) 'as one likes, as desired' **√aś** (IX aśnāti) 'eat' **prati-aham** (ind) 'daily, every day' **śaphara-** (m.) 'carp, large fish' **āmiṣa-** (n.) 'prey, (fresh) meat'. **(126) dhik** (ind) 'damn! shame on!' (+ ACC) **kravya-ada-** (adj) 'meat-eater, carnivorous' **prāṇi-ghātin-** (adj) 'killing living beings'. **(127) kim** + INS lit. 'what with': 'what use is ...?' (for: + GEN) **sam-√mīl** 'close, shut' **netra-** (n.) 'eye' **sva-ātman-** (m.) 'one's own self'.

---

(123) tulya-kālau BV lit. 'same-timed': 'for the same time' **dvau** NOM DU MASC of dvi- **tapasi anaśane ... tasthatuḥ** lit. 'they stood in non-eating austerities': 'they dedicated themselves to fasting' **eka-... dvitīya-** 'the one ... the other'. **(124) matsyān** are the object of both **ādāya** (ABS of ā-√dā) and **bhuñjānān** (PRES MID PTC of √bhuj) translate **mūḍhaḥ** adverbially: 'foolishly'. **(126)** Split up **dhik astu etān kravyādān** 'damn those meet-eaters!'. **(127) tat kim evam sthitasya iha dṛṣṭaiḥ eṣām mukhaiḥ mama** 'so what use is looking at their faces for me standing/being here?' **netre** ACC DU **sva-atmani sthitaḥ** lit. 'standing/sitting in oneself': 'focusing inwards'.

क्रमाच्चानशनेनोभौ विपन्नौ तौ द्विजान्त्यजौ ।
द्विजस्तत्र श्वभिर्भुक्तः शीर्णो गङ्गाजले ऽन्त्यजः ॥ १२८ ॥
ततो ऽकृतात्मा कैवर्तकुल एवात्र स द्विजः ।
अभ्यजायत तीर्थस्य गुणाज्जातिस्मरस्त्वभूत् ॥ १२९ ॥
चण्डालो ऽपि स तत्रैव गङ्गातीरे महीभुजः ।
गृहे जातिस्मरो जज्ञे धीरो ऽनुपहतात्मकः ॥ १३० ॥
जातयोश्च तयोरेवं प्राग्जन्मस्मरतोर्द्वयोः ।
एको ऽनुतेपे दासः सन्राजा सन्मुमुदे ऽपरः ॥ १३१ ॥
इति धर्मतरोर्मूलमशुद्धं यस्य मानसम् ।
शुद्धं यस्य च तद्रूपं फलं तस्य न संशयः ॥ १३२ ॥

---

(128) **kramāt** (ind) 'slowly, gradually; one after another' **an-aśana-** (n.) 'fasting' **ubha-** (adj) 'both' **vi-√pad** (IV vipadyate) 'fall apart, die, perish' **dvi-ja-** (m.) lit. 'twice-born': 'brahmin' **antya-ja-** (m.) lit. 'lowest-born': 'outcaste, caste-less' **śvan-** (m.) 'dog' **√bhuj** (VII bhunakti) 'eat, enjoy' **√śṛ** in PASS 'wear out; decay, rot'. (129) **kaivarta-** (m.) 'fisherman' **kula-** (n.) 'family' **abhi-√jan** (IV abhijāyate) 'be born/reborn' **tīrtha-** (n.) '(sacred/ritual) bathing place' **jāti-** (f.) 'birth, incarnation' **smara-** (adj) 'remembering, aware of'. (130) **tīra-** (n.) 'bank, shore' **mahī-bhuj-** (m.) lit. 'earth-enjoyer': 'king' **√jan** 'be born' **dhīra-** (adj) 'firm, resolute' **an-upahata-** (adj) 'not overwhelmed'. (131) **prāñc-** (adj) 'before, in front of, former' **janman-** (n.) 'birth, incarnation' **anu-√tap** 'suffer' **dāsa-** (m.) 'slave, servant' **rājan-** (m.) 'king' **√mud** 'be happy, enjoy' **apara-** (pron adj) here '(the) other'. (132) **taru-** (m.) 'wood, tree' **mūla-** (n.) 'root' **(a)śuddha-** (adj) '(im)pure, (un)clean' **mānasa-** (n.) 'mind, heart, soul' **saṃśaya-** (m.) 'uncertainty, doubt'.

---

(128) Split up **kramāt ca anaśanena ubhau** **vipanna-** *ta*-PTC of vi-√pad **bhukta-** *ta*-PTC of √bhuj **śīrṇa-** *na*-PTC of √śṛ. (129) **a-kṛta-ātmā-** BV lit. 'whose self is not (yet) made': 'who did not have his self under control' (NOM SG MASC) **kaivarta-kula** sandhied kaivarta-kule **abhyajāyata** 3SG IMPF MID of abhi-√jan **tīrthasya guṇāt** ('because of the virtue of the bathing place (where he had died)') begins a new sentence **abhūt** 3SG AOR of √bhū. (130) **jajñe** 3SG PERF MID of √jan **an-upahata-ātmakaḥ** 'un-overwhelmed-self-ed': 'who had his self/mind under control'. (131) **jāta-** *ta*-PTC of √jan **prāg-** sandhied prāk-: stem form of prāñc-, here 'former' **janma-** stem form of janman- **smarat-** PRESAP of √smṛ **anutepe** 3SG PERF MID of anu-√tap **san** NOM SG MASC PRESAP of √as: 'being/living'. (132) **iti** here 'thus, therefore' **dharma-taroḥ** (GEN SG) **mūlam** is in apposition to **mānasam**: 'Thus the fruit of him/reaped by him whose mind, the root of the tree of dharma, is pure, and of him whose mind is impure is thus-formed/has the corresponding (pure/impure) form.' **na saṃśayaḥ** '(there is) no doubt (about that)'.

k **The Seven Princesses: King Kaliṅgadatta Is Told a Story within a Story within a Story (6.2.9–45)**

अर्थप्रदानमेवाहुः संसारे सुमहत्तपः ।
अर्थदः प्राणदः प्रोक्तः प्राणा ह्यर्थेषु कीलिताः ॥ ९ ॥
बुद्धेन च परस्यार्थे करुणाकुलचेतसा ।
आत्मापि तृणवद्दत्तः का वराके धने कथा ॥ १० ॥
तादृशेन च धीरेण तपसा स गतस्पृहः ।
संप्राप्तदिव्यविज्ञानो बुद्धो बुद्धत्वमागतः ॥ ११ ॥
आशरीरमतः सर्वेष्विष्टेष्वाशानिवर्तनात् ।
प्राज्ञः सत्त्वहितं कुर्यात्सम्यक्सम्बोधलब्धये ॥ १२ ॥

---

(9) **artha-** (m.) here 'wealth' **pradāna-** (n.) 'giving, gift' **saṃsāra-** (m.) 'this (impermanent) world; the circle of incarnations, saṃsāra' **su-mahat-** (adj) 'very great' **tapas-** (n.) 'suffering; religious austerities/asceticism, penance' **artha-da-** (adj) 'wealth-giving, one who …' **prāṇa-da-** (adj) 'life-giving, one who …' **pra-√vac** 'say, proclaim' **prāṇa-** (m., in pl.) 'life' **kīlita-** (adj) 'staked on, bound by; dependent on' (+ Loc). (10) **buddha-** (m.) here: the Buddha **para-** (pron adj) here '(an)other' **arthe** (ind) 'for the sake/purpose of' **karuṇā-** (f.) 'pity, compassion' **ākula-** (adj) 'fill, filled with' **cetas-** (n.) 'mind, thought' **ātman-** (m.) 'the soul, self'; (refl pron) 'oneself' **tṛṇa-vat** (ind) 'like a blade of grass/trifle, as though it were a …' **varāka-** (adj) 'vile, impure' **dhana-** (n.) 'property, wealth'. (11) **tādṛśa-** (adj) 'such, of such as kind' **dhīra-** (adj) 'firm, resolute' **spṛhā-** (f.) 'desire' **saṃprāpta-** (adj) 'obtained, reached' **divya-** (adj) 'divine' **vijñāna-** (n.) 'wisdom, insight' **buddha-tva-** (n.) 'Buddha-ness, the state of being a Buddha'. (12) **ā-śarīram** (ind) 'up to/including the body' **ataḥ** (ind) 'hence, thus' **iṣṭa-** (adj) 'desired, wanted' **āśā-** (f.) 'hope' **nivartana-** (m.) 'desisting/abstaining from' **prājña-** (adj) 'wise' **sattva-** (n.) 'truth' **hita-** (n.) 'well-being' **samyak** (ind) 'altogether, entirely' **sambodha-** (m.) 'perfect knowledge/insight' **labdhi** (f.) 'acquisition, obtaining'.

---

(9) **āhuḥ** 3Pl Perf 'they say, it is said' **arthadaḥ** and **prāṇāḥ** each begin a new clause **prokta-** *ta*-Ptc of pra-√vac. (10) **karuṇā-ākula-cetasā** bv (agreeing with **buddhena**) or KDh (Ins of Manner with **dattaḥ** (*ta*-Ptc of √dā)) **kā kathā** + Loc 'so what about/forget about …!' (11) **gata-spṛha-** bv **āgata-** *ta*-Ptc of ā-√gam **(ā)-√gam** + abstract noun lit. 'come to x-ness': 'become x' (see p. xix). (12) **sattva-hitam kuryāt** (3Sg Pot of √kṛ) 'do what is good/beneficial for living beings' **-labdhaye** Dat of purpose: 'for the purpose of obtaining/in order to obtain'.

तथा च पूर्वं कस्यापि कृतनाम्नो महीपतेः ।
अजायन्तातिसुभगाः क्रमात्सप्त कुमारिकाः ॥ १३ ॥
बाला एव च तास्त्यक्त्वा वैराग्येण पितुर्गृहम् ।
श्मशानं शिश्रियुः पृष्टा जगदुश्च परिच्छदम् ॥ १४ ॥
असारं विश्वमेवैतत्तत्रापीदं शरीरकम् ।
तत्राप्यभीष्टसंयोगसुखादि स्वप्नविभ्रमः ॥ १५ ॥
एकं परहितं त्वत्र संसारे सारमुच्यते ।
तदनेनापि देहेन कुर्मः सत्त्वहितं वयम् ॥ १६ ॥
क्षिपामो जीवदेवैतच्छरीरं पितृकानने ।
क्रव्याद्गणोपयोगाय कान्तेनापि ह्यनेन किम् ॥ १७ ॥

---

(13) **pūrvam** (ind) 'long ago, once upon a time' **kṛta-** (m.) Kṛta (a king) **nāman-** (n.) 'name', (ifc) 'named, called' **mahī-pati-** (m.) 'earth lord, king' **√jan** (IV jāyate) 'be born' **ati-subhaga-** (adj) 'especially lovely/beautiful' **kramāt** (ind) 'slowly, gradually; one after another' **sapta-** (num) 'seven' **kumārikā-** (f.) 'daughter, young woman'. **(14)** **bāla-** (here adj) 'young, youthful' **vairāgya-** (n.) 'aversion; indifference to worldly things' **śmaśāna-** (n.) 'cemetery, cremation ground' **√śri** (I śrayati) 'turn towards; enter, go into' **√gad** (I gadati) 'tell, relate, speak to' **paricchada-** (m.) 'retinue, attendants'. **(15)** **a-sāra-** (adj) lit. 'sapless': 'worthless, without value' **śarīraka-** (n.) 'body, mere physical existence' **abhi-iṣṭa-** (adj) 'loved, desired' **saṃyoga-** (m.) 'contact, union' **sukha-** (n.) 'happiness, luck' **-ādi-** (ifc) 'etc, and others' **svapna-** (m.) 'dream' **vibhrama-** (m.) 'illusion'. **(16)** **para-hita-** (n.) 'the welfare of another/others' **sāra-** (n.) 'substance, essence: marrow, sap etc; reality, what matters' **deha-** (n.) 'body' **sattva-hita-** (n.) 'the welfare of (all) creatures/living beings' **vayam** (pron) 'we'. **(17)** **√kṣip** 'throw (away)' **√jīv** (I jīvati) 'live, be alive' **pitṛ-** (m.) 'father' **kānana-** (n.) 'forest, grove' **kravya-ad-** (adj) 'flesh-eating, carnivorous' **gaṇa-** (m.) 'group' **upayoga-** (m.) 'use, application, consumption' **kānta-** (adj) '(be)loved, lovely'.

---

(13) **ajāyanta** 3PL IMPF MID of √jan. **(14)** **śiśriyuḥ** 3PL PERF of √śri **pṛṣṭa-** *ta*-PTC of √prach 'ask': here 'asked 'why?'', begins new sentence **jagaduḥ** 3PL PERF of √gad. **(15)** **viśvam etat** lit. 'all this': 'the whole world' split up **tatra** (here 'in it', i.e. 'in the world') **api idam** **abhīṣṭa-saṃyoga-sukha-ādi** 'something like happiness from contact with what/who you desire'. **(16)** **ekam** here 'alone, only' **ucyate** 3SG PASS of √vac 'say, speak' split up **tat** ('thus') **anena api** **kurmaḥ** 1PL of √kṛ. **(17)** Split up **jīvat** (ACC SG NTR PRESAP of √jīv) **eva etat śarīram** **-upayogāya** DAT of Purpose 'for the use of …' **kāntena api hi anena kim** 'what [use is there] with it (= the body), even if [it is] lovely?'

तथा च राजपुत्रो ऽत्र विरक्तः को ऽप्यभूत्पुरा ।
स युवापि सुकान्तो ऽपि परिव्रज्यामशिश्रियत् ॥ १८ ॥
स जातु भिक्षुः कस्यापि प्रविष्टो वणिजो गृहम् ।
दृष्टस्तरुण्या तत्पत्न्या पद्मपत्त्रायतेक्षणः ॥ १९ ॥
सा तल्लोचनलावण्यहृतचित्ता तमब्रवीत् ।
कथमात्तमिदं कष्टमीदृशेन त्वया व्रतम् ॥ २० ॥
सा धन्या स्त्री तवानेन चक्षुषा या निरीक्ष्यते ।
प्रत्युक्तः स तया भिक्षुश्चक्षुरेकमपाटयत् ॥ २१ ॥
ऊचे च हस्ते कृत्वा तन्मातः पश्येदमीदृशम् ।
जुगुप्सितमसृङ्मांसं गृह्यतां यदि रोचते ॥ २२ ॥

---

(18) virakta- (adj) 'dispassionate, averse (to the world)' **purā** (ind) 'long ago, once upon a time' **yuvan-** (adj) 'young' **su-kānta-** (adj) 'very handsome/lovely' **parivrajyā-** (f.) 'wandering; life of a religious mendicant'. **(19) jātu** (ind) 'one day, once' **bhikṣu-** (m.) '(Buddhist) begging monk, mendicant' **pra-√viś** 'enter' **vaṇij-** (m.) 'trader, merchant' **taruṇa-** (adj, f. -ī) 'tender, young' **patnī-** (f.) 'lady, wife' **padma-** (n.) 'lotus' **pattra-** (n.) 'leaf, stalk' **āyata-** (adj) 'long, extended, stretched' **īkṣaṇa-** (n.) 'eye; look'. **(20) locana-** (n.) 'eye' **lāvaṇya-** (n.) 'loveliness, charm' **citta-** (n.) 'thought, mind' **ātta-** (adj) 'taken, seized' **kaṣṭa-** (adj) 'painful' **īdṛśa-** (adj) 'such, of this kind' **vrata-** (n.) '(solemn) vow'. **(21) dhanya-** (adj) 'fortunate, happy' **strī-** (f.) 'woman' **cakṣus-** (n.) 'eye' **niḥ-√īkṣ** (I nirīkṣate) 'see, spot' **prati-√vac** here 'address' **√paṭ** (I paṭati) 'split, open'; CAUS 'remove, pluck out'. **(22) hasta-** (m.) 'hand' **jugupsita-** (adj) 'detested, disgusting' **asṛj-** (m./f.) 'blood' **māṃsa-** (n.) 'flesh' **√grah** 'take' **√ruc** (I rocate) 'appear; please, seem good to'.

---

(18) This begins a new story that explains the preceding. **abhūt** 3SG AOR of √bhū **yuvā** NOM SG MASC of yuvan- **aśiśriyat** 3SG AOR of √śri 'enter'. **(19) dṛṣṭaḥ** here the main verb **tat-** here 'his' (the merchant's) split up **padma-pattra-āyata-īkṣaṇaḥ** (BV describing the prince). **(20)** Split up **tad-locana-lāvaṇya-hṛta-cittā** BV '(she) whose heart was seized by the loveliness of his eyes'. **(21) nirīkṣyate** 3SG PASS of niḥ-√īkṣ **tava anena** 'by this … of yours' **prati-ukta-** *ta*-PTC of prati-√vac **cakṣuḥ** here ACC SG (NTR) **apāṭayat** CAUS of √paṭ. **(22) ūce** 3SG PERF MID of √vac **haste √kṛ** 'take in hand' split up **tat mātar** (VOC SG), here used as general address of a woman split up **paśya idam īdṛśam** (here 'being such, such (as it is)') **asṛṅ-māṃsa-** 'piece of flesh and blood' **gṛhyatām** 3SG PASS IMPV of √grah, see p. XVII.

ईदृगेव द्वितीयं च वद रम्यं किमेतयोः ।
इत्युक्ता तेन तद्दृष्ट्वा व्यषीदत्सा वणिग्वधूः ॥ २३ ॥
उवाच च हहा पापं मया कृतमभव्यया ।
यदहं हेतुतां प्राप्ता लोचनोत्पाटने तव ॥ २४ ॥
तच्छ्रुत्वा भिक्षुरवदन्मा भूदम्ब तव व्यथा ।
मम त्वया ह्युपकृतं यतः शृणु निदर्शनम् ॥ २५ ॥
आसीत्कोऽपि पुरा कान्ते कुत्राप्युपवने यतिः ।
अनुजाह्नवि वैराग्यनिःशेषनिकषेच्छया ॥ २६ ॥
तपस्यतश्च को ऽप्यस्य राजा तत्रैव दैवतः ।
विहर्तुमागतः साकमवरोधवधूजनैः ॥ २७ ॥
विहृत्य पानसुप्तस्य पार्श्वादुत्थाय तस्य च ।
नृपस्य चापलाद्राज्ञ्यस्तदुद्याने किलाभ्रमन् ॥ २८ ॥

---

(23) **īdṛś-** (adj) 'such' **dvitīya-** (adj) 'second, other' **ramya-** (adj) 'pleasant' **vi-√sad** (irreg viṣīdati) 'be despondent' **vadhū-** (f.) 'woman; wife'. (24) **hahā** (ind) 'oh! oh no!' **a-bhavya-** (adj) 'what should not be; improper' **hetu-tā-** (f.) 'cause-ness, the being of a cause/reason' **utpāṭana-** (n.) '(the act of) plucking out'. (25) **amba** Voc of ambā- (f.) 'mother, good woman' (respectful address) **vyathā-** (f.) 'anguish, fear' **upa-√kṛ** 'help, do a favor' **yataḥ** (ind) 'because; for' **nidarśana-** (n.) 'illustration, example; explanation'. (26) **kānta-** (adj) '(be)loved, lovely' **upavana-** (n.) 'small forest, grove' **yati-** (m.) lit. 'striver': 'devotee, ascetic' **anujāhnavi-** (ind) 'by/near the banks of the Ganges (Jāhnavī, daughter of Jahnu)' **vairāgya-** (n.) 'detachment' **niḥśeṣa-** (adj) 'entire, all, complete' **nikaṣa-** (m.) 'experience' **icchā-** (f.) 'desire'. (27) **√tapasya** (denom. tapasyati) 'undergo/practice austerities' **daivataḥ** (ind) 'by chance' **vi-√hṛ** 'roam, go for a walk, enjoy oneself' **sākam** (ind) 'together with' (+ Ins) **avarodha-** (m.) 'enclosure; harem' **vadhū-** (f.) 'bride, young woman' **jana-** (m.) 'person', Pl and esp. ifc: 'folk, people'. (28) **pāna-** (n.) 'drink, beverage' **supta-** (adj) 'asleep' **pārśva-** (n.) 'side; vicinity, nearness' **ud-√sthā** 'get/stand up' **nṛpa-** (m.) 'king' **cāpala-** (n.) 'fickleness, insolence' **rājñī-** (f.) 'queen' **udyāna-** (n.) 'garden' **kila** (ind) 'indeed', emphasizes preceding word **√bhram** (1 bhramati) 'wander'.

---

(23) **īdṛg** sandhied Nom Sg Ntr of īdṛś- **vada** (2Sg Impv of √vad) begins a new clause **vyaṣīdat** 3Sg Impf of vi-√sad. (24) **yat aham hetutām prāptā** lit. 'that I have acquired the cause-ness for (+ Loc)': 'that I have become the reason why …'. (25) Split up **tat śrutvā** **avadan** sandhied avadat **mā bhūt** 'may there not be' **śṛṇu** 2Sg Impv of √śru. (26) **vairāgya-niḥśeṣa-nikaṣa-icchayā** 'with (= who had) the desire to experience all asceticism'. (27) **tapasyataḥ … asya** Gen Abs 'while he was …' **ā-√gam** + Inf 'come in order to …'. (28) **utthāya** Abs of ud-√sthā the Gens depend on **pārśvāt** **tad-udyane** 'in his garden'.

दृष्ट्वा तत्रैकदेशे च तं समाधिस्थितं मुनिम्।
अतिष्ठन्परिवार्यैनं किमेतदिति कौतुकात्॥ २९॥
चिरस्थितासु तास्वत्र प्रबुद्धः सो ऽथ भूपतिः।
अपश्यन्दयिताः पार्श्वे तत्र बभ्राम सर्वतः॥ ३०॥
ददर्श चात्र राज्ञीस्ताः परिवार्य मुनिं स्थिताः।
कुपितश्चेर्ष्यया तस्मिन्खड्गेन प्राहरन्मुनौ॥ ३१॥
ऐश्वर्यमीर्ष्या नैर्घृण्यं क्षीबत्वं निर्विवेकिता।
एकैकं किं न यत्कुर्यात्पञ्चाङ्गित्वे तु का कथा॥ ३२॥
ततो गते नृपे तस्मिन्कृत्ताङ्गमपि तं मुनिम्।
अक्रुद्धं प्रकटीभूय काप्युवाचात्र देवता॥ ३३॥
महात्मन्येन पापेन क्रोधेनैतत्कृतं त्वयि।
स्वशक्त्या तमहं हन्मि मन्यते यदि तद्भवान्॥ ३४॥

---

(29) **eka-deśa-** (m.) 'corner, spot, part' **samādhi-sthita-** (adj) 'engaged in meditation' **muni-** (m.) 'seer, sage' **pari-√vṛ** 'surround'; CAUS the same **kautuka-** (n.) 'curiosity'. (30) **cira-sthita-** (adj) 'long-standing, standing for a long time' **pra-√budh** 'wake up' **bhū-pati-** (m.) 'earth lord, king' **dayitā-** (f.) 'beloved; wife' **sarvataḥ** (ind) 'everywhere'. (31) **kupita-** (adj) 'angry' **īrṣyā-** (f.) 'envy, jealousy' **khaḍga-** (m.) 'sword, scimitar' **pra-√hṛ** (I praharati) 'thrust at' (+ LOC). (32) **aiśvarya-** (n.) 'sovereignty, power' **nair-ghṛṇya-** (n.) 'pitilessness, cruelty' **kṣībatva-** (n.) 'drunkenness, intoxication' **nir-vivekitā-** (f.) 'lack of judgment, indiscretion' **eka-ekam** (ind) 'one by one' **pañca-aṅgitva-** (n.) 'a combination of five, five combined' **devatā-** (f.) 'deity'. (33) **kṛtta-** (adj) 'cut (off), divided' **a-kruddha-** (adj) 'not angry' **prakaṭī-√bhū** 'become manifest, appear'. (34) **mahā-ātman-** (adj) 'great-souled'; (m.) 'great man' **krodha-** (m.) 'anger' **sva-** (pron adj) 'one's own' **śakti-** (f.) 'power' **bhavat-** (m.) 'you, Sir' (respectful address, takes 3rd person verb).

---

(29) **parivārya** CAUS ABS of pari-√vṛ 'having surrounded him' **kim etat iti** 'wondering '…''. (30) **cirasthitāsu tāsu** LOC ABS **prabuddhaḥ** *ta*-PTC of pra-√budh, here the main verb **a-paśyan** negated NOM SG MASC PRESAP of √dṛś: 'not seeing'. (31) Split up **prāharat munau** (LOC SG). (32) **eka-ekam kim na yat kuryāt** (3SG POT of √kṛ) 'what (is there) which each on its own could not do?'. (33) **gate nṛpe tasmin** LOC ABS **kṛtta-aṅga-** BV split up **kā api uvāca atra.** (34) Structure **yena … tam krodhena** 'out of anger' does *not* agree with yena pāpena **mahātman** VOC SG **√kṛ tvayi** 'do *to* you' **hanmi** 1SG of √han **√man** (IV manyate) here 'think good, approve' **bhavān** NOM SG of bhavat-.

तच्छ्रुत्वा स जगादर्षिर्देवि मा स्मैवमादिशः ।
स हि धर्मसहायो मे न विप्रीयकरः पुनः ॥ ३५ ॥
तत्प्रसादात्क्षमाधर्मं भगवत्याप्तवानहम् ।
कस्य क्षमेय किं देवि नैवं चेत्स समाचरेत् ॥ ३६ ॥
कः कोपो नश्वरस्यास्य देहस्यार्थे मनस्विनः ।
प्रियाप्रियेषु साम्येन क्षमा हि ब्रह्मणः पदम् ॥ ३७ ॥
इत्युक्ता मुनिना साथ तपसा तस्य तोषिता ।
अङ्गानि देवता कृत्वा निर्व्रणानि तिरोदधे ॥ ३८ ॥
तद्यथा सो ऽपि तस्यर्षेरुपकारी मतो नृपः ।
नेत्रोत्खननहेतोस्त्वं तपोवृद्ध्या तथाम्ब मे ॥ ३९ ॥

---

(35) **√gad** 'say, speak' **mā sma** (ind) 'don't' (here + Impf) **ā-√diś** 'point out, speak' **dharma-** (m.) 'morality, righteousness; (religious/caste-based) duty; dharma' **sahāya-** (m.) 'companion, support(er)' **viprīya-** (adj) 'unpleasant, unwanted', (n.) 'disservice' **kara-** (adj, ifc) 'doer, one who does'. (36) **prasāda-** (m.) 'kindness, favor' **kṣamā-** (f.) 'patience' **bhagavat-** (adj, f. -ī) 'fortunate, prosperous; holy, venerable' **√kṣam** (1 kṣamate) 'be patient, composed' (towards: + Gen) **cet** (ind) 'if' **sam-ā-√car** (1 samācarati) 'act, behave'. (37) **kopa-** (m.) 'anger' **naśvara-** (adj) 'perishable, transitory' **artha-** (m.) here 'ends, goal, purpose' **manas-vin-** (adj) 'wise' **sāmya-** (n.) 'equality, sameness, equanimity' **brahman-** (n.) Brahma (the universal soul, the absolute) **pada-** (n.) 'position, state, rank'. (38) **toṣita-** (adj) 'pleased' (Caus *ta*-Ptc of √tuṣ) **nir-vraṇa-** (adj) 'unwounded, healed' **tiro-√dhā** 'disappear'. (39) **ṛṣi-** (m.) 'seer, sage' **upakārin-** (m.) 'helper, benefactor' **√man** 'think, consider' **netra-** (n.) 'eye' **utkhanana-** (n.) 'digging/gouging out' **-hetoḥ** (ind, ifc) 'on account of', here 'through' **vṛddhi-** (f.) 'increase' **amba** Voc of ambā- (f.) 'mother, good woman' (respectful address).

---

(35) **jagāda** 3Sg Perf of √gad **devi** Voc of devī- **mā sma evam ādiśaḥ** 'don't speak like this!' **punar** here 'and'. (36) **tat-prasādāt** 'through his kindness' **dharma-** here 'discipline' split up **bhagavati** (Voc Sg Fem) **āptavān aham** **āptavān** Nom Sg Masc PastAP of √āp l. 2 'to whom could I have shown patience if he had not acted thus?' (**kṣameya** 1Sg Pres Pot Mid of √kṣam, **kim** here adverbial 'in any way'). (37) **kaḥ kopaḥ … manasvinaḥ** lit. 'what anger is of a wise man': 'what wise man feels anger' **arthe** here 'on account of, over' **priya-apriyeṣu** (dvandva, begins new clause) **samyena** 'through equanimity in/towards pleasant and unpleasant things'. (38) **tirodadhe** 3Sg Perf Mid of tiro-√dhā. (39) One story-level further outward: the mendicant prince is talking to the merchant's wife. **tat** here 'thus' split up **tasya ṛṣeḥ** (Gen Sg of ṛṣi-) **upakārī** (Nom Sg) **mata-** *ta*-Ptc of √man **tvam** 'you (are considered my helper)' **tapo-** sandhied tapas.

इत्युक्त्वा स वशी भिक्षुर्विनम्रां तां वणिग्वधूम् ।
कान्ते ऽपि वपुषि स्वस्मिन्ननास्थः सिद्धये ययौ ॥ ४० ॥
तस्माद्बाले ऽपि रम्ये ऽपि कः काये गत्वरे ग्रहः ।
सत्त्वोपकारस्त्वेतस्मादेकः प्राज्ञस्य शस्यते ॥ ४१ ॥
तदिमा वयमेतस्मिन्निसर्गसुखसद्मनि ।
श्मशाने प्राणिनामर्थे विन्यस्याम शरीरकम् ॥ ४२ ॥
इत्युक्त्वा परिवारं ताः सप्त राजकुमारिकाः ।
तथैव चक्रुः प्रापुश्च संसिद्धिं परमां ततः ॥ ४३ ॥
एवं निजे शरीरे ऽपि ममत्वं नास्ति धीमताम् ।
किं पुनः सुतदारादिपरिग्रहतृणोत्करे ॥ ४४ ॥

---

(40) **vaśin-** (adj) lit. 'having mastery' (here: over oneself): 'self-controlled, self-subduing' **bhikṣu-** (m.) '(Buddhist) monk, mendicant' **vinamra-** (adj) 'bent, bowing, humble' **kānta-** (adj) '(be)loved, lovely, dear' **vapus-** (n.) 'form, figure, body' **sva-** (pron adj) 'one's own' **anāstha-** (adj) 'indifferent' (to: + Loc) **siddhi-** (f.) 'perfection'. **(41)** **kāya-** (m.) 'body' **gatvara-** (adj) 'transient, perishable' **graha-** (m.) 'hold, control, grasp' **sattva-** (m.) 'living being, creature' **upakāra-** (m.) 'help, helper' **etasmāt** (ind) 'thus' **prājña-** (adj) 'wise' **√śaṃs** 'praise'. **(42)** **nisarga-** (adj) 'natural, innate' **sukha-** (n.) 'happiness' **sadman-** (n.) 'dwelling, abode' **śmaśāna-** (n.) 'cemetery, cremation ground' **prāṇin-** (adj/m.) 'having breath: living creature' **arthe** (ind) 'for the sake/purpose of' **vi-ni-√as** (iv vinyasyati) 'deposit, put down' **śarīraka-** (n.) 'mere/mortal body'. **(43)** **parivāra-** (m.) 'retinue, attendants' **sapta-** (num) 'seven' **rāja-kumārikā-** (f.) 'royal young woman, princess' **saṃsiddhi-** (f.) 'perfection' **parama-** (pron adj) 'utmost, highest'. **(44)** **nija-** (adj) 'native, innate, one's own' **śarīra-** (n.) 'body' **mama-tva-** (n.) lit. 'mine-ness': 'attachment' (to: + Loc) **dhī-mat-** (adj) 'wise' **kim punar** (ind) 'how much more, how much less' **suta-** (m.) 'child' **dāra-** (m., usually Pl) 'wife' **-ādi-** (ifc) 'etc, and others' **parigraha-** (m.) 'household, servants' **tṛṇa-** (n.) 'blade of grass; anything trivial or worthless' **utkara-** (m.) 'heap, multitude'.

---

(40) The Locs are dependent on **anāsthaḥ** **svasmin** Loc Sg of sva- **siddhaye yayau** (3Sg Perf of √yā 'go') 'went to/attained perfection'. **(41)** Another level higher up: the seven sisters speaking to their attendants. **kaḥ grahaḥ (syāt)** lit. 'what grip should there be': 'why should one hang on to' (+ Loc) split up **sattva-upakāraḥ tu etasmāt** (here: because of this, therefore) **ekaḥ** 'only (the body's use as ...)' translate **prajñasya** as 'by ...' **śasyate** 3Sg Pass of √śaṃs 'praise'. **(42)** **tat** here 'thus' **imāḥ** (Nom Pl Fem of ayam/idam-) **vayam** 'we girls' translate **śarīrakam** here as Pl. **(43)** **cakruḥ**, **prāpuḥ** 3Pl Perf of √kṛ, pra-√āp. **(44)** Back to the main story level.

इत्यादि स नृपः श्रुत्वा विहारे धर्मपाठकात् ।
कलिङ्गदत्तो नीत्वा च दिनं प्रायात्स्वमन्दिरम् ॥ ४५ ॥

l **Tapodatta Tries to Replace Study with Penance (7.6.13–23)**

आसीत्कोऽपि प्रतिष्ठाने तपोदत्त इति द्विजः ।
स पित्रा क्लेश्यमानो ऽपि विद्या नाध्यैत शैशवे ॥ १३ ॥
अनन्तरं गर्ह्यमाणः सर्वैरनुशयान्वितः ।
स विद्यासिद्धये तप्तुं तपो गङ्गातटं ययौ ॥ १४ ॥
तत्राश्रितोग्रतपसस्तस्य तं वीक्ष्य विस्मितः ।
वारयिष्यन्द्विजच्छद्मा शक्रो निकटमाययौ ॥ १५ ॥
आगत्य च स गङ्गायास्तटाच्चिक्षेप वारिणि ।
उद्धृत्योद्धृत्य सिकताः पश्यतस्तस्य सोर्मिणि ॥ १६ ॥

---

(45) **vihāra-** (m.) '(Buddhist) monastery' **pāṭhaka-** (m.) 'instructor, teacher' **kaliṅga-datta-** (m.) Kaliṅgadatta (a king) **dina-** (m./n.) 'day' **pra-√yā** 'go' **sva-** (pref) 'one's own' **mandira-** (n.) 'dwelling; palace'. (13) **pratiṣṭhāna-** (n.) Pratiṣṭhāna (a city) **tapodatta-** (m.) Tapodatta (a man) **dvi-ja-** (m.) 'twice-born, brahmin' **√kliś** 'torment, trouble', CAUS the same **vidyā-** (f.) 'knowledge; scholarship, the sciences' **adhi-√i** 'approach; turn the mind to, study' **śaiśava-** (n.) 'childhood'. (14) **an-antaram** (ind) here 'uninterruptedly, without interruption' **√garh** 'blame, reproach' **anuśaya-** (m.) 'repentance, regret' **anvita-** (adj) 'approached by, filled with' **siddhi-** (f.) 'acquisition, completion' **gaṅgā-** (f.) Ganges **taṭa-** (m.) 'slope, bank' **√yā** 'go'. (15) **āśrita-** (adj) 'having recourse to, submitting to' **ugra-** (adj) 'fierce, strong, powerful' **vi-√īkṣ** 'see, spot' **vismita-** (adj) 'surprised, astonished' **√vṛ** (V vṛṇoti) 'cover', (CAUS vārayati) 'stop, prevent, keep back' **chadman-** (n.) 'covering; disguise, pretence' **śakra-** (m.) Indra **nikaṭa-** (m./n.) 'nearness, proximity' **ā-√yā** 'come'. (16) **vāri-** (n.) 'water' **ud-√dhṛ** 'hold/pick up' **sikatā-** (f.) 'grain of sand; gravel' **sormi-** (adj) 'having waves, billowy'.

---

(45) **iti-ādi** BV 'this etc., this and other things' **dīnam nītvā** 'having spent the day' **prāyāt** 3SG IMPF of pra-√yā 'go'. (13) **iti** here 'called' **kleśyamāna-** CAUS PRES PASS PTC of √kliś: 'being tormented/pestered' **vidyā** sandhied vidyāḥ **adhyaita** 3SG IMPF MID of adhi-√i. (14) **garhyamāṇa-** PRES PASS PTC of √garh **-siddhaye** DAT of purpose: 'for the acquisition' **tapaḥ √tap** 'perform austerities' **yayau** 3SG PERF of √yā. (15) **āśrita-ugra-tapasaḥ** BV 'by whom fierce austerities were submitted to', GEN dependent on **vikaṭam** **vārayiṣyan** NOM SG MASC FUT CAUS PTC of √vṛ **dvija-cchadmā** (sandhied chadmā) BV NOM SG **āyayau** 3SG PERF of ā-√yā. (16) Split up **gaṅgāyāḥ taṭāt cikṣepa** **uddhṛtya uddhṛtya** 'repeatedly taking up' **paśyataḥ tasya** GEN ABS 'with him (Tapodatta) looking on' **sormiṇi** LOC SG.

तद्दृष्ट्वा मुक्तमौनस्तं तपोदत्तः स पृष्टवान् ।
अश्रान्तः किमिदं ब्रह्मन्करोषीति सकौतुकम् ॥ १७ ॥
निर्बन्धपृष्टः स च तं शक्रो ऽवादीद्द्विजाकृतिः ।
सेतुं बध्नामि गङ्गायां ताराय प्राणिनामिति ॥ १८ ॥
ततो ऽब्रवीत्तपोदत्तः सेतुः किं मूर्ख बध्यते ।
गङ्गायामोघहार्याभिः सिकताभिः कदाचन ॥ १९ ॥
तच्छ्रुत्वा तमुवाचैवं शक्रो ऽथ द्विजरूपधृक् ।
यद्येवं वेत्सि तद्विद्यां विना पाठं विना श्रुतम् ॥ २० ॥
कस्माद्व्रतोपवासाद्यैस्त्वं साधयितुमुद्यतः ।
इयं शशविषाणेच्छा व्योम्नि वा चित्रकल्पना ॥ २१ ॥

---

(17) **mauna-** (n.) '(vow of) silence' **√prach** 'ask' **aśrānta-** (adj) 'unceasing, not tiring' **brahman-** (m.) 'brahmin' (= brāhmaṇa) **sa-kautukam** (ind) 'curiously, with/out of curiosity'. (18) **ākṛti-** (f.) 'figure, appearance' **setu-** (m.) 'bridge' **√badh** (IX badhnāti) 'bind; make, construct' **tāra-** (m.) '(the act of) crossing' **prāṇin-** (m.) '(living/embodied) creature, living being'. (19) **mūrkha-** (adj) 'foolish', (m.) 'fool' **√bandh** 'bind, chain, link; construct' **ogha-** (m.) 'flood, stream' **sikatā-** (f.) 'grain of sand; gravel' **kadā-cana** (ind) '(when)ever, at any point'. (20) **rūpa-** (n.) 'form, shape; beauty' **-dhṛk** (adj, ifc, only in NOM SG) 'holding, having' **vinā** (ind) 'without' (+ INS or ACC) **pāṭha-** (m.) 'study, reading' **śruta-** (n.) 'learning, instruction'. (21) **kasmāt** (ind) 'why?' **vrata-** (n.) '(religious) vow, observance' **upavāsa-** (m.) 'fast, fasting' **-ādya-** (adj, ifc) 'etc.' **√sādh** (here X sādhayati) 'succeed; acquire, get' **udyata-** (adj) 'intent on, planning to' (+ INF) **śaśa-** (m.) 'rabbit' **viṣāṇa-** (n.) 'horn' **icchā-** (f.) 'desire' **vyoman-** (m.) 'sky, air' **citra-kalpanā-** (f.) 'painting'.

---

(17) **mukta-mauna** BV 'freed from/having ended his vow of silence' **pṛṣṭavān** NOM SG MASC PRESAP of √prach **kim** here 'why?' **brahman** VOC SG. (18) **nirbandha-pṛṣṭa-** (adj) 'persistently asked' **avādīt** 3SG AOR of √vad **dvija-ākṛtiḥ** BV **tārāya** DAT of Purpose. (19) **kim** here 'why?' **mūrkha** VOC SG **badhyate** (PASS of √bandh) + INS 'is built by means of': translate as active 'why do you …' split up **gaṅgāyām** ('on/over the Ganges') **ogha-hāryābhiḥ** ('bound to be taken/carried away (GDVE) by the waters'). (20) **yadi … tat** 'if … then' **vetsi** 2SG of √vid **evam √vid** lit. 'know thus' = 'know this is the case' **śruta-** here 'listening (to lectures/teachings)' continued in (21). (21) Split up **kasmāt vrata-upavāsa-ādyaiḥ tvam** **vyomni** LOC SG continued in (22).

अनक्षरो लिपिन्यासो यद्विद्याध्ययनं विना।
एवं यदि भवेदेतन्नह्यधीयीत कश्चन॥ २२॥
इत्युक्तः स तपोदत्तः शक्रेण द्विजरूपिणा।
विचार्य तत्तथा मत्वा तपस्त्यक्त्वा गृहं ययौ॥ २३॥

m **Should You Turn a Mouse into a Girl? (10.6.125–135)**

तथा च प्राङ्मुनिः कश्चिच्छ्येनहस्तच्युतं शिशुम्।
मूषिकां प्राप्य कृपया कन्यां चक्रे तपोबलात्॥ १२५॥
वर्धितामाश्रमे तां च स दृष्ट्वा प्राप्तयौवनाम्।
मुनिर्बलवते दातुमिच्छन्नादित्यमाह्वयत्॥ १२६॥
बलिने दित्सितामेतां कन्यां परिणयस्व मे।
इत्युवाच स चर्षिस्तं ततस्तं सो ऽब्रवीद्रविः॥ १२७॥

---

(22) **an-akṣara-** (adj) 'letter-less' **lipi-** (f.) 'writing, script' **nyāsa-** (m.) 'putting down, creating' **adhyayana-** (n.) 'learning, study' (used esp. for study of the Vedas) **nahi** (ind) 'surely not' **adhi-√i** 'learn, study' **kaḥ cana** 'someone; anyone'. **(23)** **rūpin-** (adj) 'having a shape' **vi-√car** (Caus vicārayati) 'ponder, consider'. **(125)** **prāk** (ind) 'earlier, once (upon a time)' **muni-** (m.) 'seer, sage' **śyena-** (m.) 'bird of prey' **hasta-** (m.) 'hand; paw, claw' **cyuta-** (adj) 'freed from' **śiśu-** (adj) 'young, infant' **mūṣikā-** (f.) '(female) mouse' **kṛpā-** (f.) 'pity, sympathy' **tapas-** (n.) 'suffering; religious austerities/asceticism, penance' **bala-** (n.) 'strength, power'. **(126)** **āśrama-** (m.) 'ashram, hermitage' **yauvana-** (n.) 'youth, adolescence' **bala-vat-** (adj) 'strong' **āditya-** (m.) 'sun' **ā-√hve** (1 āhvayati/-te) 'call, summon'. **(127)** **balin-** (adj) 'strong' **ditsita-** (adj) 'wished to be given' **pari-√nī** (1 pariṇayati) 'lead around (the fire)' = 'marry' **ravi-** (m.) 'the sun'.

---

(22) Translate **yat … evam yadi bhavet** 'if there was such a thing as …' structure of 21.2 + 22: **yat … tat** split up **etat nahi adhīyīta** (3SG POT MED of adhi-√i). **(23)** **vicārya** CAUS ABS of vi-√car **tat tathā matvā** (ABS of √man) 'having realized this (was) thus/correct'. **(125)** Split up **kaḥ cit śyena-hasta-cyutam** **cakre** 3SG PERF of √kṛ **-balāt** 'through …'. **(126)** **vardhita-** CAUS *ta*-PTC of √vṛdh 'grow' **prāpta-yauvanām** BV **dātum** INF of √dā **icchan** NOM SG MASC PRESAP of √iṣ 'want, wish'. **(127)** Translate **ditsitām** lit. 'wished to be given': 'whom I wish to give' **pariṇayasva** 2SG IMPV MID of **pari-√nī** split up **ca ṛṣiḥ tam**.

मत्तो ऽपि बलवान्मेघः स मां स्थगयति क्षणात् ।
तच्छ्रुत्वा तं विसृज्यार्कं मेघमाहूतवान्मुनिः ॥ १२८ ॥
अं तथैव च सो ऽवादीत्तेनाप्येवमवादि सः ।
मत्तो ऽपि बलवान्वायुर्यो विक्षिपति दिक्षु माम् ॥ १२९ ॥
इत्युक्ते तेन स मुनिर्वायुमाह्वयति स्म तम् ।
स तथैव च तेनोक्तस्तमेवमवदन्मरुत् ॥ १३० ॥
मयापि ये न चाल्यन्ते मत्तस्ते बलिनो ऽद्रयः ।
श्रुत्वैतदेकं शैलेन्द्रमाह्वयन्मुनिसत्तमः ॥ १३१ ॥
तथैव यावत्तं वक्ति तावत्सो ऽद्रिर्जगाद तम् ।
मूषका बलिनो मत्तो ये मे छिद्राणि कुर्वते ॥ १३२ ॥
इति क्रमेण प्रत्युक्तो दैवतैर्ज्ञानिभिः स तैः ।
महर्षिराजुहावैकं मूषकं वनसभवम् ॥ १३३ ॥

---

(128) mattaḥ (ind) 'from/than me' **bala-vat-** (adj) 'strong' **megha-** (m.) 'cloud' **√sthag** (X sthagayati) 'conceal, hide' **kṣaṇāt** (ind) 'in a (single) moment' **vi-√sṛj** (VI visṛjati/-te) 'send away, dismiss' **arka-** (m.) 'the sun'. **(129) am** (ind) 'quickly; a little' **avādin-** (adj) 'not speaking; quiet, peaceable' **vāyu-** (m.) 'wind' **vi-√kṣip** (VI vikṣipati) 'scatter, disperse' **diś-** (f.) 'direction, region, compass point'. **(130) sma** (ind) makes preceding verb past tense **marut-** (m.) 'wind'. **(131) adri-** (m.) 'mountain' **śaila-** (m.) 'rock; mountain' **indra-** (m.) 'Indra; lord, king' **sattama-** (adj) 'best, truest'. **(132) √vac** (II vakti) 'say, speak' **adri-** (m.) 'stone, rock; mountain' **√gad** 'speak, say, tell' **chidra-** (n.) 'hole'. **(133) krameṇa** (ind) 'gradually, one by one' **daivata-** (n.) 'deity' **jñānin-** (adj) 'knowledgeable, wise' **mahā-ṛṣi-** (m.) 'great seer' **sambhava-** (m.) 'origin'.

---

(128) balavān (NOM SG MASC) **mattaḥ** 'stronger than me' split up **tat śrutvā** **āhūtavān** NOM SG MASC PASTAP of ā-√hve, here the main verb. **(129) tathā eva** lit. 'thus indeed': 'the same thing, in the same way' split up **avādīt** (3SG AOR of √vad) **tena** (begins new clause) **api evam avādi** (3SG AOR PASS of √vad) **dikṣu** LOC PL of **diś-**. **(130) ukte tena** LOC ABS 'it having been spoken by it' **uktaḥ** here 'addressed'. **(131)** Structure **ye … te …** **balin- mattaḥ** 'stronger than me' **cālyante** PASS CAUS of √cal 'move' **ekam śaila-indram** 'the singular Indra among mountains, the single tallest mountain'. **(132) yāvat … tāvat** here 'when … then …' **vakti** 3SG of √vac **jagāda** 3SG PERF of √gad **mūṣakāḥ** = mūṣikāḥ **kurvate** 3PL(!) MID of √kṛ. **(133) prati-ukta-** 'having been answered/replied to' the **daivatāḥ** are the sun etc. he has been talking to **ājuhāva** 3SG PERF of ā-√hū **vana-saṃbhava-** BV 'whose origin is/living in the forest'.

कन्यां वहैतामित्युक्तस्तेनोवाच स मूषकः ।
कथं प्रवेक्ष्यति बिलं ममैषा दृश्यतामिति ॥ १३४ ॥
पूर्ववन्मूषिकैवास्तु वरमित्यथ स ब्रुवन् ।
मुनिस्तां मूषिकां कृत्वा तस्मै प्रायच्छदाखवे ॥ १३५ ॥

n Once You've Tasted the Good Stuff ... (10.6.178–185)

आसन्प्रव्राजकाः केचिद्भिक्षासंतोषपीवराः ॥ १७८ ॥
तान्दृष्ट्वा पुरुषाः केचिदन्योन्यं सुहृदो ऽब्रुवन् ।
अहो भिक्षाशिनो ऽप्येते पीनाः प्रव्राजका इति ॥ १७९ ॥
एकस्तेषु ततो ऽवादीत्कौतुकं दर्शयामि वः ।
अहं कृशीकरोम्येतान्भुञ्जानानपि पूर्ववत् ॥ १८० ॥
इत्युक्त्वा स निमन्त्र्यैतान्क्रमात्प्रव्राजकान्गृहे ।
एकाहं भोजयामास षड्रसाहारमुत्तमम् ॥ १८१ ॥

---

(134) **pra-√viś** (VI praviśati) 'enter' **bila-** (n.) 'hollow, cave'. (135) **pūrva-vat** (adj) 'as/like before' **vara-** (n.) 'wish; granted wish, boon' **pra-√yam** (irreg prayacchati) 'give' **ākhu-** (m.) 'mouse'. (178) **pravrājaka-** (m.) 'mendicant, begging monk' **bhikṣā-** (f.) 'anything obtained by begging, alms' **saṃtoṣa-** (m.) 'satisfaction, contentedness' **pīvara-** (adj) 'stout, large, plump'. (179) **anyonyam** (ind) 'each other, one another' **su-hṛd-** (m.) 'friend' **aho** (ind) 'ha! well! ah!' **āśin-** (adj) '(regularly) eating, consuming' **pīna-** (adj) 'fat, swollen'. (180) **kautuka-** (n.) 'curiosity, object of curiosity' **kṛśī-√kṛ** (VIII kṛśīkaroti) 'make lean/thin' **√bhuj** (VII bhunakti/bhuṅkte) 'enjoy, eat' **pūrva-vat** (ind) 'as before'. (181) **ni-√mantr** 'invite, call' **kramāt** (ind) 'slowly, gradually; one after another' **eka-aham** (ind) 'during/for one day' **ṣaṣ-** (num) 'six' **rasa-** (m.) 'essence': here 'taste, flavor' **āhāra-** (m.) 'food' **uttama-** (pron adj) 'highest, best; excellent'.

---

(134) **kanyām vaha etam** 'take this girl (i. e. in marriage)' **pravekṣyati** FUT of pra-√viś **dṛśyatām** 3SG PASS IMPV of √dṛś 'let it be seen', here 'show me!' (see p. XVII). (135) Split up **pūrvavat mūṣikā eva astu** **astu** 3SG IMPF of √as 'may she be, let her be' **bruvan** NOM SG MASC PRESAP of √brū **prāyacchat** 3SG INF of pra-√yam 'give' (here: in marriage). (178) **āsan** 3PL IMPF of √as **kecit** NOM PL MASC **suhṛdaḥ** describes the puruṣāḥ. (179) Split up **api ete** (NOM PL MASC). (180) **ekaḥ tesu** 'one among them' **avādīt** 3SG AOR of √vad **darśayāmi** 1SG CAUS of √dṛś **vaḥ** GENDAT PL of aham **bhuñjāna-** PRES MID PTC of √bhuj. (181) Split up **nimantrya etān kramāt pravrājakān gṛhe** **bhojayām āsa** 3SG CAUS (PERIPH) PERF of √bhuj **ṣaḍ-** sandhied ṣaṣ- (the six flavors (as defined in āyurvedic texts) are sweet, sour, salty, pungent, bitter and astringent).

ते ऽथ मूर्खास्तदास्वादं स्मरन्तो भैक्षभोजनम् ।
न तथाभिलषन्ति स्म तेन दुर्बलतां ययुः ॥ १८२ ॥
ततः प्रदर्श्य सुहृदां दृष्ट्वा तत्संनिधौ च तान् ।
प्रव्राजकांस्तदाहारदायी स पुरुषो ऽब्रवीत् ॥ १८३ ॥
तदा भैक्षेण संतुष्टा हृष्टपुष्टा इमे ऽभवन् ।
अधुना तदसंतोषदुःखाद्दुर्बलतां गताः ॥ १८४ ॥
तस्मात्प्राज्ञः सुखं वाञ्छन्संतोषे स्थापयेन्मनः ।
लोकद्वये ऽप्यसंतोषो दुःसहाश्रान्तदुःखदः ॥ १८५ ॥

o **Guard the Door! (10.6.209–211)**

कश्चिद्दासो हि वणिजा मूर्खः केनाप्यभण्यत ।
रक्षेस्त्वं विपणीद्वारं क्षणं गेहं विशाम्यहम् ॥ २०९ ॥

---

(182) mūrkha- (adj) 'foolish' **āsvāda-** (m.) 'food' **√smṛ** (I smarati) 'remember' **bhaikṣa-** (n.) 'begging, asking for alms' **bhojana-** (n.) 'food, eating' **abhi-√laṣ** (I abhilaṣati) 'desire, wish for' **sma** (ind) makes preceding verb past tense **dur-balatā-** (f.) 'weakness' **√yā** (II yāti) 'go'. **(183) pra-√dṛś** 'become visible, appear'; Caus 'make visible, explain' **saṃnidhi-** (m.) 'nearness, proximity' **āhāra-** (m.) 'food' **dāyin-** (adj) 'giving, granting'. **(184) saṃtuṣṭa-** (adj) 'well pleased, delighted with' **hṛṣṭa-** (adj) 'pleased, glad, delighted' **puṣṭa-** (adj) 'nourished, fed' **adhunā** (ind) 'now' **a-saṃtoṣa-** (m.) 'displeasure' **duḥkha-** (n.) 'unhappiness, misery'. **(185) tasmāt** (ind) 'thus' **prājña-** (adj) 'wise' **sukha-** (n.) 'happiness' **√vāñch** (I vāñchati) 'desire, strive after, pursue' **saṃtoṣa-** (m.) 'satisfaction' **manas-** (n.) 'mind' **loka-dvaya-** (n.) 'pair of worlds, both worlds' (= heaven and earth) **duḥsaha-** (adj) 'difficult to bear, unbearable' **a-śrānta-** (adj) 'unceasing, eternal' **-da-** (adj, ifc) 'giving, causing'. **(209) dāsa-** (m.) 'servant' **vaṇij-** (m.) 'merchant' **mūrkha-** (adj) 'foolish' **√bhaṇ** 'say, speak to' **√rakṣ** (I rakṣati) 'guard, protect' **vipaṇa-** (m.) 'shop, trading place' **dvāra-** (n.) 'door' **kṣaṇam** (ind) 'for a moment' **geha-** (n.) 'house' **√viś** (VI viśati) 'go into, enter'.

---

(182) tad- 'his' (the man's) **smarantaḥ** Nom Pl PresAP **tena** ('thus') begins new clause **durbalatām √yā** lit. 'go to weakness': 'become weak' (see p. XIX) **yayuḥ** 3Pl Perf of √yā. **(183) pradarśya** Caus Abs of pra-√dṛś **suhṛdām** '*to* his friends' split up **pravrājakān tat**('his own')-.... **(184) tadā** here 'then, earlier, once' **ime** Nom Pl Masc of ayam/idam- split up **tad-asaṃtoṣa-duḥkhāt** 'from unhappiness because of displeasure with this'. **(185) vāñchan** Nom Sg Masc PresAP **sthāpayet** Caus Pct of √sthā 'cause to stand': 'make stable, establish' **duḥsaha-aśrānta-duḥkha-daḥ** 'creating/giving unbearable and unceasing unhappiness'. **(209) abhaṇyata** 3Sg Impf Pass of √bhaṇ **vipaṇī-** form used in Cpd **kṣaṇam** begins a new clause.

इत्युक्तवति याते ऽस्मिन्वणिजि द्वारपट्टकम् ।
विपणीतो गृहीत्वांसे दासो द्रष्टुमगान्नटम् ॥ २१० ॥
आगच्छंश्च ततो दृष्ट्वा वणिजा तेन भर्त्सितः ।
त्वदुक्तं रक्षितं द्वारं मयेदमिति सो ऽब्रवीत् ॥ २११ ॥

---

(210) **√yā** (II here yāte) 'go' **paṭṭaka-** (m.) 'board, plate' **vipaṇī-taḥ** (ind) 'from the shop' **√grah** 'take, seize' **aṃsa-** (m.) 'shoulder' **√gā** 'go' **naṭa-** (m.) 'actor'. **(211)** **√bharts** (X bhartsayati) 'scold, deride'.

---

(210) **uktavati yāte** (*ta*-PTC of √yā) **asmin vaṇiji** LOC ABS **gṛhītvā** ABS of √grah split up **draṣṭum agāt** (3SG AOR of √gā). **(211)** Split up **āgacchan** (NOM SG MASC PRESAP) **ca vaṇijā** is the agent of **dṛṣṭvā** and **bhartsitaḥ** (see p. XVIII) **tvad**(stem form of tvam)-**uktam** '(as) instructed by you'.

CHAPTER 5

Bṛhatkathāślokasaṃgraha, or Verse Summary of the Long Story

Like the Kathāsaritsāgara, the Bṛhat-kathā-śloka-saṃgraha is framed as a retelling of the mythical Bṛhat-kathā or Long Story (see Chapter 4), with numerous individual stories appearing within an overarching narrative frame. We know nothing about its author, Budhasvāmin, nor about how this text came to be; but the two oldest surviving manuscripts of it stem from the 12th century.

Rather than giving you a variety of shorter tales, this chapter features the first episode in a single longer story (18.4–94): Sānudāsa, an overly earnest young man, comes to enjoy life's sensual pleasures with the help of the mysterious Blue Lotus Nectar.

आसीदिहैव चम्पायां मित्रवर्मेति वाणिजः ।
नामित्रो नापि मध्यस्थः साधोर्यस्याभवद्भुवि ॥ ४ ॥
तस्य मित्रवती नाम नाम्ना सुसदृशी प्रिया ।
भार्या मैत्रीव साधोर्या शत्रोरपि हितैषिणी ॥ ५ ॥
तयोर्गुणवतोः पुत्रं गुणवन्तमविन्दतोः ।
अपुत्रानात्मनः पौराः सपुत्रानपि मेनिरे ॥ ६ ॥
एकदा पिण्डपाताय सानुर्नाम दिगम्बरः ।
त्रिरात्रक्षपणक्षमो वर्धमान इवागतः ॥ ७ ॥

---

(4) **campā-** (f.) Campā (a city) **mitravarman-** (m.) Mitravarman (a man) **vāṇija-** (m.) 'merchant' **a-mitra-** (adj) 'unfriendly, inimical' **madhya-stha-** (adj) 'indifferent' **sādhu-** (adj) 'good' **bhū-** (f.) 'the earth'. (5) **mitra-vatī-** (f.) Mitravatī, lit. 'having (many) friends' (a woman) **nāman-** (n.) 'name' **su-sadṛśa-** (adj, f. -ī) 'very similar/true to' (+ Ins) **bhāryā-** (f.) 'wife' **maitrī-** (f.) 'friendship, benevolence' **śatru-** (m.) 'enemy' **hita-eṣin-** (adj, f. -nī) 'well-wishing, kind' (towards: + Gen). (6) **guṇa-vat-** (adj) 'having good qualities, virtuous' **√vid** (vi vindati) 'find, get' **paura-** (m.) 'citizen' **sa-putra-** (adj) 'having a son'. (7) **piṇḍa-pāta-** (m.) 'giving/receiving alms' **sānu-** (m.) Sānu (a man) **dig-ambara-** (m.) lit. 'sky-clothed': 'a naked (Jain) ascetic' **tri-rātra-** (adj) 'of three nights (and days), three nights/days long' **kṣapaṇa-** (m.) 'fast' **-kṣama-** (adj, ifc) 'enduring, suffering' **vardhamāna-** (m.) Vardhamāna, the last Jaina ford-maker (spiritual teacher, savior).

---

(4) Split up **na amitraḥ** **yasya sādhoḥ na** 'towards (lit. 'of') whom, (being a) good person, no-one was …'. (5) **maitrī iva sādhoḥ** '(she was) like the benevolence of a good man'. (6) **tayoḥ guṇavatoḥ avindatoḥ** Gen Abs 'because these two …' **a-vindat-** negated PresAP of √vid **menire** 3Pl Perf Mid of √man **√man** + 2 Accs here 'consider … to be …' **ātmanaḥ** Acc Pl (here 'themselves'). (7) **āgataḥ** 'came (to them)'.

दंपतिभ्यामसौ ताभ्यां प्रीताभ्यां प्रीणितस्तथा ।
अपृष्टो ऽपि यथाचष्ट धर्मानृषभभाषितान् ॥ ८ ॥
प्रश्नादिग्रन्थसारज्ञश्चित्तं बुद्धा तयोरसौ ।
आदिदेश स्फुटदेशो भाविनं गुणिनं सुतम् ॥ ९ ॥
यश्च पुत्रस्तयोर्जातस्तस्य नामाकरोत्पिता ।
आदिष्टः सानुना यत्तत्सानुदासो भवत्विति ॥ १० ॥
एकपुत्रो ऽप्यसौ पित्रा दुर्लभत्वाच्च वल्लभः ।
विद्याः शिक्षयता नीतो बाललीलानभिज्ञाताम् ॥ ११ ॥
उपाध्यायैश्च सोत्साहैर्विनीतः स तथा यथा ।
स्वदारानेव सव्रीडः परदारानमन्यत ॥ १२ ॥

---

(8) **daṃ-pati-** (m.) 'master of the house'; Du: 'man and wife, couple' **prīta-** (adj) 'kind, loving' **prīṇita-** (adj) 'pleased, delighted' **a-pṛṣṭa-** (adj) 'unasked, without being asked' **ā-√cakṣ** (II ācaṣṭe) 'tell, relate; teach' **dharma-** (m.) here '(religious) precept, teaching' **ṛṣabha-** (m.) Ṛṣabha (the first ford-maker). (9) **praśna-** (m.) 'question', here 'questions about the future': 'astrology' **ādi-grantha-** (m.) 'main/prime treatise/study/book' **sāra-** (m.) 'essence' **-jña-** (adj, ifc) 'knowing' **citta-** (n.) 'mind, thought' **ā-√diś** 'indicate, predict' **sphuṭa-** (adj) 'manifest, clear' **deśa-** (m.) here 'indication, prediction' **bhāvin-** (adj) 'about to be, future' **guṇin-** (adj) 'having (good) qualities, virtuous' **suta-** (m.) 'son'. (10) **√jan** 'be born' **nāman-** (n.) 'name', (ifc) 'named, called' **sānu-dāsa-** (m.) Sānudāsa (a man, lit. 'Sānu's Servant'). (11) **dur-labha-tva-** (n.) lit. 'difficult-to-get-ness' **vallabha-** (adj) 'desired, dear' **vidyā-** (f.) 'knowledge, scholarly discipline; the sciences' **√śikṣ** 'learn, study' **bāla-līlā-** (f.) 'child-like playing' **an-abhijñātā-** (f.) 'ignorance'. (12) **upādhyāya-** (m.) 'teacher, instructor' **sa-utsāha-** (adj) 'rigorous, eager' **vi-√nī** 'teach, educate' **sva-dāra-** (m., usually pl.) '(one's own) wife' **sa-vrīḍa-** (adj) 'bashful, modest' **para-** (pron adj) here '(an)other'.

---

(8) **tathā … yathā** 'so … that' **ācaṣṭa** 3Sg Impf of ā-√cakṣ. (9) **praśna-ādi-grantha-sāra-jñaḥ** 'knowing the essence of the prime work(s) on astrology' **cittam √budh** 'know sb.'s desire, read sb.'s mind' **buddhvā** Abs of √budh **ādideśa** 3Sg Perf of ā-√diś **sphuṭa-deśa-** BV. (10) Relative clause structure **yaḥ … tasya** split up **putraḥ tayoḥ jātaḥ tasya** **jāta-** *ta*-Ptc of √jan **nāma** here Acc Sg of nāman- **ādiṣṭa-** *ta*-Ptc of ā-√diś, begins direct speech **yat tat** 'because … thus'. (11) **eka-putra-** here KDh (m.) 'only son' translate **durlabhatvāt** as a verbal clause **pitrā** agrees with **śikṣayatā** (Ins Sg Caus PresAP of √śikṣ) **vidyāḥ** object of śikṣayatā **nītaḥ … -anabhijñātam** lit. 'led to ignorance': 'kept ignorant'. (12) **√man** (IV manyate) + 2 Accs 'consider/treat … as/like …'.

तेनातिविनयेनास्य लोकबाह्येन पार्थिवः ।
पितरौ सुहृदो दारा न कश्चिन्नाकुलीकृतः ॥ १३ ॥
आदिष्टः सानुना यो ऽसौ तयोः पुत्रः सुवृत्तयोः ।
अहमेव स वो दासः सानुदासस्तथागुणः ॥ १४ ॥
मम तु ध्रुवको नाम ध्रुवमैत्रीसुखः सखा ।
स च मामब्रवीन्मित्र क्रियतां तद्ब्रवीमि यत् ॥ १५ ॥
उद्याननलिनीकूले सदाराः सुहृदस्तव ।
अनुभूतजलक्रीडाः खादन्ति च पिबन्ति च ॥ १६ ॥
भवतापि सदारेण तत्र गत्वा मया सह ।
साफल्यं क्रियतामद्य रूपयौवनजन्मनाम् ॥ १७ ॥
धर्मार्थयोः फलं येन सुखमेव निराकृतम् ।
विफलीकृतधर्मार्थात्पापकर्मा कुतस्ततः ॥ १८ ॥

---

(13) **ati-vinaya-** (m.) 'excessive refinement' **loka-bāhya-** (adj) lit. 'outside the world': 'isolated; aloof, antisocial' **pārthiva-** (m.) 'earth lord, king' **ākulī-kṛta-** (adj) 'confounded, bewildered'. (14) **su-vṛtta-** (adj) 'well-conducted, virtuous' **dāsa-** (m.) 'servant'. (15) **dhruvaka-** (m.) Dhruvaka (a man) **dhruva-** (adj) 'certain, firm' **maitrī-** (f.) 'friendship' **sukha-** (adj) 'happy, lucky' **sakhi-** (m.) 'friend'. (16) **udyāna-** (n.) 'garden' **nalinī-** (f.) 'lotus' **kūla-** (n.) 'pool, pond' **anubhūta-** (adj) 'embraced; experienced, enjoyed' **jala-** (n.) 'water' **krīḍā-** (f.) 'sport, play, pastime' **√pā** (irreg pibati) 'drink'. (17) **bhavat-** (m.) 'you, Sir' (respectful address) **sāphalya-** (n.) 'fruitfulness, fun' **rūpa-** (n.) '(good) form, beauty' **yauvana-** (n.) 'youth' **janman-** (n.) 'birth', here: 'noble birth'. (18) **dharma-** (m.) here 'religious merit' **artha-** (m.) here 'wealth' **niḥ-ā-√kṛ** 'reject, spurn' **viphalī-√kṛ** 'make useless; thwart' **kutaḥ** (ind) 'wherefrom?'.

---

(13) Notice the double negation split up **kaścit na ākulīkṛtaḥ** **ākulīkṛtaḥ** goes with all Nom forms, but agrees grammatically with the nearest Nom, **kaścit**. (14) **aham eva sa** 'I am he' **vaḥ** 'your' (Gen/Dat Pl of tvam), Sānudāsa addressing his audience **tathā-guṇa-** bv lit. 'thus-qualitied': 'having the qualities just described'. (15) **dhruva-maitrī-sukhaḥ** tp 'happy through (our) firm friendship' **sakhā** irreg Nom Sg Masc of sakhi- **kriyatām** 3Sg Pass Impv of √kṛ, see p. xvii. (16) **-kūle** here '*by/next to* a pond' **sa-dārāḥ** bv lit. 'with-wived': '(the friends) together with their wives' **anubhūta-jala-krīḍāḥ** bv **pibanti** 3Pl of √pā. (17) **sāphalyam √kṛ** 'savor the rewards/joys' **kriyatām** 3Sg Pass Impv of √kṛ, see p. xvii **rūpa-** etc. dvandva. (18) **sukham eva** explains **phalam** read a colon or dash after nirākṛtam l. 2 'wherefrom (does one get a greater evil-doer) than him (*tataḥ*) by whom religious merit and wealth have been spurned?' ([**viphalī-kṛta-[dharma-artha]**] a dvandva within a bv **tataḥ** 'than him' is a fossilized ablative).

जन्मान्तरसुखप्राप्त्यै यश्च धर्मं निषेवते ।
त्यक्तदृष्टसुखः सो ऽपि वद को नाम पण्डितः ॥ १९ ॥
न चापि स्वार्थसिद्ध्यर्थं मया त्वं विप्रलभ्यसे ।
तथा हि भीमसेनस्य वाक्यमाकर्ण्यतां यथा ॥ २० ॥
प्रत्युपस्थितकालस्य सुखस्य परिवर्जनम् ।
अनागतसुखाशा च नैष बुद्धिमतां नयः ॥ २१ ॥
मया तु स विहस्योक्तस्तुच्छ एव प्रयोजने ।
इदं संरम्भगाम्भीर्यं शङ्कामिव करोति सः ॥ २२ ॥
यदि पीतं न वा पीतं स्वदारसहितैर्मधु ।
लाभः कस्तत्र हानिर्वा रागो ऽयमभिवासितः ॥ २३ ॥

---

(19) **sukha-** (n.) 'happiness' **prāpti-** (f.) 'acquisition, getting' **ni-√sev** (I niṣevate) 'pursue, attend to' **nāma** after an interrogative 'then, for' **paṇḍita-** (m.) 'pundit; learned/wise person'. **(20)** **sva-** (pref) 'one's own' **artha-** (m.) here 'goal, purpose' **siddhi-** (f.) 'fulfilment, reaching' **-artham** (ind, ifc) 'for the purpose of' **bhīma-sena** (m.) Bhīmasena (a hero) **vākya-** (n.) 'words, statement' **ā-√karṇ** 'hear, listen'. **(21)** **pratyupasthita-** (adj) 'present, arrived' **kāla-** (m.) 'time' **parivarjana-** (n.) 'avoiding of, abstaining from' (+ GEN) **āśā-** (f.) 'hope, expectation' **buddhi-mat-** (adj) 'wise, intelligent' **naya-** (m.) 'conduct, behavior'. **(22)** **vi-√has** 'laugh' **tuccha-** (adj) 'unimportant, trifling' **prayojana-** (n.) 'object, matter, thing' **saṃrambha-** (m.) 'excitement, zeal, intensity'; at beg. of CPD: 'intense' **gāmbhīrya-** (n.) 'depth, profundity; earnestness' **śaṅkā-** (f.) 'apprehension, suspicion'. **(23)** **sa-hita-** (adj) 'joined, accompanied (by)' **madhu-** (n.) here 'sweet liquor, any intoxicating drink' **lābha-** (m.) 'gain, profit' **hāni-** (f.) 'damage, loss' **rāga-** (m.) here: 'feeling, passion' **abhi-√vas** 'wrap/clothe oneself'; CAUS 'cover, veil, hide'.

---

(19) Relative sentence structure **yah … sa** **janma-antara-sukha-prāptyai** 'for the acquisition of happiness in the next life' **sa api** (indicates yes/no question) … **kaḥ nāma** 'is he really …?' **vada** 'tell me!' is an interjection independent from the rest of the sentence. **(20)** **vipralabhyase** 2SG PASS of vi-pra-√labh 'deceive, cheat' **tathā … yathā** 'as (was) … so/to that …' **ākarṇyatām** 3SG PASS IMPV of ā-√karṇ, see p. XVII. **(21)** **an-āgata-** lit. 'un-come': 'not come yet, future' imagine a colon or dash before **na eṣa.** **(22)** **vihasya** ABS of vi-√has unsandhi **tucche eva**, begins direct speech **śaṅkām** begins a new clause **śaṅkām √kṛ** 'cause/arouse suspicion' **iva** here 'kind of, somewhat' **saḥ** = Bhīmasena. **(23)** **pīta-** *ta*-PTC of √pā **sva-dāra-sahitaiḥ** 'by people accompanied by their wives' **lābhaḥ … vā** lit. 'what gain or loss is there': 'what does it matter?' **rāgaḥ ayam abhivāsitaḥ** 'that is veiled passion', i. e. not about spending time with friends (see following sentence).

रागाग्निः प्राणिनां प्रायः प्रकृत्यैव प्रदीप्यते।
तमिन्धयति यन्मित्र तत्र किं नाम पौरुषम्॥ २४॥
यस्तं विषयसंकल्पसर्पिरिन्धनमुद्धतम्।
वैराग्यवचनाम्भोभिर्निर्वापयति स क्षमः॥ २५॥
फलं यदि च धर्मस्य सुखमीदृशमिष्यते।
धर्मस्याभवनं भूयात्तत्फलस्य सुखस्य च॥ २६॥
यां यथासुखमासीनामश्नन्तीं च स्त्रियं प्रति।
नेक्ष्यते प्रतिषेधात्सा कथमेवं विडम्ब्यते॥ २७॥
गोष्ठीमण्डलमध्यस्था मदोपहतचेतना।
विषमूर्च्छापरीतेव भर्तुर्भार्या विडम्बना॥ २८॥

---

(24) **prāṇin-** (m.) 'living being' **prāyaḥ** (ind) 'generally, as a rule' **prakṛti-** (f.) 'nature' **pra-√dīp** 'light, kindle' **√indh** CAUS indhayati 'light, kindle' **nāma** (ind) after a question word 'then, for' **pauruṣa-** (n.) 'manliness'. (25) **viṣaya-** (m.) 'sense object, anything physical' **saṃkalpa-** (m.) 'notion, thought; desire' **sarpis-** (n.) 'clarified butter; oil' **indhana-** (n.) 'kindling, fuel' **uddhata-** (adj) 'excited, kindled; burning' **vairāgya-** (n.) 'dispassion, indifference' **vacana-** (n.) 'word, statement', here 'teaching' **ambhas-** (n.) 'water' **kṣama-** (adj) 'enduring; capable; strong'. (26) **√iṣ** (I eṣati) 'send, propel'; here 'send out words: proclaim, say' **a-bhāvana-** (n.) 'absence'. (27) **yathā-sukham** (ind) 'as one pleases, comfortably' **√aś** (IX aśnāti) 'eat' **strī-** (f.) 'woman, wife' **pratiṣedha-** (m.) 'prohibition' **vi-√ḍamb** (I viḍambate) 'mock, ridicule'. (28) **go-ṣṭhī-** (f.) lit. 'cow-stand/-shed, place where cows stay': 'assembly, gathering' **maṇḍala-** (n.) 'circle' **madhya-** (n.) 'middle, center' **-stha-** (adj, ifc) 'standing, being' **mada-** (m.) 'excitement; intoxication' **upahata-** (adj) 'destroyed; overwhelmed' **cetanā-** (f.) 'sense, intelligence' **viṣa-** (n.) 'poison' **mūrcchā-** (f.) 'fainting, swoon' **parīta-** (adj) 'seized, overcome by' **bhartṛ-** (m.) 'husband' **bhāryā-** (f.) 'wife' **viḍambanā-** (f.) 'mockery, disgrace'.

---

(24) Split up **prakṛtyā eva** **tam indhayati … pauruṣam** lit. 'what manliness, then (*nāma*), (is) there, o friend, which kindles it (further)?': 'what manliness is there in kindling it further?'. (25) Structure **yaḥ … sa** **tam** (and all other ACC SGs) refer to the **rāga-agniḥ** split up **viṣaya-saṃkalpa-sarpir-indhanam** (translate this from right to left!) **uddhatam vairāgya-vacana-ambhobhiḥ nirvāpayati** **nirvāpayati** here: 'causes to be scattered (and thus be put out)'. (26) **dharma-** here again 'religious merit' **sukham īdṛśam** lit. 'such happiness': 'physical pleasure' **iṣyate** 'is said/assumed (to be)' **bhūyāt** 3SG POT PRES of √bhū 'there would be' **tat-phalasya sukhasya** 'of the fruit of it (= of dharma), (which is) happiness' (if the fruit of dharma is physical pleasure, then no one would act dharmically anymore and instead just enjoy themselves carnally). (27) Relative structure **yām … prati … sā** 'towards which … she' **āsīna-** PRESAP of √ās 'sit': 'seated' **aśnantī-** FEM PRESAP of √aś **īkṣyate** here impersonal: 'it is not looked' (implied meaning: one must not look at her; and if one does not, she could not possibly be disrespected). (28) **mada-upahata-cetanā** BV **viṣa-mūrcchā-parītā iva** 'as though overcome by swooning from/because of poison' **bhartuḥ** GEN SG of bhartṛ-.

अथ वा गच्छतु भवान्यथासुखमहं पुनः ।
न यास्यामि न धास्यामि दारैः सह सभामिति ॥ २९ ॥
स ततः स्थिरसंकल्पं मां दृष्ट्वा प्रत्यवस्थितम् ।
हस्ते सस्मितमालम्ब्य सविषाद इवावदत् ॥ ३० ॥
सुहृदामग्रतः कृत्वा प्रतिज्ञामहमागतः ।
सानुदासो ऽयमानीतः सदारो दृश्यतामिति ॥ ३१ ॥
तेनोपहसितस्योच्चैः सुहृद्भिर्वदनं मम ।
प्रतिज्ञाखण्डनम्लानं कथं शक्ष्यसि वीक्षितुम् ॥ ३२ ॥
तत्प्रसीदासतां नाम दारा यदि विरुध्यते ।
त्वयैकेन प्रतिज्ञायाः साफल्यमुपपाद्यताम् ॥ ३३ ॥
सदोषं यदि पानं च स्वयं मा स्म पिबस्ततः ।
सुहृदः पिबतः पश्य सदारतनयानिति ॥ ३४ ॥

---

(29) **yathā-sukham** (ind) 'as one pleases' **bhavat-** (m.) 'you, Sir' (respectful address, takes 3rd-person verb) **yathā-sukham** (ind) 'as it pleases (you)' **sabhā-** (f.) 'assembly, gathering'. (30) **sthira-** (adj) 'firm, solid' **saṃkalpa-** (m.) 'resolution, decision' **pratyavasthita-** (adj) 'opposed, resisting' **hasta-** (m.) 'hand' **sa-smitam** (ind) 'with a smile' **ā-√lamb** 'take, grasp' **sa-viṣāda-** (adj) 'despondent'. (31) **agrataḥ** (ind) 'in front of' (+ GEN) **pratijñā-** (f.) 'promise' **ā-√nī** 'bring, take'. (32) **upa-√has** 'laugh at, deride' **uccaiḥ** (ind) 'loudly' **khaṇḍana-** (n.) 'breaking, destroying' **mlāna-** (adj) 'dejected, sad' **√śak** 'be able to' **vi-√īkṣ** 'look at'. (33) **pra-√sad** 'be(come) glad, satisfied' **√ās** 'sit; remain behind' **nāma** (ind) after an IMPV 'may it be so; no matter' **dārā-** here (f.) 'wife' **vi-√rudh** 'hinder, obstruct, stop' **sāphalya-** (n.) 'fruitfulness, result' **upa-√pad** 'bring about'. (34) **sa-doṣa-** (adj) lit. 'with-sinned': 'sinful, wrong' **pāna-** (n.) 'drink, (the act of) drinking' **svayam** (ind) 'oneself' **mā sma** (ind) 'don't!' **√pā** (irreg pibati) 'drink' **tanaya-** (n.) 'family, offspring'.

---

(29) **atha vā** here 'well then' split up **bhavān** (NOM SG of bhavat-) **yathā-sukham aham** **punar** here 'but, on the other hand' **na yāsyāmi na dhāsyāmi dāraiḥ saha** 'I will not go nor will I take my wife' **iti** ends Sānudāsa's reply. (30) **sthira-saṃkalpam** BV **haste** ACC DU. (31) l. 2 is direct speech and the promise from l. 1 **dṛśyatām** 3SG PASS IMPV of √dṛś, translate active 'behold!' (see p. XVII). (32) This sentence is best translated from the end: finite verb – INF – direct object + description – dependent genitives – instrumental agent **tena** here (ind) 'thus'. (33) **tat** here (ind) 'thus, so' **prasīda** 'please' (2SG IMPV of pra-√sad) **āsatām** 3SG MID IMPV of √ās **yadi virudhyati** lit. 'if she is hindered': 'if this is a problem for her' **upapādyatām** 3SG CAUS PASS IMPV of upa-√pad. (34) **mā sma pibaḥ** 'then don't drink' (**pibaḥ** 2SG unaugmented AOR of √pā) **pibataḥ** ACC PL PRESAP of √pā.

ततस्तत्सहितो गत्वा पुरोपवनपद्मिनीम्।
तां तदा दृष्टवानस्मि सकलत्रां सुहृत्सभाम्॥ ३५॥
निन्दितेन्द्रायुधच्छायैः कुसुमाभरणाम्बरैः।
क्षिप्ताम्भःपद्मिनीच्छायां स्थलीकमलिनीमिव॥ ३६॥
ततः समञ्जरीजालैर्माधवीचूतपल्लवैः।
कल्पितं ध्रुवको मह्यमुच्चमाहरदासनम्॥ ३७॥
अपश्यं तत्र चासीनः सुहृदः पायितप्रियान्।
पिबतश्च मधु प्रीतप्रियाकरतलार्पितम्॥ ३८॥
क्वचिद्वसन्तरागं च वेणुतन्त्रीरुतान्वितम्।
गीयमानं शृणोमि स्म रुदन्ताश्चालिकोकिलाः॥ ३९॥

---

(35) **tat-** stem form (used in CPDs) of saḥ/tad- **sa-hita-** (adj) 'joined, accompanied by' **pura-** (n.) 'city' **upavana-** (n.) 'park, garden' **padminī-** (f.) 'lotus pond' **sa-kalatra-** (adj) lit. 'with-wifed': 'together with one's wife' **sabhā-** (f.) 'congregation; group'. (36) **nindita-** (adj) 'shamed, put to shame' **indra-āyudha-** (n.) lit. 'Indra's weapon': 'rainbow' **chāya-** (n.) 'color' **kusuma-** (n.) 'blossom, flower' **ābharaṇa-** (n.) 'ornament, jewelry' **ambara-** (n.) 'clothes, clothing' **kṣipta-** (adj) here 'moved, transferred' **ambhas-** (n.) 'water' **sthalī-** (f.) 'the earth, dry land' **kamalinī-** (f.) 'lotus pond, place abounding in lotuses'. (37) **sa-** (pref) '(together) with' **mañjarī-** (f.) 'flower, blossom, bud' **jāla-** (n., ifc) 'collection, multitude' **mādhavī-** (f.) mādhavī (an evergreen liana with white flowers) **cūta-** (m.) 'mango tree' **pallava-** (m./n.) 'sprig, shoot' **kalpita-** (adj) 'made, fabricated' **dhruvaka-** (m.) Dhruvaka (a man) **ucca-** (adj) 'lofty, raised' **ā-√hṛ** 'give, offer' **āsana-** (n.) 'seat'. (38) **madhu-** (n.) here 'sweet liquor, any intoxicating drink' **prīta-** (adj) 'happy, pleased' **priyā-** (f.) '(female) beloved, sweetheart' **kara-tala-** (m.) lit. 'hand-surface': 'palm' **arpita-** (adj) 'offered, entrusted'. (39) **kvacit** (ind) 'somewhere' **vasanta-** (m.) lit. 'the brilliant (season)': 'spring' **rāga-** (m.) here: 'tune, melody' **veṇu-** (m.) 'flute, pipe' **tantrī-** (f.) '(wire/string of a) lute' **ruta-** (n.) 'sound, note' **anvita-** (adj) 'joined/accompanied by' **√gai** 'sing' **sma** (ind) makes preceding verb past tense **√rud** (VI rudati) 'weep, howl' **alin-** (m.) 'bee' **kokila-** (m.) Indian cuckoo, seen as having a romantic song (similar to the nightingale in Europe).

---

(35) **tat-sahitaḥ** 'accompanied by him' **dṛṣṭavān asmi** 'I saw'. (36) This verse is best translated from end to beginning: the last noun refers back to sabhām in (35) and **kṣipta-** ... agrees with it; the INS are the agents of **kṣipta-**...; the first compound is a BV agreeing with the second compound **kṣipta-ambhaḥ-padminī-chāyām** BV 'whose color had been transferred from the water' **sthalī-kamalinīm** lit. 'land-lotus-bunch': 'a lotus pond on land'. (37) Basic structure **dhrūvakaḥ mahyam** (DAT SG of aham) ... **āharat āsanam** **mādhavī-cūta-** dvandva. (38) **pāyita-priya-** BV 'whose sweetheart(s) had been given something to drink' (**pāyita-** CAUS *ta*-PTC of √pā) **pibataḥ** ACC PL PRESAP of √pā (**madhu** is its direct object). (39) **gīyamāna-** PRES PASS PTC of **√gai** 'sing' **√rud** here 'make noise', i. e. 'buzz, twitter' etc. **rudantāḥ** probably a mistake for rudantaḥ (NOM PL MASC PRESAP), here the main verb split up **ca ali**(stem form of alin-)-**kokilāḥ**.

हित्वा कुरबकाग्राणि वर्णसंस्थानचारुषु ।
पतिताः कर्णिकारेषु लूननासा इवालिनः ॥ ४० ॥
आमूलशिखरं फुल्लास्तिलकाशोककिंशुकाः ।
असारस्य हि जायन्ते नटस्यात्युत्कटा रसाः ॥ ४१ ॥
अथ कर्दमदिग्धाङ्गः शैवलाविलशाटकः ।
उत्थितः पुरुषः को ऽपि सरसः सरसस्ततः ॥ ४२ ॥
आदाय नलिनीपत्त्रपुटं केनापि पूरितम् ।
भोः पुष्करमधु प्राप्तं मयेति च मुदावदत् ॥ ४३ ॥
प्रतिषिद्धः स चैकेन मूर्ख मा चण्डमारटीः ।
न पुष्करमधु प्राप्तं त्वयानर्थो ऽयमर्जितः ॥ ४४ ॥

---

(40) **√hā** 'abandon, leave' **kurabaka-agra-** (n.) 'amaranth tip/bud' **varṇa-** (m.) 'color' **saṃsthāna-** (n.) 'shape, form' **cāru-** (adj) 'pleasing, beautiful' **karṇikāra-** (m.) karṇikāra (a plant with very coarse flowers) **lūna-** (adj) 'cut off, clipped' **nāsā-** (f.) 'nose' **alin-** (m.) 'bee'. (41) **ā-mūla-śikharam** (ind) 'from (ā) root (mūla) to crown (śikhara)' **phulla-** (adj) 'flowery, abounding/covered in flowers' **tilaka-** (m.) tilaka (a tree) **aśoka-** (m.) aśoka (a tree) **kiṃśuka-** (m.) kiṃśuka/'Flame of the Forest' (a proverbially beautiful tree) **a-sāra-** (adj) 'without sap; without distinguishing features/character' **√jan** (IV jāyate) 'come to be, arise' (from: + GEN) **naṭa-** (m.) 'actor, mime' **ati-utkaṭa-** (adj) 'exceeding, abundant' **rasa-** (m.) 'essence': 'juice, sap; flavor, taste'. (42) **kardama-** (m.) 'mud, filth' **digdha-** (adj) 'smeared with' **aṅga-** (n.) 'limb' **śaivala-** (m./n.) 'duck-weed' **āvila-** (adj) 'murky, blotted' **śāṭaka-** (m.) 'robe, clothing' **ud-√sthā** 'stand up, arise' ('from': + ABL) **saras-** (n.) 'lake, pond' **sa-rasa-** (adj) lit. 'with-sapped': 'wet, drenched'. (43) **nalinī-pattra-puṭa-** (n.) 'lotus leaf cup' (a cup made from folded lotus leaves) **pūrita-** (adj) 'filled' **bhoḥ** (ind) 'hey! look!' **puṣkara-** (n.) 'blue lotus' **madhu-** (n.) here 'sweet liquor, any intoxicating drink' **mud-** (f.) 'joy, delight'. (44) **prati-√sidh** 'prevent, restrain, stop' **mūrkha-** (m.) 'fool' **mā** (ind) 'don't!' **caṇḍam** (ind) 'angrily, loudly' **ā-√raṭ** 'shriek, shout' **an-artha-** (m.) 'evil, ill luck' **√arj** 'get, acquire'.

---

(40) **hitvā** ABS of √hā **patita-** here main verb 'were flying' **karnikareṣu** '*among* …' **lūna-nāsāḥ** BV. (41) l. 1 supply 'are/were' l. 2 begins a new sentence **jāyante** 3PL MID of √jan **rasa-** 'essence' can be the juice/sap of a tree, or one of the 'essential' moods/sentiments of a play. The image here probably compares trees that in themselves are plain but produce spectacular flowers and actors who in themselves are neutral and can thus express all the different *rasas* well. (42) **utthita-** *ta*-PTC of ud-√sthā, here the main verb. (43) Continues (42) **ādāya** lit. ABS of ā-√dā 'take', here simply 'with' **bhoḥ** begins direct speech split up **mayā iti** and **mudā avadat**. (44) **mūrkha** begins direct speech **mā … ārаṭīḥ** (2SG unaugmented AOR) 'don't shout!' supply a 'but/instead' before **anarthaḥ** read **tvayā** with both PTCS.

यदि तावदिदं सर्वे पिबन्ति सुहृदस्ततः ।
परमाणुप्रमाणो ऽपि बिन्दुरंशो न जायते ॥ ४५ ॥
दीयते यदि वा राज्ञे दुर्लभं पार्थिवैरपि ।
अपरं सो ऽपि याचेत रत्नगृद्धा हि पार्थिवाः ॥ ४६ ॥
तं च कर्णेजपाः के चिद्वक्ष्यन्ति प्रियवादिनः ।
राजन्नपरमप्यस्ति तत्र प्राप्तमिदं यतः ॥ ४७ ॥
एतावदेव तत्रासीन्नातिरिक्तमिति ब्रुवन् ।
अभावमतिरिक्तस्य केनोपायेन साधयेत् ॥ ४८ ॥
इति प्रोत्साहितः पापैर्लब्धास्वादश्च पार्थिवः ।
हरेत्सर्वस्वमस्माकं तस्मात्तस्मै न दीयते ॥ ४९ ॥
किं तु रस्यतरास्वादं न च मद्यं यतस्ततः ।
इदं पुष्करमध्वेष सानुदासः पिबत्विति ॥ ५० ॥

---

(45) **tāvat**- (adj) 'so much' **paramāṇu**- (m.) 'infinitesimal particle; atom' **pramāṇa**- (n., ifc) 'measure, amount' **bindu**- (m.) 'drop' **aṃśa**- (m.) 'share, portion'. (46) **pārthiva**- (m.) 'earth-ruler, lord' **apara**- (pron adj) here 'more' **√yāc** 'ask, demand' **ratna**- (n.) 'treasure; anything precious' **gṛddha**- (adj) 'greedy, desirous'. (47) **karṇe-japa**- (m.) 'ear-whisperer, informer' **priya-vādin**- (adj) 'speaking sweetly' **apara**- (pron adj) again 'more'. (48) **etāvat**- (adj) 'so great, so much' **atirikta**- (adj) 'surplus, left-over, more' **a-bhāva**- (m.) lit.: 'non-being': 'absence, lack' **upāya**- (m.) 'means, approach' **√sādh** (IV sādhyate) 'go straight, be successful'; CAUS 'make straight; demonstrate, prove'. (49) **pra-ud-√sah** (I protsahati) 'take courage'; CAUS 'encourage, urge on' **√labh** 'take, find' **āsvāda**- (m.) 'a taste, try' **sarvasva**- (n.) 'all that's one's own: all possessions, entire fortune'. (50) **kim tu** (ind) 'but' **rasya**- (adj) 'tasty, juicy' **madya**- (adj) 'intoxicating, alcoholic' **√pā** (irreg pibati) 'drink'.

---

(45) **tāvat idam** 'this, (being only) so much' **paramāṇu-pramāṇaḥ** BV **aṃśaḥ** 'portion', i. e. how much each person is getting **jāyate** (3SG MID of √jan) here 'is'. (46) The (implied) subject of **dīyate** (PASS of √dā) is **puṣkara-madhu**, with which **durlabham** agrees the rājan- (**rājñe**, l. 1) is the **saḥ** in l. 2 **yāceta** (3SG POT MID of √yāc) **dur-labha**- (adj) here 'difficult to be obtained' (by: + INS) **ratna-**… begins new sentence. (47) **vakṣyanti** FUT of √vac **rājann** sandhied rājan (VOC SG) l. 2 structure **tatra** … **yataḥ**. (48) **etāvat** here '*only* this much' split up **tatra āsīt na atiriktam iti** **bruvan** NOM SG MASC PRESAP of √brū **sādhayet** here 'one might prove'. (49) **protsāhita**- CAUS *ta*-PTC of pra-ud-√sah **labdha-āsvāda**- BV **labdha**- *ta*-PTC of √labh **asmākam** here 'from us' **tasmāt** begins new sentence **na dīyate** 3SG PASS of √dā 'is not given', here 'is not to be given, must not be given'. (50) Supply 'it (the nectar) is' in l. 1 **rasyatara**(COMP of rasya-)-**āsvādām** BV **yataḥ tataḥ** 'because of which thus', or simply 'and thus' **pibatu** 3SG IMPV of √pā.

दुर्लभत्वात्ततस्तस्य सुहृदभ्यर्थनेन च ।
न च मद्यमिति श्रुत्वा पीतवानस्मि तन्मधु ॥ ५१ ॥
आसीच्च मम को नाम षण्णामेष रसो भवेत् ।
लक्ष्यते न हि सादृश्यमेतस्य मधुरादिभिः ॥ ५२ ॥
न चाहं षड्भिरारब्धः संहत्य मधुरादिभिः ।
सर्वज्ञैरपि दुर्ज्ञाना येनास्मिन्नेकशो रसाः ॥ ५३ ॥
तेन मन्यत एवायं सप्तमः सुरसो रसः ।
रसिते ऽमृतमप्यस्मिन्गच्छेद्विरसतामिति ॥ ५४ ॥
ततस्तद्रसगन्धेन तृषा च गमितत्रपः ।
बाधते मां पिपासेति शनैर्ध्रुवकमब्रुवम् ॥ ५५ ॥

---

(51) **dur-labha-tva-** (n.) lit. 'difficult-to-get-ness': 'rarity' **abhyarthana-** (n.) 'asking, requesting; insistence' **madhu-** (n.) 'sweet liquor, any intoxicating drink'. **(52)** **nāma** (ind) after a question word 'then, for' **ṣaṣ-** (num) 'six' **rasa-** (m.) 'essence': here 'taste, flavor' **√lakṣ** 'perceive, recognize' **sādṛśya-** (n.) 'likeness, similarity' (with: + INS) **madhura-** (adj) 'sweet' **-ādi-** (ifc) 'etc, and others'. **(53)** **ṣaṣ-** (num) 'six' **ārabdha-** (adj) 'begun, commenced, undertaken' **sam-√han** 'to strike together, put together, combine' **sarva-jña-** (adj) 'all-knowing, omniscient' **dur-jñāna-** (adj) 'difficult to know/be known' **ekaśaḥ** (ind) 'one by one, individually'. **(54)** **saptama-** (adj) 'seventh' **su-rasa-** (adj) 'well-tasting, delicious' **√ras** (I rasati/-te) 'taste, experience' **a-mṛta-** (n.) '(nectar of) immortality' **vi-rasatā-** (f.) 'flavor-/tastelessness, blandness'. **(55)** **gandha-** (m.) 'smell, scent, fragrance' **tṛṣ-** (f.) 'thirst' **gamita-** (adj) 'caused to go away; driven away' **trapā-** (f.) 'shame, bashfulness' **√bādh** (I bādhate) 'compel, force' **pipāsā-** (f.) lit.: 'desire to drink': 'thirst' **śanaiḥ** (ind) 'slowly, gently'.

---

(51) Split up **durlabhatvāt tataḥ tasya** **pītavān asmi** 'I drank' (**pītavān** NOM SG MASC PASTAP of √pā) split up **tad madhu.** **(52)** **āsīt ca mama** lit. 'and there of me (the question)': 'and I asked myself' **ṣaṇṇām** GEN PL of ṣaṣ- **lakṣyate** 3SG PASS of √lakṣ the six flavors (as defined in āyurvedic texts) are sweet, sour, salty, pungent, bitter and astringent. **(53)** Unclear syntax: if this is intentional (rather than a problem with the textual transmission), maybe it is meant to indicate that Sānudāsa is getting intoxicated? Translate 'And not I, having begun with the six (flavors) – sweet etc – having combined them (**saṃhatya**) – because (**yena**) even by the omniscient (gods) the flavors in this individually (are) difficult to recognize'. **(54)** **tena** here 'thus' **manyata** (sandhied manyate) 'is thought' here 'should be thought/considered' **ayam** here 'that famous …' **rasite … asmin** LOC ABS. **(55)** **tad-** stem form: 'its' **gamita-trapaḥ** BV **bādhate mām pipāsā** is what he says to Dhruvaka.

तेन दत्तं तु तत्पीत्वा स्वभावापोढमानसः ।
तत्पुरोपवनं वेगाच्चक्रवद्भ्रमदभ्रमम् ॥ ५६ ॥
ततश्च तारमधुरं दीर्घवेणोरिवोषसि ।
दीनमन्थरमश्रौषं प्रमदाक्रन्दितध्वनिम् ॥ ५७ ॥
अथ गत्वा तमुद्देशमपश्यं माधवीगृहे ।
स्त्रियं साक्षादिवासीनां माधवीवनदेवताम् ॥ ५८ ॥
आख्यायिकाकथाकाव्यनाटकेष्वपि तादृशी ।
वर्ण्यमानापि नास्माभिः कदाचित्प्रमदा श्रुता ॥ ५९ ॥
ततस्तामब्रवं साम्ना भद्रे यदि न दुष्यति ।
दुःखस्यास्य ततो हेतुर्मह्यमाख्यायतामिति ॥ ६० ॥

---

(56) **sva-** (pref) 'one's own' **bhāva-** (m.) 'being, nature' **apoḍha-** (adj) 'carried away, removed' **mānasa-** (n.) 'mind, mental powers' **pura-** (n.) 'city' **upavana-** (n.) 'small forest, grove, garden' **vega-** (m.) 'haste, momentum' **cakra-vat** (ind) 'wheel-like, like a wheel' **√bhram** (I bhramati) 'wander, err, sway'. (57) **tāra-** (adj) 'high-pitched' **madhura-** (adj) 'sweet' **dīrgha-** (adj) 'deep; long' **veṇu-** (m.) 'bamboo' **uṣas-** (f.) 'dawn' **dīna-** (adj) 'sad, miserable' **manthara-** (adj) 'slow; low, hollow' **pramadā-** (f.) 'young woman' **ākrandita-** (n.) 'crying, lamentation' **dhvani-** (m.) 'sound, noise'. (58) **uddeśa-** (m.) 'region, spot, place' **mādhavī-** (f.) mādhavī (a scented tropical flower with white-pink blossoms) **sākṣāt** (ind) 'before one's eyes, in person, directly' **āsīna-** (adj) 'sitting, seated' **devatā-** (f.) 'deity'. (59) **ākhyāyikā-** (f.) 'short story, fable' **kāvya-** (m.) 'poem, poetry' **nāṭaka-** (n.) 'play, drama' **tādṛśa-** (adj, f. -ī) 'such, of such a kind' **√varṇ** 'describe' **pramadā-** (f.) 'young woman'. (60) **sāman-** (n.) 'kind/gentle words' **bhadra-** (adj) 'good, gracious', Voc 'my dear' **√duṣ** (IV duṣyati) 'become/be bad' **hetu-** (m.) 'reason, cause'.

---

(56) **datta-** *ta*-Ptc of √dā **pītvā** Abs of √pā **sva-bhāva-apoḍha-mānasaḥ** BV 'with my mind carried away by my (intoxicated) state' **tat** here (ind) 'then, thus' split up **vegāt cakravat bhramat abhramam** **bhramat** Ntr PresAP of √bhram, agreeing with **upavanam** **upavanam ... abhramam** 'I staggered *through* the park'. (57) All Accs agree with **-dhvanim** **tāra-madhuram, dīna-mantharam** adjectival dvandvas split up **dīrgha-veṇoḥ iva uṣasi** **-veṇoḥ** depends on an implied dhvanim **aśrauṣam** 1Sg Acr of √śru. (58) **tam uddeśam** the place where he had heard the dhvani- **gṛha-** (m.) here 'bower, gazebo' **devatā-** 'deity': forests are thought to have a nymph living in them. (59) All Nom Sg Fem agree with **pramadā** **varṇyamāna-** Pres Pass Ptc of √varṇ **asmābhiḥ** 'by us', i.e. 'by me'. (60) Split up **tataḥ tām abravam** **bhadre** Voc Sg Fem **√duṣ** (IV duṣyati) 'become/be bad', here impersonal: 'it is improper' **mahyam** Dat Sg of aham **ākhyāyatām** 3Sg Pass Impv of ā-√khyā 'tell', see p. XVII.

ततो रुदितसंभिन्नं नीचकैरुदितं तया ।
दुःसहस्यास्य दुःखस्य ननु हेतुर्भवानिति ॥ ६१ ॥
लज्जाप्रह्वशिरस्केन ततो नीचैर्मयोदितम् ।
यदीदं मत्कृतं दुःखं भीरु मा त्वं रुदस्ततः ॥ ६२ ॥
यदनन्तमनन्तार्घं तन्मन्ये द्रविणं तृणम् ।
शरीरकमपीदं मे क्वचिद्व्यापार्यतामिति ॥ ६३ ॥
अथावोचदसौ स्मित्वा हर्षाश्रुकलुषेक्षणा ।
अनेनैव त्वदीयेन शरीरेणाहमर्थिनी ॥ ६४ ॥
अहं हि गङ्गदत्तेति यक्षकन्या नभश्चरी ।
संकल्पजन्मनानल्पं संकल्पं कारिता त्वयि ॥ ६५ ॥
तदेहि गृहमस्माकं सत्यं मन्त्रयसे यदि ।
शरीरस्यास्य ते तत्र विनियोगो भवत्विति ॥ ६६ ॥

---

(61) rudita- (n.) 'weeping, sob' **saṃbhinna-** (adj) 'broken, interrupted' **nīcakaiḥ** (ind) 'softly, gently' **duḥsaha-** (adj) 'difficult to bear, unbearable' **nanu** (ind) 'surely, certainly' **bhavat-** (m.) 'you, Sir' (respectful address). **(62) lajjā-** (f.) 'shame' **prahva-** (adj) 'bowing, lowering' **śiraska-** (n., ifc) same as śiras- 'head' **mat-** stem form (used in CPDs) of aham **bhīru-** (adj, f. -ū) 'fearful, timid'. **(63) an-anta-** (adj) 'endless, infinite' **argha-** (m.) 'worth, value' **√man** (IV manyate) 'think' **draviṇa-** (n.) 'money, wealth, goods' **tṛṇa-** (n.) '(blade of) grass; anything trivial' **śarīraka-** (n.) 'mere/wretched body' **kvacit** (ind) here 'in any way' **vi-ā-√pṛ** 'be occupied, engaged in'; CAUS 'put to work, keep busy'. **(64) √smi** 'smile' **harṣa-aśru-** (n.) 'tear(s) of joy' **kaluṣa-** (adj) 'impure, muddy; misty' **īkṣaṇa-** (n.) 'look; eye' **tvadīya-** (adj) 'your' **śarīra-** (n.) 'body' **arthin-** (adj, f. -nī) lit. 'having … as purpose': 'desiring' (+ INS). **(65) gaṅgadattā-** (f.) Gaṅgadattā **iti** (ind) 'called' **yakṣa-** (m.) 'yakṣa' (a semi-divine being) **nabhaś-cara-** (adj, f. -ī) 'celestial, travelling through the air' **saṃkalpa-janman-** (m.) lit. 'love-born': 'love, the god of love' **an-alpa-** (adj) lit. 'not small': 'much, a lot, great' **saṃkalpa-** (m.) 'desire, love' (for: + LOC). **(66) satya-** (n.) 'truth' **√mantr** (X mantrayate) 'speak, say' **viniyoga-** (m.) 'employment, use, application'.

---

(61) rudita-saṃbhinnam 'interrupted by sobs' adverb with **uditam** (here the main verb) supply 'are' with **bhavān** (NOM SG of bhavat-). **(62) bhīru** VOC SG FEM **mā rudaḥ** (2SG unaugmented AOR) 'don't cry!'. **(63)** Split up **yad anantam ananta-argham, śarīrakam api idam** **manye** 1SG of √man + 2 ACCs 'consider … to be …' **vyāpāryatām** 3SG CAUS PASS IMPV of vi-ā-√pṛ 'let it be put to use' l. 1 in sense of 'I won't spare any expense (to make you happy again)'. **(64) avocat** AOR of √vac **asau** here NOM SG FEM. **(65) saṃkalpam √kṛ** 'love, feel love for' (+ INS) **kārita-** CAUS *ta*-PTC of √kṛ: 'I have been made (to feel love)'. **(66) tat** here 'thus' **ehi** 2SG IMPV of ā-√i **asmākam** 'our', i.e. 'my' split up **bhavatu** (3SG IMPV) **iti**.

कृष्यमाणस्तया चाहं पाणावादाय मन्थरम् ।
असुरान्तःपुराकारं प्राविशं भवनेश्वरम् ॥ ६७ ॥
तत्रापश्यं स्त्रियं गौरीं सितासितशिरोरुहाम् ।
स्थूलोदरवलीलेखां शुद्धसूक्ष्माम्बरावृताम् ॥ ६८ ॥
सा मामर्घ्येण संभाव्य मूर्ध्नि चाघ्राय सादरम् ।
अब्रवीदध्वखिन्नो ऽसि पुत्र विश्रम्यतामिति ॥ ६९ ॥
आदृता चादिशत्प्रेष्याः सानुदासः पिपासितः ।
तत्पुष्करमधु स्वादु शीघ्रमानीयतामिति ॥ ७० ॥
मम त्वासीद्ध्रुवं यक्षी गङ्गदत्तान्यथा कुतः ।
गृहे पुष्करमध्वस्या दुष्प्रापं मानुषैरिति ॥ ७१ ॥

---

(67) √kṛṣ 'to lead, drag, pull' **pāṇa-** (m.) 'hand' **mantharam** (ind) 'lightly, gently' **asura-** (m.) 'asura, demon' **antaḥ-pura-** (n.) 'harem' **ākāra-** (m.) 'figure, shape, appearance' **pra-√viś** (VI praviśati) 'enter' **bhavana-** (n.) 'house' **īśvara-** (m.) 'lord, master'; (ifc) 'finest; magnificent'. **(68) strī-** (f.) 'woman' **gaura-** (f. -ī) 'white, clean, beautiful' **sita-asita** (adj) 'light and dark: 'mottled, grey' **śiro-ruha-** (m.) lit. 'head-growing': 'hair' **sthūla-** (adj) 'large, stout, fat' **udara-** (n.) 'belly' **valī-** (f.) 'skin fold, wrinkle' **lekha-** (m.) here 'line' **śuddha-** (adj) 'pure, clean' **sūkṣma-** (adj) 'delicate, fine' **ambara-** (n.) 'clothes, clothing' **ā-√vṛ** 'surround, cover'. **(69) arghya-** (n.) 'water offering to a guest' **sam-√bhū** CAUS 'to offer; honor, greet' **mūrdhan-** (m.) 'head, forehead' **ā-√ghrā** 'smell; to place a kiss' **sādaram** (ind) 'respectfully, reverently' **adhvan-** (m.) 'journey, road' (CPD form adhva-) **khinna-** (adj) 'wearied, exhausted; depressed'. **(70) ādṛta-** (adj) 'honored, venerable' **ā-√diś** 'indicate, instruct, tell' **preṣyā-** (f.) 'maidservant, maid' **pipāsita-** (adj) 'thirsty' **svādu-** (adj) 'sweet' **śīghram** (ind) 'quickly'. **(71) dhruvam** (ind) 'certainly, surely' **yakṣī-** (f.) a female yakṣa **anyathā** (ind) 'otherwise, in a different manner' **kutaḥ** (ind) 'wherefrom? how?' **duṣ-prāpa-** (adj) 'difficult to get' **mānuṣa-** (m.) 'man, human'.

---

(67) kṛṣyamāṇa- PRES PASS PTC of √kṛṣ split up **pāṇau** (dual!) **ādāya** (ABS of ā-√dā) **asura-antaḥpura-ākāram** BV 'which had the appearance of …'. **(68) sita-asita-śiroruhām** BV 'with dark and light (mottled/grey) hair' **sthūla-udara-valī-lekhām** BV 'who had a fat stomach with skin folds'. **(69) saṃbhāvya** CAUS ABS of sam-√bhū **āghrāya** ABS of ā-√ghrā **viśramyatām** 3SG PASS IMPV of vi-√śram 'to rest', see p. XVII. **(70) ādṛtā** 'the honored/venerable woman' **preṣyāḥ** ACC PL, object of **adiśat** **Sānudāsa** begins direct speech **tat** here 'thus' **ānīyatām** 3SG PASS IMPV of ā-√nī, see p. XVII. **(71) mama tu āsīt** cf. 52 **anyathā** begins new clause supply 'there is' **asyāḥ** GEN SG FEM of ayam.

गन्धेन पुष्करमधुप्रभवेणाधिवासितम् ।
वसन्तकुसुमाकीर्णं प्राविशं वासमन्दिरम् ॥ ७२ ॥
पीत्वा च पुष्करमधु प्रीतया सहितस्तया ।
अस्यै पूर्वप्रतिज्ञातं स्वशरीरमुपाहरम् ॥ ७३ ॥
स्वशरीरप्रदानेन मह्यं पूर्वोपकारिणे ।
सापि प्रत्युपकाराय स्वशरीरं न्यवेदयत् ॥ ७४ ॥
आसीन्मे यन्मया दत्त्वा शरीरं पुण्यमर्जितम् ।
तस्य कन्याशरीराप्त्या सद्यः परिणतं फलम् ॥ ७५ ॥
इति तत्र चिरं स्थित्वा पृच्छामि स्म प्रियां प्रिये ।
किमिदानीं सुहृद्गोष्ठी करोतीत्यथ साब्रवीत् ॥ ७६ ॥
यदि ते द्रष्टुमिच्छास्ति मयैव सहितस्ततः ।
गत्वा पश्य सुहृद्गोष्ठीं मदातिशयविह्वलाम् ॥ ७७ ॥

---

(72) **gandha-** (m.) 'fragrance, scent; smell' **prabhava-** (m.) 'source, origin' **adhivāsita-** (adj) 'scented, perfumed' **vasanta-** (m.) 'spring' (the season) **kusuma-** (n.) 'flower, blossom' **ākīrṇa-** (adj) 'filled, crowded' **vāsa-mandira-** (n.) 'bedroom'. (73) **prīta-** (adj) 'happy, delighted' **sa-hita-** (adj) 'together with' (+ INS) **pūrva-pratijñāta-** (adj) 'promised earlier' **sva-** (pref) 'one's own' **upa-√hṛ** 'to bring, offer'. (74) **pradāna-** (n.) 'giving, offering' **upakārin-** (adj) 'helping, doing a favor' **prati-upakāra-** (m.) 'returning a service/favor; gratitude'. (75) **śarīra-** (n.) 'body' **puṇya-** (n.) '(religious) merit' **√arj** 'get, acquire' **āpti-** (f.) 'getting, acquisition; sex' **sadyaḥ** (ind) 'immediately' **pari-√nam** 'transform, ripen, come to fruition'. (76) **ciram** (ind) 'for a long time' **sma** (ind) makes preceding verb past tense **go-ṣṭhī-** (f.) 'assembly, meeting, group'. (77) **icchā-** (f.) 'desire, wish' **sahita-** (adj) 'joined, accompanied by' **mada-** (m.) 'excitement, intoxication' **atiśaya-** (adj) 'excessive' **vihvala-** (adj) 'afflicted, distressed'.

---

(72) All ACC SGs agree with **vāsa-mandiram** **puṣkara-madhu-prabhaveṇa** BV **prāviśam** 1SG IMPF of pra-√viś. (73) **pītvā** ABS of √pā 'to drink' **asyai** DAT SG FEM of ayam **upāharam** IMPF of upa-√hṛ. (74) **mahyam** DAT SG of aham **pūrva-upakāriṇe** 'who had done (her) a favor earlier' both these DATs depend on **nyavedayat** (3SG CAUS of ni-√vid, in CAUS 'to present, offer sth. (ACC) to sb. (DAT)') **pratyupakārāya** DAT of Purpose 'for/in order to …'. (75) **āsīt me** 'there was of me (the thought)': 'I thought to myself' split up **yad me** **śarīram** object of **dattvā** **pariṇata-** *ta*-PTC of pari-√nam **phalam** the fruit of the puṇyam from l. 1. (76) **sthitvā** here 'having stayed/spent time' **priye** VOC SG FEM. (77) **te … icchā asti** 'there is a desire of you': 'you want'.

मयालम्बितहस्तं त्वां न कश्चिदपि पश्यति ।
तेनादृष्टः सुहृद्गोष्ठ्या विश्रब्धः पश्यतामिति ॥ ७८ ॥
गत्वा ततस्तदुद्यानं गङ्गदत्तावलम्बितः ।
पश्यामि स्म सुहृद्गोष्ठीं स्मितव्यावर्तिताननाम् ॥ ७९ ॥
अथ स्वाभाविकमुखः सुहृत्कश्चिदभाषत ।
न दृश्यते सानुदासः क्व नु यातो भवेदिति ॥ ८० ॥
अपरेणोक्तमाश्चर्यमदृष्टं किं न पश्यसि ।
सानुदासेन दुःसाध्या साधिता यक्षकन्यका ॥ ८१ ॥
यक्ष्यावलम्बितः पाणावदृश्यो दृश्यतामयम् ।
सानुदासः सुहृन्मध्ये विचरन्पुण्यवानिति ॥ ८२ ॥
गङ्गदत्तामथावोचमदृश्यो यद्यहं ततः ।
भद्रे कथमनेनोक्तमदृश्यो दृश्यतामिति ॥ ८३ ॥

---

(78) **ā-√lamb** 'seize, take' **hasta-** (m.) 'hand' **viśrabdha-** (adj) 'confident; tranquil'. (79) **udyāna-** (n.) 'garden' **avalambita-** (adj) 'clinging/holding on to' **sma** (ind) makes preceding verb past tense **smita-** (adj) 'smiling' **vyāvartita-** (adj) 'turned away, averted' **ānana-** (n.) 'face'. (80) **svābhāvika-** (adj) 'natural, innate, inherent' **kva** (ind) 'where?' **nu** (ind) 'so, now'. (81) **apara-** (pron adj) '(an)other' **āścarya-** (n.) 'wonder, miracle' **duḥ-sādhya-** (adj) 'difficult to be conquered' **√sādh** 'conquer, subdue'. (82) **pāṇi-** (m.) 'hand' **a-dṛśya-** (adj) 'invisible' **vi-√car** (I vicarati) 'wander, move about' **puṇya-vat-** (adj) 'righteous; happy'.

---

(78) **alambita-hastam** BV **paśyatām** 3SG MID IMPV of √dṛś 'one may watch' (3rd-person IMPV; see p. XVII. (79) **tad** agrees with **udyānam** **smita-vyāvartita-ānanām** BV with smiling faces averted'. (80) **svābhāvika-mukhaḥ** BV 'with a straight face' **yātaḥ** (*ta*-PTC of √yā) **bhavet** 'he might have gone'. (81) **āścaryam** begins direct speech **a-dṛṣṭam** here 'never before seen' **kim** here marks yes/no question **Sānudāsena** begins a new sentence. (82) **yakṣyā avalambitaḥ pāṇau** 'having been taken by the hand by the Yakṣī' translate **viśrabdhaḥ** adverbially: 'confidently' **dṛśyatām** 3SG PASS IMPV 'let it be watched': 'you may watch' (see p. XVII) **vicaran** (PRESAP) and **puṇyavān** both NOM SG MASC. (83) Split up **gaṅgadattām atha avocam** (AOR of √vac) **adṛśyaḥ** **bhadre** VOC SG FEM split up **katham anena uktam adṛśyaḥ**.

ततः संरुध्यमानो ऽपि यत्नेन जनसंसदा ।

प्रवृत्तः सहसा हासः सलिलौघ इवोल्बणः ॥ ८४ ॥

तेषामन्यतमो नृत्यन्सतालहसितध्वनिः ।

मामवोचदहृश्याय यक्षीभर्त्रे नमो ऽस्तु ते ॥ ८५ ॥

क्व पुष्करमधु क्वात्र दुर्लभा यक्षकन्यका ।

द्राक्षामधु त्वया पीतं साधिता च विलासिनी ॥ ८६ ॥

सर्वथा दुश्चिकित्सो ऽयं भवतो विनयामयः ।

सुहृद्वैद्यगणेनाद्य कुशलेन चिकित्सितः ॥ ८७ ॥

स भवान्गङ्गदत्ताया गृहं यातु निरामयः ।

सुहृदो ऽपि कृतस्वार्थाः सर्वे यान्तु यथायथम् ॥ ८८ ॥

---

(84) **sam-√rudh** 'restrain' **yatnena** (ind) 'with effort, strenuously' **saṃsad-** (f.) 'assembly, group' **pra-√vṛt** 'originate, arise, be produced' **sahasā** (ind) 'at once, unexpectedly' **hāsa-** (m.) 'laughter' **salila-** (n.) 'water' **ogha-** (m.) 'flood, stream, torrent' **ulbaṇa-** (adj) 'excessive; powerful'. (85) **anyatama-** (pron adj) '(an)other; any one (of several)' **√nṛt** (IV nṛtyati) 'dance' **tāla-** (m.) 'clapping' **hasita-** (n.) 'laughter' **dhvani-** (m.) 'noise, sound' **bhartṛ-** (m.) 'husband'. (86) **dur-labha-** (adj) 'difficult to get' **drākṣā-** (f.) 'grape' **madhu-** (n.) here 'sweet liquor, any intoxicating drink' **√pā** 'drink' **√sādh** 'conquer, subdue' **vilāsinī-** (f.) 'mistress, courtesan'. (87) **duś-cikitsa-** (adj) 'difficult to be cured' **bhavat-** (m.) 'you, Sir' (respectful address) **vinaya-** (m.) 'breeding, proper conduct, reserve' **āmaya-** (m.) 'sickness, disease' **vaidya-** (m.) 'doctor, physician' **kuśala-** (adj) 'skillful, clever' **cikitsita-** (adj) 'treated, cured'. (88) **bhavat-** (m.) 'you, Sir' (respectful address, takes 3rd-person verb) **nir-āmaya-** (adj) 'healthy, free from disease' **yathā-yatham** (ind) 'as is fit, proper; properly'.

---

(84) Both PTCS agree with the subject, **hāsaḥ** **saṃrudhyamāna-** PRES PASS PTC of sam-√rudh. (85) **nṛtyan** NOM SG MASC PRESAP **sa-tāla-hasita-dhvaniḥ** BV 'whose sound was with-clapping-ed laughter': 'who was loudly clapping and laughing' all three DAT in l. 2 depend on namaḥ 'greetings to …!'. (86) **kva** lit. 'where (is …)' here in sense of: 'there is no …' **pīta-** *ta*-PTC of √pā. (87) **sarvathā** here 'altogether, entirely' **bhavataḥ** GEN SG of bhavat- **vinaya-āmaya-** 'politeness-sickness', 'the sickness of you always being so proper' **suhṛd-vaidya-gaṇena** 'by a group of your 'doctor' friends/of your friends acting as doctors' **cikitsitaḥ** here '(now that you are) cured'. (88) **sa bhavān** (NOM SG of bhavat-) **yātu** 'may you go; go!' **kṛta-sva-artha-** BV 'one whose (own) purpose is done, who has reached their purpose'.

अहं तु पुष्करमधुच्छद्मना छलितो ऽपि तैः ।
ज्ञातकान्तासवस्वादो न तेभ्यः कुपितो ऽभवम् ॥ ८९ ॥
आसीच्च मम ते धीरा ये स्वभ्यस्तमधुप्रियाः ।
विदूषितमधुस्पर्शाः प्रव्रजन्ति मुमुक्षवः ॥ ९० ॥
अहं तु सकृदास्वाद्य प्रमदामदिरारसम् ।
न प्राणिमि विना तस्माद्धिङ्निकृष्टं च मामिति ॥ ९१ ॥
अथ गच्छति स्म रविरस्तभूधरं वसितद्रुमानधि शकुन्तपङ्क्तयः ।
मदमन्दमात्मभवनानि नागराः प्रियया सहाहमपि तन्निवेशनम् ॥ ९२ ॥
तत्र प्रसन्नया कालं प्रियया च प्रसन्नया ।
प्रसन्नो ध्रुवकादीनां सुहृदामत्यवाहयम् ॥ ९३ ॥
दशभिर्दशभिर्याति सहस्रैर्दिवसव्यये ।
धनराशिः परिक्षीणः कालेन महता महान् ॥ ९४ ॥

---

(89) **chadman-** (n.) lit. 'cover, roof': 'pretext, ruse' **√chal** 'deceive, cheat' **kāntā-** (f.) 'beloved, sweetheart' **āsava-** (m.) 'juice, nectar' **svāda-** (m.) 'taste, flavor' **kupita-** (adj) 'angry' (at/with: + DAT). **(90)** **dhīra-** (adj) 'strong' **su-abhyasta-** (adj) 'greatly experienced, very familiar' **vidūṣita-** (adj) 'defiled, corrupted' **sparśa-** (m.) 'touch' **pra-√vraj** (I pravrajati) 'go forth, proceed' **mumukṣu-** (adj) 'wishing to be free; desiring liberation' (desid. adj. of √muc). **(91)** **sakṛt** (ind) 'once, just once' **pramadā-** (f.) 'young woman' **madirā-** (f.) 'liquor, wine' **rasa-** (m.) 'essence': here 'taste, flavor' **pra-√an** (II prāṇiti) 'breathe; live, exist' **dhik** (ind) 'damn! shame on!' (+ ACC) **nikṛṣṭa-** (adj) 'vile, low, shameful'. **(92)** **ravi-** (m.) lit. 'sun' **asta-** (m.) 'setting, sunset' **bhū-dhara-** (m.) lit. 'earth-supporting': 'mountain' **vasita-** (n.) 'dwelling, residence' **druma-** (m.) 'tree' **adhi** (ind) 'high up' **śakunta-** (m.) 'bird' **paṅkti-** (f.) 'a row of five; any row/line or group' **mada-** (m.) 'intoxication' **manda-** (adj) 'slow, sluggish' **ātman-** (m.) 'the soul, self'; (refl pron) 'oneself' **bhavana-** (n.) 'house' **nāgara-** (m.) 'citizen' **niveśana-** (n.) 'house, dwelling'. **(93)** **prasannā-** (f.) 'liquor, alcoholic drink' **kāla-** (m.) 'time' **prasanna-** (adj) 'happy, delighted' (with/by: + GEN) **ati-√vah** 'pass (as in time passing)'; CAUS 'let time pass, spend time'. **(94)** **daśa-** (num) 'ten' **√yā** (II yāti) 'go' **sahasra-** (n.) 'thousand' **divasa-** (m.) 'day' **vyaya-** (m.) 'disappearance, spending, passing' **dhana-** (n.) 'wealth' **rāśi-** (m.) 'pile, heap, multitude' **pari-√kṣi** 'destroy'; PASS 'waste away, disappear'.

---

(89) From this śloka on, Sānudāsa himself is speaking again **jñāta-kāntā-āsava-svādaḥ** 'one by whom the taste of a woman and of liquor has been experienced'. **(90)** **āsīt ca mama**: cf. 52 etc. **su-abhyasta-madhu-priyāḥ** BV 'to whom intoxicating sweethearts were very familiar' **vidūṣita-madhu-sparśāḥ** 'whom the touch of wine has defiled'. **(91)** **āsvādya** CAUS ABS of ā-√svad CAUS 'enjoy, taste' **vinā** 'without (either of them)' split up **dhik nikṛṣṭam**. **(92)** **mada-mandam** adverbial **vasati-** begins a new clause **tad-niveśanam** 'to *her* home'. **(93)** l. 1 translate the INSS as '(together) with' **atyavāhayam** IMPF CAUS of ati-√vah, its object is **kālam**. **(94)** **mahān** NOM SG MASC.

Subhāṣitas, or Epigrams

A su-bhāṣitam literally is something 'well-said'. This term is commonly used for proverbs and short sayings of any kind. Subhāṣitas are typically metrical, consisting of one verse, with śloka meter as always being the most common. They can originate as short independent poems or as excerpts from longer texts: there is no strict definition.

There are vast collections of subhāṣitas, their contents covering what feels like any topic under the sun. The modest selection below focuses on topics that, in different ways, seem relevant to a 21st-century audience: some show us fundamental attitudes that have changed over the centuries; others are timeless.

Whether you are using this Reader on your own or for classroom teaching, dip into this section whenever you have a few moments and would like a small, self-contained thought nugget to roll around in your mind.

(Everything below is taken from Volume 3 of Otto von Böhtlingk's *Indische Sprüche* or 'Indian Sayings' (second edition: St. Petersburg 1873). If you wish to look up their original sources and contexts, go to Appendix 2: each translation is preceded also by the four-digit number that the subhāṣita has in that volume, which in turn is out of copyright and available as a pdf e.g. on archive.org.)

मदादिक्षालनं शास्त्रं मन्दानां कुरुते मदम् ।
चक्षुष्प्रबोधनं तेज उलूकानामिवान्ध्यकृत् ॥ १ ॥

मनसा निश्चयं कृत्वा ततो वाचाभिधीयते ।
क्रियते कर्मणा पश्चात्प्रमाणं मे मनस्ततः ॥ २ ॥

मन्यते पापकं कृत्वा न कश्चिद्वेत्ति मामिति ।
विदन्ति चैनं देवाश्च यश्चैवान्तरपूरुषः ॥ ३ ॥

---

(1) **mada-** (m.) 'passion; madness' **-ādi-** (ifc) 'etc, and others' **kṣālana-** (adj) 'washing/wiping off' **śāstra-** (n.) 'learning; teaching, doctrine; textbook' **manda-** (adj) 'slow; foolish'; (m.) 'fool' **cakṣus-** (n.) 'eye' **prabodhana-** (adj) 'awakening' **tejas-** (n.) 'light, splendor' **ulūka-** (m.) 'owl' **āndhya-** (n.) 'blindness' **-kṛt-** (adj, ifc) 'making, causing'. (2) **niścaya-** (m.) 'decision, resolution' **vāc-** (f.) 'voice' **abhi-√dhā** (III abhidadhāti) here 'announce' **paścāt** (ind) 'afterwards; finally' **pramāṇa-** (n.) 'measure, measuring stick'.

---

(1) **kurute** 3SG MID of √kṛ, translate 'causes' read the **iva** after **tejaḥ** **āndhya-kṛt** NTR agreeing with **tejaḥ**. (2) Read **niścayam** with all three verbs l. 2 **kriyate** PASS of √kṛ **pramāṇam** begins new sentence: supply 'is', translate the last **tataḥ** as 'thus' rather than 'then'. (3) **pāpaka-** here (n.) 'evil deed' **vetti** (3SG PRES of √vid) here 'sees, knows of' supply 'but' **yaḥ ca eva antarapūruṣaḥ** lit. '(that) which (is) inside a man/the inner man' = 'the soul, conscience'.

ममेदमिति नैवैतत्साधूनां तात धर्मतः ।
न वै व्यवस्था भवति यदा पापो न वार्यते ॥ ४ ॥

महीपतेः सन्ति न यस्य पार्श्वे कवीश्वरास्तस्य कुतो यशांसि ।
भूपाः कियन्तो न बभूवुरुर्व्यां नामापि जानाति न को ऽपि येषाम् ॥ ५ ॥

माता चैव पिता चैव ज्येष्ठभ्राता तथैव च ।
त्रयस्ते नरकं यान्ति दृष्ट्वा कन्यां रजस्वलाम् ॥ ६ ॥

मायाछद्मपरो नित्यं मायया वञ्चयेज्जनम् ।
तपस्तपति दम्भेन स नरो स्त्रीभवं लभेत् ॥ ७ ॥

मा वनं छिन्द्धि सव्याघ्रं मा व्यघ्रा नीनशन्वनात् ।
वनं हि रक्ष्यते व्याघ्रैर्व्याघ्रान्रक्षति काननम् ॥ ८ ॥

---

(4) **tāta** (Voc) 'my dear' **dharma-taḥ** (ind) 'rightly, justly' **vyavasthā-** (f.) 'permanence, steadiness; law, order' **√vṛ** 'cover, obstruct', Caus 'keep back, restrain'. (5) **pārśva-** (n.) 'side' **kavi-īśvara-** (m.) 'master among poets, excellent poet' **kutaḥ** (ind.) 'wherefrom?' **yaśas-** (n.) 'glory, renown' **urvī-** (f.) 'the earth' (lit. 'the wide one'). (6) **tri-** 'three' (Nom Pl trayaḥ) **naraka-** (m./n.) 'hell' **rajas-vala-** (adj) 'having rajas (dust/passion/here: period/ menstruation)'. (7) **nityam** (ind) 'always, eternally' **māyā-** (f.) 'illusion, deceit' **√vañc** (1 vañcati) 'stagger, waver', Caus 'cheat, deceive' **tapas-** (n.) 'suffering; religious austerities/asceticism, penance' **√tap** (here I tapati) 'be hot; suffer; practice religious austerities'. (8) **√chid** 'cut, cut down' **kānana-** (n.) 'forest'.

---

(4) Supply **cittam** 'thought, mindset' with **etat** **sādhūnām** here 'of good *people*' l. 2 **vāryate** Pass Caus of √vṛ **dharmataḥ** here 'as would be proper'. (5) Translate **kutaḥ yaśāṃsi** first translate **yaśāṃsi** as Sg, supply 'is' **pārśve** 'on/by whose side' (+ Gen) l. 2 **bhūpāḥ kiyantaḥ na babhūvuḥ** 'how many (earth rulers) haven't there been!'. (6) Split up **ca eva** **jyeṣṭha-** here 'oldest' **tathā** just 'and, and also' l. 2 understand **dṛṣṭvā** as 'having seen her (because she has not left the house through getting married)'. (7) Supply a **yaḥ** 'one who …' with each of the first three pādas, taken up by the **sa** in the fourth **māyā-chadma-para-** bv 'to whom deceit and pretense are highest' l. 2 **dambhena** here Adv 'deceitfully' **strī-bhava-** here 'a woman's existence, life as a woman' supply: 'when he is reborn/in his next life'. (8) **chind-dhi** 2Sg Impv **sa-vyāghram** agrees with **vanam** 'together with the tigers' **mā vyāghrāḥ nīnāśan** 'so that the tigers don't disappear'.

मित्राणि तानि विधुरेषु भवन्ति यानि ।
ते पण्डिता जगति ये पुरुषान्तरज्ञाः ॥
त्यागी स यः कृशधनो ऽपि हि संविभागी ।
कार्यं विना भवति यः स परोपकारी ॥ ९ ॥

मिथ्यात्वं परमो रोगो मिथ्यात्वं परमं तपः ।
मिथ्यात्वं परमः शत्रुर्मिथ्यात्वं परमं विषम् ॥ १० ॥

मुण्डे मुण्डे मतिर्भिन्ना कुण्डे कुण्डे नवं पयः ।
जातौ जातौ नवाचारा नवा वाणी मुखे मुखे ॥ ११ ॥

मूर्खशिष्योपदेशेन दुष्टस्त्रीभरणेन च ।
द्विषता संप्रयोगेण पण्डितो ऽप्यवसीदति ॥ १२ ॥

मूर्ध्नि लोचनयोर्वक्त्रे च हृदये तथा ।
पञ्च स्थानानि कामस्य यत्रासौ तिष्ठति स्वयम् ॥ १३ ॥

---

(9) **vidhura**- (n.) 'adversity, distress' **tyāgin**- (adj) 'giving up; giving freely' **kṛśa**- (adj) 'thin, weak, tiny' **saṃvibhāgin**- (adj) 'used to sharing, customarily sharing' **para-upakārin**- (adj) 'assisting others'. (10) **mithyātva**- (n.) 'falseness; false teaching' **roga**- (m.) 'disease, sickness' **tapas**- (n.) 'suffering; religious austerities/asceticism, penance' **viṣa**- (n.) 'poison'. (11) **muṇḍa**- (n.) 'shaved head' **kuṇḍa**- (n.) 'vessel, pot' **nava**- (adj) 'new'; here: 'other, different' **payas**- (n.) 'liquid, water' **jāti**- (f.) 'birth; class, caste' **acārā**- (f.) 'action, custom' **vāṇī**- (f.) 'speech, language'. (12) **mūrkha**- (adj) 'stupid' **upadeśa**- (m.) 'instruction, teaching' **duṣṭa**- (adj) 'spoilt, wicked' **bharaṇa**- (n.) 'maintaining, supporting' **√dviṣ** (II dveṣṭi) 'hate' **saṃprayoga**- (m.) 'interaction with' (+ INS) **ava-√sad** (irreg avasīdati) lit. 'sit down': 'be/become disheartened or exhausted'. (13) **vaktra**- (n.) 'mouth' **sthāna**- (n.) 'state; place' **kāma**- (m.) 'love; the god of Love' **asau/adas**- (pron) 'he/she/it; this, that' **svayam** (ind) 'oneself; him-/her-/itself'.

---

(9) Throughout, understand **sa** (etc) **x** as 'he is a true x who ...' l. 2 **puruṣa-antara-jña**- 'knowing/distinguishing one human being from another' l. 4 **kārya**- here '*ulterior* motive'. (10) Supply 'is' four times translate **parama**- 'furthest, extreme' as 'worst'. (11) Note the āmreḍitas (**muṇḍe muṇḍe** etc.; translate as 'in each/every ...'). A **muṇḍa**- is typical e.g. of Buddhist and Jain ascetics **bhinna**- lit. 'split' and **nava**- lit. 'new' here both 'other, different'. (12) Split up **mūrkha-śiṣya-upadeśena** l. 2 **dviṣat**- (PRESAP of √dviṣ) here 'a hater/hateful person'. (13) Split up **yatra asau.**

मूषिका गृहजातापि निहन्तव्यापकारिणी ।
उपप्रदानैर्मार्जारो हितकृत्प्रार्थ्यते ऽन्यतः ॥ १४ ॥

मृत्पिण्ड एको बहुभाण्डरूपः सुवर्णमेकं बहुभूषणात्मा ।
गोक्षीरमेकं बहुधेनुजातमेकः परात्मा बहुदेहवर्ती ॥ १५ ॥

मृदुनातिसुवृत्तेन सुमृष्टेनातिहारिणा ।
मोदकेनापि किं तेन निष्पत्तिर्यस्य सेवया ॥ १६ ॥

मेघा वृक्षा नदीनां च जलौघाः सज्जना जनाः ।
परोपकरणार्थाय दैवाच्चत्वारो निर्मिताः ॥ १७ ॥

यत्र नार्यस्तु पूज्यन्ते रमन्ते तत्र देवताः ।
यत्रैतास्तु न पूज्यन्ते सर्वास्तत्राफलाः क्रियाः ॥ १८ ॥

यत्र विद्यागमो नास्ति यत्र नास्ति धनागमः ।
यत्र चात्मसुखं नास्ति न तत्र दिवसं वसेत् ॥ १९ ॥

---

(14) **mūṣikā-** (f.) 'mouse' **jāta-** (adj) 'born' **apakārin-** (adj) 'doing bad things' **upapradāna-** (n.) 'the act of giving; a present' **mārjāra-** (m.) 'cat' **hita-** (adj) 'friendly, beneficial, convenient' **pra-√arth** (X prārthayate) 'long, wish for, (and therefore) fetch' **anyataḥ** (ind) 'from elsewhere'. (15) **mṛt-piṇḍa-** (m.) 'lump of clay' **bhāṇḍa-** (n.) 'pot, dish' **suvarṇa-** (n.) '(piece of) gold' **bhūṣaṇa-** (n.) 'ornament, jewelry' **kṣīra-** (n.) 'milk' **dhenu-** (f.) 'cow' **para-ātman-** (m.) 'the supreme self' **vartin-** (adj) 'existing, dwelling'. (16) **mṛdu-** (adj) 'soft' **ati-su-vṛtta-** (adj) 'very well-rounded' **su-mṛṣṭa-** (adj) 'very fine' **hārin-** (adj) lit. 'taking', here 'appealing' **modaka-** (m./n.) 'sweetmeat; cake' **niṣpatti-** (f.) 'attainment; completion' **sevā-** (f.) 'service, servitude'. (17) **megha-** (m.) 'cloud' **ogha-** (m.) 'flood, stream; large quantity' **saj-jana-** (adj) 'true-born; good' **daivāt** (ind) 'by fate/chance' **catur-** (num) 'four' **nirmita-** (adj) 'constructed, created'. (18) **√ram** (I ramate) 'rejoice, be pleased'. (19) **āgama-** (m.) 'approach, acquisition' **divasam** (ind) 'for a (single) day'.

---

(14) **nihantavyā** GDVE l. 2 **hita-kṛt** NOM SG. (15) This consists of four parts; supply a verb ('appears in, makes up, is, etc.') in each **-vartī** NOM SG MASC. (16) **kim** + INS lit. 'what with': 'what good is …'. (17) **para-upakaraṇa-arthāya** 'for the purpose of helping others' split up **daivāt catvāraḥ** (NOM PL MASC of catur-). (18) Translate **devatāḥ** like **devāḥ** split up **yatra etāḥ tu** and **sarvāḥ tatra aphalāḥ**. (19) Split up **na asti** **ātma-sukha-** 'well-being of the self, personal happiness' **vaset** 'one should live'.

यत्र विद्वज्जनो नास्ति श्लाघ्यस्तत्राल्पधीरपि ।
निरस्तपादपे देश एरण्डो ऽपि द्रुमायते ॥ २० ॥

यथा कन्दुकपातो हि भवत्यार्यः पतेत्तथा ।
तथा मूर्खस्य पातो हि मृत्पिण्डपतनं यथा ॥ २१ ॥

यथा कालकृतोद्योगात्कृषिः फलवती भवेत् ।
तद्वन्नीतिरियं देव चिरात्फलति न क्षणात् ॥ २२ ॥

यथा काष्ठं च काष्ठं समेयाताम् महोदधौ ।
समेत्य च व्यपेयातां तद्वद्भूतसमागमः ॥ २३ ॥

यथा खनन्खनित्रेण नरो वार्यधिगच्छति ।
तथा गुरुगतां विद्यां शुश्रूषुरधिगच्छति ॥ २४ ॥

---

(20) **vidvat-** (adj/PERFAP of √vid) 'knowing, wise' **ślāghya-** (adj) 'praiseworthy, venerable' **nirasta-** (adj) 'removed, banished' **pāda-pa-** (m.) lit. 'foot(= root)-drinker': 'tree' **eraṇḍa-** (m.) 'castor plant' (a shrub). (21) **kanduka-** (m.) '(bouncy) ball' **pāta-** (m.) 'fall, drop' **ārya-** (adj) 'noble' **mūrkha-** (adj) 'foolish, stupid'; (m.) 'fool' **mṛt-piṇḍa-** (m.) 'lump of clay' **patana-** (n.) 'fall, drop'. (22) **kāla-** (m.) '(the right) time' **udyoga-** (m.) 'exertion, strenuous endeavor' **kṛṣi-** (f.) 'agriculture; ploughing' **tadvat** (ind) 'thus, so' **nīti-** (f.) '(good) conduct' **deva-** (m.) 'god, deity; lord, master', in VOC 'your highness, my lord' **cirāt** (ind) 'long, after a long time' **√phal** (1 phalati) 'be fruitful' **kṣaṇāt** (ind) 'instantly, in a moment'. (23) **kāṣṭha-** (n.) 'log' **mahā-udadhi-** (m.) 'the great ocean' **bhūta-** (n.) 'living being'. (24) **√khan** (1 khanati) 'dig' **khanitra-** (n.) 'shovel' **vāri-** (n.) 'water' **adhi-√gam** (irreg adhigacchati) 'approach; get' **guru-gata-** (adj) 'belonging to/coming from a teacher' **śuśrūṣu-** (adj) 'wanting to listen/learn', (m.) 'a student'.

---

(20) Split up **ślāghyaḥ tatra alpa-dhīḥ** (BV) **api** **nirasta-pādape** (BV) **deśe** (sandhi!) **drumāyate** lit. 'it trees', i.e. 'counts as a tree'. (22) Split up **kāla-kṛta-udyogāt kṛṣiḥ** translate the ABL of **-udyogāt** as 'from, as the result of' translate **bhavet** as FUT **iyam** NOM SG FEM of ayam 'this'. (23) **sameyātām, vyapeyātām** POT of (**sam-ā-/vi-apa-**)**√i** split up **tadvat bhūta-samāgamaḥ**. (24) **khanan** NOM SG MASC PRESAP of √khan 'dig' (implied here: a well).

यथा खरश्चन्दनभारवाही भारस्य वेत्ता न तु चन्दनस्य।
एवं हि शास्त्राणि बहून्यधीत्य चार्थेषु मूढाः खरवद्वहन्ति ॥ २५ ॥

यथा चित्तं तथा वाक्यं यथा वाचस्तथा क्रिया।
चित्ते वाचि क्रियायां च साधूनामेकरूपता ॥ २६ ॥

यथा धेनुसहस्रेषु वत्सो विन्दति मातरम्।
तथा पूर्वकृतं कर्म कर्तारमनुगच्छति ॥ २७ ॥

यदि नाम दैवगत्या जगदसरोजं कदाचिदपि जातम्।
अवकरनिकरं विकिरति तत्किं कृकवाकुरिव हंसः ॥ २८ ॥

यदि सन्ति गुणाः पुंसां विकसन्त्येव ते स्वयम्।
न हि कस्तूरिकामोदः शपथेन विभाव्यते ॥ २९ ॥

यदीच्छसि वशीकर्तुं जगदेकेन कर्मणा।
उपास्यतां कलौ कल्पलता देवी प्रतारणा ॥ ३० ॥

---

(25) **khara-** (m.) 'donkey' **candana-** (m./n.) 'sandalwood' **bhāra-** (m.) 'burden, load' **vettṛ-** (m.) 'knower' **adhi-√i** (II adhyeti) here 'learn by heart, memorize' **artha-** (m.) here 'purpose' **mūḍha-** (adj) 'confused about, ignorant of' (+ Loc) **khara-vat** (ind) 'like a donkey' **vah** (I vahati) 'carry'. (26) **kriyā-** (f.) 'action, activity' **eka-rūpatā-** (f.) 'uniformity'. (27) **dhenu-** (f.) 'cow' **sahasra-** (n.) 'thousand' **vatsa-** (m.) 'calf' **anu-√gam** (irreg anugacchati) 'follow' **kartṛ-** (m.) 'doer'. (28) **nāma** (ind) after a question word 'then, for' **daiva-gati-** (f.) 'course of destiny, fate' **a-saroja-** (adj) 'lotusless' **avakara-nikara-** (n.) 'pile of dust, rubbish' **vi-√kṝ** (VI vikirati) 'scatter, split, scrape' **kṛkavāku-** (m.) 'rooster'. (29) **puṃs-** (m.) 'man' **vi-√kas** (I vikasati) 'shine bright, be clearly visible' **svayam** (ind) 'on one's own, by oneself' **kastūrikā-** (f.) 'musk' **moda-** (m.) 'delight; fragrance' **śapatha-** (m.) 'oath, vow' **vi-√bhū** (I vibhavati) 'arise, become manifest', Caus 'reveal, display'. (30) **vaśī-√kṛ** (VIII vaśīkaroti) 'subjugate, subdue' **upa-√ās** (II upāste) 'sit near; revere, worship' **kalpa-latā-** (f.) '(mythical) wish-granting vine' **pratāraṇā-** (f.) 'lying, deception'.

---

(25) Split up **kharaḥ candana-bhāra-vāhī** **vettā** Nom Sg '(is) a knower of' **śāstrāṇi** is the object of both **adhītya** and **vahanti** **śāstra-** here intentionally ambiguous: 'text, teaching' and 'textbook' **artha-** here 'teaching, contents'. (26) **vākya-**, **vāc-** here both 'words, speech' supply 'there is'. (27) Translate the Loc Pl as 'among' split up **kartāram anugacchati.** (28) **tatkim** introduces a yes/no question translate **jātam** as main verb: 'becomes'. (29) **śapathena** 'through (someone's/someone else's) vow/promise'. (30) **upāsyatām** 3Sg Impv Pass, see p. xvii **kali-** (m.) here 'Kali(yuga), (the age of) Kali' (the last and worst in the cycle of ages).

यद्यत्परवशं कर्म तत्तद्यत्नेन वर्जयेत् ।
यद्यदात्मवशं तु स्यात्तत्तत्सेवेत यत्नतः ॥
सर्वं परवशं दुःखं सर्वमात्मवशं सुखम् ।
एतद्विद्यात्समासेन लक्षणं सुखदुःखयोः ॥ ३१ ॥

यद्वक्त्रं मुहुरीक्षसे न धनिनां ब्रूषे न चाटून्मृषा ।
नैषां गर्वगिरः शृणोषि न च तान्प्रत्याशया धावसि ॥
काले बालतृणानि खादसि सुखं निद्रासि निद्रागमे ।
तन्मे ब्रूहि कुरङ्ग कुत्र भवता किं नाम तप्तं तपः ॥ ३२ ॥

यं दृष्ट्वा वर्धते स्नेहः क्रोधश्च परिहीयते ।
स विज्ञेयो मनुष्येण एष मे पूर्वबान्धवः ॥
यं दृष्ट्वा वर्धते क्रोधः स्नेहश्च परिहीयते ।
स विज्ञेयो मनुष्येण एष मे पूर्वशात्रुकः ॥ ३३ ॥

---

(31) **para-vaśa-** (adj) 'dependent on another' **√vṛj** (I varjati/-te) 'turn, turn away from'; Caus 'do without, avoid' **ātma-vaśa-** (adj) 'dependent on oneself' **√sev** (I sevate) 'serve, attend on' **yatna-taḥ** (ind) 'carefully, eagerly' **samāsena** (ind) 'altogether, summarily' **lakṣaṇa-** (n.) 'sign'. **(32)** **vaktra-** (n.) 'mouth, face' **√īkṣ** (I īkṣate) 'see' **dhanin-** (adj) 'wealthy' **√brū** (II bravīti, brūte) 'speak, tell' **cāṭu-** (m.) 'flattery' **mṛṣā** (ind) 'wrongly, falsely, feigned' **garva-gir-** (f.) 'boastful/arrogant speech' **pratyāśā-** (f.) 'hope, expectation' **bāla-tṛṇa-** (n.) 'young grass' **√nidrā** (I nidrāti) 'sleep' **āgama-** (m.) 'coming, arrival' **kuraṅga-** (m.) 'antelope, gazelle' **bhavat-** (m.) 'you, Sir' (respectful address, takes 3rd-person verb) **nāma** (ind) after a question word 'then, for'. **(33)** **pari-√hā** (III parijahāti) 'leave, abandon'; Pass **parihīyate** 'decrease, leave' **vijñeya-** (Gdve/adj) 'to be recognized'.

---

(31) l. 1, 2, 4 **varjayet, seveta, vidyāt** (all 3Sg Pot) are impersonal 'one should …'. **yad-yat … tat-tat** 'whatever … that' split up **syāt** (3Sg Pot of √as) **tat-tat seveta.** **(32)** Translate the last line first l. 1–3 translate each **yad (na)** + 2nd-Sg verb as 'so that you do (not) need to …' l. 1 **muhuḥ** (ind) here 'at every moment, incessantly' translate **dhanin-** 'the wealthy' l. 2 **tān** is the object/direction of **dhāvasi:** 'run *to* them' l. 3 **sukham** here adv 'happily' l. 4 **brūhi** is Impv 2Sg translate **kutra kim nāma** ca. **(33)** l. 2, 4 **eṣa me** … is direct speech both times note the lack of sandhi at the pāda border **pūrva-** 'prior, earlier' here in sense of 'from a prior life'.

यन्मध्यदेशादपि ते सूक्ष्मं लोलाक्षि दृश्यते ।
मृणालसूत्रमपि ते न संमाति स्तनान्तरे ॥ ३४ ॥

यमाजीवन्ति पुरुषं सर्वभूतानि संजय ।
पक्वं द्रुममिवासाद्य तस्य जीवितमर्थवत् ॥ ३५ ॥

यस्तात न क्रुध्यति सर्वकालं भृत्यस्य भक्तस्य हिते रतस्य ।
तस्मिन्भृत्या भर्तरि विश्वसन्ति न चैनमापत्सु परित्यजन्ति ॥ ३६ ॥

यस्तु वर्षमविज्ञाय क्षेत्रं कर्षति कर्षकः ।
हीनः पुरुषकारेण सस्यं नैवाश्नुते ततः ॥ ३७ ॥

यस्मिञ्जीवति जीवन्ति बहवः सो ऽत्र जीवति ॥ ३८ ॥

---

(34) **madhya-deśa-** (m.) lit. 'the region of the middle': 'waist' **sūkṣma-** (adj) 'fine, thin, minute' **lola-akṣī-** (f.) lit. 'she of active/moving eyes': 'lovely woman' **mṛṇāla-sūtra-** (n.) 'lotus fiber' **saṃ-√mā** (II saṃmāti) + Loc: 'be contained in, fit into' **stana-antara-** (n.) 'the space between the breasts'. (35) **ā-√jīv** (I ājīvati) 'live by, depend on' (+ Acc) **saṃjaya-** (m.) Sañjay (one of the characters in the Mahābhārata) **pakva-** (adj) 'ripe, mature; (of trees) having ripe fruit' **druma-** (m.) 'tree' **ā-√sad** (irreg āsīdati) 'sit down near'; Caus: 'approach; find' **artha-vat-** (adj) 'purposeful, meaningful'. (36) **tāta** (Voc) 'my dear' **√krudh** (IV krudhyati) 'be angry with' (+ Gen or Dat) **bhṛtya-** (m.) 'servant' **bhakta-** (adj) 'loyal, faithful' **hita-** (adj) 'beneficial, friendly'; (n.) 'benefit, welfare' **rata-** (adj) 'delighting in, devoted to' (+ Loc) **bhartṛ-** (m.) 'master; husband' **vi-√śvas** (I viśvasati) 'trust in' (here + Loc) **āpad-** (f.) 'misfortune, ill luck' **pari-√tyaj** (I parityajati) 'abandon, leave behind'. (37) **varṣa-** (m.) 'rain; rainy season, the seasons' **vi-√jñā** (IX vijānāti) 'know, recognize' **√kṛṣ** (I karṣati) 'till, plough' **karṣaka-** (m.) 'farmer, ploughman' **hīna-** (adj) 'without; deprived of' (+ Ins) **puruṣa-kāra-** (m.) 'human action, work' **sasya-** (n.) 'corn, grain, fruit' **√aś** (V aśnoti/aśnute) 'acquire, reach, get'.

---

(34) Relative-clause structure **yad dṛśyate ... (tat) api na** ('not even that') **saṃmāti** **te** both times 'your' **sūkṣma-** + Abl: 'thinner than' **sūkṣmam** agrees with **mṛṇāla-sūtram** **lola-akṣi** Voc **dṛśyate** lit. 'is seen (to be)': simply 'is'. (35) Note relative-clause structure **yam ... tasya** read **puruṣaḥ yam ... tasya jīvitam arthavat.** (36) Relative-clause structure **yaḥ ... tasmin bhartari** **na ... sarva-kālam** 'not at any time'. (37) **a-vijñāya** is a negated absolutive: 'not/without knowing' **hīnaḥ** lit. 'without', here 'deprived of, wanting'. (38) **yasmin jīvati** Loc Abs understand the last **jīvati** as '*truly* lives'.

यस्मिन्देशे न संमानो न वृत्तिर्न च बान्धवाः ।
न च विद्यागमः कश्चित्तं देशं परिवर्जयेत् ॥ ३९ ॥

यस्य नास्ति स्वयं प्रज्ञा शास्त्रं तस्य करोति किम् ।
लोचनाभ्यां विहीनस्य दर्पणः किं करिष्यति ॥ ४० ॥

यस्य बुद्धिर्बलं तस्य निर्बुद्धेस्तु कुतो बलम् ॥ ४१ ॥

यस्यार्थास्तस्य मित्राणि यस्यार्थास्तस्य बान्धवाः ।
यस्यार्थाः स पुमाल्ँलोके यस्यार्थाः स च पण्डितः ॥ ४२ ॥

यः सततं परिपृच्छति शृणोति संधारयत्यनिशम् ।
तस्य दिवाकरकिरणैर्नलिनीव विवर्धते बुद्धिः ॥ ४३ ॥

यात्रार्थं भोजनं येषां संतानार्थं च मैथुनम् ।
वाक्सत्यवचनार्थाय दुर्गाण्यतितरन्ति ते ॥ ४४ ॥

---

(39) **saṃmāna-** (m.) 'honor, respect' **vṛtti-** (f.) 'livelihood, means of subsistence' **bāndhava-** (m.) 'relative, relation' **pari-√vṛj** (here X parivarjayati) 'turn away from, do without, avoid'. **(40)** **svayam** (ind) 'on one's/its own, by one-/itself' **locana-** (n.) 'eye' **vihīna-** (adj) 'deprived of, lacking' (+ INS or ABL) **darpaṇa-** (m.) 'mirror'. **(42)** **artha-** (m.) here 'money, wealth'. **(43)** **satatam** (ind) 'constantly' **sam-√dhṛ** (X saṃdhārayati) 'stick to; observe, remember' **aniśam** (ind) 'continually' **divākara-** (m.) lit. 'day-maker': 'sun' **kiraṇa-** (n.) 'ray, beam' **nalinī-** (f.) 'lotus'. **(44)** **yātrā-** (f.) 'going, journey'; here 'livelihood, life' **bhojana-** (n.) 'food, eating' **saṃtāna-** (m.) 'succession, lineage' **maithuna-** (n.) 'sex, intercourse' **vāc-** (f.) 'voice' **satya-** (adj) 'true'; (n.) 'truth' **vacana-** (n.) 'speech, speaking' **durga-** (n.) 'difficult passage; difficulty' **ati-√tṝ** (I atitarati) 'cross over; overcome'.

---

(39) Split up **vidyā-āgamaḥ** **parivarjayet** is impersonal: 'one should …'. **(40)** **kim √kṛ tasya** 'what does it/what use is it for …?'. **(41)** **nirbuddheḥ** GEN SG of nir-buddhi- 'without intelligence; stupid'. **(42)** For 'x is of y', see p. XIX split up **yasya arthāḥ** (here 'wealth') **tasya** **pumāl̃** sandhied pumān (NOM SG of puṃs- 'man'). **(43)** Translate **vi-vardhate** like vardhate. **(44)** **-artham/-arthāya** (ind, ifc) 'for the purpose of' supply 'is, serves for' three times split up **vāk satya-vacana-arthāya**.

यावज्जीवेत्सुखं जीवेदृणं कृत्वा घृतं पिबेत् ।
भस्मीभूतस्य देहस्य पुनरागमनं कुतः ॥ ४५ ॥

यावन्ति पशुरोमाणि तावत्कृत्वो ह मारणम् ।
वृथा पशुघ्नः प्राप्नोति प्रेत्य जन्मनि जन्मनि ॥ ४६ ॥

यास्यति सज्जनहस्तं रमयिष्यति तं भवेच्च निर्दोषा ।
उत्पादितया हि कविस्ताम्यति कथया दुहित्रेव ॥ ४७ ॥

युक्तियुक्तमुपादेयं वचनं बालकादपि ।
विदुषापि सदा ग्राह्यं वृद्धादपि न दुर्वचः ॥ ४८ ॥

युक्तियुक्तं प्रगृह्णीयाद्बालादपि विचक्षणः ।
रवेरविषये वास्तु किं न दीपः प्रकाशयेत् ॥ ४९ ॥

---

(45) **ṛṇa-** (n.) 'obligation, debt' **ghṛta-** (n.) 'clarified butter, ghee' **bhasmī-√bhū** 'become/turn into ashes' **kutaḥ** (ind) 'wherefrom? how?' **(46)** **paśu-** (m.) 'cattle' **roma-** (n.) 'hair' **māraṇa-** (n.) 'slaughter, death' **vṛthā** (ind) 'at random, in sport' **-ghna-** (ifc) 'killing, killer' **pra-√i** (II preti) 'go forth, away; die'. **(47)** **√yā** (II yāti) 'go' **saj-jana-** (m.) 'a good person' **√ram** (I ramate/-ti) 'delight, please' **nirdoṣa-** (adj) 'blame-less' **utpādita-** (adj) 'produced; begotten' **√tam** (IV tāmyati) 'gasp for breath; be exasperated over, care for' (+ Ins). **(48)** **yukti-yukta-** (adj) 'appropriate; rational' **upa-ā-√dā** (III upādadāti) 'receive, accept' **bālaka-** (m.) 'child, boy' **vidvat-** (adj, PerfAP of √vid) 'knowing, wise' **√grah** (IX gṛhṇāti) 'take, seize' **vṛddha-** (adj) 'old' **dur-vacas-** (n.) 'bad word'. **(49)** **yukti-yukta-** (adj) 'experienced; appropriate' **pra-√grah** (IX pragṛhṇāti) 'take, accept' **vicakṣaṇa-** (adj) 'radiant; wise, experienced' **ravi-** (m.) 'sun' **a-viṣaya-** (m.) 'anything out of reach/impossible/improper; absence' **vāstu-** (n.) 'dwelling, house' **dīpa-** (m.) 'light, lamp' **pra-√kāś** (I prakāśate/-ti) 'be bright, be visible'.

---

(45) Split up **yāvat jīvet sukham** all 3Sg Pot verbs are impersonal: 'one …' translate the second **jīvet** and **pibet** 'one should …' **sukham** here (ind) 'happily' **kutaḥ** here 'how?' supply 'is there, could there be'. **(46)** **yāvat-** and **tāvat-** are adjectives here **tāvat-kṛtvaḥ** 'that many times' **janmani janmani** 'from life to life, in every life' (āmreḍita/iterative compound). **(47)** l. 1 is direct speech/a thought the Acc **saj-jana-hastam** expresses the direction of **yāsyati** split up **duhitrā iva** note that both **kathā-** and **duhitṛ-** are of feminine gender. **(48)** **upādeya-**, **grāhya-** Gdves 'must/ought to be x-ed' **viduṣā** Ins Sg of **vidvat-**, here substantivized 'a wise man' **vṛddha-** also nominalized: 'old man'. **(49)** **vicakṣaṇa-** here used as a noun **raveḥ** Gen Sg of **ravi-** **kim** here indicates yes/no question.

यूपं कृत्वा पशून्हत्वा कृत्वा रुधिरकर्दमम् ।
यद्येवं गम्यते स्वर्गो नरके केन गम्यते ॥ ५० ॥

योजनानां सहस्राणि व्रजेद्यन्ती पिपीलिका ।
अगच्छन्वैनतेयो ऽपि पदमेकं न गच्छति ॥ ५१ ॥

यो न निर्गत्य निःशेषामालोकयति मेदिनीम् ।
अनेकाश्चर्यसंपूर्णां स नरः कूपदर्दुरः ॥ ५२ ॥

यो हि वेदे च शास्त्रे च ग्रन्थधारणतत्परः ।
न च ग्रन्थार्थतत्त्वज्ञस्तस्य तद्धारणं वृथा ॥ ५३ ॥

राजवत्पञ्च वर्षाणि दश वर्षाणि दासवत् ।
प्राप्ते तु षोडशे वर्षे पुत्रं मित्रवदाचरेत् ॥ ५४ ॥

राज्ञि राष्ट्रकृतं पापं राजपापं पुरोहिते ।
भर्तरि स्त्रीकृतं पापं शिष्यपापं गुरावपि ॥ ५५ ॥

---

(50) **yūpa-** (m.) 'sacrificial post, stake' **paśu-** (m.) 'cattle' **rudhira-** (adj) 'red, blood-red'; (n.) 'blood' **kardama-** (m.) 'mud; puddle' **svarga-** (m.) 'heaven' **naraka-** (m./n.) 'hell'. (51) **yojana-** (m.) 'league, yojana' (measure of length, between 5-8 miles) **sahasra-** (n.) '1000' **√vraj** (I vrajati) 'go, travel' **pipīlikā-** (f.) 'ant' **vainateya-** (m.) 'the son of Vinatā': Garuḍa (king of the birds) **pada-** (n.) 'step, pace; foot'. (52) **niḥ-√gam** (irreg nirgacchati) 'go away, go out' **niḥ-śeṣa-** (adj) 'whole, entire' **ā-√lok** (I ālokate/X ālokayati) 'look at, see' **medinī-** (f.) 'the earth, land' **an-eka-** (pron adj) 'many' **āścarya-** (n.) 'wonder, miracle' **saṃpūrṇa-** (adj) 'filled with' **kūpa-dardura-** (m.) lit. 'well-frog': 'someone with a very limited horizon/perspective'. (53) **grantha-** (m.) 'verse, text; wording (of a text)' **tattva-** (n.) 'truth, true nature' **-jña-** (adj, ifc) 'knowing' **dhāraṇa-** (n.) 'carrying'; here: 'remembering, memorization' **vṛthā** (ind) 'uselessly, in vain'. (54) **varṣa-** (n.) here 'year' **dāsa-** (m.) 'servant' **ṣoḍaśa-** (num adj) '16' **ā-√car** (I ācarati) 'treat'. (55) **rāṣṭra-** (m./n.) 'kingdom' **purohita-** (m.) 'domestic priest' **bhartṛ-** (m.) 'husband' **strī-** (f.) 'woman, wife'.

---

(50) Split up **yadi evam** **gamyate** 'is gone to', with the place gone to once in NOM, once in LOC **kena** here 'by anyone'. (51) **yantī** NOM SG FEM PRESAP of √i **a-gacchan** 'not going' (NOM SG MASC PRESAP). (53) **veda-** and **śāstra-** here 'spiritual and secular texts' **grantha-dhāraṇa-tat-para-** BV 'having the memorization of the words as one's highest (goal)' split up **grantha-artha-tattva-jñaḥ tasya** **grantha-artha-** 'the meaning of the text'. (54) **x-vat** (ind) 'like x' **prāpte ṣoḍaśe varṣe** LOC ABS **ācaret** '*one* should …'. (55) Read 'x (NOM) is in/reflects on (LOC)' (four times).

रात्रिर्गमिष्यति भविष्यति सुप्रभातं ।
भास्वानुदेष्यति हसिष्यति पद्मजालम् ॥
इत्थं विचिन्तयति कोशगते द्विरेफे ।
हा हन्त हन्त नलिनीं गज उज्जहार ॥ ५६ ॥

लभेत सिकतासु तैलमपि यत्नतः पीडयन् ।
पिबेच्च मृगतृष्णिकासु सलिलं पिपासार्दितः ॥
कदाचिदपि पर्यटञ्शशविषाणमासादयेन् ।
न तु प्रतिनिविष्टमूर्खजनचित्तमाराधयेत् ॥ ५७ ॥

लोकानामादरो येन गोप्यमानेषु वस्तुषु ।
कुचाभोगो ऽपि नारीणां प्रायश्चीनांशुकावृतः ॥ ५८ ॥

(56) **rātri-** (f.) 'night' **su-prabhāta-** (n.) '(good) morning' **bhāsvat-** (m.) 'the luminous one; the sun' **ud-√i** (II udeti) 'go up, rise' **padma-** (m./n.) 'lotus' **-jāla-** (n., ifc) 'mass, abundance' **ittham** (ind) 'thus' **vi-√cint** (X vicintayati) 'think about, consider' **kośa-** (m.) 'vessel of any kind'; here: 'bud, flower cup' **dvirepha-** (m.) 'black bee' **hā** (excl) 'oh no!' **hanta** (ind) 'oh! oh no!' **nalinī-** (f.) 'lotus' **ud-√hṛ** (I uddharati) 'lift up, pick up'. **(57)** **sikatā-** (f.) 'sand, sandy/rocky soil' **taila-** (n.) 'oil' **yatna-taḥ** (ind) 'with effort, by trying' **√pīḍ** (X pīḍayati) 'press, squeeze' **mṛga-tṛṣṇikā-** (f.) lit. 'deer-thirst': 'a mirage, fata morgana' **salila-** (n.) 'water' **pipāsā-** (f.) 'thirst' **ardita-** (adj) 'tormented, wounded' **pari-√aṭ** (I paryaṭati) 'wander about, travel' **śaśa-** (m.) 'hare' **viṣāṇa-** (n.) 'horn; tusk' **ā-√sad** CAUS āsādayati 'approach; find' **ā-rādh** (X ārādhayati) 'gain, achieve, find'. **(58)** **loka-** (m. pl.) 'people' **ādara-** (m.) 'respect, interest' (towards/in: + LOC) **√gup** (X gopayati) 'hide, conceal' **vastu-** (n.) 'thing; object' **kuca-** (m.) 'breast' **ābhoga-** (m.) 'curve, swell' **prāyaḥ** (ind) 'generally, usually' **ā-√vṛ** 'wrap, hide, cover'.

(56) l. 1 **gamiṣyati** here 'will go away/pass' l. 2 **√has** 'laugh' here 'open up, blossom' l. 3 **vicintayati** (PTC!) **kośagate dvirephe** LOC ABS l. 1–2 are what the bee is thinking l. 4 **ujjahāra** 3SG PERF of ud-√hṛ. **(57)** Translate **labheta, pibet, āsādayet** impersonally: 'one could …' split up **pibet ca** **paryaṭan** NOM SG MASC PRESAP **śaśa-viṣāṇa-** 'hare-horn': term for sth. non-existent/impossible split up **prati-niviṣṭa-mūrkha-jana-cittam** 'sense/intelligence in a fool set in his ways'. **(58)** **yena** here 'because' supply 'there is' **cīna-aṃśuka-āvṛtaḥ** 'is covered with/by Chinese cloth (= silk)'.

लोके वैधर्म्यमेतत्तु दृश्यते बहुविस्तरम्।
हीनज्ञानाश्च हृष्यन्ति क्लिश्यन्ते प्राज्ञकोविदाः ॥ ५९ ॥

वदनमिदं न सरोजं नयने नेन्दीवरे एते।
इह सविधे मुग्धदृशो मधुकर न मुधा परिभ्राम्य ॥ ६० ॥

वने प्रज्वलितो वह्निर्दहन्मूलानि रक्षति।
समूलमुन्मूलयति जलौघो मृदुशीतलः ॥ ६१ ॥

शैत्यं नाम गुणस्तवैव तदनु स्वभाविको स्वच्छता।
किं ब्रूमः शुचितां भवन्ति शुचयः स्पर्शेन यस्यापरे ॥
किं चान्यत्कथयामि ते स्तुतिपदं त्वं जीविनां जीवनं।
त्वं चेन्नीचपथेन गच्छसि पयः कस्त्वां निरोद्धुं क्षमः ॥ ६२ ॥

---

(59) **vaidharmya-** (n.) 'lawlessness; imbalance' **hīna-** (at beg. of compound) 'without' **√hṛṣ** (IV hṛṣyati) 'be happy' **√kliś** (IX kliśnāti) 'torment, trouble' **-kovida-** (adj, ifc) 'experienced in, familiar with'. (60) **vadana-** (n.) 'face' **saro-ja-** (n.) 'lotus' **nayana-** (n.) 'eye' **indīvara-** (n.) 'blue lotus blossom' **savidha-** (n.) 'proximity' **mugdha-dṛś-** (adj) 'fair-eyed' **madhu-kara-** (m.) lit. 'honey-maker': 'bee' **mudhā** (ind) 'in vain, to no purpose' **pari-√bhram** (IV paribhrāmyati) 'rove, wander, revolve around'. **(61) prajvalita-** (adj) 'blazing' **vahni-** (m.) 'fire' **mūla-** (n.) 'root' **ud-√mūl** (X unmūlayati) 'eradicate, uproot, extirpate, destroy' **jala-ogha-** (m.) 'a flow/mass of water' **mṛdu-** (adj) 'soft' **śītala-** (adj) 'cool, cold'. **(62) śaitya-** (n.) 'coldness, cold' **nāma** (ind) here 'indeed' **tad-anu** (ind) 'after that; and, also' **sva-bhāvika-** (adj) 'native, natural' **su-acchatā-** (f.) 'perfect clearness, transparency' **√brū** (II bravīti) 'speak' **śucitā-** (f.) 'clearness, purity' **śuci-** (adj) 'clean, pure' **sparśa-** (m.) 'touch' **apara-** (pron adj) 'lower, inferior' **stuti-pada-** (n.) 'object of/reason for praise' **jīvin-** (adj) 'living, living creature' **nīca-patha-** (m.) 'the way down, descent' **payas-** (n.) 'water' **ni-√rudh** (I nirodhati) 'restrain, hold back' **kṣama-** (adj) 'suitable, able' (+ INF).

---

(59) **dṛśyate** lit. 'is seen (to be)': 'is' **bahu-vistara-** BV 'of great extent, wide-spread'. (60) Each pāda is its own sentence supply 'is'/'are' split up **na indīvare** **indīvare ete** note absence of sandhi after dual ending **mugdha-dṛśaḥ** GEN SG FEM. (61) Split up **vahniḥ dahan** (PRESAP) **mūlāni** read **sa-mūlam [vanam]** 'the with-rooted forest, the trees along with their roots' **mṛdu-śitāla-** is an adjectival dvandva. (62) Split up **guṇaḥ tava eva** **kim** here 'why?' supply **tava** to read **śucitām tava sparśena yasya** … **apare** NOM PL MASC l. 3 **kim** here 'some' split up **ca anyat kathayāmi** **tvam** begins new sentence l. 4 split up **cet nīca-**… **√gam** + INS lit. 'go by means of': 'go on (a path)' split up **kaḥ tvam** **niroddhum** INF of ni-√rudh.

वयमिह परितुष्टा वल्कलैस्त्वं दुकूलैः ।
सम इह परितोषो निर्विशेषो विशेषः ॥
स तु भवतु दरिद्रो यस्य तृष्णा विशाला ।
मनसि च परितुष्टे को ऽर्थवान्को दरिद्रः ॥ ६३ ॥

वरं वनं वरं भैक्षं वरं भारोपजीवनम् ।
पुंसां विवेकमुक्तानां सेवया न धनार्जनम् ॥ ६४ ॥

वरं स्वधर्मो विगुणो न पारक्यः स्वनुष्ठितः ।
परधर्मेण जीवन्हि सद्यः पतति जातितः ॥ ६५ ॥

वरं हि दैवायत्तैकबुद्धि स्थानमनायकम् ।
न तु विप्लुतसर्वार्थं विभिन्नं बहुनायकम् ॥ ६६ ॥

---

(63) **parituṣṭa-** (adj) 'delighted, all around pleased' **valkala-** (m./n.) 'tree bark; tree-bark garment' **dukūla-** (m.) 'fine cloth/fabric' **paritoṣa-** (m.) 'delight, pleasure' **nirviśeṣa-** (adj) 'without a/not making any difference' **viśeṣa-** (m.) 'difference' **daridra-** (adj) 'poor' **tṛṣṇā-** (f.) 'desire' **viśāla-** (adj) 'great' **artha-vat-** (adj) 'wealthy'. **(64)** **vara-** (adj) 'better' **bhaikṣa-** (n.) 'alms, begging' **bhāra-** (m.) 'load, load-bearing' **upajīvana-** (n.) 'livelihood' **puṃs-** (m.) 'man' **viveka-mukta-** (adj) 'freed from good judgment', i.e. 'stupid' **sevā-** (f.) 'service to, attendance on' (+ GEN) **dhana-** (n.) 'wealth' **arjana-** (n.) 'acquisition, earning'. **(65)** **sva-/para-dharma-** (m.) 'one's own/someone else's duty' **vi-guṇa-** (adj) 'deficient, imperfect' **pārakya-** (adj) 'belonging to another' **su-anuṣṭhita-** (adj) 'well-observed, well-practiced' **sadyaḥ** (ind) 'on the same day; soon' **jāti-taḥ** (ind) 'caste-wise, in relation to his caste'. **(66)** **daiva-** (n.) 'fate, destiny' **āyatta-** (adj) 'dependent on' **sthāna-** (m.) 'place' **a-/bahu-nāyaka-** (adj) 'without a leader/having many leaders' **vipluta-** (adj) 'dispersed, confused' **vibhinna-** (adj) 'divided'.

---

(63) l. 1 contrast **vayam … tvam** read **parituṣṭa-** with both l. 2 supply 'is/means' l. 3 translate **bhavatu** ('may he be') as 'may he/let him be considered/thought of as …' l. 4 **manasi parituṣṭe** LOC ABS: 'if/as long as …'. **(64)** **varam … na** lit. 'better (is) … not …': translate 'better is … than …' **vanam** 'forest' refers to ascetic life in the forest **bhāra-upajīvanam** 'a life of load-bearing/as a porter'. **(65)** **varam … na** lit. 'better (is) … not': 'better is … than …' **jīvan** 'one who lives …'. **(66)** **varam … na** lit. 'better … not': 'better … than …' split up **daiva-āyatta-ekabuddhi** **eka-buddhi** BV NTR NOM SG lit. 'whose thought/focus is one': here 'exclusively, solely' **viplūta-sarva-artham** BV **artha-** here 'thing, matter' all NOM SG NTR forms agree with an implied **sthānam**.

वरं पर्वतदुर्गेषु भ्रान्तं वनचरैः सह।
न मूर्खजनसंपर्कः सुरेन्द्रभवनेष्वपि ॥ ६७ ॥

वस्तुष्वशक्येषु समुद्यमश्चेच्छक्येषु मोहादसमुद्यमश्च।
शक्येषु काले न समुद्यमश्च त्रिधैव कार्यव्यसनं वदन्ति ॥ ६८ ॥

वाच्यर्था नियताः सर्वे वाङ्मूला वाग्विनिःसृताः।
तां तु यः स्तेनयेद्वाचं स सर्वस्तेयकृन्नरः ॥ ६९ ॥

---

(67) **dur-ga-** (n.) lit. 'difficult to go (through)': 'rough ground, difficult passage' **bhrānta-** (n.) 'wandering, roaming' **mūrkha-** (adj) 'foolish, idiotic' **samparka-** (m.) 'contact, association' **sura-indra-** (m.) 'Indra/king among gods' **bhavana-** (n.) 'house, mansion, palace'. **(68) vastu-** (n.) 'matter, affair' **(a)śakya-** (adj) '(im)possible' **(a)samudyama-** (m.) '(lack of) great effort, exertion' **cet** (ind) 'and' **moha-** (m.) 'ignorance, delusion' **kāla-** (n.) '(the right) time' **tridhā** (ind) 'triply, in three ways' **kārya-** (n.) 'duty, task, mission' **vyasana-** (n.) here 'waste, loss'. **(69) vāc-** (f.) 'voice; here: word' **artha-** (m.) here 'thing, matter, affair' **niyata-** (adj) 'bound, linked' **mūla-** (n.) 'root' **viniḥsṛta-** (adj) 'sprung/originating from' **√sten** (x stenayati) 'steal' **steya-** (n.) 'theft, robbery' **-kṛt-** (adj, ifc) 'making, doing'.

---

(67) **varam … na** lit. 'better (is) … not': 'better is … than …' **vana-cara-** lit. 'forest wanderer': here 'monkey'. (68) Split up **cet śakyeṣu mohāt asamudyamaḥ** **kāle na** here 'not at the right time' **vadanti** supply 'they say (that there is)'. (69) Read **sarve arthāḥ** 'all things (are)' three times **vāṅ-** sandhied vāc- **vācam √sten** lit. 'steal a word': 'misuse a word, lie' split up **sarva-steya-kṛt naraḥ**.

वासः काञ्चनपञ्जरे नृपकराम्भोजैस्तनूमार्जनं ।
भक्ष्यं स्वादु रसालदाडिमफलं पेयं सुधाभं पयः ॥
पाठः संसदि रामनाम सततं धीरस्य कीरस्य मे ।
हा हा हन्त तथापि जन्मविटपिक्रोडं मनो धावति ॥ ७० ॥

विद्यमाना गतिर्येषामन्यत्रापि सुखावहा ।
ते न पश्यन्ति विद्वांसो देशभङ्गं कुलक्षयम् ॥ ७१ ॥

विद्यां वित्तं शिल्पं तावन्नाप्नोति मानवः सम्यक् ।
यावद्व्रजति न भूमौ देशाद्देशान्तरं हृष्टः ॥ ७२ ॥

---

(70) **vāsa-** (m.) 'dwelling, house' **kāñcana-** (n.) 'gold' **pañjara-** (n.) 'cage' **ambhoja-** (n.) lit. 'water/lake-born': 'lotus' **tanū-** (f.) 'body' **mārjana-** (n.) 'cleaning', here 'stroking, brushing' **bhakṣya-** (n.) 'food, sustenance' **svādu-** (adj) 'sweet' **rasāla-** (n.) 'mango' **dāḍima-** (n.) 'pomegranate' **peya-** (n.) 'drink, beverage' **sudhā-** (f.) 'nectar, drink of the gods' **bhā-** (f., ifc) 'appearance' **payas-** (n.) 'water' **pāṭha-** (m.) 'recitation, declamation' **saṃsad-** (f.) 'company' **satatam** (ind) 'always' **dhīra-** (adj) 'wise, intelligent' **kīra-** (m.) 'parrot' **hā hā hanta** (ind) 'oh, oh, alas' **janman-** (n.) 'birth' **viṭapin-** (adj) 'having branches'; (m.) 'tree' **kroḍa-** (m.) 'hollow, cave'. **(71) vidyamāna-** (adj) lit. 'being found': 'possible' **gati-** (f.) 'voyage, trip, move' **āvaha-** (adj) 'bringing, offering' **vidvat-** (adj/PERFAP of √vid) 'knowing, wise' **bhaṅga-** (m.) 'break-up' **kula-** (n.) 'family' **kṣaya-** (n.) 'destruction'. **(72) vidyā-** (f.) 'knowledge' **vitta-** (n.) 'property, wealth' **śilpa-** (n.) 'art, artistry, artwork' **mānava-** (m.) 'man, person' **na ... samyak** (ind) 'not at all' **√vraj** (I vrajati) 'walk, wander' **bhūmi-** (f.) 'earth' **hṛṣṭa-** (adj) 'happy'.

---

(70) Supply 'is' five times in l. 1–3 **nṛpa-kara-ambhoja-** lit. 'royal-hand-lotus': 'lotus-like royal hands' l. 2 **svādu** NOM SG NTR **rasāla-dāḍima-phalam** BV agreeing with **bhakṣyam** **sudhā-bha-** BV 'nectar-like, having the appearance of nectar' l. 3 **pāṭhaḥ** ... **rāma-nāma** 'the declamation (namely/of) Rāma's name' **dhīrasya kīrasya me** is dependent on all preceding subjects l. 4 **tathā api** 'and even so' **janma-viṭapi-kroḍa-** 'the hollow/cave in the tree of his birth' **manaḥ dhāvati** lit. 'thought/the mind runs towards' (+ ACC): 'the mind/heart is focused on, longs for'. **(71)** Split up **gatiḥ yeṣām anyatra api** translate **yeṣām** as '*for* whom' supply 'is' translate **vidvāṃsaḥ** (NOM PL MASC of vidvat-) as 'being wise, if they are wise [implied: and have gone abroad]'. **(72)** Note the reversal of the usual order of **yāvat ... tāvat** split up **tāvat na āpnoti** **bhūmau** is LOC SG translate **hṛṣṭaḥ** adverbial: 'happily'.

विद्वानपि धनी दाता धनी साधुर्गुणग्रहः ।
सर्वबन्धुर्धनी पूज्यो धनहीनो गतप्रभः ॥ ७३ ॥

विद्वानृजुरभिगम्यो विदुषि शठे चाप्रमादिना भाव्यम् ।
ऋजुमूर्खस्त्वनुकम्प्यो मूर्खशठः सर्वथा त्याज्यः ॥ ७४ ॥

विशीलः कामवृत्तो वा गुणैर्वा परिवर्जितः ।
उपचर्यः स्त्रिया साध्व्या सततं देववत्पतिः ॥ ७५ ॥

विषमस्थस्वादुफलग्रहणव्यवसायनिश्चयो येषाम् ।
उष्ट्राणामिव तेषां मन्ये ऽहं शांसितं जन्म ॥ ७६ ॥

---

(73) **vidvat-** (adj/PERFAP of √vid) 'knowing, wise' **dhanin-** (adj) 'wealthy' **bandhu-** (m.) 'relative, relation' **pūjya-** (adj) 'honorable, respectable' **-hīna-** (adj, ifc) 'devoid of, lacking' **prabhā-** (f.) 'splendor, radiance'. (74) **vidvat-** (adj/PERFAP of √vid) 'knowing, wise' **ṛju-** (adj) 'straightforward, honest' **abhi-√gam** 'go to, approach' **śaṭha-** (adj) 'false, deceitful' **a-pramādin-** (adj) lit. 'non-negligent': 'cautious' **anu-√kamp** 'sympathize with, feel pity with' **mūrkha-** (adj) 'stupid, foolish'; (m.) 'fool'. (75) **viśīla-** (adj) 'ill-behaved, immoral' **vṛtta-** (adj) here: 'turned towards, focused on' **parivarjita-** (adj) 'abandoned, deserted' **upa-√car** (1 upacarati) 'approach' **sādhu-** (adj, f. sādhvī-) 'good' **satatam** (ind) 'always' **deva-vat-** (ind) 'like a god' **pati-** (m.) 'lord, husband'. (76) **viṣama-** (n.) 'rough ground/terrain' **svādu-** (adj) 'sweet' **grahaṇa-** (m.) 'taking, picking' **vyavasāya-** (m.) 'act, action' **niścaya-** (m.) 'firm resolve, purpose' **uṣṭra-** (m.) 'camel' **śāṃsita-** (adj) 'celebrated; praiseworthy' **janman-** (n.) 'birth; life, existence'.

---

(73) **vidvān** NOM SG MASC of vidvat- **dhanī** (NOM SG) is the subject, supply 'is' with each translate **dātā** 'giver' (NOM SG) as 'giving, generous' **graha-** lit. 'taking, a taker': 'one who has …' **gata-prabhaḥ** BV. (74) **abhigamya-, bhāvya-, anukampya-, tyājya-** GDVES ('to be x-ed'); translate each 'is to be x-ed, should be x-ed' **viduṣi** LOC SG of vidvat- **bhāvya-** 'necessarily be wary of, heed (+ LOC)'; here impersonal, lit. 'it must be heeded towards … by …': 'the cautious man needs to be wary of …' split up **ṛju-mūrkhaḥ tu anukampyaḥ.** (75) **upacaryaḥ** 'is to be treated' functions as the main verb **patiḥ** (end of l. 2) is the subject. (76) **Structure** aham manye janma teṣām śāṃsitam yeṣām … split up **viṣama-stha**('standing/growing in rough terrain')-**svādu-phala-grahaṇa-vyavasāya-niścayaḥ** just like with most shorter compounds, translate this one from right to left **…-niścayaḥ yeṣām** 'of whom (there is) the firm resolution' = 'who have the firm resolution …'.

वृक्षमूले ऽपि दयिता यत्र तिष्ठति तद्गृहम् ।
प्रासादो ऽपि तया हीनः अरण्यसदृशः स्मृतः ॥ ७७ ॥

वेदाः प्रमाणं स्मृतयः प्रमाणं धर्मार्थयुक्तं वचनं प्रमाणम् ।
यस्य प्रमाणं न भवेत्प्रमाणं कस्तस्य कुर्याद्वचनं प्रमाणम् ॥ ७८ ॥

वेधा द्वेधा भ्रमं चक्रे कान्तासु कनकेषु च ।
तासु तेष्वप्यनासक्तः साक्षाद्भर्गो नराकृतिः ॥ ७९ ॥

व्यसनेष्वेव सर्वेषु यस्य बुद्धिर्न हीयते ।
स तेषां पारमभ्येति तत्प्रभावादसंशयम् ॥ ८० ॥

---

(77) **mūla-** (n.) 'root' **dayita-** (adj) 'cherished, beloved' **prāsāda-** (m.) 'palace' **hīna-** (adj) 'without, lacking' (+ INS) **araṇya-** (n.) 'forest' **sadṛśa-** (adj) 'resembling, like'. (78) **veda-** (m.) Veda (the Vedas are the oldest Indian texts) **pramāṇa-** (n.) 'measure; authority' **smṛti-** (f.) lit. 'remembrance'; here technical term 'law books' ('remembered' by sages) **dharma-** (m.) here 'duty' **artha-** (m.) here 'purpose' **yukta-** (adj) 'linked/endowed with' **vacana-** (n.) 'word, statement'. (79) **vedhas-** (m.) 'creator' (esp. Brahmā) **dvedhā** (ind) 'in two ways; twice' **bhrama-** (m.) 'erring, mistake' **kāntā-** (f.) 'beloved woman, woman, mistress' **kanaka-** (n.) 'gold; money' **an-āsakta-** (adj) 'unattached' (to: + LOC) **sākṣāt** (ind) 'clearly, manifestly' **bharga-** (m.) 'radiance, splendor', used as a name for gods like Brahmā or Śiva **ākṛti-** (f.) 'form, shape'. (80) **vyasana-** (n.) 'misfortune, accident' **√hā** (III jahāti) 'leave behind, abandon' **pāra-** (n.) 'other side (of a river)' **prabhāva-** (m.) 'power' **a-saṃśayam** (ind) 'doubtlessly, without doubt'.

---

(77) Structure **yatra … tad** 'where … that is …' **gṛham** here 'home' **hīnaḥ araṇya-**: note the lack of sandhi at the pāda border **smṛtaḥ** lit. 'remembered' here 'is felt/perceived as'. (78) Supply 'is/are' 3× **dharma-artha-** is a dvandva **yasya pramāṇam na bhavet pramāṇam** 'if of/for someone no authority is an authority' (= if someone does not accept anything as an authority) **kuryāt** POT of √kṛ. (79) Read a colon after **cakre** (3SG PERF MID of √kṛ) translate the LOCs as 'in the matter of' **tāsu** begins a new sentence **nara-ākṛtiḥ** BV 'whose shape is a man's': 'in the shape of a man'. (80) Translate **sarva-** here as 'any' **hīyate** PASS of √hā **pāram abhi-eti** lit. 'goes to the other side of': 'overcomes' **tat-** (stem form used in CPDS) refers back to **buddhi-**.

व्योमनि शम्बाकुरुते चित्रं निर्माति यत्नतः सलिले ।
स्नपयति पवनं सलिलैर्यस्तु खले चरति सत्कारम् ॥ ८१ ॥

शकटं पञ्चहस्तेषु दशहस्तेषु वाजिनम् ।
गजं हस्तसहस्रे च दुष्टं दूरे च वर्जयेत् ॥ ८२ ॥

शकुनानामिवाकाशे मत्स्यानामिव चोदके ।
पदं यथा न दृश्यते तथा पुण्यकृतां गतिः ॥ ८३ ॥

शक्यते येन केनापि जीवनेनैव जीवितुम् ।
किं तु कौलव्रतोद्भङ्गप्रसङ्गः परदुःसहः ॥ ८४ ॥

शनैरर्थाः शनैर्विद्या शनैः पर्वतमारुहेत् ।
शनैर्धर्मश्च कामश्च व्यायामश्च शनैः शनैः ॥ ८५ ॥

---

(81) **vyoman-** (m.) 'sky, atmosphere' **śambā-√kṛ** (VIII -karoti/-kurute) 'plough' **citra-** (n.) 'image, picture' **niḥ-√mā** (II nirmāti) 'build, make, fabricate' **yatna-taḥ** (ind) 'with effort; diligently' **salila-** (n.) 'water' **√snā** (II snāti) 'swim, bathe' **pavana-** (m.) 'wind' **khala-** (m.) 'evil person' **sat-kāra-** (m.) 'honor'. **(82)** **śakaṭa-** (n.) 'cart, wagon' **vājin-** (m.) 'horse, war horse, stallion' **duṣṭa-** (m.) 'evil person' **dūre** (ind) 'far, in the distance' **√vṛj** (I varjati) 'turn', CAUS varjayati 'avoid, stay away from'. **(83)** **śakuna-** (m.) 'bird' **ākāśa-** (n.) 'sky, atmosphere' **matsya-** (m.) 'fish' **udaka-** (n.) 'water' **pada-** (n.) 'step; trace, track' **puṇya-** (n.) 'good/meritorious action, virtue' **gati-** (f.) 'gait, path'. **(84)** **ya- ka-… api** 'whatever, any, any sort of' **vrata-** (n.) 'manner (of life), conduct' **udbhaṅga-** (m.) 'breaking off, end' **prasaṅga-** (m.) 'occurrence, case, event' **para-duḥ-saha-** (adj) 'very difficult to bear'. **(85)** **śanaiḥ** (ind) 'slowly' **ā-√ruh** (I ārohati) 'go up, climb' **vyāyāma-** (m.) 'exercise, training, exertion'.

---

(81) Structure: (implied **sa**) … **yaḥ** **snapayati** 'causes to bathe', i.e. 'washes, cleans' **satkāram √car** 'do an honor, to honor' (sb.: + LOC). **(82)** **hasta-** 'hand' here as in 'measure of distance' translate **varjayet** impersonally: 'one should …'. **(83)** Split up **ca udake.** **(84)** **śakyate** + INF 'it is possible to be x-ed; one can x' **kiṃ tu** 'but' **kaula-** (adj, vṛddhi of kula- 'family') usually 'of a good family, high-born', here 'familiar, traditional'. **(85)** Supply a verb such as 'should be' with each statement without a verb **arthāḥ** here '(acquisition of) wealth'.

शशिना च निशा निशया च शशी ।
शशिना निशया च निभाति नभः ॥
पयसा कमलं कमलेन पयः ।
पयसा कमलेन विभाति सरः ॥ ८६ ॥

शान्तिखड्गः करे यस्य किं करिष्यति दुर्जनः ।
अतृणे पतितो वह्निः स्वयमेवोपशाम्यति ॥ ८७ ॥

शान्त्यर्थे सर्वशास्त्राणि विहितानि मनीषिभिः ।
तस्मात्स सर्वशास्त्रज्ञो यस्य शान्तं मनः सदा ॥ ८८ ॥

शास्त्रं सुचिन्तितमपि प्रतिचिन्तनीयं ।
स्वाराधितो ऽपि नृपतिः परिशङ्कनीयः ॥
अङ्के स्थितापि युवतिः परिरक्षणीया ।
शास्त्रे नृपे च युवतौ च कुतो वशित्वम् ॥ ८९ ॥

---

(86) **śaśin-** (m.) 'moon' **niśā-** (f.) 'night' **ni-√bhā** (II nibhāti) 'shine, glow, be beautiful' **nabhas-** (n.) 'sky' **payas-** (n.) 'water' **kamala-** (n.) 'lotus' **saras-** (n.) 'lake'. **(87)** **śānti-** (f.) 'peace, tranquility' **khaḍga-** (m.) 'sword' **kara-** (m.) lit. 'doer': 'hand' **tṛṇa-** (n.) 'grass' **vahni-** (m.) 'fire' **svayam** (ind) 'on its own, of its own accord' **upa-√śam** (IV upaśāmyati) 'become calm; cease'. **(88)** **śānti-** (f.) '(inner) peace, tranquility' **arthe** (ind) 'for the sake/purpose of' **śāstra-** (n.) 'learning; teaching, doctrine; textbook' **vihita-** (adj) 'arranged, composed' **manīṣin-** (adj) 'wise'; (m.) 'wise man, sage' **-jña-** (adj, ifc) 'knowing' **śānta-** (adj) 'quiet, peaceful' **manas-** (n.) 'mind'. **(89)** **śāstra-** (n.) 'learning; teaching, doctrine; textbook' **su-cintita-** (adj) 'well thought-through, well examined' **prati-√cint** (X praticintayati) 'think over, rethink' **su-ārādhita-** (adj) 'well/faithfully served' **nṛ-pati-** (m.) 'leader, king' **pari-√śaṅk** (I pariśaṅkate) 'suspect, mistrust' **aṅka-** (m.) 'curve (of a body); lap' **yuvati-** (f.) 'girl, young woman' **pari-√rakṣ** (I parirakṣati) 'guard' **kutaḥ** (ind) 'wherefrom? how?' **vaśitva-** (n.) 'power, control over' (+ Loc).

---

(86) **śaśī** Nom Sg. **(87)** **√kṛ** + Loc 'do (sth.) to sb.' **kare yasya** here 'someone in whose hand …' **a-tṛṇe patitaḥ** 'fallen onto non-grass/something that isn't kindling'. **(88)** Supply 'is' with **sa.** **(89)** The forms in **-anīya-** are Gdves, translate 'should be x-ed' the preverb **pari-** lit. 'around' here suggests the idea of 'all around, thoroughly' l. 3 **sthita-** lit. 'standing': 'sitting, being (in)' l. 4 **yuvatau** is Loc Sg.

शुभं वा यदि वा पापं यन्नृणां हृदि संस्थितम्।
सुगूढमपि तज्ज्ञेयं सुप्तवाक्यात्तथा मदात्॥ ९०॥

शास्त्रोपस्कृतशब्दसुन्दरगिरः शिष्यप्रदेयागमाः।
विख्याताः कवयो वसन्ति विषये यस्य प्रभोर्निर्धनाः॥
तज्जाड्यं वसुधाधिपस्य सुधियो ह्यर्थं विनापीश्वराः।
कुत्स्याः स्युः कुपरीक्षका हि मणयो यैरर्घतः पातिताः॥ ९१॥

शुश्रूषामेव कुर्वीत भर्तुः प्रियहिते रता।
एष धर्मः पुरा दृष्टो लोके वेदे श्रुतः स्मृतः॥ ९२॥

---

(90) **nṛ-** (m.) 'man' **hṛd-** (n.) 'heart' **saṃsthita-** (adj) 'placed, resting' **su-gūḍha-** (adj) 'well hidden' **supta-** (adj) 'sleeping, asleep' **vākya-** (n.) 'speech' **mada-** (m.) 'passion; intoxication, drunkenness'. **(91)** **upaskṛta-** (adj) 'embellished, adorned' **śabda-** (m.) 'sound, word, expression' **gir-** (f.) 'speech, language, voice' **śiṣya-** (m.) 'student' **pradeya-** (adj) 'worthy of passing on' **āgama-** (m.) lit. 'coming'; here '(passed-down) knowledge, teaching' **vikhyāta-** (adj) 'famous, celebrated' **kavi-** (m.) 'poet' **viṣaya-** (m.) 'realm, country' **prabhu-** (m.) 'lord, king' **nirdhana-** (adj) 'without possessions, poor' **jāḍya-** (n.) 'dullness, stupidity; mistake' **vasu-dha-** (adj) 'wealth-giving' **adhi-pa-** (m.) 'ruler' **su-dhī-** (adj) 'having good thoughts, wise'; (m.) 'wise man' **vinā** (ind) 'without' (+ Ins or Acc) **īśvara-** (m.) 'master, lord' **kutsya-** (adj) 'blamable, to be blamed' **ku-parīkṣaka-** (m.) 'bad judge' **maṇi-** (m.) 'jewel, gem' **argha-taḥ** (ind) 'price-wise, concerning sth.'s price'. **(92)** **śuśrūṣā-** (f.) lit. 'desire to listen': 'reverence, obedience' **bhartṛ-** (m.) 'husband' **hita-** (adj) 'beneficial, suitable' **rata-** (adj) 'pleased by, attached to' (+ Loc) **veda-** (m.) 'the Veda'.

---

(90) Split up **yat nṛṇām** (Gen Pl of nṛ-) split up **tat jñeyam** (Gdve of √jñā: 'knowable, to be known') **tathā** here 'and'. **(91)** These lines are a little tricky and included here partly to show some longer, non-straightforward compounds l. 1+2 read as conditional: 'if …' l. 1 both compounds are bv, describing **kavayaḥ** (Nom Pl) in l. 2 [[[**śāstra-upaskṛta**]-**śabda**]-[**sundara-gir-**]] 'whose [beautiful language] is/contains [[learning-embellished] words]/expressions that are adorned by learning' **śiṣya-pradeya-āgama-** 'whose teaching should be passed down to students' l. 2 translate **yasya prabhoḥ** 'of some king' l. 3 split up **tad** ('then') **jāḍyam** **su-dhiyaḥ** (Nom Pl of **su-dhī-**) begins a new sentence **hi** here 'even' **artha-** here 'money, wealth' l. 4 begins a new sentence translate **syuḥ** (3Pl Pot of √as) 'are' **pātita-** Caus *ta*-Ptc of √pat 'caused to fall, lowered, brought down'. **(92)** Implied subject: 'a wife' **bhartuḥ** Gen Sg of bhartṛ- **kurvīta** 3Sg Mid Pot of √kṛ **priya-hita-** 'good/beneficial for a dear person' supply 'is' **dṛṣṭa-** lit. 'seen', here 'revealed'.

शौचेन लभते विप्रः क्षत्रियो विक्रमेण तु ।
वैश्यः पुरुषकारेण शूद्रो शुश्रूषया श्रियम् ॥ ९३ ॥

श्रुतं कृतधीयां सङ्गाज्जायते विनयः श्रुतात् ।
लोकानुरागो विनयान्न किं लोकानुरागतः ॥ ९४ ॥

श्लोकार्धेन प्रवक्ष्यामि यदुक्तं ग्रन्थकोटिभिः ।
परोपकारः पुण्याय पापाय परपीडनम् ॥ ९५ ॥

श्वः कार्यमद्य कुर्वीत पूर्वाह्णे चापराह्णिकम् ।
नहि प्रतीक्षते मृत्युः कृतं वास्य न वाकृतम् ॥ ९६ ॥

संसारविषवृक्षस्य द्वे फले अमृतोपमे ।
काव्यामृतरसास्वाद आलापः सज्जनैः सह ॥ ९७ ॥

---

(93) **śauca-** (n.) 'cleanliness, purity' **vipra-** (m.) 'sage, wise man; brahmin' **vikrama-** (m.) 'courage' **puruṣa-kāra-** (m.) 'human effort, work' **śuśrūṣā-** (f.) lit. 'desire to listen': 'reverence, obedience' **śrī-** (f.) 'glory, splendor'. **(94)** **śruta-** (n.) lit. 'what has been heard': '(revealed) knowledge' **kṛta-dhī-** (adj) lit. 'of formed mind': 'intelligent, educated' **saṅga-** (m.) 'contact, association' (with: + GEN) **√jan** (IV jāyate) 'is born, comes to be' **vinaya-** (m.) 'propriety, good behavior' **anurāga-** (m.) 'affection, love'. **(95)** **ardha-** (m./n.) 'half' **pra-√vac** 'say, proclaim' **grantha-** (m.) 'book, text' **koṭi-** (f.) lit. '10 million': 'a very high/the highest number; millions' **para-** (pron adj) '(an)other' **upakāra-** (m.) 'help, support' **pīḍana-** (n.) 'harassment, oppression'. **(96)** **śvaḥ** (ind) 'tomorrow' **pūrva-ahṇa-** (m.) 'the earlier part of the day, morning' **apara-ahṇi-ka-** (adj) 'belonging to the afternoon, the afternoon's' **prati-√īkṣ** (I pratīkṣate) 'look at, consider' **mṛtyu-** (m.) 'death'. **(97)** **saṃsāra-** (m.) 'life; the circle of lives and rebirths' **viṣa-** (n.) 'poison' **amṛta-** (adj) 'immortal'; (n.) 'nectar' (the drink of immortality) **upamā-** (f.) 'standard of comparison', (ifc) 'like' **kāvya-** (n.) 'poetry' **rasa-** (m.) 'essence': here 'taste, flavor' **āsvāda-** (m.) 'the act of eating/enjoying' **ālāpa-** (m.) 'conversation' **saj-jana-** (m.) 'true/good person'.

---

(93) The object of **labhate** (l. 1) is **śriyam** (l. 2) **kṣatriya, vaiśya** and **śūdra** are the terms for the three castes below brahmins: leave these untranslated here. **(94)** Split up **saṅgāt jāyate** **loka-anurāgataḥ** is an old/alternative ABL form, translate like **loka-anurāgāt.** **(95)** Translate DAT **puṇyāya, pāpāya** (lit. 'is for') as 'leads to' **puṇya-** and **pāpa-** are the two kinds of karma, i.e. good and bad. **(96)** **kārya-** is both GDVE of √kṛ 'having to be done' (so used in l. 1) and a noun (n.) 'task, mission' (l. 2) **kurvīta** (POT MID of √kṛ) 'one should do' **nahi** = na read **kāryam** with **(a)kṛtam** translate **asya** 'of someone'. **(97)** For 'x is of y', see p. XIX **dve phale amṛta-upame** NOM DU NTR.

संचये च विनाशान्ते मरणान्ते च जीविते ।
संयोगे च वियोगान्ते को नु विप्रणयेन्मनः ॥ ९८ ॥

सति प्रदीपे सत्यग्नौ सत्सु तारारवीन्दुषु ।
विना मे मृगशावाक्ष्या तमोभूतमिदं जगत् ॥ ९९ ॥

सत्यं ब्रवीमि न त्वं मां द्रष्टुं वल्लभ लप्स्यसे ।
अन्यचुम्बनसंक्रान्तलाक्षारक्तेन चक्षुषा ॥ १०० ॥

सत्यं ब्रूयात्प्रियं ब्रूयान्न ब्रूयात्सत्यमप्रियम् ।
प्रियं च नानृतं ब्रूयादेष धर्मः सनातनः ॥ १०१ ॥

सदा सन्तो ऽभिगन्तव्या यद्यप्युपदिशन्ति न ।
या हि स्वैरकथास्तेषामुपदेशा भवन्ति ताः ॥ १०२ ॥

---

(98) **saṃcaya-** (m.) 'gathering/accumulation (of wealth)' **vināśa-** (m.) 'destruction' **anta-** (m.) 'end' **maraṇa-** (n.) 'death' **saṃyoga-** (m.) 'union, contact' **viyoga-** (m.) 'separation' **nu** (ind) 'so; then' **vi-pra-√nī** (I vipraṇayati) 'focus on' (+ Loc). **(99) pradīpa-** (m.) 'lamp' **tārā-** (f.) 'star' **ravi-** (m.) 'sun' **indu-** (m.) 'moon' **vinā** (ind) 'without' (+ Loc or Acc) **śāva-** (m.) 'young (of a species)' **akṣi-** (n.) 'eye' **tamo-bhūta-** (adj) 'existing/lying in darkness' **jagat-** (n.) 'world'. **(100) √brū** (II bravīti) 'talk, speak' **vallabha-** (m.) 'dear, darling' **√labh** (I labhate) 'take, seize' **anya-** (pron adj) '(an)other' **cumbana-** (n.) 'kiss' **saṃkrānta-** (adj) 'come together; transferred' **lākṣā-** (f.) 'red dye' (e.g. for lipstick) **rakta-** (adj) 'colored, painted' **cakṣus-** (n.) 'eye'. **(101) satya-** (adj) 'true' **priya-** (adj) 'dear, pleasant' **an-ṛta-** (adj) 'not true; false' **sanātana-** (adj) 'eternal'. **(102) abhi-√gam** (irreg abhigacchati) 'approach, go to' **upa-√diś** (VI upadiśati) 'demonstrate; teach' **svaira-** (adj) 'spontaneous' **kathā-** (f.) 'story' **upadeśa-** (m.) 'teaching, instruction'.

---

(98) All locatives are dependent on the main verb **vināśa-ante-** etc. BV supply 'is' three times. (99) l. 1 contains three Loc Abs: 'with x being the case / even if …' **sat-** (PresAP of √as) here 'existing, being present' **mṛga-śāva-akṣī-** (BV, f.) 'a woman whose eyes are (like) a young deer's' depends on **vinā**. (100) **lapsyase** (Fut of √labh) + Inf 'take/get the opportunity to; be able to' remember: whenever the meaning of a compound is unclear, translate it from the end **√dṛś cakṣuṣā** 'see/look with an eye that …'. (101) Translate **brūyāt** impersonally: 'one should say/speak' Translate each **na** together with **brūyāt** l. 1 split up **brūyāt na brūyāt satyam apriyam** l. 2 **eṣa** begins a new sentence. (102) **sat-** (Nom Pl santaḥ) here 'true/wise man' **abhigantavya-** Gdve 'having to be/should be gone to' note relative-clause structure **yāḥ … tāḥ** read **bhavanti** in both clauses.

स नास्ति परमित्येव कुरु बुद्धिं महामते ।
प्रत्यक्षं यत्तदातिष्ठ परोक्षं पृष्ठतः कुरु ॥ १०३ ॥

सन्ति पुत्राः सुबहवो दरिद्राणामनिच्छताम् ।
नास्ति पुत्रः समृद्धानां विचित्रं विधिचेष्टितम् ॥ १०४ ॥

सन्ति स्वादुफला वनेषु तरवः स्वच्छं पयो नैर्झरं ।
वासो वल्कलमाश्रयो गिरिगुहा शय्या लतापल्लवाः ॥
आलोकाय निशासु चन्द्रकिरणाः सख्यं कुरङ्गैः सह ।
स्वाधीने विभवे ऽप्यहो नरपतिं सेवन्ते इत्यद्भुतम् ॥ १०५ ॥

सप्रतिबन्धं कार्यं प्रभुरधिगन्तुं सहायवानेव ।
दृश्यं तमसि न पश्यति दीपेन विना सचक्षुरपि ॥ १०६ ॥

---

(103) **para-** (n.) 'the beyond, afterlife' **mahā-mati-** (m.) 'great-minded, very wise' **prati-akṣa-** (adj) 'before the eye, visible, manifest' **ā-√sthā** (irreg ātiṣṭhati) 'stand close to; focus on' **parokṣa-** (adj) 'away from the eye, invisible, not manifest'. **(104)** **su-bahu-** (adj) 'very many' **daridra-** (adj) 'poor' **samṛddha-** (adj) 'prosperous, flourishing' **vicitra-** (adj) 'speckled, many-colored, varied; surprising, strange' **vidhi-** (m.) 'fate, destiny' **ceṣṭita-** (n.) 'moving; action'. **(105)** **svādu-** (adj) 'sweet' **taru-** (m.) 'tree' **su-accha-** (adj) 'very clear, transparent' **payas-** (n.) 'water' **nairjhara-** (adj) 'belonging to a waterfall; rushing' **vāsa-** (m.) 'clothing' **valkala-** (m./n.) 'tree bark' **āśraya-** (m.) 'dwelling, place of refuge' **giri-** (m.) 'hill, mountain' **guhā-** (f.) 'hollow, cave' **śayyā-** (f.) 'resting place' **latā-** (f.) 'vine, bindweed' **pallava-** (m.) 'sprout, shoot, twig' **āloka-** (m.) 'seeing, sight' **niśā-** (f.) 'night' **kiraṇa-** (m.) 'ray, beam' **sakhya-** (n.) 'friendship' **kuraṅga-** (m.) 'deer, antelope' **svādhīna-** (adj) 'under one's own control' **vibhava-** (m.) 'wealth, luxury, power' **aho** (excl) 'alas, oh, ugh' **√sev** (I sevate) 'serve, respect' **adbhuta-** (n.) 'wonder, miracle'. **(106)** **sa-** (pref) '(together) with' **pratibandha-** (m.) 'obstacle, difficulty' **kārya-** (n.) 'duty, task' **prabhu-** (adj) 'strong, powerful; (+ INF) able' **adhi-√gam** 'approach' **sahāya-vat-** (adj) 'having/with a companion/friend' **dṛśya-** (adj) 'having to be seen; able to be seen, visible' **tamas-** (n.) 'darkness, dark' **dīpa-** (m.) 'lamp' **vinā** (ind) 'without' (+ INS or ACC) **sa-cakṣus-** (adj) 'with-eyed, one who has eyes'.

---

(103) **sa** here 'so, thus' **buddhim √kṛ** 'make a judgement': 'understand, realize' **yat-tat** 'whatever' **pṛṣṭhataḥ √kṛ** 'put behind oneself; ignore' **kuru** 2SG IMPV of √kṛ. **(104)** For 'x is of y', see p. XIX **an-icchat-** 'unwilling, not wanting' (PRESAP of √iṣ) **na asti** and **vicitram** each begin a new sentence. **(105)** Supply **santi/asti** 'there is/are …' wherever necessary in l-3 l. 1 **svādu-phāla-** BV l. 2 **latā-pallavāḥ** presumably as a kind of mattress or hammock? l. 3 **ālokāya** lit. '… are for seeing': 'help/let you see' l. 4 **svādhīne vibhave api** LOC ABS the implied subject of **sevante** is 'people' translate **iti adbhutam** as 'that's the weird thing/the thing I don't get'. **(106)** Read **prabhuḥ** as 'one is able, one should' **sahāyavān** NOM SG MASC.

समायाते कान्ते कथमपि च कालेन बहुना ।
कथाभिर्देशानां सखि रजनिरर्धं गतवती ॥
ततो यावल्लीलाकलहकुपितास्मि प्रियतमे ।
सपत्नीव प्राची दिगियमभवत्तावदरुणा ॥ १०७ ॥

संपत्तौ च विपत्तौ च महतामेकरूपता ।
उदये सविता रक्तो रक्तश्चास्तमने तथा ॥ १०८ ॥

संपूर्णकुम्भो न करोति शब्दमर्धो घटो घोषमुपैति सम्यक् ।
विद्वान्नरो यो न करोति गर्वं गुणैर्विहीना बहु वादयन्ति ॥ १०९ ॥

संप्राप्य पण्डितः कृच्छ्रं प्रज्ञामेवावगाहते ।
बालस्तु कृच्छ्रमासाद्य शिलेवाम्भसि मज्जति ॥ ११० ॥

---

(107) **samāyāta**- (adj) 'come together, come back' **kānta**- (adj) 'loved, beloved' **kāla**- (m.) 'time' **kathā**- (f.) 'story' **sakhī**- (f.) 'female friend, girlfriend' **rajani**- (f.) 'night' **ardha**- (m./n.) 'half' **līlā**- (f.) 'play, amusement; pretend' **kalaha**- (m.) 'quarrel, fight' **kupita**- (adj) 'angry' **sa-patnī**- (f.) 'co-wife; rival' **prāñc**- (adj) 'east(ern)' **diś**- (f.) 'direction' **aruṇa**- (adj) 'red; blushing'. (108) **saṃpatti**- (f.) 'fortune, good luck' **vipatti**- (f.) 'adversity, misfortune, failure' **eka-rūpa-tā**- (f.) 'uniformity, same appearance' **udaya**- (m.) 'rise' **savitṛ**- (m.) 'the sun' **rakta**- (adj) 'red, crimson' **astamana**- (n.) 'setting'. (109) **saṃpūrṇa**- (adj) 'full, entirely full' **kumbha**- (m.) 'jar, pitcher' **śabda**- (m.) 'noise, sound' **ardha**- (adj) 'half' **ghaṭa**- (m.) 'jar, jug' **ghoṣa**- (m.) 'noise, din' **upa-√i** (II upaiti) 'go towards' **samyak** (ind) 'altogether, entirely' **vidvat**- (adj/PERFAP of √vid) 'knowing, wise' **garva**- (m.) 'pride, arrogance' **vihīna**- (adj) 'lacking, wanting' (+ INS). (110) **sam-pra-√āp** 'reach, come upon' **paṇḍita**- (m.) 'wise man, pundit' **kṛcchra**- (m./n.) 'difficulty, hardship' **prajñā**- (f.) 'wisdom, intelligence' **ava-√gāh** (I avagāhate) 'plunge into, resort to' (+ ACC) **ā-√sad** 'sit down near'; CAUS 'approach; find' **śilā**- (f.) 'stone, rock' **ambhas**- (n.) 'water' **√majj** (I majjati) 'sink, drown'.

---

(107) l. 1 **samāyāte kānte** LOC ABS **kālena bahunā** 'after a long time' l. 2 **deśānām** i.e. places he had been to **sakhi** VOC **ardham** here adverbial: 'halfly, by half' **gatavat**- PASTAP of √gam, here the main verb l. 3 split up **yāvat līlā-kalaha-kupitā asmi** **kupita**- + LOC 'angry towards' **priya-tama**- superlative l. 4 **sa-patnī** 'co-wife': a rival not necessarily for affection, but domestic status and power **prācī** FEM NOM SG of prāñc- split up **dik** (NOM SG of diś-) **iyam abhavat tāvat aruṇā**. (108) **saṃpattau, vipattau** LOC SG **savitā** NOM SG. (109) **ardha**- 'half', here 'half-full' **ghoṣam upa-√i** 'go towards noise': 'become noisy, make noise' (see p. XIX) **vidvān naraḥ yaḥ** 'he is a wise man who …' **garvam √kṛ** 'display pride' **vādayanti** CAUS 'cause … to be said'. (110) **bāla**- here 'fool' **āsādya** CAUS ABS of ā-√sad.

सर्पाः पिबन्ति पवनं न च दुर्बलास्ते।
शुष्कैस्तृणैर्वनगजा बलिनो भवन्ति॥
कन्दैः फलैर्मुनिवराः क्षपयन्ति कालं।
संतोष एव पुरुषस्य परं निधानम्॥ १११॥

सर्व एव जनः शूरो ह्यनासादितविग्रहः।
अदृष्टपरसामर्थ्यः सदर्पः को भवेन्नहि॥ ११२॥

सर्वत्र संपदस्तस्य संतुष्टं यस्य मानसम्।
उपानद्गूढपादस्य ननु चर्मावृतेव भूः॥ ११३॥

सर्वथा संहतैरेव दुर्बलैर्बलवानपि।
अमित्रः शक्यते हन्तुं मधुहा भ्रमरैरिव॥ ११४॥

---

(111) **sarpa-** (m.) 'snake, serpent' **√pā** (irreg pibati) 'drink' **pavana-** (n.) 'wind' **dur-bala-** (adj) 'weak' **śuṣka-** (adj) 'dry, parched' **tṛṇā-** (n.) 'grass' **vana-gaja-** (m.) 'forest elephant' **balin-** (adj) 'strong' **kanda-** (m./n.) 'bulb, root' **√kṣi** (v kṣiṇoti) 'destroy, defeat'; Caus kṣapayati same **saṃtoṣa-** (m.) 'contentment' **nidhāna-** (n.) 'treasure'. **(112)** **an-āsādita-** (adj) 'not having encountered; inexperienced' **vigraha-** (m.) 'fighting, conflict' **a-dṛṣṭa-** (adj) 'unseen' **para-** (m.) 'the other; enemy' **sāmarthya-** (m.) 'strength, power, fitness' **sa-darpa-** (adj) 'arrogant, prideful'. **(113)** **saṃpad-** (f.) 'good luck, happiness' **saṃtuṣṭa-** (adj) 'pleased, contented' **mānasa-** (n.) 'mind' **upānad-gūḍha-** (adj) 'shod, covered by a shoe' **pāda-** (m.) 'foot' **nanu** (ind) 'surely; isn't it?' **carman-** (n.) 'hide, leather' **āvṛta-** (adj) 'covered' **bhū-** (f.) 'the earth'. **(114)** **sarva-thā** (ind) 'at any rate, by all means' **saṃhata-** (adj) 'closely joined, united' **madhu-han-** (m.) lit. 'honey-killer': 'collector of honey' **bhramara-** (m.) 'bee'.

---

(111) l. 1 **te** is Nom Pl Masc and refers to **sarpāḥ** this is said because they don't get their fluids by drinking water, but through their food l. 2 **vana-gaja-** 'forest elephant' i.e. a wild, non-domesticated elephant l. 3 **muni-vara-** 'the best of sages, best sage' **para-** here 'greatest, utmost'. **(112)** **anāsādita-vigraha-** and **adṛṣṭa-para-sāmarthya-** bv split up **bhavet nahi.** **(113)** Supply 'exists, (there) is' translate the Gen of **upānad-gūḍha-pādasya** (bv) as 'for ...'. **(114)** **a-mitra-** 'not a friend': 'enemy' **śakyate hantum** 'is able to/can be killed' **madhu-hā** Nom Sg.

सर्वद्रव्येषु विद्यैव द्रव्यमाहुरनुत्तमम् ।
अहार्यत्वादनर्घ्यत्वादक्षयत्वाच्च सर्वदा ॥ ११५ ॥

सर्वयज्ञेषु वा दानं सर्वतीर्थेषु वाप्लुतम् ।
सर्वदानफलं वापि नैतत्तुल्यमहिंसया ॥ ११६ ॥

सर्वः सर्वं न जानाति सर्वज्ञो नास्ति कश्चन ।
नैकत्र परिनिष्ठास्ति ज्ञानस्य पुरुषे क्व चित् ॥ ११७ ॥

सर्वो दण्डजितो लोको दुर्लभो हि शुचिर्नरः ।
दण्डस्य हि भयात्सर्वं जगद्भोगाय कल्पते ॥ ११८ ॥

सहायेन विना नैव कार्यं किमपि सिध्यति ।
एकेन चरणेनापि गतिः कस्य प्रवर्तते ॥ ११९ ॥

सिंहायते सृगालो ऽपि स्वगुहागृहसुस्थितः ।
सिंहस्य दर्शनं प्राप्तो ज्ञायते स तु तादृशः ॥ १२० ॥

---

(115) **dravya-** (n.) 'thing; possession' **an-uttama-** (adj) 'unsurpassed, unsurpassable; best' **a-hārya-tva-** (n.) 'un-take-ability' **an-arghya-tva-** (n.) 'in-(de)value-ability' **a-kṣaya-tva-** (n.) 'in-destruct-ability'. **(116)** **yajña-** (n.) 'sacrifice' **dāna-** (n.) 'gift; giving; generosity' **tīrtha-** (n.) '(sacred/ritual) bathing place' **āpluta-** (n.) 'bathing' **tulya-** (adj) 'equal, comparable' (+ Ins) **a-hiṃsā-** (f.) 'non-violence'. **(117)** **√jñā** (IX jānāti) 'know' **eka-tra** (ind) 'in one place' **pariniṣṭhā-** (f.) 'completeness, sum' **jñāna-** (n.) 'knowledge'. **(118)** **daṇḍa-** (m.) lit. 'stick': 'punishment' **śuci-** (adj) 'pure; honest, virtuous' **bhaya-** (n.) 'fear' **jagat-** (n.) 'world' **bhoga-** (m.) 'pleasure, well-being' **√kḷp** (I kalpate) 'partake of, share in' (+ Dat). **(119)** **sahāya-** (m.) 'companion, ally' **vinā** (ind) 'without' (+ Ins or Acc) **kārya-** (n.) 'duty, task, mission' **√sidh** (IV sidhyati) 'be accomplished; be successful' **eka-** (pron adj) 'one' **caraṇa-** (n.) 'foot' **gati-** (f.) 'gait, walk, walking' **pra-√vṛt** (I pravartate) 'happen, occur'. **(120)** **√siṃhā** (X siṃhāyate) 'to lion, act like a lion' **sṛgāla-** (m.) 'jackal' **sva-** (pron adj) 'one's own' **guhā-** (f.) 'hiding place, hollow, cave' **su-sthita-** (adj) 'well established; safe and sound' **tādṛśa-** (adj) 'such, thus'.

---

(115) **-dravyeṣu** 'among …' **āhuḥ** 'they say' think about how to express **ahāryatvāt, anarghyatvāt, akṣayatvāt** in idiomatic English. **(116)** Split up **na etat tulyam a-hiṃsā** ('like/the same as non-violence'). **(117)** **sarvaḥ na** here 'no one' translate **ekatra puruṣe** (lit. 'in one place, in a man') as 'in one man'. **(118)** **daṇḍa-jita-** 'conquered/controlled by punishment' **durlabhaḥ** begins a new sentence. **(120)** **guhā-gṛha-** 'cave home, a home that is a cave' **jñāyate** 'is recognized as' **tādṛśa-** 'such, thus' in sense of 'just himself (i.e. a jackal)'.

सिद्धिं वा यदि वासिद्धिं चित्तोत्साहो निवेदयेत् ।
प्रथमं सर्वजन्तूनां प्राज्ञो वेत्ति न चेतरः ॥ १२१ ॥

सुखं वा यदि वासुखं प्रियं वा यदि वाप्रियम् ।
प्राप्तं प्राप्तमुपासीत हृदयेनापराजितः ॥ १२२ ॥

सुखमापतितं सेवेद्दुःखमापतितं तथा ।
चक्रवत्परिवर्तन्ते दुःखानि च सुखानि च ॥ १२३ ॥

सुखस्यानन्तरं दुःखं दुःखस्यानन्तरं सुखम् ।
सुखदुःखे मनुष्याणां चक्रवत्परिवर्ततः ॥ १२४ ॥

सुभाषितरसास्वादजातरोमाञ्चकञ्चुकाः ।
विनापि कामिनीसङ्गं सुधियः सुखमाप्नुयुः ॥ १२५ ॥

---

(121) **(a)siddhi-** (f.) '(lack of) success' **citta-** (n.) 'mind, thought' **utsāha-** (m.) 'strength, perseverance' **ni-√vid** (CAUS nivedayati) 'inform, let know, show' **prathamam** (ind) 'first of all' **jantu-** (m.) 'creature, man, human being' **prājña-** (adj) 'wise' **itara-** (pron adj) 'the other one'. **(122)** **a-parājita-** (adj) 'unconquered, unaffected'. **(123)** **āpatita-** (adj) 'having happened, befallen' **√sev** (I here ACT sevati) 'cherish' **cakra-vat** (ind) 'like a wheel' **pari-√vṛt** (parivartate) 'turn around, revolve'. **(124)** **an-antaram** (ind) 'immediately after' (+ GEN) **cakra-vat** (ind) 'like a wheel' **pari-√vṛt** (parivartate) 'turn around, revolve'. **(125)** **subhāṣita-** (n.) 'good saying, short poem, epigram' **rasa-** (m.) 'essence': here 'sap, liquid, juice' **āsvāda-** (m.) 'flavor, taste' **jāta-** (adj) 'born, arisen from' **roma-añca-** (m.) 'hair standing on end, goosebumps' **kañcuka-** (m.) 'tight dress; armor' **vinā** (ind) 'without' (+ ACC or INS) **kāminī-** (f.) 'beloved, sweetheart' **saṅga-** (m.) 'touch, contact' **su-dhī-** (adj) 'wise, intelligent' **√āp** (V āpnoti) 'reach, get'.

---

(121) Translate **yadi** here as 'that' **-jantūnām** 'of …' here 'among …' **vetti** 3SG of √vid 'know' **itaraḥ** 'the other one', i.e. the one who isn't **prājñaḥ**. **(122)** **prāptam prāptam upāsīta** 'one should accept the given/acquired as given'. **(125)** **subhāṣita-rasa-āsvāda-jāta-roma-añca-kañcukāḥ** BV: those whose **kañcuka-** is the **roma-añca-** that is **jāta-** from **subhāṣita-rasa-āsvāda-**, agreeing with **sudhiyaḥ** (l. 2) **āpnuyuḥ** 3PL POT, translate as FUT.

सुभाषितेन गीतेन युवतीनां च लीलया।
मनो न भिद्यते यस्य स योगी अथ वा पशुः॥ १२६॥

सुमहान्त्यपि शास्त्राणि धारयन्तो बहुश्रुताः।
छेत्तारः संशयानां च क्लिश्यन्ते लोभमोहिताः॥ १२७॥

सुरारिसंघातनिपीतशोणितं।
न चक्रमुन्मुञ्चति मानुषे हरिः॥
करेण येन प्रपिनष्टि कुञ्जरान्।
न तेन सिंहो मशकान्प्रबाधते॥ १२८॥

सुलभाः पुरुषा राजन्सततं प्रियवादिनः।
अप्रियस्य तु पथ्यस्य वक्ता श्रोता च दुर्लभः॥ १२९॥

---

(126) **su-bhāṣita-** (n.) 'good saying, poem, epigram' **gīta-** (n.) 'song' **yuvati-** (f.) 'young woman' **līlā-** (f.) 'grace, charm, beauty' **yogin-** (m.) 'yogi, yoga practitioner' **atha vā** (ind) = vā **paśu-** (m.) 'animal, cattle'. **(127)** **su-mahat-** (adj) 'very great' **śāstra-** (n.) 'learning; teaching, doctrine; textbook' **√dhṛ** (X dhārayati) 'carry, bear' **chettṛ-** (m.) 'cutter; remover (of doubts)' **saṃśaya-** (m.) 'doubt, hesitation' **√kliś** (IX kliśnāti) 'torment' **lobha-** (m.) 'greed, avarice' **mohita-** (adj) 'bewildered; overcome'. **(128)** **saṃghāta-** (adj) 'crushing, killing' **nipīta-** (adj) 'having drunk; saturated with' **śoṇita-** (n.) 'blood' **cakra-** (n.) 'circle'; here: Viṣṇu's discus **ud-√muc** (VI unmuñcati) 'release, let loose, throw' (onto/at: + LOC) **mānuṣa-** (m.) 'man, human' **hari-** (m.) Viṣṇu **kara-** (m.) 'hand' **pra-√piṣ** (VII prapinaṣṭi) 'crush to pieces' **kuñjara-** (m.) 'elephant' **maśaka-** (m.) 'mosquito, gnat' **pra-√bādh** (I prabādhate) 'keep off, swat away'. **(129)** **su-/dur-labha-** (adj) 'easy/difficult to find' **rājan-** (m.) 'king' **satatam** (ind) 'always' **priya-vādin-** (adj) 'saying pleasant things' **pathya-** (adj) 'suitable, fit, proper' **vaktṛ-** (m.) 'speaker, one who speaks/says' **śrotṛ-** (m.) 'listener, one who listens'.

---

(126) The overall structure is **yasya … sa** **√bhid** in PASS 'is won over, seduced' lack of sandhi before **atha vā** indicates a pause in speaking: atha vā introduces afterthought **paśu-** 'animal, cattle' here in the sense of 'mere animal, beast'. **(127)** **api** 'even' goes best with **bahu-śruta-** (BV 'one whose śruta (sacred knowledge) is a lot; a learned man') translate **lobha-mohitāḥ** as 'if/when they are …' **dhārayantaḥ** NOM PL PRESAP. **(128)** **sura-ari-saṃghāta-nipīta-śoṇitam** 'saturated with blood from crushing divine enemies' agrees with **cakram** in **kara-** 'hand' here 'paw'.

सुव्याहृतानि सूक्तानि सुकृतानि ततस्ततः ।
संचिन्वन्धीर आसीत शिलाहारी शिलं यथा ॥ १३० ॥

स्तिमितोन्नतसंचारा जनसंतापहारिणः ।
जायन्ते विरला लोके जलदा इव सज्जनः ॥ १३१ ॥

स्त्रियो हि नाम खल्वेता निसर्गादेव पण्डिताः ।
पुरुषाणां तु पाण्डित्यं शास्त्रेणैवोपदिश्यते ॥ १३२ ॥

स्त्रीणां दोषसहस्राणि गुणाः स्त्रीणाम् अमी त्रयः ।
गृहचर्या सुतोत्पत्तिर्मरणं पतिन सह ॥ १३३ ॥

---

(130) **su-vyāhṛta-** (n.) 'good saying, maxim' **su-ukta-** (adj) 'well said, beautifully phrased'; (n.) 'beautiful words/speech' **su-kṛta-** (adj) 'well done'; (n.) 'good deed' **saṃ-√ci** (V saṃcinoti) 'gather, assemble' **dhīra-** (adj) 'wise' **√ās** (II āste) 'sit; be' **śilā-hārin-** (m.) 'someone gathering ears of corn; gleaner' **śila-** (m.) here: 'ears of corn'. **(131)** **stimita-** (adj) 'still, tranquil, gentle' **unnata-** (adj) 'bent upwards; high, lofty' **saṃcāra-** (m.) 'wandering, movement' **saṃtāpa-** (m.) 'affliction, pain' **hārin-** (adj) 'taking, removing' **√jan** (IV jāyate) 'is born; is, exists' **virala-** (adj) 'thin, scarce, rare' **jala-da-** (m.) lit. 'water giver': 'cloud' **saj-jana-** (m.) 'good person'. **(132)** **strī-** (f.) 'woman' **hi** (ind) 'indeed' **nāma** (ind) here 'indeed' **khalu** (ind) 'indeed' **nisarga-** (m.) 'nature, character' **paṇḍita-** (m.) 'pundit, learned person' **pāṇḍitya-** (n.) lit. 'pundit-ness': 'learning' **śāstra-** (n.) 'learning; teaching, doctrine; textbook' **upa-√diś** (VI upadiśati) 'point out; teach'. **(133)** **strī-** (f.) 'woman' **doṣa-** (m.) 'mistake, fault; sin' **sahasra-** (n.) '1000' **asau/adas-** (pron) 'he/she/it; this, that' **tri-** (num) 'three' **gṛha-caryā-** (f.) 'housekeeping' **suta-** (m.) 'son, offspring' **utpatti-** (f.) 'birth, creation, production' **maraṇa-** (n.) 'death, dying' **pati-** (m.) 'lord, husband'.

---

(130) **tataḥ tataḥ** here 'from here and there' **saṃcinvan** (Nom Sg Masc PresAP) **āsīta** (Pot Mid) lit. 'should sit gathering' = 'should spend his time gathering'. **(131)** **stimita-unnata-saṃcarāḥ** BV **jāyante** 'are born' here 'are'. **(132)** Think about how to translate the pile-up of particles in l. 1. **(133)** Supply '(there) are' twice **amī** Nom Pl Masc/Fem of asau **trayaḥ** Nom Pl Masc of tri-.

स्पृशन्ति शरवत्तीक्ष्णाः स्तोकमन्तर्विशन्ति च ।
बहुस्पृशापि स्थूलेन स्थीयते बहिरश्मवत् ॥ १३४ ॥

स्मर्तव्यो ऽहं त्वया कान्ते न स्मरिष्याम्यहं तव ।
स्मरणं चेतसो धर्मस्तच्चेतो भवता हृतम् ॥ १३५ ॥

स्रवन्ति न निवर्तन्ते स्रोतांसि सरितामिव ।
आयुरादाय मर्त्यानां रात्र्यहानि पुनः पुनः ॥ १३६ ॥

---

(134) **√spṛś** (VI spṛśati) 'touch' **śara-vat** (ind) 'arrow-like' **tīkṣṇa-** (adj) 'sharp' **stokam** (ind) 'little, only slightly' **antar** (ind) 'inside' **bahu-spṛś-** (adj) 'much-touching' **sthūla-** (adj) 'dense, dull, thick' **bahiḥ** (ind) 'outside' **aśma-vat** (ind) 'like a rock'. **(135)** **smaraṇa-** (n.) 'remembrance, remembering' **cetas-** (n.) 'mind; heart' **dharma-** (m.) here 'duty' **bhavat-** (m.) 'you, Sir' (polite address, takes 3rd-person verb). **(136)** **√sru** (I sravati) 'flow' **ni-√vṛt** (I nivartate) 'turn back, return' **srotas-** (n.) 'torrent, water, stream' **sarit-** (f.) 'river' **āyus-** (n.) 'life' **ā-√dā** 'take' **martya-** (adj, m.) 'mortal' **rātri-** (f.) 'night' **ahar-/ahan-** (n.) 'day'.

---

(134) **tīkṣṇa-** 'sharp', **sthūla-** 'dense, thick': as in English, these words can refer to both physical and mental qualities here in NOM PL MASC lit. 'sharp/thick ones': implied 'sharp/thick men, the deeds/words of sharp/thick men' **antar √viś** 'enter inside, enter deep' **sthīyate** + INS lit. 'it is stood by x (INS)': translate as 'x (NOM) stands/stays'. **(135)** This is a conversation of two lovers, with each statement making up one pāda/half-verse **smartavya-** GDVE 'having to be remembered': translate as active **kānte** VOC SG FEM **tava** is dependent on √smṛ; cf. 'think *of me*' note that **cetas-** combines the meanings of both English 'mind' and 'heart' split up **dharmaḥ tat cetaḥ.** **(136)** **ādāya** ABS of ā-√dā **rātri-ahāni** is a dvandva.

Roman Transliteration of All Texts

(Automatically transliterated with the help of lexilogos.com.)

Chapter 1: *Hitopadeśa*, or Supportive Advice

2.2 *The Dog, the Donkey and the Thief*

asti vārāṇasyāṃ karpūrapaṭako nāma rajakaḥ |1| sa caikadābhinavavayaskayā vadhvā saha ciraṃ keliṃ kṛtvā nirbharamāliṅgya prasuptaḥ |2| tadanantaraṃ tadgṛhadravyāṇi hartuṃ cauraḥ praviṣṭaḥ |3| tasya prāṅgaṇe gardabho baddhastiṣṭhati kukkuraścopaviṣṭo 'sti |4| atha gardabhaḥ śvānamāha | sakhe bhavatastāvadayaṃ vyāpāraḥ |5| tatkimiti tvamuccaiḥ śabdaṃ kṛtvā svāminaṃ na jāgarayasi |6| kukkuro brūte | bhadra mama niyogasya carcā tvayā na kartavyā |7| tvameva kiṃ na jānāsi yathā tasyāharniśaṃ gṛharakṣāṃ karomi |8| yato 'yaṃ cirānnirvṛto mamopayogaṃ na jānāti |9 | tenādhunāpi mamāhāradāne mandādaraḥ |10| yato vinā vidhuradarśanaṃ svāmina upajīviṣu mandādarā bhavanti |11| gardabho brūte | śṛṇu re barbara |12| yācate kāryakāle yaḥ sa kiṃbhṛtyaḥ sa kiṃsuhṛt |13| kukkuro brūte | śṛṇu tāvat bhṛtyānsaṃbhāvayedyastu kāryakāle sa kiṃprabhuḥ |14| yataḥ | āśritānāṃ bhṛtau svāmisevāyāṃ dharmasevane | putrasyotpādane caiva na santi pratihastakāḥ ||15|| tato gardabhaḥ sakopamāha |16| are duṣṭamate pāpīyāṃstvaṃ yadvipattau svāmikāryopekṣāṃ karoṣi |17| bhavatu tāvat |18| yathā svāmī jāgariṣyati tanmayā kartavyam |19| yataḥ | pṛṣṭhataḥ sevayedarkaṃ jaṭhareṇa hutāśanam | svāminaṃ sarvabhāvena paralokamamāyayā ||20|| ityuktvoccaiścītkāraśabdaṃ kṛtavān |21| tataḥ sa rajakastena cītkāreṇa prabuddho nidrābhaṅgakopādutthāya gardabhaṃ laguḍena tāḍayāmāsa |22| ato 'haṃ bravīmi | parādhikāracarcāṃ yaḥ kuryātsvāmihitecchayā | sa viṣīdati cītkārādgardabhastāḍito yathā ||23||

2.3 *The Lion, Mouse and Cat*

astyuttarāpathe 'rbudaśikharanāmni parvate mahāvikramo nāma siṃhaḥ |1| tasya parvatakandare 'dhiśayānasya kesarāgraṃ kaścinmūṣikaḥ pratyahaṃ chinatti |2| tataḥ kesarāgraṃ lūnaṃ dṛṣṭvā kupito vivarāntargataṃ mūṣikamalabhamāno 'cintayat |3| kṣudraśatrurbhavedyastu vikramānnaiva labhyate | tamāhantuṃ puraskāryaḥ sadṛśastasya sainikaḥ ||4|| ityālocya tena grāmaṃ gatvā viśvāsaṃ kṛtvā dadhikarṇanāmā biḍālo yatnenānīya māṃsāhāraṃ dattvā svakandare sthāpitaḥ |5| anantaraṃ tadbhayānmūṣiko 'pi bilānna niḥsarati |6| tenāsau siṃho 'kṣatakesaraḥ sukhaṃ svapiti |7| mūṣikaśabdaṃ yadā yadā śṛṇoti tadā tadā māṃsāhāradānena taṃ biḍālaṃ saṃvardhayati |8| athaikadā sa mūṣikaḥ kṣudhā pīḍito bahiḥ saṃcaranbiḍālena prāpto vyāpāditaśca |9| anantaraṃ sa siṃho yadā kadācidapi tasya mūṣikasya śabdaṃ vivarānna śuśrāva tadopayogābhāvādbiḍālasyāpyāhāradāne mandādaro babhūva |10| tato 'sāvāhāravirahāddurbalo dadhikarṇo 'vasanno babhūva |11| ato 'haṃ bravīmi | nirapekṣo na kartavyo bhṛtyaiḥ svāmī kadācana | nirapekṣaṃ prabhuṃ kṛtvā bhṛtyaḥ syāddadhikarṇavat ||12||

2.4 *The Clever Woman and the Bell*

asti śrīparvatamadhye brahmapurākhyaṃ nagaram |1| tacchikharapradeśe ghaṇṭākarṇo nāma rākṣasaḥ prativasatīti janapravādaḥ śrūyate |2| ekadā ghaṇṭāmādāya palāyamānaḥ kaściccauro vyāghreṇa vyāpāditaḥ |3| tatpāṇipatitā ghaṇṭā vānaraiḥ prāptā |4| te ca vānarāstāṃ ghaṇṭāmanukṣaṇaṃ vādayanti |5| tato nagarajanaiḥ sa manuṣyaḥ khādito dṛṣṭaḥ pratikṣaṇaṃ ghaṇṭāravaśca śrūyate |6| anantaraṃ ghaṇṭākarṇaḥ kupito manuṣyānkhādati ghaṇṭāṃ ca vādayatītyuktvā sarve janā nagarātpalāyitāḥ |7| tataḥ karālayā nāma kuṭṭanyā vimṛśyānavasaro 'yaṃ ghaṇṭāvādastatkiṃ markaṭā ghaṇṭāṃ vādayantīti svayaṃ vijñāya rājā vijñāpitaḥ |8| deva yadi kiyaddhanopakṣayaḥ kriyate tadāhamenaṃ ghaṇṭākarṇaṃ sādhayāmi |9| tato rājñā tasyai dhanaṃ dattam |10| kuṭṭanyā maṇḍalaṃ kṛtvā tatra gaṇeśādipūjāgauravaṃ darśayitvā svayaṃ vānarapriyaphalānyādāya vanaṃ praviśya phalānyākīrṇāni |11| tato ghaṇṭāṃ parityajya vānarāḥ phalāsaktā babhūvuḥ |12| kuṭṭanī ca ghaṇṭāṃ gṛhītvā nagaramāgatā sarvajanapūjyābhavat |13| ato 'haṃ bravīmi | śabdamātrānna bhetavyamajñātvā śabdakāraṇam | śabdahetuṃ parijñāya kuṭṭanī gauravaṃ gatā ||14||

2.6 *The Clever Woman with Two Lovers*

asti dvāravatyāṃ puryāṃ kasyacidgopasya vadhūrbandhakī |1| sā grāmasya daṇḍanāyakena tatputreṇa ca samaṃ ramate |2| tathā coktam nāgnistṛpyati kāṣṭhānāṃ nāpagānāṃ mahodadhiḥ | nāntakaḥ sarvabhūtānāṃ na puṃsāṃ vāmalocanā ||3|| anyacca na dānena na mānena nārjavena na sevayā | na śastreṇa na śāstreṇa sarvathā viṣamāḥ striyaḥ ||4|| yataḥ guṇāśrayaṃ kīrtiyutaṃ ca kāntaṃ patiṃ ratijñaṃ sadhanaṃ yuvānam | vihāya śīghraṃ vanitā vrajanti naraṃ paraṃ śīlaguṇādihīnam ||5|| aparaṃ ca na tādṛśīṃ prītimupaiti nārī vicitraśayyāṃ śayitāpi kāmam | yathā hi dūrvādivikīrṇabhūmau prayāti saukhyaṃ parakāntasaṃgāt ||6|| atha kadācitsā daṇḍanāyakaputreṇa saha ramamāṇā tiṣṭhati |7| atha daṇḍanāyako 'pi rantuṃ tatrāgataḥ |8| tamāyāntaṃ dṛṣṭvā tatputraṃ kuśūle nikṣipya daṇḍanāyakena saha tathaiva krīḍati |9| anantaraṃ tasyā bhartā gopo goṣṭhātsamāgataḥ |10| tamālokya gopyoktam | daṇḍanāyaka tvaṃ laguḍaṃ gṛhītvā kopaṃ darśayansatvaraṃ gaccha |11| tathā tenānuṣṭhite gopena gṛhamāgatya bhāryā pṛṣṭā | kena kāryeṇa daṇḍanāyakaḥ samāgato 'tra |12| sā brūte | ayaṃ kenāpi kāraṇena putrasyopari kruddhaḥ |13| sa ca mārgamāṇo 'pyatrāgatya praviṣṭo mayā kuśūle nikṣipya rakṣitaḥ |14| tatpitrā cānviṣyatā gṛhe na dṛṣṭaḥ |15| ato 'yaṃ daṇḍanāyakaḥ kupita eva gacchati |16| tataḥ sā tatputraṃ kuśulādavatārya darśitavatī |17| tathā coktam | āhāro dviguṇaḥ strīṇāṃ buddhistāsāṃ caturguṇā | ṣaḍguṇo vyavasāyaśca kāmaścāṣṭaguṇaḥ smṛtaḥ ||18|| ato 'haṃ bravīmi | utpanneṣvapi kāryeṣu matiryasya na hīyate | sa nistarati durgāṇi gopī jāradvayaṃ yathā ||19||

2.8 *The Lion and the Old Hare*

asti mandaranāmni parvate durdānto nāma siṃhaḥ |1| sa ca sarvadā paśūnāṃ vadhaṃ kurvannāste |2| tataḥ sarvaiḥ paśubhirmilitvā sa siṃho vijñaptaḥ |3| mṛgendra kimarthamekadā bahupaśughātaḥ kriyate |4| yadi prasādo bhavati tadā vayameva bhavadāhārārthaṃ pratyahamekaikaṃ paśumupaḍhaukayāmaḥ |5| tataḥ siṃhenoktam | yadyetadabhimataṃ bhavatāṃ tarhi bhavatu tat |6| tataḥ prabhṛtyekaikaṃ paśumupakalpitaṃ bhakṣayannāste |7| atha kadācidvṛddhaśaśakasya kasyacidvāraḥ samāyātaḥ |8| so 'cintayat trāsahetorvinītistu kriyate jīvitāśayā | pañcatvaṃ cedgamiṣyāmi kiṃ siṃhānunayena me ||9|| tanmandaṃ mandaṃ gacchāmi |10| tataḥ siṃho 'pi kṣudhā pīḍitaḥ kopāttamuvāca | kutastvaṃ vilambādāgato 'si |11| śaśako 'bravīt | deva nāhamaparādhī |12| āgacchanpathi siṃhāntareṇa balāddhṛtaḥ |13| tasyāgre punarāgamanāya śapathaṃ kṛtvā svāminaṃ nivedayitumatrāgato 'smi |14| siṃhaḥ sakopamāha | satvaraṃ gatvā durātmānaṃ darśaya |15| kva sa durātmā tiṣṭhati |16| tataḥ śaśakastaṃ gṛhītvā gabhīrakūpaṃ darśayituṃ gataḥ |17| atrāgatya svayameva paśyatu svāmītyuktvā tasminkūpajale tasya siṃhasyaiva pratibimbaṃ darśitavān |18| tato 'sau krodhādhmāto darpāttasyoparyātmānaṃ nikṣipya pañcatvaṃ gataḥ |19| ato 'haṃ bravīmi | buddhiryasya balaṃ tasya nirbuddhestu kuto balam | paśya siṃho madonmattaḥ śaśakena nipātitaḥ |20|

3.3 *The Elephant, the Hares and the Moon*

kadācidvarṣāsvapi vṛṣṭerabhāvāttṛṣārto gajayūtho yūthapatimāha |1| nātha ko 'bhyupāyo 'smākaṃ jīvanāya |2| astyatra kṣudrajantūnāmapi nimajjanasthānam |3| vayaṃ ca nimajjanābhāvādandhā iva |4| kva yāmaḥ |5| kiṃ kurmaḥ |6| tato hastirājo nātidūraṃ gatvā nirmalaṃ hradaṃ darśitavān |7| tato dineṣu gacchatsu tattīrāvasthitā gajapādāhatibhiścūrṇitāḥ kṣudraśaśakāḥ |8| anantaraṃ śilīmukho nāma śaśakaścintayāmāsa |9| anena gajayūthena pipāsākulitena pratyahamatrāgantavyam |10| tato vinaṣṭamasmatkulam |11| tato vijayo nāma vṛddhaśaśako 'vadat |12| mā viṣīdata |13| mayātra pratīkāraḥ kartavyaḥ |14| tato 'sau pratijñāya calitaḥ |15| gacchatā ca tenālocitam |16| kathaṃ mayā gajayūthasamīpe sthitvā vaktavyam |17| yataḥ spṛśannapi gajo hanti jighrannapi bhujaṃgamaḥ | hasannapi nṛpo hanti mānayannapi durjanaḥ ||18|| ato 'haṃ parvataśikharamāruhya yūthanāthaṃ saṃvādayāmi |19| tathānuṣṭhite yūthanātha uvāca |20| kastvam |21| kutaḥ samāyātaḥ |22| sa brute | śaśako 'ham |23| bhagavatā candreṇa bhavadantikaṃ preṣitaḥ |24| yūthapatirāha |25| kāryamucyatām |26| vijayo brūte | udyateṣvapi śastreṣu dūto vadati nānyathā | sadaivāvadhyabhāvena yathārthasya hi vācakaḥ ||27|| tadahaṃ tadājñayā bravīmi śṛṇu |28| yadete candrasarorakṣakāḥ śaśakāstvayā niḥsāritāstadanucitaṃ kṛtam |29| te śaśakāściramasmākaṃ rakṣitāḥ |30| ata eva me śaśāṅka iti prasiddhiḥ |31| evamuktavati dūte yūthapatirbhayādidamāha |32| idamajñānataḥ kṛtam |33| punarna gamiṣyāmi |34| dūta uvāca | yadyevaṃ tadatra sarasi kopātkampamānaṃ bhagavantaṃ śaśāṅkaṃ praṇamya prasādya gaccha |35| tatastena rātrau yūthapatiṃ nītvā tatra jale cañcalaṃ candrabimbaṃ darśayitvā sa yūthapatiḥ praṇāmaṃ kāritaḥ |36| uktaṃ ca tena deva ajñānādanenāparādhaḥ kṛtaḥ |37| tataḥ kṣamyatām |38| naivaṃ vārāntaraṃ vidhāsyate |39| ityuktvā prasthāpitaḥ |40| ato vayaṃ brūmaḥ | vyapadeśe 'pi siddhiḥ syādatiśakte narādhipe | śaśino vyapadeśena śaśakāḥ sukhamāsate ||41||

3.7 *The Blue Jackal*

astyaraṇye kaścicchṛgālaḥ svecchayā nagaropānte bhrāmyannīlībhāṇḍe nipatitaḥ |1| paścāttata utthātumasamarthaḥ prātarātmānaṃ mṛtavatsaṃdarśya sthitaḥ |2| atha nīlībhāṇḍasvāminā mṛta iti jñātvā tasmātsamutthāpya dūre nītvāpasāritaḥ |3| tasmātpalāyitaḥ |4| tato 'sau vanaṃ gatvā svakīyamātmānaṃ nīlavarṇamavalokyācintayat |5| ahamidānīmuttamavarṇaḥ |6| tadāhaṃ svakīyotkarṣaṃ kiṃ na sādhayāmi |7| ityālocya śṛgālānāhūya tenoktam |8| ahaṃ bhagavatyā vanadevatayā svahastenāraṇyarājye sarvauṣadhirasenābhiṣiktaḥ |9| tadadyārabhyāsmadājñayāsminnaraṇye vyavahāraḥ kāryaḥ |10| śṛgālāśca taṃ viśiṣṭavarṇamavalokya sāṣṭāṅgapātaṃ praṇamyocuryathājñāpayati deva iti |11| anenaiva krameṇa sarveṣvaraṇyavāsiṣvādhipatyaṃ tasya babhūva |12| tatastena svajñātibhirāvṛtenādhikyaṃ sādhitam |13| tatastena vyāghrasiṃhādīnuttamaparijanānprāpya sadasi śṛgālānavalokya lajjamānenāvajñayā svajñātayaḥ sarve dūrīkṛtāḥ |14| tato viṣaṇṇānśṛgālānavalokya kenacidvṛddhaśṛgālenaitatpratijñātaṃ |15| mā viṣīdata |16| yadanenānabhijñena nītivido marmajñā vayaṃ svasamīpātparibhūtāstadyathāyaṃ naśyati tathā vidheyam |17| yato 'mī vyāghrādayo varṇamātravipralabdhāḥ śṛgālamajñātvā rājānamimaṃ manyante |18| tadyathāyaṃ paricito bhavati tathā kuruta |19| tatra caivamanuṣṭheyaṃ |20| yatsarve saṃdhyāsamaye tatsaṃnidhāne mahārāvamekadaiva kariṣyatha tatastaṃ śabdamākarṇya jātisvabhāvāttenāpi śabdaḥ kartavyaḥ |21| yataḥ yaḥ svabhāvo hi yasyāsti sa nityaṃ duratikramaḥ | śvā yadi kriyate rājā tatkiṃ nāśnātyupānaham ||22|| tataḥ śabdādabhijñāya sa vyāghreṇa hantavyaḥ |23| tatastathānuṣṭhite sati tadvṛttam | 24 | tathā coktam chidraṃ marma ca vīryaṃ ca sarvaṃ vetti nijo ripuḥ | dahatyantargataścaiva śuṣkaṃ vṛkṣamivānalaḥ ||25|| ato 'haṃ bravīmi | ātmapakṣaṃ parityajya parapakṣeṣu yo rataḥ | sa parairhanyate mūḍho nīlavarṇaśṛgālavat ||26||

4.5 *The Sage and the Mouse*

asti gautamasya maharṣestapovane mahātapā nāma muniḥ |1| tatra tena āśramasaṃnidhāne mūṣikaśāvakaḥ kākamukhādbhraṣṭo dṛṣṭaḥ |2| tataḥ svabhāvadayātmanā tena muninā nīvārakaṇaiḥ saṃvardhitaḥ |3| tato biḍālastaṃ mūṣikaṃ khāditumupadhāvati |4| tamavalokya mūṣikastasya muneḥ kroḍe praviveśa |5| tato muninoktaṃ | mūṣika tvaṃ mārjāro bhava |6| tataḥ sa biḍālaḥ kukkuraṃ dṛṣṭvā palāyate |7| tato muninoktaṃ kukkurādbibheṣi | tvameva kukkuro bhava |8| sa kukkuro vyāghrādbibheti |9| tatastena muninā kukkuro vyāghraḥ kṛtaḥ |10| atha vyāghramapi taṃ mūṣikanirviśeṣaṃ paśyati sa muniḥ |11| atha taṃ muniṃ dṛṣṭvā vyāghraṃ ca sarve vadanti |12| anena muninā mūṣiko vyāghratāṃ nītaḥ |13| etacchrutvā sa vyāghraḥ savyatho 'cintayat |14| yāvadanena muninā jīvitavyaṃ tāvadidaṃ me svarūpākhyānamakīrtikaraṃ na palāyiṣyate |15| ityālocya muniṃ hantuṃ gataḥ |16| tato muninā tajjñātvā punarmūṣiko bhavetyuktvā mūṣika eva kṛtaḥ |17| ato 'haṃ bravīmi | nīcaḥ ślāghyapadaṃ prāpya svāminaṃ hantumicchati | mūṣiko vyāghratāṃ prāpya muniṃ hantuṃ gato yathā ||18||

4.6 *The Old Crane and the Crab*

asti mālavaviṣaye padmagarbhābhidhānaṃ saraḥ |1| tatraiko vṛddho bakaḥ sāmarthyahīna udvignamivātmānaṃ darśayitvā sthitaḥ |2| sa ca kenacitkulīreṇa dṛṣṭaḥ pṛṣṭaśca |3| kimiti bhavānatrāhāratyāgena tiṣṭhati |4| bakenoktam | bhadra śṛṇu |5| matsyā mama jīvanahetavaḥ |6| te cāvaśyaṃ kaivartairāgatya vyāpādayitavyā iti vārttā nagaropānte mayā śrutā |7| ato vartanābhāvādevāsmanmaraṇamupasthitamiti jñātvāhāre 'pyanādaraḥ kṛtaḥ |8| tataḥ sarvairmatsyairālocitam |9| iha samaye tāvadupakāraka evāyaṃ lakṣyate 'smākam |10| tadayameva yathākartavyaṃ pṛcchyatām |11| tathā coktam upakartrāriṇā saṃdhirna mitreṇāpakāriṇā | upakārāpakārau hi lakṣyaṃ lakṣaṇametayoḥ ||12|| matsyā ūcuḥ | bho baka ko 'tra rakṣaṇopāyaḥ |13| bako brūte | asti rakṣaṇopāyo jalāśayāntarāśrayaṇam |14| tatrāhamekaikaśo yuṣmānnayāmi |15| matsyā āhuḥ | evamastu |16| tato 'sau bakastānmatsyānekaikaśo nītvā khādati |17| anantaraṃ kulīrastamuvāca |18| bho baka māmapi tatra naya |19| tato bako 'pyapūrvakulīramāṃsārthī sādaraṃ taṃ nītvā sthale dhṛtavān |20| kulīro 'pi matsyakaṇṭakākīrṇaṃ taṃ sthalamālokyācintayat | hā hato 'smi mandabhāgyaḥ |21| bhavatvidānīṃ samayocitaṃ vyavaharāmi |22| yataḥ tāvadbhayāttu bhetavyaṃ yāvadbhayamanāgatam | āgataṃ tu bhayaṃ vīkṣya praharatavyamabhītavat ||23|| aparaṃ ca abhiyukto yadā paśyenna kiṃciddhitamātmanaḥ | yudhyamānastadā prājño mriyate ripuṇā saha ||24|| anyacca yatrāyuddhe dhruvo nāśo yuddhe jīvitasaṃśayaḥ taṃ kālamekaṃ yuddhasya pravadanti manīṣinaḥ ||25|| ityālocya sa kulīrastasya grīvāṃ ciccheda |26| sa bakaḥ pañcatvaṃ gataḥ |27| ato 'haṃ bravīmi | bhakṣayitvā bahūnmatsyānuttamādhamamadhyamān | atilaulyādbakaḥ pascānmṛtaḥ karkaṭakagrahāt ||28||

4.7 *The Brahmin and the Pots*

asti devīkoṭanāmni nagare devaśarmā nāma brāhmaṇaḥ |1| tena mahāviṣuvatsaṃkrāntyāṃ saktupūrṇaśarāva ekaḥ prāptaḥ |2| tatastamādāyāsau kumbhakārasya bhāṇḍapūrṇamaṇḍapikaikadeśe raudreṇākulitaḥ suptaḥ |3| tataḥ sakturakṣārthaṃ haste daṇḍamekamādāyācintayat |4| yadyahaṃ saktuśarāvaṃ vikrīya daśa kapardakānprāpsyāmi tadātraiva taiḥ kapardakairghaṭaśarāvādikamupakrīya vikrīyānekadhā vṛddhaistairdhanaiḥ punaḥ punaḥ pūgavastrādikamupakrīya vikrīya lakṣasaṃkhyāni dhanāni kṛtvā vivāhacatuṣṭayaṃ kariṣyāmi |5| anantaraṃ tāsu sapatnīṣu rūpayauvanavatī yā tasyāmadhikānurāgaṃ kariṣyāmi |6| anantaraṃ saṃjāterṣyāstatsapatnyo yadā dvandvaṃ kariṣyanti tadā kopākulo 'haṃ tā itthaṃ laguḍena tāḍayiṣyāmi |7| ityabhidhāya laguḍaḥ kṣiptaḥ |8| tena saktuśarāvaścūrṇito bhāṇḍāni ca bahūni bhagnāni |9| tatastena śabdenāgatena kumbhakāreṇa tathāvidhāni bhāṇḍānyavalokya brāhmaṇastiraskṛto maṇḍapikāgarbhādbahiṣkṛtaśca |10| ato 'haṃ bravīmi | anāgatavatīṃ cintāṃ kṛtvā yastu prahṛṣyati | sa tiraskāramāpnoti bhagnabhāṇḍo dvijo yathā ||11||

4.8 *The Two Demons*

purā daityau sahodarau sundopasundanāmānau mahatā kāyakleśena trailokyarājyakāmanayā cirāccandraśekharamārādhitavantau |1| tatastayorbhagavānparituṣṭo varaṃ varayatamityuvāca |2| anantaraṃ tayoḥ samadhiṣṭhitayā sarasvatyā tāvanyadvaktukāmāvanyadabhihitavantau |3| yadyāvayorbhagavānparituṣṭastadā svapriyāṃ pārvatīṃ parameśvaro dadātu |4| atha bhagavatā kruddhena varadānasyāvaśyakatayā vicāramūḍhayoḥ pārvatī pradattā |5| tatastasyā rūpalāvaṇyalubdhābhyāṃ jagadghātibhyāṃ manasotsukābhyāṃ pāpatimirābhyāṃ mametyanyonyakalahābhyāṃ pramāṇapuruṣaḥ kaścitpṛcchyatāmiti matau kṛtāyāṃ sa eva bhaṭṭārako vṛddhadvijarūpaḥ samāgatya tatropasthitaḥ |6| anantaramāvābhyāmiyaṃ svabalalabdhā | kasyeyamāvayorbhavatīti brāhmaṇamapṛcchatām |7| brāhmaṇo brūte | jñānaśreṣṭho dvijaḥ pūjyaḥ kṣatriyo balavānapi | dhanadhānyādhiko vaiśyaḥ śūdrastu dvijasevayā ||8|| tadyuvāṃ kṣatradharmānugau |9| yuddha eva yuvayornayamaḥ |10| ityabhihite sati sādhūktamaneneti kṛtvānyonyatulyavīryau samakālamanyonyaghātena vināśamupagatau |11| ato 'haṃ bravīmi | saṃdhimicchetsamenāpi saṃdigdho vijayo yudhi | sundopasundau anyonyaṃ naṣṭau tulyabalau na kim ||12||

4.9 *The Brahmin and the Three Crooks*

asti gautamasya vane prastutayajñaḥ kaścidbrāhmaṇaḥ |1| sa ca yajñārthaṃ grāmāntarācchāgamupakrīya skandhe nītvā gacchandhūrtatrayeṇāvalokitaḥ |2| tataste dhūrtā yadyeṣa chāgaḥ kenāpyupāyena labhyate tadā matiprakarṣo bhavatīti samālocya vṛkṣatrayatale krośāntareṇa tasya brāhmaṇasyāgamanaṃ pratīkṣya pathi sthitāḥ |3| tatraikena dhūrtena gacchansa brāhmaṇo 'bhihitaḥ |4| bho brāhmaṇa | kimiti kukkuraḥ skandhenohyate |5| vipreṇoktaṃ nāyaṃ śvā kiṃ tu yajñacchāgaḥ |6| athānantarasthenānyena dhūrtena tathaivoktam |7| tadākarṇya brāhmaṇaśchāgaṃ bhūmau nidhāya muhurnirīkṣya punaḥ skandhe kṛtvā dolāyamānamatiścalitaḥ |8| (...) tatastṛtīyadhūrtavacanaṃ śrutvā svamatibhramaṃ niścitya chāgaṃ tyaktvā brāhmaṇaḥ snātvā gṛhaṃ yayau |9| chāgaśca tairdhūrtairnītvā bhakṣitaḥ |10| ato 'haṃ bravīmi | ātmaupamyena yo vetti durjanaṃ satyavādinam | sa tathā vañcyate dhūrtairbrāhmaṇaśchāgato yathā ||11||

Chapter 2: *Vikramacarita*, or Vikrama's Deeds

Story 8: I Volunteer as Tribute!

aṣṭamyā puttalikayoktam | rājannākarṇaya |1| kadācitsamaye mantrivacanādrājā pṛthivīṃ paryaṭannastamite bhānāvaraṇyamadhya ekasya vṛkṣasya tale sthitaḥ |2| tāvattasminvṛkṣe ciraṃjīvī nāma khago 'sti | tasya suhṛdaḥ paryaṭituṃ gatāḥ |3| rātrau militāḥ santo goṣṭhīṃ kurvanti kena kiṃ kṛtaṃ śrutaṃ dṛṣṭamiti paraspareṇa |4| tāvatpakṣiṇoktam | adyāharniśaṃ mama khedo jātaḥ | kim | mamaikaputra eva pūrvajanmasuhṛdasti samudramadhye |5| tatraiko rākṣasaḥ | tasya bhakṣaṇāya rājā pratidinamekaṃ manuṣyaṃ datte | evaṃ pālī kṛtāsti | tarhi prabhāte 'smatsuhṛdaḥ pālī | tenāsmākaṃ cintā |6| īdṛśaṃ pakṣivākyaṃ śrutvā rājā prabhāte pādukābalena tasminsthāne gataḥ | tāvattatraikā śilāsti | tatropari nara upaviśati | tato rākṣasastaṃ khādayati |7| tasyāṃ śilāyāṃ rājopaviṣṭaḥ | tāvadāgatya rākṣaso 'pyapūrvapuruṣaṃ dṛṣṭvoce | tvaṃ kaḥ | kimarthamātmānaṃ kṣapayasi | tarhyahaṃ prasanno 'smi | varaṃ vṛṇu |8| rājñoktam | yadi prasanno 'si tarhyadyaprabhṛti manuṣyāhārastyājyaḥ | tena tathaiva mānitam |9| tato rājā puraṃ gataḥ | putrikayoktam | yasyedṛśaṃ sattvaṃ bhavati tenātropaveṣṭavyam |10|

Story 21: Eight Jewels from Eight Goddesses

punaḥ putrikayoktam | rājannākarṇaya | ekadaiko deśāntarī rājānamāgataḥ | rājanmayā kautukaṃ dṛṣṭam |1| yoginīpuraṃ nāma nagaram | tatra kātyāyanīprāsādo 'sti | tatrāhamadhyavasam | athārdharātre saromadhyādaṣṭadivyanāyakā nirgatāḥ |2| devatāyāḥ ṣoḍaśopacāraiḥ pūjāṃ kṛtvā nṛtyanti gāyanti ca | paścādudakaṃ praviśanti | īdṛśaṃ mayā dṛṣṭam |3| tadākarṇya rājā tasminsthāne devatāyatanaṃ prāptaḥ | tāvadardharātre devatāpūjānṛtyagītādikaṃ kṛtvāṣṭau nāyakāḥ punarapi jalaṃ praviṣṭāḥ |4| rājāpyanupraviṣṭaḥ | tatraikaṃ divyabhavanaṃ dṛṣṭam | tatra rājñaḥ saṃmukhamāgatya tābhirātithyaṃ kṛtam |5| rājan | tatratyaṃ rājyaṃ kuru | rājñoktam | mama rājyamasti | tābhiruktam | rājan | vayaṃ tubhyaṃ prasannāḥ |6| rājñoktam | kā yūyam | tābhiruktam | vayamaṣṭamahāsiddhayaḥ | ityuktvāṣṭau ratnāni tasmai dattāni |7| jayadetadasmadrūpaṃ jānīhi | yadicchasi tāṃ siddhiṃ prāpsyasi | ityukto rājā punarapi nirgataḥ |8| tāvanmārga ekena vipreṇa svastiḥ kṛtā | rājannāhāramātraṃ kimapi dehi | tāvadrājñāṣṭau ratnāni dattāni | putrikayoktam | rājannīdṛśamaudāryaṃ yasya bhavati tenātropaveṣṭavyam |9|

Story 22: King Vikrama in His Element

punaḥ putrikayoktam | rājannākarṇaya | ekadā rājā deśacaritraṃ draṣṭuṃ gataḥ |1| tāvadekākinā mārge gacchatā gaṅgātīre dīnavadano vipro dṛṣṭaḥ | rājñoktam | bho ārya kimiti mlānavadanaḥ |2| dvijenoktam | rājankiṃ kathayāmi | mama kaṣṭaṃ vṛthā gatam | phalaṃ nābhūt | parasminparvate kāmākṣī devatāsti | vivaramasti | tatra rasakuṇḍamasti | tatrānuṣṭhāne kṛte rasasiddhirbhavati |3| kiṃtu mayā dvādaśavarṣāṇyanuṣṭhānaṃ kṛtam | tathāpi siddhirnāsti | tena kāraṇena sacinto 'smi |4| tāvadrājñoktam | calata tatsthānaṃ darśayata | tata ubhāvapyastasamaye tatsthānaṃ prāptau viśrāntau ca | devatayā svapnaṃ darśitam | rājan | atra yadi naro balirdīyate tadā vivaradvāramudghāṭyate | rasasiddhirbhavati |5| tadākarṇya vivaradvāramāgatya rājñoktam | atratyā devatā mama śarīreṇa prīyatām | tataḥ śiraśchettumārabdham |6| tavātpratyakṣayā devyā bhaṇitam | prasannā varaṃ dadāmi | rājñoktam | asya viprasya rasasiddhirbhavatu |7| devyā pratijñātam | dvāramudghāṭitam | vipra vivaradvāramudghāṭitam | tava siddhirbhavitā |8| tatastasya siddhirjātā | sa sukhī jātaḥ | rājā nijanagaraṃ gataḥ | putrikayoktam | rājannīdṛśamaudāryaṃ yasya bhavati tenātropaveṣṭavyam |9|

Story 30: Don't Believe Everything You See

punaḥ putrikayoktam | rājannākarṇaya | ekadā rājñaḥ samīpa eko lāghavī samāyātaḥ | deva mamaiko 'vasaro deyaḥ | rājñā tathetyuktam |1| so 'pyātmā sādhanamāyāmānayāmīti niṣkrāntaḥ | tāvadanyaḥ ko 'pi khaḍgacarmadharaḥ striyā sahitaḥ kīrtimannāmā rājñaḥ samīpamāgatya nijakulānurūpaṃ namaskṛtyoktavān |2| deva vikrama devadaityānāṃ yuddhaṃ prārabdhamasti | devaistvāmākārayituṃ preṣito 'smi | tarhi devānāṃ sāhāyyāya yāsyāmi |3| tarhi tvaṃ pavitro rājā | yāvadahamāyāmi tāvanmama strī tvayātmasamīpe rakṣaṇīyā | ahaṃ śīghramāyāmītyutplutya gaganaṃ gataḥ |4| sarvajanairnirgacchandṛṣṭo 'dṛṣṭo jātaḥ | tato gagane hāhākārāḥ śrūyante | ayamayaṃ gṛhīṣva gṛhīṣva jahi jahi | tāvatkṣaṇādekātprahārajarjaro deha ekaḥ sabhāpuraḥ patitaḥ |5| tāvattayā striyā bhaṇitam | deva mama bhartā devakārye mṛtaḥ | ahaṃ tamanu vahnipraveśaṃ karomi | iti maraṇaṃ racitavatī |6| tato rājñā puṇyaṃ kāritam| tayāgnipraveśaḥ kṛtaḥ | sarve vismayaṃ kurvanti | tāvadratnakhacitābharaṇo divyāmbaraparidhāno 'bhyetya ko 'pi pumānrājānaṃ namaskṛtya proktavān |7| deva devadaityayuddhaṃ jātam | devairjitam | vastrabhūṣaṇāni dattvāhaṃ preṣitaḥ | tvatprasādena vijayījāto 'smi | mama bhāryā deyā | svasthānaṃ gamiṣyāmi |8| tāvadrājā tūṣṇīṃ babhūva | rājñoktam | tvaṃ raṇe jarjarībhūtaḥ patito 'bhūḥ | tvadbhāryayāgnipraveśaḥ kṛtaḥ |9| tāvattena hāsyaṃ kṛtam | rājan | tvaṃ caturaḥ | kimīdṛśaṃ vadasi | bhartari jīvatyagnipraveśaṃ kathaṃ karoti |10| parivāreṇoktam | vīra | idamīdṛśameva jātam | tataścintāgrastaṃ rājānaṃ dṛṣṭvā lāghavī namaskṛtavān | strī samāyatā | deva | mayā tava lāghavaṃ darśitam | atha saṃtuṣṭena rājñā tasmai pradānaṃ dattam |11| putrikayoktam | rājannīdṛśamaudāryaṃ yasya bhavati tenātropaveṣṭavyam |12|

Chapter 3: *The Rāmāyaṇa*, or Rāma's Journey

a *The Beauty of the Night* (*1. 33.14–18*)

gato 'rdharātraḥ kākutstha kathāḥ kathayato mama |
nidrāmabhyehi bhadraṃ te mā bhūdvighno 'dhvanīha naḥ || 14 ||
niṣpandāstaravaḥ sarve nilīnā mṛgapakṣiṇaḥ |
naiśena tamasā vyāptā diśaśca raghunandana || 15 ||
śanairviyujyate saṃdhyā nabho netrairivāvṛtam |
nakṣatratārāgahanaṃ jyotirbhiravabhāsate || 16 ||
uttiṣṭhati ca śītāṃśuḥ śaśī lokatamonudaḥ |
hlādayanprāṇināṃ loke manāṃsi prabhayā vibho || 17 ||
naiśāni sarvabhūtāni pracaranti tatastataḥ |
yakṣarākṣasasaṃghāśca raudrāśca piśitāśanāḥ || 18 ||

b *A Perfect Leader* (*2.1.15–28*)

sa hi nityaṃ praśāntātmā mṛdupūrvaṃ ca bhāṣate |
ucyamāno 'pi paruṣaṃ nottaraṃ pratipadyate || 15 ||
kathaṃcidupakāreṇa kṛtenaikena tuṣyati |
na smaratyapakārāṇāṃ śatamapyātmavattayā || 16 ||
śīlavṛddhairjñānavṛddhairvayovṛddhaiśca sajjanaiḥ |
kathayannāsta vai nityamastrayogyāntareṣvapi || 17 ||
kalyāṇābhijanaḥ sādhuradīnaḥ satyavāgṛjuḥ |
vṛddhairabhivinītaśca dvijairdharmārthadarśibhiḥ || 18 ||
dharmārthakāmatattvajñaḥ smṛtimānpratibhānavān |
laukike samayācāre kṛtakalpo viśāradaḥ || 19 ||
śāstrajñaśca kṛtajñaśca puruṣāntarakovidaḥ |
yaḥ pragrahānugrahayoryathānyāyaṃ vicakṣaṇaḥ || 20 ||
āyakarmaṇyupāyajñaḥ saṃdṛṣṭavyayakarmavit |
śraiṣṭhyaṃ śāstrasamūheṣu prāpto vyāmiśrakeṣvapi || 21 ||
arthadharmau ca saṃgṛhya sukhatantro na cālasaḥ |
vaihārikāṇāṃ śilpānāṃ vijñātārthavibhāgavit || 22 ||
ārohe vinaye caiva yukto vāraṇavājinām |
dhanurvedavidāṃ śreṣṭho loke 'tirathasaṃmataḥ || 23 ||
abhiyātā prahartā ca senānayaviśāradaḥ |
apradhṛṣyaśca saṃgrāme kruddhairapi surāsuraiḥ || 24 ||
anasūyo jitakrodho na dṛpto na ca matsarī |
na cāvamantā bhūtānāṃ na ca kālavaśānugaḥ || 25 ||
evaṃ śreṣṭhairguṇairyuktaḥ prajānāṃ pārthivātmajaḥ |
saṃmatastriṣu lokeṣu vasudhāyāḥ kṣamāguṇaiḥ |
buddhyā bṛhaspatestulyo vīryeṇāpi śacīpateḥ || 26 ||
tathā sarvaprajākāntaiḥ prītisaṃjananaiḥ pituḥ |
guṇairviruruce rāmo dīptaḥ sūrya ivāṃśubhiḥ || 27 ||
tamevaṃvṛttasaṃpannamapradhṛṣyaparākramam |
lokapālopamaṃ nāthamakāmayata medinī || 28 ||

c *A Land without Leadership* (2.61.8–23)

nārājake janapade vidyunmālī mahāsvanaḥ |
abhivarṣati parjanyo mahīṃ divyena vāriṇā || 8 ||
nārājake janapade bījamuṣṭiḥ prakīryate |
nārājake pituḥ putro bhāryā vā vartate vaśe || 9 ||
arājake dhanaṃ nāsti nāsti bhāryāpyarājake |
idamatyāhitaṃ cānyatkutaḥ satyamarājake || 10 ||
nārājake janapade kārayanti sabhāṃ narāḥ |
udyānāni ca ramyāṇi hṛṣṭāḥ puṇyagṛhāṇi ca || 11 ||
nārājake janapade yajñaśīlā dvijātayaḥ |
satrāṇyanvāsate dāntā brāhmaṇāḥ saṃśitavratāḥ || 12 ||
nārājake janapade prabhūtanaṭanartakāḥ |
utsavāśca samājāśca vardhante rāṣṭravardhanāḥ || 13 ||
nārājake janapade siddhārthā vyavahāriṇaḥ |
kathābhiranurajyante kathāśīlāḥ kathāpriyaiḥ || 14 ||
nārājake janapade vāhanaiḥ śīghragāmibhiḥ |
narā niryāntyaraṇyāni nārībhiḥ saha kāminaḥ || 15 ||
nārājake janapade dhanavantaḥ surakṣitāḥ |
śerate vivṛtadvārāḥ kṛṣigorakṣajīvinaḥ || 16 ||
nārājake janapade vaṇijo dūragāminaḥ |
gacchanti kṣemamadhvānaṃ bahupuṇyasamācitāḥ || 17 ||
nārājake janapade caratyekacaro vaśī |
bhāvayannātmanātmānaṃ yatrasāyaṃgṛho muniḥ || 18 ||
nārājake janapade yogakṣemaṃ pravartate |
na cāpyarājake senā śatrūnviṣahate yudhi || 19 ||
yathā hyanudakā nadyo yathā vāpyatṛṇaṃ vanam |
agopālā yathā gāvastathā rāṣṭramarājakam || 20 ||
nārājake janapade svakaṃ bhavati kasyacit |
matsyā iva narā nityaṃ bhakṣayanti parasparam || 21 ||
ye hi saṃbhinnamaryādā nāstikāśchinnasaṃśayāḥ |
te 'pi bhāvāya kalpante rājadaṇḍanipīḍitāḥ || 22 ||
aho tama ivedaṃ syānna prajñāyeta kiṃcana |
rājā cenna bhavelloke vibhajansādhvasādhunī || 23 ||

d *Jābāli the Materialist on the Meaning of Life* (2.100.1–17)

āśvāsayantaṃ bharataṃ jābālirbrāhmaṇottamaḥ |
uvāca rāmaṃ dharmajñaṃ dharmāpetamidaṃ vacaḥ || 1 ||
sādhu rāghava mā bhūtte buddhirevaṃ nirarthakā |
prākṛtasya narasyeva āryabuddhestapasvinaḥ || 2 ||
kaḥ kasya puruṣo bandhuḥ kimāpyaṃ kasya kenacit |
yadeko jāyate jantureka eva vinaśyati || 3 ||
tasmānmātā pitā ceti rāma sajjeta yo naraḥ |
unmatta iva sa jñeyo nāsti kaściddhi kasyacit || 4 ||
yathā grāmāntaraṃ gacchannaraḥ kaścitkvacidvaset |
utsṛjya ca tamāvāsaṃ pratiṣṭhetāpare 'hani || 5 ||
evameva manuṣyāṇāṃ pitā mātā gṛhaṃ vasu |
āvāsamātraṃ kākutstha sajjante nātra sajjanāḥ || 6 ||
pitryaṃ rājyaṃ samutsṛjya sa nārhasi narottama |
āsthātuṃ kāpathaṃ duḥkhaṃ viṣamaṃ bahukaṇṭakam || 7 ||
samṛddhāyāmayodhyāyāmātmānamabhiṣecaya |
ekaveṇīdharā hi tvāṃ nagarī saṃpratīkṣate || 8 ||

rājabhogānanubhavanmahārhānpārthivātmaja |
vihara tvamayodhyāyāṃ yathā śakrastriviṣṭape || 9 ||
na te kaściddaśarathastvaṃ ca tasya na kaścana |
anyo rājā tvamanyaśca tasmātkuru yaducyate || 10 ||
gataḥ sa nṛpatistatra gantavyaṃ yatra tena vai |
pravṛttireṣā martyānāṃ tvaṃ tu mithyā vihanyase || 11 ||
arthadharmaparā ye ye tāṃstāñśocāmi netarān |
te hi duḥkhamiha prāpya vināśaṃ pretya bhejire || 12 ||
aṣṭakā pitṛdaivatyamityayaṃ prasṛto janaḥ |
annasyopadravaṃ paśya mṛto hi kimaśiṣyati || 13 ||
yadi bhuktamihānyena dehamanyasya gacchati |
dadyātpravasataḥ śrāddhaṃ na tatpathyaśanaṃ bhavet || 14 ||
dānasaṃvananā hyete granthā medhāvibhiḥ kṛtāḥ |
yajasva dehi dīkṣasva tapastapyasva saṃtyaja || 15 ||
sa nāsti paramityeva kuru buddhiṃ mahāmate |
pratyakṣaṃ yattadātiṣṭha parokṣaṃ pṛṣṭhataḥ kuru || 16 ||
satāṃ buddhiṃ puraskṛtya sarvalokanidarśinīm |
rājyaṃ tvaṃ pratigṛhṇīṣva bharatena prasāditaḥ || 17 ||

e *Sītā Cautions Rāma on the Handling of Weapons* (*3.8.1–12, 20–29*)

sutīkṣṇenābhyanujñātaṃ prasthitaṃ raghunandanam |
vaidehī snigdhayā vācā bhartāramidamabravīt || 1 ||
ayaṃ dharmaḥ susūkṣmeṇa vidhinā prāpyate mahān |
nivṛttena ca śakyo 'yaṃ vyasanātkāmajādiha || 2 ||
trīṇyeva vyasanānyatra kāmajāni bhavantyuta |
mithyāvākyaṃ paramakaṃ tasmādgurutarāvubhau |
paradārābhigamanaṃ vinā vairaṃ ca raudratā || 3 ||
mithyāvākyaṃ na te bhūtaṃ na bhaviṣyati rāghava |
kuto 'bhilaṣaṇaṃ strīṇāṃ pareṣāṃ dharmanāśanam || 4 ||
tacca sarvaṃ mahābāho śakyaṃ voḍhuṃ jitendriyaiḥ |
tava vaśyendriyatvaṃ ca jānāmi śubhadarśana || 5 ||
tṛtīyaṃ yadidaṃ raudraṃ paraprāṇābhihiṃsanam |
nirvairaṃ kriyate mohāttacca te samupasthitam || 6 ||
pratijñātastvayā vīra daṇḍakāraṇyavāsinām |
ṛṣīṇāṃ rakṣaṇārthāya vadhaḥ saṃyati rakṣasām || 7 ||
etannimittaṃ ca vanaṃ daṇḍakā iti viśrutam |
prasthitastvaṃ saha bhrātrā dhṛtabāṇaśarāsanaḥ || 8 ||
tatastvāṃ prasthitaṃ dṛṣṭvā mama cintākulaṃ manaḥ |
tvadvṛttaṃ cintayantyā vai bhavenniḥśreyasaṃ hitam || 9 ||
na hi me rocate vīra gamanaṃ daṇḍakānprati |
kāraṇaṃ tatra vakṣyāmi vadantyāḥ śrūyatāṃ mama || 10 ||
tvaṃ hi bāṇadhanuṣpāṇirbhrātrā saha vanaṃ gataḥ |
dṛṣṭvā vanacarānsarvānkaccitkuryāḥ śaravyayam || 11 ||
kṣatriyāṇāmiha dhanurhutāśasyendhanāni ca |
samīpataḥ sthitaṃ tejobalamucchrayate bhṛśam || 12 || (...)
snehācca bahumānācca smāraye tvāṃ na śikṣaye |
na kathaṃcana sā kāryā gṛhītadhanuṣā tvayā || 20 ||
buddhirvairaṃ vinā hantuṃ rākṣasāndaṇḍakāśritān |
aparādhaṃ vinā hantuṃ lokānvīra na kāmaye || 21 ||
kṣatriyāṇāṃ tu vīrāṇāṃ vaneṣu niyatātmanām |
dhanuṣā kāryametāvadārtānāmabhirakṣaṇam || 22 ||

kva ca śastraṃ kva ca vanaṃ kva ca kṣātraṃ tapaḥ kva ca |
vyāviddhamidamasmābhirdeśadharmastu pūjyatām || 23 ||
tadāryakaluṣā buddhirjāyate śastrasevanāt |
punargatvā tvayodhyāyāṃ kṣatradharmaṃ cariṣyasi || 24 ||
akṣayā tu bhavetprītiḥ śvaśrūśvaśurayormama |
yadi rājyaṃ hi saṃnyasya bhavestvaṃ nirato muniḥ || 25 ||
dharmādarthaḥ prabhavati dharmātprabhavate sukham |
dharmeṇa labhate sarvaṃ dharmasāramidaṃ jagat || 26 ||
ātmānaṃ niyamaistaistaiḥ karṣayitvā prayatnataḥ |
prāpyate nipuṇairdharmo na sukhāllabhyate sukham || 27 ||
nityaṃ śucimatiḥ saumya cara dharmaṃ tapovane |
sarvaṃ hi viditaṃ tubhyaṃ trailokyamapi tattvataḥ || 28 ||
strīcāpalādetadudāhṛtaṃ me dharmaṃ ca vaktuṃ tava kaḥ samarthaḥ |
vicārya buddhyā tu sahānujena yadrocate tatkuru māciraṇa || 29 ||

f *Rāma asks Nature if It Has Seen Sītā (3.58.1–22, 31–34)*

bhṛśamāvrajamānasya tasyādhovāmalocanam |
prāsphuraccāskhaladrāmo vepathuścāsya jāyate || 1 ||
upālakṣya nimittāni so 'śubhāni muhurmuhuḥ |
api kṣemaṃ tu sītāyā iti vai vyājahāra ha || 2 ||
tvaramāṇo jagāmātha sītādarśanalālasaḥ |
śūnyamāvasathaṃ dṛṣṭvā babhūvodvignamānasaḥ || 3 ||
udbhramanniva vegena vikṣipanraghunandanaḥ |
tatra tatroṭajasthānamabhivīkṣya samantataḥ || 4 ||
dadarśa parṇaśālāṃ ca rahitāṃ sītayā tadā |
śriyā virahitāṃ dhvastāṃ hemante padminīmiva || 5 ||
rudantamiva vṛkṣaiśca mlānapuṣpamṛgadvijam |
śriyā vihīnaṃ vidhvastaṃ saṃtyaktavanadaivatam || 6 ||
viprakīrṇājinakuśaṃ vipraviddhabṛsīkaṭam |
dṛṣṭvā śūnyoṭajasthānaṃ vilalāpa punaḥ punaḥ || 7 ||
hṛtā mṛtā vā naṣṭā vā bhakṣitā vā bhaviṣyati |
nilīnāpyatha vā bhīruratha vā vanamāśritā || 8 ||
gatā vicetuṃ puṣpāṇi phalānyapi ca vā punaḥ |
atha vā padminīṃ yātā jalārthaṃ vā nadīṃ gatā || 9 ||
yatnānmṛgayamāṇastu nāsasāda vane priyām |
śokaraktekṣaṇaḥ śokādunmatta iva lakṣyate || 10 ||
vṛkṣādvṛkṣaṃ pradhāvansa girīṃścāpi nadānnadīm |
babhūva vilapanrāmaḥ śokapaṅkārṇavaplutaḥ || 11 ||
asti kaccittvayā dṛṣṭā sā kadambapriyā priyā |
kadamba yadi jānīṣe śaṃsa sītāṃ śubhānanām || 12 ||
snigdhapallavasaṃkāśāṃ pītakauśeyavāsinīm |
śaṃsasva yadi vā dṛṣṭā bilva bilvopamastanī || 13 ||
atha vārjuna śaṃsa tvaṃ priyāṃ tāmarjunapriyām |
janakasya sutā bhīruryadi jīvati vā na vā || 14 ||
kakubhaḥ kakubhorūṃ tāṃ vyaktaṃ jānāti maithilīm |
latāpallavapuṣpāḍhyo bhāti hyeṣa vanaspatiḥ || 15 ||
bhramarairupagītaśca yathā drumavaro hyayam |
eṣa vyaktaṃ vijānāti tilakastilakapriyām || 16 ||
aśokaśokāpanuda śokopahatacetasaṃ |
tvannāmānaṃ kuru kṣipraṃ priyāsaṃdarśanena mām || 17 ||
yadi tāla tvayā dṛṣṭā pakvatālaphalastanī |

kathayasva varārohāṃ kāruṇyaṃ yadi te mayi || 18 ||
yadi dṛṣṭā tvayā sītā jambu jāmbūnadaprabhā |
priyāṃ yadi vijānīṣe niḥśaṅkaṃ kathayasva me || 19 ||
atha vā mṛgaśāvākṣīṃ mṛga jānāsi maithilīm |
mṛgaviprekṣaṇī kāntā mṛgībhiḥ sahitā bhavet || 20 ||
gaja sā gajanāsorūryadi dṛṣṭā tvayā bhavet |
tāṃ manye viditāṃ tubhyamākhyāhi varavāraṇa || 21 ||
śārdūla yadi sā dṛṣṭā priyā candranibhānanā |
maithilī mama visrabdhaḥ kathayasva na te bhayam || 22 || (…)
hā lakṣmaṇa mahābāho paśyasi tvaṃ priyāṃ kvacit || 31 ||
hā priye kva gatā bhadre hā sīteti punaḥ punaḥ |
ityevaṃ vilapanrāmaḥ paridhāvanvanādvanam || 32 ||
kvacidudbhramate vegātkvacidvibhramate balāt |
kvacinmatta ivābhāti kāntānveṣaṇatatparaḥ || 33 ||
sa vanāni nadīḥ śailāngiriprasravaṇāni ca |
kānanāni ca vegena bhramatyaparisaṃsthitaḥ || 34 ||

g *The Ascetic Śabarī (3.70.4–27)*

tau puṣkariṇyāḥ pampāyāstīramāsādya paścimam |
apaśyatāṃ tatastatra śabaryā ramyamāśramam || 4 ||
tau tamāśramamāsādya drumairbahubhirāvṛtam |
suramyamabhivīkṣantau śabarīmabhyupeyatuḥ || 5 ||
tau tu dṛṣṭvā tadā siddhā samutthāya kṛtāñjaliḥ |
pādau jagrāha rāmasya lakṣmaṇasya ca dhīmataḥ || 6 ||
tāmuvāca tato rāmaḥ śramaṇīṃ saṃśitavratām |
kaccitte nirjitā vighnāḥ kaccitte vardhate tapaḥ || 7 ||
kaccitte niyataḥ kopa āhāraśca tapodhane |
kaccitte niyamāḥ prāptāḥ kaccitte manasaḥ sukham |
kaccitte guruśuśrūṣā saphalā cārubhāṣiṇi || 8 ||
rāmeṇa tāpasī pṛṣṭā sā siddhā siddhasaṃmatā |
śaśaṃsa śabarī vṛddhā rāmāya pratyupasthitā || 9 ||
citrakūṭaṃ tvayi prāpte vimānairatulaprabhaiḥ |
itaste divamārūḍhā yānahaṃ paryacāriṣam || 10 ||
taiścāhamuktā dharmajñairmahābhāgairmaharṣibhiḥ |
āgamiṣyati te rāmaḥ supuṇyamimamāśramam || 11 ||
sa te pratigrahītavyaḥ saumitrisahito ’tithiḥ |
taṃ ca dṛṣṭvā varāṃllokānakṣayāṃstvaṃ gamiṣyasi || 12 ||
mayā tu vividhaṃ vanyaṃ saṃcitaṃ puruṣarṣabha |
tavārthe puruṣavyāghra pampāyāstīrasaṃbhavam || 13 ||
evamuktaḥ sa dharmātmā śabaryā śabarīmidam |
rāghavaḥ prāha vijñāne tāṃ nityamabahiṣkṛtām || 14 ||
danoḥ sakāśāttattvena prabhāvaṃ me mahātmanām |
śrutaṃ pratyakṣamicchāmi saṃdraṣṭuṃ yadi manyase || 15 ||
etattu vacanaṃ śrutvā rāmavaktrādviniḥsṛtam |
śabarī darśayāmāsa tāvubhau tadvanaṃ mahat || 16 ||
paśya meghaghanaprakhyaṃ mṛgapakṣisamākulam |
mataṅgavanamityeva viśrutaṃ raghunandana || 17 ||
iha te bhāvitātmāno guravo me mahādyute |
juhavāñcakrire tīrthaṃ mantravanmantrapūjitam || 18 ||
iyaṃ pratyaksthalī vedī yatra te me susatkṛtāḥ |
puṣpopahāraṃ kurvanti śramādudvepibhiḥ karaiḥ || 19 ||

teṣāṃ tapaḥprabhāvena paśyādyāpi raghūttama |
dyotayanti diśaḥ sarvāḥ śriyā vedyo 'tulaprabhāḥ || 20 ||
aśaknuvadbhistairgantumupavāsaśramālasaiḥ |
cintite 'bhyāgatānpaśya sametānsapta sāgarān || 21 ||
kṛtābhiṣekaistairnyastā valkalāḥ pādapeṣviha |
adyāpi na viśuṣyanti pradeśe raghunandana || 22 ||
kṛtsnaṃ vanamidaṃ dṛṣṭaṃ śrotavyaṃ ca śrutaṃ tvayā |
tadicchāmyabhyanujñātā tyaktumetatkalevaram || 23 ||
teṣāmicchāmyahaṃ gantuṃ samīpaṃ bhāvitātmanām |
munīnāmāśramo yeṣāmahaṃ ca paricāriṇī || 24 ||
dharmiṣṭhaṃ tu vacaḥ śrutvā rāghavaḥ sahalakṣmaṇaḥ |
anujānāmi gaccheti prahṛṣṭavadano 'bravīt || 25 ||
anujñātā tu rāmeṇa hutvātmānaṃ hutāśane |
jvalatpāvakasaṃkāśā svargameva jagāma sā || 26 ||
yatra te sukṛtātmāno viharanti maharṣayaḥ |
tatpuṇyaṃ śabarī sthānaṃ jagāmātmasamādhinā || 27 ||

h *The Hermitage of the Seven Sages* (*4.13.12–27*)

teṣāṃ tu gacchatāṃ tatra tvaritaṃ raghunandanaḥ |
drumaṣaṇḍaṃ vanaṃ dṛṣṭvā rāmaḥ sugrīvamabravīt || 12 ||
eṣa megha ivākāśe vṛkṣaṣaṇḍaḥ prakāśate |
meghasaṃghātavipulaḥ paryantakadalīvṛtaḥ || 13 ||
kimetajjñātumicchāmi sakhe kautūhalaṃ mama |
kautūhalāpanayanaṃ kartumicchāmyahaṃ tvayā || 14 ||
tasya tadvacanaṃ śrutvā rāghavasya mahātmanaḥ |
gacchannevācacakṣe 'tha sugrīvastanmahadvanam || 15 ||
etadrāghava vistīrṇamāśramaṃ śramanāśanam |
udyānavanasaṃpannaṃ svādumūlaphalodakam || 16 ||
atra saptajanā nāma munayaḥ saṃśitavratāḥ |
saptaivāsannadhaḥśīrṣā niyataṃ jalaśāyinaḥ || 17 ||
saptarātrakṛtāhārā vāyunā vanavāsinaḥ |
divaṃ varṣaśatairyātāḥ saptabhiḥ sakalevarāḥ || 18 ||
tesāmevaṃ prabhāvena drumaprākārasaṃvṛtam |
āśramaṃ sudurādharṣamapi sendraiḥ surāsuraiḥ || 19 ||
pakṣiṇo varjayantyetattathānye vanacāriṇaḥ |
viśanti mohādye 'pyatra nivartante na te punaḥ || 20 ||
vibhūṣaṇaravāścātra śrūyante sakalākṣarāḥ |
tūryagītasvanāścāpi gandho divyaśca rāghava || 21 ||
tretāgnayo 'pi dīpyante dhūmo hyeṣa pradṛśyate |
veṣṭayanniva vṛkṣāgrānkapotāṅgāruṇo ghanaḥ || 22 ||
kuru praṇāmaṃ dharmātmaṃstānsamuddiśya rāghava |
lakṣmaṇena saha bhrātrā prayataḥ saṃyatāñjaliḥ || 23 ||
praṇamanti hi ye teṣāmṛṣīṇāṃ bhāvitātmanām |
na teṣāmaśubhaṃ kiṃciccharīre rāma dṛśyate || 24 ||
tato rāmaḥ saha bhrātrā lakṣmaṇena kṛtāñjaliḥ |
samuddiśya mahātmānastānṛṣīnabhyavādayat || 25 ||
abhivādya ca dharmātmā rāmo bhrātā ca lakṣmaṇaḥ |
sugrīvo vānarāścaiva jagmuḥ saṃhṛṣṭamānasāḥ || 26 ||
te gatvā dūramadhvānaṃ tasmātsaptajanāśramāt |
dadṛśustāṃ durādharṣāṃ kiṣkindhāṃ vālipālitām || 27 ||

i *Tārā Counsels Her Husband Vālin* (*4.15.7–23*)
sādhu krodhamimaṃ vīra nadīvegamivāgatam |
śayanādutthitaḥ kālyaṃ tyaja bhuktāmiva srajam || 7 ||
sahasā tava niṣkrāmo mama tāvanna rocate |
śrūyatāmabhidhāsyāmi yannimittaṃ nivāryase || 8 ||
pūrvamāpatitaḥ krodhātsa tvāmāhvayate yudhi |
niṣpatya ca nirastaste hanyamāno diśo gataḥ || 9 ||
tvayā tasya nirastasya pīḍitasya viśeṣataḥ |
ihaitya punarāhvānaṃ śaṅkāṃ janayatīva me || 10 ||
darpaśca vyavasāyaśca yādṛśastasya nardataḥ |
ninādasya ca saṃrambho naitadalpaṃ hi kāraṇam || 11 ||
nāsahāyamahaṃ manye sugrīvaṃ tamihāgatam |
avaṣṭabdhasahāyaśca yamāśrityaiṣa garjati || 12 ||
prakṛtyā nipuṇaścaiva buddhimāṃścaiva vānaraḥ |
aparīkṣitavīryeṇa sugrīvaḥ saha naiṣyati || 13 ||
pūrvameva mayā vīra śrutaṃ kathayato vacaḥ |
aṅgadasya kumārasya vakṣyāmi tvā hitaṃ vacaḥ || 14 ||
tava bhrāturhi vikhyātaḥ sahāyo raṇakarkaśaḥ |
rāmaḥ parabalāmardī yugāntāgnirivotthitaḥ || 15 ||
nivāsavṛkṣaḥ sādhūnāmāpannānāṃ parā gatiḥ |
ārtānāṃ saṃśrayaścaiva yaśasaścaikabhājanam || 16 ||
jñānavijñānasaṃpanno nideśe nirataḥ pituḥ |
dhātūnāmiva śailendro guṇānāmākaro mahān || 17 ||
tatkṣamaṃ na virodhaste saha tena mahātmanā |
durjayenāprameyena rāmeṇa raṇakarmasu || 18 ||
śūra vakṣyāmi te kiṃcinna cecchāmyabhyasūyitum |
śrūyatāṃ kriyatāṃ caiva tava vakṣyāmi yaddhitam || 19 ||
yauvarājyena sugrīvaṃ tūrṇaṃ sādhvabhiṣecaya |
vigrahaṃ mā kṛthā vīra bhrātrā rājanbalīyasā || 20 ||
ahaṃ hi te kṣamaṃ manye tava rāmeṇa sauhṛdam |
sugrīveṇa ca saṃprītiṃ vairamutsṛjya dūrataḥ || 21 ||
lālanīyo hi te bhrātā yavīyāneṣa vānaraḥ |
tatra vā sannihastho vā sarvathā bandhureva te || 22 ||
yadi te matpriyaṃ kāryaṃ yadi cāvaiṣi māṃ hitām |
yācyamānaḥ prayatnena sādhu vākyaṃ kuruṣva me || 23 ||

j *Tārā Laments Her Husband Vālin* (*4. 20.11–17*)
niḥśreyasaparā mohāttvayā cāhaṃ vigarhitā |
yaiṣābruvaṃ hitaṃ vākyaṃ vānarendrahitaiṣiṇī || 12 ||
kālo niḥsaṃśayo nūnaṃ jīvitāntakarastava |
balādyenāvapanno 'si sugrīvasyāvaśo vaśam || 13 ||
vaidhavyaṃ śokasaṃtāpaṃ kṛpaṇaṃ kṛpaṇā satī |
aduḥkhopacitā pūrvaṃ vartayiṣyāmyanāthavat || 14 ||
lālitaścāṅgado vīraḥ sukumāraḥ sukhocitaḥ |
vatsyate kāmavasthāṃ me pitṛvye krodhamūrchite || 15 ||
kuruṣva pitaraṃ putra sudṛṣṭaṃ dharmavatsalam |
durlabhaṃ darśanaṃ tvasya tava vatsa bhaviṣyati || 16 ||
samāśvāsaya putraṃ tvaṃ saṃdeśaṃ saṃdiśasva ca |
mūrdhni cainaṃ samāghrāya pravāsaṃ prasthito hyasi || 17 ||

k *The Rainy Season (4.27.2–46)*

ayaṃ sa tadā vālinaṃ hatvā sugrīvamabhiṣicya ca |
vasanmālyavataḥ pṛṣṭhe rāmo lakṣmaṇamabravīt || 1 ||
ayaṃ sa kālaḥ saṃprāptaḥ samayo 'dya jalāgamaḥ |
saṃpaśya tvaṃ nabho meghaiḥ saṃvṛtaṃ girisaṃnibhaiḥ || 2 ||
navamāsadhṛtaṃ garbhaṃ bhāskārasya gabhastibhiḥ |
pītvā rasaṃ samudrāṇāṃ dyauḥ prasūte rasāyanam || 3 ||
śakyamambaramāruhya meghasopānapaṅktibhiḥ |
kuṭajārjunamālābhiralaṃkartuṃ divākaram || 4 ||
saṃdhyārāgotthitaistāmrairanteṣvadhikapāṇḍuraiḥ |
snigdhairabhrapaṭacchadairbaddhavraṇamivāmbaram || 5 ||
mandamārutaniḥśvāsaṃ saṃdhyācandanarañjitam |
āpāṇḍujaladaṃ bhāti kāmāturamivāmbaram || 6 ||
eṣā dharmaparikliṣṭā navavāripariplutā |
sīteva śokasaṃtaptā mahī bāṣpaṃ vimuñcati || 7 ||
meghodaravinirmuktāḥ kahlārasukhaśītalāḥ |
śakyamañjalibhiḥ pātuṃ vātāḥ ketakigandhinaḥ || 8 ||
eṣa phullārjunaḥ śailaḥ ketakairadhivāsitaḥ |
sugrīva iva śāntārirdhārābhirabhiṣicyate || 9 ||
meghakṛṣṇājinadharā dhārāyajñopavītinaḥ |
mārutāpūritaguhāḥ prādhītā iva parvatāḥ || 10 ||
kaśābhiriva haimībhirvidyudbhiriva tāḍitam |
antaḥstanitanirghoṣaṃ savedanamivāmbaram || 11 ||
nīlameghāśritā vidyutsphurantī pratibhāti me |
sphurantī rāvaṇasyāṅke vaidehīva tapasvinī || 12 ||
imāstā manmathavatāṃ hitāḥ pratihatā diśaḥ |
anuliptā iva ghanairnaṣṭagrahaniśākarāḥ || 13 ||
kvacidbāṣpābhisaṃruddhānvarṣāgamasamutsukān |
kuṭajānpaśya saumitre puṣpitāngirisānuṣu |
mama śokābhibhūtasya kāmasaṃdīpanānsthitān || 14 ||
rajaḥ praśāntaṃ sahimo 'dya vāyurnidāghadoṣaprasarāḥ praśāntāḥ |
sthitā hi yātrā vasudhādhipānāṃ pravāsino yānti narāḥ svadeśān || 15 ||
saṃprasthitā mānasavāsalubdhāḥ priyānvitāḥ saṃprati cakravākāḥ |
abhīkṣṇavarṣodakavikṣateṣu yānāni mārgeṣu na saṃpatanti || 16 ||
kvacitprakāśaṃ kvacidaprakāśaṃ nabhaḥ prakīrṇāmbudharaṃ vibhāti |
kvacitkvacitparvatasaṃniruddhaṃ rūpaṃ yathā śāntamahārṇavasya || 17 ||
vyāmiśritaṃ sarjakadambapuṣpairnavaṃ jalaṃ parvatadhātutāmram |
mayūrakekābhiranuprayātaṃ śailāpagāḥ śīghrataraṃ vahanti || 18 ||
rasākulaṃ ṣaṭpadasaṃnikāśaṃ prabhujyate jambuphalaṃ prakāmam |
anekavarṇaṃ pavanāvadhūtaṃ bhūmau patatyāmraphalaṃ vipakvam || 19 ||
vidyutpatākāḥ sabalākamālāḥ śailendrakūṭākṛtisaṃnikāśāḥ |
garjanti meghāḥ samudīrṇanādā mattagajendrā iva saṃyugasthāḥ || 20 ||
meghābhikāmī parisaṃpatantī saṃmoditā bhāti balākapaṅktiḥ |
vātāvadhūtā varapauṇḍarīkī lambeva mālā racitāmbarasya || 21 ||
nidrā śanaiḥ keśavamabhyupaiti drutaṃ nadī sāgaramabhyupaiti |
hṛṣṭā balākā ghanamabhyupaiti kāntā sakāmā priyamabhyupaiti || 22 ||
jātā vanāntāḥ śikhisupranṛttā jātāḥ kadambāḥ sakadambaśākhāḥ |
jātā vṛṣā goṣu samānakāmā jātā mahī sasyavanābhirāmā || 23 ||
vahanti varṣanti nadanti bhānti dhyāyanti nṛtyanti samāśvasanti |
nadyo ghanā mattagajā vanāntāḥ priyāvihīnāḥ śikhinaḥ plavaṃgāḥ || 24 ||
praharṣitāḥ ketakapuṣpagandhamāghrāya hṛṣṭā vananirjhareṣu |

prapātaśabdākulitā gajendrāḥ sārdhaṃ mayūraiḥ samadā nadanti || 25 ||
dhārānipātairabhihanyamānāḥ kadambaśākhāsu vilambamānāḥ |
kṣaṇārjitaṃ puṣparasāvagāḍhaṃ śanairmadaṃ ṣaṭcaraṇāstyajanti || 26 ||
aṅgāracūrṇotkarasaṃnikāśaiḥ phalaiḥ suparyāptarasaiḥ samṛddhaiḥ |
jambūdrumāṇāṃ pravibhānti śākhā nilīyamānā iva ṣaṭpadaughaiḥ || 27 ||
taḍitpatākābhiralaṃkṛtānāmudīrṇagambhīramahāravāṇām |
vibhānti rūpāṇi balāhakānāṃ raṇodyatānāmiva vāraṇānām || 28 ||
mārgānugaḥ śailavanānusārī saṃprasthito megharavaṃ niśamya |
yuddhābhikāmaḥ pratināgaśaṅkī matto gajendraḥ pratisaṃnivṛttaḥ || 29 ||
muktāsakāśaṃ salilaṃ patadvai sunirmalaṃ patrapuṭeṣu lagnam |
hṛṣṭā vivarṇacchadanā vihaṃgāḥ surendradattaṃ tṛṣitāḥ pibanti || 30 ||
nīleṣu nīlā navavāripūrṇā megheṣu meghāḥ pravibhānti saktāḥ |
davāgnidagdheṣu davāgnidagdhāḥ śaileṣu śailā iva baddhamūlāḥ || 31 ||
mattā gajendrā muditā gavendrā vaneṣu viśrāntatarā mṛgendrāḥ |
ramyā nagendrā nibhṛtā narendrāḥ prakrīḍito vāridharaiḥ surendraḥ || 32 ||
vṛttā yātrā narendrāṇāṃ senā pratinivartate |
vairāṇi caiva mārgāśca salilena samīkṛtāḥ || 33 ||
māsi prauṣṭhapade brahma brāhmaṇānāṃ vivakṣatām |
ayamadhyāyasamayaḥ sāmagānāmupasthitaḥ || 34 ||
nivṛttakarmāyatano nūnaṃ saṃcitasaṃcayaḥ |
āṣāḍhīmabhyupagato bharataḥ kośalādhipaḥ || 35 ||
nūnamāpūryamāṇāyāḥ sarayvā vardhate rayaḥ |
māṃ samīkṣya samāyāntamayodhyāyā iva svanaḥ || 36 ||
imāḥ sphītaguṇā varṣāḥ sugrīvaḥ sukhamaśnute |
vijitāriḥ sadāraśca rājye mahati ca sthitaḥ || 37 ||
ahaṃ tu hṛtadāraśca rājyācca mahataścyutaḥ |
nadīkūlamiva klinnamavasīdāmi lakṣmaṇa || 38 ||
śokaśca mama vistīrṇo varṣāśca bhṛśadurgamāḥ |
rāvaṇaśca mahāñśatrurapāraṃ pratibhāti me || 39 ||
ayātrāṃ caiva dṛṣṭvemāṃ mārgāṃśca bhṛśadurgamān |
praṇate caiva sugrīve na mayā kiṃcidīritam || 40 ||
api cātiparikliṣṭaṃ cirāddāraiḥ samāgatam |
ātmakāryagarīyastvādvaktuṃ necchāmi vānaram || 41 ||
svayameva hi viśramya jñātvā kālamupāgatam |
upakāraṃ ca sugrīvo vetsyate nātra saṃśayaḥ || 42 ||
tasmātkālapratīkṣo 'haṃ sthito 'smi śubhalakṣaṇa |
sugrīvasya nadīnāṃ ca prasādamanupālayan || 43 ||
upakāreṇa vīro hi pratikāreṇa yujyate |
akṛtajño 'pratikṛto hanti sattvavatāṃ manaḥ || 44 ||
athaivamuktaḥ praṇidhāya lakṣmaṇaḥ kṛtāñjalistat pratipūjya bhāṣitam |
uvāca rāmaṃ svabhirāma darśanaṃ pradarśayandarśanamātmanaḥ śubham || 45 ||
yathoktametattava sarvamīpsitaṃ narendra kartā nacirāddharīśvaraḥ |
śaratpratīkṣaḥ kṣamatāmimaṃ bhavāñjalaprapātaṃ ripunigrahe dhṛtaḥ || 46 ||

l *Svayaṃprabhā's Cave (4.49.12–52.13)*

girijālāvṛtāndeśānmārgitvā dakṣiṇāṃ diśam |
vayaṃ sarve pariśrāntā na ca paśyāmi maithilīm || 49.12 ||
asmāccāpi bilāddhaṃsāḥ krauñcāśca saha sārasaiḥ |
jalārdrāścakravākāśca niṣpatanti sma sarvaśaḥ || 49.13 ||
nūnaṃ salilavānatra kūpo vā yadi vā hradaḥ |
tathā ceme biladvāre snigdhāstiṣṭhanti pādapāḥ || 49.14 ||

ityuktāstadbilaṃ sarve viviśustimirāvṛtam |
acandrasūryaṃ harayo dadṛśū romaharṣaṇam || 49.15 ||
tatastasminbile durge nānāpādapasaṃkule |
anyonyaṃ saṃpariṣvajya jagmuryojanamantaram || 49.16 ||
te naṣṭasaṃjñāstṛṣitāḥ saṃbhrāntāḥ salilārthinaḥ |
paripeturbile tasminkaṃcitkālamatandritāḥ || 49.17 ||
te kṛśā dīnavadanāḥ pariśrāntāḥ plavaṃgamāḥ |
ālokaṃ dadṛśurvīrā nirāśā jīvite tadā || 49.18 ||
tatastaṃ deśamāgamya saumyaṃ vitimiraṃ vanam |
dadṛśuḥ kāñcanānvṛkṣāndīptavaiśvānaraprabhān || 49.19 ||
sālāṃstālāṃśca puṃnāgānkakubhānvañjulāndhavān |
campakānnāgavṛkṣāṃśca karṇikārāṃśca puṣpitān || 49.20 ||
taruṇādityasaṃkāśānvaidūryamayavedikān |
nīlavaidūryavarṇāśca padminīḥ patagāvṛtāḥ || 49.21 ||
mahadbhiḥ kāñcanairvṛkṣairvṛtaṃ bālārkasaṃnibhaiḥ |
jātarūpamayairmatsyairmahadbhiśca sakacchapaiḥ || 49.22 ||
nalinīstatra dadṛśuḥ prasannasalilāyutāḥ |
kāñcanāni vimānāni rājatāni tathaiva ca || 49.23 ||
tapanīyagavākṣāṇi muktājālāvṛtāni ca |
haimarājatabhaumāni vaidūryamaṇimanti ca || 49.24 ||
dadṛśustatra harayo gṛhamukhyāni sarvaśaḥ |
puṣpitānphalino vṛkṣānpravālamaṇisaṃnibhān || 49.25 ||
kāñcanabhramarāṃścaiva madhūni ca samantataḥ |
maṇikāñcanacitrāṇi śayanānyāsanāni ca || 49.26 ||
mahārhāṇi ca yānāni dadṛśuste samantataḥ |
haimarājatakāṃsyānāṃ bhājanānāṃ ca saṃcayān || 49.27 ||
agarūṇāṃ ca divyānāṃ candanānāṃ ca saṃcayān |
śucīnyabhyavahāryāṇi mūlāni ca phalāni ca || 49.28 ||
mahārhāṇi ca pānāni madhūni rasavanti ca |
divyānāmambarāṇāṃ ca mahārhāṇāṃ ca saṃcayān |
kambalānāṃ ca citrāṇāmajinānāṃ ca saṃcayān || 49.29 ||
tatra tatra vicinvanto bile tatra mahāprabhāḥ |
dadṛśurvānarāḥ śūrāḥ striyaṃ kāṃcidadūrataḥ || 49.30 ||
tāṃ dṛṣṭvā bhṛśasaṃtrastāścīrakṛṣṇājināmbarām |
tāpasīṃ niyatāhārāṃ jvalantīmiva tejasā || 49.31 ||
tato hanumāngirisaṃnikāśaḥ kṛtāñjalistāmabhivādya vṛddhām |
papraccha kā tvaṃ bhavanaṃ bilaṃ ca ratnāni cemāni vadasva kasya || 49.32 ||
ityuktvā hanumāṃstatra punaḥ kṛṣṇājināmbarām |
abravīttāṃ mahābhāgāṃ tāpasīṃ dharmacāriṇīm || 50.1 ||
idaṃ praviṣṭāḥ sahasā bilaṃ timirasaṃvṛtam |
kṣutpipāsāpariśrāntāḥ parikhinnāśca sarvaśaḥ || 50.2 ||
mahaddharaṇyā vivaraṃ praviṣṭāḥ sma pipāsitāḥ |
imāṃstvevaṃvidhānbhāvānvividhānadbhutopamān |
dṛṣṭvā vayaṃ pravyathitāḥ saṃbhrāntā naṣṭacetasaḥ || 50.3 ||
kasyeme kāñcanā vṛkṣāstaruṇādityasaṃnibhāḥ |
śucīnyabhyavahāryāṇi mūlāni ca phalāni ca || 50.4 ||
kāñcanāni vimānāni rājatāni gṛhāṇi ca |
tapanīyagavākṣāṇi maṇijālāvṛtāni ca || 50.5 ||
puṣpitāḥ phalavantaśca puṇyāḥ surabhigandhinaḥ |
ime jāmbūnadamayāḥ pādapāḥ kasya tejasā || 50.6 ||
kāñcanāni ca padmāni jātāni vimale jale |

kathaṃ matsyāśca sauvarṇā caranti saha kacchapaiḥ || 50.7 ||
ātmānamanubhāvaṃ ca kasya caitattapobalam |
ajānatāṃ naḥ sarveṣāṃ sarvamākhyātumarhasi || 50.8 ||
evamuktā hanumatā tāpasī dharmacāriṇī |
pratyuvāca hanūmantaṃ sarvabhūtahite ratā || 50.9 ||
mayo nāma mahātejā māyāvī dānavarṣabhaḥ |
tenedaṃ nirmitaṃ sarvaṃ māyayā kāñcanaṃ vanam || 50.10 ||
purā dānavamukhyānāṃ viśvakarmā babhūva ha |
yenedaṃ kāñcanaṃ divyaṃ nirmitaṃ bhavanottamam || 50.11 ||
sa tu varṣasahasrāṇi tapastaptvā mahāvane |
pitāmahādvaraṃ lebhe sarvamauśanasaṃ dhanam || 50.12 ||
vidhāya sarvaṃ balavānsarvakāmeśvarastadā |
uvāsa sukhitaḥ kālaṃ kaṃcidasminmahāvane || 50.13 ||
tamapsarasi hemāyāṃ saktaṃ dānavapuṃgavam |
vikramyaivāśaniṃ gṛhya jaghāneśaḥ puraṃdaraḥ || 50.14 ||
idaṃ ca brahmaṇā dattaṃ hemāyai vanamuttamam |
śāśvataḥ kāmabhogaśca gṛhaṃ cedaṃ hiraṇmayam || 50.15 ||
duhitā merusāvarṇerahaṃ tasyāḥ svayaṃprabhā |
idaṃ rakṣāmi bhavanaṃ hemāyā vānarottama || 50.16 ||
mama priyasakhī hemā nṛttagītaviśāradā |
tayā dattavarā cāsmi rakṣāmi bhavanottamam || 50.17 ||
kiṃ kāryaṃ kasya vā hetoḥ kāntārāṇi prapadyatha |
kathaṃ cedaṃ vanaṃ durgaṃ yuṣmābhirupalakṣitam || 50.18 ||
imānyabhyavahāryāṇi mūlāni ca phalāni ca |
bhuktvā pītvā ca pānīyaṃ sarvaṃ me vaktumarhatha || 50.19 ||
atha tānabravītsarvānviśrāntānhariyūthapān |
idaṃ vacanamekāgrā tāpasī dharmacāriṇī || 51.1 ||
vānarā yadi vaḥ khedaḥ pranaṣṭaḥ phalabhakṣaṇāt |
yadi caitanmayā śrāvyaṃ śrotumicchāmi kathyatām || 51.2 ||
tasyāstadvacanaṃ śrutvā hanumānmārutātmajaḥ |
ārjavena yathātattvamākhyātumupacakrame || 51.3 ||
rājā sarvasya lokasya mahendravaruṇopamaḥ |
rāmo dāśarathiḥ śrīmānpraviṣṭo daṇḍakāvanam || 51.4 ||
lakṣmaṇena saha bhrātrā vaidehyā cāpi bhāryayā |
tasya bhāryā janasthānādrāvaṇena hṛtā balāt || 51.5 ||
vīrastasya sakhā rājñaḥ sugrīvo nāma vānaraḥ |
rājā vānaramukhyānāṃ yena prasthāpitā vayam || 51.6 ||
agastyacaritāmāśāṃ dakṣiṇāṃ yamarakṣitām |
sahaibhirvānarairmukhyairaṅgadapramukhairvayam || 51.7 ||
rāvaṇaṃ sahitāḥ sarve rākṣasaṃ kāmarūpiṇam |
sītayā saha vaidehyā mārgadhvamiti coditāḥ || 51.8 ||
vicitya tu vayaṃ sarve samagrāṃ dakṣiṇāṃ diśam |
bubhukṣitāḥ pariśrāntā vṛkṣamūlamupāśritāḥ || 51.9 ||
vivarṇavadanāḥ sarve sarve dhyānaparāyaṇāḥ |
nādhigacchāmahe pāraṃ magnāścintāmahārṇave || 51.10 ||
cārayantastataścakṣurdṛṣṭavanto mahadbilam |
latāpādapasaṃchannaṃ timireṇa samāvṛtam || 51.11 ||
asmāddhaṃsā jalaklinnāḥ pakṣaiḥ salilareṇubhiḥ |
kurarāḥ sārasāścaiva niṣpatanti patatriṇaḥ |
sādhvatra praviśāmeti mayā tūktāḥ plavaṃgamāḥ || 51.12 ||
teṣāmapi hi sarveṣāmanumānamupāgatam |

gacchāmaḥ praviśāmeti bhartṛkāryatvarānvitāḥ || 51.13 ||
tato gāḍhaṃ nipatitā gṛhya hastau parasparam |
idaṃ praviṣṭāḥ sahasā bilaṃ timirasaṃvṛtam || 51.14 ||
etannaḥ kāryametena kṛtyena vayamāgatāḥ |
tvāṃ caivopagatāḥ sarve paridyūnā bubhukṣitāḥ || 51.15 ||
ātithyadharmadattāni mūlāni ca phalāni ca |
asmābhirupabhuktāni bubhukṣāparipīḍitaiḥ || 51.16 ||
yattvayā rakṣitāḥ sarve mriyamāṇā bubhukṣayā |
brūhi pratyupakārārthaṃ kiṃ te kurvantu vānarāḥ || 51.17 ||
evamuktā tu sarvajñā vānaraistaiḥ svayaṃprabhā |
pratyuvāca tataḥ sarvānidaṃ vānarayūthapān || 51.18 ||
sarveṣāṃ parituṣṭāsmi vānarāṇāṃ tarasvinām |
carantyā mama dharmeṇa na kāryamiha kena cit || 51.19 ||
evamuktaḥ śubhaṃ vākyaṃ tāpasyā dharmasaṃhitam |
uvāca hanumānvākyaṃ tāmaninditaceṣṭitām || 52.1 ||
śaraṇaṃ tvāṃ prapannāḥ smaḥ sarve vai dharmacāriṇi |
yaḥ kṛtaḥ samayo 'smākaṃ sugrīveṇa mahātmanā |
sa tu kālo vyatikrānto bile ca parivartatām || 52.2 ||
sā tvamasmādbilādghorāduttārayitumarhasi || 52.3 ||
tasmātsugrīvavacanādatikrāntāṅgatāyuṣaḥ |
trātumarhasi naḥ sarvānsugrīvabhayaśaṅkitān || 52.4 ||
mahacca kāryamasmābhiḥ kartavyaṃ dharmacāriṇi |
taccāpi na kṛtaṃ kāryamasmābhiriha vāsibhiḥ || 52.5 ||
evamuktā hanumatā tāpasī vākyamabravīt |
jīvatā duṣkaraṃ manye praviṣṭena nivartitum || 52.6 ||
tapasastu prabhāvena niyamopārjitena ca |
sarvāneva bilādasmāduddhariṣyāmi vānarān || 52.7 ||
nimīlayata cakṣūṃṣi sarve vānarapuṃgavāḥ |
na hi niṣkramituṃ śakyamanimīlitalocanaiḥ || 52.8 ||
tataḥ saṃmīlitāḥ sarve sukumārāṅgulaiḥ karaiḥ |
sahasā pidadhurdṛṣṭiṃ hṛṣṭā gamanakāṅkṣiṇaḥ || 52.9 ||
vānarāstu mahātmāno hastaruddhamukhāstadā |
nimeṣāntaramātreṇa bilāduttāritāstayā || 52.10 ||
tatastānvānarānsarvāṃstāpasī dharmacāriṇī |
niḥsṛtānviṣamāttasmātsamāśvāsyedamabravīt || 52.11 ||
eṣa vindhyo giriḥ śrīmānnānādrumalatāyutaḥ |
eṣa prasravaṇaḥ śailaḥ sāgaro 'yaṃ mahodadhiḥ || 52.12 ||
svasti vo 'stu gamiṣyāmi bhavanaṃ vānararṣabhāḥ |
ityuktvā tadbilaṃ śrīmatpraviveśa svayaṃprabhā || 52.13 ||

m *Hanumān Learns about His Immaculate Conception* (*4.65.08–28*)

apsarāpsarasāṃ śreṣṭhā vikhyātā puñjikasthalā |
añjaneti parikhyātā patnī kesariṇo hareḥ || 8 ||
abhiśāpādabhūttāta vānarī kāmarūpiṇī |
duhitā vānarendrasya kuñjarasya mahātmanaḥ || 9 ||
kapitve cārusarvāṅgī kadācitkāmarūpiṇī |
mānuṣaṃ vigrahaṃ kṛtvā yauvanottamaśālinī || 10 ||
acaratparvatasyāgre prāvṛḍambudasaṃnibhe |
vicitramālyābharaṇā mahārhakṣaumavāsinī || 11 ||
tasyā vastraṃ viśālākṣyāḥ pītaṃ raktadaśaṃ śubham |
sthitāyāḥ parvatasyāgre māruto 'paharacchanaiḥ || 12 ||

sa dadarśa tatastasyā vṛttāvūrū susaṃhatau |
stanau ca pīnau sahitau sujātaṃ cāru cānanam || 13 ||
tāṃ viśālāyataśroṇīṃ tanumadhyāṃ yaśasvinīm |
dṛṣṭvaiva śubhasarvāṅgīṃ pavanaḥ kāmamohitaḥ || 14 ||
sa tāṃ bhujābhyāṃ pīnābhyāṃ paryaṣvajata mārutaḥ |
manmathāviṣṭasarvāṅgo gatātmā tāmaninditām || 15 ||
sā tu tatraiva saṃbhrāntā suvṛttā vākyamabravīt |
ekapatnīvratamidaṃ ko nāśayitumicchati || 16 ||
añjanāyā vacaḥ śrutvā mārutaḥ pratyabhāṣata |
na tvāṃ hiṃsāmi suśroṇi mā bhūtte subhage bhayam || 17 ||
manasāsmi gato yattvāṃ pariṣvajya yaśasvini |
vīryavānbuddhisampannaḥ putrastava bhaviṣyati || 18 ||
abhyutthitaṃ tataḥ sūryaṃ bālo dṛṣṭvā mahāvane |
phalaṃ ceti jighṛkṣustvamutplutyābhyapato divam || 19 ||
śatāni trīṇi gatvātha yojanānāṃ mahākape |
tejasā tasya nirdhūto na viṣādaṃ tato gataḥ || 20 ||
tāvadāpatatastūrṇamantarikṣaṃ mahākape |
kṣiptamindreṇa te vajraṃ krodhāviṣṭena dhīmatā || 21 ||
tataḥ śailāgraśikhare vāmo hanurabhajyata |
tato hi nāmadheyaṃ te hanumāniti kīrtyate || 22 ||
tatastvāṃ nihataṃ dṛṣṭvā vāyurgandhavahaḥ svayam |
trailokye bhṛśasaṃkruddho na vavau vai prabhañjanaḥ || 23 ||
saṃbhrāntāśca surāḥ sarve trailokye kṣubhite sati |
prasādayanti saṃkruddhaṃ mārutaṃ bhuvaneśvarāḥ || 24 ||
prasādite ca pavane brahmā tubhyaṃ varaṃ dadau |
aśastravadhyatāṃ tāta samare satyavikrama || 25 ||
vajrasya ca nipātena virujaṃ tvāṃ samīkṣya ca |
sahasranetraḥ prītātmā dadau te varamuttamam || 26 ||
svacchandataśca maraṇaṃ te bhūyāditi vai prabho |
sa tvaṃ kesariṇaḥ putraḥ kṣetrajo bhīmavikramaḥ || 27 ||
mārutasyaurasaḥ putrastejasā cāpi tatsamaḥ |
tvaṃ hi vāyusuto vatsa plavane cāpi tatsamaḥ || 28 ||

n *How Should I Address Sītā? (5.28.3–44)*

yāṃ kapīnāṃ sahasrāṇi subahūnyayutāni ca |
dikṣu sarvāsu mārgante seyamāsāditā mayā || 3 ||
cāreṇa tu suyuktena śatroḥ śaktimavekṣatā |
gūḍhena caratā tāvadavekṣitamidaṃ mayā || 4 ||
rākṣasānāṃ viśeṣaśca purī ceyamavekṣitā |
rākṣasādhipaterasya prabhāvo rāvaṇasya ca || 5 ||
yuktaṃ tasyāprameyasya sarvasattvadayāvataḥ |
samāśvāsayituṃ bhāryāṃ patidarśanakāṅkṣiṇīm || 6 ||
ahamāśvāsayāmyenāṃ pūrṇacandranibhānanām |
adṛṣṭaduḥkhāṃ duḥkhasya na hyantamadhigacchatīm || 7 ||
yadi hyahamimāṃ devīṃ śokopahatacetanām |
anāśvāsya gamiṣyāmi doṣavadgamanaṃ bhavet || 8 ||
gate hi mayi tatreyaṃ rājaputrī yaśasvinī |
paritrāṇamavindantī jānakī jīvitaṃ tyajet || 9 ||
mayā ca sa mahābāhuḥ pūrṇacandranibhānanaḥ |
samāśvāsayituṃ nyāyyaḥ sītādarśanalālasaḥ || 10 ||
niśācarīṇāṃ pratyakṣamakṣamaṃ cābhibhāṣaṇam |

kathaṃ nu khalu kartavyamidaṃ kṛcchragato hyaham || 11 ||
anena rātriśeṣeṇa yadi nāśvāsyate mayā |
sarvathā nāsti saṃdehaḥ parityakṣyati jīvitam || 12 ||
rāmaśca yadi pṛcchenmāṃ kiṃ māṃ sītābravīdvacaḥ |
kimahaṃ taṃ pratibrūyāmasaṃbhāṣya sumadhyamām || 13 ||
sītāsaṃdeśarahitaṃ māmitastvarayā gatam |
nirdahedapi kākutsthaḥ kruddhastīvreṇa cakṣuṣā || 14 ||
yadi cedyojayiṣyāmi bhartāraṃ rāmakāraṇāt |
vyarthamāgamanaṃ tasya sasainyasya bhaviṣyati || 15 ||
antaraṃ tvahamāsādya rākṣasīnāmiha sthitaḥ |
śanairāśvāsayiṣyāmi saṃtāpabahulāmimām || 16 ||
ahaṃ hyatitanuścaiva vānaraśca viśeṣataḥ |
vācaṃ codāhariṣyāmi mānuṣīmiha saṃskṛtām || 17 ||
yadi vācaṃ pradāsyāmi dvijātiriva saṃskṛtām |
rāvaṇaṃ manyamānā māṃ sītā bhītā bhaviṣyati || 18 ||
avaśyameva vaktavyaṃ mānuṣaṃ vākyamarthavat |
mayā sāntvayituṃ śakyā nānyatheyamaninditā || 19 ||
seyamālokya me rūpaṃ jānakī bhāṣitaṃ tathā |
rakṣobhistrāsitā pūrvaṃ bhūyastrāsaṃ gamiṣyati || 20 ||
tato jātaparitrāsā śabdaṃ kuryānmanasvinī |
jānamānā viśālākṣī rāvaṇaṃ kāmarūpiṇam || 21 ||
sītayā ca kṛte śabde sahasā rākṣasīgaṇaḥ |
nānāpraharaṇo ghoraḥ sameyādantakopamaḥ || 22 ||
tato māṃ saṃparikṣipya sarvato vikṛtānanāḥ |
vadhe ca grahaṇe caiva kuryuryatnaṃ yathābalam || 23 ||
taṃ māṃ śākhāḥ praśākhāśca skandhāṃścottamaśākhinām |
dṛṣṭvā viparidhāvantaṃ bhaveyurbhayaśaṅkitāḥ || 24 ||
mama rūpaṃ ca saṃprekṣya vanaṃ vicarato mahat |
rākṣasyo bhayavitrastā bhaveyurvikṛtānanāḥ || 25 ||
tataḥ kuryuḥ samāhvānaṃ rākṣasyo rakṣasāmapi |
rākṣasendraniyuktānāṃ rākṣasendraniveśane || 26 ||
te śūlaśaranistriṃśavividhāyudhapāṇayaḥ |
āpateyurvimarde 'sminvegenodvignakāriṇaḥ || 27 ||
saṃkruddhastaistu parito vidhamanrakṣasāṃ balam |
śaknuyāṃ na tu saṃprāptuṃ paraṃ pāraṃ mahodadheḥ || 28 ||
māṃ vā gṛhṇīyurāplutya bahavaḥ śīghrakāriṇaḥ |
syādiyaṃ cāgṛhītārthā mama ca grahaṇaṃ bhavet || 29 ||
hiṃsābhirucayo hiṃsyurimāṃ vā janakātmajām |
vipannaṃ syāttataḥ kāryaṃ rāmasugrīvayoridam || 30 ||
uddeśe naṣṭamārge 'sminrākṣasaiḥ parivārite |
sāgareṇa parikṣipte gupte vasati jānakī || 31 ||
viśaste vā gṛhīte vā rakṣobhirmayi saṃyuge |
nānyaṃ paśyāmi rāmasya sahāyaṃ kāryasādhane || 32 ||
vimṛśaṃśca na paśyāmi yo hate mayi vānaraḥ |
śatayojanavistīrṇaṃ laṅghayeta mahodadhim || 33 ||
kāmaṃ hantuṃ samartho 'smi sahasrāṇyapi rakṣasām |
na tu śakṣyāmi saṃprāptuṃ paraṃ pāraṃ mahodadheḥ || 34 ||
asatyāni ca yuddhāni saṃśayo me na rocate |
kaśca niḥsaṃśayaṃ kāryaṃ kuryātprājñaḥ sasaṃśayam || 35 ||
eṣa doṣo mahānhi syānmama sītābhibhāṣaṇe |
prāṇatyāgaśca vaidehyā bhavedanabhibhāṣaṇe || 36 ||

bhūtāścārthā vinaśyanti deśakālavirodhitāḥ |
viklavaṃ dūtamāsādya tamaḥ sūryodaye yathā || 37 ||
arthānarthāntare buddhirniścitāpi na śobhate |
ghātayanti hi kāryāṇi dūtāḥ paṇḍitamāninaḥ || 38 ||
na vinaśyetkathaṃ kāryaṃ vaiklavyaṃ na kathaṃ bhavet |
laṅghanaṃ ca samudrasya kathaṃ nu na vṛthā bhavet || 39 ||
kathaṃ nu khalu vākyaṃ me śṛṇuyānnodvijeta ca |
iti saṃcintya hanumāṃścakāra matimānmatim || 40 ||
rāmamakliṣṭakarmāṇaṃ svabandhumanukīrtayan |
naināmudvejayiṣyāmi tadbandhugatamānasām || 41 ||
ikṣvākūṇāṃ variṣṭhasya rāmasya viditātmanaḥ |
śubhāni dharmayuktāni vacanāni samarpayan || 42 ||
śrāvayiṣyāmi sarvāṇi madhurāṃ prabruvangiram |
śraddhāsyati yathā hīyaṃ tathā sarvaṃ samādadhe || 43 ||
iti sa bahuvidhaṃ mahānubhāvo jagatipateḥ pramadāmavekṣamāṇaḥ |
madhuramavitathaṃ jagāda vākyaṃ drumaviṭapāntaramāsthito hanumān || 44 ||

Chapter 4: *Kathāsaritsāgara*, or Ocean of Rivers of Stories

a *Śiva Explains the Significance of Skulls* (*1.2.10–15*)

purā kalpakṣaye vṛtte jātaṃ jalamayaṃ jagat |
mayā tato vibhidyoruṃ raktabindurnipātitaḥ || 10 ||
jalāntastadabhūdaṇḍaṃ tasmāddvedhākṛtātpumān |
niragacchattataḥ sṛṣṭā sargāya prakṛtirmayā || 11 ||
tau ca prajāpatīnanyānsṛṣṭavantau prajāśca te |
ataḥ pitāmahaḥ proktaḥ sa pumāñjagati priye || 12 ||
evaṃ carācaraṃ sṛṣṭvā viśvaṃ darpamagādasau |
puruṣastena mūrdhānamathaitasyāhamacchidam || 13 ||
tato 'nutāpena mayā mahāvratamagṛhyata |
ataḥ kapālapāṇitvaṃ śmaśānapriyatā ca me || 14 ||
kiṃ caitanme kapālātma jagaddevi kare sthitam |
pūrvoktāṇḍakapāle dve rodasī kīrtite yataḥ || 15 ||

b *Brahmadatta and the Golden Swans* (*1.3.27–34*)

vārāṇasyāmabhūtpūrvaṃ brahmadattābhidho nṛpaḥ |
so 'paśyaddhaṃsayugalaṃ prayāntaṃ gagane niśi || 27 ||
visphuratkanakacchāyaṃ rājahaṃsaśatairvṛtam |
vidyutpuñjamivākāṇḍasitābhraparivesṭitam || 28 ||
punastaddarśanotkaṇṭhā tathāsya vavṛdhe tataḥ |
yathā nṛpatisaukhyeṣu na babandha ratiṃ kvacit || 29 ||
mantribhiḥ saha saṃmantrya tataścākārayatsaraḥ |
sa rājā svamate kāntaṃ prāṇināṃ cābhayaṃ dadau || 30 ||
tataḥ kālena tau prāptau haṃsau rājā dadarśa saḥ |
viśvastau cāpi papraccha haime vapuṣi kāraṇam || 31 ||
vyaktavācau tatastau ca haṃsau rājānamūcatuḥ |
purā janmāntare kākāvāvāṃ jātau mahīpate || 32 ||
balyarthaṃ yudhyamānau ca puṇye śūnye śivālaye |
vinipatya vipannau svastatsthānadroṇikāntare || 33 ||
jātau jātismarāvāvāṃ haṃsau hemamayau tataḥ |
tacchrutvā tau yathākāmaṃ paśyanrājā tutoṣa saḥ || 34 ||

c *Pāṇini* (*1.4.20–25*)

atha kālena varṣasya śiṣyavargo mahānabhūt |
tatraikaḥ pāṇinirnāma jaḍabuddhitaro 'bhavat || 20 ||
sa śuśrūṣāparikliṣṭaḥ preṣito varṣabhāryayā |
agacchattapase khinno vidyākāmo himālayam || 21 ||
tatra tīvreṇa tapasā toṣitādinduśekharāt |
sarvavidyāmukhaṃ tena prāptaṃ vyākaraṇaṃ navam || 22 ||
tataścāgatya māmeva vādāyāhvayate sma saḥ |
pravṛtte cāvayorvāde prayātāḥ sapta vāsarāḥ || 23 ||
aṣṭame 'hni mayā tasmiñjite tatsamanantaram |
nabhaḥsthena mahāghoro huṃkāraḥ śaṃbhunā kṛtaḥ || 24 ||
tena praṇaṣṭamaindraṃ tadasmadvyākaraṇaṃ bhuvi |
jitāḥ pāṇininā sarve mūrkhībhūtā vayaṃ punaḥ || 25 ||

d *Hand with Five Fingers, Hand with Two Fingers* (*1.5.8–12*)

kadācidyoganando 'tha nirgato nagarādbahiḥ |
śliṣyatpañcāṅguliṃ hastaṃ gaṅgāmadhye vyalokayat || 8 ||
kimetaditi papraccha māmāhūya sa tatkṣaṇam |
ahaṃ ca dve nijāṅgulyau diśi tasyāmadarśayam || 9 ||
tena tasmiṃstirobhūte haste rājātivismayāt |
bhūyo 'pi tadapṛcchanmāṃ tataścāhaṃ tamabravam || 10 ||
pañcabhirmilitaiḥ kiṃ yajjagatīha na sādhyate |
ityuktavānasau hastaḥ svāṅgulīḥ pañca darśayan || 11 ||
tato 'sya rājannaṅgulyāvete dve darśite mayā |
aikacitye dvayoreva kimasādhyaṃ bhavediti || 12 ||

e *Why the Fish Laughed* (*1.5.14–26*)

ekadā yoganandaśca dṛṣṭavānmahiṣīṃ nijām |
vātāyanāgrātpaśyantīṃ brāhmaṇātithimunmukham || 14 ||
tanmātrādeva kupito rājā viprasya tasya saḥ |
ādiśadvadhamīrṣyā hi vivekaparipanthinī || 15 ||
hartuṃ vadhyabhuvaṃ tasminnīyamāne dvije tadā |
ahasadgatajīvo 'pi matsyo vipaṇimadhyagaḥ || 16 ||
tadaiva rājā tadbuddhvā vadhaṃ tasya nyavārayat |
viprasya māmapṛcchacca matsyahāsasya kāraṇam || 17 ||
nirūpya kathayāmyetadityuktvā nirgataṃ ca mām |
cintitopasthitaikānte sarasvatyevamabravīt || 18 ||
asya tālataroḥ pṛṣṭhe tiṣṭha rātrāvalakṣitaḥ |
atra śroṣyasi matsyasya hāsahetumasaṃśayam || 19 ||
tacchrutvā niśi tatrāhaṃ gatvā tālopari sthitaḥ |
apaśyaṃ rākṣasīṃ ghorāṃ bālaiḥ putraiḥ sahāgatām || 20 ||
sā bhakṣyaṃ yācamānāṃstānavādītpratipālyatām |
prātarvo vipramāṃsāni dāsyāmyadya hato na saḥ || 21 ||
kasmātsa na hato 'dyeti pṛṣṭā tairabravītpunaḥ |
taṃ hi dṛṣṭvā mṛto 'pīha matsyo hasitavāniti || 22 ||
hasitaṃ kimu teneti pṛṣṭā bhūyaḥ sutaiśca sā |
avocadrākṣasī rājñaḥ sarvā rājñyo 'pi viplutāḥ || 23 ||
sarvatrāntaḥpure hyatra strīrūpāḥ puruṣāḥ sthitāḥ |
hanyate 'naparādhastu vipra ityahasattimiḥ || 24 ||
bhūtānāṃ pārthivātyarthanirvivekatvahāsinām |
sarvāntaścāriṇāṃ hyetā bhavantyeva ca vikriyāḥ || 25 ||

etattasyā vacaḥ śrutvā tato 'pakrāntavāhanam |
prāptaśca matsyahāsasya hetuṃ rājñe nyavedayam || 26 ||

f *King Śibi Sacrifices Himself* (*1.7.88–97*)

tathā ca pūrvaṃ rājābhūttapasvī karuṇāparaḥ |
dātā dhīraḥ śibirnāma sarvasattvābhayapradaḥ || 88 ||
taṃ vañcayitumindro 'tha kṛtvā śyenavapuḥ svayam |
māyākapotavapuṣaṃ dharmamanvapataddrutam || 89 ||
kapotaśca bhayādgatvā śiberaṅkamaśiśriyat |
manuṣyavācā śyeno 'tha sa taṃ rājānamabravīt || 90 ||
rājanbhakṣyamidaṃ muñca kapotaṃ kṣudhitasya me |
anyathā māṃ mṛtaṃ viddhi kaste dharmastato bhavet || 91 ||
tataḥ śibiruvācainameṣa me śaraṇāgataḥ |
atyājyastaddadāmyanyanmāṃsametatsamaṃ tava || 92 ||
śyeno jagāda yadyevamātmamāṃsaṃ prayaccha me |
tatheti tatprahṛṣṭaḥ sansa rājā pratyapadyata || 93 ||
yathā yathā ca māṃsaṃ svamutkṛtyāropayannṛpaḥ |
tathā tathā tulāyāṃ sa kapoto 'bhyadhiko 'bhavat || 94 ||
tataḥ śarīraṃ sakalaṃ tulāṃ rājādhyaropayat |
sādhu sādhu śamaṃ tvetaddivyā vāgudabhūttataḥ || 95 ||
indradharmau tatastyaktvā rūpaṃ śyenakapotayoḥ |
tuṣṭāvakṣatadehaṃ taṃ rājānaṃ cakratuḥ śibim || 96 ||
dattvā cāsmai varānanyāṃstāvantardhānamīyatuḥ |
(...) || 97 ||

g *How the Bṛhatkathā Came to Earth* (*1.8.1–38*)

evaṃ guṇāḍhyavacasā sātha saptakathāmayī |
svabhāṣayā kathā divyā kathitā kāṇabhūtinā || 1 ||
tathaiva ca guṇāḍhyena paiśācyā bhāṣayā tayā |
nibaddhā saptabhirvarṣairgranthalakṣāṇi sapta sā || 2 ||
maitāṃ vidyādharā hārṣuriti tāmātmaśoṇitaiḥ |
aṭavyāṃ maṣyabhāvācca lilekha sa mahākaviḥ || 3 ||
tathā ca śrotumāyātaiḥ siddhavidyādharādibhiḥ |
nirantaramabhūttatra savitānamivāmbaram || 4 ||
guṇāḍhyena nibaddhāṃ ca tāṃ dṛṣṭvaiva mahākathām |
jagāma muktaśāpaḥ sankāṇabhūtirnijāṃ gatim || 5 ||
piśācā ye 'pi tatrāsannanye tatsahacāriṇaḥ |
te 'pi prāpurdivaṃ sarve divyāmākarṇya tāṃ kathām || 6 ||
pratiṣṭhāṃ prāpaṇīyaiṣā pṛthivyāṃ me bṛhatkathā |
ayamartho 'pi me devyā śāpāntoktāvudīritaḥ || 7 ||
tatkathaṃ prāpayāmyenāṃ kasmai tāvatsamarpaye |
iti cācintayattatra sa guṇāḍhyo mahākaviḥ || 8 ||
athaiko guṇadevākhyo nandidevābhidhaḥ paraḥ |
tamūcaturupādhyāyaṃ śiṣyāvanugatāvubhau || 9 ||
tatkāvyasyārpaṇasthānamekaḥ śrīsātavāhanaḥ |
rasiko hi vahetkāvyaṃ puṣpāmodamivānilaḥ || 10 ||
evamastviti tau śiṣyāvantikaṃ tasya bhūpateḥ |
prāhiṇotpustakaṃ dattvā guṇāḍhyo guṇaśālinau || 11 ||
svayaṃ ca gatvā tatraiva pratiṣṭhānapurādbahiḥ |
kṛtasaṃketa udyāne tasthau devīvinirmite || 12 ||
tacchiṣyābhyāṃ ca gatvā tatsātavāhanabhūpateḥ |

guṇāḍhyakṛtireṣeti darśitaṃ kāvyapustakam || 13 ||
piśācabhāṣāṃ tāṃ śrutvā tau ca dṛṣṭvā tadākṛtī |
vidyāmadena sāsūyaṃ sa rājaivamabhāṣata || 14 ||
pramāṇaṃ saptalakṣāṇi paiśācaṃ nīrasaṃ vacaḥ |
śoṇitenākṣaranyāso dhikpiśācakathāmimām || 15 ||
tataḥ pustakamādāya gatvā tābhyāṃ yathāgatam |
śiṣyābhyāṃ tadguṇāḍhyāya yathāvṛttamakathyata || 16 ||
guṇāḍhyo 'pi tadākarṇya sadyaḥ khedavaśo 'bhavat |
tattvajñena kṛtāvajñaḥ ko nāmāntarna tapyate || 17 ||
saśiṣyaśca tato gatvā nātidūraṃ śiloccayam |
viviktaramyabhūbhāgamagnikuṇḍaṃ vyadhātpuraḥ || 18 ||
tatrāgnau pattramekaikaṃ śiṣyābhyāṃ sāśru vīkṣitaḥ |
vācayitvā sa cikṣepa śrāvayanmṛgapakṣiṇaḥ || 19 ||
naravāhanadattasya caritaṃ śiṣyayoḥ kṛte |
granthalakṣaṃ kathāmekāṃ varjayitvā tadīpsitām || 20 ||
tasmiṃśca tāṃ kathāṃ divyāṃ paṭhatyapi dahatyapi |
parityaktatṛṇāhārāḥ śṛṇvantaḥ sāśrulocanāḥ || 21 ||
āsannabhyetya tatraiva niścalā baddhamaṇḍalāḥ |
nikhilāḥ khalu sāraṅgavarāhamahiṣādayaḥ || 22 ||
atrāntare ca rājābhūdasvasthaḥ sātavāhanaḥ |
doṣaṃ cāsyāvadanvaidyāḥ śuṣkamāṃsopabhogajam || 23 ||
ākṣiptāstannimittaṃ ca sūpakārā babhāṣire |
asmākamīdṛśaṃ māṃsaṃ dadate lubdhakā iti || 24 ||
pṛṣṭāśca lubdhakā ūcurnātidūre girāvitaḥ |
paṭhitvā pattramekaikaṃ ko 'pyagnau kṣipati dvijaḥ || 25 ||
tatsametya nirāhārāḥ śṛṇvanti prāṇino 'khilāḥ |
nānyato yānti tenaiṣāṃ śuṣkaṃ māṃsamidaṃ kṣudhā || 26 ||
iti vyādhavacaḥ śrutvā kṛtvā tāneva cāgrataḥ |
svayaṃ sa kautukādrājā guṇāḍhyasyāntikaṃ yayau || 27 ||
dadarśa taṃ samākīrṇaṃ jaṭābhirvanavāsataḥ |
praśāntaśeṣaśāpāgnidhūmikābhirivābhitaḥ || 28 ||
athainaṃ pratyabhijñāya sabāṣpamṛgamadhyagam |
namaskṛtya ca papraccha taṃ vṛttāntaṃ mahīpatiḥ || 29 ||
so 'pi svaṃ puṣpadantasya rājñe śāpādiceṣṭitam |
jñānī kathāvatāraṃ tamācakhyau bhūtabhāṣayā || 30 ||
tato gaṇāvatāraṃ taṃ matvā pādānato nṛpaḥ |
yayāce tāṃ kathāṃ tasmāddivyāṃ haramukhodgatām || 31 ||
athovāca sa taṃ bhūpaṃ guṇāḍhyaḥ sātavāhanam |
rājanṣaḍgranthalakṣāṇi mayā dagdhāni ṣaṭkathāḥ || 32 ||
lakṣamekamidaṃ tvasti kathaikā saiva gṛhyatām |
macchiṣyau tava cātraitau vyākhyātārau bhaviṣyataḥ || 33 ||
ityuktvā nṛpamāmantrya tyaktvā yogena tāṃ tanum |
guṇāḍhyaḥ śāpanirmuktaḥ prāpa divyaṃ nijaṃ padam || 34 ||
atha tāṃ guṇāḍhyadattāmādāya kathāṃ bṛhatkathāṃ nāmnā |
nṛpatiragānnijanagaraṃ naravāhanadattacaritamayīm || 35 ||
guṇadevanandidevau tatra ca tau tatkathākaveḥ śiṣyau |
kṣitikanakavastravāhanabhavanadhanaiḥ saṃvibheje saḥ || 36 ||
tābhyāṃ saha ca kathāṃ tāmāśvāsya sa sātavāhanastasyāḥ |
tadbhāṣayāvatāraṃ vaktuṃ cakre kathāpīṭham || 37 ||
sā ca citrarasanirbharā kathā vismṛtāmarakathā kutūhalāt |
tadvidhāya nagare nirantarāṃ khyātimatra bhuvanatraye gatā || 38 ||

h *Ahalyā: Bilingual and Clever (3.3.137–148)*

purābhūdgautamo nāma trikālajño mahāmuniḥ |
ahalyeti ca tasyāsīdbhāryā rūpajitāpsarāḥ || 137 ||
ekadā rūpalubdhastāmindraḥ prārthitavānrahaḥ |
prabhūṇāṃ hi vibhūtyandhā dhāvatyaviṣaye matiḥ || 138 ||
sānumene ca taṃ mūḍhā vṛṣasyantī śacīpatim |
tacca prabhāvato buddhvā tatrāgādgautamo muniḥ || 139 ||
mārjārarūpaṃ cakre ca bhayādindro 'pi tatkṣaṇam |
kaḥ sthito 'treti so 'pṛcchadahalyāmatha gautamaḥ || 140 ||
eso ṭhio khu majjāro ityapabhraṣṭavakrayā |
girā satyānurodhinyā sā taṃ pratyabravītpatim || 141 ||
satyaṃ tvajjāra ityuktvā vihasansa tato muniḥ |
satyānurodhakḷptāntaṃ śāpaṃ tasyāmapātayat || 142 ||
pāpaśīle śilābhāvaṃ bhūrikālamavāpnuhi |
ā vanāntarasaṃcārirāghavālokanāditi || 143 ||
varāṅgalubdhasyāṅge te tatsahasraṃ bhaviṣyati |
divyastrīṃ viśvakarmā yāṃ nirmāsyati tilottamām || 144 ||
tāṃ vilokya tadaivākṣṇāṃ sahasraṃ bhavitā ca te |
itīndramapi tatkālaṃ śapati sma sa gautamaḥ || 145 ||
dattaśāpo yathākāmaṃ tapase sa muniryayau |
ahalyāpi śilābhāvaṃ dāruṇaṃ pratyapadyata || 146 ||
indro 'pyāvṛtasarvāṅgo varāṅgairabhavattataḥ |
aśīlaṃ kasya nāma syānna khalīkārakāraṇam || 147 ||
evaṃ kukarma sarvasya phalatyātmani sarvadā |
yo yadvapati bījaṃ hi labhate so 'pi tatphalam || 148 ||

i *Buddhist Merchant, Hindu Son (6.1.10–54)*

āsīttakṣaśilā nāma vitastāpuline purī || 10 ||
tadambhasi babhau yasyāḥ pratimā saudhasaṃtateḥ |
pātālanagarīvādhastacchobhālokanāgatā || 11 ||
tasyāṃ kaliṅgadattākhyo rājā paramasaugataḥ |
abhūttārāvarasphītajinabhaktākhilaprajaḥ || 12 ||
rarāja sā purī yasya caityaratnairnirantaraiḥ |
mattulyā nāma nāstīti madaśṛṅgairivoditaiḥ || 13 ||
prajānāṃ na paraṃ cakre yaḥ pitevānupālanam |
yāvadgururiva jñānamapi svayamupādiśat || 14 ||
tathā ca tasyāṃ ko 'pyāsīnnagaryāṃ saugato vaṇik |
dhanī vitastādattākhyo bhikṣupūjaikatatparaḥ || 15 ||
ratnadattābhidhānaśca tasyābhūttanayo yuvā |
sa ca taṃ pitaraṃ śaśvatpāpa ityajugupsata || 16 ||
putra nindasi kasmānmāmiti pitrā ca tena saḥ |
pṛcchyamāno vaṇikputraḥ sābhyasūyamabhāṣata || 17 ||
tāta tyaktatrayīdharmastvamadharmaṃ niṣevase |
yadbrāhmaṇānparityajya śramaṇāñśaśvadarcasi || 18 ||
snānādiyantraṇāhīnāḥ svakālāśanalolupāḥ |
apāstasaśikhāśeṣakeśakaupīnasusthitāḥ || 19 ||
vihāraspadalābhāya sarve 'pyadhamajātayaḥ |
yamāśrayanti kiṃ tena saugatena nayena te || 20 ||
tacchrutvā sa vaṇikprāha na dharmasyaikarūpatā |
anyo lokottaraḥ putra dharmo 'nyaḥ sārvalaukikaḥ || 21 ||
brāhmaṇyamapi tatprāhuryadrāgādivivarjanam |

satyaṃ dayā ca bhūteṣu na mṛṣā jātivigrahaḥ || 22 ||
kiṃ ca darśanametattvaṃ sarvasattvābhayapradam |
prāyaḥ puruṣadoṣeṇa na dūṣayitumarhasi || 23 ||
upakārasya dharmatve vivādo nāsti kasyacit |
bhūteṣvabhayadānena nānyā copakṛtirmama || 24 ||
tadahiṃsāpradhāne 'sminvatsa mokṣapradāyini |
darśane 'tiratiścenme tadadharmo mamātra kaḥ || 25 ||
iti tenoditaḥ pitrā vaṇikputraḥ prasahya saḥ |
na tathā pratipede tanninindābhyadhikaṃ punaḥ || 26 ||
tataḥ sa tatpitā khedādgatvā dharmānuśāsituḥ |
rājñaḥ kaliṅgadattasya purataḥ sarvamabravīt || 27 ||
so 'pi rājā tamāsthāne yuktyānāyya vaṇiksutam |
mṛṣāracitakopaḥ sannevaṃ kṣattāramādiśat || 28 ||
śrutaṃ mayā vaṇikputraḥ pāpo 'yamatiduṣkṛtī |
nirvicāraṃ tadeṣo 'dya hanyatāṃ deśadūṣakaḥ || 29 ||
ityūcivāṃstataḥ pitrā kṛtavijñāpanaḥ kila |
nṛpatirdharmacaryārthaṃ dvau māsau vadhanigraham || 30 ||
saṃvidhārya tadante ca punarānayanāya saḥ |
tasyaiva tatpiturhaste nyastavāṃstaṃ vaṇiksutam || 31 ||
so 'pi pitrā gṛhaṃ nīto vaṇikputro bhayākulaḥ |
kiṃ mayāpakṛtaṃ rājño bhavediti vicintayan || 32 ||
akāraṇaṃ dvimāsānte maraṇaṃ bhāvi bhāvayan |
anidro 'pacitāhāraklāntastasthau divāniśam || 33 ||
tato māsadvaye yāte rājāgre kṛśapāṇḍuraḥ |
punaḥ svapitrā tenāsau vaṇiksūnuranīyata || 34 ||
rājā taṃ ca tathābhūtaṃ vīkṣyāpannamabhāṣata |
kimīdṛktvaṃ kṛśībhūtaḥ kiṃ ruddhaṃ te mayāśanam || 35 ||
tacchrutvā sa vaṇikputro rājānaṃ tamabhāṣata |
ātmāpi vismṛto bhītyā mama kā tvaśane kathā || 36 ||
yuṣmadādiṣṭanidhanaśravaṇātprabhṛti prabho |
mṛtyumāyāntamāyāntamanvahaṃ cintayāmyaham || 37 ||
ityuktavantaṃ taṃ rājā sa vaṇikputramabravīt |
bodhito 'si mayā vatsa yuktyā prāṇabhayaṃ svataḥ || 38 ||
īdṛgeva hi sarvasya jantormṛtyubhayaṃ bhavet |
tadrakṣaṇopakārācca dharmaḥ ko 'bhyadhiko vada || 39 ||
tadetattava dharmāya mumukṣāyai ca darśitam |
mṛtyubhīto hi yatate naro mokṣāya buddhimān || 40 ||
ato na garhaṇīyo 'yametaddharmā pitā tvayā |
iti rājavacaḥ śrutvā prahvo 'vādīdvaṇiksutaḥ || 41 ||
dharmopadeśāddevena kṛtī tāvadahaṃ kṛtaḥ |
mokṣāyecchā prajātā me tamapyupadiśa prabho || 42 ||
tacchrutvā taṃ vaṇikputraṃ prāpte tatra purotsave |
tailapūrṇaṃ kare pātraṃ dattvā rājā jagāda saḥ || 43 ||
idaṃ pātraṃ gṛhītvā tvamehi bhrāntvā purīmimām |
tailabindunipātaśca rakṣaṇīyastvayā suta || 44 ||
nipatiṣyati yadyekastailabinduritastava |
sadyo nipātayiṣyanti tvāmete puruṣāstataḥ || 45 ||
evaṃ kiloktvā vyasṛjattaṃ bhrāmāya vaṇiksutam |
utkhātakhaḍgānpuruṣāndattvā paścātsa bhūpatiḥ || 46 ||
vaṇikputro 'pi sa bhayādrakṣaṃstailalavacyutim |
purīṃ tāmabhito bhrāntvā kṛcchrādāgānnṛpāntikam || 47 ||

nṛpo 'pyagalitānītatailaṃ dṛṣṭvā tamabhyadhāt |
kaścitpurabhrame 'pyadya dṛṣṭo 'tra bhramatā tvayā || 48 ||
tacchrutvā sa vaṇikputraḥ provāca racitāñjaliḥ |
yatsatyaṃ na mayā deva dṛṣṭaṃ kiṃcinna ca śrutam || 49 ||
ahaṃ hyekāvadhānena tailaleśaparicyutam |
khaḍgapātabhayādrakṣaṃstadānīmabhramaṃ purīm || 50 ||
evaṃ vaṇiksutenokte sa rājā nijagāda tam |
dṛśyatailaikacittena na tvayā kiṃcidīkṣitam || 51 ||
tattenaivāvadhānena parānudhyānamācara |
ekāgro hi bahirvṛttinivṛttastattvamīkṣate || 52 ||
dṛṣṭatattvaśca na punaḥ karmajālena badhyate |
eṣa mokṣopadeśaste saṃkṣepātkathito mayā || 53 ||
ityuktvā prahito rājñā patitvā tasya pādayoḥ |
kṛtārthaḥ sa vaṇikputro hṛṣṭaḥ pitṛgṛhaṃ yayau || 54 ||

j *The Brahmin and the Outcaste (6.1.123–132)*

gaṅgāyāṃ tulyakālau dvau tapasyanaśane janau |
eko vipro dvitīyaśca caṇḍālastasthatuḥ purā || 123 ||
tayorvipraḥ kṣudhākrānto niṣādānvīkṣya tatragān |
matsyānādāya bhuñjānānevaṃ mūḍho vyacintayat || 124 ||
aho dāsyāḥ sutā ete dhanyā jagati dhīvarāḥ |
ye yathākāmamaśnanti pratyahaṃ śapharāmiṣam || 125 ||
dvitīyastu sa cāṇḍālo dṛṣṭvā tāneva dhīvarān |
acintayaddhigastvetānkravyādānprāṇighātinaḥ || 126 ||
tatkimevaṃ sthitasyeha dṛṣṭaireṣāṃ mukhairmama |
iti saṃmīlya netre sa tatrāsītsvātmani sthitaḥ || 127 ||
kramāccānaśanenobhau vipannau tau dvijāntyajau |
dvijastatra śvabhirbhuktaḥ śīrṇo gaṅgājale 'ntyajaḥ || 128 ||
tato 'kṛtātmā kaivartakula evātra sa dvijaḥ |
abhyajāyata tīrthasya guṇājjātismarastvabhūt || 129 ||
caṇḍālo 'pi sa tatraiva gaṅgātīre mahībhujaḥ |
gṛhe jātismaro jajñe dhīro 'nupahatātmakaḥ || 130 ||
jātayośca tayorevaṃ prāgjanmasmaratordvayoḥ |
eko 'nutepe dāsaḥ sanrājā sanmumude 'paraḥ || 131 ||
iti dharmatarormūlamaśuddhaṃ yasya mānasam |
śuddhaṃ yasya ca tadrūpaṃ phalaṃ tasya na saṃśayaḥ || 132 ||

k *The Seven Princesses: King Kaliṅgadatta Is Told a Story within a Story within a Story (6.2.9–45)*

arthapradānamevāhuḥ saṃsāre sumahattapaḥ |
arthadaḥ prāṇadaḥ proktaḥ prāṇā hyartheṣu kīlitāḥ || 9 ||
buddhena ca parasyārthe karuṇākulacetasā |
ātmāpi tṛṇavaddattaḥ kā varāke dhane kathā || 10 ||
tādṛśena ca dhīreṇa tapasā sa gataspṛhaḥ |
saṃprāptadivyavijñāno buddho buddhatvamāgataḥ || 11 ||
āśarīramataḥ sarveṣviṣṭeṣvāśānivartanāt |
prājñaḥ sattvahitaṃ kuryātsamyaksambodhalabdhaye || 12 ||
tathā ca pūrvaṃ kasyāpi kṛtanāmno mahīpateḥ |
ajāyantātisubhagāḥ kramātsapta kumārikāḥ || 13 ||
bālā eva ca tāstyaktvā vairāgyeṇa piturgṛham |
śmaśānaṃ śiśriyuḥ pṛṣṭā jagaduśca paricchadam || 14 ||

asāraṃ viśvamevaitattatrāpīdaṃ śarīrakam |
tatrāpyabhīṣṭasaṃyogasukhādi svapnavibhramaḥ || 15 ||
ekaṃ parahitaṃ tvatra saṃsāre sāramucyate |
tadanenāpi dehena kurmaḥ sattvahitaṃ vayam || 16 ||
kṣipāmo jīvadevaitaccharīraṃ pitṛkānane |
kravyādgaṇopayogāya kāntenāpi hyanena kim || 17 ||
tathā ca rājaputro 'tra viraktaḥ ko 'pyabhūtpurā |
sa yuvāpi sukānto 'pi parivrajyāmaśiśriyat || 18 ||
sa jātu bhikṣuḥ kasyāpi praviṣṭo vaṇijo gṛham |
dṛṣṭastaruṇyā tatpatnyā padmapattrāyatekṣaṇaḥ || 19 ||
sā tallocanalāvaṇyahṛtacittā tamabravīt |
kathamāttamidaṃ kaṣṭamīdṛśena tvayā vratam || 20 ||
sā dhanyā strī tavānena cakṣuṣā yā nirīkṣyate |
pratyuktaḥ sa tayā bhikṣuścakṣurekamapāṭayat || 21 ||
ūce ca haste kṛtvā tanmātaḥ paśyedamīdṛśam |
jugupsitamasṛṅmāṃsaṃ gṛhyatāṃ yadi rocate || 22 ||
īdṛgeva dvitīyaṃ ca vada ramyaṃ kimetayoḥ |
ityuktā tena taddṛṣṭvā vyaṣīdatsā vaṇigvadhūḥ || 23 ||
uvāca ca hahā pāpaṃ mayā kṛtamabhavyayā |
yadahaṃ hetutāṃ prāptā locanotpāṭane tava || 24 ||
tacchrutvā bhikṣuravadanmā bhūdamba tava vyathā |
mama tvayā hyupakṛtaṃ yataḥ śṛṇu nidarśanam || 25 ||
āsītko'pi purā kānte kutrāpyupavane yatiḥ |
anujāhnavi vairāgyaniḥśeṣanikaṣecchayā || 26 ||
tapasyataśca ko 'pyasya rājā tatraiva daivataḥ |
vihartumāgataḥ sākamavarodhavadhūjanaiḥ || 27 ||
vihṛtya pānasuptasya pārśvādutthāya tasya ca |
nṛpasya cāpalādrājñyastadudyāne kilābhraman || 28 ||
dṛṣṭvā tatraikadeśe ca taṃ samādhisthitaṃ munim |
atiṣṭhanparivāryainaṃ kimetaditi kautukāt || 29 ||
cirasthitāsu tāsvatra prabuddhaḥ so 'tha bhūpatiḥ |
apaśyandayitāḥ pārśve tatra babhrāma sarvataḥ || 30 ||
dadarśa cātra rājñīstāḥ parivārya muniṃ sthitāḥ |
kupitaścerṣyayā tasminkhaḍgena praharanmunau || 31 ||
aiśvaryamīrṣyā nairghṛṇyaṃ kṣībatvaṃ nirvivekitā |
ekaikaṃ kiṃ na yatkuryātpañcāṅgitve tu kā kathā || 32 ||
tato gate nṛpe tasminkṛttāṅgamapi taṃ munim |
akruddhaṃ prakaṭībhūya kāpyuvācātra devatā || 33 ||
mahātmanyena pāpena krodhenaitatkṛtaṃ tvayi |
svaśaktyā tamahaṃ hanmi manyate yadi tadbhavān || 34 ||
tacchrutvā sa jagādarṣirdevi mā smaivamādiśaḥ |
sa hi dharmasahāyo me na vipriyakaraḥ punaḥ || 35 ||
tatprasādātkṣamādharmaṃ bhagavatyāptavānaham |
kasya kṣameya kiṃ devi naivaṃ cetsa samācaret || 36 ||
kaḥ kopo naśvarasyāsya dehasyārthe manasvinaḥ |
priyāpriyeṣu sāmyena kṣamā hi brahmaṇaḥ padam || 37 ||
ityuktā muninā sātha tapasā tasya toṣitā |
aṅgāni devatā kṛtvā nirvraṇāni tirodadhe || 38 ||
tadyathā so 'pi tasyarṣerupakārī mato nṛpaḥ |
netrotkhananahetostvaṃ tapovṛddhyā tathāmba me || 39 ||
ityuktvā sa vaśī bhikṣurvinamrāṃ tāṃ vaṇigvadhūm |

kānte 'pi vapuṣi svasminnanāsthaḥ siddhaye yayau || 40 ||
tasmādbāle 'pi ramye 'pi kaḥ kāye gatvare grahaḥ |
sattvopakārastvetasmādekaḥ prājñasya śasyate || 41 ||
tadimā vayametasminnisargasukhasadmani |
śmaśāne prāṇināmarthe vinyasyāma śarīrakam || 42 ||
ityuktvā parivāraṃ tāḥ sapta rājakumārikāḥ |
tathaiva cakruḥ prāpuśca saṃsiddhiṃ paramāṃ tataḥ || 43 ||
evaṃ nije śarīre 'pi mamatvaṃ nāsti dhīmatām |
kiṃ punaḥ sutadārādiparigrahatṛṇotkare || 44 ||
ityādi sa nṛpaḥ śrutvā vihāre dharmapāṭhakāt |
kaliṅgadatto nītvā ca dinaṃ prāyātsvamandiram || 45 ||

l *Tapodatta Tries to Replace Study with Penance* (*7.6.13–24*)

āsītko'pi pratiṣṭhāne tapodatta iti dvijaḥ |
sa pitrā kleśyamāno 'pi vidyā nādhyaita śaiśave || 13 ||
anantaraṃ garhyamāṇaḥ sarvairanuśayānvitaḥ |
sa vidyāsiddhaye taptuṃ tapo gaṅgātaṭaṃ yayau || 14 ||
tatrāśritogratapasastasya taṃ vīkṣya vismitaḥ |
vārayiṣyandvijacchadmā śakro nikaṭamāyayau || 15 ||
āgatya ca sa gaṅgāyāstaṭācciкṣepa vāriṇi |
uddhṛtyoddhṛtya sikatāḥ paśyatastasya sormiṇi || 16 ||
taddṛṣṭvā muktamaunastaṃ tapodattaḥ sa pṛṣṭavān |
aśrāntaḥ kimidaṃ brahmankaroṣīti sakautukam || 17 ||
nirbandhapṛṣṭaḥ sa ca taṃ śakro 'vādīddvijākṛtiḥ |
setuṃ badhnāmi gaṅgāyāṃ tārāya prāṇināmiti || 18 ||
tato 'bravīttapodattaḥ setuḥ kiṃ mūrkha badhyate |
gaṅgāyāmoghahāryābhiḥ sikatābhiḥ kadācana || 19 ||
tacchrutvā tamuvācaivaṃ śakro 'tha dvijarūpadhṛk |
yadyevaṃ vetsi tadvidyāṃ vinā pāṭhaṃ vinā śrutam || 20 ||
kasmādvratopavāsādyaistvaṃ sādhayitumudyataḥ |
iyaṃ śaśaviṣāṇecchā vyomni vā citrakalpanā || 21 ||
anakṣaro lipinyāso yadvidyādhyayanaṃ vinā |
evaṃ yadi bhavedetannahyadhīyīta kaścana || 22 ||
ityuktaḥ sa tapodattaḥ śakreṇa dvijarūpiṇā |
vicārya tattathā matvā tapastyaktvā gṛhaṃ yayau || 23 ||

m *Should You Turn a Mouse into a Girl?* (*10.6.125–135*)

tathā ca prāṅmuniḥ kaścicchyenahastacyutaṃ śiśum |
mūṣikāṃ prāpya kṛpayā kanyāṃ cakre tapobalāt || 125 ||
vardhitāmāśrame tāṃ ca sa dṛṣṭvā prāptayauvanām |
munirbalavate dātumicchannādityamāhvayat || 126 ||
baline ditsitāmetāṃ kanyāṃ pariṇayasva me |
ityuvāca sa carṣistaṃ tatastaṃ so 'bravīdraviḥ || 127 ||
matto 'pi balavānmeghaḥ sa māṃ sthagayati kṣaṇāt |
tacchrutvā taṃ visṛjyārkaṃ meghamāhūtavānmuniḥ || 128 ||
aṃ tathaiva ca so 'vādīttenāpyevamavādi saḥ |
matto 'pi balavānvāyuryo vikṣipati dikṣu mām || 129 ||
ityukte tena sa munirvāyumāhvayati sma tam |
sa tathaiva ca tenoktastamevamavadanmarut || 130 ||
mayāpi ye na cālyante mattaste balino 'drayaḥ |
śrutvaitadekaṃ śailendramāhvayanmunisattamaḥ || 131 ||

tathaiva yāvattaṃ vakti tāvatso 'drirjagāda tam |
mūṣakā balino matto ye me chidrāṇi kurvate || 132 ||
iti krameṇa pratyukto daivatairjñānibhiḥ sa taiḥ |
maharṣirājuhāvaikaṃ mūṣakaṃ vanasambhavam || 133 ||
kanyāṃ vahaitāmityuktastenovāca sa mūṣakaḥ |
kathaṃ pravekṣyati bilaṃ mamaiṣā dṛśyatāmiti || 134 ||
pūrvavanmūṣikaivāstu varamityatha sa bruvan |
munistāṃ mūṣikāṃ kṛtvā tasmai prāyacchadākhave || 135 ||

n *Once You've Tasted the Good Stuff … (10.6.178–185)*

āsanpravrājakāḥ kecidbhikṣāsaṃtoṣapīvarāḥ || 178 ||
tāndṛṣṭvā puruṣāḥ kecidanyonyaṃ suhṛdo 'bruvan |
aho bhikṣāśino 'pyete pīnāḥ pravrājakā iti || 179 ||
ekasteṣu tato 'vādītkautukaṃ darśayāmi vaḥ |
ahaṃ kṛśīkaromyetānbhuñjānānapi pūrvavat || 180 ||
ityuktvā sa nimantryaitānkramātpravrājakāngṛhe |
ekāhaṃ bhojayāmāsa ṣaḍrasāhāramuttamam || 181 ||
te 'tha mūrkhāstadāsvādaṃ smaranto bhaikṣabhojanam |
na tathābhilaṣanti sma tena durbalatāṃ yayuḥ || 182 ||
tataḥ pradarśya suhṛdāṃ dṛṣṭvā tatsaṃnidhau ca tān |
pravrājakāṃstadāhāradāyī sa puruṣo 'bravīt || 183 ||
tadā bhaikṣeṇa saṃtuṣṭā hṛṣṭapuṣṭā ime 'bhavan |
adhunā tadasaṃtoṣaduḥkhāddurbalatāṃ gatāḥ || 184 ||
tasmātprājñaḥ sukhaṃ vāñchansaṃtoṣe sthāpayenmanaḥ |
lokadvaye 'pyasaṃtoṣo duḥsahāśrāntaduḥkhadaḥ || 185 ||

o *Guard the Door! (10.6.209–211)*

kaściddāso hi vaṇijā mūrkhaḥ kenāpyabhaṇyata |
rakṣestvaṃ vipaṇīdvāraṃ kṣaṇaṃ gehaṃ viśāmyaham || 209 ||
ityuktavati yāte 'sminvaṇiji dvārapaṭṭakam |
vipaṇīto gṛhītvāṃse dāso draṣṭumagānnaṭam || 210 ||
āgacchaṃśca tato dṛṣṭvā vaṇijā tena bhartsitaḥ |
tvaduktaṃ rakṣitaṃ dvāraṃ mayedamiti so 'bravīt || 211 ||

Chapter 5: *Bṛhatkathāślokasaṃgraha*, or Verse Summary of the Long Story

āsīdihaiva campāyāṃ mitravarmeti vāṇijaḥ |
nāmitro nāpi madhyasthaḥ sādhoryasyābhavadbhuvi || 4 ||
tasya mitravatī nāma nāmnā susadṛśī priyā |
bhāryā maitrīva sādhoryā śatrorapi hitaiṣiṇī || 5 ||
tayorguṇavatoḥ putraṃ guṇavantamavindatoḥ |
aputrānātmanaḥ paurāḥ saputrānapi menire || 6 ||
ekadā piṇḍapātāya sānurnāma digambaraḥ |
trirātrakṣapaṇakṣamo vardhamāna ivāgataḥ || 7 ||
dampatibhyāmasau tābhyāṃ prītābhyāṃ prīṇitastathā |
apṛṣṭo 'pi yathācaṣṭa dharmānṛṣabhabhāṣitān || 8 ||
praśnādigranthasārajñaścittaṃ buddhvā tayorasau |
ādideśa sphuṭadeśo bhāvinaṃ guṇinaṃ sutam || 9 ||
yaśca putrastayorjātastasya nāmākarotpitā |
ādiṣṭaḥ sānunā yattatsānudāso bhavatviti || 10 ||

ekaputro 'pyasau pitrā durlabhatvācca vallabhaḥ |
vidyāḥ śikṣayatā nīto bālalīlānabhijñātām || 11 ||
upādhyāyaiśca sotsāhairvinītaḥ sa tathā yathā |
svadārāneva savrīḍaḥ paradārānamanyata || 12 ||
tenātivinayenāsya lokabāhyena pārthivaḥ |
pitarau suhṛdo dārā na kaścinnākulīkṛtaḥ || 13 ||
ādiṣṭaḥ sānunā yo 'sau tayoḥ putraḥ suvṛttayoḥ |
ahameva sa vo dāsaḥ sānudāsastathāguṇaḥ || 14 ||
mama tu dhruvako nāma dhruvamaitrīsukhaḥ sakhā |
sa ca māmabravīnmitra kriyatāṃ tadbravīmi yat || 15 ||
udyānanalinīkūle sadārāḥ suhṛdastava |
anubhūtajalakrīḍāḥ khādanti ca pibanti ca || 16 ||
bhavatāpi sadāreṇa tatra gatvā mayā saha |
sāphalyaṃ kriyatāmadya rūpayauvanajanmanām || 17 ||
dharmārthayoḥ phalaṃ yena sukhameva nirākṛtam |
viphalīkṛtadharmārthātpāpakarmā kutastataḥ || 18 ||
janmāntarasukhaprāptyai yaśca dharmaṃ niṣevate |
tyaktadṛṣṭasukhaḥ so 'pi vada ko nāma paṇḍitaḥ || 19 ||
na cāpi svārthasiddhyarthaṃ mayā tvaṃ vipralabhyase |
tathā hi bhīmasenasya vākyamākarṇyatāṃ yathā || 20 ||
pratyupasthitakālasya sukhasya parivarjanam |
anāgatasukhāśā ca naiṣa buddhimatāṃ nayaḥ || 21 ||
mayā tu sa vihasyoktastuccha eva prayojane |
idaṃ saṃrambhagāmbhīryaṃ śaṅkāmiva karoti saḥ || 22 ||
yadi pītaṃ na vā pītaṃ svadārasahitairmadhu |
lābhaḥ kastatra hānirvā rāgo 'yamabhivāsitaḥ || 23 ||
rāgāgniḥ prāṇināṃ prāyaḥ prakṛtyaiva pradīpyate |
tamindhayati yanmitra tatra kiṃ nāma pauruṣam || 24 ||
yastaṃ viṣayasaṃkalpasarpirindhanamuddhatam |
vairāgyavacanāmbhobhirnirvāpayati sa kṣamaḥ || 25 ||
phalaṃ yadi ca dharmasya sukhamīdṛśamiṣyate |
dharmasyābhavanaṃ bhūyāttatphalasya sukhasya ca || 26 ||
yāṃ yathāsukhamāsīnāmaśnantīṃ ca striyaṃ prati |
nekṣyate pratiṣedhātsā kathamevaṃ viḍambyate || 27 ||
goṣṭhīmaṇḍalamadhyasthā madopahatacetanā |
viṣamūrcchāparīteva bharturbhāryā viḍambanā || 28 ||
atha vā gacchatu bhavānyathāsukhamahaṃ punaḥ |
na yāsyāmi na dhāsyāmi dāraiḥ saha sabhāmiti || 29 ||
sa tataḥ sthirasaṃkalpaṃ māṃ dṛṣṭvā pratyavasthitam |
haste sasmitamālambya saviṣāda ivāvadat || 30 ||
suhṛdāmagrataḥ kṛtvā pratijñāmahamāgataḥ |
sānudāso 'yamānītaḥ sadāro dṛśyatāmiti || 31 ||
tenopahasitasyoccaiḥ suhṛdbhirvadanaṃ mama |
pratijñākhaṇḍanamlānaṃ kathaṃ śakṣyasi vīkṣitum || 32 ||
tatprasīdāsatāṃ nāma dārā yadi virudhyate |
tvayaikena pratijñāyāḥ sāphalyamupapādyatām || 33 ||
sadoṣaṃ yadi pānaṃ ca svayaṃ mā sma pibastataḥ |
suhṛdaḥ pibataḥ paśya sadāratanayāniti || 34 ||
tatastatsahito gatvā puropavanapadminīm |
tāṃ tadā dṛṣṭavānasmi sakalatrāṃ suhṛtsabhām || 35 ||
ninditendrāyudhachāyaiḥ kusumābharaṇāmbaraiḥ |

kṣiptāmbhaḥpadminīchāyāṃ sthalīkamalinīmiva || 36 ||
tataḥ samañjarījālairmādhavīcūtapallavaiḥ |
kalpitaṃ dhruvako mahyamuccamāharadāsanam || 37 ||
apaśyaṃ tatra cāsīnaḥ suhṛdaḥ pāyitapriyān |
pibataśca madhu prītapriyākaratalārpitam || 38 ||
kvacidvasantarāgaṃ ca veṇutantrīrutānvitam |
gīyamānaṃ śṛṇomi sma rudantāścālikokilāḥ || 39 ||
hitvā kurabakāgrāṇi varṇasaṃsthānacāruṣu |
patitāḥ karṇikāreṣu lūnanāsā ivālinaḥ || 40 ||
āmūlaśikharaṃ phullāstilakāśokakiṃśukāḥ |
asārasya hi jāyante naṭasyātyutkaṭā rasāḥ || 41 ||
atha kardamadigdhāṅgaḥ śaivalāvilaśāṭakaḥ |
utthitaḥ puruṣaḥ ko 'pi sarasaḥ sarasastataḥ || 42 ||
ādāya nalinīpattrapuṭaṃ kenāpi pūritam |
bhoḥ puṣkaramadhu prāptaṃ mayeti ca mudāvadat || 43 ||
pratiṣiddhaḥ sa caikena mūrkha mā caṇḍamāraṭīḥ |
na puṣkaramadhu prāptaṃ tvayānartho 'yamarjitaḥ || 44 ||
yadi tāvadidaṃ sarve pibanti suhṛdastataḥ |
paramāṇupramāṇo 'pi binduraṃśo na jāyate || 45 ||
dīyate yadi vā rājñe durlabhaṃ pārthivairapi |
aparaṃ so 'pi yāceta ratnagṛddhā hi pārthivāḥ || 46 ||
taṃ ca karṇejapāḥ ke cidvakṣyanti priyavādinaḥ |
rājannaparamapyasti tatra prāptamidaṃ yataḥ || 47 ||
etāvadeva tatrāsīnnātiriktamiti bruvan |
abhāvamatiriktasya kenopāyena sādhayet || 48 ||
iti protsāhitaḥ pāpairlabdhāsvādaśca pārthivaḥ |
haretsarvasvamasmākaṃ tasmāttasmai na dīyate || 49 ||
kiṃ tu rasyatarāsvādaṃ na ca madyaṃ yatastataḥ |
idaṃ puṣkaramadhveṣa sānudāsaḥ pibatviti || 50 ||
durlabhatvāttatastasya suhṛdabhyarthanena ca |
na ca madyamiti śrutvā pītavānasmi tanmadhu || 51 ||
āsīcca mama ko nāma ṣaṇṇāmeṣa raso bhavet |
lakṣyate na hi sādṛśyametasya madhurādibhiḥ || 52 ||
na cāhaṃ ṣaḍbhirārabdhaḥ saṃhatya madhurādibhiḥ |
sarvajñairapi durjñānā yenāsminnekaśo rasāḥ || 53 ||
tena manyata evāyaṃ saptamaḥ suraso rasaḥ |
rasite 'mṛtamapyasmingacchedvirasatāmiti || 54 ||
tatastadrasagandhena tṛṣā ca gamitatrapaḥ |
bādhate māṃ pipāseti śanairdhruvakamabruvam || 55 ||
tena dattaṃ tu tatpītvā svabhāvāpoḍhamānasaḥ |
tatpuropavanaṃ vegāccakravadbhramadabhramam || 56 ||
tataśca tāramadhuraṃ dīrghaveṇorivoṣasi |
dīnamantharamaśrauṣaṃ pramadākranditadhvanim || 57 ||
atha gatvā tamuddeśamapaśyaṃ mādhavīgṛhe |
striyaṃ sākṣādivāsīnāṃ mādhavīvanadevatām || 58 ||
ākhyāyikākathākāvyanāṭakeṣvapi tādṛśī |
varṇyamānāpi nāsmābhiḥ kadācitpramadā śrutā || 59 ||
tatastāmabravaṃ sāmnā bhadre yadi na duṣyati |
duḥkhasyāsya tato heturmahyamākhyāyatāmiti || 60 ||
tato ruditasaṃbhinnaṃ nīcakairuditaṃ tayā |
duḥsahasyāsya duḥkhasya nanu heturbhavāniti || 61 ||

lajjāprahvaśiraskena tato nīcairmayoditam |
yadīdaṃ matkṛtaṃ duḥkhaṃ bhīru mā tvaṃ rudastataḥ || 62 ||
yadanantamanantārghaṃ tanmanye draviṇaṃ tṛṇam |
śarīrakamapīdaṃ me kvacidvyāpāryatāmiti || 63 ||
athāvocadasau smitvā harṣāśrukaluṣekṣaṇā |
anenaiva tvadīyena śarīreṇāhamarthinī || 64 ||
ahaṃ hi gaṅgadatteti yakṣakanyā nabhaścarī |
saṃkalpajanmanānalpaṃ saṃkalpaṃ kāritā tvayi || 65 ||
tadehi gṛhamasmākaṃ satyaṃ mantrayase yadi |
śarīrasyāsya te tatra viniyogo bhavatviti || 66 ||
kṛṣyamāṇastayā cāhaṃ pāṇāvādāya mantharam |
asurāntaḥpurākāraṃ prāviśaṃ bhavaneśvaram || 67 ||
tatrāpaśyaṃ striyaṃ gaurīṃ sitāsitaśiroruhām |
sthūlodaravalīlekhāṃ śuddhasūkṣmāmbarāvṛtām || 68 ||
sā māmarghyeṇa saṃbhāvya mūrdhni cāghrāya sādaram |
abravīdadhvakhinno 'si putra viśramyatāmiti || 69 ||
ādṛtā cādiśatpreṣyāḥ sānudāsaḥ pipāsitaḥ |
tatpuṣkaramadhu svādu śīghramānīyatāmiti || 70 ||
mama tvāsīddhruvaṃ yakṣī gaṅgadattānyathā kutaḥ |
gṛhe puṣkaramadhvasyā duṣprāpaṃ mānuṣairiti || 71 ||
gandhena puṣkaramadhuprabhaveṇādhivāsitam |
vasantakusumākīrṇaṃ prāviśaṃ vāsamandiram || 72 ||
pītvā ca puṣkaramadhu prītayā sahitastayā |
asyai pūrvapratijñātaṃ svaśarīramupāharam || 73 ||
svaśarīrapradānena mahyaṃ pūrvopakāriṇe |
sāpi pratyupakārāya svaśarīraṃ nyavedayat || 74 ||
āsīnme yanmayā dattvā śarīraṃ puṇyamarjitam |
tasya kanyāśarīrāptyā sadyaḥ pariṇataṃ phalam || 75 ||
iti tatra ciraṃ sthitvā pṛcchāmi sma priyāṃ priye |
kimidānīṃ suhṛdgoṣṭhī karotītyatha sābravīt || 76 ||
yadi te draṣṭumicchāsti mayaiva sahitastataḥ |
gatvā paśya suhṛdgoṣṭhīṃ madātiśayavihvalām || 77 ||
mayālambitahastaṃ tvāṃ na kaścidapi paśyati |
tenādṛṣṭaḥ suhṛdgoṣṭhyā viśrabdhaḥ paśyatāmiti || 78 ||
gatvā tatastadudyānaṃ gaṅgadattāvalambitaḥ |
paśyāmi sma suhṛdgoṣṭhīṃ smitavyāvartitānanām || 79 ||
atha svābhāvikamukhaḥ suhṛtkaścidabhāṣata |
na dṛśyate sānudāsaḥ kva nu yāto bhavediti || 80 ||
apareṇoktamāścaryamadṛṣṭaṃ kiṃ na paśyasi |
sānudāsena duḥsādhyā sādhitā yakṣakanyakā || 81 ||
yakṣyāvalambitaḥ pāṇāvadṛśyo dṛśyatāmayam |
sānudāsaḥ suhṛnmadhye vicaranpuṇyavāniti || 82 ||
gaṅgadattāmathāvocamadṛśyo yadyahaṃ tataḥ |
bhadre kathamanenoktamadṛśyo dṛśyatāmiti || 83 ||
tataḥ saṃrudhyamāno 'pi yatnena janasaṃsadā |
pravṛttaḥ sahasā hāsaḥ salilaugha ivolbaṇaḥ || 84 ||
teṣāmanyatamo nṛtyansatālahasitadhvaniḥ |
māmavocadadṛśyāya yakṣībhartre namo 'stu te || 85 ||
kva puṣkaramadhu kvātra durlabhā yakṣakanyakā |
drākṣāmadhu tvayā pītaṃ sādhitā ca vilāsinī || 86 ||
sarvathā duścikitso 'yaṃ bhavato vinayāmayaḥ |

suhṛdvaidyagaṇenādya kuśalena cikitsitaḥ || 87 ||
sa bhavāṅgaṅgadattāyā gṛhaṃ yātu nirāmayaḥ |
suhṛdo 'pi kṛtasvārthāḥ sarve yāntu yathāyatham || 88 ||
ahaṃ tu puṣkaramadhucchadmanā chalito 'pi taiḥ |
jñātakāntāsavasvādo na tebhyaḥ kupito 'bhavam || 89 ||
āsīcca mama te dhīrā ye svabhyastamadhupriyāḥ |
vidūṣitamadhusparśāḥ pravrajanti mumukṣavaḥ || 90 ||
ahaṃ tu sakṛdāsvādya pramadāmadirārasam |
na prāṇimi vinā tasmāddhiṅnikṛṣṭaṃ ca māmiti || 91 ||
atha gacchati sma ravirastabhūdharaṃ vasitadrumānadhi śakuntapaṅktayaḥ |
madamandamātmabhavanāni nāgarāḥ priyayā sahāhamapi tanniveśanam || 92 ||
tatra prasannayā kālaṃ priyayā ca prasannayā |
prasanno dhruvakādīnāṃ suhṛdāmatyavāhayam || 93 ||
daśabhirdaśabhiryāti sahasrairdivasavyaye |
dhanarāśiḥ parikṣīṇaḥ kālena mahatā mahān || 94 ||

Chapter 6: *Subhāṣitas*, or Epigrams

madādikṣālanaṃ śāstraṃ mandānāṃ kurute madam |
cakṣuṣprabodhanaṃ teja ulūkānāmivāndhyakṛt || 1 ||
manasā niścayaṃ kṛtvā tato vācābhidhīyate |
kriyate karmaṇā paścātpramāṇaṃ me manastataḥ || 2 ||
manyate pāpakaṃ kṛtvā na kaścidvetti māmiti |
vidanti cainaṃ devāśca yaścaivāntarapūruṣaḥ || 3 ||
mamedamiti naivaitatsādhūnāṃ tāta dharmataḥ |
na vai vyavasthā bhavati yadā pāpo na vāryate || 4 ||
mahīpateḥ santi na yasya pārśve kavīśvarāstasya kuto yaśāṃsi |
bhūyāḥ kiyanto na babhūvururvyāṃ nāmāpi jānāti na ko 'pi yeṣām || 5 ||
mātā caiva pitā caiva jyeṣṭhabhrātā tathaiva ca |
trayaste narakaṃ yānti dṛṣṭvā kanyāṃ rajasvalām || 6 ||
māyāchadmaparo nityaṃ māyayā vañcayejjanam |
tapastapati dambhena sa naro strībhavaṃ labhet || 7 ||
mā vanaṃ chinddhi savyāghraṃ mā vyaghrā nīnaśanvanāt |
vanaṃ hi rakṣyate vyāghrairvyāghrānrakṣati kānanam || 8 ||
mitrāṇi tāni vidhureṣu bhavanti yāni |
te paṇḍitā jagati ye puruṣāntarajñāḥ ||
tyāgī sa yaḥ kṛśadhano 'pi hi saṃvibhāgī |
kāryaṃ vinā bhavati yaḥ sa paropakārī || 9 ||
mithyātvaṃ paramo rogo mithyātvaṃ paramaṃ tapaḥ |
mithyātvaṃ paramaḥ śatrurmithyātvaṃ paramaṃ viṣam || 10 ||
muṇḍe muṇḍe matirbhinnā kuṇḍe kuṇḍe navaṃ payaḥ |
jātau jātau navācārā navā vāṇī mukhe mukhe || 11 ||
mūrkhaśiṣyopadeśena duṣṭastrībharaṇena ca |
dviṣatā saṃprayogeṇa paṇḍito 'pyavasīdati || 12 ||
mūrdhni locanayorvaktre ca hṛdaye tathā |
pañca sthānāni kāmasya yatrāsau tiṣṭhati svayam || 13 ||
mūṣikā gṛhajātāpi nihantavyāpakāriṇī |
upapradānairmārjāro hitakṛtprārthyate 'nyataḥ || 14 ||
mṛtpiṇḍa eko bahubhāṇḍarūpaḥ suvarṇamekaṃ bahubhūṣaṇātmā |
gokṣīramekaṃ bahudhenujātamekaḥ parātmā bahudehavartī || 15 ||

mṛdunātisuvṛttena sumṛṣṭenātihāriṇā |
modakenāpi kiṃ tena niṣpattiryasya sevayā || 16 ||
meghā vṛkṣā nadīnāṃ ca jalaughāḥ sajjanā janāḥ |
paropakaraṇārthāya daivāccatvāro nirmitāḥ || 17 ||
yatra nāryastu pūjyante ramante tatra devatāḥ |
yatraitāstu na pūjyante sarvāstatrāphalāḥ kriyāḥ || 18 ||
yatra vidyāgamo nāsti yatra nāsti dhanāgamaḥ |
yatra cātmasukhaṃ nāsti na tatra divasaṃ vaset || 19 ||
yatra vidvajjano nāsti ślāghyastatrālpadhīrapi |
nirastapādape deśa eraṇḍo 'pi drumāyate || 20 ||
yathā kandukapāto hi bhavatyāryaḥ patettathā |
tathā mūrkhasya pāto hi mṛtpiṇḍapatanaṃ yathā || 21 ||
yathā kālakṛtodyogātkṛṣiḥ phalavatī bhavet |
tadvannītiriyaṃ deva cirātphalati na kṣaṇāt || 22 ||
yathā kāṣṭhaṃ ca kāṣṭhaṃ sameyātām mahodadhau |
sametya ca vyapeyātāṃ tadvadbhūtasamāgamaḥ || 23 ||
yathā khanankhanitreṇa naro vāryadhigacchati |
tathā gurugatāṃ vidyāṃ śuśrūṣuradhigacchati || 24 ||
yathā kharaścandanabhāravāhī bhārasya vettā na tu candanasya |
evaṃ hi śāstrāṇi bahūnyadhītya cārtheṣu mūḍhāḥ kharavadvahanti || 25 ||
yathā cittaṃ tathā vākyaṃ yathā vācastathā kriyā |
citte vāci kriyāyāṃ ca sādhūnāmekarūpatā || 26 ||
yathā dhenusahasreṣu vatso vindati mātaram |
tathā pūrvakṛtaṃ karma kartāramanugacchati || 27 ||
yadi nāma daivagatyā jagadasarojaṃ kadācidapi jātam |
avakaranikaraṃ vikirati tatkiṃ kṛkavākuriva haṃsaḥ || 28 ||
yadi santi guṇāḥ puṃsāṃ vikasantyeva te svayam |
na hi kastūrikāmodaḥ śapathena vibhāvyate || 29 ||
yadīcchasi vaśīkartuṃ jagadekena karmaṇā |
upāsyatāṃ kalau kalpalatā devī pratāraṇā || 30 ||
yadyatparavaśaṃ karma tattadyatnena varjayet |
yadyadātmavaśaṃ tu syāttattatseveta yatnataḥ ||
sarvaṃ paravaśaṃ duḥkhaṃ sarvamātmavaśaṃ sukham |
etadvidyātsamāsena lakṣaṇaṃ sukhaduḥkhayoḥ || 31 ||
yadvaktraṃ muhurīkṣase na dhanināṃ brūṣe na cāṭūnmṛṣā |
naiṣāṃ garvagiraḥ śṛṇoṣi na ca tānpratyāśayā dhāvasi ||
kāle bālatṛṇāni khādasi sukhaṃ nidrāsi nidrāgame |
tanme brūhi kuraṅga kutra bhavatā kiṃ nāma ta?ptaṃ tapaḥ || 32 ||
yaṃ dṛṣṭvā vardhate snehaḥ krodhaśca parihīyate |
sa vijñeyo manuṣyeṇa eṣa me pūrvabāndhavaḥ ||
yaṃ dṛṣṭvā vardhate krodhaḥ snehaśca parihīyate |
sa vijñeyo manuṣyeṇa eṣa me pūrvaśatrukaḥ || 33 ||
yanmadhyadeśādapi te sūkṣmaṃ lolākṣi dṛśyate |
mṛṇālasūtramapi te na saṃmāti stanāntare || 34 ||
yamājīvanti puruṣaṃ sarvabhūtāni saṃjaya |
pakvaṃ drumamivāsādya tasya jīvitamarthavat || 35 ||
yastāta na krudhyati sarvakālaṃ bhṛtyasya bhaktasya hite ratasya |
tasminbhṛtyā bhartari viśvasanti na cainamāpatsu parityajanti || 36 ||
yastu varṣamavijñāya kṣetraṃ karṣati karṣakaḥ |
hīnaḥ puruṣakāreṇa sasyaṃ naivāśnute tataḥ || 37 ||
yasmiñjīvati jīvanti bahavaḥ so 'tra jīvati || 38 ||

yasmindeśe na saṃmāno na vṛttirna ca bāndhavāḥ |
na ca vidyāgamaḥ kaścittaṃ deśaṃ parivarjayet || 39 ||
yasya nāsti svayaṃ prajñā śāstraṃ tasya karoti kim |
locanābhyāṃ vihīnasya darpaṇaḥ kiṃ kariṣyati || 40 ||
yasya buddhirbalaṃ tasya nirbuddhestu kuto balam || 41 ||
yasyārthāstasya mitrāṇi yasyārthāstasya bāndhavāḥ |
yasyārthāḥ sa pumāl̐lloke yasyārthāḥ sa ca paṇḍitaḥ || 42 ||
yaḥ satataṃ paripṛcchati śṛṇoti saṃdhārayatyaniśam |
tasya divākarakiraṇairnalinīva vivardhate buddhiḥ || 43 ||
yātrārthaṃ bhojanaṃ yeṣāṃ saṃtānārthaṃ ca maithunam |
vāksatyavacanārthāya durgāṇyatitaranti te || 44 ||
yāvajjīvetsukhaṃ jīvedṛṇaṃ kṛtvā ghṛtaṃ pibet |
bhasmībhūtasya dehasya punarāgamanaṃ kutaḥ || 45 ||
yāvanti paśuromāṇi tāvatkṛtvo ha māraṇam |
vṛthā paśughnaḥ prāpnoti pretya janmani janmani || 46 ||
yāsyati sajjanahastaṃ ramayiṣyati taṃ bhavecca nirdoṣā |
utpāditayā hi kavistāmyati kathayā duhitreva || 47 ||
yuktiyuktamupādeyaṃ vacanaṃ bālakādapi |
viduṣāpi sadā grāhyaṃ vṛddhādapi na durvacaḥ || 48 ||
yuktiyuktaṃ pragṛhṇīyādbālādapi vicakṣaṇaḥ |
raveraviṣaye vāstu kiṃ na dīpaḥ prakāśayet || 49 ||
yūpaṃ kṛtvā paśūnhatvā kṛtvā rudhirakardamam |
yadyevaṃ gamyate svargo narake kena gamyate || 50 ||
yojanānāṃ sahasrāṇi vrajedyantī pipīlikā |
agachanvainateyo 'pi padamekaṃ na gacchati || 51 ||
yo na nirgatya niḥśeṣāmālokayati medinīm |
anekāścaryasaṃpūrṇāṃ sa naraḥ kūpadarduraḥ || 52 ||
yo hi vede ca śāstre ca granthadhāraṇatatparaḥ |
na ca granthārthatattvajñastasya taddhāraṇaṃ vṛthā || 53 ||
rājavatpañca varṣāṇi daśa varṣāṇi dāsavat |
prāpte tu ṣoḍaśe varṣe putraṃ mitravadācaret || 54 ||
rājñi rāṣṭrakṛtaṃ pāpaṃ rājapāpaṃ purohite |
bhartari strīkṛtaṃ pāpaṃ śiṣyapāpaṃ gurāvapi || 55 ||
rātrirgamiṣyati bhaviṣyati suprabhātaṃ |
bhāsvānudeṣyati hasiṣyati padmajālam ||
itthaṃ vicintayati kośagate dvirephe |
hā hanta hanta nalinīṃ gaja ujjahāra || 56 ||
labheta sikatāsu tailamapi yatnataḥ pīḍayan |
pibecca mṛgatṛṣṇikāsu salilaṃ pipāsārditaḥ ||
kadācidapi paryaṭañśaśaviṣāṇamāsādayen |
na tu pratiniviṣṭamūrkhajanacittamārādhayet || 57 ||
lokānāmādaro yena gopyamāneṣu vastuṣu |
kucābhogo 'pi nārīṇāṃ prāyaścīnāṃśukāvṛtaḥ || 58 ||
loke vaidharmyametattu dṛśyate bahuvistaram |
hīnajñānāśca hṛṣyanti kliśyante prājñakovidāḥ || 59 ||
vadanamidaṃ na sarojaṃ nayane nendīvare ete |
iha savidhe mugdhadṛśo madhukara na mudhā paribhrāmya || 60 ||
vane prajvalito vahnirdahanmūlāni rakṣati |
samūlamunmūlayati jalaugho mṛduśītalaḥ || 61 ||
śaityaṃ nāma guṇastavaiva tadanu svabhāviko svacchatā |
kiṃ brūmaḥ śucitāṃ bhavanti śucayaḥ sparśena yasyāpare ||

kiṃ cānyatkathayāmi te stutipadaṃ tvaṃ jīvināṃ jīvanaṃ |
tvaṃ cennīcapathena gacchasi payaḥ kastvāṃ niroddhuṃ kṣamaḥ || 62 ||
vayamiha parituṣṭā valkalaistvaṃ dukūlaiḥ |
sama iha paritoṣo nirviśeṣo viśeṣaḥ ||
sa tu bhavatu daridro yasya tṛṣṇā viśālā |
manasi ca parituṣṭe ko 'rthavānko daridraḥ || 63 ||
varaṃ vanaṃ varaṃ bhaikṣaṃ varaṃ bhāropajīvanam |
puṃsāṃ vivekamuktānāṃ sevayā na dhanārjanam || 64 ||
varaṃ svadharmo viguṇo na pārakyaḥ svanuṣṭhitaḥ |
paradharmeṇa jīvanhi sadyaḥ patati jātitaḥ || 65 ||
varaṃ hi daivāyattaikabuddhi sthānamanāyakam |
na tu viplutasarvārthaṃ vibhinnaṃ bahunāyakam || 66 ||
varaṃ parvatadurgeṣu bhrāntaṃ vanacaraiḥ saha |
na mūrkhajanasaṃparkaḥ surendrabhavaneṣvapi || 67 ||
vastuṣvaśakyeṣu samudyamaścecchakyeṣu mohādasamudyamaśca |
śakyeṣu kāle na samudyamaśca tridhaiva kāryavyasanaṃ vadanti || 68 ||
vācyarthā niyatāḥ sarve vāṅmūlā vāgviniḥsṛtāḥ |
tāṃ tu yaḥ stenayedvācaṃ sa sarvasteyakṛnnaraḥ || 69 ||
vāsaḥ kāñcanapañjare nṛpakarāmbhojaistanūmārjanaṃ |
bhakṣyaṃ svādu rasāladāḍimaphalaṃ peyaṃ sudhābhaṃ payaḥ ||
pāṭhaḥ saṃsadi rāmanāma satataṃ dhīrasya kīrasya me |
hā hā hanta tathāpi janmaviṭapikroḍaṃ mano dhāvati || 70 ||
vidyamānā gatiryeṣāmanyatrāpi sukhāvahā |
te na paśyanti vidvāṃso deśabhaṅgaṃ kulakṣayam || 71 ||
vidyāṃ vittaṃ śilpaṃ tāvannāpnoti mānavaḥ samyak |
yāvadvrajati na bhūmau deśāddeśāntaraṃ hṛṣṭaḥ || 72 ||
vidvānapi dhanī dātā dhanī sādhurguṇagrahaḥ |
sarvabandhurdhanī pūjyo dhanahīno gataprabhaḥ || 73 ||
vidvānṛjurabhigamyo viduṣi śaṭhe cāpramādinā bhāvyam |
ṛjumūrkhastvanukampyo mūrkhaśaṭhaḥ sarvathā tyājyaḥ || 74 ||
viśīlaḥ kāmavṛtto vā guṇairvā parivarjitaḥ |
upacaryaḥ striyā sādhvyā satataṃ devavatpatiḥ || 75 ||
viṣamasthasvāduphalagrahaṇavyavasāyaniścayo yeṣām |
uṣṭrāṇāmiva teṣāṃ manye 'haṃ śāṃsitaṃ janma || 76 ||
vṛkṣamūle 'pi dayitā yatra tiṣṭhati tadgṛham |
prāsādo 'pi tayā hīnaḥ araṇyasadṛśaḥ smṛtaḥ || 77 ||
vedāḥ pramāṇaṃ smṛtayaḥ pramāṇaṃ dharmārthayuktaṃ vacanaṃ pramāṇam |
yasya pramāṇaṃ na bhavetpramāṇaṃ kastasya kuryādvacanaṃ pramāṇam || 78 ||
vedhā dvedhā bhramaṃ cakre kāntāsu kanakeṣu ca |
tāsu teṣvapyanāsaktaḥ sākṣādbhargo narākṛtiḥ || 79 ||
vyasaneṣveva sarveṣu yasya buddhirna hīyate |
sa teṣāṃ pāramabhyeti tatprabhāvādasaṃśayam || 80 ||
vyomani śambākurute citraṃ nirmāti yatnataḥ salile |
snapayati pavanaṃ salilairyastu khale carati satkāram || 81 ||
śakaṭaṃ pañcahasteṣu daśahasteṣu vājinam |
gajaṃ hastasahasre ca duṣṭaṃ dūre ca varjayet || 82 ||
śakunānāmivākāśe matsyānāmiva codake |
padaṃ yathā na dṛśyate tathā puṇyakṛtāṃ gatiḥ || 83 ||
śakyate yena kenāpi jīvanenaiva jīvitum |
kiṃ tu kaulavratodbhaṅgaprasaṅgaḥ paraduḥsahaḥ || 84 ||
śanairarthāḥ śanairvidyā śanaiḥ parvatamāruhet |

śanairdharmaśca kāmaśca vyāyāmaśca śanaiḥ śanaiḥ || 85 ||
śaśinā ca niśā niśayā ca śaśī |
śaśinā niśayā ca nibhāti nabhaḥ ||
payasā kamalaṃ kamalena payaḥ |
payasā kamalena vibhāti saraḥ || 86 ||
śāntikhaḍgaḥ kare yasya kiṃ kariṣyati durjanaḥ |
atṛṇe patito vahniḥ svayamevopaśāmyati || 87 ||
śāntyarthe sarvaśāstrāṇi vihitāni manīṣibhiḥ |
tasmātsa sarvaśāstrajño yasya śāntaṃ manaḥ sadā || 88 ||
śāstraṃ sucintitamapi praticintanīyaṃ |
svārādhito 'pi nṛpatiḥ pariśaṅkanīyaḥ ||
aṅke sthitāpi yuvatiḥ parirakṣaṇīyā |
śāstre nṛpe ca yuvatau ca kuto vaśitvam || 89 ||
śubhaṃ vā yadi vā pāpaṃ yannṛṇāṃ hṛdi saṃsthitam |
sugūḍhamapi tajjñeyaṃ suptavākyāttathā madāt || 90 ||
śāstropaskṛtaśabdasundaragiraḥ śiṣyapradeyāgamāḥ |
vikhyātāḥ kavayo vasanti viṣaye yasya prabhornirdhanāḥ ||
tajjāḍyaṃ vasudhādhipasya sudhiyo hyarthaṃ vināpīśvarāḥ |
kutsyāḥ syuḥ kuparīkṣakā hi maṇayo yairarghataḥ pātitāḥ || 91 ||
śuśrūṣāmeva kurvīta bhartuḥ priyahite ratā |
eṣa dharmaḥ purā dṛṣṭo loke vede śrutaḥ smṛtaḥ || 92 ||
śaucena labhate vipraḥ kṣatriyo vikrameṇa tu |
vaiśyaḥ puruṣakāreṇa śūdro śuśrūṣayā śriyam || 93 ||
śrutaṃ kṛtadhīyāṃ saṅgājjāyate vinayaḥ śrutāt |
lokānurāgo vinayānna kiṃ lokānurāgataḥ || 94 ||
ślokārdhena pravakṣyāmi yaduktaṃ granthakoṭibhiḥ |
paropakāraḥ puṇyāya pāpāya parapīḍanam || 95 ||
śvaḥ kāryamadya kurvīta pūrvāhṇe cāparāhṇikam |
nahi pratīkṣate mṛtyuḥ kṛtaṃ vāsya na vākṛtam || 97 ||
saṃsāraviṣavṛkṣasya dve phale amṛtopame |
kāvyāmṛtarasāsvāda ālāpaḥ sajjanaiḥ saha || 97 ||
saṃcaye ca vināśānte maraṇānte ca jīvite |
saṃyoge ca viyogānte ko nu vipraṇayenmanaḥ || 98 ||
sati pradīpe satyagnau satsu tārāravīnduṣu |
vinā me mṛgaśāvākṣyā tamobhūtamidaṃ jagat || 99 ||
satyaṃ bravīmi na tvaṃ māṃ draṣṭuṃ vallabha lapsyase |
anyacumbanasaṃkrāntalākṣāraktena cakṣuṣā || 100 ||
satyaṃ brūyātpriyaṃ brūyānna brūyātsatyamapriyam |
priyaṃ ca nānṛtaṃ brūyādeṣa dharmaḥ sanātanaḥ || 101 ||
sadā santo 'bhigantavyā yadyapyupadiśanti na |
yā hi svairakathāsteṣāmupadeśā bhavanti tāḥ || 102 ||
sa nāsti paramityeva kuru buddhiṃ mahāmate |
pratyakṣaṃ yattadātiṣṭha parokṣaṃ pṛṣṭhataḥ kuru || 103 ||
santi putrāḥ subahavo daridrāṇāmanicchatām |
nāsti putraḥ samṛddhānāṃ vicitraṃ vidhiceṣṭitam || 104 ||
santi svāduphalā vaneṣu taravaḥ svacchaṃ payo nairjharaṃ |
vāso valkalamāśrayo giriguhā śayyā latāpallavāḥ ||
ālokāya niśāsu candrakiraṇāḥ sakhyaṃ kuraṅgaiḥ saha |
svādhīne vibhave 'pyaho narapatiṃ sevante ityadbhutam || 105 ||
sapratibandhaṃ kāryaṃ prabhuradhigantuṃ sahāyavāneva |
dṛśyaṃ tamasi na paśyati dīpena vinā sacakṣurapi || 106 ||

samāyāte kānte kathamapi ca kālena bahunā |
kathābhirdeśānāṃ sakhi rajanirardhaṃ gatavatī ||
tato yāvallīlākalahakupitāsmi priyatame |
sapatnīva prācī digiyamabhavattāvadaruṇā || 107 ||
saṃpattau ca vipattau ca mahatāmekarūpatā |
udaye savitā rakto raktaścāstamane tathā || 108 ||
saṃpūrṇakumbho na karoti śabdamardho ghaṭo ghoṣamupaiti samyak |
vidvānnaro yo na karoti garvaṃ guṇairvihīnā bahu vādayanti || 109 ||
saṃprāpya paṇḍitaḥ kṛcchraṃ prajñāmevāvagāhate |
bālastu kṛcchramāsādya śilevāmbhasi majjati || 110 ||
sarpāḥ pibanti pavanaṃ na ca durbalāste |
śuṣkaistṛṇairvanagajā balino bhavanti ||
kandaiḥ phalairmunivarāḥ kṣapayanti kālaṃ |
saṃtoṣa eva puruṣasya paraṃ nidhānam || 111 ||
sarva eva janaḥ śūro hyanāsāditavigrahaḥ |
adṛṣṭaparasāmarthyaḥ sadarpaḥ ko bhavennahi || 112 ||
sarvatra saṃpadastasya saṃtuṣṭaṃ yasya mānasam |
upānadgūḍhapādasya nanu carmāvṛteva bhūḥ || 113 ||
sarvathā saṃhataireva durbalairbalavānapi |
amitraḥ śakyate hantuṃ madhuhā bhramarairiva || 114 ||
sarvadravyeṣu vidyaiva dravyamāhuranuttamam |
ahāryatvādanarghyatvādakṣayatvācca sarvadā || 115 ||
sarvayajñeṣu vā dānaṃ sarvatīrtheṣu vāplutam |
sarvadānaphalaṃ vāpi naitattulyamahiṃsayā || 116 ||
sarvaḥ sarvaṃ na jānāti sarvajño nāsti kaścana |
naikatra pariniṣṭhāsti jñānasya puruṣe kva cit || 117 ||
sarvo daṇḍajito loko durlabho hi śucirnaraḥ |
daṇḍasya hi bhayātsarvaṃ jagadbhogāya kalpate || 118 ||
sahāyena vinā naiva kāryaṃ kimapi sidhyati |
ekena caraṇenāpi gatiḥ kasya pravartate || 119 ||
siṃhāyate sṛgālo 'pi svaguhāgṛhasusthitaḥ |
siṃhasya darśanaṃ prāpto jñāyate sa tu tādṛśaḥ || 120 ||
siddhiṃ vā yadi vāsiddhiṃ cittotsāho nivedayet |
prathamaṃ sarvajantūnāṃ prājño vetti na cetaraḥ || 121 ||
sukhaṃ vā yadi vāsukhaṃ priyaṃ vā yadi vāpriyam |
prāptaṃ prāptamupāsīta hṛdayenāparājitaḥ || 122 ||
sukhamāpatitaṃ sevedduḥkhamāpatitaṃ tathā |
cakravatparivartante duḥkhāni ca sukhāni ca || 123 ||
sukhasyānantaraṃ duḥkhaṃ duḥkhasyānantaraṃ sukham |
sukhaduḥkhe manuṣyāṇāṃ cakravatparivartataḥ || 124 ||
subhāṣitarasāsvādajātaromāñcakañcukāḥ |
vināpi kāminīsaṅgaṃ sudhiyaḥ sukhamāpnuyuḥ || 125 ||
subhāṣitena gītena yuvatīnāṃ ca līlayā |
mano na bhidyate yasya sa yogī atha vā paśuḥ || 126 ||
sumahāntyapi śāstrāṇi dhārayanto bahuśrutāḥ |
chettāraḥ saṃśayānāṃ ca kliśyante lobhamohitāḥ || 127 ||
surārisaṃghātanipītaśoṇitaṃ |
na cakramunmuñcati mānuṣe hariḥ ||
kareṇa yena prapinaṣṭi kuñjarān |
na tena siṃho maśakānprabādhate || 128 ||
sulabhāḥ puruṣā rājansatataṃ priyavādinaḥ |

apriyasya tu pathyasya vaktā śrotā ca durlabhaḥ || 129 ||
suvyāhṛtāni sūktāni sukṛtāni tatastataḥ |
saṃcinvandhīra āsīta śilāhārī śilaṃ yathā || 130 ||
stimitonnatasaṃcārā janasaṃtāpahāriṇaḥ |
jāyante viralā loke jaladā iva sajjanaḥ || 131 ||
striyo hi nāma khalvetā nisargādeva paṇḍitāḥ |
puruṣāṇāṃ tu pāṇḍityaṃ śāstreṇaivopadiśyate || 132 ||
strīṇāṃ doṣasahasrāṇi guṇāḥ strīṇām amī trayaḥ |
gṛhacaryā sutotpattirmaraṇaṃ patina saha || 133 ||
spṛśanti śaravattīkṣṇāḥ stokamantarviśanti ca |
bahuspṛśāpi sthūlena sthīyate bahiraśmavat || 134 ||
smartavyo ’haṃ tvayā kānte na smariṣyāmyahaṃ tava |
smaraṇaṃ cetaso dharmastacceto bhavatā hṛtam || 135 ||
sravanti na nivartante srotāṃsi saritāmiva |
āyurādāya martyānāṃ rātryahāni punaḥ punaḥ || 136 ||

APPENDIX 2

Literal Translations of All Texts

There is no one 'right' way of translating a text. Independently from the fact that the stylistic features of a literary text can often be rendered into another language in more than one equally good manner, the basic nature of a translation is determined by its purpose. Are you trying to create something that will make a text accessible to those who cannot read the original, a translation that will be published on its own? Then do remain close to that original wherever possible, but take all the idiomatic liberties that you need to make the translation enjoyable as a work of literature, of art, in its own right. (This is what I would call a literary translation.) Are you trying to create something that will allow the reader to better understand the original text, a translation that will be published e.g. facing the original? Then you do need to offer a grammatically correct translation, of course – but your focus should be on rendering what the source text is literally saying. (This is what I call a literal translation.) The process is fundamentally the same, yet your priorities will be quite different.

The translation below is intended to be literal (more precisely: as literal as possible without being ungrammatical) rather than literary: its only purpose is to help you check your understanding of what the Readings are saying. (For this exact reason, e.g. passive sentences in Sanskrit will here be rendered as passive sentences ('this was said by him') rather than translated into their idiomatic English equivalent ('he said').) Whenever the discrepancy between the original Sanskrit and its literal English equivalent is so big as to possibly prevent comprehension, a more idiomatic English translation will be offered or any necessary words added (in brackets). Sometimes, conspicuous words present in the Sanskrit original that are not necessary in an English translation are given [in square brackets].

Chapter 1: *Hitopadeśa*, or 'Supportive Advice'

a *2.2 The Dog, the Donkey and the Thief*

(1) There is (= was) in Vārāṇasī a fisherman named Camphor-Cloth. **(2)** [And] once he, having excessively made love with his very young wife, was fast asleep having embraced (her) (= in her embrace). **(3)** Very soon after, a thief entered in order to steal things from his house. **(4)** In his courtyard stands (= stood) a tied-down donkey, and a dog is (was) seated. **(5)** Then the donkey said to the dog: 'Friend! This (is) your duty indeed. **(6)** So why, having made a noise loudly, don't you wake (our) master (= why don't you make a loud noise and ...)?' **(7)** The dog says (said): 'My good friend, involvement in my duty should not be made by you (= don't meddle with my duty)!' **(8)** Do you [indeed] not know that I make house-guarding of/for him (= that I guard his house) day and night? **(9)** Because he has been satisfied for a long time, he does not know/recognize my usefulness. **(10)** Thus even now (he is) careless about giving food to (feeding) me. **(11)** Because without perceiving need, masters are careless about/towards their servants.' **(12)** The donkey says (said): 'Listen, you idiot! **(13)** 'Who makes demands in time of need, [he] is a bad servant (and) [he] is a bad friend.'' **(14)** The dog says (said): 'Listen now! 'But who respects (his) servants (only) in time of need, [he] is a bad master.' **(15)** For: 'In the support of relatives, in the service of a master, in the devotion to dharma and also in the begetting of a son, there are no proxies.'' **(16)** Then the donkey said angrily: **(17)** 'Ugh! Evil-minded one, you are truly bad, that in misfortune you neglect (your) duty towards (you) master. **(18)** So be it.

(19) So that the master will wake up, [thus] I must act. (20) Because: 'One should enjoy the sun with/in (one's) back, the fire with (one's) stomach (= facing it), cherish (one's) master with (one's) whole being and the next world without deceit.' (21) Having spoken thus he loudly made a braying noise (brayed loudly). (22) Then the washerman, awoken by that braying, having got up from anger over the interruption of (his) sleep, beat the donkey with a stick. (23) Hence I say: 'Who might make meddling (= might meddle) in the responsibility of another through desire for the well-being of his master, [he] despairs like the donkey beaten because of [his] braying.'

b *2.3 The Lion, Mouse and Cat*

(1) There is (= was) in the northern country on a mountain called Round-Peak a lion called Great-Courage. (2) In his mountain cave, some/a mouse cut (= nibbled) the tips of the mane of him (while he was) sleeping every day. (3) Then, having seen his mane-tip(s) clipped, angry, not catching the mouse (that had) gone hiding in a crack, he thought: (4) '[But] who is a lowly enemy is not seized by force; to kill him, a fighter similar to him must be appointed.' (5) Having reflected thus, having gone to a village, having won the confidence of and taken (with him) a cat called Curd-Ear with some effort, having given it meat as food, he placed it in his cave. (6) Right away, from fear of it, the mouse did not come out of its hole. (7) Thus, the lion sleeps (= slept) happily with his mane intact. (8) Whenever he hears (heard) a noise from the mouse, he feeds (fed) the cat through the gift of (= by giving it) meat for food. (9) Then, once, the mouse, afflicted by hunger, moving out from its hole, was seized by the cat and killed. (10) Right away the lion, when it did not ever hear noise of the mouse from the hole, [then] from the absence of use of the cat became careless about giving it food. (11) Then, [this] Curd-Ear, weak from the absence of food, became dead (died). (12) Hence I say: 'A master should never be made independent by (his) servants. Having made (his) master independent, a servant would be like Curd-Ear.'

c *2.4 The Clever Woman and the Bell*

(1) There is (= was) on Fortune Mountain a city called Brahmapura/Brahma City. (2) 'In the region of its peak, a rākṣasa called Bell-Ear lives', a rumor among the people says (lit. 'is heard') (better: 'a rumor among the people says that there lives ...'). (3) Once, some thief fleeing with a bell was killed by a tiger. (4) The bell, having fallen from his hand, was come upon (found) by monkeys. (5) And these monkeys perpetually ring (rang) that bell. (6) Then by the mountain people the killed man was seen and the noise of the bell is (was) constantly heard. (7) Right away, having said 'Angry Bell-Ear eats humans and rings the bell', all people fled from the mountain. (8) Then, by a matchmaker named Terrible, having reflected (and) recognized for herself 'This bell noise (is) odd. Are monkeys ringing the bell?', the king was informed: (9) 'Your majesty, if a little spending of money is made (= if you spend/give me a little bit of money), then I (will) take care of that Bell-Ear.' (10) Then by the king money was given to her. (11) By the matchmaker, having made a circle, having displayed a great spectacle of worshipping Gaṇeśa and others, having herself taken fruit dear to the monkeys (and) having entered the forest, the fruit were spread. (12) Then, having abandoned the bell, the monkeys became intent on the fruit. (13) And the matchmaker, having taken the bell (and) having come (back) to the city, was honorable for (= honored by) all the people. (14) Hence I say: 'One should not be afraid of just a noise not having recognized (= if one does not recognize) the cause of the noise. Having recognized the cause of the noise, the matchmaker became respectable'.

d *2.6 The Clever Woman with Two Lovers*

(1) There is (= was) in the city of Dvārakā the wife of a cowherd, (who was) a harlot. **(2)** She has (= had) relations with the policeman of the village and his son at the same time. **(3)** And thus it is said, 'A fire is never satisfied with logs, the ocean with rivers, death with all beings, nor a fair-eyed woman with men.' **(4)** And furthermore, 'Not through generosity, not through respect, not through service, not through weapon(s), not through instruction (can they be won over): women are difficult in every way.' **(5)** For, 'Having abandoned the lord/husband who is virtuous, famous, lovely, knowing pleasure/a good lover, wealthy, young, the females of the species/women quickly go on to another man devoid of beauty etc.' **(6)** And also, 'A woman does not become (as) pleased even lying on a fancy bed at her leisure as she becomes happy, (lying) on the ground strewn with rough grass and such, from the touch of another lover.' **(7)** Then at some point she is (was) enjoying herself with the son of the policeman. **(8)** Then the policeman also came there to enjoy himself. **(9)** Having seen him coming, having thrown his son in the store-room, she plays (played/enjoyed herself) with the policeman in the very same way. **(10)** Right away, her husband, the cowherd, came from the cowshed. **(11)** Having seen him, it was said by the cowherd's wife: 'Policeman, you, having taken your stick/weapon, displaying anger, go quickly! (= Take your weapon, lock angry and leave quickly!') **(12)** It having thus been done by him, by the cowherd, having come home, (his) wife was asked: 'For what reason did the policeman come here?' **(13)** She says (said): 'For some reason, he was angry on account of his son'. **(14)** And he, seeking (help), having come here, entered. By me, having thrown (him) in the store-room, he was protected. **(15)** And by his father (who was) searching (for him) he was not seen in the house. **(16)** Thus the policeman goes (went/left) angrily indeed. **(17)** Then she, having made his son exit from the store room, presented (him to her husband). **(18)** And thus it is said, 'Of women, food is known to be twice as much (= women are known to eat twice as much) (as men), four times as much intelligence, six times as much resolve and eight times as much desire.' **(19)** Hence I say: 'Whose wits are not lost even when things happen unexpectedly, he overcomes difficulties just as the wife of the cow-herd (overcame/got rid of) the pair of lovers.'

e *2.8 The Lion and the Old Rabbit*

(1) There is (= was) on a mountain called Mandara a lion called Untamable. **(2)** And he is always making a killing of (= was always killing) the (tame) animals. **(3)** Then, by all the animals, (who) had got together, the lion was informed: **(4)** O Indra/king of animals, for what purpose is the killing of many animals made (all) at once (why do you kill ...)? **(5)** If it is (your) pleasure (if you like), (then) *we*, for the purpose of feeding you, (will) each day one by one offer an animal (to you). **(6)** Then it was said by the lion: 'If this is desired by you (= if you want this), then let that be.' **(7)** From then on, he sits eating (he continuously ate) an animal offered (to him), one by one. **(8)** Then at some point the turn of an old hare arrived. **(9)** He thought: 'Respect towards a source of fear is made (shown) because of the hope of (= for) live/survival. If I will go to fiveness (= die), what with (= what use is) courtesy towards the lion for me? **(10)** So I (will) go very slowly.' **(11)** Then (also) the lion, afflicted by hunger, said to him from/out of anger: 'Why are (= have) you come late?' **(12)** The hare said: 'My lord, I am not at fault. **(13)** Coming (here), on the path (I) was forcefully held by another lion. **(14)** Having made the promise for a return (= to return) in front of him, I have come here to inform (you,) the master.' **(15)** The lion said angrily: 'Having gone quickly (go quickly and) show this evil one (to me). **(16)** Where stands (is) this evil (creature)?' **(17)** Then the rabbit, having taken him, went to show him a deep well. **(18)** Having come (t)here, having said 'May the master look (= please look, master)!', he showed (him) in the water of the well the reflection of a lion. **(19)** Then he, puffed up by anger, because of ignorance, having thrown himself onto it (the reflection), went to fiveness (= died). (20) Hence I say, 'Of whom (there is) intelligence (= who has intelligence), of him (there is) strength. But of a fool, where (could) strength (come) from? Look! The furious lion was caused to fall (= brought down) by a hare.'

f *3.3 The Elephant, the Rabbits and the Moon*

(1) At some point, from absence of rain even during the rainy season, tormented by thirst, a herd of elephants said to the leader of the herd: (2) 'Leader, which means (is there) for our survival? (3) There is here a bathing place for *small* creatures (i.e. *only* for small creatures). (4) And(/but) we are like (= almost) blind from the absence of (the opportunity) for bathing. (5) Where do we go? (6) What do we do? (7) Then the elephant king, having gone not very far, showed (them) a clean lake. (8) Then, as the days went by, the small hares standing (living) at the bank of that (lake) were crushed by the blows of the feet of the elephants. (9) Right away, a hare named Arrow-Mouth thought: (10) 'By that elephant herd, confused by thirst, it must be come here every day. (= This herd ... must/will certainly come ...) (11) From this, our family is destroyed.' (12) Then, an old hare named Victory said: (13) 'Don't despair! (14) By me, a solution must (will) be made (found). (= I will find ...)' (15) Then he, having promised (= made his promise) went (away). (16) And by him going it was thought: (17) 'How must it be spoken by me having stood (standing/once I am) near the leader of the herd? (18) For: 'Just by touching, an elephant kills, just by smelling (= noticing you), a snake (kills), just by laughing, a king kills, (and) just by respecting you, a bad person (kills).' (19) Hence I, having climbed the peak of a mountain, (will) address the leader of the herd.' (20) With it having been carried out thus, the leader of the herd said: (21) 'Who (are) you? (22) Wherefrom have (you) come?' (23) He says (said): 'I am a hare. (24) I was sent to the vicinity of you (= to you) by (my) lord, the moon.' (25) The lord of the herd said: (26) 'May your business be said/announced!' (= State your business!)' (27) Victory says (said): 'Even among raised weapons (= when weapons are raised), a messenger does not speak other (than the truth), because, on account of always indeed being inviolable, he is a speaker of the truth.' (= Because he cannot be harmed, a messenger speaks the truth – even when weapons are raised, he does not speak otherwise.) (28) I say this at the moon's command: 'Listen! (29) The fact that these hares, guardians of the lake of the moon, are being made to leave by you, [that] is done wrong/is a bad deed. (30) These hares have long been guarded by us. (31) Hence indeed I am known as 'hare-marked'.' (32) With the messenger having spoken thus, the leader of the herd, from fear, said this: (33) 'This was done unknowingly. (34) I will not go (to the lake) again.' (35) The messenger said: 'If this is so, then here in the lake (= in this lake), having bowed to (and) having propitiated the hare-marked one quaking from anger, go (away) (= bow, propitiate ... and go!)' (36) Thus, by him, at night, having taken the leader of the herd (and) having shown (him) the shaking reflection of the moon there in the water, this leader of the herd was made to make a salutation. (37) And by him (the rabbit) was said, 'My lord, this offence was made (committed) by that one (the elephant) out of ignorance. (38) Thus may he be forgiven! (= Forgive him!) (39) He will not act in this way again.' (40) Having spoken this way, he sent him away. (41) Hence we say: 'Even in a title there may be success when a king is very powerful. Through (the moon) the name of 'having a hare', the hares went live (lived) happily.'

g *3.7 The Blue Jackal*

(1) There is (= was) in a forest a jackal who, wandering at leisure to the outskirts of a city, fell into a vat of indigo dye. (2) Afterwards, unable to stand up (get out) from it, he stayed until the morning, making himself appear dead. (3) Then, by the master of the indigo vat, having thought 'he is dead', having caused him to get out (= having lifted him out) (and) having led him far, he was discarded. (4) From there he fled. (5) Then he, having gone to

the forest (and) having seen his own self indigo colored, thought: (6) 'I am now of superior color. (7) So why do I not aim for self-elevation?' (8) Having thought thus, having called together the (other) jackals, it was said by him: (9) 'I have been appointed by the own hand of the bountiful forest goddess, by means of the essence of all herbs, to royal rule over (this) forest.' (10) Thus as of today, conduct in this forest is to be made at our command. (11) And the jackals, having seen him (looking) distinguished (and) having bowed in eight-limbed prostration, said 'As his lordship commands'. (12) In this very (*eva*) manner, his rule among all the forest dwellers came to be. (13) Then by him, surrounded by his relations, complete power was obtained. (14) Then by him, having obtained an excellent retinue (lit. PL) of tigers and lions etc. (and) having seen jackals at court, ashamed with contempt, all his relatives were removed. (15) Then, by an old jackal, having seen the dejected jackals, this was promised: (16) 'Don't despair! (17) Because by him, (who is) ignorant, we, knowing proper conduct and knowing (his) weakness, were removed from his vicinity, [thus] in which way he perishes [that way] must be arranged (= we must arrange a way for him to die). (18) Because these tigers etc, deceived by just (his) color, have not recognized (him as a) jackal, they consider him king. (19) Therefore, so that he is recognized, thus act (= act in such a way that he will be recognized). (20) And in this situation it must be performed thus (= you must do the following): (21) When at the dusk meeting, in his vicinity, you all make a great noise all at once, then having heard that sound, by him also, through the innate nature of our species, a noise is necessarily made (22) Because: 'What is the own (innate) nature of someone, that is forever difficult to overcome. If a dog is made king, then would he not gnaw on a shoe (anymore)?' (23) Then he will be killed by a tiger, having recognized him because of his sound (because of his howling like a jackal).' (24) Then, with the right (agreed-on) thing having thus been accomplished, this was set in motion. (25) And thus it is said: 'A related enemy knows (your) every fault and weakness, and, having entered, burns (you) just like fire a dry tree.' (26) Hence I say: 'Who, having left his own camp, enjoys himself in the camps of others, he is killed by the others, like the foolish blue-colored jackal.'

h *4.5 The Sage and the Mouse*

(1) There is in the forest hermitage of the great sage Gautama, a sage called Great Ascetic. (2) There by him, in the vicinity of the hermitage, a baby mouse fallen from the beak of a crow was seen. (3) Then, by that sage who was compassionate by nature, it was fed with grains of wild rice. (4) Then a cat chases (chased) that mouse in order to eat it. (5) Having noticed it (the cat), the mouse entered into the lap of that sage. (6) Then it was said by the sage: 'Mouse, become a cat!' (7) Then that cat, having seen a dog, runs (ran) away. (8) Then it was said by the sage: 'You are afraid of the dog. So become a dog!' (9) This dog fears (feared) a tiger. (10) Then by that sage the dog was made into a tiger. (11) Then the sage sees even that tiger as mouse-like (looks at it as though it still were a mouse). (12) And all, having seen that sage and the mouse, say (said): (13) 'By that sage, the mouse was led to tigerness (was made into a tiger).' (14) Having heard that, the tiger thought angrily: (15) 'As long as it must be lived by that sage (= as long as he is alive), [that long] that shame-making (shameful) story of my own/original appearance will not go away.' (16) Having thought thus, he went to kill the sage. (17) Then by that sage, having learned of this, having said 'Be a mouse again!', he was made into a mouse indeed. (18) Hence I say: 'An inferior person, having acquired a respectable position, wants to kill their master, just as the mouse, having acquired tigerness, went to kill the sage.'

i *4.6 The Old Crane and the Crab*

(1) There is in the country of Mālava a lake called 'Lotus Flower'. (2) There, an old crane without strength stood, showing himself as though (pretending to be) frightened. (3) And

he was seen by a crab and asked: (4) 'Why do you stand here, having given up food?' (5) By the crane it was said: 'My dear, listen! (6) Fish are my means of living. (7) 'And they inevitably will be killed by the fishermen, having come (who come here)' – thus the rumor heard by me at the outskirts of the city. (8) Hence, having realized that from the absence of subsistence our death is imminent, indifference towards food is made (= I am/we are indifferent towards food).' (9) Then it was considered by all fish: (10) 'Just at this time, he appears to be beneficial to us. (11) Thus he should be asked what must be done.' (12) And thus it is said: '(There should be) an alliance with a helpful enemy, not with an offending friend. Favorable (*upa-*) and offending (*apa-*) action (*kāra-*) are the sign of (= sign for recognizing) these two.' (13) The fish said: (14) 'Hey, crane, what is (yout) way of saving (us)?' (15) The crane says (said): '(My) way of saving (you) is (taking) refuge in another water sanctuary. (16) There I will take you one by one.' (17) The fish said: 'So be it!' (18) Then this crane, having taken the fish one by one, eats (ate) (them). (19) Right away, a crab said: 'Hey, crane, take me there, too!' (20) Then the crane, with never-before tasted crab meat as his purpose, having taken him (to that lake) carefully, put him (back) on the ground. (21) The crab, having seen that ground (the ground there) strewn with fish bones, thought: 'Ah! I am unlucky (done for)! (22) Well then! I (will) act as the situation demands. (23) Because: 'That long a source of fear must be feared as long as the source of fear has not (yet) arrived. But having seen the arrived source of fear, it must be acted fearlessly.' (24) And further: 'When (one who has been) attacked does not see anything favorable to himself, then, he, (if he is) wise, dies fighting together with (his) enemy.' (= A wise (man), having been attacked, etc.) (25) And another: 'Where without fighting destruction is certain (and) with fighting (there is) hope for life(/survival), that the wise call the one right time of(/for) fighting.'' (26) Having reflected thus, the crab broke his (the crane's) neck. (27) The crane went to fiveness (= died). (28) Hence I say: 'Having eaten many fish of all kinds, from excessive greed the crane died after seizing the crab.'

j *4.7 The Brahmin and the Pots*

(1) There is (= was) in a city called Durga's Fort a brahmin called Devaśarmā/Divine-Refuged. (2) By him, on the day of the vernal equinox, one pot full of barley flour was acquired. (3) Then having taken it (with him), he, in a nook of a shed filled with pots of (belonging to) a potter, overwhelmed by the heat, went to sleep. (4) Then, for the purpose of protection of (= for protecting) the flour, holding a stick in his hand, he thought (in his dreams): (5) 'If I, having sold the pot of flour, will receive ten cowrie shells, then at this point, having bought, by means of those shells, jugs and pots and so on, and having (re)sold them several times, (and) having bought and (re)sold, by means of these increased possessions, betel nut and clothes and so on, having made(/acquired) wealth worth 100,000s, I will make a quartet of marriages (I will marry four women). (6) Right away, among those co-wives, she who is equipped with beauty and youth and so on, onto her I will make(/bestow) special affection. (7) Right away, when her co-wives, in whom envy has arisen, [will] start a fight, [then] I, filled with anger, will thus beat them with a stick.' (8) Having uttered this, a stick was thrown (by him). (9) By that, the pot of barley was broken into many pieces and many (other) vessels were destroyed. (10) Then, by the potter who had come because of this noise, having seen the pots in this state, the brahmin was cursed at and expelled from inside the shed. (11) Hence I say: '[But] who, having thought of something that is in the future, rejoices, he receives abuse like the brahmin by(/from) the potter.'

k *4.8 The Two Demons*

(1) Long ago, two demons, brothers, called Sunda and Upasunda, through great physical labor through (because of) desire for rule over the three worlds, for a long time strove for

a boon from the moon-crested one (Śiva). (2) Then the bountiful one, pleased with the two, said 'Choose a boon!' (3) Right away, because of Sarasvatī possessing them, the two asked for something other than what they wanted. (4) 'If the bountiful one (is) pleased with us, then may he, the supreme lord, give (us) his own dear Pārvatī.' (5) Then by the bountiful one, angry through (because of) the necessity of the giving (granting) of the boon, Pārvatī was given to the two, foolish in their thinking. (6) Then by the two desirous of her (*tasyāḥ*) beauty and charm, world-killers, anxious in (their) mind(s), (embodying) evil (and) darkness, quarreling with each other (claiming) '(She is) mine!', with the decision having been made 'Let an arbitrator be asked!', the Great Lord, having come in the appearance of an old brahmin, was there appointed. (7) Right away they asked the brahmin: 'She was seized with our own power by the two of us. Of which of the two of us is she (= who does she belong to)?' (8) The brahmin says (said): ''A brahmin best(/excelling) in knowledge is to be revered, and also a kṣatriya (who is) strong, a vaiśya who has lots of money and grain, but a śūdra through(/because of) his service towards the twice-born (= the other castes).' (9) Thus the two of you (are) pursuing the dharma of kṣatriyas. (10) Indeed (there is) of(/for) you the necessity for fighting.' (11) With this having been said, having agreed 'Well said!', the two whose strength was equal to each other's at the same time through a reciprocal blow went towards destruction (= died). (12) Hence I say: 'One should desire peace even with an equal. Victory in battle is uncertain. Sunda and Upasunda, whose strength was equal, died at the hand of each other, didn't they?'

l *4.9 The Brahmin and the Three Crooks*

(1) There is (= was) in Gautama's forest a brahmin by whom a sacrifice had been begun. (2) And he, for the purpose of the sacrifice, having bought a goat from another village, having led (= placed) it onto his shoulder, walking, was spotted by a trio of crooks. (3) Then these crooks, having thought 'If this goat by some means is taken (= if we take ...), then (that) is (a sign of) mental excellence.' Awaiting the arrival of that brahmin at the foot of three trees within calling distance, they stood by the path. (4) There, by one(/the first) crook this brahmin, (as he was) walking, was addressed. (5) 'Hey brahmin! Why is a dog carried by(/on) your shoulder?' (6) By the brahmin it was said, 'This is not a dog, but a sacrificial goat.' (7) Then by the crook standing nearby/closest, the very same thing was said. (8) Having heard this, the brahmin, having put the goat on the ground, having studied (it) for a moment, having done (= placed) it on (his) shoulder again, moved (on) with a wavering mind. (...) (9) Then, having heard the statement of the third crook, having decided that his own mind was wrong (= that he was wrong), having abandoned the goat, the brahmin, having bathed, went home. (10) And the goat, having been taken by the three goats, was eaten. (11) Hence I say: 'Who thinks that a bad person is telling the truth based on comparison with himself, [he] is caused to go astray in the same way as the brahmin by the three crooks in the matter of the goat.'

Chapter 2: *Vikramacarita*, or Vikrama's Deeds

a *I Volunteer as Tribute!* (*Story 8*)

(1) It was said by the eighth statuette: King, listen! (2) At some point, at the appointed time, at the command of his minister, the king, wandering the earth, when the sun was setting, in the middle of the forest stood at the foot of a tree. (3) Then, at that tree, there was a bird named Ciraṃjīvī. His friends had gone away. (4) Having met at night, they made a conversation with one another, saying (*iti*) what had been done, seen (and) heard by whom. (5) Then it was said by the bird: these days, there is a sorrow of me (= I am

sorrowful) day and night. Why? Of me, there is a friend (= I have a friend) from a former birth/life, who has (only) one son, in the middle of the ocean. (6) There is a rākṣasa there. For the purpose of feeding him, the king gives (= sacrifices) one man every day. Thus, a line is made. Tomorrow morning, the first place in the line is our friend's. Thus, (there is) worry of us (= that is why I'm worried). (7) Having heard such a statement of the bird, in the morning, the king, through the power of his sandals, went to that place. [Then] there is one rock there. On top of that, a man was sitting. Then the rākṣasa ate him. (8) On that rock, the king sat down. Then the rākṣasa, having come, having seen a man he hadn't seen before, said: 'Who are you? Why do your throw yourself (onto this rock)? Then/through this I am pleased. Choose a boon.' (9) The king said: 'If you are pleased, then from today on human food (= eating humans) must be abandoned.' By him (the rākṣasa) this was thus respected. (10) Then the king went to (his) city. By the statuette it was said: 'Of whom there is such a character (= who has ...), by him let it be sat here (on the throne).'

b *Eight Jewels from Eight Goddesses* (*Story 21*)

(1) Again it was spoken by a statuette: King, listen! At some point, someone from another country came to the king. 'O king, by me a curiosity was seen. (2) (There is) a city called Yoginīpura. There, there is a temple of Kātyāyanī. There I lived/stayed. Then, at midnight, from the middle of the lake eight divine women emerged. (3) The deities, having made/performed worship with 16 offerings/rituals, danced and sang. Afterwards, they (re-)entered the water. Such/this was seen by me.' (4) Having heard this, the king reached/went to the shrines of the gods in that place. Then, at midnight, having made/performed the worship of the deities, the dancing and singing etc, the eight women again entered the water. (5) The king also entered after them. There, one divine dwelling was seen (by him). There, having come to meet the king, by them (the women), a hospitable reception was made. (6) O king! Make/assume the local kingship! By the king it was said: of me there is (= I already have) a kingship/kingdom. By them it was said: o king! we are pleased with you! (7) By the king it was said: who (are) you? By them it was said: we (are) the eight-great-perfections. Having said this, eight jewels were given to him. (8) Know this to be our victorious form. What you want, that success you will get. Thus addressed, the king went away. (9) Then, on the road, a blessing was made (to/for him) by a brahmin. 'O king, give (me) just a little food!' Then by the king the eight jewels were given. By the statuette it was said: o king, whose such generosity is, by him let it be sat here.

c *King Vikrama in his Element* (*Story 22*)

(1) Again it was spoken by a statuette: king, listen! Once, the king went to see the customs of (other) countries. (2) Then, by him walking on a road alone, a depressed-faced brahmin was seen on the bank of the Ganges. By the king it was said, 'My noble man, why are you sad-faced?' (3) By the twice-born, it was said: 'O king, what can I say? My toil has been in vain. There has been no reward. On a far-away mountain, there is the goddess Kāmākṣī. There is a cave. There/in it is a bowl of quicksilver. There, religious practice having been made, mastery in alchemy is/comes to be (= one will have ...). (4) But by me, religious practice has been made for 12 years. Even thus/in spite of this, there is no (such) skill (in me). For that reason I am troubled.' (5) Then it was said by the king, 'Go! show me that place!' Then both (went and) reached that place at sunset and rested. A dream was shown/revealed by the deity: 'O king! if here a man is given as a tribute/sacrifice, the cave door is opened. There (will) be mastery in alchemy (you will master ...).' (6) Having heard this, having gone to the cave door, it was said by the king: 'Let the goddess of this place be honored by/with my body.' Then it was begun (by him) to cut off (his) head. (7) Then it was said by the manifest goddess/by the goddess who had become manifest, 'Pleased, I (will) give you a boon'. By the king it was said, 'Let there be alchemy mastery of this wise

man (= may he have ...)'. (8) By the goddess it was agreed. The door was unlocked. 'Brahmin, the door to the cave has been unlocked. Mastery will be of you (= you will have ...).' Then, of him mastery came to be (= he achieved mastery). He became happy. The king went to his own city. – 'O king, whose such generosity is (= who has ...), by him let it be sat here.'

d ***Don't Believe Everything You See (Story 30)***

(1) Again it was spoken by a statuette: King, listen! Once, a conjurer had come into the vicinity of (= to) the king. 'Your majesty! An opportunity (to prove my skill) should be given to me.' By the king it was said, 'So be it!'. (2) Having said 'I myself (will) bring my gear for a magic trick', he departed. Then someone else, carrying a sword and shield, accompanied by his wife, by the name of Kīrtimān, having come to the vicinity of (= to) the king, having greeted him according to the custom of his own family, said: (3) 'Lord Vikrama, a battle has begun between gods and demons. I was sent by the gods to invite you. [Then] I (will) go back for the help of (= to help) the gods. (4) [Then/so] you are a pure king. While I go (= am gone), my wife must be guarded in the vicinity of/near you.' Having said 'I will quickly/soon return' (and) having jumped/flown up, he went into the sky. (5) He was seen becoming invisible by all the people. Then in the sky shouts are (= were) heard. 'Him! And him! Seize (him)! Seize (him)! Kill (him)! Kill (him)!' Then, the very next moment, a body injured by a strike falls down before the assembly (of all the people). Then it was said by that woman: 'Your majesty, my husband has died in service to the gods. I, following him, (will) make fire-entry (= will enter the fire) (of his funeral pyre).' Having said this, she prepared her death. (7) Then by the king a proper ceremony was caused to be made (= organized). By her, fire entry was made (= she entered the fire). All made amazement/were amazed. Then, a man whose jewelry was inlaid with gemstones, whose clothing (was made with) divine fabrics, having come (and) having greeted the king, said: (8) 'Your majesty! There was a battle between the gods and demons. It was won by the gods. I was sent by the gods, having given (me) clothing and jewelry. Through your kindness, I have become victorious. My wife should be given (to me). I (will) go to my own place/home.' (9) Then the king fell silent. By the king it was said: 'You fell (from the sky) torn to pieces in battle. By your wife, fire-entering was done/your wife entered the fire.' (10) Then by him laughter was made. 'O king! You (are) amusing. Why do you speak in this way/say such a thing? While her husband is alive, why does (a woman) do fire-entering?' (11) By the king's retinue it was said: 'Hero! This was/happened this way indeed.' Then, having seen the king seized by worry, the magician bowed (to the king). The woman/his wife returned. 'Majesty! By me a trick was shown to you.' By the pleased king a gift was given to him. (...) (13) By the statuette it was said: O king, whose such generosity is, by him let it be sat here.

Chapter 3: The *Rāmāyaṇa*, or Rāma's Journey

a ***The Beauty of the Night (1. 33.14–18)***

(14) Midnight has gone (by), o Kākutstha, while I was telling stories. Go to sleep! Be well! May there not be (any) obstacle on our journey here. (15) The trees (are) motionless all, the birds and forest animals (are) resting, and the world is permeated by nocturnal darkness, descendant of Raghu. (16) Gradually, the twilight disappears; the sky is as though covered with eyes. Dense with planets and stars, it gleams with lights. (17) And the moon, its rays cold, rises up, removing the darkness of/from the world, making happy the minds of living beings in the world with (its) radiance, o lord. (18) All nocturnal beings move about, here and there, fierce multitudes of yakṣas and rākṣasas whose food is flesh.

b ***A Perfect Leader*** **(*2.1.15–28*)**

(15) He (is) always of calm mind and speaks softly. Even being spoken to roughly, he does not reply in kind. **(16)** He is pleased by any single [done] service of any kind. He does not remember (= ignores) even a hundred [of] disservices through/because of (his) self-discipline. **(17)** He sits conversing (= he regularly converses) with true people of great integrity, great wisdom and great strength, always, even in breaks between weapons exercises. **(18)** Of illustrious descent, good, noble, his speech true, sincere, educated by old brahmins who know about righteousness and leadership. **(19)** Knowing the facts about *dharma*, *artha* and *kāma*, being mindful/versed in tradition, quick-witted, experienced and skilled in social practice. **(20)** Knowing scholarship and knowing action, knowledgeable concerning the character of men, (one) who (is) versed in withholding and offering (help) according to proper conduct. **(21)** Knowing the means for raising revenue and knowing (about) the prescribed method(s) for regulating expenditure, he has reached excellence in the totality of the scholarly disciplines, even the complex ones. **(22)** And enjoying (= he enjoys) pleasure (only) after having seized (= taken care of) statecraft and moral duty, and he (is) not inactive. He is a knower of crafts meant to entertain and he knows the (various) parts of statecraft. **(23)** He is skilled at the riding and training of elephants and horses; he (is) the best of archery-knowers, (and) very respected in chariot matters in/throughout the world. **(24)** He is an attacker and a fighter (and) proficient at leading an army, and unconquerable in battle even by angry gods or asuras. **(25)** (He is) not spiteful, has defeated/subdued his anger, not proud and not wicked, and not a despiser of human beings, and not obeying the will of time. **(26)** Thus equipped with the best virtues, he, the son of a ruler, is respected by (his) subjects in the three worlds, equal through (= in) the virtue[s] of patience to the earth, in wisdom to Bṛhaspati (and) even in valor to Śaci's husband (= Indra). **(27)** Thus with qualities (that are) beloved by all subjects (and) that create delight, Rāma pleased his father, like the sun (does) with its beams. **(28)** Him, equipped with such (qualities), whose strength was unconquerable, (who was) like the world-protectors (= gods), the earth desired as her master.

c ***A Land without Leadership*** **(*2.61.8–23*)**

(8) Not, in a kingless nation, does a cloud, garlanded by lightning, of great noise, rain upon the earth with heavenly water. **(9)** Not, in a kingless nation, is a handful of grain scattered; not, in a kingless (nation), does a son or a wife obey the wish of the father. **(10)** In a kingless (nation), there is no wealth. There is not even (the idea of) 'wife'(/the concept of marriage) in a kingless (nation). And this is another great danger: wherefrom (comes) truth/honesty in a kingless (nation)? **(11)** Not, in a kingless nation, do happy men have an assembly hall made, and (not) pleasant gardens and alms-houses. **(12)** Not, in a kingless nation, do twice-born brahmins whose habit is worship, mild, whose observance is firm, organize the great sacrifices. **(13)** Not, in a kingless nation, do festivals and parties, abundant in actors and dancers and causing realms to grow, flourish. **(14)** Not, in a kingless nation, are there litigants who have reached their purpose (= is there successful litigation). Professional story-tellers are not enjoyed by story-lovers because of (their) stories. **(15)** Not, in a kingless nation, do men cross forests by means of fast-moving horses, together with (their) women, in love. **(16)** Not, in a kingless nation, do the wealthy, well-guarded, lie (in bed), their doors unlocked, making a living through agriculture or cow-herding. **(17)** Not, in a kingless nation, do far-traveling merchants walk on a safe path(/walk safely), heaped with many goods. **(18)** Not, in a kingless nation, does a sage move about, wandering alone, self-controlled, contemplating the self by means of the self, his home where(ver he is in) the evening. **(19)** Not, in a kingless nation, does safety of possessions exist. And also not, in a kingless (nation) does an army subdue the enemy in battle. **(20)** For just as waterless rivers or just as also a grass-/vegetation-less forest, just as cow-herd-less cows, so is a kingdom (that is) kingless. **(21)** Not, in a kingless nation, is there private property of anyone. Men, just like fish, constantly eat/feed on one another. **(22)** Because which atheists (are ones) by whom limits are broken and doubts removed, they acquiesce to proper behavior (only when) controlled by royal punishment. (= Because atheists who break limits ... acquiesce ...) **(23)** Oh, this would be like darkness! One would not recognize anything if there was no king in the world, separating the good and the bad.

d *Jābāli the Materialist on the Meaning of Life* (*2.100.1–17*)

(1) To dharma-knowing Rāma who was encouraging Bharata, Jābāli, foremost of brahmins, said this statement that diverged from dharma: **(2)** 'Well then, descendant of Raghu, of you, (who is) of noble-intellect (and) an ascetic, there should not be such a nonsensical idea, like (that) of a common man. **(3)** Which man (is) a relative of anyone? What can be achieved by anyone of anyone? (= What can anyone get from anyone?) As a living being is born alone, alone indeed it dies. **(4)** Thus, Rāma, which man (the man who) would cling to the thought '(this is my) mother and father', he should be considered as though mad. For no one is of (= belongs to) anyone. **(5)** Just as a man, going (from one village) to another village, would dwell somewhere and, having left that stopping-place, would travel on/continue traveling the following day, **(6)** so indeed (is) of humans a father, mother, house, wealth: merely a dwelling-place, o Kākutstha. Wise people do not feel attached here(/to these things). **(7)** Having given up (your) paternal/father's royal power, you should not, o best of men, embark on a bad path, difficult, adverse and of many thorns. **(8)** Consecrate yourself in prosperous Ayodhyā, for, wearing a single braid, the city expects you. **(9)** Embracing a king's/royal pleasures (that are) very valuable, a son of a king, enjoy yourself in Ayodhyā like Śakra/Indra in Triviṣṭapa. **(10)** Daśaratha is not anyone to you, and you are not anyone to him. He is one king and you are another. Thus do what is said (= what I have told you). **(11)** That king went [there] where it had to be gone by him indeed. This is the fate of mortals. But you are needlessly shattered/frustrated. **(12)** Anyone for whom righteousness is higher than gain, I mourn them and not anyone else. For they, having encountered bad luck/unhappiness here (= in this life) (still) obtain annihilation after death. **(13)** This person has busied themselves (with the thought) that '(it is) the eighth (day after the full moon), (it is the day for the) sacrifice to the ancestors'. Look at this waste of food. For what will the dead eat? **(14)** If what is eaten by one in this world goes to the body (= stomach) of another, one should give a śrāddha (intended) for one who is traveling. There would be no (need for) food on his journey. **(15)** For those books were made by brahmins in order to acquire donations, (which say) 'worship, give, sacrifice, practice austerities, renounce!'. **(16)** 'So there is no further world!' – realize that indeed, o great-minded one! Have regard for whatever (is) visible. Ignore the invisible. **(17)** Having given precedence to the thinking, familiar to the entire world, of wise people, take up your kingdom, having made up with Bharata.'

e *Sītā Cautions Rāma on the Handling of Weapons* (*3.8.1–12, 20–29*)

(1) Sītā said this to her husband who, permitted by Sutīkṣṇa, had set out, the delight of the Raghus, with a kind voice: **(2)** This great righteousness is acquired in a subtle manner. It is possible (to be acquired) by turning away from passion that arises from desire. **(3)** There are three desire-born evil passions here (= in this world): lying (is) extreme(ly bad). The other two are heavier (= worse) than it: intercourse with someone else's wife and savage violence without provocation. **(4)** Lying has not been of you and will not be (= you have never lied and will never lie), o descendant of Raghu. Wherefrom (would) the righteousness-destroying desire for the women of others (come)? **(5)** And this all, o great-armed one, can be avoided by those whose senses are controlled. And I know that you have your senses under control, o you of beautiful appearance. **(6)** That which is the third, violent harming of the vital breath of others without provocation, is made/committed out of folly: and that is approached by you (= that affects/concerns you). (7) The killing in combat of the rākṣasas was promised by you for the sake of the protection of the sages dwelling in the Daṇḍaka forest. (8) For this reason you have set out towards the forest known as (the) Daṇḍaka (region), together with your brother, holding/carrying bow and arrow. (9) Then, having seen you having entered (the forest), my mind (is) filled with worry. Your conduct, to me thinking about you, would normally be an excellent benefit. (10) O hero, your going towards the Daṇḍaka region does indeed not please me. I will tell you the reason for it. Please listen to me speaking. (11) You, arrow and bow in your hand, together with (your) brother, have gone to the forest. Having seen the forest-dwellers, you might, I suppose, make an expanse (= shoot a large number) of arrows. (12) Here (/in this world) the bow of warriors and the kindling of fire: standing too close excessively raises the strength of their blaze. (20) Out of love and out of respect I am reminding – not teaching! – you. This decision should not be made in any way by you by whom a bow is held (= while you are armed), (21) to kill, without provocation, the rākṣasas inhabiting the Daṇḍaka (region). Hero, I do not want (you) to kill the inhabitants (of Daṇḍaka) without an offence (on their part). (22) Only protection of those suffering needs to be done in the woods with a bow by heroic men whose self is restrained. (23) What a gulf there is between weapons and the forest, and a warrior and religious austerities! This is distorted. But by us, the law of the land needs to be respected. (24) Thus, noble one, an unbecoming mindset has arisen from devotion to weapons. Having gone back to Ayodhyā, you will follow the customs of kṣatriyas/warriors. (25) But undying would be the pleasure of my mother- and father-in-law if, having given up royal power, you would become a contented sage. (26) From righteousness, material wealth comes to be; from righteousness, happiness comes to be. Through righteousness, one takes everything. This entire world is righteousness-essenced (= has righteousness as its essence). (27) (Only) by skillful people, having diligently tormented the self/themselves by means of whatever (*taiḥ taiḥ*) acts of penance, is righteousness obtained. Happiness cannot be obtained easily. (28) Always with a clear mind, o gentle one, carry out dharma (= act righteously) in the ascetics' grove. All of this is indeed known to you, even the entire world, in truth. (29) Out of women's fickleness was this declared by me. Who is able to tell you about righteousness? Having deliberated with wisdom, together with your younger brother, do what seems good of (/to) you without delay.

f *Rāma Asks Nature if It Has Seen Sītā* (*3.58.1–22, 31–34*)

(1) Under the left eye of him coming home it twitched vehemently, and Rāma stumbled and a shivering came to be of him (= he started to shiver). (2) Having noticed (these) bad omens, one after the other, he said, '(Is there) well-being of Sītā?' (= Is Sītā well?) (3) Then he went hurrying, eagerly longing for seeing (= to see) Sītā. Having seen (their) hut empty, he became one whose mind is frightened (= he was afraid). (4) As though suddenly startling awake, Rāma threw himself into action. Having examined the leaf dwelling here and there from all sides, (5) he then saw the leaf hut abandoned by Sītā, like a ravaged lotus pool abandoned by Śrī in winter. (6) Having seen the empty leaf dwelling (NOTE: this is taken from 7) as though howling through (the sound of) the trees, fallen to pieces, abandoned by its forest deity, whose flowers, deer and birds had gone, (7) whose antelope skins and kuśa grass were scattered, whose grass cushions and straw mats were dispersed, he lamented again and again. (8) 'She is likely taken, or dead, or killed, or eaten, or perhaps also living, or fearful, or having withdrawn to the forest, (9) or maybe also gone to find flowers and fruit, or gone to the lotus pond, or gone to the river, water-purposed (= in order to fetch water).' (10) But searching with (great) effort, he did not find his beloved in the forest. His eyes reddened with grief, he looks (= looked) as though mad from grief. (11)

Rushing forth from tree to tree (and to) the mountains and also from river to river, wailing, he drowned in grief (that was like) a sea of mud. **(12)** 'Could it be that my beloved that loves kadamba trees was seen by you, kadamba tree? If you know (what happened to her), tell me about Sītā, whose face is beautiful. **(13)** Tell (me) about her whose appearance is that of a tender petal/shoot, who is dressed in yellow silk, if she, whose breasts are like bilva fruit, was seen (by you), o bilva tree! **(14)** Or you, arjuna tree, talk about her, my beloved who loves arjuna trees, the timid daughter of Janaka, whether she is alive or not. **(15)** The kakubha tree clearly knows Sītā whose thighs are like kakubha trees, for this lord of the forest (= tree) looks resplendent, rich in vines and shoots and flowers. **(16)** And because this best of trees is celebrated by bees, this tilaka clearly knows her to whom tilakas are dear. **(17)** O aśoka tree, who dispels grief (*śoka*), quickly make me, whose mind is wrecked by grief, you-named (a-śoka-: grief-less) by showing (me) my beloved. **(18)** Palmyra tree, if she whose breasts are like palmyra fruit has been seen by you, tell me about her whose waist is exquisite, if you have compassion towards me. **(19)** If Sītā, whose radiance is like jambū river gold, was seen by you, o jambū tree, if you know my beloved, fearlessly tell me. **(20)** Or if you, o deer, know fawn-eyed Maithilī, may my beloved, whose lively glance is (like) a deer('s), be accompanied by does. **(21)** Elephant, if she whose thighs are like an elephant's nose (= trunk) was possibly seen by you, tell (me) about her who I think is known to you, oh excellent resisting on (= elephant). **(22)** O tiger, if my beloved was seen (by you), whose face is like the moon, my Maithilī, tell me confident(ly). (May there) not (be) fear to you. (= Don't be afraid.) **(31)** O great-armed Lakṣmaṇa, do you see my beloved anywhere? **(32)** O my beloved, where have you gone, my beautiful Sītā?' he said/cried (*iti*) again and again. Thus Rāma, moaning and rushing from forest to forest, **(33)** roams (= roamed) speedily in one place and, not able to help it, roams/roamed in another place (and) in (yet) another appears like a madman whose highest (priority) is the search for his beloved. **(34)** Swiftly, he roams forests, rivers, hills, mountain cascades and woods, restless(ly).

g *The Ascetic Śabarī (3.70.4–27)*

(4) Those two, having reached the western shore of (Lake) Pampā, rich in lotuses, then saw there the pleasant hermitage of the Śabarī. **(5)** They both, having reached that hermitage, surrounded by many trees (and) very pleasant, looking about, approached the Śabarī. **(6)** But then, having seen them both, the holy woman, having got up with cupped hands, grasped the feet of wise Rāma and Lakṣmaṇa. **(7)** Then Rāma said to this ascetic whose vows were firm: 'I hope your obstacles have been overcome. I hope your penance is growing. **(8)** I hope your anger is restrained, and your eating, o you whose wealth is austerities. I hope your acts of penance have been achieved. I hope you have happiness of the mind. I hope your obedience to (your) teacher is fruitful, o pleasantly speaking one.' **(9)** Asked by Rāma, this holy ascetic who was respected by perfected beings, the old Śabarī answered, facing Rāma: **(10)** 'When you reached (Mount) Citrakūṭa, with flying chariots of unequalled splendor, those ascended from here to heaven whom I used to serve. **(11)** And I was told by those dharma-knowing, very fortunate great seers 'Rāma will come to your greatly deserving hermitage. **(12)** He is having-to-be-welcomed by you, together with Lakṣmaṇa, as a guest. And having seen him, you will go to excellent eternal worlds.' **(13)** But by me various forest-grown food has been collected, o bull among men, for the sake of you, o tiger among men, whose origin is the shore of (Lake) Pampā.' **(14)** Thus addressed by the Śabarī, the dharma-souled (= righteous) descendant of Raghu said this to the Śabarī who was always not (= never) kept away from knowledge: **(15)** 'The power of these noble beings was heard about by me from Danu. I want to see (it) with one's (= my) own eyes, if you think that is right.' **(16)** [But] having heard this word (= these words) issued from Rāma's mouth, the Śabarī showed them both that great forest. **(17)** 'Behold this famous (forest), which looks like a mass of clouds, abounding in deer(/forest animals) and birds, called 'Mataṅga's Forest', o Rāma. **(18)** Here those purified-souled (= purified, pure) teachers of mine, o you of great splendor, venerated, accompanied by hymns, the shrine (that is) celebrated with/honored by hymns. **(19)** Where this westward-sloping altar (is), they, greatly honored by me, make (= made) their flower-offering with hands trembling from exhaustion. **(20)** See how the altars here, whose splendor is unequalled, make all directions (= the entire world) shine through the ascetic power of these (sages). **(21)** Behold the seven oceans having come together, having been approached (= invited) in thought (= through the power of their thought) by them (who are) unable to go (to the oceans), weary through fasting and exertion. **(22)** The bark clothes stretched out by them, having taken their ritual bath, among the trees here are still not drying in places even now, o Rāma. **(23)** This entire forest has been seen and what has to be heard has been heard by you. Thus, having been permitted (= with your permission), I want to leave this body. **(24)** I want to go to the vicinity of (= to) these seers whose selves are purified, whose hermitage this is and whose servant I am.' **(25)** But having heard this most virtuous speech, Rāma, who was accompanied by Lakṣmaṇa, says (= said) with a delighted face, 'I permit it. Go!' **(26)** But having been permitted by Rāma (and) having sacrificed herself in that whose food is sacrificed things (= in the sacrificial fire), she, whose appearance was of a blazing fire, went to heaven. **(27)** Where these accomplished seers spend their time, to that auspicious place the Śabarī went through her own meditation.

h *The Hermitage of the Seven Sages* (*4.13.12–27*)

(12) But as they were going there quickly, Rāma, delight of the Raghus, having seen the forest dense with trees, said to Sugrīva: **(13)** 'This thicket of trees looks like a cloud in the sky, enormous through its masses of clouds, surrounded with plantain trees on all sides. **(14)** 'What is this?' I want to know, my friend. (There is) curiosity of me (= I am curious). I want curiosity-removal to be made by you (= I want you to remove/quench my …).' **(15)** Having heard this word (= these words) of noble Rāma, Sugrīva, (while he was) walking, told (him) about this great forest. **(16)** 'This, Rāma, (is) a vast hermitage, remover of weariness, rich in gardens and forests, whose roots, fruits and water are sweet. **(17)** Here, sages called the Seven Men/People, whose vows are sharp, seven of them, were (= lived) constantly upside down, sleeping in the water. **(18)** Their food made every seven nights by means of air (= surviving only on breathing once a weak), forest-dwelling, after seven hundred years they went to heaven with their bodies (= bodily, in the flesh). **(19)** Through their power, the hermitage, enclosed by a wall of trees, is very difficult to be attacked, even by gods and asuras, including Indra. **(20)** Birds avoid it, and so do other forest dwellers. They who enter here through confusion (= by mistake) do not return. **(21)** The sounds of (jingling) ornaments are heard here, and the notes of tūryas and songs with melodious syllables/words, and there is a heavenly scent, Rāma. **(22)** The three fires are blazing. The smoke is visible, enveloping, as it were, the tree-tops here, as brownish-grey as the limbs of a pigeon, (and) dense. **(23)** Make a salutation towards them (= salute them), dharma-souled (= righteous) Rāma, together with Lakṣmaṇa, (your) brother, restrained, with the añjali presented (= with hands cupped in greeting). **(24)** Those who bow in reverence to these purified-souled (= purified) sages, in the body of them no bad thing is seen/found, Rāma.' **(25)** Then Rāma, together with (his) brother Lakṣmaṇa, his hands cupped in reverence towards those great-souled (= noble) ones, greeted these sages respectfully. **(26)** And having greeted them, great-souled (= noble) Rāma and (his) brother Lakṣmaṇa, Sugrīva and the monkeys went (on their way), their heart delighted. **(27)** They, having gone a long way from that hermitage of the Seven (Sages), spotted Kiṣkindhā, difficult to attack, protected by Vālin.

i *Tārā Counsels Her Husband Vālin* (4.15.7–23)

(7) Please, heroic one, having got up from bed at daybreak, abandon like a used garland (your) anger that has arrived like a river flood. (8) Your leaving (so) quickly does truly not please me. Please listen! I will explain why you are held back (by me). (9) Last time he, having rushed here in anger, invites (= invited) you to fight; having been defeated (and) harmed by you having rushed out (= who had rushed out), he ran away. (10) Of him defeated and especially harmed by you, having come here, the renewed call to battle makes fear, as it were, arise of (= in) me. (11) Such arrogance and resolve of him bellowing, and the agitation of the shouting: the reason (for this) is not insignificant. (12) I think Sugrīva has not come here companionless. He roars, having a firm ally whom he relies on. (13) A monkey both skillful indeed and wise indeed by nature, Sugrīva will not come here with someone of untested valor. (14) Hero, some time ago a word (= words; information) of Aṅgada speaking was heard by me. I will tell you these friendly/supportive words. (15) Your brother's famous companion, rough in battle, is Rāma, who crushes enemy armies, arisen like the fire at the end of the world. (16) The shelter-tree of good people, the final path of the afflicted, and the shelter of the oppressed, and the sole repository of fame, (17) equipped with knowledge and learning, devoted to the command of his father, like the Indra among mountains (is a source) of ores, (he is) a great source of virtue. (18) Thus a fight with Rāma – great-souled (= noble), difficult to defeat, immeasurable in battle actions – is not the right thing for you. (19) Hero, I will tell you something and I do not want (you) to be indignant. Please listen and do what I will say is good for you (or: to which friendly thing I will say to you). (20) Quickly consecrate Sugrīva properly to the rank of heir apparent. Don't make a fight (= don't fight) with your stronger brother, o king. (21) I consider this right for you: friendship with Rāma, and affection towards Sugrīva, having put your hostility far aside. (22) Your younger brother, this monkey, must be cherished by you. Whether he is here or there, he is your relative after all. (23) If by you something dear to me is to be done (= if you want to do what is dear to me) and if you consider me friendly/well-disposed (towards you), having been earnestly entreated, please, follow my advice.

j *Tārā Laments Her Husband Vālin* (4. 20.12–17)

(12) And I whose greatest (interest) is (your) happiness, was rebuked by you, out of (= in your) confusion/folly, I who who said friendly words, striving for the well-being of the lord of monkeys. (13) Time certain(ly) is (= has been) the life-end-maker of you (= has killed you), by which you through force (= violently), unwilling, have succumbed to the will of Sugrīva. (14) A life of wretched widowhood whose (source of) sorrow is mourning, I, a wretched loyal wife, not before accustomed to unhappiness, will live like one without a master. (15) And cherished Aṅgada, a hero, of tender age, accustomed to happiness, what life will he live when his paternal uncle is stirred up by anger? (16) Son, take a good look at (your) father devoted to righteousness. Your sight of him will be difficult to obtain (= you will not be able to see him anymore), o child. (17) Encourage your son and give him instruction and kiss him on (his) head! You have set out towards death.

k *The Rainy Season* (4.27.1–46)

(1) Having killed Vālin and having consecrated Sugrīva (as king), living on top of Mount Malyavān, Rāma said to Lakṣmaṇa: (2) 'Now the (right) time has come, the season, the arrival of the waters. Look at the sky, covered by clouds resembling mountains. (3) The sky, having drunk the liquid of the oceans through/by means of the rays of the sun, has given birth to the embryo carried for nine months, the elixir of life. (4) It is possible, having ascended (into) the sky by means of a stairway of clouds, to adorn the sky with a garland of kuṭaja and arjuna (blossoms). (5) The sky is as though it has wounds bound with a resplen-

dent dressing (made of) blankets of clouds, coppery red arising from/reflecting the color of sunrise and sunset, brilliantly white at (their) edges. (6) The sky, whose breath is a soft wind, colored by the sandalwood of twilight, its clouds pale, shines as though pained with love. (7) And like Sītā, greatly pained concerning her duty, flooded with new water/newly flooded with water, this earth, burning with grief, sheds tears. (8) Freed from the water of the clouds, as pleasant and cool as white lotus, the breezes, having the scent of ketakis, could be drunk with cupped hands. (9) This mountain, whose arjuna trees are in bloom, scented by ketakis, like Sugrīva when he has defeated his enemy, is sprinkled with showers (of flowers). (10) Wearing clouds instead of antelope skins, wearing (mountain) streams as their sacred threads, their hollows filled with air, the mountains are like brahmins. (11) As though struck by lightnings (/lightning-strikes) that are like golden whips, the sky is one whose thunder sounds are within/internal, as though in pain. (12) Attached to dark clouds, the quivering lightning appears to me like Sītā, trembling at Rāvaṇa's side, experiencing suffering. (13) Those regions (= the world) is obscured, as though anointed with clouds, its moon and stars/planets having disappeared, favorable to lovers. (14) Behold the kuṭaja trees, in part concealed by mist, desiring the arrival of the rains, o Lakṣmaṇa, covered in flowers, standing among the mountain ridges, kindling the desire of me who is overcome by grief. (15) The dust has settled, the wind is cool now; the advances of the faults of the hot season have come to rest. The campaign of earth-rulers is standing (still). Men traveling abroad are going to their home countries. (16) Those desirous of (their) residence on (Lake) Mānasa have set out. The cakravākas are united with their lovers now. Carts do not roam on the roads that are damaged by the water of perpetual rain. (17) Visible in places, invisible in (other) places, the sky, whose clouds are dispersed, looks, hidden by mountains here and there, like [the shape of] a calm ocean. (18) The river mountains move fresh water, mixed with sarja and kadamba flowers, copper colored from the ore in the mountains, accompanied by the cries of peacocks, rather swiftly. (19) The jambū fruit, full of juice (= juicy), looking like (black) bees, is eaten to one's heart's content. Of many colors, shaken by the wind, the ripe mango fruit falls onto the ground. (20) With lightning strikes as banners, with cranes as garlands, similar to the shape of the peaks of the Indra (= tallest, most massive) of mountains, the clouds roar, their loud sounds/cries excited, like the Indras (= strongest) among excited elephants standing (= engaged) in battle/copulation. (21) The line of cranes, whose desire is clouds, flying around together joyous(ly), looks like a garland, swaying in the breeze, whose lotuses are the best (= consisting of the finest lotuses), dangling, fashioned for the sky. (22) Sleep slowly approaches Viṣṇu; the river swiftly approaches the ocean. Delighted, the she-crane approaches the cloud. The eager beloved approaches her lover. (23) The woodlands have become ones whose beautiful dances are by peacocks (= where peacocks dance beautifully). The kadamba trees have become with-kadamba-blossomed (= are full of blossoms). Bulls have become/are now equally in love with cows (i. e. as the cows are with them). The earth has become delightful with its grains (= fields) and forests. (24) The rivers flow, the clouds rain, the elephants in rut trumpet, the woodlands glisten, those deprived of their girlfriends brood, the peacocks dance, the monkeys rejoice. (25) Greatly delighted, having smelled the fragrance of ketaka blossoms, happy among waterfalls, fascinated by the sound of cascades, the mightiest of elephants together with peacocks call out passionate(ly). (26) Struck by falls of water (= rain), clinging to kadamba branches, the bees gradually abandon (= lose) the intoxication acquired in (just) a moment immersed (= through immersion in) flower pollen. (27) The branches of jambū trees, with/through (their) fruits resembling heaps of charcoal powder, whose juice was plentiful, (and) that were fully grown, looked as though they had been landed on by swarms of bees. (28) The shapes of thunder clouds, decorated with banners of lightning, whose great roars were loud and deep, look like those of elephants ready for battle. (29) Following the path, roaming in mountain(ous) forests, having heard the roar of the cloud(s), eager for battle, suspecting a rival elephant, the Indra among elephants, in rut, has turned around. **(30)** Delighted birds, their wings pale, thirsty, drink the falling water that has the appearance of pearls, (is) perfectly pure, clinging to leaf cups, given by the Indra among gods. **(31)** Dark clouds filled with new/fresh water clinging to (other/more) black clouds look like mountains burned by forest fires, their roots bound (to the ground), (clinging to other) mountains burned by forest fires. **(32)** Indras among elephants (are) in rut, Indras among cattle are delighted, Indras among deer in the forest are truly relaxed, the Indras among mountains are beautiful, the Indras among men are at rest, the Indra among gods is playing with clouds. **(33)** The expeditions of the Indras among men are completed. The army comes/has come home. Both hostilities and the roads are blocked by (rain)water. **(34)** In the month of Prauṣṭhapāda the occasion for lessons of Sāmaga brahmins wanting to learn the Vedas is at hand. **(35)** Now Bharata, lord of Kośala, whose house(hold) has ceased action, whose stores have been stored (= assembled, prepared for the season ahead), has approached/assented to āṣādhī. **(36)** Now, the stream of the Sarayu, having been filled, is growing, like the sound of Ayodhyā having seen me approaching. **(37)** These rains are of abundant shapes. Sugrīva is enjoying good fortune, his enemy defeated, and staying/dwelling in (his) great kingdom with-wived (= with his wife). **(38)** But I, my wife having been taken, deprived of a great kingdom, am slipping like a sodden riverbank, o Lakṣmaṇa. **(39)** And my grief is vast and the rains are very slow to pass, and Rāvaṇa is a great enemy – it (all) seems boundless (= too much) to me. **(40)** Having seen this impassability, and (these) roads very difficult to travel, even though Sugrīva has signaled his help, nothing is asked for by me. **(41)** Given the weightiness of my own undertaking, I do not want to address the monkey, who is exhausted, finally (re)united with his wives. **(42)** For he himself, having rested, having realized that the (right) time has come, he will know his obligation. (There is) no doubt in this matter. **(43)** Thus, I am waiting for the right time, o you of handsome characteristics, awaiting the kind behavior of Sugrīva and the rivers. **(44)** For by a favor a hero is bound with (= obliged to) a counter-favor. An ungrateful person who does not do/offer a counter-favor wounds the mind/heart of virtuous people.' **(45)** Then, thus addressed, having reflected, Lakṣmaṇa, with cupped hands, having approved that speech (of Rāma's), spoke to Rāma whose sight was very pleasant, showing his own splendid view/opinion: **(46)** 'As was said (by you), all this desired by you, Indra among men, the lord of monkeys will soon do. Waiting for autumn, you must endure the falling of the water (= rain), intent on the defeat of (your) enemy.'

l *Svayaṃprabhā's Cave (4.49.12–52.13)*

(49.12) 'Having searched the southern region, lands covered in nets (= chains) of mountains, we all (are) tired out, and I (still) do not see Sītā. **(49.13)** And from this cave, geese and curlews together with (= and) cranes, and cakravāka birds wet with water were flying out on all sides. **(49.14)** Now, surely (there is) a well or a pool with water here, just as there are these lush trees standing at the cave entrance.' **(49.15)** Thus addressed, the monkeys all entered that cave covered/shrouded in darkness; without moon or sun, they saw it, frightening. **(49.16)** Then, in that cave, difficult to access, having a thicket of various trees, clinging to each other, they went/crossed a league inside it. **(49.17)** They, their consciousness (nearly) gone, thirsty, confused, with water as their purpose, stumbled around in that cave for some time, tireless. **(49.18)** These monkeys – emaciated, timid-faced, tired out – saw a light then, heroic, without hope for life (= survival). **(49.19)** Then, having come to that place, a pleasant forest without darkness, they saw golden trees whose splendor was (like) that of golden sunlight, **(49.20)** and sāla, palmyra, puṃnāga (and) kakubha trees, campaka and nāga trees and karṇikāras, flowering. **(49.21)** (They saw) benches made of emerald having the appearance of the new(ly risen) sun, and lotus ponds the color of dark sapphire, surrounded by birds, (49.22) surrounded by great kāñcana trees that looked like the rising sun, and great fish made of gold, together with (and) turtles. (49.23) There they saw lotuses combined with (= and) clear water and also golden (and) silver palaces (49.24) whose round windows were (made of) gold and covered in webs of pearls, whose floors were made of silver and gold and that had (= were decorated with) emerald gems. (49.25) There, the monkeys saw mansions everywhere, (and) flowering, fruit-bearing trees resembling corals and gems, (49.26) and golden bees and honey (pots) (beehives?) on all sides, and couches and seats gleaming with gold and jewels. (49.27) And they saw very valuable carriages everywhere, and heaps of vessels made of gold and silver and copper, (49.28) and heaps of heavenly aloe and sandalwood, and clean edible roots and fruits, (49.29) and precious drinks, sweet and flavorful, and heaps of precious and heavenly clothes, and heaps of brightly colored blankets and antelope skins, (49.30) Searching here and there in that cave, the monkeys, whose luster was great, heroic, saw a woman nearby. (49.31) They were greatly afraid, having seen her whose clothes were (made from) birch bark and black antelope skin, an ascetic, fasting, as though blazing with light. (49.32) Then Hanumān, resembling a mountain, having cupped his hand (and) having greeted the old woman, asked: 'Who (are) you? Say, whose (is) this dwelling and cave and these treasures?' (50.1) Having spoken thus, Hanumān there again addressed her, whose clothes were (made of) black antelope skin, eminent, ascetic, virtuous: (50.2) 'Unexpectedly, we entered this cave (that is) covered in darkness, tired out by hunger and thirst and altogether exhausted. (50.3) (We) entered (this) great hole of (= in) the ground (because we were) tired. But having seen these conditions/things, of this kind, diverse, like miracles, we (are) frightened, confused (and) stupefied. (50.4) Whose (are) these golden trees resembling the new(ly risen) sun? The clean edible roots and fruits? (50.5) The golden palaces and the silver houses? The round windows that are golden and covered with webs of pearls? (50.6) By whose power did these trees, in bloom, bearing fruit, auspicious, sweet-smelling and fragrant, made of river-gold, (50.7) and golden lotuses in clean water come to be? How are there golden fish moving (= swimming) (here) together with turtles? (50.8) You ought to tell (= please tell) all of us who are ignorant everything about yourself and your nature and (about) whose ascetic power (has created all this). (50.9) Thus addressed by Hanumān, the virtuous ascetic, delighting in the welfare of all living beings, replied to Hanumān: (50.10) There was a bull among the Dānavas, called Maya, of great splendor (and) possessing magical powers. By him this entire golden forest was fashioned by magic. (50.11) A long time ago, there was the chief architect of the Dānava leaders, by whom this best of homes, divine, golden, was fashioned (50.12) But he, having practiced austerities in this great forest for thousands of years, received as a boon from the grandfather (= Brahmā) the entire wealth of Uśanas. (Possibly also: 'a boon (and) wealth'. The commentators on this passage are uncertain.) (50.13) Then, having created everything, the strong master of all (that he) desires lived in this great forest happ(il)y for some time. (50.14) Having advanced on him (who was) attached to the apsaras Hemā, the bull among the Dānavas, (and) having seized his lightning bolt, the lord who is a destroyer of cities (= Indra), killed him. (50.15) And this excellent forest was given to Hemā by Brahmā, and the eternal fulfilment of (her) wishes and this home made of gold. (50.16) I am the daughter of Merusāvarṇi, Svayaṃprabhā; I guard this mansion of Hemā's, o best of monkeys. (50.17) Hemā is my dear friend, skilled at singing and dancing, and I am one to whom a boon was granted by her (= by her I was given a boon). I guard her excellent home. (50.18) Why or for what reason are you coming to these woods? And how was this impassable forest discovered by you? (50.19) Having enjoyed/eaten these edible roots and fruits and having drunk (some) water, you ought to tell me everything.' (51.1) Then to them all, tired, leaders of the monkeys she, a focused virtuous ascetic, said this word (= the following words). (51.2) 'Monkeys, if your fatigue is gone through the enjoyment of fruit, and if this is to be heard by me (= if I am allowed to hear it), I want to hear. Tell (me)!' **(51.3)** Having heard this word (= these words) of hers, Hanumān, the son of the wind god, with sincerity, according to the truth, began to tell (her). **(51.4)** 'The king of the entire world, who is like the great Indra or Varuṇa, Rāma, the son of Daśaratha, venerable, entered the Daṇḍaka forest, **(51.5)** together with (his) brother Lakṣmaṇa and his wife Sītā. His wife was forcibly taken from Janasthāna by Rāvaṇa. **(51.6)** (There was) a heroic monkey named Sugrīva, king of the monkey leaders, the friend of this king, by whom we were sent out **(51.7)** to the southern region travelled by Agastya (and) protected by Yama, together with these eminent monkeys whose leader is Aṅgada. **(51.8)** We (NOTE: last word of 7) were urged to search, all united, for Rāvaṇa, the shape-shifting rākṣasa, together with (= and) Sītā Vaidehī. **(51.9)** But we all, having searched the entire southern region, hungry, fatigued, were resting against the root of a tree. **(51.10)** Pale-faced, every single one of us was/we all were lost in the thought that we would not reach the other shore, immersed in (this) great sea of worries. **(51.11)** Then, casting our eye(s) about, we saw a great cave concealed by vines and trees (and) surrounded by darkness. **(51.12)** From it, geese wet with water, with wings (covered) with droplets of water (and) ospreys and feathered cranes were flying out. 'Well then! We enter (= let us enter) here', the monkeys were addressed by me. **(51.13)** An agreement was reached by them all: 'We go (and) we enter' they said (*iti*), aiming to quickly do their master's bidding. **(51.14)** Then, tight(ly packed), stumbling, having seized one another's hands, we quickly entered this cave, surrounded by darkness. **(51.15)** This is our task. With this purpose have we come. And we all have approached you desperate (and) thirsty. **(51.16)** The roots and fruits given according to the custom of hospitality were consumed by us tormented by hunger. **(51.17)** Because we, dying from hunger, were all saved by you, say what counter-favor the monkeys (can) do for you.' **(51.18)** Thus addressed by these monkeys, all-knowing Svayaṃprabhā then replied this to all the monkey leaders: **(51.19)** 'I am pleased by all (you) swift monkeys. There is no need of me, engaged in righteousness, for anything (= I do not need anything).' **(52.1)** Thus addressed by the ascetic with this righteousness-conforming speech, Hanumān said to her, whose actions were blameless, this speech (= these words/the following): **(52.2)** 'O virtuous woman, we have all come to you for refuge. Which time had been granted to us by great-souled Sugrīva, that time has been exceeded by us wandering in (this) cave. **(52.3)** You ought to help (= please help) us emerge from this horrible cave. **(52.4)** You ought to protect (= please protect) from this command of Sugrīva all of us who are as good as dead (and) who are alarmed by fear of Sugrīva. **(52.5)** And a great task must be done by us, o virtuous one, and this task is not done by us (while/if) we dwell here.' **(52.6)** Having thus been addressed by Hanumān, the ascetic said (this) speech (= the following): 'I think it difficult for someone who has entered to turn back/get out living/alive. **(52.7)** But through the power of (my) austerities, acquired through penance, I will rescue all (you) monkeys from this cave. **(52.8)** Close your eyes, all you bulls among monkeys; for it cannot be gone out by those with unclosed eyes (= one cannot leave with one's eyes open).' **(52.9)** Then, closing (their eyes) together, they all quickly covered/shut off their sight with hands with delicate fingers, excited, desirous of leaving. **(52.10)** [But] the great-souled monkeys, their faces obstructed/covered by their hands then, within just a moment, were freed from the cave by her. **(52.11)** Then the virtuous ascetic, having encouraged all the monkeys who had emerged from this difficult place, said this: **(52.12)** 'This (is) Mount Vindhya, blessed, having all kinds of trees and vines; this (is) Mount Prasravaṇa; that (is) the ocean, the great water vessel. **(52.13)** May success be to you (= may you be well/successful). I will go home, o bulls among monkeys.' Having spoken thus, Svayaṃprabhā entered that blessed cave.

m *Hanumān Learns about His Immaculate Conception* (*4.65.8–28*)

(8) The famous apsaras Puñjikasthalā, the best of apsarases, known as Añjana (in her incarnation as a monkey), was the wife of the monkey Kesarin. (9) From/because of a curse, my child, she became a shape-shifting monkey, daughter of the Indra among monkeys, the noble Kuñjara. (10) In (= despite) her monkeyness (= although she was a monkey), all her limbs were lovely (and) she could change her form whenever she wished. Having taken human form, she was in the prime of her youth. (11) She was walking on/near the peak of a mountain that resembled a rain-cloud, with bright garlands as her ornaments, wearing very costly garments. (12) The clothing – yellow, with a red fringe, beautiful – of large-eyed her standing on/near the peak of a mountain the wind (god) gently took away. (13) Then he saw her perfect, very firm thighs and her pair of round breasts (and) her noble, lovely face. (14) As soon as he'd seen (*dṛṣṭvā eva*) her, whose buttocks were large and wide, whose waist was thin, who was splendid, whose every limb was beautiful, the wind (god) was confused by longing. (15) The wind (god) embraced her with his big arms, his every limb entered/filled by love, his self gone to her who was blameless. (16) But she, right there (*tatra eva*), agitated, virtuous, said this word (= the following): 'Who wants to destroy my oath to be a loyal wife?' (17) Having heard Añjana's word(s), the wind (god) replied: 'I am not about to harm you, beautiful-hipped one. May there not be fear to you (= may you not be afraid), my lovely. (18) Because I am/have gone to you with my mind (and) have embraced you, o splendid one, a strong son, endowed with wisdom, will be to you (= you will have …).' (19) Then, as a boy in the great forest, having seen the risen sun (and thinking) 'it's a fruit!', wanting to seize it, you, having jumped up, flew towards the sky. (20) Then, having gone three hundred leagues, o great monkey, (even though) tormented by its heat, you did then not go towards despondence (= did not give up). (21) The thunderbolt was thrown by wise Indra, having been entered (= filled) with anger at you as you were swiftly flying through the sky. (22) Then (your) left jaw was broken at the edge of a mountaintop. Because of that, your name is called 'Hanumān' (= 'having a (noteworthy) jaw'). (23) Then, having seen you hurt, the wind himself, conveyor of fragrances, very angry at the three worlds, the storm god, did not blow. (24) And confused, all the gods, the lords of the earth, with the world being disturbed, calmed (= appeased) the very angry wind (god). (25) With the purifier (= wind) appeased, Brahmā granted you a boon, the impossibility of being wounded by weapons, my child, in war, o you of true courage. (26) And having seen you (now) uninjured by the fall of the thunderbolt, the pleased thousand-eyed one (= Indra) gave you an excellent boon: (27) 'Death should be to you (= you should die) when you want it', o master. You are Kesarin's field-born son of formidable courage. (28) And (you are) the legitimate son of the wind-god, equal to him in splendor. And you are the son of the wind, my child, and equal to him in jumping.

n *How Should I Address Sītā?* (*5.28.3–44*)

(3) 'She whom many thousands and tens of thousands of monkeys are searching in all directions (= in the entire world) has been found by me. (4) This was observed by me, an attentive spy, determining the enemy's power, hidden, while I was moving about. (5) Both the character of the rākṣasas and this city was(/were) observed, and the power of the king of the rākṣasas, Rāvaṇa. (6) Of that immeasurable one who has pity with all living beings (it is) proper (for me) to encourage the wife, who is longing for the sight of her husband. (7) I (will) encourage her whose face is like the full moon, by whom suffering was (previously) unknown, who is not finding the end of (her) suffering (= who does not know how much longer she has to suffer). (8) If I go away not having encouraged this fine woman whose mind is overwhelmed by grief, my going/leaving would be wrong. (9) With me having gone there (= back to Rāma), this splendid princess, not finding protection, the

daughter of Janaka, might abandon her life. (10) And this great-armed one, whose face is like the full moon, longing for the sight of Sītā, is proper to be encouraged by me (= I should encourage ...). (11) And the act of speaking (to her) is impossible before the eyes of (these) rākṣasīs. How now must/can this be done? I am distressed. (12) If she is not encouraged by my within the remainder of this night, there is no doubt at all: she will abandon (her) life. (13) And if Rāma asks me 'What [word] is Sītā saying to me?', what should I reply to him if I have not addressed her who has a beautiful waist? (14) Me, without a message from Sītā, having gone (away) from here with haste, Rāma may/will burn with his severe glance. (15) If so (= If Sītā kills herself), I will engage with (my) master at Rāma's command and the coming of him with his army will be in vain. (16) But I, having found a gap (in the watchfulness) of the rākṣasīs, staying here, will gently encourage her who is full of distress. (17) Because I am very slight and especially because I am a monkey, I will speak the human Sanskrit language. (18) If I offer (= speak) Sanskrit language like a brahmin, Sītā will be afraid, thinking me Rāvaṇa. (19) Certainly, suitable human language must be spoken. Blameless Sītā can be consoled by me in no other way. (20) She, having seen my shape, speaking thus, the daughter of Janaka, earlier frightened of the rākṣasīs, will again go towards fear (= become afraid). (21) Then she in whom fear has arisen, intelligent, might make a noise thinking, the great-eyed one, (that I am) shape-shifting Rāvaṇa. (22) And with a noise having been made by Sītā, immediately the group of rākṣasīs, with weapons of all sorts, horrible, would come appearing like death. (23) Then, having surrounded me on all sides, their faces deformed, they would make an attempt at killing and seizing me as best they can. (24) Having seen me leaping about among branches and smaller branches and trunks of the highest trees, they would be apprehensive with fear. (25) And having seen the shape of me crossing the great forest, the rākṣasīs would be alarmed with fear, their faces deformed. (26) Then the rākṣasīs would make a convocation of (= would assemble) rākṣasas employed by the head rākṣasa in the house of the head rākṣasa. (27) They, with lances, arrows, swords (and) various (other) weapons in their hands, would rush toward this fight, swiftly, frightening. (28) But greatly enraged by them all around, dispersing the force/army of rākṣasas, I might not be able to reach the far-away further shore of the great ocean. (29) Or, having jumped here, they might seize me, many of them, acting swiftly. Then she would be the one whose concern wasn't taken up, and there would be a seizing of me (= and I would be captured). (30) Or they whose delight is violence might harm/kill her, the daughter of Janaka. Then this mission of Rāma and Sugrīva would be in vain. (31) In this place, whose roads are destroyed (= which is inaccessible), hemmed in by rākṣasas, surrounded by the ocean, hidden, the daughter of Janaka lives. (32) With me either cut up or captured in battle by rākṣasas (= If I am ...), I do not see another companion in bringing about this mission of Rāma's. (33) And reflecting I do not see which monkey, with me being/if I am killed, might leap over the great ocean, a hundred yojanas wide. (34) I am capable of killing even thousands of rākṣasas at will, but I will not be able to reach the further shore of the great ocean. (35) And fights are uncertain. Uncertainty/doubt does not please me (= I do not like uncertainty). And which intelligent person would carry out a doubtful task without any doubt? (36) This would be the great problem in my addressing Sītā; and Sītā's abandoning her life would be (the issue) in my not addressing (her). (37) Firm plans whose time or place is wrong are destroyed (= come to nothing); approaching an unsuitable messenger (is) like darkness at sunrise. (38) In respect to what is proper and (what is) improper, even a firm decision does not flourish; for messengers (merely) assumed to be wise people cause tasks to be destroyed. (39) How could (this) task not go wrong? How could there not be a weakness (= how can I avoid making a mistake)? And could the jump of (= over) the ocean not be in vain? (40) How could she hear my word(s) (and) not be startled?' Thinking thus, mindful Hanumān made up his mind. (41) 'Praising Rāma, unwearied in his actions, her husband,

I will not startle her whose mind is focused on her husband. **(42)** Sending off/uttering splendid words in accordance with propriety of (= about) illustrious Rāma, best of the Ikṣvākus, **(43)** I will cause her to listen to everything, speaking (in) a pleasant voice. I (will) describe (things) in such a way that she will believe (them).' **(44)** Thus Hanumān, greatly concerned in many ways, observing the wife of the earth-ruler (= Rāma), spoke sweet, not untrue word(s), sitting inside the branches of the tree.

Chapter 4: *Kathāsaritsāgara*, or Ocean of Rivers of Stories

a *Śiva Explains the Significance of Skulls (1.2.10–15)*

(10) A long time ago, when the end of a Kalpa took place, the world was born, made of water. By me, then, having cut my thigh, a drop of blood was made to fall. **(11)** In the water, it then became an egg; from it, split in two, the Universal Spirit (came to be). From that appeared nature, given rise to by me for the purpose of creation. **(12)** And these two gave rise to other Lords of creation, and these to offspring. Hence this Universal Spirit is in the world called the Grandfather, my dear. **(13)** Having thus created everything moving and unmoving (the whole world), that Supreme Spirit went to arrogance (= became arrogant). Thus I cut his head off. **(14)** Then, through/on account of regret, by me a great vow was taken. Since then, skull-handed-ness and a predilection of burial places are of me (= I have been carrying a skull in my hand and am close to burial places). **(15)** Moreover, this skull-selved world lies in my hand, because the two aforementioned egg shells are called the two worlds (= heaven and earth).

b *Brahmadatta and the Golden Swans (1.3.27–34)*

(27) In Vārāṇasī, there was long ago a king whose name was Brahmadatta. And he saw a pair of swans advancing (= flying) in the sky by night: **(28)** shimmering, golden-colored, surrounded by hundreds of flamingos, like numerous lightning flashes, surrounded by unexpected bright clouds. **(29)** His longing for seeing it again then grew such that he found no delight at all in the pleasures of a king. **(30)** Then this king, having consulted with (his) ministers, both had a lake made in (= of) his own design, a lovely one, and gave (it) as a safe spot of (= to) lovers. **(31)** Then, with time, the king saw the two swans settled (on the lake) and also tame (and) asked (them) the reason for the golden body. **(32)** Then these two swans, with distinct voices, addressed the king: 'A long time ago, in another birth, we were [born as] crows, o lord of the earth. **(33)** And fighting for the purpose of (= over) an offering of rice in a holy, empty Śiva temple, having fallen down, we died inside a tub in that place. **(34)** We then were born as swans, remembering (our) prior births, made of gold.' Having heard this, looking at these two to his heart's content, the king was happy.

c *Pāṇini (1.4.20–25)*

(20) Then, in the course of time, there was of Varṣa (= Varṣa had) a big group of students. And there was one, named Pāṇini, of rather dull mind. **(21)** Worn out with service, he was sent away by Varṣa's wife. He went for (= to do) penance, depressed (and) desirous of knowledge, to the Himalayas. **(22)** There, through intense penance, from pleased Śiva, the best of all knowledge was acquired by him: a new grammar. **(23)** And then, having come (here), he summoned me for/to a discussion. And as our dispute went on, seven days passed by. **(24)** On the eighth day, when he was defeated by me, immediately thereafter a great horrible noise was made by sky-dwelling Śambhu (= Śiva). **(25)** Through it, this Indraic grammar of ours was destroyed on earth. We all, defeated by Pāṇini, became fools again.

d *Hand with Five Fingers, Hand with Two Fingers* (*1.5.8–12*)

(8) Then at some point Yogananda, having left the city, saw in the middle of the Ganges a hand whose five fingers were joined (= held up together). **(9)** 'What is that?' he asked, having summoned me right away. And I pointed two fingers of my own in (the hand's) direction. **(10)** When the hand disappeared because of that, the king, from (= in) great astonishment, again asked me this, and I said to him: **(11)** ''What in this world (is it) that cannot be brought about by five fingers (when they are) joined together?' (is what) the hand said (by) showing its five fingers. **(12)** Then, o king, the two fingers displayed by me said to it that (*iti*) 'In singlemindedness of two (= when two agree), what could be impossible?''

e *Why the Fish Laughed* (*1.5.14–25*)

(14) And once, Yogananda saw his own royal wife looking, from the top of the window (= from a window high up), at a brahminic guest (= a visiting brahmin) who was looking up. **(15)** Angry from just this indeed, the king ordered the killing of that brahmin: for (his) jealousy was in the way of clear thinking. **(16)** Then, when this twice-born was being led to the execution-ground to be killed, there laughed, although it was dead, a fish in the middle of the market. **(17)** Then indeed the king, having noticed this, prevented the killing of that brahmin and asked me (about) the reason for the fish's laughter. **(18)** Having said (= I said) 'Having reflected, I (will) tell you this', and to me, having gone away, Sarasvatī, having come near having been thought about (= after I had thought about (her)), said in private: **(19)** 'Stand (= wait) at the top of this palm tree, at night, unnoticed. Here you will hear the reason of the laughter of the fish without any doubt.' **(20)** Having heard this, having gone there at night, standing (= waiting) on top of the palm tree, I saw a horrible demoness having come (= who came) together with her young sons. **(21)** To them asking for food she said 'Wait! In the morning, I will give you brahmin flesh. Now/today he is not (yet) killed).' **(22)** Having been asked by them 'Why was he not killed today?', she replied, 'Having seen him, a fish, even though (it was) dead, laughed.' **(23)** Having been asked again by her offspring 'But why was it laughed by him?', the demoness said 'Every single one of the king's wives is immoral. **(24)** Everywhere in this harem there are (*sthitāḥ*) men in women's shape (= dressed as women). But (it is) a faultless brahmin (who) is killed. Thus the fish laughed. **(25)** For of demons, moving inside all, laughing at the excessive lack of judgment of kings these are the disguises.' **(26)** Having heard this word (= explanation) of hers I then, having acquired a vehicle for going away, revealed the reason of the fish's laughter to the king.

f *King Śibi Sacrifices Himself* (*1.7.88–97*)

(88) And thus, long ago, there was a king, ascetic, to whom compassion was the highest (priority), generous, steadfast, called Śibi, offering safety to all living beings. **(89)** In order to make him go astray, Indra then, having made himself hawk-shaped, quickly chased Dharma, dove-shaped by magic. **(90)** And the dove, out of fear, fled into Śibi's lap. With a human voice the hawk then addressed the king: **(91)** 'King, release this food, the dove, of/to hungry me. Otherwise know me dead (= know that I will die). What would your dharma be then (= how would you then be righteous)?' **(92)** Then Śibi answered him: 'It (the dove) approached me for refuge. It thus (is) unabandonable (= must not be abandoned). I (will) give you other meat (that is) equal to it.' **(93)** The hawk said: 'If that is so, give me of your own flesh.' Saying (*iti*) 'So be it', being delighted by that, the king agreed. **(94)** And by however much the king, having cut off his own flesh, put it up (on the scale), by that much the dove on (the other side of) the scale became heavier. **(95)** Then the king put his whole body onto the scale. A heavenly voice then came to be: 'Good, good! This is the same (weight, i.e. enough).' **(96)** Indra and Dharma then, having abandoned their form of hawk and dove, pleased, made king Śibi whole-bodied (= restored his body). (97) And haven given boons to him, the two went to invisibility (= became invisible).

g *How the Bṛhatkathā Came to Earth (1.8.1–38)*

(1) Thus, through (= at) the request of Guṇāḍhya, this story, consisting of seven stories, divine, was then told by Kāṇabhūti in his own language. (2) And thus indeed, by Guṇāḍhya in piśāca language, within seven years, it (*sā* = *kathā*) was drawn up in 700,000 verses. (3) Thinking 'don't let the vidyādharas take it!', that great poet wrote it down, with his own blood, in the forest, because of lack of ink. (4) And thus, by siddhas, vidyādharas etc who had come to listen, the sky became covered as though by a canopy. (5) And having seen that Long Story composed by Guṇāḍhya, Kāṇabhūti, whose curse had been lifted, went to his own state of being (= became a yakṣa again). (6) Which other piśācas also were there (as) his companions, they also all reached heaven, having heard that divine story. (7) 'The Long Story must be caused by me to attain permanence on earth. This purpose was stated to me by the goddess in the announcement of the end of the curse. (8) Then how do I cause it to attain (permanence)? To whom, then, do I entrust it?', [and] thus the great poet Guṇāḍhya thought there (= in/concerning that matter). (9) Two students, one called Guṇadeva, the other named Nandideva, having both followed him, said to this teacher: (10) 'Only the Venerable Sātavāhana is a place of trust (= a trustworthy place) of (= for) this poem, for he, tasteful, would spread (it) like the wind the scent of flowers.' (11) Guṇāḍhya, having said (*iti*) 'So shall it be', sent these two students, store-houses of virtue, to that king, having given them the story. (12) And having gone there himself, outside the city of Pratiṣṭhāna, in the agreed-upon garden, fashioned by the goddess, he waited (= he arranged a garden (where they would meet), went there and waited). (13) By his two students, having gone, to this king Sātavāhana, this book of poetry was shown with the words (*iti*), 'This (is) the creation of Guṇāḍhya.' (14) Having heard that piśāca language and having seen these two having such (= piśāca) appearance, through the arrogance of learning, this king disdainfully spoke thus: (15) '700,000 (verses may be) an important measure, (but) the piśāca language is tasteless. The writing of these characters is by means of blood (= this was written in blood). Damned be this piśāca story!' (16) Then, having taken the book, having gone as they had come, by these two students what had happened was told to Guṇāḍhya. (17) Guṇāḍhya also, having heard this, was right away overcome by sorrow. Who indeed, having been disrespected by an expert, does not suffer inside? (18) Then, having gone with his students to a nearby mountain, he created a fire pit in front of an isolated, pleasant location. (19) There, having recited (each) page one by one, watched tearfully by (his) students, he threw (them) in the fire, having made the forest animals and birds hear them (= having recited them to …), (20) having spared the adventures of Naravāhanadatta, for the sake of (his) two students, one story (consisting of) 100,000 verses, loved by them. (21) And while he both reads (= read) and burns (= burnt) that heavenly story, with their grass-food (= grass, their food) left behind, listening teary-eyed, (22) there were, having come there, motionless, having made a circle, all the deer, pigs, buffalo etc. (23) And in the meantime, King Sātavāhanaḥ became unwell/fell ill. The doctors said his illness was caused by eating innutritious meat. (24) And having been blamed for this reason, the cooks said: 'The hunters are giving us this kind of meat.' (25) And having been asked, the hunters said: 'On a mountain not far from here, having read each leaf, one by one, some brahmin throws it into a fire. (26) Thus, having assembled, without food, all the living beings are listening. They are not going elsewhere. Thus their meat is dried up from hunger.' (27) Having heard this explanation from the hunters and having made (= put) them in front, the king himself, out of curiosity, went to Guṇāḍhya. (28) He saw him surrounded by twisted locks of hair from living in the forest, as though with smoke from the fire of the extinguished rest of the curse on all sides. (29) Then, having recognized

him being/sitting in the middle of the forest animals and having greeted (him), the king asked him for an account (of what was going on). **(30)** And he, the wise man, told the king about the descent of the story, brought about by his own and Puṣpadanta's curse, in the language of demons. **(31)** Then the king, having realized he was the avatar of a gaṇa, having bowed at his feet, asked him about that divine story, originated from the mouth of Śiva. **(32)** Then Guṇāḍhya said to this King Sātavāhana: 'King, 600,000 verses (making up) six stories have been burned by me. **(33)** But there is this one story, (consisting) of this 100,000 (verses). Let (it) be taken (= take that!). These two students of mine here will be your explainers (= will explain it to you).' **(34)** Having said (this), having said good-bye to the king (and) having abandoned this body through yogic discipline, Guṇāḍhya, freed from the curse, reached his own home. **(35)** Then, having taken that story given by Guṇāḍhya, by the name of the Long Story, consisting of the deeds of Naravāhanadatta, the king went to his own city. **(36)** And there he presented Guṇadeva and Nandideva, these students of the poet of that story, with land, gold, clothing, chariots/pack animals and riches. **(37)** And this Sātavāhana, having revived/popularized the story together with these two, made (a book called) 'Story Throne' in order to explain the origin of it (the story) in that (piśāca) language. **(38)** And that story is full of manifold flavors. Out of interest (in the Bṛhatkathā), the story (= stories) about the immortals was (= were) forgotten. Having effected that in the city, the story acquired uninterrupted fame in the three worlds.

h *Ahalyā: Bilingual and Clever (3.3.137–147)*

(137) A long time ago, there was a great sage, knowing past, present and future, called Gautama. And his wife, called Ahalyā, was more beautiful than heavenly nymphs. **(138)** Once, enamored with (her) beauty, Indra wooed her in secret. For the mind of the powerful, blind through (their) great power, runs towards what is improper. **(139)** And she, foolish, desirous, yielded to him, Śaci's husband. And having realized this through (his) (ascetic) power, the sage Gautama went there. **(140)** And out of fear, Indra made (= took on) the form of a cat at that moment. 'Who's here?', Gautama then asked Ahalyā. **(141)** 'This is a cat/this is my lover', she replied to her husband in crooked apabhraṣṭa speech compliant with the truth. **(142)** The sage, having said '(He/this) truly (is) your lover', then laughing out loud made a curse, whose end was set/determined because of her compliance with the truth, fall unto her: **(143)** 'O you whose morals are bad, attain the nature of a stone (= become a stone) for a long time up to seeing (until you see) Rāma wandering in the forest. **(144)** On the body of you who is enamored with a vulva a thousand of them will be. Which divine woman, Tilottamā, the All-Maker creates, **(145)** having seen her (= once you have seen her), in that very moment a thousand of eyes (= thousand eyes) will be on you.' Thus Gautama cursed Indra at that moment. **(146)** The sage, by whom the curse had been given (= cast, pronounced) went for tapas (= went to practice austerities). Ahalyā entered the horrible stone-state (= became a stone). **(147)** Indra then became (one whose) entire body was covered by vulvas, for of whom should depravity not be a cause of humiliation? **(148)** Thus bad action(s) of everyone always bears fruit in the self. For who sows which (= any) seed, he will receive the fruit of that.

i *Buddhist Merchant, Hindu Son (6.1.10–54)*

(10) There was a city called Takṣaśilā on the bank of the (river) Vitastā, **(11)** the reflection of whose line of palaces gleamed in its waters like the city/capital of Pātāla come from below to look at its (= Takṣaśilā's) splendor. **(12)** In it was (= lived) a king called Kaliṅgadatta, an eminent Buddhist, whose subjects were wholly devoted to the flourishing victor, the bridegroom of Tārā (= the Buddha). **(13)** This city of his was resplendent through its caitya gems packed together, thinking 'there is indeed none like me', as though with its pride-horns elevated. **(14)** Who (= he) not only made protection of (= protected) (his) subjects like a father, but also, like a spiritual teacher, taught them wisdom. (15) And so in that city there was a Buddhist merchant, wealthy, called Vitastādatta, whose highest (priority) was one (thing): reverence of mendicants. (16) And of him there was (= he had) a son, a young man, called Ratnadatta, and he constantly accused (his) father, saying (*iti*) '(you are) evil!' (= accused him of being evil). (17) And being asked '(My) son, why are you blaming me?' by that father, the merchant's son answered maliciously: (18) 'Father, you, by whom the threefold dharma has been left behind, practice lawlessness because, having abandoned the brahmins, you constantly praise the Buddhist monks. (19) Devoid of prescriptions concerning ritual bathing etc, desirous of food in their own time (= whenever convenient), comfortable with the hair tuft and all other hair (rules) and the loincloth abandoned, (20) for (the purpose of) attaining a place in a (Buddhist) monastery, every single one (belonging to) the lowest caste: what (do you want) with that Buddhist behavior which they attach themselves to?' (21) Having heard that, the merchant said: '(There is) not just one single form of dharma/religion. One is the transcendent religion, (my) son, the other the immanent one/the one belonging to the whole world. (22) (People) say that also the brahminic (religion) (involves) the giving up of passions etc, and truth, compassion with living beings, (and) not falsely splitting up people according to their birth. (23) Moreover, you should not revile this view (= world view, religion) which offers freedom from fear to all living beings mostly on account of the fault(s) of one man. (24) There is no disagreement concerning the propriety of any assistance (= of anything that is helpful). I offer no other assistance than the gift of freedom from fear among all beings. (25) Thus if there is of me great fondness for (= if I am very fond of) this world-view whose essence is non-violence (and) which grants liberation, then what is my lawlessness/lack of dharma here?' (26) Having thus been addressed by (his) father, the merchant's son did not at all admit that it was thus (= that this was right) and blamed (his father) again all the more. (27) Then that father of his, having gone out of disgust to King Kaliṅgadatta, that dharma instructor/governor according to the law (= criminal judge), told (him) everything. (28) The king, having also brought the merchant's son (in)to the assembly by a trick, being one whose anger was fake (= faking anger), ordered his chamberlain: (29) 'It has been heard by me (that) this merchant's son (is) bad and very wicked. Let this corrupter of the country thus be killed without hesitation today. (30) Having spoken thus, the king, of whom an entreaty had been made by the father, *having ordered* (in 31) a two-month-long delay of the execution for the purpose of observance of the law (= for the son to demonstrate obedience to the law) (31) and for a return at the end of that (period), entrusted that merchant's son into the hand(s) of that father of his. (32) And this merchant's son, having been led home by his father, filled with fear, worrying 'What was done wrong by me towards the king?', (33) thinking about (his) causeless impending death at the end of the two months, sleepless, stood (= was) exhausted from (eating) less food day and night. (34) Then, with that pair of months gone (by), that merchant's son, thin and pale, was again led by (his) father in front of the king. (35) And the king, having seen him in such a state (and) afflicted/lowly, said: 'Why have you become emaciated like this? Was (your) eating restricted by me?' (36) Having heard this, the merchant's son said to the king: 'Even my self was forgotten (= I forgot even myself) through my fear, but even more so my eating'. (37) Since hearing (my) death ordered by you, o master, I think (= having been thinking) about my death coming ever closer every day. (38) To the merchant's son having spoken thus the king said: You have been caused to learn by me, o child, by means of a trick, the fear of death, of your own accord. (39) Such indeed should be the fear of death of every living creature. So what dharma/virtue/religion is greater than the benefit of protection from this (= from fear of death)? Speak! (40) Thus this was shown to you for the purpose of (= so that you might find) dharma/virtue and desire of liberation. For afraid of death, the wise man strives for liberation. (41) Hence by you your father must not be blamed whose dharma/religion is of this kind.' Having heard this statement of the king, the merchant's son said, bowing: **(42)** 'By now, I have been made learned by your majesty through instruction concerning righteousness. Desire for liberation has arisen of/in me. Show me that, too, o lord!' **(43)** Having heard this, with the city festival having arrived there, the king said to the merchant's son, having given a vessel filled with oil in his hand: **(44)** 'Having taken this vessel, come back having walked around this city (= take ..., walk around ... and come back). It must be guarded against the falling down of a single drop of oil by you, my son. (= You must guard ...)' **(45)** If a single oil drop of you (= drop of your oil) will fall (= falls) down from it, immediately these men will then cause you to fall (= will kill you). **(46)** Having spoken thus indeed, the earth-lord dismissed that merchant's son to wander about having ordered men to follow, their swords drawn. **(47)** And the merchant's son, out of fear guarding against the falling of a single drop of oil, having wandered towards that city, returned to the king only with difficulty. **(48)** And the king, having seen the non-fallen, carried back oil (= that the oil had been carried back without (any of it) fallen (to the ground)), addressed him: 'Was anyone seen by you wandering here on your wandering through the city today?' **(49)** Having heard that, the merchant's son, by whom the añjali had been formed (= with cupped hands) said: 'Truly, your highness, nothing was seen by me and (= or) heard. **(50)** I indeed, through undivided attention, guarding against a (single) fallen drop of oil, out of fear of the coming down of the sword, wandered through the city.' **(51)** It having been spoken thus by the merchant's son, the king addressed him: 'By you, whose only thought was the to-be-watched oil, nothing was seen/noticed. **(52)** So, apply focus on the supreme by means of this very attention, for the single-minded person who is turned away from external events sees truth/reality. **(53)** And he by whom the truth has been seen is not again (= no longer) bound by the web of his actions (= by any of his actions). This advice concerning liberation has concisely been told to you by me.' **(54)** Thus spoken to and dismissed by the king, having fallen at his feet, his purpose fulfilled, this merchant's son, delighted, went to his father's house.

j *The Brahmin and the Outcaste* (*6.1.123–133*)

(123) On the Ganges, two people stood in non-eating austerities (= dedicated themselves to fasting) for the same time; one (of them) (was) a brahmin and the other an outcaste. (This was) long ago. **(124)** Of the two of them, the brahmin, overwhelmed by hunger, seeing Niṣādans coming there having taken (= caught) and enjoying fishes, foolish(ly) thought: **(125)** 'Oh, these fishermen, sons of servant girls, (are) fortunate in (this world), who eat carp/large fish every day as they please!' **(126)** But the other, the outcaste, having seen the fishermen, thought: 'Damn those meat-eaters, killing living beings! **(127)** So what use is looking at their faces for me standing/being here?' Having shut his eyes, he was there focusing on himself (= he meditated). **(128)** And gradually, through fasting both died, the twice-born and the lowest-born (= the brahmin and the outcaste). The brahmin was eaten by dogs there; the outcaste decayed in the water of the Ganges. **(129)** Then the brahmin, who did not have his self under control, was reborn in a family of fishermen. Due to the virtue of the bathing place, he was aware of (his) (prior) incarnations. **(130)** The outcaste was also (re)born there on the banks of the Ganges, in the house of a great king, (because he had been) wise (and) had had his self under control. **(131)** And of these two, (re)born, thus remembering their former birth, the one suffered being a servant, the other enjoyed being a king. **(132)** Thus the fruit of him (= reaped by him) whose mind, the root of the tree of dharma, is pure, and of him whose mind is impure, is thus-formed (= has the corresponding purse/impure form). (There is) no doubt (about that).

k *The Seven Princesses: King Kaliṅgadatta Is Told a Story within a Story within a Story (6.2.9–45)*

(9) 'They say the gift of wealth in saṃsāra/this world (is) a very great asceticism. The wealth-giver is said (to be) a life-giver; for life is dependent on wealth[s]. **(10)** And by the Buddha, whose mind was filled with compassion, the self was given for the sake of another as though it was a blade of grass. So forget about vile wealth!' **(11)** And by such resolute tapas/austerity he whose desire was gone, by whom divine insight had been obtained, the Buddha/the enlightened one, had come to Buddhahood/enlightenment (= had become enlightened). **(12)** Thus, from/through abstention from hope in all desired things, including the body/the physical, the wise one should do what is beneficial for living beings in order to entirely obtain perfect knowledge. **(13)** And so, long ago, of a king called Kṛta, there were born, one after another, seven especially lovely daughters. **(14)** They, having left the house of their father through/because of aversion for worldly things already (*eva*) when they were young, went to a cremation ground. And asked (why), they said to (their) retinue: **(15)** 'All this (= this world) is without value, (and) in it also this mere physical existence. Also in it, a thing like happiness from contact with what you desire, (is) the illusion of/from a dream. **(16)** But solely the wellbeing of others in this world is said (to be) what matters; thus we do what is beneficial for living beings with this body (of ours). **(17)** We throw this body, living indeed (= even while it is alive) in the grove of (our) father, for the use of groups of flesh-eaters. What (use is there) with it (even if it is) lovely? **(18)** And so there was a dispassionate prince here. He, even though young, even though very lovely, entered the life of a religious mendicant. **(19)** One day, this mendicant, having entered the house of a merchant, his eyes as long as lotus leaves, was seen by the young wife of that (merchant) **(20)** She, whose heart was seized by the loveliness of his eyes, said to him: 'How (here = why) was such a painful vow taken on by someone such as you? **(21)** She is a fortunate woman who is looked at by this eye of yours.' Thus addressed by her, the mendicant plucked out one eye. **(22)** And he said, having taken (= holding) it in his hand, 'Mother, look at it, such (as it is). Take this disgusting piece of flesh and blood, if it pleases (you). **(23)** And such (= of the same kind) is the second (eye). Say, what (is) pleasant in these two?' This merchant's wife, having thus been addressed by him, having looked at it, was despondent. **(24)** And she said: 'Oh no! A bad thing has been done by improper me, that I have become the reason for the plucking out of the eye of you (= for why you plucked your eye out)!' **(25)** Having heard this, the mendicant said: 'Good woman, let there not be fear of you (= don't be afraid)! By you, a favor was done of me (= you did me a favor). For hear this illustration: **(26)** There was long ago in a lovely grove an ascetic, by the Ganges, with the desire to experience all asceticism. **(27)** While he was practicing austerities, a king by chance came to enjoy himself just there together with his harem womenfolk (= together with the women in his harem). **(28)** Having got up from the side of the king asleep from drink and having gone for a walk, out of fickleness, the queens (= his wives) were wandering in his garden. **(29)** And having seen there in one corner the sage engaged in meditation, they stood, having surrounded him, wondering from curiosity 'What is this?' **(30)** While they were standing here (= there) for a long time, the king woke up. Not seeing his wives by (his) side, he wondered everywhere there (= in the garden). **(31)** And he saw the queens standing, having surrounded the sage. And angry with envy, he thrust at that sage with (his) sword. **(32)** Power, jealousy, cruelty, drunkenness, lack of judgment: what (is there) which each on its own could not do? Let alone the combination of the five. **(33)** Then, when the king had gone, to that sage, not angry even though his limb had been cut off, a deity, having appeared, said (= appeared to him there and said): **(34)** 'Great-souled one, by which evil man this this was done to you out of anger, him I (will) kill through my own power, if you think that right.' **(35)** Having heard that, the sage said 'Goddess, don't speak like this. He is a supporter of my virtue and not one who does a disservice. (36) Through his kindness, o venerable one, I have acquired (= mastered) the discipline of patience. To whom could I have shown patience if he had not acted thus? (37) What anger (is there) of a wise man (= does a wise man feel) in the matter of this perishable body? Patience through sameness in (= equanimity towards) pleasant and unpleasant things is the rank/state of Brahma (= makes you like Brahma).' (38) Thus addressed by the sage, this deity, pleased by his austerities, having made (his) limbs unwounded (= having healed …), disappeared. (39) Thus, just as this king was thought of (as) a helper of this sage, you are too, my lady, by increasing my austerities through (me) gouging out (my) eye.' (40) That self-subduing mendicant, having spoken thus to that humble merchant's wife, indifferent to his body even though it was lovely, went to (= attained) perfection. (41) Thus, what grip should there be (= why should one hang on) to the transient body, even (when it is) young, even (when it is) lovely? Thus, by a wise man, only (the body's use as) a helper of the living being is praised. (42) Thus we girls, for the sake of living beings, are putting down our mere/mortal bodies in this cemetery (that is) the abode of natural happiness.' (43) Having addressed their retinue thus, these seven princesses did thus (= did what they had said) and thus/then reached highest perfection. (44) Thus of the wise there is attachment not even to their own body, and how much less to the trivial multitude of one's household (consisting of) children, wives etc. (45) King Kaliṅgadatta, having heard this and other things (*iti-ādi*) from the dharma-teacher in the monastery, and having spent the day (there) went (back) to his palace.

l *Tapodatta Tries To Replace Study With Penance* (*7.6.13–23*)

(13) There was in Pratiṣṭhāna a brahmin called Tapodatta. He, even though pestered by his father, did in his childhood not study the sciences. (14) Being blamed all the time by everyone, filled with regret, he, for the acquisition of learning, went to the bank of the Ganges to perform austerities. (15) There in the vicinity of him by whom fierce austerities were submitted to, having seen him, surprised, about to stop him (= in order to stop him) Indra came in the guise of a brahmin. (16) And having come, repeatedly picking up grains of sand from the bank of the Ganges, he threw them into the billowy water, with that one (= Tapodatta) looking on. (17) Having seen that, Tapodatta, freed from his vow of silence, asked him with curiosity: 'Brahmin, why do you do this untiring(ly)?' (18) And he, Indra, having been persistently asked, with the appearance of a brahmin, said to him: 'I am building a bridge on (= over) the Ganges for the crossing of living beings (= so that people can cross)'. (19) Then Tapodatta said: 'Why, you fool, is a bridge built (= why are you building a bridge) over the Ganges by means of grains of sand bound to be taken away at any point by the flood/waters?' (20/21) Having heard this, Indra then spoke to him, (still) having the form of a brahmin: 'If you know thus (= that this is the case) then why are you intent on acquiring learning without study, without reading? A desire for a rabbit's horn or painting in the air, (22) the creation of writing without letters, knowledge without study: if there was such a thing, then surely not anyone would study?' (23) Having been addressed thus by Śiva in brahmin form, Tapodatta, having pondered, having realized this was thus (= correct), having abandoned his austerities, went home.

m *Should You Turn a Mouse into a Girl?* (*10.6.125–135*)

(125) And thus, once upon a time, a sage, having received (= found) a young mouse fallen from the beak of a bird of prey, out of pity turned it into a girl through the power of his asceticism. (126) Having seen her, brought up in his hermitage, having reached adolescence, the sage, wanting to give (her) to someone strong, summoned the sun. (127) 'Marry this girl of mine, desired to be given (= whom I desire to give) to someone strong', the sage said to it (= the sun), and the sun said to him: (128) 'A cloud is stronger than me.

It hides me in a (single) moment.' Having heard this, having dismissed it (the sun), the sage summoned a cloud. **(129)** And quickly he said the same thing. By it (= the cloud) he was addressed thus: 'Stronger than even me (is) the wind, which scatters me in all directions/every which way.' **(130)** It having thus been spoken by it (the cloud), the sage called that wind. **(131)** And this wind, addressed by him in the same way, spoke to him thus: 'The mountains, which are not moved by me, [they] are stronger than me.' **(132)** Having heard this, summoning the single tallest mountain, the best of sages when he addresses (= addressed) it (= the mountain) in that same way, [then] the mountain said to him: 'Mice are stronger than me, who make my holes (= holes in me).' **(133)** Having thus been replied to, one by one, by (these) wise divinities, the great sage summoned a mouse from the forest. **(134)** 'Take this girl (in marriage)!' Having thus been addressed by him, the mouse said: 'Let it be shown (= show me!) how will she enter my cave/hole.' **(135)** The sage, then, uttering the wish, 'Let her be a mouse like before!', having made her a she-mouse, he gave (her) to that mouse.

n *Once You've Tasted the Good Stuff* ... (*10.6.178–185*)

(178) There were some mendicants, plump through contentedness with the alms (they had received). **(179)** Having seen them, some men who were friends said to one another: 'Ha! even though regularly eating alms, the mendicants are fat.' **(180)** One among them then said: 'I (will) show you something curious. I (will) make them thin even though they are eating (will be eating) as before.' **(181)** Having spoken thus he, having invited the begging monks one after another into his house, for one day fed them the finest six-flavored food. **(182)** Then these fools, remembering his food, thus did not want the food (acquired through) begging (anymore). Thus they went to weakness (= became weak, and here probably: thin). **(183)** Then having shown (them) to his friends, after having seen the monks near him, that food-giving man said: **(184)** 'Once, well pleased with begging for alms, they were happy and nourished (/happily nourished). Now, from unhappiness because of displeasure with it (the begging), they have gone to weakness (= have become weak). **(185)** Thus, a wise man seeking happiness should establish (his) mind in contentment; in the pair of worlds (everywhere in the world) discontentment creates unbearable and unceasing unhappiness.'

o *Guard the Door!* (*10.6.209–211*)

(209) A certain servant, a fool, was addressed by a merchant: 'You should guard the door of the shop! I am going home for a moment.' **(210)** When this merchant had spoken thus (and) had gone, the servant, having taken the door board from the shop on his shoulder, went to see an actor. **(211)** By the merchant, coming (back) and then having seen (all this), he was scolded. 'As instructed by you, this door was guarded by me', he said.

Chapter 5: *Bṛhatkathāślokasaṃgraha*, or Verse Summary of the Long Story

Sānudāsa's Story (18.4–94)

(4) Here in Campā, there was a merchant called Mitravarmā of (= towards) whom, being good, no one on earth (was) inimical, nor indifferent. **(5)** Of him (was) (= he had) a dear wife, called Mitravatī, true to her name, who (was) like the benevolence of a good man, kind even towards an enemy. **(6)** Because these two virtuous (people) were not getting (= could not have) a virtuous son, even citizens with sons considered themselves sonless. **(7)** Once, for receiving alms, a naked mendicant called Sānu, enduring a three-day fast, (appearing) like Vardhamāna, came (to them). **(8)** He (was) so pleased by the caring couple that, even though unasked, he taught them the religious precepts said (=

preached) by Ṛṣabha. **(9)** Knowing the essence of the prime works on astrology (and) having read the mind of the two, he, whose predictions were correct, predicted a future virtuous son (= that they would have ...). **(10)** Which son was born of them, of that the father made the name (= the father decided the name of the son which was born of them), saying (*iti*): 'Because he was predicted by Sānu, let him be Sānudāsa.' **(11)** Being an only son, because of his difficult-to-get-ness (= because he had been difficult to conceive) desired by (= dear to) (his) father who caused him to learn the sciences, he was led to ignorance (= kept ignorant) of child-like play. **(12)** And by rigorous teachers he was educated in such a way that he, bashful, treated even his own wife like the wife of another. **(13)** By this excessive anti-social refinement of his, no one – the king, his parents, his friends, his wife – was not confounded. **(14)** (The one) who had been predicted by Sānu, this son of two virtuous people, is me, your servant, Sānudāsa. **(15)** But of me is (= I have) a friend, called Dhruvaka, happy through our firm (*dhruva*) friendship, and he said to me '(My) friend, let that be done what I say (= please/let's do as I say). **(16)** At the lotus pond in the garden your friends, with-wived, by whom playing in the water has been enjoyed, are eating and drinking. **(17)** By you also, with-wived, having gone there together with me, the rewards should be enjoyed today of beauty, youth (and) (noble) birth. **(18)** (Someone) by whom the fruit of religious merit and wealth, (namely) happiness, is spurned: wherefrom (does one get a greater) evil-doer than him (*tataḥ*) by whom religious merit and wealth are thwarted? **(19)** And (he) who pursues religious merit for the acquisition of happiness in another life, he, by whom (already) seen happiness has been abandoned, tell me, is he really a wise man? **(20)** And you are not deceived by me for the purpose of reaching my own goal. Thus let it be listened (= listen!) to (what) Bhīmasena's word(s) (were/was): **(21)** 'Abstinence from a present, lucky time (= opportunity) and hope for (something that has) not yet come: this is not the conduct of the wise.' **(22)** But by me, having laughed, he was addressed: 'In an unimportant matter indeed this is intense earnestness! (= What intense earnestness in ...!) He kind of arouses (my) suspicion. **(23)** Whether liquor is drunk or not drunk by (people) accompanied by their wives, what gain or loss (is) there? That is (just) veiled passion. **(24)** As a rule, the fire of passion of (= in) living beings is kindled by nature. What manliness indeed (is) there, o friend, that kindles (= in kindling) it further? **(25)** Who puts out the burning kindling of the oil of the desire for the sense objects with the waters of teachings of dispassion, he is strong. **(26)** And if the fruit of religious merit is assumed to be such (i. e. physical) happiness, there would be an absence of religious merit and of its fruit, happiness. **(27)** Towards which woman, sitting and eating as she pleases, it is not looked from prohibition (= because it is prohibited), how is she mocked? (= How is a woman mocked who is not looked at ...?) **(28)** A wife being in the middle of the circle of a gathering, her mind overwhelmed by intoxication, as though overcome by swooning because of poison (is) the disgrace of (her) husband. **(29)** Well then! May you go (= go!) as you please, but I will not go, nor will I take my wife.' **(30)** He then, having seen me (being) of firm resolution (and) resisting, having taken my hands with a smile, said, as though despondent: **(31)** 'Having made a promise in front of (my) friends, I came here: 'May Sānudāsa be seen (= you will see S.) brought (here) together with his wife.' **(32)** Thus how will you be able to look at the face, sad from the breaking of the promise, of me, having been laughed at loudly by my friends?' **(33)** So please – no matter, let your wife stay away behind if she is hindered (= if this is a problem for her); by you alone let the result/success of the promise be brought about (= it's enough if just you come). **(34)** If the act of drinking is sinful, then don't drink yourself! (Just) watch your friends drinking together with their wives and families.' **(35)** So, having gone accompanied by him to a lotus pond in the city park I then saw that with-wived group of friends (= of friends together with their wives), **(36)** (looking) like (*iva*) a bunch of lotuses on land, whose color had been transferred from the water by clothes whose ornaments are flowers by whom Indra's rainbow was put to shame. (37) Then Dhruvaka offered me a raised seat made from mādhavī and mango with a multitude of flowers. (38) And there I saw friends sitting whose sweethearts had been given something to drink and (who were) drinking alcohol entrusted to the palms (= held by the hands) of their happy sweethearts. (39) And somewhere I heard a spring tune being sung, accompanied by the sounds of pipe and lute; and bees and cuckoos were making (pleasant) noise. (40) Having left the amaranth buds, the bees were flying among the karṇikāras, beautiful in their shape and form, as if with clipped noses. (41) From root to crown, tilaka, aśoka and kiṃśuka trees are covered in flowers: (in the same way) abundant *rasas* arise/are created by an actor without distinction. (42) Then, limbs smeared with mud, his robe blotted with duck-weed, there arose a man from the lake, drenched from it (= its water), (43) with a lotus leaf cup filled with something, (and) said with delight, 'Look, the blue lotus nectar was got by me (= I got the …)!' (44) He was stopped by one: 'Fool, don't shout so loud! No blue lotus nectar was found by you, but bad luck was acquired (= you didn't find blue lotus nectar, but a source of bad luck)! (45) If all (your) friends drink this, (being only) so much, the portion (for each person) is a drop whose amount is infinitesimal. (46) Or if (blue lotus nectar, which is) difficult to be acquired even by earth lords/princes is given to the king, he (will) ask for more. Leaders are greedy for treasure. (47) And some sweet-talking informers will tell him: 'O king, there is even more wherefrom this was acquired.' (48) Saying 'There was only this much (and) no more', by which means might one prove the lack of more?' (49) Thus encouraged by evil men the king, by whom a taste had been taken (= who had had a taste), would take all we own from us. Thus it is not given (= must not be given) to him. (50) But (it is) of rather sweet taste and not alcoholic; thus let Sānudāsa drink this blue lotus nectar. (51) Then, because of the difficult-to-get-ness of it (= because it was difficult to get) and through/because of the insistence of (my) friends and having heard (= because I'd heard) 'and it isn't alcoholic!', I drank that liquor. (52) And I asked myself: 'Which of the six is this flavor? Similarity of it with sweet etc is not found.' (53) And not I, having begun with the six (flavors), sweet etc, having mixed (them) together … because even by the omniscient (gods) the flavors in this individually are recognized with difficulty. (54) Thus this should be considered a well-tasting seventh flavor! With this having been tasted, even the nectar of immortality goes to flavorlessness (= becomes flavorless/bland). (55) Then, (my) bashfulness having been driven away by the fragrance of its flavor and by thirst, I gently said to Dhruvaka: 'Desire to drink compels me.' (56) But this having been (to me) given by him, having drunk (it), (my) mind carried away by my (intoxicated) state, I then erred through the city park, which was swaying like a wheel. (57) And then I heard the sound of the lament of a young woman, high-pitched and sweet, like that of long bamboo at dawn, (and) sad and slow. (58) Then, having gone to that region (i.e. where he had heard the sound), I saw in a mādhavī bower a woman, as though the deity of the mādhavī forest was sitting in front of my eyes. (59) Such a woman has not ever been heard by us being described even in fables, poetry or plays. (60) Then I spoke to her with gentle words: 'My dear, if it is not improper, then let this reason of your unhappiness be told to me (= tell me the reason …). (61) Then interrupted by sobs, quietly, it was said by her: 'Surely you are the reason for this unbearable unhappiness!' (62) Then, with my head lowered in shame, it was quietly said by me: 'If this unhappiness is made (= caused) by me, o fearful one, then don't cry! (63) What wealth (there is), infinite (and) of infinite value, that I consider to be trivial. Let even this wretched body of mine be put to use in any way.' (64) Then she said smiling, her eyes misty with tears of joy: 'I am desirous of this your body.' (65) I am called Gaṅgadattā. I am a yakṣa girl travelling the skies. By the god of love, I have been made (to feel) great love for you. (66) Thus, come to our (= my) house if you are speaking the truth. Let there be use of this body of yours (= let's put your body to use) there.' (67) And I, being dragged there by her, having (= who had) gently taken my hands (dual!), I entered a magnificent house that had the appearance of a harm of asuras. **(68)** There I saw a beautiful woman with grey hair who had a stomach fat with skin folds, dressed in clean, fine clothes **(69)** She, having greeted me with a water offering and having gently placed a kiss on my forehead, said: 'You are exhausted from the journey, my son. Let it be rested (= rest)!' **(70)** The venerable woman instructed (her) maidservants: 'Sānudāsa is thirsty. Thus let sweet blue lotus nectar be brought (= bring …) quickly!' **(71)** But I thought: 'Surely Gaṅgadattā is a yakṣī. Otherwise wherefrom in this house of hers (is there) blue lotus nectar (which is) difficult to be obtained by (= difficult to obtain for) humans?' **(72)** I entered a bedroom scented with a fragrance whose origin was (= coming from) blue lotus nectar, filled with spring blossoms. **(73)** And having drunk the blue lotus nectar together with delighted her, I offered her my previously promised body. **(74)** To me who had done her a favor first by offering her my body she also offered her own body in order to return the favor. **(75)** I asked myself: 'Which merit was acquired by me, having given my body, of that the reward, immediately come to fruition, was by means of acquiring the body of the girl.' **(76)** Having stayed there for a long time, I asked the dear woman: 'My dear, what is my group of friends doing now?' And she said: **(77)** 'If to you there is a desire to see (them), then having gone together with me look at the group of your friends, excessively inflicted by intoxication. **(78)** No one sees you, whose hand is taken by me (= as long as I hold your hand). Thus unseen by your group of friends, let it be watched (= you may watch) confidently.' **(79)** Then, having gone to that garden taken by (= clinging to) Gaṅgadattā, I saw my group of friends, their smiling faces averted. **(80)** Then one friend said with a straight face: 'Sānudāsa isn't seen – where could he have gone?' **(81)** By another it was said: 'You don't see the (never yet) seen miracle? By Sānudāsa a difficult-to-conquer yakṣa girl has been conquered! **(82)** Having been taken at (= by) the hand by the yakṣī, (he is) invisible! May he be seen (= look at him), Sānudāsa, wandering in the middle of his friends, happy!' **(83)** I then said to Gaṅgadattā: 'If I am invisible, my dear, how then can it be said by him 'may the invisible be seen'?' **(84)** Then, even though restrained with effort by the group of people, laughter suddenly arose, like a powerful torrent of water. **(85)** Another one of them, dancing, loudly clapping and laughing, said to me: Greetings(s) to you, invisible husband of a yakṣī! **(86)** Where is the blue lotus nectar, (and) where the difficult-to-get yakṣa girl here? Grape nectar/wine was drunk by you, (and) a courtesan conquered! **(87)** Altogether, this difficult-to-cure politeness-sickness of yours was cured today by this skillful group of doctor friends (= friends acting as doctors). **(88)** Go to the house of Gaṅgadattā cured. (Your) friends also, having reached their purpose should all go, as is proper. **(89)** But I was deceived by them with the ruse of blue lotus nectar; (being) one by whom the taste of both a woman and of liquor has been experienced, I was not angry with them. **(90)** And I asked myself: 'Those are strong who, very familiar with intoxicating sweethearts (and) whom the touch of (= contact with) liquor has defiled, go forth striving for liberation. **(91)** But I, having tasted just once the flavor of a woman and of liquor do not (= cannot) live without (either of them). Damn shameful me!' **(92)** Then the sun went to (= set behind) the mountain and a line of five birds went to their tree dwelling up on high, townsfolk went to their own houses, slow with intoxication, and I went with my sweetheart to her home. **(93)** There, with liquor and my delighted sweetheart, I passed the time, delighted with my friends, Dhruvaka and the others. I passed the time. **(94)** By tens and tens of thousands, in the passing of time, my great wealth disappeared over a great period of time.

Chapter 6: *Subhāṣitas*, or Sayings/Epigrams

These are all taken from Volume 3 of Otto von Böhtlingk's *Indische Sprüche* or 'Indian Sayings' (second edition: St. Petersburg 1873). Alternate numbers (given after each slash) indicate the number the *subhāṣita* has in that volume (which is out of copyright and available as a pdf e.g. on archive.org).

(1/4668) Madness-etc.-erasing knowledge causes madness of/in fools, just like the eye-awakening light is the blindness-maker of owls. **(2/4688)** Having made a decision with the mind, it is then announced with the voice. Finally, it is done with the deed. Thus the mind is my measuring stick. **(3/4717)** Having done/committed an evil deed, he thinks 'no one sees me'. And (yet) the gods see him and that which is inside a man/the soul. **(4/4725)** 'This is mine.' This, my dear, indeed is not the thought of good people, (as would be) proper. When the bad person is not opposed, there is no permanence/law. **(5/4773)** Of a king on whose side there are no excellent poets, wherefrom can fame (be)? (= How can a king be famous who …). How very many kings haven't there been on the wide earth of whom no one even knows the name! **(6/4789)** Both mother and father and also indeed the older brother – these three go to hell having seen (= if they see) a girl/daughter having her period. [And thus she should be married before she reaches puberty.] **(7/4834)** He to whom deceit and pretense are the most important, who always cheats the people through deceit and who performs fake religious austerities, that man will (in his next life) take on the existence of a woman/will become a woman. **(8/4844)** Don't cut down a with-tigered forest/a forest in which tigers live, so that the tigers don't disappear. The forest is protected by the tigers and the forest protects the tigers. **(9/4863)** (True) friends are those who are (friends) in adversity. Those are (considered) wise men in the world who know one human being from another. (Truly) generous is he who, even when his possessions are few, customarily shares. He (truly) helps others who is without an ulterior motive. **(10/4868)** A false teaching is the worst disease. A false teaching is the worst torture. A false teaching is the worst enemy. A false teaching is the worst poison. **(11/4897)** In every head a different thought, in each pot a different liquid, in each class a new/different custom, in each mouth a different language. **(12/4911)** Through teaching a foolish student, feeding a spoiled woman, through contact with one who hates/an enemy even a wise man becomes exhausted. **(13/4926)** In the head, in the eyes, in the mouth and also in the heart: (these are) the five places of the God of Love where he is/lives himself. **(14/4930)** A mouse, even though it lives in (one's own) house must be killed (because it is) doing bad things. With presents, a cat that is doing beneficial (things)/acts beneficially is fetched from elsewhere. **(15/4951)** One (and the same) lump of clay is/forms the shape of many vessels; one piece of gold is the soul/essence of many ornaments/pieces of jewelry; one (and the same) milk is born/created by many cows; one highest self/world soul dwells in many bodies. **(16/4961)** What good is even a soft, well-rounded, very fine, fetching cake whose consummation is through servitude/which we can only get through serving (someone else)? **(17/4975)** Clouds, trees and the water streams of rivers, (and) good people: for the purpose of helping others, these four things were created by fate. **(18/5063)** (But) where women are honored, there the gods rejoice. But where they are not honored, there all actions are fruitless. **(19/5070)** Where (there is) no acquisition/learning of knowledge, where there is no acquisition of wealth, where there is no personal happiness, there one should not dwell/stay even one day. **(20/5071)** Where there are no wise people, even one of little intelligence is praiseworthy. In a tree-deprived country/a country where (all) trees have been removed, even a shrub counts as a tree. **(21/5090)** Just like the drop of a ball is, so a noble man falls. (I.e. a ball bounces back up.) The fall of a fool is as the fall of a lump of clay. **(22/5092)** Just like from hard work done at the right time agriculture would be fruitful, thus this good conduct, my lord, (will) bear fruit after a long time, not instantly. **(23/5093)** Just like a wooden log and (another) wooden log come together in the great ocean, and, having come together, go apart again, so (is) the coming together/meeting of living creatures. **(24/5095)** Just as a man digging with a shovel comes upon water, so the one willing to listen (= the obedient student) comes upon the knowledge found in (his) teacher. **(25/5096)** Just as a sandalwood-load-carrying donkey is a knower/aware of the load, but not of (it being) sandalwood, so indeed do those who have read many textbooks and are ignorant of their purpose carry (their load) like a donkey does. **(26/5105)** Like one's thinking, so one's speech; like one's speech, so one's action: in word, speech and action, of good people there is uniformity (= good people think, speak and act alike). **(27/5114)** Just like, among a thousand cows, a calf finds its mother, so a previously-done action follows its doer. **(28/5220)** If indeed through the course of destiny the world ever becomes lotus-less, does/would a swan scratch (in) the dust like a rooster? **(29/5237)** If there are (good) qualities of/in people, they are clearly visible by themselves. The fragrance of musk, after all, is not revealed through (another person's) vow (= by someone vowing it is there). **(30/5244)** If you want to subjugate the world through a single deed, let, in the age of Kali, the wish-granting goddess deception be revered (= revere the goddess deception ...). **(31/5271–5272)** Whatever action is dependent on another, that one should avoid with (great) effort. Whatever action is dependent on oneself, one should attend to/carry out with great effort. Every action dependent on another is pain; any action dependent on oneself is pleasure. This, in brief, one should know is the sign (= distinguishing feature) of pain and pleasure. **(32/5292)** That you do not (need to) incessantly look at the face of the wealthy nor speak flatteries in vain, nor hear (their) boastful speech, nor run to them with hope/expectation, (but) that you eat young grass happily (and) sleep happily at the arrival of sleep/when sleep comes – tell me this, gazelle: what austerity was performed by you? (= What did you do before that you now do not have to ...) **(33/5298–5299)** Whom having seen love grows and anger wanes, he must be recognized by a man as a prior friend (= a friend from a prior life). Whom having seen anger grows and love wanes, he must be recognized by a man as a prior enemy (= an enemy from a prior life). **(34/5305)** O moving-eyed one/beautiful woman, even a lotus fiber that is thinner than even your waist would not fit in the space between your breasts. **(35/5309)** The man whom all living beings subsist through, o Saṃjaya, just like having found a tree with mature fruit, his life is purposeful/has purpose. **(36/5330)** (He) who, my dear, at all times does not become angry (= does not become angry at any time) with a servant who is loyal and devoted to his wellbeing, in that master the servants trust and do not leave him in times of misfortune. **(37/5337)** But a ploughman/farmer who ploughs his field unaware of/without knowing the (timing of) the rainy season is deprived of his work and does not then get his corn. **(38/5348a)** He through him living (= when he lives), many live, he truly lives here (= in this world). **(39/5352)** In which country (there is) no respect and no moral conduct (or: livelihood), no coming-of-knowledge (opportunity for acquiring knowledge) – that country anyone should turn away from/avoid. **(40/5380)** Of whom there isn't any sense/intelligence of his own, what does a textbook do for him? For him deprived of eyes, what does a mirror do? **(41/5386a)** Of whom there is reason, of him there is power (= who has reason, has power). But of one without reason, where (would) power (come) from? **(42/5409)** Of whom there is money, of him there are friends; of whom there is money, of him there are relatives. O whom there is money, he is a man in (this) world; of whom there is money, he is a learned man. **(43/5419)** Who continuously asks, listens (and) continuously remembers, of him, like the lotus through the rays of the sun, the sense/reason/wisdom grows. **(44/5450)** Whose food is (only) for the purpose of living/surviving and (whose) sex is just for the purpose of lineage/procreation, whose language is (only) for the purpose of speaking the truth, they overcome (all) difficulties. **(45/5473)** As long as one may live, one should live happily, make debts and drink clarified butter: of the body that has turned to ashes, how could there be a return (= how could a body that has turned to ashes return)? **(46/**5490**)** As many animal hairs (there are), that many times he who has killed an animal in sport acquires/gets death (= that many times he dies), having died from life to life/in each life. **(47/**5503**)** 'Will she/it go to the hand(s) of a good man? Will she/it please him? Will she/it be without any flaws?' Once she/it has been begotten, a poet cares for his story as (he would) for his daughter. **(48/**5506**)** By a wise man, a rational word should be accepted even from a child; a bad word should not be not be taken even from a gown man. **(49/**5507**)** A wise man should accept something appropriate even from a child; in the absence of the sun, does a lamp not light the house? **(50/**5517**)** If, having made/put up a sacrificial post, having killed animals (and) having made a puddle of blood, heaven is thus gone to (= one goes to heaven) – then by whom is it gone into hell (= then who goes to hell)? **(51/**5589**)** Thousands of leagues an ant would travel, if/as long as it moves/goes. Not going/if he does not go, even Garuḍa does not go a single pace. **(52/**5603**)** Who does not, having gone out, see (= who does not go out and see) the whole world that is filled with many wonders, that man is (like) a frog in a well. **(53/**5672**)** Who in both spiritual and secular texts has the memorization of the words as their highest (goal) and (is) not knowing (= does not know) the true nature of the meaning of the text, his carrying (= memorization, carrying in his brain) of it is in vain. **(54/**5747**)** One should treat a son like a king for 5 years, (and then) like a servant for 10 years. But having reached the 16th year, like a friend. **(55/**5769**)** An evil kingdom reflects on (its) king. An evil king reflects on (his) priest. An evil wife reflects on (her) husband, (and) an evil student reflects on (his) teacher. **(56/**5777**)** Night will pass away and will become morning. The sun will rise and the abundance of lotuses will open. While the bee, gone to/hidden in a flower cup, is thinking thus, oh no, no, no! the elephant has picked up the lotus. **(57/**5837**)** One could find sesame oil by squeezing sandy soil hard enough. One who is tormented by thirst could drink water in mirages. At some point, (someone) wandering could find a rabbit's horn; but one could not find sense/intelligence in a fool set in his ways. **(58/**5871**)** Because there is respect of the worlds (= the entire world shows respect) when things are concealed, the curve of a woman's breast is usually covered in silk. **(59/**5877**)** Imbalance is widespread in the world: those without wisdom are happy, and those skilled in wisdom (= who are wise) are troubled. **(60/**5917**)** This face is not a lotus; these two eyes are not blue lotus-blossoms. Here, near the fair-eyed one/beautiful woman, do not fly around in vain, o honeybee. **(61/**5932**)** The blazing fire, burning in the forest, protects the (tree) roots, (but) the soft and cool flowing mass of water destroy (the forest/trees) together with their roots. **(62/**6522**)** The coolness is your very virtue, and also the perfect clarity (that is) in your nature. Why do/should we even speak about your purity through the touch of which the inferior/impure become clean/pure? And another reason for praise of you (*te*) (= for praising you) will I tell: you are the life of living creatures. If you go on a downward path, o water, who can restrain you/stand in your way? **(63/**5941**)** We are delighted with garments of tree-bark, you with garments of fine fabrics. Our delight here is the same; the difference is differenceless (= does not make a difference). But let him be considered poor whose desire is great [and thus unfulfilled]. If/as long as the mind is pleased, who is rich, (and) who is poor? **(64/**5947**)** Better to be an ascetic, to beg for alms, to carry loads (as) as livelihood, than wealth-acquisition by service towards stupid men. **(65/**5955**)** Better one's own duty imperfectly practiced than another's duty well-performed. One who lives by another's duty soon falls/is destroyed caste-wise (= loses his caste). **(66/**5958**)** Better a leaderless place (that is) exclusively dependent on fate, than (a place) with many leaders (that is) divided and confused in all matters. **(67/**5975**)** Better (to be) roaming with monkeys in difficult mountain areas than association with stupid people even in the palace(s) of the king of the gods. **(68/**6007**)** Great effort in impossible matters and no effort in possible matters from/because of ignorance; great effort in possible matters (but) not at the right time – they say that this is the threefold waste of action/effort (= these are the three ways of wasting effort). **(69/6027)** All things (are) linked in word(s), all things (are) rooted in words, all things (are) originating from words; he who would steal a (single) word (tell one lie), he is a man who has committed all thefts. **(70/6048)** (His) dwelling is a golden cage, the brushing of (his) body is by lotus-like royal hands, his sweet food consists of the fruits of mango and pomegranate, his drink is nectar-like water, the recitation of my wise parrot among company, constantly, is Rāma's name: but oh, oh, his mind runs to/focuses on/longs for the cave/hollow in the tree of his birth. **(71/6080)** They for whom a happiness-bringing journey elsewhere (is) possible do not, if they are wise (implied: and go on that journey), see the break-up of countries (or) the destruction of families. **(72/6082)** During all that time [*tāvat*] a person does not attain knowledge, property (or) artistry at all while [yāvat] he is not wandering happily on the earth from one country to another country. **(73/6112)** The wealthy man is wise, the wealthy man is generous, (he is) good, has virtues, the wealthy man is everyone's relative, is honorable/to be revered. Devoid of wealth, his splendor is gone. **(74/6113)** A wise and honest man can/should be approached; towards a wise (and) deceitful man one should be cautious. An honest fool is to be pitied, (and) a deceitful fool is always to be avoided/abandoned. **(75/6194)** Immoral or focused on lust/desires or abandoned by virtues: by a good woman, (such) a husband is to be approached like/as if he were a god. **(76/6216)** I think the life of those, like that of camels, praiseworthy, of whom there is the firm purpose/whose firm purpose is the act of picking sweet fruit growing in rough terrain (= who keep high standards even when the going gets tough). **(77/6247)** Even at the root of a tree: where (my) beloved stands, that is home. Even a palace, without her, is felt as resembling a forest/feels like a wilderness. **(78/6272)** The Vedas are an authority, the law-books are an authority, a statement endowed with the intent of righteousness is authority. If of/for someone no authority is an authority, who would make that person's word an authority? **(79/6276)** The Creator made a mistake twice: in the matter of women and in the matter of money. (He who is) not attached to these and this (= the former and the latter), clearly is Brahmā/Śiva in human shape. **(80/6318)** Whose mind/intelligence is not abandoned/left behind in any misfortunes, he doubtlessly overcomes them through its (= his mind's) power. **(81/6335)** (He) plows the sky, carefully paints an image in the water, (or) causes the wind to swim who honors a bad person. **(82/6341)** One should avoid a cart by 5 hands/cubits, a stallion by 10 hands, an elephant by 1,000 hands and a bad person already from afar (= when they are still far away). **(83/6342)** Just as the track of birds in the sky and of fish in water is not seen, so the path of doers of meritorious action (is not seen). (Implied: they do what they do, but do not show themselves.) **(84/6349)** One can live by means of any sort of life (= one can live life in many ways), but an event that ends (one's) familiar way of life is difficult to bear. **(85/6391)** Wealth (should be/come) slowly, knowledge slowly, one should climb a mountain slowly, dharma (should grow) slowly, love slowly, and practice/experience very slowly indeed. **(86/6430)** The moon is made beautiful by the night, the night by the moon, (and) the sky by both night and moon. The lotus is made beautiful by the water, the water by the lotus, (and) the lake by both lotus and water. **(87/6438)** What will a bad person do to one in whose hand is the sword of tranquility? Having fallen onto non-grass/lacking kindling, fire ceases (burns out) of its own accord. **(88/6441)** For the purpose of peace, the sages arranged all teaching. Thus, he/that man (is) all-teaching-knowing (= knows all teachings) whose mind is always peaceful. **(89/6443)** Even well-examined teachings should be re-examined. Even the well-pleased king should to be mistrusted. A young woman even when settled in (your/one's) lap should be guarded. Where is control (= could control come from) over teachings, a king, a young woman? **(90/6490)** Whether good or bad: what is placed/contained in the heart of men, even it is well hidden, that can be known through speech in one's/their sleep and through intoxication. **(91/6452)** If in the realm of some king there live renowned poets whose beautiful language is one of expressions embellished by learning, whose teachings are worthy to be passed on to students (and who are) poor, that is the fault of the wealth-giving king (= the king who should be making them wealthy). Wise men are lords even without money. To be blamed are the bad judges by/through whom jewels are caused to fall regarding their price (= by whom the price of jewels is brought down). **(92/6496)** (A wife) should show obedience to her husband, interested in the welfare of her beloved. This duty was seen/revealed long ago in the world, and heard and remembered in the Veda. (Note: The locatives and participles in the second line can also be paired differently.) **(93/6540)** A *brāhmaṇa* attains glory through purity, a *kṣatriya* through courage, a *vaiśya* through hard work, a *śūdra* through obedience. **(94/6561)** From contact with the wise, knowledge comes to be; from knowledge, propriety; from propriety, love for the world – and what doesn't (come to be) from love for the world? **(95/6593)** I will tell you in half a verse what is said in millions of books: helping others leads to good (karma), oppressing others leads to bad (karma). **(96/6595)** One should do today what is to be done tomorrow. (One should do) in the morning (what is to be done) in the afternoon. Death does not consider whether someone's (work) is done or not done. **(97/6636)** Of the tree of the poison of worldly existence there are two fruits (that are) like nectar: enjoyment of the immortal essence of poetry, (and) conversation with good people. **(98/6688)** Accumulation ends in loss, life ends in death, contact ends in separation: who would focus (their) mind (on these things)? **(99/6700)** Even if there is a lamp, even if there is fire, even if there are the sun, moon and stars: without my fawn-eyed women, this world lies in darkness. **(100/6730)** I am telling the truth: you will not be able to look at me with an eye colored red transferred/applied by the kiss of another. **(101/6732)** One should say (what is) true/speak the truth. One should say (what is) dear/pleasant. One should not say (what is) true (and/but) not pleasant. One should not say what is pleasant (and/but) not true. That is the eternal law. **(102/6761)** Wise men should always be gone to even if they are not teaching: (even) what are spontaneous stories of/for them, are teachings/instruction. **(103/6778)** Realize 'so, there is no afterlife!', o very wise one. Focus on whatever (is) at hand, (and) ignore that which is not manifest. **(104/6787)** (Some) poor people, not wanting it/them, have many sons. (Some) rich people have no son. The action of fate is strange. **(105/6789)** In the woods, there are trees with sweet fruit, (there is) clear rushing water, tree-bark (is/serves as) clothes, a mountain cave as place of refuge, shoots of bindweeds as bedding, the rays of the moon are for seeing/help you see during the nights, there is friendship with deer. Even though wealth/luxury is in (their) own control, people – ugh! – serve kings. That's what I don't get. **(106/6832)** A difficult task should be done together with a friend. Without a lamp, even someone who has eyes cannot see in the dark. **(107/6849)** When my beloved has somehow come back after a long time, the night passed by half (= half of the night passed), o (girl)friend, with (his) stories of countries (he had visited). Then, while I was angry in a pretend fight with my dearest, the eastern direction (of the sky) became blushing/started to blush like/as though she (*diś-* is FEM.!) was my rival. **(108/6874)** In good fortune and in bad fortune, there is uniformity of the great (= great people remain the same). The sun is red at its rise just as at its setting (when it rises ... when it sets). **(109/6882)** An entirely full jar does not make any noise. A half-full jug makes a lot of din. A wise man does not display pride; those without (good) qualities cause a lot to be said. **(110/6884)** Having come upon hardship, a learned man/Brahmin resorts to wisdom. But a fool, having met hardship sinks down in the water like a stone. **(111/6903)** Snakes drink the wind, and they are not weak. Wild elephants are/become strong through (eating) dry grasses. The best sages defeat time (= grow very old) on fruits and roots. Contentment is a man's greatest treasure. **(112/6908)** Any person is a hero by whom conflict has not been encountered (= who is unfamiliar with conflict). Who would not be arrogant by whom the power of the enemy has not been encountered? **(113/6918)** There are happinesses/sources of happiness everywhere of him whose mind is contented. Isn't the earth as though covered in leather for him whose feet are shod? **(114/6920)** At any rate, even a strong enemy can be killed by weak ones who are united, like a honey collector/beekeeper by bees. **(115/6928)** Among all possessions, they say, wisdom is the ultimate possession, because it cannot be taken away, it cannot be devalued, and it cannot be destroyed (lit.: from (ABL) its un-take-away-ability etc). **(116/6930)** Generosity in all sacrifices, bathing at all the sacred bathing places, or even the fruit of all generosity: this is not/none of this is comparable to non-violence. **(117/6941)** No one knows everything. No one is all-knowing. Not anywhere is there the sum of all knowledge in one human ever. **(118/6958)** The whole world is controlled by punishment. A pure man is difficult to find. From/through fear of punishment, the entire world partakes in well-being. **(119/6976)** Without a friend, no task is ever accomplished. Whose walking occurs by means of one foot (= who walks on only one foot)? **(120/7042)** Even a jackal behaves like a lion (while he is) safe and sound in his hiding-place home. But once he has caught sight of a lion, he is/can be recognized as just a jackal. **(121/7048)** Perseverance of the mind shows/leads to success or failure. The wise one of/among all human beings knows this, but not the other one. **(122/7064)** The happy or the unhappy, the dear and the non-dear: one should accept the given as given, unaffected by one's heart. **(123/7080)** One should cherish good luck/happiness that has occurred, just like bad luck/unhappiness that has occurred. Happiness and unhappiness revolve like a wheel. **(124/7086)** Unhappiness (comes) immediately after happiness. Happiness comes immediately after unhappiness. The happiness and unhappiness of men revolve like a wheel. **(125/7115)** Wise people whose armor/clothing is the goose bumps that have arisen from the flavor of the essence of a poem reach happiness without the touch of a sweetheart. **(126/7116)** Whose mind is not seduced/moved by a poem or a song or the charm of young women, is a yogi – or a mere beast. **(127/7123)** Even wise men who bear/know very many teachings and are the cutters of doubts are tormented if they are overcome by greed. **(128/7127)** Viṣṇu does not throw at a man the disk that is saturated with blood from the crushing of divine enemies. With the paw with which he crushes an elephant, with that a lion does not swat away mosquitoes. **(129/7131)** O king, men who always say pleasant things/things one likes to hear are easy to find. But one who says or one who listens to what is not pleasant, but proper, is difficult to find. **(130/7137)** A wise man should spend his time gathering good sayings, beautiful words and good deeds, like a gleaner (gathers) ears of corn. **(131/7188)** Their movements gentle and lofty, removing people's afflictions, good people, like clouds, are rare in the world. **(132/7196)** Women – indeed! really! no, yeah – are pundits/learned by nature. But the learning of men is taught/imparted through teaching/nurture. **(133/7203)** There are thousands of faults of women/women have thousands of faults. The virtues of women are three: housekeeping, creation of offspring, dying together with their husband. **(134/7248)** Sharp ones/sharp men touch arrow-like only little and enter deep inside. A thick man, who touches much, remains outside, like a rock. **(135/7259)** Beloved, I must be remembered/thought of by you! – I won't think of you! – Remembrance is the sacred duty of the mind/heart! – My heart was captured by you! **(136/7264)** They flow and do not return, like the torrents of rivers: night and day, having taken/taking the life of men again and again.

Study Vocabulary

This study vocabulary is based on a list of the c. 900 most frequent words in epic and narrative literature (collected with the help of the Sanskrit Word Frequency Tool on sanskritdictionary.com), combined with words particularly frequent in the texts in this Reader. All of these words are available on brainscape.com (search for Ruppel Sanskrit). Vocabulary is best studied in frequent sessions no longer than 10 or 15 minutes. If you prefer to make your own flash cards of these, google 'spaced repetition' for some very good study techniques.

List 1: Very Frequent Words

agni- (m.) 'fire'
agra- (n.) foremost part: 'front, top, tip, peak etc.'
agrataḥ (ind) 'in front'; (+ GEN) 'in front of, before'
añjali- (m.) cupped hands as a sign of greeting
kṛta-añjali- (adj) 'with cupped hands, with respectful greeting'
ataḥ (ind) 'from this': 'hence'
atra (ind) 'here; in this matter; in this world'
atha (ind) 'then'
adya (ind) 'today'
adhi-pa- (m.) 'lord, ruler'
anta- (m.) 'end'
antaḥ-pura- (n.) 'harem, female apartments'
anya- (pron adj) '(an)other'
api (1) (ind) 'even, also' (postp); **(2)** (ind) turns preceding interrogative into indefinite
amātya- (m.) 'minister'
ambara- (n.) 'clothes; sky, atmosphere'
ayam/idam- (pron) 'he/she/it; this, that'
araṇya- (n.) 'forest; wilderness'
artha- (m.) 'aim, purpose; cause, motive; advantage, use; thing, wealth'
√arh (I arhati) 'merit, be able, ought'
aśva- (m.) 'horse'
asura- (m.) 'asura, demon'
√as (II asti) 'be'
asau/adas- (pron) 'he/she/it; this, that'
astra- (n.) '(throwable) weapon'
√ah 'say' (especially in 3SG/PL PERF āha/āhuḥ)
aham (pron) 'I' (NOM SG) (INS SG *mayā*, GEN SG *mama*, NOM PL *vayam*, GEN PL *asmākam*)
ākāra- (ifc) 'looking like, resembling'
ākāśa- (m.) 'space, atmosphere'
ākula- (adj) 'filled with; confused'
ātmaja- (m.) 'son'
ātman- (m.) 'the soul, self'; (refl pron) 'oneself'
ādi- (m.) 'beginning'; (ifc) 'etc, and so on'
ānana- (n.) 'mouth, face'
√āp, pra-√āp (V (pr)āpnoti) 'get, reach, obtain'
ābharaṇa- (n.) 'ornament, decoration'
āyudha- (n.) 'weapon'
ārta- (adj) 'afflicted, pained'
āśrama- (m.) 'hermitage; one of the four stages of a brahmin's life'
āsana- (n.) 'sitting': 'position, seat, dwelling'
√ās (II āste) 'sit; exist, live'
āhāra- (m.) 'food; livelihood'
√i (II eti) 'go'
itaḥ (ind) 'hence'
iti (ind) marks end of clause or direct speech/thought
idānīm (ind) 'now'
indra- (m.) Indra (the god), (ifc) 'leader, leading, best'
iva (ind) 'like, as; as it were'
√iṣ (VI icchati) 'want, wish, seek' (*iṣṭa-*)
iha (ind) 'here; in this world'
√īkṣ (I īkṣate) 'see'

īkṣaṇa- (n.) 'eye; look, view'
īdṛśa- (adj) 'such, of such a kind'
īśvara- (m.) 'lord, master'
uttama- (pron adj) 'up-most': 'highest, most; best'
upama- (adj) 'highest, best; excelling'; (ifc) 'equal/similar to, resembling' (→ **upamā-** (f.) '(standard of) comparison')
upāya- (m.) 'approach, means'
ubha- (pron adj) 'both'
ṛṣabha- (m.) 'bull', (ifc) 'very strong individual'
ṛṣi- (m.) 'sage, seer'
eka- (pron) 'one; sole; alone'
ena- (pron) 'he/she/it; this, that'
eva (ind) 'indeed'
evam (ind) 'thus'
eṣaḥ/etad- (pron) 'he/she/it; this, that'
ogha- (m.) 'flood/stream of water'
ka- (pron) 'who? what? which?' (declined like *saḥ/tad-*, except for NomAcc Sg Ntr *kim*)
√kath (x kathayati) 'tell'
katham (ind) 'how?'
kathā- (f.) 'story'
kadācit (ind) 'whenever, at any point'
kanyā- (f.) 'girl'
kapi- (m.) 'monkey'
kara- (m.) 'hand'
karman- (n.) 'doing, action'
kāñcana- (n.) 'gold'
kānana- (n.) 'forest'
kāma- (m.) 'desire, love'
kāya- (m.) 'body'
kāraṇa- (n.) 'cause, reason'
kārya- (n.) 'duty, task, mission; occasion, need (for: + Ins)'
kim (1) (pron) NomAcc Sg Ntr 'what? why?'; **(2)** (ind) indicates yes/no question
kila (ind) 'indeed', emphasizes preceding word
kumāra- (m.) 'young man; prince'
kula- (n.) 'family; birth, lineage'
√kṛ (viii karoti, kurute) 'do, make'
kopa- (m.) 'anger'
√krudh (iv krudhyati) 'be angry'
krodha- (m.) 'anger'
kva (ind) 'where?'
kṣaṇa- (n.) 'moment'
kṣaṇāt, kṣaṇena (ind) 'in a moment, right away'
√kṣip (vi kṣipati) 'throw; hit'
kṣipram (ind) 'quickly'
khara- (m.) 'donkey'
khalu (ind) 'indeed'
ā-√khyā 'call, tell, announce'
gaṅgā- (f.) 'Ganges'
gaja- (m.) 'elephant'
gaṇa- (m.) any kind of group: 'group, flock, troop etc'
gati- (f.) 'gait; walk; path'
√gad (i gadati) 'say, speak, relate'
gandharva- (m.) 'gandharva' (a celestial musician)
√gam (irreg gacchati) 'go' (*gata-*, *gatvā*)
ā-√gam 'come'
gātra- (n.) 'limb'
giri- (m.) 'hill, mountain'
guṇa- (m.) 'quality; good quality, virtue'
guru- (adj) 'heavy, weighty, important'
guru- (m.) '(spiritual) teacher'
gṛdhra- (m.) 'vulture'
gṛha- (n.) 'house'
go- (m./f.) 'cow, cattle'
√gra(b)h (ix gṛ(b)hṇāti) 'take, seize'
ghora- (adj) 'horrible'
ca (ind) 'and' (postp)
cakṣus- (n.) 'eye'
catur- (num) 'four'
candra- (m.) 'moon'
√cal/car (i calati/carati) 'move, go'
√ci (v cinoti) 'arrange; pile up'
cit (ind) turns preceding interrogative into indefinite
citra- (adj) 'bright, clear; variegated, many-colored; various'
√cint (x cintayati) 'think; worry'
ciram, cirāt (ind) 'long, for a long time'
cetas (n.) 'thought; mind'
√chid (vii chinatti) 'cut, destroy, break'
-ja- (adj, ifc) 'born, arising from'
jana- (m.) 'person'; Pl 'people'
√jan (iv jāyate) 'be born, arise; give birth'
jala- (n.) 'water'
jāla- (n.) 'net'
√ji (i jayati) 'win; defeat'
√jīv (i jīvati) 'live, be alive'
jīvita- (n.) 'life'
-jña- (adj, ifc) 'knowing'

√jñā (IX jānāti) 'know', Caus jñāpayati 'let know, tell'
jyeṣṭha- (adj) 'best, excellent'
tat **(1)** (pron) NomAcc Sg Ntr of saḥ/tad-; **(2)** (ind) 'thus'; **(3)** tad- stem form of saḥ/tad-
tataḥ (ind) 'then'
tatra (ind) 'there'
tathā (ind) 'thus'
tadā (ind) 'then'
√tap (IV tapyate) 'be hot; suffer; practice religious austerities'
tapas- (n.) 'suffering; religious austerities, penance'
tala- (n.) 'surface, level; surface at foot of (tree, mountain etc)'
tasmāt (ind) 'thus, therefore; + Comp: than that'
tāta (m., in Voc) term of affection towards a junior or senior
tāvat (ind) 'so/that long; to such an extent; meanwhile'
tīkṣṇa- (adj) 'harsh, rough, rude'
tīra- (n.) 'bank (of a river)'
tu (ind) 'but' (postp)
tulya- (adj) 'equal, comparable'
tejas- (n.) 'brilliance, brightness; blaze, heat'
tena (ind) 'by this': 'thus'
√tyaj (I tyajati) 'leave, abandon'
tri- (num) 'three'
tvam (pron) 'you' (*tvam* Nom Sg, *tvayā* Ins Sg, *te* GenDat Sg; stem form *tvad-*)
dakṣiṇa- (adj) 'southern; right (vs. left); clever, able'
daṇḍa- (m.) 'stick; punishment'
darśana- (n.) 'sight, view; world-view, philosophy, religion'
daśa- (num) 'ten'
√dah (I dahati) 'burn'
√dā (III dadāti) 'give' (*datta-*, *dattvā*)
ā-√dā 'take, receive', Abs **ādāya** lit. 'having taken': 'with'
dānava- (m.) 'dānava, demon'
dāra- (m., usually pl.) 'wife'
dāruṇa- (adj) 'harsh, rough'
divya- (adj) 'divine, heavenly'
√diś (VI diśati) 'show, point out'
diś- (f.) 'direction'; **diśaḥ** 'the directions: the entire world'
dīna- (adj) 'miserable, wretched'
√dīp (IV dīpyate) 'shine, glow, burn'
dīrgha- (adj) 'long; tall'
duḥkha- (n.) 'unhappiness', (adj) 'unhappy'
duḥkhita- (adj) 'unhappy'
dūta- (m.) 'messenger'
√dṛś (irreg paśyati) 'see'; Caus darśayati 'show'
deva- (m.) 'god, deity; lord, master', in Voc 'your highness, my lord'
devatā- (f.) 'deity'
devī- (f.) 'goddess; mistress', in Voc 'milady'
deśa- (m.) 'land, country'
√dru (I dravati) 'run'
druma- (m.) 'tree'
dvāra- (n.) 'door; gateway'
dvi- (adj) 'two'
dhana- (n.) 'possessions; wealth'
dhanus- (n.) 'bow' (as in 'bow and arrow')
dharma- (m.) 'morality, righteousness; (religious/caste-based) duty, obligation; *dharma*'
√dhā (III dadhāti) 'put' (*hita-*)
vi-√dhā (III vidadhāti) 'perform, do, arrange'
abhi-√dhā (III abhidadhāti) 'utter, say'
dhī-mat- (adj) 'intelligent'
√dhṛ (X dhārayati) 'hold, carry'
na (ind) 'not'
nagara- (n.), **nagarī**- (f.) 'city, town'
nadī- (f.) 'river'
nara- (m.) 'man'
nāga- (m.) 'snake'
nātha- (m.) 'protector; lord; husband'
nānā (ind or pref) 'variously, differently'
nāma (ind) 'named, called; indeed'
nāman- (n.) 'name'; (ifc) 'called'
nityam (ind) 'always'
√nī (I nayati) 'lead, take'
nu, nūnam (ind) 'now, at present; certainly'
nṛpa- (m.) 'king'
pakṣin- (m.) 'winged': 'bird'
pañca- (num) 'five'
√pat (I patati) 'fall; fly'
pati- (m.) 'lord; husband'
path- (m.) 'path; journey'
vi-ā-√pad (X vyāpādayati) 'kill'
pada- (n.) 'footstep; trace, vestige'

padma- (m./n.) 'lotus'
para- (pron adj) 'far': 'highest, lowest; best; other, hostile'
apara- (pron adj) 'higher, latter'
parama- (adj) 'highest, best; most distant, last; chief, main'
parākrama- (m.) 'heroism; power'
parvata- (m.) 'mountain'
√pā (irreg pibati) 'drink'
pāṇi- (m.) 'hand'
pāda- (m.) 'foot'
pāda-pa- (m.) 'foot-drinker, one that drinks through its roots': 'tree'
pāpa- (adj) 'bad, evil'
pāvaka- (m.) 'cleansing': 'fire'
pitṛ- (m.) 'father'
puṃ-gava- (m.) 'bull among men: very strong person'
puṇya- (adj) 'meritorious, virtuous, good'
putra- (m.) 'son'
punar (ind) 'again'
pura- (n.), **purī**- (f.) 'city, town'
purā (ind) 'long ago'
puruṣa- (m.) 'man; servant'
puṣpa- (n.) 'flower'
√pūj (X pūjayati) 'venerate, honor'
pūrva- (pron adj) 'former, earlier'
pṛthivī- (f.) lit. 'the broad one': 'the earth'
√prach (VI pṛcchati) 'ask' (*pṛṣṭa*-)
prajā- (f.) 'offspring; subject'
prati (ind) 'to, towards' (+ ACC)
prasāda- (m.) 'graciousness, kindness'
prāñjali- (adj) 'holding hollowed hands up in greeting; respectful'
prāṇa- (m.) 'breath; life's breath, life'
priya- (adj) 'dear; one's own'
prīti- (f.) 'kindness, favor, grace'
plavaṃ-gama- (m.) lit. 'jump-goer': 'monkey'
phala- (n.) 'fruit; reward'
√bandh (IX badhnāti) 'bind, tie'
bala- (n.) 'strength; force; army'
bala-vat- (adj) lit. 'having strength': 'strong'
bahu- (adj) 'much, many'
bāṣpa- (m.) 'tear(s); steam, vapor'
bāhu- (m.) 'arm'
buddhi- (f.) 'wisdom, understanding'
√budh (I bodhati, IV budhyate) 'wake up, be awake; understand'
brahman- (n.) 'prayer; religious knowledge; the world soul'; **brahman**- (m.) the creator god Brahmā
√brū (II bravīti or MID brūte) 'speak, say'
√bhakṣ (I bhakṣati, X bhakṣayati) 'eat'
√bhaj (I bhajati) 'distribute', (bhajate) 'receive, partake of'
√bhañj (VII bhanakti) 'break, shatter'
bhaya- (n.) 'fear'
bhartṛ- (m.) 'husband'
bhavana- (n.) 'dwelling, house'
bhavat- (m.) 'you, Sir' (polite form of address), used with 3rd-person verb
bhāryā- (f.) 'wife'
bhāva- (m.) 'being; state, condition; true state, reality'
√bhāṣ (I bhāṣate) 'speak, say'
√bhī (III bibheti) 'fear, be afraid of' (+ ABL)
bhuja- (m.) 'hand, arm; trunk (of an elephant); branch (of a tree)'
√bhū (I bhavati) 'be, become'
bhūta- (n.) '(living) being; demon'
bhūmi- (f.) 'earth; land, ground'
bhūyaḥ (ind) 'again'
bhūṣaṇa- (n.) 'ornament, decoration'
bhṛśam (ind) 'strongly, greatly, very much'
√bhram (I bhramati) 'wander, roam'
bhrātṛ- (m.) 'brother'
maṇi- (m.) 'jewel'
maṇḍala- (n.) 'circle'
mati- (f.) 'mind; thinking'
mad- (pron) stem form of aham
madhu- (adj) 'sweet'; (n.) 'honey, nectar, any sweet liquid; liquor, any intoxicating drink'
madhura- (adj) 'sweet, pleasant, charming'
madhya- (n.) 'middle, center'
√man (IV manyate) 'think'
manas- (n.) 'mind; heart'
mantra- (n.) 'prayer; Vedic hymn; plan'
mantrin- (m.) 'counselor, minister'
manda- (adj) 'slow; weak'
mahant- (adj) 'big, great' (*mahā*- at beginning of compound)
mahā-ātman- (adj) 'magnanimous, noble'
mahī- (f.) lit. 'the great one': 'the earth'
mā (ind) 'don't' (+ imperative or injunctive/unaugmented aorist)
mātṛ- (f.) 'mother'

mātra- (n.)/**mātrā-** (f.) 'measure, quantity'; (ifc) 'just, only'
mitra- (n.) 'friend'
mukha- (n.) 'face; mouth'
mukhya- (adj) 'main, chief'
√muc (VI muñcati) 'free, release'
muni- (m.) 'sage, seer'
muhur (ind) 'in a moment; for a moment'
muhūrta- (n.) 'moment'
mūrdhan- (m.) 'head'
mūla- (n.) 'root'
√mṛ (VI mriyate) 'die' (*mṛta-* 'dead')
mṛga- (m.) 'deer; forest animal'
mṛtyu- (m.) 'death'
megha- (m.) 'cloud'
yakṣa- (m.) 'yakṣa' (semi-divine being, spirit)
yajña- (n.) 'sacrifice'
yataḥ (ind) 'because'
yat (ind) 'that; so that; since; if'
yatra (ind) 'where'
yathā (ind) 'just as'
yadā (ind) 'when'
yadi (ind) 'if'
yad- relative pronoun 'what, which, that'
√yam (irreg yacchati) 'hold, hold up, support'
yaśas- (n.) 'honor, glory, fame'
√yā (II yāti) 'go'
yāvat (ind) 'as great/large/much/many; as soon as; until'
yuddha- (n.) 'fight'
yūtha-pa- (m.) 'leader of the herd'
yojana- (n.) 'yojana, league' (distance of 7–15 miles)
√rakṣ (I rakṣati) 'protect; guard against, watch'
rakṣas-, **rākṣasa-** (m., fem. rākṣasī-) 'rākṣasa, demon'
raṇa- (m.) 'pleasure; battle lust; battle'
ratna- (n.) 'jewel, gem'
ratha- (m.) 'chariot'
√ram (I ramati/-te) 'delight, make happy'
ramya- (adj) 'pleasant, beautiful'
rasa- (m.) 'essence': 'sap, liquid, juice; pollen; taste, flavor, incl. literary/artistic flavor'
rājan- (m., ifc rāja-) 'king'
rājya- (n.) 'kingdom; royal power'
rātri- (f.) 'night'
ripu- (m.) 'enemy'
√rud (VI rudati, I rodati/-te) 'cry, howl, lament'
√ruh (I rohati) 'climb, go up'
rūpa- (n.) 'form; good form, beauty'
roṣa- (m.) 'anger, fury; passion'
√lap (I lapati) 'wail, lament'
√labh (I labhate) 'take; find'
ava-/ā-√lok (I ava-/ā-lokate, X ava-/ā-lokayati) 'look at, see, notice'
loka- (m.) 'world'
ā-√loc (I ālocate) 'consider, reflect on'
locana- (n.) 'eye'
vacana- (n.), **vacas-** (n.), **vākya-** (n.) anything said: 'word, statement, sentence etc.'
√vac (II vakti) 'speak' (*ukta-*)
prati-√vac 'reply'
vajra- (m./n.) 'lightning bolt'
√vad (I vadati) 'say, speak'
abhi-√vad (I abhivadati, X abhivādayati) 'greet'
vadana- (n.) 'speaking; mouth, face'
√vadh (I vadhati) 'strike, kill'
vadha- (m.) 'killing, murder'
vana- (n.) 'forest'
√vand (I vandati/-te) 'praise, honor, do homage'
varṇa- (m.) 'color': 'complexion, appearance, beauty; caste'
varṣa- (m.) 'rain; the rains, rainy season; the seasons, year'
vaśa- (m.) 'authority, power'
√vas (I vasati) 'live, dwell'
vā (ind) 'or' (postp)
vāc- (f.) 'voice, speech'
vānara- (m.) 'forest'
vāyu- (m.) 'wind'
vikrama- (m.) 'stride, gait; courage, valor'
√vid (II vetti) 'know'; CAUS vedayati 'let know, inform'
-vid- (adj, ifc) 'knowing'
vidyā- (f.) 'knowledge, wisdom; scholarship, the sciences'
vinā (ind) 'without' (+ ACC or INS)
vipula- (adj) 'large, extensive'
vividha- (adj) 'various, different'
vīra- (m.) 'hero'
vīrya- (n.) 'heroism, valor, strength'
vīrya-vat- (adj) 'heroic, valorous'
√vṛ (V vṛṇoti/vṛṇute) 'cover: conceal; obstruct'

√vṛ (IX vṛṇāti, vṛṇīte, X varayati, vārayati) 'choose'
vṛkṣa- (m.) 'tree'
√vṛt (I vartate) 'turn; take place, happen'
vega- (m.) 'stream, flood'
vegena, vegāt (ind) 'swiftly, fast'
vai (ind) 'indeed'
vyasana- (n.) 'attachment/devotion to; passion; crime, evil'
vyāghra- (m.) 'tiger'
vrata- (n.) 'oath; vow'
√śak (V śaknomi) 'be strong; (+ INF) be able to'
śakti- (f.) 'power; ability'
śakya- (adj) 'strong; able'
śakra- (adj) 'powerful, mighty'; (m.) 'Indra'
śata- (n.) 'hundred'
śatru- (m.) 'enemy'
śabda- (m.) 'sound, noise'
śara- (m.) 'arrow'
śarīra- (n.) 'body'
śastra- (n.) 'weapon'
śārdūla- (m.) 'tiger'
śāstra- (n.) 'instruction; treatise; scholarship'
śiras- (n.) 'head'
śilā- (f.) 'stone, rock, crag'
√śī (II śete) 'lie, lie down'
śīghram (ind) 'quickly'
śūra- (m.) 'hero'
śūla- (m.) 'dart; lance, stake'
śaila- (m.) 'rock, crag, hill, mountain'
śoka- (m.) 'grief'
√śru (V śṛṇoti) 'listen, hear'
śreṣṭha- (adj) 'best'
sa- (pref) '(together) with'
saḥ/tad- (pron) 'he/she/it; this, that'
saṃkāśa- (ifc) 'having the appearance of, looking like'
saṃnibha- (adj, ifc) 'like, similar, resembling'
saṃśaya- (m.) 'doubt'
satya- (adj) 'true'; (n.) 'truth, reality'
√sad (irreg sīdati) 'sit, sit down' (*sanna-*)
ava-√sad (irreg avasīdati) 'despair'
pra-√sad (irreg prasīdati) 'settle down, become tranquil'; CAUS prasādayati 'render calm; propitiate'
vi-√sad (irreg viṣīdati) 'despair, be sad' (*viṣaṇṇa-*)
sadā (ind) 'always'
sadṛśa- (adj) 'such, of such a kind'
sama- (adj) 'like, same, as'
samīpa- (n.) 'vicinity, nearness'
samudra- (n.) 'ocean'
sarva- (pron adj) 'all, every'
sarvataḥ (ind) 'from all sides; in every direction; everywhere'
sarvathā (ind) 'in every way; altogether, entirely'
saha (ind) '(together) with' (+ INS)
sahasā (ind) 'suddenly'
sahasra- (n.) 'thousand'
sahita- (adj) 'together/combined with'
sāgara- (m.) 'ocean'
sādhu- (adj) 'good'
sārdham (ind) '(together) with' (+ INS)
siṃha- (m.) 'lion'
su- (pref) 'good; much, very'
sukha- (adj) 'happy', (n.) 'happiness'
suta- (m.) 'son', **sutā**- (f.) 'daughter'
sura- (m.) 'god, deity'
su-hṛd- (m.) 'friend'
sūrya- (m.) 'sun'
√sev (I sevate) 'serve, attend on'
strī- (f.) 'woman'
-stha- (adj, ifc) 'standing/being (in a place)'
√sthā (irreg tiṣṭhati) 'stand, stay, be in a place' (*sthita-*, *sthitvā*)
ud-√sthā 'stand/get up'
pra-√sthā 'set out, go'
sthāna- (n.) 'place; state'
√snā (II snāti) 'bathe'
sneha- (m.) 'love, affection'
√spṛś (VI spṛśati) 'touch'
sma (ind) makes preceding verb past tense
√smṛ (I smarati) 'remember'
sva- (pron adj) 'one's own'
svana- (m.) 'sound, noise'
svayam (ind) 'oneself'
svāmin- (m.) 'master, lord; (spiritual) teacher'
ha (ind) adds emphasis
harṣa- (m.) 'excitement; joy'
hasta- (m.) 'hand'
hi (ind) 'indeed; for, because'
hita- (adj) 'beneficial, friendly', (n.) 'well-being, welfare'
√hṛ (I harati) 'take, seize'

hṛdaya- (n.) 'heart'
√hṛṣ (IV hṛṣyati) 'be excited; be happy'
hetu- (m.) 'cause; reason, motive'
heman- (n.) 'gold'

List 2: Frequent Words

aṅka- (m.) 'waist; lap; bosom'
acala- (adj) 'immovable', (m.) 'mountain', (f.) 'the earth'
atha vā (ind) 'or, rather'
a-dharma- (m.) 'non-dharma, lack of dharma; lawlessness'
adhika- (adj) 'further; stronger; excellent'
adhi-pati- (m.) 'overlord, ruler'
anala- (m.) 'fire'
anila- (m.) 'wind'
anīka- (n.) 'face; appearance'
anuja- (m.) 'after-born': 'younger brother'
anuttama- (adj) 'excellent, best'
aneka- (adj) 'not one': 'many, much'
antara- (adj) 'inner, interior', (ifc) 'other, another'
anna- (n.) 'food'
anyathā (ind) 'otherwise, in a different manner'
anyonya- (adj, mostly used adverbially) 'one another, mutual'
anvita- (adj) 'accompanied by; having, possessing'
apsaras- (f.) 'apsaras' (a heavenly nymph)
abhimukha- (adj) 'having the face towards': 'facing'
abhiṣeka- (m.) 'religious bathing, ablution'
abhra- (n.) '(thunder)cloud; rainy weather'
ambhas- (n.) 'water'
ari- (m.) 'enemy'
arka- (m.) 'sun'
arṇava- (m./n.) 'the sea'
ardha- (adj) 'half'; (m.) 'a half, a part'
arha- (adj) 'deserving, worthy of; obliged to (+ INF); able to (+ INF)'
alam (ind) 'enough'
alam-√kṛ (VIII alaṃkaroti) 'adorn, decorate'
alpa- (adj) 'small'
avaśyam (ind) 'necessarily; certainly'
aśani- (f./m.) 'thunderbolt; flash of lightning'
aśru- (n.) 'tear, crying'
ni-√as (nyasayati/nyasati) 'take off; give up, resign'
ahar-/ahan- (n.) 'day'
aho (ind) expresses (positive or negative) surprise: 'oh! ah!'
āgamana- (n.) 'coming, arrival'
āditya- (m.) 'sun'
ānanda- (m.) 'happiness, joy'
āpad- (f.) 'accident'
āyus- (n.) '(long) life, energy'
ālaya- (m.) 'house, dwelling'
ālāpa- (m.) 'conversation, communication'
āśu- (adj) 'fast, quick'
āhava- (m.) 'war, battle'
ity-ādi- (adj) 'and so on, etc.'
indriya- (n.) 'sense, sense organ'
pra-√iṣ (IV preṣyati) 'urge on, impel, send; invite'
iṣu- (m./f.) 'arrow'
ugra- (adj) 'powerful, violent, terrible'
uttara- (adj) 'higher; northern; left (vs. right); later'
utsāha- (m.) 'firmness, fortitude'
udaka- (n.) 'water'
udyāna- (n.) 'garden'
upari- (ind) 'up; upwards; additional, further'
ura-ga- (m.) lit. 'chest-goer': 'snake'
uras- (n.) 'chest, breast, bosom'
ekadā (ind) 'once'
ojas- (n.) 'strength, vigor'
kaccit (ind) 'maybe; I fear/hope/suppose'
kaṇṭha- (m.) 'throat, neck'
kamala- (n.) 'lotus'
karṇa- (m.) 'ear'
kalā- (f.) 'part, small part, 1/16th'
kalpa- (adj) 'proper; fit, able; equal to'
kāka- (m.) 'crow'
kāma-rūpin- (adj) BV 'whose shape is as they desire': 'shapeshifting'
kārin- (adj, mostly ifc) 'doing, making, producing'
kārmuka- (n.) 'bow' (the weapon)

kiṃtu (ind) 'but' (= *tu*)
kīrti- (f.) 'fame, good reputation'
kuñjara- (m.) 'elephant'; ifc 'pre-eminent'
kutaḥ (ind) 'wherefrom? why? how?'
√kup (IV kupyati) 'be angry'
kuśala- (adj) 'right, proper, suitable'; (n.) 'well-being, happiness'
kusuma- (n.) 'flower, blossom'
kṛtsna- (adj) 'whole, entire'
kṛṣṇa- (adj) 'black, dark'
kovida- (adj) 'knowing, skilled'
√kram (I kramati/-te, krāmati-te) 'walk, step, advance'
kriyā- (f.) 'doing, action; religious action: ceremony, sacrifice'
√krīḍ (I krīḍati) 'play, sport, amuse one-self'
√krudh (IV krudhyati) 'become/be angry'
krūra- (adj) 'cruel, fierce'
√kṣam (I kṣamate, -ti) 'put up with; for-give'
kṣama- (adj) 'competent, able, fit for'
kha- (n.) 'body opening: mouth, ears, nos-trils etc; open space, the sky, ether'
khaḍga- (m.) 'sword, scimitar'
√khād (I khādati) 'eat'
-**ga**- (adj, ifc) 'going (to a place), being (in a place)'
gandha- (m.) 'smell, fragrance'
garbha- (m.) 'center, interior, womb; embryo, fetus'
gir- (f.) 'speech, language, voice'
guhā- (f.) 'hiding place, cave'; (ind) 'secretly'
grāma- (m.) 'village'
√cakṣ (II caṣṭe) 'see, look at'
cana (ind) turns preceding interrogative into indefinite
candana- (m./n.) 'sandalwood'
camū- (f.) 'army'
√cal/car (I calati/carati) 'go, move'
cāpa- (m./n.) 'bow' (the weapon)
cārin- (adj, ifc) 'moving, walking; doing'
cāru- (adj) 'pleasing, lovely'
citta- (n.) 'mind, heart'
cintā- (f.) 'thought, worry'
cira- (adj) 'long, far'
cīra- (n.) 'birch bark, clothes made from birch bark'
√cud (I codati, X codayati) 'impel, urge on'
cet (ind) 'if'
√cyu (I cyavate/-ti) 'move; move away from: lose, disappear'
chāyā- (f.) 'shadow, shade'
jagat- (n.) 'world'
jananī- (f.) 'mother'
janman- (n.) 'birth, incarnation'
jaya- (m.) 'victory, triumph'
jñāna- (n.) 'knowledge, wisdom'
√jval (I jvalati) 'burn brightly, blaze'
tattva- (n.) 'that-ness': 'truth; reality, facts'
√taḍ (X tāḍayati) 'beat, strike, wound; strike (a musical instrument)'
tapasvin- (m.) 'ascetic'
tamas- (n.) 'darkness; mental darkness: heaviness, ignorance'
taru- (m.) 'tree'
tādṛśa- (adj) 'such'
tāpasa- (m.) 'ascetic'
tārā-, tārakā- (f.) 'star'
tīrtha- (n.) '(sacred/ritual) bathing-place'
ava-√tṝ (I avatarati) 'go down, descend'; CAUS 'take down/off'
toraṇa- (n.) 'arch, doorway, portal'
√tras (I trasati, IV trasyati) 'tremble, be afraid'
tridaśa- (m.) 'thirty'
trailokya- (n.) 'the three worlds: the entire world'
√tvar (I tvarate/-ti) 'rush, move with speed'
darpa- (m.) 'pride, arrogance'
dina- (m./n.) 'day'
divasa- (m.) 'day'
diṣṭi- (f.) 'good fortune, happiness'
dur-ātman- (adj) 'evil-natured, bad'
dur-labha- (adj) 'difficult to take/get'
√duṣ (IV duṣyati) 'become bad, be cor-rupted; be wrong'
duhitṛ- (f.) 'daughter'
dūra- (adj) 'distant, far'
dṛḍha- (adj) 'firm'
dṛṣṭi- (f.) 'sight, view'
deha- (m.) 'body'
daiva- (adj) 'divine', (n.) 'fate'
daivata- (n.) 'deity'
dyuti- (f.) 'splendor, brightness, majesty'
dharaṇī- (f.) 'the earth'
dhārmika- (adj) 'righteous, virtuous, just'
√dhṛ (I dharati, X dhārayati) 'hold, keep, use'
dhvaja- (m.) 'banner, flag'

na-ga- (m.) lit. 'non-going': 'mountain'
√nad (I nadati) 'sound; thunder, roar'
nāda- (m.) 'loud sound, roaring'
nanu (ind) 'surely, indeed'
nabhas- (n.) 'sky'
√nam (I namati) 'bow, bend' (*nata-*)
√naś (IV naśyati) 'perish, die; be lost, be destroyed' (*naṣṭa-*)
nārī- (f.) 'woman'
nija- (adj) 'one's own, native'
nidrā- (f.) 'sleep'
nibha- (adj, ifc) 'resembling, like'
nimitta- (n.) 'sign, omen; cause, reason'
niveśana- (n.) 'entrance; house, dwelling'
niśā- (f.) 'night; vision, dream'
niścaya- (m.) 'certainty, conviction'
nīla- (adj) 'dark, esp. dark blue/green'
nṛ-pati- (m.) 'lord of men': 'king'
netra- (n.) 'eye'
pakṣa- (m.) 'wing'
pattra- (n.) 'wing, feather; leaf, letter, document'
patnī- (f.) 'wife'
paraṃ-tapa- (adj) 'burner (= destroyer) of the enemy' (epithet of epic heroes)
paraspara- (adj, mostly used adverbially) 'one another, each other, mutually'
parāyaṇa- (n.) 'final aim; last resort, main object'
parigha- (m.) 'iron bar; iron club; any kind of obstacle'
√palāy (I palāyate) 'flee; escape'
√pāl (X pālayati) 'protect'
paścāt (ind) 'behind' (+ ABL/GEN)
paścima- (adj) 'behind, later, last'
pāna- (n.) 'drinking; a drink'
pārśva- (n.) 'side, nearness, proximity'
pārśvāt (ind) 'away from, by means of, through'
pāśa- (m.) 'snare, trap, noose'
pitā-maha-, mahāpita- (m.) 'grandfather'
√pīḍ (X pīḍayati) 'press, squeeze; harm; neglect'
puraḥ (ind) 'before, in front of'
purohita- (m.) lit. 'put in front': 'domestic priest'
√puṣ 'flourish, bloom'
puṣpa- (n.) 'flower',
puṣpita- (adj) 'flowering, in bloom; fully developed'
√pṝ 'fill': **pūrṇa-** (adj) 'full of, filled with' (+ GEN or INS)
prakṛti- (f.) 'original form; nature, character'
prathama- (pron adj) 'foremost, first'
pradakṣiṇa- (adj) 'on the right: auspicious, favorable'
prabhāva- (m.) 'power, strength'
pramadā- (f.) 'woman, young woman'
pramāṇa- (n.) 'measure; standard'
prākāra- (m.) 'wall, fence, enclosure'
prājña- (adj) 'wise'
prāsāda- (m.) 'palace, mansion'
plava(ṃ)-ga- (m.) lit. 'jump-goer': 'monkey'
√plu (I plavate) 'jump'
bandhana- (n.) 'bond, tie, rope, tether'
bandhu-, bāndhava- (m.) 'relation, relative'
balin- (adj) 'strong'
bāla- (m.) 'child, boy'; **bālā-** (f.) 'girl'
√bhā (II bhāti) 'shine, be bright'
bhāra- (m.) 'burden, load; heavy work, toil'
bhās-kara- (m.) lit. 'bright-maker': 'sun'
bhīru- (adj) 'fearful, timid'
bhṛtya- (m.) 'servant'
bhojana- (n.) 'food'
mada- (m.) 'excitement, intoxication'
manuṣya-, mānuṣa- (adj) 'human', (m.) 'human being'
maraṇa- (n.) 'death'
mahī-pati- (m.) 'earth-lord, ruler'
māṃsa- (n., sg and pl) 'flesh, meat'
mānasa- (adj) 'belonging to the mind', (ifc) = manas-
māyā- (f.) 'illusion; magic'
māruta-, marut- (m.) 'wind'
mālā- (f.) 'wreath, garland'
māsa- (m.) 'month'
muṣṭi- (m./f.) 'hilt/handle (of a sword)'
√muh (IV muhyati) 'be confused, mistaken' (*mūḍha-* (adj) 'stupid, foolish')
medinī- (f.) 'soil, land, the earth'
moha- (m.) 'confusion, delusion'
√yaj (I yajati, -te) 'worship, honor'
yatna- (m.) 'effort'
yama- (m.) 'death, the god of death (Yama); restraint, suppression (→ √yam)'

yaśasvin- (adj) 'beautiful, splendid; famous'
yātrā- (f.) 'journey, march, expedition'
yāna- (n.) 'going, moving; vehicle'
yukta- (adj) 'linked': 'engaged in, intent upon; experienced, skillful'
√yudh (IV yudhyate) 'fight'
yudh- (f.) 'fight, battle'
yūtha- (m./n.) 'herd, flock'
rāga- (m.) 'feeling, passion'
rudhira- (adj) 'red', (n.) 'blood'
√lakṣ (I lakṣate) 'perceive, observe'
lakṣaṇa- (n.) 'mark, sign, characteristic'
laghu- (adj) 'light; quick; weak, feeble'
latā- (f.) 'vine, bindweed'
vaṃśa- (m., ifc) 'succession, collection (of similar things)'
vaktra- (n.) 'mouth' (and equivalent for all animals)
vaṇij-, vāṇija- (m.) 'merchant'
vatsa- (m.) 'calf, young of any animal'; in VOC 'dear child, darling'
vatsala- (adj) 'affectionate, loving, tender'
vadhū- (f.) 'bride, young woman'
vardhana- (adj, mostly ifc) 'gladdening, making happy'
vasu-dhā- (f.) lit. 'wealth-giver': 'the earth'
vastra- (n.) 'clothes, clothing'
vijaya- (m.) 'victory, triumph'
vidyādhara- (m.) 'sorcerer, magician'
vidhi- (m.) 'method; conduct'
vināśa- (m.) 'loss, decay, destruction'
vipra- (adj) 'wise, inspired', (m.) 'brahmin'
√viś, pra-√viś (VI (pra)viśati) 'enter'
upa-√viś 'sit down'
viśāla- (adj) 'spacious, large'
viṣa- (n.) 'poison'
viṣaya- (m.) 'area, sphere (of influence); object of the senses'
viṣāda- (m.) 'depression, despondency'
vismaya- (m.) 'wonder, surprise'
vīṇā- (f.) vīṇā (stringed musical instrument)
vṛttānta- (m.) 'course, manner, way; news, tale, story'
vṛtti- (f.) 'being, existing; profession, livelihood'
√vṛdh (I vardhate) 'grow'
vṛṣṭi- (f., sg and pl) 'rain'
veda- (m.) 'knowledge; the Vedas' (the oldest Indian texts)
veśman- (n.) 'dwelling: house, palace'
vaira- (n.) 'enmity, hostility'
vyakta- (adj) 'apparent, visible, evident'
śanaiḥ (ind) 'quietly, softly, gently'
√śam (IV śāmyati) 'tire; stop; be calm'
√śaṃs (I śaṃsati) 'praise; announce'
śayana- (n.) 'sleeping, resting; bed, couch'
śaraṇa- (n.) 'refuge, protection'
śāpa- (m.) 'curse'
śikhara- (m./n.) 'point, peak, top, summit'
śiṣya- (m.) 'student'
śīghra- (adj) 'quick, fast'
śīla- (n.) 'custom, usage, character'
śuci- (adj) 'clear, clean, pure'
śūnya- (adj) 'empty, void; alone; destitute'
śeṣa- (m./n.) 'remainder, rest'
śrama- (m.) 'labor, toil, exercise'
saṃkula- (adj) 'crowded together, dense, thick; confused, disturbed'
saṃgrāma- (m.) 'assembly of people: army; battle, war'
saṃgha- (m.) 'any assembly/group: crowd, community, society'
saṃjñā- (f.) 'agreement; sign, gesture'
saṃtāpa- (m.) 'pain, distress'
saṃdhyā- (f.) 'conjunction, union; conjunction of day and night: twilight'
saṃnidhi- (m.) 'nearness, presence'
saṃbhrama- (m.) 'activity, eagerness, zeal'
saṃyuga- (n.) 'union, conjunction; battle, war'
sakala- (adj) 'consisting of parts: divisible, material; complete, entire, whole'
sakhi- (m.) 'friend' (NOM SG *sakhā*)
sakhī- (f.) 'female friend; mistress'
saciva- (m.) 'friend; a king's friend: attendant, counselor, minister'
sattva- (n.) 'truth; reality, the facts'
sadyaḥ (ind) 'daily, every day'
sapta- (num) 'seven'
sabhā- (f.) 'assembly'
samantataḥ (ind) 'on all sides, all around'
samaya- (m.) 'agreement, pact'
samartha- (adj) 'competent, able to'
samāhita- (adj) 'combined, united'
saras- (n.) 'water; lake'
sarit- (f.) 'river, stream'
sarpa- (m.) 'snake'
sarvaśaḥ (ind) 'wholly, completely'
salila- (n.) 'rainwater, rain'

sahasraśaḥ (ind) 'by/in the thousands'
sahāya- (m.) 'companion'
sāyaka- (m.) 'sword'
sāra- (m.) 'essence, substance, heart of something'
√sic (VI siñcati) 'pour (out), sprinkle'
siddhi- (f.) 'success'
sukha- (adj) 'happy', (n.) 'happiness'
suvarṇa- (adj) 'golden', (n.) 'gold'
sūta- (m.) 'son'
√sṛj (VI sṛjati) 'let go/fly, emit, release'
senā- (f.) 'army'
√sev (I sevate, X sevayati) 'serve; cherish, enjoy'
skandha- (m.) 'shoulder; tree trunk'
snigdha- (adj) 'glossy, resplendent; mild, gentle, lovely'
√smi (I smayati) 'smile'
smita- (adj) 'smiling', (n.) 'smile, gentle laugh'
√svaj (I svajate) 'embrace'
√svap (II svapiti, I svapati) 'sleep' (*supta*-)
svapna- (m.) 'sleep; dream'
svara- (m.) 'sound, noise'
svarga- (m.) 'sky, heaven'
haṃsa- (m.) 'goose; swan'
√han (II hanti) 'strike; kill, destroy' (*hata*-)
√has (I hasati) 'laugh'
hastin- (m.) 'elephant'
hā (ind) exclamation, expression of emotion: 'ah! oh!'
√hve (I hvayati) 'call, summon' (*hūta*-)

www.ingramcontent.com/pod-product-compliance
Lightning Source LLC
Chambersburg PA
CBHW051147290426
44108CB00019B/2635
* 9 7 8 9 0 0 4 4 6 8 6 6 5 *